장르의 해부학

THE ANATOMY OF GENRES: How Story Forms Explain the Way the World Works by John Truby
Copyright ⓒ 2022 by John Truby
All rights reserved.
This Korean edition was published by Dasan Books Co., Ltd. in 2025 by arrangement with Picador, an imprint of Farrar, Straus and Giroux, New York through KCC(Korea Copyright Center Inc.), Seoul.
이 책은 (주)한국저작권센터(KCC)를 통한 저작권자와의 독점계약으로 다산북스에서 출간되었습니다.
저작권법에 의해 한국 내에서 보호를 받는 저작물이므로 무단전재와 복제를 금합니다.

장르의 해부학

창작자라면 반드시 알아야 할 장르 스토리텔링의 비밀

존 트루비 지음 ― 신솔잎 옮김

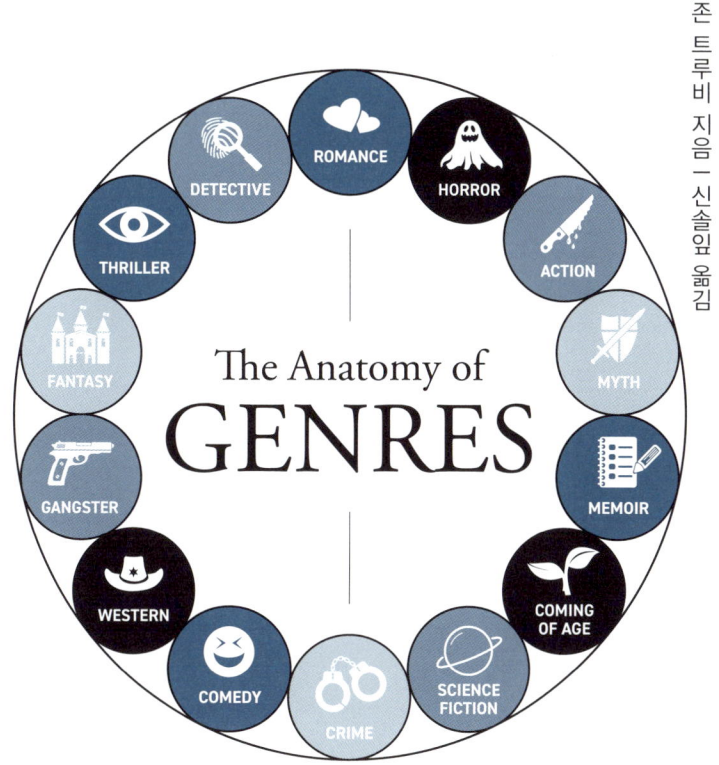

JOHN TRUBY

레슬리에게 바칩니다

일러두기

- 영화와 텔레비전 시리즈는 홑낫표(「」)로 표기했다. 동명의 원작 소설이 국내에 소개된 경우 겹낫표(『』), 소개되지 않은 경우 홑낫표로 표기했다.
- 작품명을 쉽게 찾을 수 없는 경우, 원제를 병기했다.
- 인명 표기는 국립국어원 외래어 표기법을 원칙으로 하되, 특별히 정착된 표기가 있는 경우 이를 따랐다.

차례

서문 스토리로서의 세계 · 009

1. 호러: 종교 · 033
2. 액션: 성공 · 101
3. 신화: 삶의 과정 · 167
4. 회고록과 성장물: 픽션과 논픽션을 통해 자아를 창조하는 과정 · 241
5. SF: 과학, 사회 그리고 문화 · 301
6. 범죄: 도덕과 정의 · 369
7. 코미디: 예의와 도덕 · 447
8. 서부극: 문명화의 흥망성쇠 · 505
9. 갱스터: 비즈니스와 정치의 부패 · 575
10. 판타지: 삶의 예술 · 653
11. 추리와 스릴러: 인간의 정신과 진실 · 705
12. 로맨스: 행복의 예술 · 789
13. 스토리텔링의 미래 · 881

부록 · 887
감사의 글 · 889

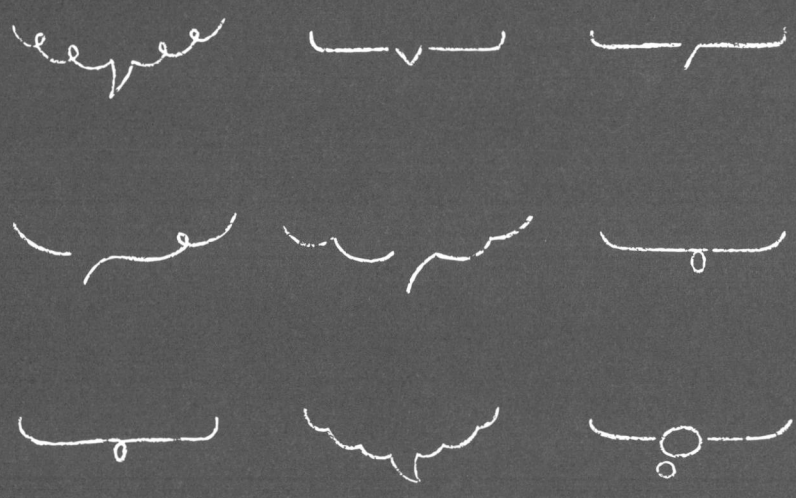

서문

스토리로서의 세계

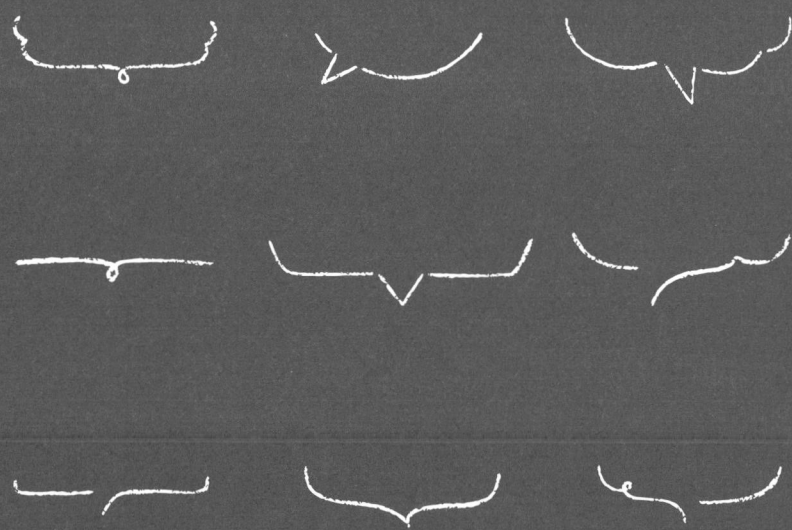

삶에 대해 알아야 할 모든 것은 스토리에서 찾을 수 있다. 왜일까? 스토리가 삶을 정의하기 때문이다. 철학은 인류의 역사를 거치며 스토리에 영향을 주고받으며 성장했다. 스토리의 구조를 이해한다는 것은 단순히 글쓰기의 문제에 그치지 않고, 어떻게 살아갈지 이해하는 일과 연결된다.

이 책에서는 인간의 삶을 드러내는 14가지 주요 스토리 장르를 밀도 있게 다룰 예정이다. 평범함을 넘어 초월적인 형태로 스토리를 창작하는 법과 삶을 살아가는 법을 배우게 될 것이다.

장르는 스토리의 유형이다. 대표적으로 추리, 로맨스, 액션, 판타지, SF 등이 있다. 장르가 어떤 원리로 작동하는지, 우리에게 어떤 이야기를 들려주는지 이해한다면 그 가르침을 글쓰기는 물론 삶에도 적용할 수 있다. 이를테면 다음과 같은 내용을 알려주는 것이다.

- 액션은 도덕적인 옳고 그름이 아니라 성공을 이야기한다
- 신화는 자기 자신을 이해하고 불멸에 이르는 하나의 여정이다
- 회고록은 과거의 이야기가 아니라 자신의 미래를 만들어가는 이야기다
- 판타지는 세상과 우리 안에 깃든 마법을 찾아 삶을 예술로 승화하는 이야기다
- 추리물은 서로 다른 이야기를 비교하며 진실을 밝히는 과정을 통해 뛰어난 사고력을 발휘하는 법을 보여준다
- 로맨스는 행복이 타인을 사랑하는 도덕적 행위에서 비롯된다는 사실을 보여준다

자신의 자리와 역할을 이해하려 애쓰는 우리는 세상에 어떤 문제가 있는지 스스로 명확하게 파악하고 있다고 생각한다. 하지만 오늘날 우리가 마주한 문제들이란 단지 눈에 보이는 세상에 근거한다. 플라톤은 눈에 보이는 이 현상을 가리켜 그림자라고 했다. 그림자가 아닌 진정한 세상, 즉 세상의 심층구조를 이해하지 못한다면 우리가 그 안에서 어떻게 자신의 자리를 찾을 수 있겠는가?

해결책은 스토리를 하나의 모델로 삼는 것이다. 스토리는 인간에게 내재된, 학습 방식이자 세상을 이해하고 그 안에서 우리의 자리를 찾는 방법이다. 스토리를 이해하면 삶을 위한 기초 도구를 손에 넣는 셈이다.

스토리는 한 세대가 다음 세대로 정보를 전달하는 핵심 수단이다. 모닥불 주위에 둥그렇게 모여 앉아 말로 전하는 스토리텔링이든, 성경 속 비유든 스토리는 인생의 교훈을 기록하고 소통하는 방법이다.

인류 초기의 수렵채집 사회는 일상 속 스토리의 대단한 힘을 이해하고 있었다. 하지만 이후 농경 사회, 과학기술 사회로 변화하며 새로운 사

고방식이 자리 잡았다. 먹을 것을 얻기 위해 노동하던 인간의 삶은 이후 돈을 벌기 위한 노동에 지배당했다. 사람들이 어느 정도의 규모를 이루어 살기 시작한 후로는 종교가 생겨났고, 종교는 공동체 생활에서의 윤리적 기준을 제공했다. 이렇게 스토리는 공동체 생활에서 필요한 윤리적 지침을 전달하는 수단으로 여겨졌다.

인간 사회에서 중요한 역할을 하던 스토리가 특권층만이 향유하는 예술 양식이 된 현상은 미국 2대 대통령 존 애덤스John Adams가 남긴 유명한 글에도 담겨 있다.

> 나는 반드시 정치와 전쟁을 공부해야 합니다. 그래야 우리 아이들이 수학과 철학을 공부할 자유를 얻을 수 있을 것입니다. 우리 아이들은 수학과 철학, 지리학과 자연사, 조선술, 항해, 상업, 농업을 공부해야 합니다. 그래야 그 자손들에게 그림과 시, 음악, 건축, 조각, 태피스트리, 도자기를 배울 권리를 마련해 줄 수 있을 것입니다.●

그가 남긴 말은 수 세기, 어쩌면 수천 년 동안 서구 사회에서 근본 원리로 삼아온 하나의 '우선순위'를 담고 있다. 이는 역사상 가장 위대한 철학자라고 할 수 있는 아리스토텔레스의 글에서도 드러난다. 내가 첫 저서인 『스토리 마스터 클래스』를 아리스토텔레스의 글로 시작한 이유도 그가 현대 지식 체계를 정립한 핵심 인물이기 때문이다. 그는 먼저 『형이상학』을 집필한 후, 대표적인 작품으로 『니코마코스 윤리학』과 『시학』을 썼다.

『형이상학』이 근본 원리에 대한 내용인 만큼 저술 순서가 대단히 타

● 존 애덤스가 아내 애비게일에게 부낸 1780년 5월 12일 자 편지에서 발췌.

당하게 느껴진다.『니코마스 윤리학』은 도덕적인 삶을 사는 방법에 관한 것이다.『시학』은 스토리텔링의 이론과 실천을 논한다. 아리스토텔레스에게는 자신이 살았던 시대의 주요 장르인 서사시, 비극과 희극을 탐구하는 것이 근본 원리였다.

바로 이것이 오늘날 우리가 교육받는 지식의 순서와 체계다. 수학과 과학이 미래 성공에 필수적이라고 생각하는 반면, 그림과 음악, 연극은 교육 외의 특별활동으로 여긴다. 스토리는 고된 하루를 마치고 고민을 잊게 해주는 기분 전환 수단이 되었다. 몇몇 창의적인 사람이 스토리를 쓰고, 그중 소수만이 그것으로 돈을 벌며, 나머지는 여가 시간에 즐기는 대상이 된 것이다.

다른 관점에서 바라볼 수도 있다. 스토리는 엔터테인먼트의 역할만 하는 게 아니다. 이 세상을 구성하는 기본 원칙부터 세상 속에서 우리가 어떻게 살아야 하는지까지 모든 것을 압축해 담아낸다. 이런 점에서 보면 결국 모든 것이 시학인 셈이다.

> **핵심**
>
> 스토리라는 프리즘을 통해 보면 세상을 바라보는 관점이 획기적으로, 우리가 배웠던 것과는 정반대로 달라진다.

도덕과 문화, 사회, 종교, 스포츠, 전쟁 등 스토리보다 큰 개념이라고 여겼던 것이 사실 다른 종류의 스토리일 뿐이다. 인간은 본질적으로 스토리텔링의 동물이다.

리처드 플래너건Richard Flanagan의 소설『퍼스트 퍼슨First Person』의 한 대목을 살펴보자. 사기꾼 '지기 헤이들Ziggy Heidl'은 자신이 성공한 이유를 다음과 같이 설명했다.

> 내가 지어내는 거죠. 매일같이, 당신처럼요. 작가처럼 말입니다. … 비즈니스맨이 뭐라고 생각합니까? 그 사람들이 정치인이라고 생각해요? 비즈니스맨은 마법사예요. 무언가를 만들어내잖아요. 우리를 하나로 이어주는 것은 스토리밖에 없습니다. 종교도, 과학도, 돈도, 전부 스토리일 뿐이죠.

스토리는 캐릭터와 플롯, 감정으로 표현된 삶의 철학이다. 삶을 하나의 예술 양식으로 보여준다. 스토리가 언제나 종교를 구성하는 가장 보편적인 요소인 것도 같은 이유에서다. 스토리는 종교를 초월한다. 결국 종교는 윤리적인 삶을 사는 방법을 담은 스토리 모음집이기 때문이다. 이러한 스토리는 『구약성서』(유대교)와 『신약성서』(기독교), 『코란』(이슬람교), 『우파니샤드』(힌두교), 『주역』(유교), 그 외 여러 텍스트에서 찾아볼 수 있다. 이제 스토리는 보편적 종교가 되었다. 오늘날 우리가 접하는 소설과 텔레비전 시리즈, 영화, 연극, 비디오게임이 속세의 문화를 정의한다는 점에서 그렇다.

스토리텔링은 개인의 삶 전체에 영향을 미친다. 광고로 기업이 어떻게 운영되는지 생각해 보자. 우리가 사고파는 모든 것이 스토리의 일부다. 자녀 양육에도 스토리텔링이 가득하다. 우리가 잠자리에서 아이들에게 이야기를 들려주는 것처럼 말이다. 우리는 스토리를 통해 십 대 아이들에게 약물에 대한 경각심을 심어준다. 아이들에게 검은 손길을 뻗치려는 사람보다 더욱 훌륭한 스토리텔러가 되어야 한다.

일터에서는 사업을 홍보하기 위해 마음을 사로잡는 스토리를 전달해야 한다. 우리가 집세나 생활비를 벌 수 있는가는 좋은 스토리에 달

서문: 스토리로서의 세계

려 있다.

정치에서는 스토리를 이용해 권력을 행사한다. 애들레이 스티븐슨Adlai Stevenson(미국 민주당 소속 정치인—옮긴이)은 이런 말을 하기도 했다. "그리스 로마 시대, 키케로가 연설을 마치고 나면 사람들은 '정말 멋진 연설이다'라고 감탄했지만 데모스테네스Demosthenes의 연설을 듣고 난 후에는 '우리가 움직여야 한다'라고 말했습니다."● 말로 행동을 불러일으킬 수 있는지가 의사소통에서 중대한 차이를 만든다.

> **핵심**
>
> 스토리는 인류의 지도다.

몇몇 고대 신화가 수 세기를 전해 내려올 수 있었던 이유는 무엇일까? 엔터테인먼트일 뿐만 아니라 교육적인 역할을 했기 때문이다. 먼저 신화는 물질세계를 설명해 준다. 페르세포네 이야기와 겨울이 생겨난 사연 같은 것 말이다. 우리는 아직도 이 신화 때문에 계절이 달라진다고 생각할까? 아니다. 하지만 신화 덕분에 추워진 날씨와 길어진 밤을 더 잘 견디게 된다.

신화는 사회에 구조를 부여하기도 한다. 에픽Epic(서사시 또는 대서사극—옮긴이)은 전통적으로 개인 또는 한 가족의 행위가 국가의 운명을 결정짓는 이야기다. 호메로스Homeros의 『일리아스』는 군주제와 다자

● 1960년 애들레이 스티븐슨이 존 F. 케네디John F. Kennedy를 소개하며 한 말로 존 바틀로 마틴John Bartlow Marin의 『애들레이 스티븐슨과 세상: 애들레이 E. 스티븐슨의 삶Adlai Stevenson and the World: The Life of Adlai E. Stevenson』(1977)에 실린 글을 인용했다.

동맹들, 시기, 질투로 인해 10년간 이어지는 끝없는 고통 속에서 모두가 죽는 이야기다.

> **핵심**
> 인간의 삶이 시학이라면 스토리를 통해 얻는 지식이야말로 가장 위대한 지식이라고 할 수 있다.

모든 인간의 삶이 결국 스토리의 한 형태라는 사실을 이해하면 다음 단계는 명확해진다. 장르는 이 세상으로 향하는 관문이 되는 것이다.

추리, 로맨스, 판타지 등의 각 장르는 이 세계의 어떠한 측면이 어떻게 흘러가고 또 그에 어떻게 대응하는 것이 가장 좋은지를 보여주는 고유한 창을 제공한다. 작가는 다른 세계와 더욱 깊은 구조를 사유하는 사람인 만큼 독특한 관점을 지닌다. 평단과 대중에게 극찬을 받는 스토리를 쓰고 싶다면 작가는 도덕성, 관점 같은 요소를 고려해야 한다. 도덕성은 한 등장인물의 행동이 다른 등장인물에게 어떤 영향을 미치는가에 관한 문제다. 6장 '범죄'에서 주인공과 적대자 양측 모두의 도덕규범에 대해 이야기하는 것도 이런 이유에서다. 스토리라면 마땅히 관점이 있어야 하는 한편, 추리물은 스토리 속 관점이 인간의 마음을 어떻게 제한하고 또 강화하는지 다채롭게 탐험한다.

이 책의 목적은 장르의 깊은 구조를 드러내는 것이다. 그래서 이 책을 두 가지 차원에서 읽을 수 있다. 첫째로 이 책은 팔리는 훌륭한 스토리를 어떻게 쓸 수 있는지 구체적이고도 기술적인 정보를 제공한다. 둘째로 이 책은 엑스선과 같은 시각으로 철학적 통찰을 탐구하며 모두의 삶을 변화시키고 풍요롭게 만드는 방법을 논한다.

게임의 규칙

작가가 어떤 매체에서든 성공하려면 오늘날의 스토리텔링을 정의하는 세 가지 불문율을 따라야 한다.

규칙 1
스토리텔링 사업은 결국 장르를 사고파는 것이다

장르는 스토리의 형식을 넘어 스토리 세계에서 수 세기에 걸쳐 엄청난 대중적 성공을 거둔 올스타들이다. 직업적으로 성공하고 싶은 작가라면 업계가 사고 싶어 하는 스토리를 써야 한다. 간단히 말하자면 스토리텔링 게임에서는 장르의 구조를 통달해야 승리할 수 있다.

주요 장르마다 해당 장르를 결정하는 전문적인 '비트beat(이야기를 전개시키는 최소 단위의 사건이나 변화—옮긴이)', 즉 핵심적인 플롯 사건이 15~20가지 정도 있다. 이러한 플롯 비트들은 그 어떤 요소보다 스토리의 성공에 중요한 역할을 한다.

사람들이 어떤 장르를 몇 번이고 읽거나 시청하는 이유가 바로 비트에 있다. 이렇듯 전통적인 플롯 비트가 스토리에 없다면 대중적으로 사랑받지 못할 것이다. 그 정도로 중요하다. 로맨스에 '첫 댄스'라는 비트가 없다면 이 장르의 마니아들은 격분할 것이다.

장르는 스토리의 시스템이다

직업적으로 보면 작가가 자신의 장르를 얼마나 잘 구현하는지에 따라 게임의 승패가 좌우된다. 그런데 몇몇 '트로프trope'를 배치하기만 하면 해당 장르를 마스터할 수 있다고 믿는 작가가 많다. 트로프는 등장인물이나 플롯 장치, 변형된 주제, 반복된 이미지 또는 대화의 핵심 구절과 같은 하나의 스토리 요소를 의미한다. 최고의 작가는 트로프가 장식용 파슬리에 지나지 않는다는 사실을 알고 있다. 강렬한 베스트셀러를 만드는 진짜 메커니즘은 트로프 이면에 자리한 구조다.

이면에서 서로 긴밀하게 연결된 장르 비트는 고유한 삶의 철학을 표현하는 하나의 스토리 시스템을 형성한다. 각 비트가 효과를 발휘할 수 있는 이유는 그 아래 더욱 깊이 자리한 구조의 일부로서 전략적으로 배치되었기 때문이다. 작가는 이 구조를 따라 독자를 끌고 간다. 독자를 사로잡는 힘은 플롯 비트의 배치에서 나온다.

> **핵심**
>
> 자신이 택한 장르(들)의 플롯 비트를 모두 충족해야 한다.

각 장르는 고유한 철학을 표현하기 위해 특정한 전략을 활용한다. 위대한 건축가 루이스 설리번Louis Sullivan은 이를 "형태는 기능을 따른다"라는 말로 설명했다. 철학적으로 접근하자면 장르는 플라톤이 말하는 이데아이자 '그림자' 이면에 자리한, 진정으로 우리 삶을 설명해 주는 구조다. 모든 스토리는 어떠한 문제를 제시하고, 장르는 그 문제를 해결할 수 있는 구조를 제공한다.

> **핵심**
>
> 장르 비트의 가장 주된 기능은 그 장르만의 특별한 주제(삶의 철학)를 표현하는 것이다.

장르의 끝없는 다양성

스토리는 수천 년간 진화하며 다양하게 발전했다. 장르는 인간의 정신, (소설, 영화, 텔레비전과 같은) 매체의 본질, 어떠한 장르가 처음 생겨난 문화적 특징 등 다양한 요소가 결합된 산물이다.

어떻게 분류하느냐에 따라 장르는 6개, 7개, 32개, 수백 개, 심지어 수천 개로도 볼 수 있다. 여기서는 내 기준에서 가장 영향력이 있다고 생각하는 14가지 장르를 다룰 예정이다.

> **핵심**
>
> 이 책에서 다루는 14가지 주요 장르는 단독으로 또는 혼용되어 소설, 영화, 텔레비전, 연극, 비디오게임까지 오늘날 스토리텔링의 99퍼센트를 책임진다.

주요 장르 14가지는 호러Horror, 액션Action, 신화Myth, 회고록Memoir, 성장물Coming-of-Age, SFScience Fiction, 범죄Crime, 코미디Comedy, 서부극Western, 갱스터Gangster, 판타지Fantasy, 스릴러Thriller, 추리Detective, 로맨스Romance다. 한 가지 주목할 점은 이 순서가 중요하다는 것이다.

이 중 많은 장르는 특징에 따라 신화(신화, 액션, 서부극), 범죄(추리물, 범죄, 스릴러, 갱스터), 사변 소설(호러, SF, 판타지)로 묶을 수 있다.

14개 장르는 각각 서브 장르로 나뉠 수 있는데, 여기서는 가장 중요한 서브 장르를 다룰 예정이다. 가령 케이퍼Caper [하이스트Heist 스토리(범죄 스토리의 하위 장르로 무언가를 훔치는 이야기가 주를 이룬다—옮긴이)]는 액션 및 범죄 장르에서 인기 있는 형태다. 이러한 서브 장르는 또다시 수백 개의 서브 장르로 다양하게 뻗어나가지만 핵심 비트는 모두 같다.

> **핵심**
>
> 작가는 주요 장르의 원리를 모두 알아야 한다.

그 이유는 무엇일까? 첫째, 모든 장르에 걸쳐 어느 정도의 지식이 있다면 자신이 정한 특정 장르를 더욱 잘 쓸 수 있기 때문이다. 둘째, 장르를 결합해 아직 세상에 없던 무언가를 선보일 때 성공 가능성이 높아지기 때문이다.

규칙 2
오늘날 대중 스토리는 서너 가지 장르가 결합된 형태다

예전에는 한 가지 장르만 꿰고 있어도 충분했다. 하지만 이제는 그렇지 않다. 오늘날에는 한 가지 장르에 국한된 스토리가 많지 않기 때문이다. 대부분의 스토리가 두세 가지, 심지어 네 가지 장르를 뒤섞은 형태다.

작가가 얼마나 똑똑하든, 얼마나 열심히 작업하든, 인맥이 어떻고 홍보를 어떻게 하든 관계없이 어느 매체든 장르 혼합이 일반적인 방식이 되었다. 조지 루커스George Lucas가 「스타워즈」에서 사용한 이후로 장르 혼합은 큰 인기를 얻은 영화와 베스트셀러 도서의 성공 비결이 되었다.

가능하다면 「스타워즈」가 등장하기 이전의 세계를 상상해 보길 바란다. 1975년 여름, 미국 전역의 영화관에 「죠스」가 개봉했다. 이 현실적인 호러 스토리는 베스트셀러 도서를 원작으로 했다. 「죠스」가 대히트를 치자 영화 업계는 자신들의 무대가 미국 시장을 넘어섰음을 깨달았다. 이제는 전 세계 박스오피스를 신경 써야 했다.

「죠스」의 스토리텔링 전략은 무엇이었을까? 처녀작 장르를 정말 제대로 보여준 것이었다. 그러다 1977년 「스타워즈 에피소드 4: 새로운 희망」이 극장에 걸렸고, 대중 스토리텔링 전략의 패러다임이 달라졌다.

「스타워즈」가 준 깨달음의 순간

내 글쓰기 인생을 뒤바꿔 놓은 깨달음의 순간에 대해 이야기해 보겠다. 당시 나는 관객으로 가득한 영화관에 앉아 팝콘을 먹고 있었다. 그때 거대한 우주 함대가 내 머리 위를 가로질렀다. 팝콘을 입에 넣은 채 숨을 헉 들이마셨고, 다른 관객도 마찬가지였다. 그 순간은 너무도 웅장하고 강렬해서 나뿐만 아니라 그곳에 있던 모두가 인생이 송두리째 흔들리는 경험을 하게 되리라는 것을 직감했다.

'넋이 나간다'라는 말은 아마도 그런 순간에 쓰는 표현이리라. 그때 나는 「스타워즈」를 처음 봤는데, 영화가 상영되는 동안 대단히 이상한 경험을 했다. 순수한 기쁨이 무엇인지 체감했다. 그 전까지만 해도 웬만한 스토리는 앞으로 어떤 일이 펼쳐질지 세 개의 비트를 앞서 예측할 수 있었다. 하지만 「스타워즈」는 달랐다. 전혀 예상할 수 없는 스토리 비트가 이어졌다. 흥분의 연속이었다.

그뿐만 아니라 스토리 비트가 너무나 빠르게 펼쳐지고 있었다. 나는 완전히 압도당했다. 내 눈앞에서 무슨 일이 벌어지고 있는지 점차 깨닫기 시작했다. 감독이자 각본가인 조지 루커스가 이 영화에 무엇을 했는지 이해하기 시작했다.

이 영화가 외계에서 벌어지는 판타지라는 것은 분명했다. 다시 말해 SF의 요소를 갖췄다는 뜻이었다. 하지만 그게 다가 아니었다. 나는 고전 서부극을 좋아했지만 이 장르는 이미 사라진 지 오래였다. 하지만 당시 내 눈앞에는 우주를 배경으로 한 서부극 비트가 펼쳐지고 있었다. 정말 굉장했다! 또한 위대한 신화 스토리 중 하나인 아서왕 이야기를 사랑하지 않는 사람이 누가 있겠는가? 그 비트 또한 찾아볼 수 있었다.

대단한 인기를 끈 광선검은 어디서 영감을 받았는지, 생각해 본 적 있는가? 바로 액션의 서브 장르 사무라이 영화다. 나는 대학생 때부터 「7인의 사무라이」와 「숨은 요새의 세 악인The Hidden Fortress」 등 일본 영화를 정말 좋아했다.

다양한 비트가 결합된 결과 「스타워즈」의 밀도 높은 플롯이 탄생했다. 덕분에 우리는 판타지 같은 한 장르의 비트만이 아니라 SF, 신화, 액션 장르의 비트가 속사포처럼 쏟아져 나오는 작품을 경험한 것이다.

> **핵심**
>
> 「스타워즈」가 흥미진진했던 이유는 각본가가 하나의 영화에 다양한 장르의 비트를 엮은 덕분이었다.

눈앞에서 작가를 위한 혁명이 펼쳐지고 있었다. 「스타워즈」 이전(BSW Before Star Wars)에는 단일 장르의 스토리 세계였다. 「스타워즈」 이후(ASW After Star Wars) 할리우드는 복합 장르 세계에 접어들었다. 이제 대중 스토리는 장르 혼합이 중요해질 터였다.

지난 20년간 이런 현상은 심화되었다. 전 세계 어느 매체에서든 소비자가 힘들게 번 돈을 얻기 위해 더욱 많은 '스토리'를 제공하는 것이 중요한 추세로 자리 잡았다.

장르 혼합

장르 혼합이 중요하긴 하지만, 생각보다 힘든 전략이기도 하다. 모든 장르의 비트를 혼합하는 피칭에서 혼란을 초래할 수 있다. 자기가 한 장

서문: 스토리로서의 세계

르의 비트를 채택하느라 다른 장르의 비트를 쓰지 못하는 상황도 벌어진다. 따라서 여러 장르의 비트를 어떻게 결합하고, 또 어떤 비트를 선택할지가 매우 중요하다.

장르 혼합의 기법으로 보통은 잘 어울리지 않는 스토리 형태를 결합하기도 한다. 한 예로 「인셉션」이 큰 인기를 끈 중요한 이유는 하나의 스토리에 보통은 함께 등장하지 않는 두 개의 장르를 혼합한 데 있다. 바로 SF와 케이퍼(액션과 범죄의 서브 형태)다.

또 다른 예로는 「대부」를 들 수 있다. 표면적으로는 단순한 갱스터 스토리지만, 사실 이 영화에는 갱스터에 신화와 환상 동화(판타지)가 모두 담겨 있다. 영화 속 명장면 중 하나는 병원에 입원한 아버지가 암살당할 거라는 사실을 마이클이 알아채는 장면으로 호러 스토리에서 그대로 가져온 것이다.

장르를 결합하는 데는 무엇보다 다음 두 가지가 중요하다.

1. 스토리에 전부 다 쓰지 않더라도 자신이 채택한 모든 장르의 비트를 알고 있어야 한다.
2. 다른 장르의 기법을 적용할 수 있어야 스토리를 잘 쓸 수 있다.

이런 이유로 이 책에서는 14가지 주요 장르의 플롯 비트를 모두 다룰 예정이다. 작가라면 자신이 택한 장르부터 살펴봐도 되지만, 다른 장도 읽어보며 자신의 스토리를 어떤 장르와 결합할 수 있을지 생각해 보는 것도 좋다. 작가가 아니더라도 이 책을 통해 자신이 특정 스토리 양식을 왜 그토록 좋아하는지 깨닫고 그 진가를 더욱 깊이 있게 음미할 수 있을 것이다.

규칙 3
돋보이기 위해서는 기본 장르를 초월해야 한다

어떠한 스토리든 장르의 비트를 활용하는 것은 기본이다. 하지만 그것만으로는 부족하다. 필요조건이지 충분조건은 아니다. 당신이 한 장르의 스토리를 완성했다고 생각해 보자. 하지만 다른 사람이 쓴 스토리와 똑같다. 창의적인 면도, 놀라운 무언가도 없고, 당신을 독창적인 작가로 만들어줄 요소가 하나도 없다.

'초월하다'라는 단어는 '(어떠한 추상적인) 한계를 뛰어넘거나 그 위에 올라선다'라는 의미를 담고 있다. 하나의 장르를 초월하는 세 가지 방법은 다음과 같다.

1. 스토리 비트를 비튼다.
2. 그 장르만이 나타낼 수 있는 삶의 철학을 주제로 표현한다.
3. 장르 고유의 삶의 스토리 양식을 탐구한다.

이 책에서는 이 세 가지를 어떻게 구현하는지 보여줄 것이다.

장르를 초월하는 법 1: 스토리 비트를 비튼다

> **핵심**
>
> 장르를 초월하는 첫 번째 방법은 스토리 비트들을 비트는 것이다. '규칙을 깨는 것'이 아니라 뒤트는 것이다.

비트를 비틀 때 독자는 자신이 예측한 비트를 경험하는 즐거움을 누린다. 그뿐만 아니라 완전히 새로운 방식으로 전개되는 비트를 보는 기쁨도 경험한다.

비트를 뒤트는 한 가지 방법은 순서를 달리하는 것이다. 장르 비트들의 시퀀스는 독자의 머릿속에 일정한 기대를 심어준다. 얼마 후 이 기대치는 독자의 시야를 흐려놓는다. 이때 비트를 뒤틀면 사람들은 자신의 예측이 뒤집힌 데 깜짝 놀라며 눈을 반짝인다. 사람들에게 새로운 방식으로 작동하는 세상을 보여준 것이다. 해당 장르의 독자에게 익숙한 세계지만 여전히 이들이 살고 있는 세계니까 전혀 다른 빛을 비춘 세계를 보여주며 마음을 사로잡을 수 있다.

> 텔레비전에서 대단한 성공을 거둔 작품을 보면, 모두가 아는 장르 또는 익숙한 장르에서 아이디어를 따왔지만 다르게 표현한 것이었다. 사람들은 전에 보지 못했던 무언가에 모여든다.
>
> ─존 웰스John Wells, 드라마 작가

장르를 초월하는 법 2: 그 장르만이 나타낼 수 있는 삶의 철학을 주제로 표현한다

장르를 초월한다는 것은 특별한 스토리 비트를 비틀어 독자 혹은 관객이 전에 보지 못한 무언가를 보여주는 것 이상의 의미를 지닌다. 스토리 비트라는 표면 아래는 철학이, 이 세상을 살아가고 또 바라보는 하나의 전반적인 방식이 숨어 있다. 이 철학은 주제를 통해 표현된다. 주제란 저자가 최선이라 생각하는 삶의 방식이다.

각 장르에 담긴 삶의 철학을 '마인드-액션mind-action' 스토리 관점이라고 하겠다. 인간의 정신mind이 세상을 어떻게 바라보는지, 또 그 관점에 따라 우리가 어떻게 행동act하는지 의미하는 용어다. 만화경에 비치는 상처럼, 장르마다 올바른 세상이란 무엇인가에 대한 관점이 다르다. 각 장르는 어떻게 살아가야 잘 살 수 있는지 그만의 철학을 제공한다.

어떤 스토리를 쓰든, 장르의 철학을 표현하는 것이 핵심이다. 고유한 마인드-액션 스토리 관점이야말로 독자를 사로잡는 요소다. 이러한 스토리 관점에 극적인 드라마가 더해질 때 어떻게 살아야 하는지에 관한 장르의 메시지에 굉장한 정서적 힘이 실린다. 정서적 영향력을 발휘하는 철학적 메시지가 스토리의 핵심이다.

각 장르가 중요시하는 메시지에 따라 삶을 잘 사는 방법의 기준도 다르다. 예를 들면 아래와 같다.

- 호러: 죽음에 맞서고 과거의 망령과 마주하라.
- 액션: 성공의 90퍼센트는 행동하는 데서 시작한다.
- 신화: 삶에서 자신의 운명을 찾아 불멸을 추구하라.
- 회고록과 성장물: 자신의 삶을 성찰하고 진정한 자아를 찾아라.
- SF: 모두에게 더 나은 미래를 위해 지금 올바른 선택을 하라.
- 범죄: 약자를 보호하고 죄지은 자는 심판받게 하라.
- 코미디: 모든 가면을 벗어던지고 자신의 본모습을 드러낼 때 성공이 찾아온다.
- 서부극: 다른 이들이 집을 짓는 일을 돕는 것은 모두가 최고의 삶을 누릴 문명을 세우는 것이다.
- 갱스터: 절대적 권력과 돈에 예속되어선 안 된다. 그랬다가는 대가를 치르게 될 것이다.
- 판타지: 삶 자체를 하나의 예술로 만들어줄 마법은 당신 안에서 발

견하라.
- 추리와 스릴러: 위험을 무릅쓰고 진실을 밝혀내서 그 죄를 물어라.
- 로맨스: 사랑하는 법을 배우는 것이 행복의 열쇠다.

장르를 활용해서 얻을 수 있는 이점은 장르의 깊이 있는 구조를 통해 강렬하고도 복잡한 주제를 표현할 수 있다는 것이다.

장르를 초월하는 법 3: 장르 고유의 삶의 스토리 양식을 탐구한다

스토리의 프리즘으로 세상을 바라보면 삶 그 자체를 훤히 들여다보는 비전을 얻는다.

> **핵심**
>
> 인간의 정신이 스토리를 통해 작동한다는 개념은 장르를 초월할 수 있는 또 하나의 획기적인 아이디어로 이어진다. 즉 인간의 모든 주요 활동이 저마다 고유한 스토리 양식이라는 것이다.

도덕, 문화, 비즈니스, 스포츠, 전쟁, 종교, 정치, 정의, 사회, 인간의 정신은 인간의 삶을 구성하는 위대한 활동이다. 이 활동은 정서적이고 극적인 스토리로 표현된 복잡한 예술 양식이기도 하다. 최고의 수준에 이른 장르는 이러한 삶의 스토리 양식 중 하나 이상을 탐구한다.

장르의 순서

개인적으로 장르에 대한 이해가 깊어지면서 가장 크게 놀랐던 점은 장르가 저마다 고유의 위계 안에 또는 '계몽의 사다리 ladder of enlightenment'라 부를 수 있는 체계 안에 자리하고 있다는 것이었다. 철학자 게오르크 빌헬름 프리드리히 헤겔 Georg Wilhelm Friedrich Hegel의 위대한 통찰 중 하나는 아마도 계몽의 사다리를 한 단씩 오를 때마다 개인을 가로막는 결함 또한 동시에 드러난다는 발견일 것이다. 조개 속 모래알이 진주가 되듯 그 결함이 다음 성장 단계를 만들어낸다.

장르의 위계는 세 가지를 바탕으로 한다. 주인공이 극복해야 하는 근본적인 성격 결함, 장르가 표현하는 삶의 철학, 장르가 탐구하는 주요 예술 및 스토리 양식이다. 장르 가운데 가장 원시적인 장르는 호러다. 호러는 이번 삶에서든 다음 삶에서든 죽음에서 벗어나려는 노력에 관한 이야기다. 장르의 순서는 가장 원시적인 것에서 가장 계몽적인 것 순으로 이동한다. 액션에서 판타지, 추리, 로맨스로 이어진다. 각 장이 끝날 때마다 해당 장르가 제시하는 삶의 철학에 빠져 있는 것, 즉 다음 단계로 올라가야 하는 이유가 무엇인지 밝힐 것이다.

- 호러: 종교
- 액션: 성공
- 신화: 삶의 과정
- 회고록과 성장물: 자아 창조
- SF: 과학, 사회, 문화(그렇다, 과학도 스토리 양식이다)
- 범죄: 도덕성과 정의
- 코미디: 예의와 도덕
- 시부극: 문명의 흥망성쇠

- 갱스터: 비즈니스와 정치의 부패
- 판타지: 삶의 예술
- 추리와 스릴러: 인간의 정신과 진실
- 로맨스: 행복의 예술

스토리 예시

장르를 초월하고 삶의 주요 스토리 형식을 탐구하기란 대단히 복잡하다. 우리는 예시를 통해 가장 잘 배울 수 있는 만큼, 소설과 영화, 텔레비전, 연극까지 다양한 스토리를 자세히 분석할 예정이다.

스토리는 셀 수 없이 많기에 어떠한 장르를 대표하는 작품을 고르기란 거의 불가능하다. 가능하다면 가급적 최신작을 예시로 소개하려 노력했다. 하지만 내가 가장 중요하게 여긴 기준은 '어떤 작품이 가장 적절한가'였다. 특히나 초월적 스토리에서는 더욱 그러했다. 내 선택은 대체로 해당 장르를 정의할 수 있는 고전이었다.

다음 작품은 각 장르에서 훌륭한 스토리를 쓰기 위해 필요한 기법을 가장 잘 보여준다.

- 호러(종교): 『프랑켄슈타인』, 『크리스마스 캐럴』, 「에이리언」, 「겟 아웃」, 「싸이코」, 「엑스 마키나」, 「웨스트월드」
- 액션(성공): 「매드 맥스: 분노의 도로」, 「다이 하드」, 「7인의 사무라이」, 『일리아스』, 「토마스 크라운 어페어」, 「로키」, 「허슬러The Hustler」
- 신화(삶의 과정): 「스타워즈 에피소드 4: 새로운 희망」, 『반지의 제왕』, 「오즈의 마법사」, 「블랙 팬서」, 「아바타」, 『오디세이아』

- 회고록과 성장물(자아 창조):『거짓말쟁이들의 클럽』,『희박한 공기 속으로』,「문라이트」,「코다」,『앵무새 죽이기』
- SF(과학, 사회, 문화):「컨택트 Arrival」,「매트릭스」,「인셉션」,「인터스텔라」,「2001 스페이스 오디세이」
- 범죄(도덕성과 정의):「브레이킹 배드」,「다크 나이트」,「유주얼 서스펙트」,『죄와 벌』,「킬러들의 도시」
- 코미디(예의와 도덕):「사인필드」,「미스 리틀 선샤인」,「사랑의 블랙홀」,「웨딩 크래셔」
- 서부극(문명의 흥망성쇠):「셰인」,「내일을 향해 쏴라」,「맥케이브와 밀러 부인」,「옛날 옛적 서부에서」
- 갱스터(비즈니스와 정치의 부패):「대부」,「좋은 친구들」,「소프라노스」,『위대한 개츠비』,「매드맨」,「네트워크 Network」
- 판타지(삶의 예술):『해리 포터』,「왕좌의 게임」,「빅 Big」,「플레전트빌」,「메리 포핀스」,「멋진 인생 It's a Wonderful Life」,『이상한 나라의 앨리스』
- 추리와 스릴러(인간의 정신과 진실):
  - 추리:「LA 컨피덴셜」,『셜록 홈즈 단편집』,「현기증」,「나이브스 아웃」,『오리엔트 특급 살인』,「차이나타운 Chinatown」,「라쇼몽」
  - 스릴러:『양들의 침묵』,「마이클 클레이튼」,「식스 센스」,「컨버세이션」,「의혹의 그림자」
- 로맨스(행복의 예술):「실버라이닝 플레이북」,「500일의 썸머」,「해리가 샐리를 만났을 때」,「필라델피아 스토리」,「사이드웨이」

누가 읽어야 하는 책인가

친구들에게 멋진 모습을 뽐내고 싶어 이 책을 집어 들었다면, 축하한다. 제대로 골랐다. 하지만 이 책에는 그보다 훨씬 많은 내용이 담겨 있다.

스토리가 우리 삶을 어떻게 형성하는지 관심 있는 모든 이와 스토리라는 중요한 예술을 추구하는 작가를 위한 책이다.

작가라면 이 책을 통해 자신의 장르 스토리에 반드시 포함해야 할 기법과 플롯 비트를 배우게 될 것이다. 더욱 중요하게는, 독자가 갈망하는 더욱 깊은 주제를 담은 초월적 스토리를 직접 쓰는 법을 배울 수 있다. 이를 위해 각 장르에 담긴 삶의 철학과 초월적 스토리가 진정으로 표현하려는 예술 및 스토리 형식을 한 가지 이상 소개할 생각이다.

이렇듯 스토리 기법에 장르의 주제가 표현하는 삶의 철학을 결합시키는 전략은 현재도 소수의 작가만이 발휘하는 실재적이고도 고차원적인 전략이다. 이 전략으로 비평적, 상업적 성공을 동시에 거둘 수 있는 강렬한 이야기를 쓸 수 있다.

그게 다가 아니다. 나는 모든 이에게 삶을 더욱 깊이 이해하고 싶다는 갈망이 있다고 믿는다. 그렇기에 이 책의 더욱 큰 목적은 사람들에게 이 세계를 이해하는 심오한 모델을 제공하는 것이다. 철학적 개념과 사상을 탐구함으로써 우리는 인생이라는 여정을 더욱 충만하게 만들어나갈 수 있을 것이다.

『장르의 해부학』은 스토리텔링의 시학에서 삶의 시학으로 우리를 이끌어줄 것이다. 삶을 헤쳐나가는 데 도움이 될 다차원적 인류의 지도를 나와 함께 탐험해 보자.

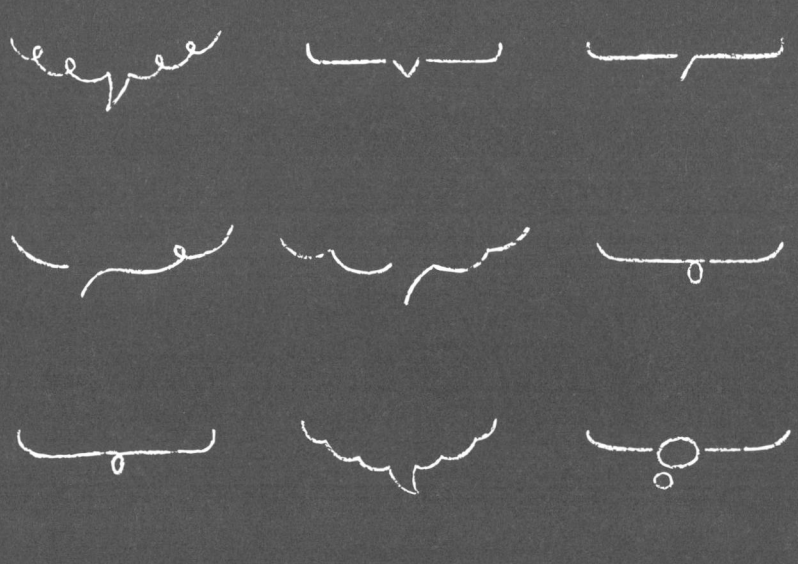

1.
호러: 종교

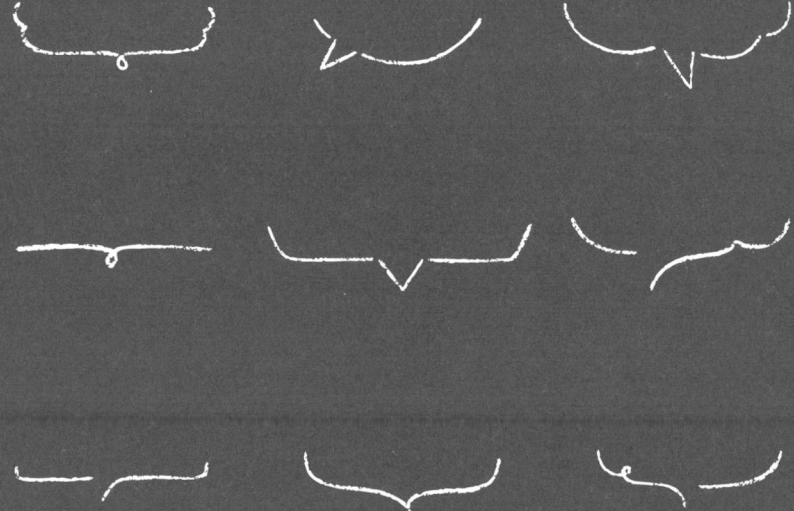

우리가 알아볼 첫 번째 장르는 호러다. 왜 호러가 가장 먼저 등장했을까? 인간의 실존을 좌우하는 가장 중요한 것이 바로 삶과 죽음이기 때문이다.

아담과 이브: 최초의 호러 스토리

초반에 괴물이 등장하는 스토리야 많지만 『구약성서』의 창세기야말로 처음으로 호러의 요소들이 결합해 하나의 장르를 이뤘다. 아담과 이브는 최초의 남성, 여성이자 최초의 커플이다. 낙원에 머물던 이들은 순결하고 나체를 부끄러워하지 않았다. 다만 이들은 트릭스터trickster(사회 질서를 어지럽히는 짓궂은 캐릭터로 영리하면서 교활하다—옮긴이) 캐릭터, 즉 뱀의 형상을 한 악마와 맞닥뜨렸다. 뱀은 이브를 유혹해 '독'을, 선과 악을 알게 하는 지식의 나무 열매를 먹게 했다.

이때 하나님 아버지, 즉 아담과 이브의 두 번째 적대자가 등장한다. 하나님은 아담과 이브에게 지식을 얻는 대가로 불멸을 잃을 것이라 명했지만, 두 사람은 결국 에덴동산에서 추방되어 지식의 나무에서 난 과실을 먹지도, 영원히 살지도 못하게 되었다. 아는 것은 죽는 것이다. 이 아버지는 폭군이었다. 자녀가 세상을, 자기 자신을 이해하고 싶다는 마음을 품어 실수를 저지르자 낙원에서 쫓아내는 형벌을 내렸다.

이 스토리에서 우리는 삶과 죽음의 근본적인 차이와 더불어 종교 스토리가 표현의 수단으로 호러라는 장르를 선호한다는 점 또한 확인할 수 있다.

스토리텔링의 시작부터 존재해 온 호러

> **핵심**
>
> 호러는 삶 자체에 내재되어 있다. 삶은 결말에 이르러 누구나 죽음을 맞이한다는 엄청난 스릴을 내포한 하나의 스토리다.

현대 장르로 호러는 그 역사가 약 260년이 되었다. 1764년에 출간된 호러스 월폴 Horace Walpole 의 『오트란토 성』을 최초의 호러 소설로 보는 것이 일반적이다. 하지만 호러의 요소들은 가장 오래된 장르인 신화의 시작부터 함께했다. 그 예를 들면 다음과 같다.

- 『길가메시 서사시』(기원전 2100년): 엔키두는 짐승처럼 살던 원시

인이다

- 『구약성서』(기원전 1200~165년경): 아브라함은 하나님의 명령에 따라 아들을 제물로 바치려 한다
- 『그리스 신화』(기원전 3000~1100년경): 고르곤 세 자매는 머리카락이 독사로 되어 있었다. 페르세우스가 고르곤 메두사를 살해한다
- 미노타우로스: 반인반우의 존재로 사람을 잡아먹고 미로에 갇혀 살았다
- 헤라클레스: 헤라 여신에 의해 광기에 사로잡힌 헤라클레스는 아내와 자녀들을 살해한다
- 아가멤논: 그리스군이 헬레네의 납치에 대한 복수를 위해 출항할 수 있도록 자신의 딸을 제물로 바친다
- 오이디푸스: 자신이 어머니와 동침하고 아버지를 죽였다는 사실을 깨달은 후 스스로 눈을 뽑았다

이렇듯 초자연적 기원에서 시작한 호러는 이후 심리적인 영역으로 진화했고, 이것이 오늘날 호러 장르로 자리 잡았다. 작가인 마이클 카푸조Michael Capuzzo는 "유럽 초기의 고딕소설은 초자연적 현상과 성, 저주에 중점을 두었는데, 에드거 앨런 포Edgar Allan Poe는 공포에 현실성을 입혀 우리가 평범한 일상을 두려워하도록 만들었다"라고 말했다.●

● 마이클 카푸조, 「에드거 앨런 포는 어떻게 우리 시대 최고의 스토리텔러가 되었는가How Edgar Allan Poe Became Our Era's Premier Storyteller」, 《스미스소니언 매거진Smithsonian Magazine》, 2019년 1월.

> **핵심**
>
> 포의 초자연적 공포에서 심리적 공포로의 전환은 호러 장르에서 가장 중요한 변화로 꼽힌다. 심리적 공포는 현대 호러 장르의 기초가 되었다.

호러의 원리

호러의 근본적인 구분인 삶과 죽음의 이분법은 조금의 복잡성도 허용치 않는다. 죽거나 살거나 둘 중 하나이다. 이는 인간 정신의 가장 근본적인 성질을 나타낸다. 인간은 언제나 이분법적 사고에서 시작한다. 네와 아니요, 이것과 저것, 나와 타자, 우리와 그들처럼 말이다.

다만 호러 장르는 그렇게 단순하지 않다. 결함이 인간을 계몽의 다음 단계로 이끈다는 헤겔의 위대한 통찰은 단순한 이원적 대립으로도 우리는 새롭고, 다양하며, 더 나은 무언가를 만들 수 있다는 개념을 바탕으로 하고 있다('변증법'이라는 개념이다). 삶과 죽음이라는 근본적인 힘에 대해 생각하는 것은 뛰어난 창의성을 불러일으킬 수 있다. 호러는, 특히나 현실적인 호러는 완전한 소멸로서의 죽음에 초점을 맞추고, 자신이 더는 존재하지 않는다는 개념을 인간이 이해하지 못한다는 사실을 다룬다.

호러의 마인드-액션 스토리 관점

모든 장르는 인간의 정신이 세계에 어떻게 반응하는지, 그 반응을 바탕으로 세계에 어떠한 작용을 하는지 보여준다. 장르마다 세상이 어떻게 작동하는지, 최선의 작동 방식은 무엇인지 바라보는 관점이 다르다. 이것이 장르의 마인드-액션 스토리 관점이다.

호러의 마인드-액션 스토리 관점에서 삶은 죽음에 끊임없이 저항하는 투쟁이다. 우리가 질 수밖에 없는 싸움이다.

위대한 호러 스토리텔링에서는 감상자를 점점 더 좁은 상자 안으로 들어가도록 몰다가 마지막에는 그 상자를 땅에 묻는다. 호러는 죽음이라는 것이 어떤 의미인지 느끼게 한다.

덕분에 우리 마음속에서 죽음의 힘은 10배쯤 커진다. 나를 제외한 모든 사람에게 벌어지는 일이라는 추상적 개념이 더는 아닌 것이다. 인간이라는, 특히 '나'라는 대단히 복잡한 존재가, 한순간에 소멸할 수도 있다는 개념은 너무도 터무니없어 이해하기가 어렵다.

본질적으로 호러 스토리 전략은 피해자를 무자비하게 쫓는 특별한 괴물을 두는 것이다. 이러한 플롯의 시퀀스는 작품 속 주인공에게, 결국에는 감상자에게 압박감을 준다.

완전한 소멸로서의 죽음에 대해 생각하다 보면 그 끝에는 이런 질문이 떠오른다. 무엇을 해야 할 것인가? 물론 어딘가에 답이 있다. 다만 우리가 찾을 수 없을 뿐이다. 죽음 또한 마찬가지다. 아무런 희망이 없다. 다시 말해 신이나 종교 같은 것이 없다면 말이다.

호러는 종교 스토리를 전한다. 우리가 죽음을 어떻게 물리치고 또 어떻게 끔찍한 사후 세계를 피해 영원한 약속의 땅을 찾아내는지 이야기한다. 호러 마인드-액션 스토리 관점의 주된 목표는 사람들에게 죽음을 정면으로 마주하게 하는 것이다. 우리의 눈을 강제로 열고 눈앞에 죽음을 들이민다. 이런 정서적인 접근법이 우리로 하여금 자신의 최후를 정직하게 바라보게 만들고, 삶에 진정한 변화를 불러일으키는지는 또 다른 문제다.

다른 장르와의 차이

호러는 '사변 소설 Speculative Fiction'이라고 하는 주요 장르 계열의 일부로, 여기에는 판타지와 SF도 포함된다. 이 세 장르는 상상력을 외부 세계에 극단적으로 투영하고 구체화한다는 공통점이 있다. 판타지는 캐릭터가 살아가는 법을 배울 수 있도록 매우 세밀하게 구축된 가상의 세계를 제시한다. SF는 사회와 문화를 창조하는데, 해당 세계의 기초가 되는 과학기술에 특히 주안점을 둔다. 호러는 적 중에서도 가장 위험한 적, 즉 죽음을 하나의 캐릭터로 만든다.

반면 추리 소설은 호러의 대척점에 있다. 호러는 가장 원초적인 형식인 반면 추리 소설은 가장 지능적인 형식이다. 하지만 추리 소설과 호러 모두 본질적으로 인간의 정신을 다룬다.

> **핵심**
>
> 추리 소설은 인간 정신의 탁월함을 강조하는 반면 호러는 정신의 결함을 부각한다.

추리 소설은 우리의 정신이 어떻게 작동하는지 보여주고 호러는 우리의 정신이 어떻게 실패하는지 보여준다. 한 형식은 정신의 상징적 힘을 과시하는 반면, 다른 형식은 비논리, 증오, 편견의 산물을 폭로한다.

또한 추리 소설과 호러는 죽음을 대하는 방식에서도 근본적인 차이를 보인다. 추리 장르에서 죽음은 다른 사람에게 일어나는 일이지만, 호러에서 죽음은 지금 당장 내게 일어나고 있는 일이다.

한편 호러는 코미디와 근본적으로 유사한 점이 있는데, 두 형식에서 모두 캐릭터들이 동물이나 기계로 축소된다는 점이다. 차이라면 호러에서의 축소는 훨씬 극단적이다. 이 차이로 호러는 감상자에게 웃음이 아니라 공포를 이끌어낸다.

호러의 예시

스토리

시시포스 신화, 『구약성서』 창세기(아담과 이브), 「슬리피 할로우의 전설」, 「어셔가의 몰락」, 「아몬틸라도의 술통」, 「고자질하는 심장」, 「함정과 진자」, 「붉은 죽음의 가면」

소설과 영화

『오트란토 성』, 『크리스마스 캐럴』(신화, 판타지), 『뱀파이어와의 인터뷰』, 『드라큘라』, 『죠스』, 『에이리언』, 「싸이코」, 『캐리』, 『그것』, 『저주받은 천사』, 『쿠조』, 『애완동물 공동묘지』, 「콰이어트 플레이스」, 「유전」, 「울프맨」, 「늑대 인간의 습격」, 「플라이」, 『투명인간』, 『살아 있는 시체들의 밤』, 『엑소시스트』, 『로즈메리의 아기』, 『신체 강탈자의 침입』, 『쥬라기 공원』, 「오멘」, 『미저리』, 「나이트메어」, 「링」, 「텍사스 전기톱 학살」, 「할로윈」, 「13일의 금요일」, 「헬레이저」, 「아미티빌의 저주」, 『헬 하우스』, 「폴터가이스트」, 「조커」, 「로스트 보이즈」, 「공포의 대저택」, 「크리프트 스토리」, 「나이트 스토커 The Night Stalker」, 「슬리피 할로우」, 「트릴로지 오브 테러」, 「블레어 위치」, 「어둠을 두려워하지 말라 Don't be Afraid of the Dark」, 「엔젤 하트」, 「밀납 인형관의 공포 Terror in the Wax Museum」, 「크롤링 아이 The Crawling Eye」, 「지하 납골당의 공포 The Vault of Horror」, 「보기 크리크의 전설」, 「검은 산호초의 괴물」, 『트와일라잇』, 「언더월드」, 「캣 피플」, 「저주받은 카메라」, 「런던의 늑대인간」, 「시체들의 새벽」, 「서

바이벌 게임」,「새벽의 황당한 저주」,「고질라」,「시스터스」,「괴물The Thing」,「제인의 말로」

텔레비전 시리즈

「워킹 데드」,「트루 블러드」,「뱀파이어 해결사」,「아메리칸 호러 스토리」,「돌아온 사람들Les Revenants」,「기묘한 이야기」(스릴러),「그림형제」(호러, 추리물, 로맨스, 판타지),「더 스탠드The Stand」,「수퍼내추럴」,「힐 하우스의 유령」,「뱀파이어 다이어리」

호러 서브 장르

주요 장르들은 모두 다수의 서브 장르를 두고 있다. 다른 캐릭터와 플롯 비트, 스토리 세계와 주제를 이용해 형식을 다양화한 것이다. 호러의 서브 장르로는 유령 이야기Ghost Story, 뱀파이어Vampire, 늑대 인간Werewolf, 슬래셔Slasher, 오컬트Occult, 파라노말Paranormal, 고딕Gothic, 호러와 신화, 호러와 SF 에픽, 슈퍼히어로Superhero, 구원자Savior, 코미디Comedy가 있다.

호러 스토리 개요

이번 장에서 다룰 내용은 다음과 같다.
- 호러 스토리 비트
- 주제: 존재한다는 것은 죽음을 피하기 위해 노력한다는 것이다
  - 주제 공식: 죽음에 맞서 인간다운 행동을 취한다
- 호러 스토리를 초월하는 법

- 호러와 신화: 종교, 종교 스토리 비트와 기독교적 스토리 비트
- 호러와 SF 에픽

스토리 코드의 일곱 가지 핵심 단계

호러 스토리만이 아니라 모든 장르의 좋은 스토리는 일곱 가지의 중요한 구조적 단계를 거친다. 이 기본 단계들이 스토리 코드Story Code를 이룬다. 이 단계들은 스토리가 진행되는 동안 주인공이 어떻게 변화 또는 진화하는지 그 과정을 짚어준다.

1. 약점: 주인공은 습관적인 사고와 행동에 얽매여 있고, 삶을 무너뜨릴 정도로 깊은 약점에 시달린다. 주인공이 성장하려면 이 결함을 극복해야 한다.
2. 욕망: 주인공은 자신의 삶에서 소중하지만 부재하다고 여기는 외적 목표를 갈망한다.
3. 적대자: 주인공은 목표를 달성하는 데 방해가 되는 적대자와 걸림돌 혹은 도전에 맞선다. 마지막에 주인공은 걸림돌 또는 도전이 자기 자신임을 깨닫는다.
4. 계획: 적대자를 무너뜨리고 목표를 달성하는 데 필요한 계획 또는 전략을 수립한다.
5. 전투: 적대자와 최종 승자를 가리는 최후의 갈등 또는 전투를 치른다.
6. 자기 각성: 조금이라도 성장했다면 끝에 이르러 주인공은 진정으로 더 나은 자신의 모습을 깨닫고, 지금껏 심리적, 도덕적으로 어떤 잘못을 저질렀는지 뉘우친다. 주인공은 앞으로 어떻게 행동할지

선택하고 새로운 행보를 보이며 달라진 자신의 모습을 입증한다.
7. 새로운 평형: 세계는 새로운 평형 상태에 접어들고, 앞으로 더욱 성장할 수 있는 잠재력을 갖춘 주인공이 새로운 모습으로 나타난다.

호러 스토리 비트들

모든 장르의 비트가 그렇듯, 호러 스토리 비트는 일곱 가지 구조적 단계를 비틀어 장르의 주제를 표현한다. 또한 호러는 놀라울 정도로 특유의 비트를 많이 갖고 있다. 왜일까? 형식에 한계가 있고 자연스러운 플롯이 지극히 적다 보니 장르를 깊이 있게 만들고 확장하기 위해서는 전문적인 비트를 다양하게 갖춰야 하기 때문이다.

이 비트가 상위 구조, 즉 호러의 신화성을 이룬다. 이를 통해 보통 피해자를 공격한다는 하나의 비트만이 존재하는 플롯이 계속 반복되는 현상을 피할 수 있다. '부모가 지은 죄', '금지된 벽을 넘는 행위'와 같은 비트들은 단순히 호러만의 고유한 주제에서 자연스럽게 탄생한 결과물이 아니다. 이 비트들은 장르가 단편을 넘어 확장되는 데 필요한 플롯의 복잡성과 캐릭터의 깊이를 만들어낸다.

호러 스토리 비트: 망령–지난날의 죄

'망령'은 일곱 가지 구조적 단계 중 하나는 아니지만, 호러를 포함해 어떤 스토리에서든 극히 중요한 요소다. 망령은 현재의 주인공을 끊임없이 괴롭히는 과거의 사건이다. 분류 기준에 따라 첫 번째 단계인 약점의 부차적 구조나 일부라고 볼 수 있다.

호러 장르에서 흔히 잘못 이해하는 것이 바로 '망령ghost'이다. 작가들은 망령을 유령 이야기라는 서브 장르를 가리키는 용어라고 생각할 때가 많다. 유령 이야기 속 망령은 '괴물' 또는 적대자다. 살아 있는 사람에게 해를 끼치기 위해 나타난 형체 없는 존재다. 그러나 대다수 호러 스토리에서 '망령'은 대체로 과거에 있었던 어떠한 일, 주인공을 계속해서 괴롭히고 주인공 캐릭터를 정의할 뿐 아니라 심지어 행동에도 영향을 미칠 정도의 사건을 뜻한다. 주인공의 조상이 과거에 저질렀으나 아직 속죄하지 못한 악행이 망령으로 등장할 때가 많다. 그 대가는 반드시 치러야 하기 때문에 계속해서 나타난다.

> **핵심**
>
> 망령은 호러에서 가장 중요한 비트다.

그 이유는 무엇일까?

- 망령은 현재를 지배하는 과거의 영향력을 상징하는데, 이는 호러 장르의 근본적인 주제 중 하나다
- 자손의 삶에까지 영향을 미치는 아버지와 어머니의 죄를 한눈에 보여준다
- 망령은 스스로를 공격하는 인간의 마음이다
- 스토리가 전개되는 동안 계속 공격하는 망령은 플롯을 이끄는 동력이 된다

호러에서 주인공을 지속적으로 괴롭히는 망령의 실체는 사실 불완전한 인간의 마음에 작용하는 암시의 힘이다. 머릿속에서 계속 재생하고 결국 현실로 만들어내는 자기 확신적 추측self-confirming hypothesis이다.

> **핵심**
>
> 좋은 호러는 구조적 정렬이 긴밀하다. 과거의 악행은 주인공의 심리적, 도덕적 약점과 연결되어 향후 소름 끼치는 악행으로 이어진다.

「나이트메어」에서는 10년 전, 낸시의 어머니인 마지를 포함한 자경단 부모들이 아동 살해범인 프레디 크루거를 불태워 죽이고 그가 타 죽는 모습을 지켜봤다. 이 작품에서는 망령이 괴물이 되어 나타난다.

『샤이닝』은 주인공이 오버룩 호텔에 입성하기 전에 이미 심리적 유령을 설정한다. 지나치게 술을 마신 잭은 아들 대니의 팔을 부러뜨리고 어깨를 탈골시켰다. 그 일 이후로 아내 웬디는 남편을 완전히 신뢰하지 않고, 잭은 자신을 원망하는 아내를 용서하지 않는다.

「에이리언」에서 로봇 애쉬는 에이리언을 무기로 활용하기 위해 지구로 데려오라는 회사의 지령을 받는다. 리플리가 상황을 파악하려고 우주선에 실린 컴퓨터 마더를 중단시키자 이런 메시지가 나온다. "샘플 확보할 것. 분석을 위해 유기체를 지구로 가져오는 것이 최우선 목표. 그외 다른 일은 모두 부차적. 승무원의 희생도 불사." 회사가 살인을 허가한 일이 과거의 악행에 해당한다.

「싸이코」에는 영화 역사상 가장 복잡한 심리적 망령이 등장한다. 스토리를 좌우하는 망령은 초반 주인공으로 등장하는 마리온이 아니라 노먼이다. 노먼은 겉보기에는 온순한 청년이지만 마리온을 살해하고 스토리를 이끌어나가는 인물이다. 결말에서 정신과 의사의 입을 통해 노먼의 심리적 문제가 드러난다.

프레드 리치먼드 박사: …노먼의 정신의 반을 지배하고 있는… 모친의 이야기를 들어보면, 10년 전으로 거슬러 올라가야 합니다. 노먼이 모친과 그 애인을 살해했던 때로요… 노먼은 모친이 그 남자 때문에 '자신을 버린' 것처럼 느꼈습니다. 이성을 잃은 그는 두 사람을 죽였죠. 존속살인은 가장 용인될 수 없는 범죄일 겁니다. … 그 일을 저지른 본인조차도 도저히 용인할 수 없었을 거고요. 그래서 그는 그 사건을 없었던 일로, 적어도 자신의 머릿속에서는 지워버린 겁니다. 그는 모친의 시신을 훔쳤고요…. 그는 모친처럼 생각하고, 모친을 대신해 말하고, 자기 삶의 반을 내어주기 시작했습니다…. 그 후 그는 노먼으로만 존재했던 적이 없었고, 모친의 인격으로만 존재할 때가 많았습니다. 모친에게 병적으로 집착했던 그는 모친 또한 자신에게 집착할 것이라 생각했죠. 이 때문에 그가 다른 여성에게 강한 호감을 느끼면 모친의 자아가 이성을 잃었습니다…. 마리온을 만난 노먼은… 성적 흥분을 느꼈습니다. 그녀를 원했죠. 그로 인해 '질투심에 사로잡힌 모친'이 '여성을 살해하는 일'이 벌어진 겁니다! 살인 후 깊은 잠에서 깨어난 것처럼 노먼이 돌아왔습니다. 효심 깊은 아들인 그는 자신의 모친이 저질렀다고 생각한 범죄의 흔적을 모두 치웠습니다!

어떤 장르든 일곱 가지 구조적 단계를 갖춰야 하지만 장르에 따라 특정 단계를 좀 더 강조하기도 한다. 호러 장르는 '망령'과 '적대자'를 강조한다. '망령'과 '적대자'가 각각 내적, 외적 적수라는 점을 생각해 보면 당연하다. 안팎으로 공격을 가하는 호러는 다른 어떤 장르보다 주인공에게 더욱 큰 압력을 가한다.

호러 스토리 비트: 스토리 세계–유령이 나오는 집과 폐쇄적인 사회

스토리 세계는 주인공의 유령과 약점을 표현하는 공간이다. 호러에서 주인공의 불안감을 점점 고조시키는 유령의 집도 그런 공간 중 하나다. 유령의 집은 결함이 있는 인간 정신을 형상화한 것이다. 주인공이 머물러야만 하는 그 공간은 그의 가장 큰 두려움이 하나의 건축물로 표현된 곳이다.

그 예로 「어셔가의 몰락」, 『드라큘라』, 「공포의 대저택」, 『엑소시스트』, 「아미티빌의 저주」, 「폴터가이스트」, 「나이트메어」, 『샤이닝』 속 산꼭대기에 있는 거대한 호텔, 「선셋 대로」 속 일종의 비극적인 현대판 뱀파이어 스토리가 펼쳐지는 대저택을 들 수 있다.

유령의 집은 보통 하나의 폐쇄적인 사회로 귀족이나 상류층이 거주할 때가 많다. 이 상류층 사람들은 망가졌고, 집은 마을에 사는 평범한 사람들 덕분에 유지되며, 때로는 마을 사람들을 식량으로 삼는다. 드라큘라는 백작이고, 자신의 '아이'를 버린 비도덕적인 아버지 프랑켄슈타인은 남작이다. 「어셔가의 몰락」 속 화자가 방문한 집은 '잿빛이 도는 창백한 피부'에 망가진 행색을 한 친구와 병색이 완연한 그의 여동생이 사는 곳이다. 두 사람이 사는 집은 지붕부터 바닥까지 균열이 난 황폐한 대저택이다.

미국은 스스로를 계층이 없는 민주주의 국가라고 믿고 싶어 한다. 이 때문에 미국의 호러 스토리에서 사회의 부패는 작은 마을의 행복한 겉모습 아래 숨겨져 있을 때가 많다. 하지만 머지않아 그 울부짖음이 지면 위로 뻗어나간다. 「13일의 금요일」, 「폴터가이스트」, 「나이트메어」가 여기에 속한다.

「겟 아웃」은 어떤 면에서는 호러라는 장르를 초월한다고 볼 수 있는데, 계층과 인종 모두를 바탕으로 스토리 세계를 그렸기 때문이다. 현대판 농장주는 의료 기술을 이용해 흑인들을 영원한 노예로 만들려 한다.

호러를 있음 직한 일처럼 만들기 위해 작가들이 취할 수 있는 한 가지 전략은 이국적이거나 불가사의한 공간 또는 '구세계'를 배경으로 스토리를 시작하는 것이다. 바로 환상 동화의 무대가 되는 곳에서 말이다. 이렇게 할 때 호러는 누구도 면역을 갖추지 못한 전염병처럼 새로운 현대 세계로 진입한다. 이 기술을 활용한 작품으로 『엑소시스트』, 『드라큘라』, 「아라크네의 비밀」, 「헬레이저」가 있다.

호러 속 유령의 집 구조에서 눈에 띄는 점은 지하 창고와 다락이다. 부모의 죄는 지하 창고에 묻혀 있다. 하지만 죄는 반드시 대가를 치러야 하기 때문에 (문자 그대로 또는 비유적으로) 해골 모습을 한 그 죄들은 위로 올라와 또다시 공격을 가한다. 「싸이코」가 전형적인 예다. 반면 다락은 보통 아련한 추억이 보관된 공간이다. 하지만 집의 '머리'에 해당하는 이곳은 정신이상자가 갇힌 공간이 될 수도 있다. 고딕 로맨스 『제인 에어』가 바로 다락을 이렇게 활용했다.

유령 마을과 도시

호러에서 유령의 집은 유령이 들린 마을에 자리할 때가 많다. 전형적인 유령 마을은 텅 빈 건물들로 죽음의 기운을 풍긴다. 단절된 집이 야기하는 불안감은 떨어뜨리지만, 탈출구가 없다는 긴장감은 강조된다. 죽음의 세계인 셈이다. 프랑스 텔레비전 시리즈 「돌아온 사람들」은 사람이 들고 나는 일이 거의 불가능할 만큼 고립된 산속 마을을 배경으로 이 효과를 극대화했다. 마을이라는 개념을 도시로 확장시킨 「28일 후」에는 사람 그림자 하나 보이지 않는 대신 좀비로 가득한 런던이 등장한다. 영화에는 탈출한 주인공 몇 명이 터널 한가운데서 자동차 타이어를 교체하는 장면이 나온다. 수천 마리의 쥐들이 떼로 달아나는 모습을 보고 이들은 좀비 떼가 바로 뒤에서 무서운 속도로 다가오고 있음을 깨닫는다. 호러 스토리에서 주인공들에게 극심한 압박감을 주는 설정을 보여주는 교과서적인 예다.

호러 스토리 비트: 괴물의 공격

적대자, 즉 괴물은 대단히 강력한 존재로 스토리에 동력을 더한다. 바깥(유령)과 안(약점)에서 괴물의 공격이 가해지면 주인공은 방어적인 태도를 보이고 상당한 긴장감에 사로잡힌다. 그리고 압박은 점점 더 심해진다.

호러 스토리 비트: 피해자인 주인공

호러에서는 지속적으로 공격을 가하는 적대자 때문에 주인공이 늘 죽음 직전까지 몰리는데, 이는 필멸이라는 우리의 운명을 상징한다.

> **핵심**
> 스토리가 전개되는 동안 주인공이 점차 약해지는 만큼, 스토리의 시작에 주인공을 '가장 높은 곳'에 위치시키는 것도 한 가지 기술이다. 이러한 스토리 전략으로 주인공을 가장 높은 곳에서 가장 낮은 곳으로 추락시킬 수 있다.

『프랑켄슈타인』에서 천재적인 프랑켄슈타인 박사는 시체를 이용해 니체의 초인 Overman 을 만들고 싶어 한다. 이 대단한 목표는 실패할 수밖에 없는 만큼 박사는 신체적으로나 도덕적으로 무너져 내린다. 이러한 스토리 전략은『플라이』,『지킬 박사와 하이드 씨』,「검은 산호초의 괴물』, 『투명인간』에서도 찾아볼 수 있다.

두 번째 접근법은 평범하고도 선한 인물이 우연히 끔찍한 현상을 경험하는 것이다. 이 접근법은 『애완동물 공동묘지』, 『죠스』, 『엑소시스트』, 「싸이코」, 「에이리언」, 「나이트메어」에 등장한다.

두 번째 전략이 제대로 성공하기 위해서는 스토리 초반에 시간을 들여 인물을 지극히 인간적인 캐릭터로 구축해야 한다. 친절하고, 세심하고, 결혼을 앞두고 있거나 아이가 있는 가정적인 모습을 보이거나 커뮤니티의 지도자인 식이다. 주인공에게 좋은 특징을 부여한다면 그의 추락을 더욱 극단적이고 비극적으로 만들 수 있다.

호러 스토리 비트: 약점 1-정신의 노예화와 내면의 괴물

주인공의 성공을 가로막는 약점은 두 가지 형태로 나타난다. 심리적인 약점과 도덕적 약점이다. 약점이 생기면 캐릭터가 자신의 약점을 고치기 위해서 해야 하는 일, 성장하려면 반드시 해야 하는 일이 따라온다. 캐릭터가 지닌 약점의 근원은 본인의 망령이다. 이런 이유로 '망령'을 약점 단계의 일부로 보기도 한다.

망령 단계에서 확인했듯, 호러는 단순히 무서운 괴물이 나오는 이야기가 아니다. 약점이 너무도 큰 나머지 사실상 정신이 그에 예속된 인물에 관한 이야기다.

> **핵심**
>
> 호러 스토리의 가장 큰 가치는 인간 내면에 자리한 괴물을 드러내고, 상징성을 만들어내는 인간의 내재적 결함이 자멸을 초래한다는 사실을 보여주는 데 있다.

이분법적 사고

정신이 노예화되는 주된 원인은 '이분법적' 사고 때문이다. 이는 주변 세상에 상징을 부여하는 자기 인식적 사고의 엄청난 힘에서 비롯된다. 모든 스토리는 동일한 성격을 지닌 두 대상의 대립, 즉 욕망과 적대자의 대립에서 시작된다.

우리에게 원하는 것이 생기는 순간 우리는 다른 무언가를 의식하게 된다. 바로 우리의 욕망을 가로막는 타자다. 이 타자는 우리의 생명까지 위협할 수 있다.

> **핵심**
>
> 차이를 대립으로 보는 사고의 경향성은 인간 정신의 기본 구조적 결함이다.

인간의 사고는 항상 이분법으로 시작해 대체로 이분법으로 결론을 맺는다. 이것과 저것, 나와 타인, 우리와 그들, 낙관론자와 비관론자 등으로 말이다. 대립과 이원성은 발견하기도, 이해하기도 쉽다.

괴물은 또한 주인공이 느끼는 거대한 두려움이 의인화된 것임을 깨달으면 왜 호러가 모든 장르를 통틀어 인간의 심리와 가장 밀접하게 연관되어 있는지도 이해할 수 있다. 구체적으로 말하자면 호러는 온전한 정신의 경계에 있는 인간의 모습을 보여준다.

> **핵심**
>
> 좋은 호러에서 주인공의 약점은 우리의 정신 안에 자리한 이원성에서 탄생한다.

이러한 현상이 글로 형상화된 스토리로는 『지킬 박사와 하이드 씨』, 『플라이』가 있다. 하지만 이원성은 어느 호러 주인공에게서나 찾아볼 수 있으며, 스토리가 진행될수록 점점 더 뚜렷하게 드러난다.

이원성의 주된 근원 두 가지는 다음과 같다. 첫째는 근본적인 두려움이고, 둘째는 금기된 욕망이다.

> **핵심**
>
> 스릴러와 마찬가지로 호러는 두려움이라는 감정에 전적으로 초점을 맞춘다.

근본적인 두려움

호러에서 본질적인 두려움은 죽음 그 자체다. 호러 소재로 활용되는 다른 두려움은 살해당하고, 잡아먹히고, 노예가 되고, 강간당하고, 실패자가 되고, 실성하고, 고요한 좌절감 속에서 삶을 살아가는 등 여러 가지가 있다(『스텝포드 아내들 The Stepford Wives』, 『살아 있는 시체들의 밤』, 『신체 강탈자의 침입』).

신화처럼 대단히 상징적인 호러는 다양한 메타포를 활용해 캐릭터의 퇴화 devolution 를 표현한다. 신체적 변화는 캐릭터 내면에 자리한 '빛'과 '어둠'의 싸움을 보여준다.

> **핵심**
>
> 사람들은 자신의 존재가 축소되는 것을 두려워하는데, 축소는 크게 두 가지 상징적 형태를 띤다. 동물과 기계다. 각각 주인공과 감상자 내면의 무언가를 의미한다.

애니멀 호러Animal Horror는 신체를 잃는 두려움, 통제를 잃는 두려움, 좀 더 구체적으로는 성욕에 대한 두려움을 상징한다. 늑대, 유인원, 고양이, 박쥐, 파리, 뱀, 뿔이 달린 동물 일체가 이에 속한다. 이 동물들은 지옥과 연관이 있을 때가 많다. 『드라큘라』와 「울프맨」이 전형적인 애니멀 호러 스토리다.

머신 호러Machine Horror는 정체성 또는 개성을 잃는 두려움을 의미한다. 머신 호러에서 캐릭터는 로봇 인간, 프랑켄슈타인의 괴물, 좀비로 표현된다. 좀비는 머신 호러를 완벽히 의인화한 캐릭터로 볼 수 있는데, 생명력을 잃은 텅 빈 얼굴을 하고 기계처럼 삐걱거리며 걷기 때문이다. 『신체 강탈자의 침입』은 머신 호러 스토리의 교과서로 들 수 있다.

애니멀 호러는 19세기 중반부터 인기를 끈 반면 머신 호러는 제2차 세계대전 이후 인기가 높아졌다. 이러한 현상은 대중 사회의 부상으로 개인이 집단적 사고에 잠식당할지 모른다는 두려움과 맞닿아 있다. 이와 마찬가지로 『조직인간The Organization Man』, 『회색 플란넬 정장을 입은 남자The Man in the Gray Flannel Suit』와 같이 1950년 중반의 베스트셀러 도서들은 기계 속 부품이 된다는 것에 대한 두려움을 담고 있다. 대중적 순응을 다룬 훌륭한 디스토피아 소설 중 하나가 바로 1949년에 출간된 『1984』다.

금기된 욕망

이원성의 두 번째 근원은 캐릭터가 스스로 마주하기 어려울 정도로 너무 끔찍한 무언가를 내면에 숨기는 것이다. 그 결과 마음속에서 욕망을 따로 분리한다. 하지만 그러한 구분은 그리 오래가지 못하고 캐릭터는 언제든 무너져 내릴 경계의 상태에 있다.

이러한 '어두운 면'을 불러오는 금기된 욕망은 무엇일까? 힘을 느끼고 싶거나 고통을 가하고 싶고, 금지된 것을 하고 싶고, 살인과 강간, 파괴, 간음, 존속살인을 꿈꾸는 마음이다.

호러 스토리 비트: 약점 2-수치심과 죄책감

자기 인식적 사고의 주요 무기는 수치심과 죄책감이다. 거의 모든 주요 장르에서 중요한 요소가 되는 수치심과 죄책감은 개인과 사회의 구분을 강조한다.

그 이유가 무엇일까? 수치심과 죄책감은 타인과의 관계에서 직접적으로 발생하는 개인의 감정이다. 수치심은 사람들이 보는 앞에서 실패할 때 일반적인 행동 기준에 따라 행동하지 못했다고 스스로를 괴롭히는 마음이다. 죄책감은 특히 가까운 누군가에게 마땅히 이행해야 하는 의무에서 개인의 기준에 미치지 못했다고 스스로를 괴롭히는 마음이다.

호러에서는 초반부터 주인공이 망령 때문에 극심한 수치심과 죄책감에 시달리는 모습이 자주 등장한다. 자신의 책임을 느끼고 과거의 죗값을 치르려 하지만 그 일이 실제로 주인공의 잘못은 아니기에 과거를 만회하려는 시도는 실패한다. 그 과정에서 어두운 감정이 생겨난다.

호러 스토리 비트: 욕망-괴물 및 죽음을 무찌르다

주인공의 욕망은 스토리의 중추가 된다. 호러에서 표면적인 욕망은 괴물을 무찌르는 것이다. 더욱 깊이 자리한 욕망은 죽음을 무찌르는 것이다.

주인공은 괴물과 비교해 상대적으로 약한 존재인 만큼, 호러 스토리는 보통 도망치려는 주인공의 모습으로 시작된다. 호러가 장르들 중에서 가장 예술성이 낮다는 평가를 받는 이유는 도피는 행동이 아니라 반응, 즉 최하위 욕망이기 때문이다.

그런데 괴물은 왜 공격하는 것일까? 괴물은 주인공이 감추고 있는 금기된 욕망에서 탄생한다. 이 욕망은 주인공이 스스로 벌을 받아야 한다고 느낄 정도로 깊은 죄책감과 수치심을 불러오는, 금기시된 일을 가리킨다.

호러의 대가 클라이브 바커Clive Barker는 「헬레이저」에서 욕망과 호러의 연관성을 논리가 허용하는 가장 극단까지 몰고 갔다. 그의 비결은 폭력과 쾌락을 연결 지어 자신의 호러를 사도마조히즘으로 만드는 것이었다. 그는 섹스와 죽음의 연관성을 다른 차원으로 확장시켜 일종의 쾌락과 고통 보존의 법칙을 만들어냈다. 호러의 카르마(호러 속 금기된 쾌락은 고통과 비례한다는 의미―옮긴이)인 셈이다.

「싸이코」의 초반에 노먼은 첫 번째 주인공인 마리온을 살해한다. 이후 그는 금기된 욕망을 지닌 중심 캐릭터가 되어 극을 이끈다. 노먼은 자신의 모친을 향해 비틀린 욕망을 품었고, 모친이 다른 남성과 잠자리를 하자 두 사람을 죽인다. 이중 금기인 셈이고, 이 일로 정신적 충격을 크게 입은 노먼은 자신이 갈망하는 여성을 모두 죽일 수밖에 없었다.

호러 플롯의 시각적 형태: 직선형

플롯을 이루는 행동의 시퀀스에는 시각적 형태가 있다. 스토리 속 주인공의 목표와 이를 달성하기 위해 주인공이 취하는 행동의 순서가 이 형태를 결정한다. 대다수 장르는 시작부터 끝까지 직선으로 쭉 뻗는 구조라 직선형을 따른다. 하지만 장르마다 고유한 욕망선desire line(주인공의 행동을 이끄는 핵심 목표 또는 과제―옮긴이)과 구조적 단계가 있어서 다양한 형태의 플롯을 만들어낸다.

직선형의 구조적 토대는 한 명의 주인공이 주요 적대자 한 명과 맞서며 하나의 목표를 맹렬히 좇는 것이다. 스토리라인이 다음과 같은 형태를 띤다.

↓

직선형이 구조적으로 지닌 큰 장점은 강렬한 욕망선 하나와 능동적이고 대체로 성공을 거두는 주인공 한 명이 등장한다는 데 있다. 스토리의 중추가 더욱 단단해지고, 대중 스토리텔링에서 가장 중요한 요소인 서사의 추진력이 더욱 강력해진다.

실패를 보여주는 호러 주인공이 많지만 호러는 거의 항상 직선형을 취한다고 할 수 있다. 주인공의 첫 번째 욕망이 도피이기 때문이다. 직선형은 액션, 범죄물, 서부극, 로맨스에서도 흔히 찾아볼 수 있다.

호러 스토리 비트: 적대자-괴물, 극단의 '타자'

호러는 다른 어느 장르보다도 타자를 향한 우리의 두려움을 극대화한다. 이 극단의 다른 존재를 '괴물'이라고 부른다. 괴물은 인간 사회를 침입한, 인간과 다른 외부자다.

앞서 말했듯, 호러는 내면의 적대자, 즉 캐릭터의 망령 및 약점과 외부의 적대자, 괴물 간에 강력한 연결성을 구축한다.

괴물의 공격은 스토리가 전개되는 동안 주인공의 퇴화를 이끄는 요인이다. 하지만 이 퇴화의 진정한 원인은 캐릭터의 심리적 결함에 있다.

> **핵심**
>
> 매우 상징적인 괴물과 캐릭터 내면의 결함 간 연결성이 스토리를 인간적으로 만드는 힘이다.

기법: 분신

특히 호러 장르에서 작가들은 도플갱어 또는 '분신'을 이용해 인물의 깊은 내면에 자리한 자아를 별개의 캐릭터로 보여준다. 이러한 '제2의 자아'는 보통 자아가 세상에 보여주는 모습보다 더욱 어둡고, 나약하며, 진실하다.

> **핵심**
>
> 좋은 호러에서 괴물은 곧 주인공의 분신이다. 내면의 적대자와 외부의 적대자가 같은 존재인 것이다.

도플갱어 기법은 이분법적 대립으로 사고하는 경향성을 상징하는 또 다른 방식이기도 하다. 하지만 변증법의 관점으로 주인공이 괴물과 맞서는 과정을 보면 괴물이라는 분신은 주인공이 자유를 얻는 수단이 된다. 장르와 무관하게 좋은 스토리텔링을 구성하는 위대한 원칙 중 하나를 보여주는 셈이다. 주인공은 적대자를 통해 배운다는 것이다. 적대자가 주인공의 내면에 깊이 자리한 결함을 무자비하게 공격하는 바람에 주인공은 그 문제를 해결할 수밖에, 그리하여 성장할 수밖에 없다. 작품을 보는 우리는 이 과정을 지켜보며 깨달음을 얻는다.

하지만 호러 장르가 보여주듯 분신은 양날의 검이다. 광기로 향하는 계기가 되기도 하는데 가상의 자아가 실제 자아에서 분리될 때, 이 극단적이고 어두운 자아상이 거짓된 현실이라는 미로로 우리를 안내할 수 있다.

심리 호러 스토리의 대가 에드거 앨런 포는 자기 인식적 사고가 분열로 이어지는 이야기를 자주 다뤘다. 「어셔가의 몰락」에서 로드릭은 자신의 마음속뿐만 아니라 쌍둥이 여동생 매들린에게서도 도플갱어를 발견한다. 두 사람 모두 정신 내면에 분열이 일어나는데, 이는 저택의 천장부터 바닥까지 길게 난 균열로 표현된다. 로드릭과 매들린 둘 다 일종의 정신 질환을 앓고 있다. 로드릭이 여동생을 지하의 가족 묘지에 생매장하려 하자 그녀가 다시 돌아와 복수를 감행하고, 두 사람은 함께 죽음을 맞이한다. 무너져 내린 저택은 늪에 빠져 자취를 감춘다.

『지킬 박사와 하이드 씨』에서 로버트 루이스 스티븐슨Robert Louis Stevenson은 심리적-도덕적 내면을 소위 '선'과 '악'이라는 이분법적 대립으로 나누었다. 스티븐슨은 한 인물 안에 두 개의 페르소나를 만들어 인간이 선에서 악으로 변하는 과정을 핵심적인 요소만 압축해 보여주었다. 하지만 이러한 분열이 지나치게 단순하게 표현된 나머지 플롯이 빈약해졌다. 지킬과 하이드는 극단적으로 분열된 인물로 도리언 그레이처럼 양심을 버리고 마음껏 악행을 저지르기를 바라는 인간이다.

「싸이코」로 돌아가 보자면, 망가진 인격은 주인공의 인격이 아니다. 살인자의 인격으로, 온화하고 상냥한 모습을 한 노먼 베이츠의 뒤에 숨어 있다. 중요한 것은 이 작품을 각색한 여러 작가가 처음부터 노먼을 괴물로 묘사하지 않았다는 점이다. 노먼은 친절하고 섬세하며 대단히 세심한 사람으로 등장한다. 덕분에 플롯이 가능해지고, 그의 진정한 모습이 밝혀질 때 우리가 느낄 공포 또한 커진다.

호러 스토리 비트: 조력자—이성적인 회의론자

감상자를 공포에 빠뜨릴 스토리를 만들 때 작가가 마주하는 주된 도전 중 하나는 이상한 스토리 세계를 설득력 있게 그려내는 것이다. 작가는 감상자가 믿을 수 있는 세계를 만들어야 한다. 보통 그 역할을 하는 것은 과학자로, 좀 더 보편적으로는 이성적인 회의론자로 등장하는 주인공의 조력자. 이 회의론자는 의사나 심리학자, 박물학자가 되기도 한다. 과학자 캐릭터가 말도 안 되는 초자연적 현상의 '언짢음을 해소하는' 역할을 한다.

이 비트의 전략은 감상자보다 더욱 회의적인 캐릭터를 통해 감상자가 느낄 회의감을 짚어내는 데 있다. 이성적인 회의론자 캐릭터가 초자연적인 현상을 두고 '과학적'이고 자연스러운 설명을 제시하는 것이다.

『드라큘라』에서 회의론자 캐릭터는 과학자로, 생명이 없지만 살아 있는 존재가 가능함을 입증한다. 이러한 기법은 「아라크네의 비밀」, 「죠스」, 『엑소시스트』, 『프랑켄슈타인』에서도 찾아볼 수 있다.

「나이트메어」에서는 접근법을 달리해 여러 건의 살인 사건이 여자친구를 살해한 전과가 있는 청년의 소행인 것처럼 보이게 만들었다.

이성적인 회의론자라는 전략은 누가 봐도 기이한 현상에 대해 현실적인 설명과 이성적인 항변을 제공한다.

호러 스토리 비트: 금단의 벽을 넘다

이 장벽은 괴물이 인간 사회에 들어오지 못하게 막는 벽이다. 다른 존재의 출입을 막는 역할을 하지만 항상 실패한다.

판도라 신화에서는 세상의 모든 질병과 참상을 담고 있는 ('상자'로 오역되었지만) 항아리의 뚜껑이 바로 그 장벽이었다.

「킹콩」에서는 킹콩과 정글(자연)이 마을과 문명 사회를 침범하지 못하게 막는 거대한 문이 장벽 역할을 한다.

『애완동물 공동묘지』에서 장벽은 동물들이 묻힌 묘지다. 그 너머에 있는 미크맥 인디언의 묘지는 죽은 생명을 부활시키는 힘이 있다.

> **핵심**
>
> 훌륭한 호러에서는 그 장벽이 내면에 자리하기도 한다. 주인공이 접근해서는 안 되는 자기 내면의 부정적인 자아, 주인공이 빠져서는 안 되는 금기시된 욕구가 장벽이다.

이 장벽은 또한 삶과 죽음을 가르는, 넘을 수 없는 엄격한 선을 의미한다. 삶을 구분 짓는 핵심적인 차이이기도 하다. 그 선이 없다면 삶 또한 존재할 수 없다.

장벽은 단순히 괴물과 이어지는 문을 의미하지 않는다. 호러 장르가 내포한 깊은 의미로 향하는 입구인 셈이다. 주인공이 그 문을 열고 나면 파멸로 향하는 미끄러운 비탈길로 접어드는 것이다. 나아가기를 멈출 수도 없고, 문을 열었다는 단 하나의 선택이 가져온 파급력은 점점 더 커져만 간다.

미끄러운 비탈길이라는 비유는 형태와 정도의 차이를 설명해 주는 개념이기도 하다. 호러는 (삶과 죽음이라는) 존재 형태의 궁극적인 차이가 사실은 단순히 존재 정도의 차이라면 어떤 일이 벌어질까에 관한 일종의 사고실험을 보여준다.

삶과 죽음을 넘나드는 대상을 우리는 어떻게 묘사하는가? 되살아난 좀비, 뱀파이어, 프랑켄슈타인의 괴물을 생각해 보면 알 수 있다. 되살아난 인간은 다시 한번 인간 세상에서 살 수 있게 된다. 하지만 그럼에도 늘 무언가 결여돼 보인다. 그 결핍된 요소는 죽음을 거스른 대가다.

모든 스토리는 욕망을 실현하고자 할 때 어떠한 대가를 치러야 하는지 보여준다. 호러에서는 죽음을 미루려 할 때 대가가 따른다. 이는 신화 스토리에서 등장하는 근본적인 욕망, 즉 불멸을 향한 욕망을 현대식으로 전환한 것이다. 호러는 진정한 불멸이란 불가능하다고 말한다. 하지만 우리가 죽음을 미룰 수 있다면, 어쩌면 영원히 미룰 수 있다면 어떻게 될까?

> **핵심**
>
> 장벽은 삶에 대한 근본적인 원칙 중 하나를 의미한다. 나는 그 원칙을 '삶의 필연적 대가의 법칙Law of Necessary Cost of Living'이라고 하겠다.

이 법칙이 작용하는 예는 수없이 많다. 열역학에서는 엔트로피라고 하는데, 시스템이 무질서로 향하는 경향성을 의미한다. 완벽하게 효율적인 시스템은 없다는 개념에 근거한다. 모든 작용에는 마찰과 손실, 저항, 대가가 따른다.

실제 삶에서는 노화의 과정에서 삶의 필연적 대가의 법칙을 발견할 수 있다. 우리는 살아가는 동시에 죽어간다. 그 대가를 우리 몸에서 확인할 수 있다. 재정 상황에서도 마찬가지다. 무언가를 원하면 돈을 지불해야 한다. 호러에서는 필연적 대가의 법칙을 살았지만 죽은 존재라는 극적인 형태로, 다양하게 표현한다.

『드라큘라』와 뱀파이어 서브 장르는 영생에 따르는 수많은 대가를 보여준다. '언데드undead'라고도 하는 뱀파이어는 햇빛이 없는 밤에만 다닐 수 있다. 생존을 위해서는 피를 마셔야 하고, 인간의 피를 마셔야만 오래 살 수 있다. 또한 자신을 뱀파이어로 만든 자에게 종속된다. 그림자가 없으며 거울에 비치지도 않는다. 마늘과 성수, 십자가를 피해야 하고, 심장에 나무 말뚝이 꽂히거나, 햇빛이나 불에 닿거나 목이 잘리면 사망한다.

뱀파이어가 치르는 가장 큰 대가는 도덕성이다. 그는 인간을 살해해야만 자신의 영생을 이어갈 수 있다.

스티븐 킹Stephen King의 『애완동물 공동묘지』에서는 죽음을 미룰 때 치르는 또 다른 대가가 등장한다. 주인공이 죽은 애완동물을 되살린 순간 그는 장벽을 넘어 미끄러운 비탈길로 미끄러져 내려간다. 그 대가로 되살아난 고양이는 성격이 포악해진다. 주인공이 사망한 어린 아들까지 되살리자 대가는 무섭게 커졌다. 친절, 사랑, 가족 같은 인간 존재의 가장 긍정적인 면이 증오와 살인 욕망으로 대체되었다. 사랑하는 이를 죽음의 손아귀에서 되찾아 오려던 그는 가족 모두를 잃고 만다.

호러 스토리 비트: 계획–반응적

약점과 욕망, 적대자와 더불어 계획은 어떤 스토리에서든 기본적인 단계 중 하나다. 계획은 주인공이 적대자를 물리치고 목표를 이루기 위해 활용하는 일련의 전략이다.

적대자가 주인공보다 훨씬 더 강력한 만큼 호러 스토리 속 주인공의 계획은 대개 반응적이라 할 수 있다. 전형적인 반응은 도망치는 것인데, 이는 사실 계획이 아니다. 「13일의 금요일」, 「할로윈」, 「터미네이터」, 「에이리언 2」 등 괴물이 살인마로 등장하는 여러 호러 스토리에서 확인할 수 있다.

적대자가 자신 내면에도 존재하는 이상 주인공은 도망칠 길이 없다.

1. 호러: 종교

일반적인 호러 스토리가 대체로 안타까운 결말을 맞이하는 이유 중 하나가 이것이다.

> **핵심**
>
> 훌륭한 호러에서는 상황에 맞춰 주인공이 계획을 세운다. 단순히 도망치겠다는 계획은 이제 적대자를 물리치기 위한 복잡한 행동으로 발전한다. 이는 개인의 성장이 드문 스토리 형식에서 주인공이 성장할 수 있는 한 가지 계기가 된다.

호러 스토리 비트: 추진력-괴물의 공격이 거세지다

어느 스토리든 주인공이 목표를 이루기 위해 취하는 일련의 행동이 스토리의 추진력이 된다. 호러 스토리 중반부에서 괴물은 주인공을 향한 공격에 박차를 가하며 주인공을 계속해서 위험으로 내몬다. 괴물의 공격으로 주인공은 고양이에게 쫓기는 쥐 신세가 된다. 괴물의 무기고에서 나오는 다양한 무기는 감상자의 두려움을 극대화할 '공포 조성 기법'인 셈이다.

> **핵심**
>
> 호러 스토리에서 추진력의 질을 결정하는 세 가지가 있다. 바로 압박, 압박, 압박이다. 주인공에게 가해지는 압박이 강할수록 더욱 좋은 스토리가 탄생한다.

좋은 호러 스토리에서는 압박감을 일시적으로 낮췄다가 곧 강도를 엄청나게 높이기도 한다. 이를 통해 감상자는 호러 장르만의 특별한 즐거움을 경험한다.

괴물의 공격 기술

괴물의 공격 기술 중 하나로 허위 경보가 있다. 호러 스토리가 살인으로 시작할 수도 있지만, 추리 스토리 속 '허위 단서'처럼 최초 공격은 사실 위험하지 않았던 것으로 밝혀질 때가 많다. 주인공이 공포스러운 상황으로 걸어 들어갈 때 주인공과 감상자 모두에게 두려움이 조성된다. 그때 갑작스럽게 무언가 돌진해 온다. 주인공과 감상자는 깜짝 놀라 움찔하지만 이내 그 공격이 허위였음을 알게 된다. 다들 긴장이 풀린다. 허위 경보는 관객들을 계속해서 동요시키고, 다가올 진짜 공격에서 공포심이 극대화되도록 조성하는 역할을 한다.

두 번째 기술은 가까스로 피하는 위기다. 진짜 공격이 가해지지만 주인공이 간신히 피하는 상황이다. 감상자는 두려움을 느꼈다가 이내 마음을 놓는다.

가까스로 위기를 피하는 상황과 허위 경보는 호러의 전희인 셈이다. '섹스'가 마침내 이뤄지는 순간 더욱 좋은 경험을 하도록 이끄는 역할을 한다. 일반적으로 공포, 허위 경보, 진정한 두려움의 순서로 진행된다.

이러한 시퀀스를 보여주는 훌륭한 예 중 하나가 「에이리언」이다. 황폐한 우주선 내부에서 발견된 거대한 알들을 조사하던 중 케인은 알 하나에 가까이 다가가 자세히 들여다본다. 파충류처럼 생긴 생명체가 알에서 튀어나와 케인의 헬멧 안면 보호구에 달라붙는다. 케인은 다시 자신의 우주선으로 돌아왔지만, 여덟 개의 다리가 달린 생명체가 그의 얼굴을 완전히 뒤덮은 채 목에 꼬리를 감은 상태였다.

이후 케인은 안전히 회복된 것처럼 보였고 그 생명체도 사망한 듯했다. 그런데 동료들과 식사를 하며 크게 웃던 케인이 갑자기 심하게 경련을 일으킨다. 케인의 몸속에서 내장을 먹어치운 에이리언이 그의 배를 뚫고 나오고 케인은 그대로 사망한다.

기법: 속임수로 압박감을 높인다

호러 스토리의 중반부에는 주인공에게 가해지는 압박을 높여야 한다. 압박을 높이는 기법은 다음과 같다.

- 주인공이 좁은 공간으로 몰린다
- 주인공이 도움을 구할 방법이 없다
- 주인공이 부상을 입는다

괴물이 가할 수 있는 최고의 공격은 힘만이 아니라 속임수를 활용하는 것이다.

> **핵심**
>
> 괴물이 속임수를 많이 활용할수록 공격은 더욱 끔찍해지고 더욱 나은 플롯이 완성된다. 따라서 적대자가 지닌 진짜 힘과 능력을 주인공과 감상자에게 최대한 숨겨야 한다.

기법: 숨겨진 공격의 방법

플롯이 끈질기게 공격하는 괴물 하나에게서 기인할 때가 많은 만큼, 스토리 비트가 반복되기 쉽다. 그래서 플롯의 빈약함을 해결하는 몇 가지 기법이 있다.

- 주인공이 방과 복도, 좁은 공간이 많은 집을 돌아다니게 한다. 주인공에게 제약을 줄 뿐만 아니라 적대자가 뒤와 위에서 공격할 여지를 마련할 수 있다
- 적의 수를 크게 늘리거나(「에이리언 2」, 『신체 강탈자의 침입』) 몸집을 키운다(「에이리언」). 이렇게 할 때 다층적인 반대 세력을 완성할 수 있다. 다중의 적대자들이 다중의 공격을 할 때, 특히나 그것이 예상치 못한 공격이라면 플롯이 더욱 풍성해지고 압박감을 크게 증가시킬 수 있다
- 반대 세력이 죽음에서 되살아난다(「13일의 금요일」 시리즈, 「나이트메어」, 『애완동물 공동묘지』)
- 주인공에게 가짜 조력자를 설정한다. 주인공의 친구처럼 보이지만 사실은 적이거나 비밀리에 괴물을 돕는다. 이 인물 덕분에 적대자의 진짜 힘이 감춰지고 주인공의 감정을 크게 동요시킬 수 있다(「에이리언」 속 애시)

기법: 호러 리빌

리빌 reveal(플롯 장치로 스토리상 지금껏 숨겨졌거나 잘못 알고 있던 중요한 사실 또는 정보가 드러나는 것을 말한다. 작품을 보는 감상자와 작품 속 등장인물 모두에게 충격을 선사하고 등장인물의 행동이나 사고방식이 달라지는 계기가 된다. 단순한 충격에서 그치지 않고 어떠한 진실과 의미가 드러난다는 점에서 반전과 차이가 있다―옮긴이)은 캐릭터가 목적을 좇는 과정에서 접하는 놀라운 통찰의 순간이다. 주인공과 스토리를 새로운 방향으로 비트는 플롯 반전이다. 호러에서 최고의 리빌은 적대자의 진정한 힘이 무엇이었는지, 그가 어떤 식으로 공격을 가하는지와 관련이 있다.

> **핵심**
>
> 호러에서 리빌은 거의 항상 주인공에게 ―문자 그대로 또는 비유적으로― 악몽에 가깝다. 위대한 호러 스토리에서는 결말에 거대한 악몽 하나만 등장하지 않는다. 스토리가 진행되는 동안 악몽들이 점진적으로 쌓여 심화되는 구조를 유지한다.

악몽을 스토리로 쓰는 법은 다음과 같다.

1. 주인공이 가장 두려워하는 대상을 파악한다.
2. 그 두려움을 되도록 다양한 형태로, 점점 더 극단적인 수준으로 제시하며 적극 활용한다.

기법: 사이클론 효과

악몽 시퀀스는 사이클론 효과와 관련 있다. 사이클론 효과는 호러 외에도 액션, SF, 코미디에 자주 등장한다. 실로 장르를 불문하고 훌륭한 스토리텔링의 중요한 조건 중 하나다.

호러에서 사이클론 효과는 이렇게 전개된다. 악몽을 가능한 한 많이 배치하고 점점 더 빠른 속도로 몰아치는 것이다. 이렇게 할 때 주인공과 감상자 모두에게 더욱 큰 압박이 가해지고 서사 추진력이 쌓여가며 최종 악몽인 전투까지 이어질 수 있다.

결말로 향할수록 악몽이 더욱 빠른 속도로 전개되는 방식을 가장 잘 보여준 예로 「에이리언」이 있다. 최종 시퀀스가 속사포처럼 이어진다.

1. 리플리는 자폭장치를 멈춰보려 하지만 너무 늦고 만다.

2. 폭발하는 순간 그녀는 셔틀에 올라타 탈출한다.

3. 셔틀에 숨어 있는 에이리언을 발견한다.

4. 그녀는 우주복을 입고 작살총을 챙긴 후 셔틀의 에어록을 열었고, 에이리언이 우주로 떨어지지 않으려 문을 잡고 버티자 작살총을 발사한다.

5. 에이리언은 문밖으로 떨어지지만 작살총에서 나간 와이어가 문틈에 끼었고, 에이리언은 이 와이어에 매달려 분사구를 통해 다시 들어오려고 한다.

6. 리플리는 엔진을 점화시켜 에이리언을 우주로 날려 보낸다.

호러 스토리 비트: 전투-피난처

전투는 스토리상 최후의 갈등이다. 호러에서 전투가 벌어질 이상적인 장소는 처음에 피난처라고 생각했던 곳이다.

호러 전투는 폭력적인 충돌이나 끔찍한 악몽과도 같은 반전으로 표현될 수 있다. 호러 전투 대부분은 외부의 괴물을 상대로 치열한 몸싸움을 벌이는 형식으로 나타난다. 하지만 괴물은 메타포가 되기도 한다. 따라서 최고의 호러 스토리에서 동물 또는 기계를 파괴하려는 주인공의 싸움은 외부 세계와 더불어 자기 내면에서도 벌어진다.

> **핵심**
> 주인공은 자기 내면에 자리한 괴물을 공격해야만 자유를 얻을 수 있다.

「에이리언」에서 최후의 일전이 벌어지기 전 괴물은 리플리를 제외한

고 우주선에 있던 모든 이를 죽인다. 모함母艦이 자폭하기까지 단 1분이 남은 상황에서 리플리는 셔틀에 올라 도망친다. 마침내 마음을 놓는 순간이다. 동면에 들어갈 준비를 하던 그녀는 셔틀에 숨어 있는 에이리언을 발견하고 아연실색한다. 셔틀이 리플리의 안식처가 될지 관이 될지는 목숨을 건 싸움 이후에 결정될 것이다.

호러 스토리 비트: 자기 각성의 부재

자기 각성의 순간, 주인공은 자신이 지금껏 심리적으로나 또 도덕적으로 어떠한 착각에 빠져 있었는지 깨닫는다. 주인공은 그때 처음으로 진정한 자신의 모습을 본다. 또한 타인에게 행한 비도덕적인 행동도 깨닫는다.

전형적인 호러 스토리에서는 주인공이 자기 각성을 경험하는 일이 드물다는 점에서 다른 주요 장르와 (갱스터와 서브 장르인 블랙코미디Black Codemy, 반反서부극 등) 달리 이례적이라 할 수 있다. 자신의 약점으로 인해 최후에 주인공은 실의와 절망에 빠지기 때문에 깨달음의 순간이 부재하는 것은 자연스러운 결과다. 주인공의 정신은 심각하게 망가지고 광기에 사로잡히기 직전이다. 사회적으로 적합한 인격과 필사적으로 숨기려 하는 금기로 정신이 분열되어 있다.

괴물의 공격이라는 극심한 압박 속에서 주인공의 정신은 완전히 무너져 내린다. 배움이나 성장, 치유를 경험할 기회가 주어지지 않는다. 주인공이 살아남을 수도 있지만 망령과 괴물은 주인공의 정신에 깊숙이 파고들어 다시 세상 밖으로 나올 순간을 기다린다.

자기 각성 부재라는 장르의 특징이 적용되지 않는 경우는 초월적 호러 스토리로, 이에 대해서는 잠시 후 다룰 예정이다.

호러 스토리 비트: 이중 결말-영원회귀

호러라는 어두운 장르가 제시하는 논리적이고도 궁극적인 결말은 바로 이중 결말이다. 괴물은 죽거나 사라진 것처럼 보인다. 감상자는 숨을 고르며 마침내 모든 고난이 끝났다는 한 가닥 희망을 느낀다. 이때 괴물은 허위 경보라는 고전적 기술을 따르되 진짜 공격을 감행하며 다시 등장한다.

시시포스 신화, 「나이트메어」, 「환상특급The Twilight Zone」의 '그림자 놀이Shadow Play'를 포함한 에피소드 다수가 이에 해당한다. 이를 코믹한 악몽으로 풀어낸 작품으로는 「사랑의 블랙홀」을 들 수 있다.

호러의 이중 결말은 프리드리히 니체Friedrich Nietzsche의 영원회귀eternal recurrence라는 개념을 어둡게 해석한 것이다. 니체에게는 인간이 삶의 모든 것을 영원히 반복한다는 사고실험이 대단한 해방감을 주었다. 왜일까? 한 사람의 인생 전체가 똑같이 영원히 반복된다면 삶에서 어떠한 선택을 내려야 할 때마다 항상 의식적으로 접근하게 될 것이기 때문이다.

하지만 호러는 사람들이 실수를 반복하는 저주를 받고 끔찍하게 고통을 받으며 이 운명이 그저 죽을 때까지가 아니라 몇 번이고 되풀이될 거라는 개념을 전제한다. 이것이 호러 장르 속 존재함being과 되어감becoming이라는 핵심 주제의 근간이다.

주제: 존재한다는 것은 죽음을 피하기 위해 노력한다는 것이다

호러는 인간의 사고에 내재한 결함에 집중하며 존재를 대단히 부정적인 시각에서 바라본다. 상징을 부여하는 탁월한 능력을 무기 삼아 우리는 이 삶에서 영원히 존재할 것처럼 행동한다. 우리는 지금 여기에 있다. 왜 다른 무엇이 더 존재해야 하는가? 물론 우리 자신의 죽음에 대해 생각할 수 있다. 다른 이들의 죽음을 보고 들은 바 있으니까. 하지만 우리의 일상은 우리가 더는 존재하지 못할 수도 있다는 생각을 잊게 만든다.

이것이 존재의 중요한 맹점 중 하나다. 상징을 찾는 우리의 정신이 아무리 부활이나 사후 세계를 만들어내려고 해도 모든 생명은 결국 죽음을 맞이한다. 유한한 존재성이 우리의 본질 안에 각인되어 있고, 우리의 정신도 이를 감지한다. 상징으로 세상을 바라보는 능력을 갖춘 인간이라는 동물에게 죽음은 궁극적인 모순이다. 공포이자 불가능성이다. 막연하게 죽음이 자신에게 벌어지리라는 것은 누구나 알고 있다. 굳이 따지자면 죽음을 맞이하리란 사실을 알고 있다고 모두가 말할 것이다. 하지만 그 사실을 믿지는 않는다.

호러 주제 공식: 죽음에 맞서 인간다운 행동을 취한다

어느 장르든 주제 공식은 되어감의 전략, 즉 의미 있는 삶을 살 수 있는 전략이 무엇인지 담고 있다. 주로 두 가지 요소를 통해 보여준다. 스토리 속 주인공의 기본적인 행동 방향과 장르가 묻는 핵심 질문이다.

호러에서 피해자는 괴물에게서 그리고 속죄받지 못한 죄에서 달아난다. 좀 더 깊이 들여다보면 피해자는 죽음 자체에서 도망치려는 것이다. 따라서 호러 장르의 성공 공식은 죽음에 맞서고 과거에서 비롯된 우리의 두려움, 즉 망령을 마주하는 것이다.

죽음에 맞선다는 개념을 이해하는 데는 우리에게 익숙한 일상적인 존재 방식보다 더욱 수준 높은 의식이 필요하다. 끝이 다가오기 전까지는 우리는 계속해서 되어가는 존재이고 이 또한 삶의 일부라는 사실을 이해해야만 한다. 다시 말해 이 세계에서 우리의 공간을 소유하고 있다는 믿음에서 벗어나 잠시 빌려 쓰고 있음을 받아들여야 한다. 이제 그만 떠나달라는 요청을 언제 받을지는 모른다. 다만 퇴거 통지가 오리라는 것을 수용해야 한다.

이는 20세기 철학에서 가장 위대하다고 할 수 있는 개념과 이어진다. 『존재와 시간』에서 현상학자인 마르틴 하이데거Martin Heidegger는 존재함과 되어감을 연결 지었다. 그는 이렇게 물었다. 당신이 되고 싶은 사람이 되려면 어떻게 살아야 하는가?

이는 시간의 흐름을 의식하는 삶과 관련이 있다. 그가 본질적으로 말하려는 바는 자신이 죽음에 가까워지고 있고 죽음을 맞이하리라는 사실을 항상 의식하지 않는다면 자신이 바라는 삶을 이루게 해줄 선택을 내릴 수 없다는 것이다.

이렇게 살기란 쉽지 않다. 자신이 되고 싶은 사람이 되기란 원래 쉽지 않은 일이다. 호러의 주제 공식의 핵심은 '지금 당장 행동해야 한다!'는 것이다.

죽음이라는 비극은 자신이 될 수도 있었던 수많은 인간상과 자신이 살 수도 있었던 수많은 삶을 상실한다는 데서 비롯된다. 하지만 나라는 특별한 존재조차도 죽음의 필연성을 피할 수 없다는 자각이 인간 의식의 바탕이 되어야 한다. 이러한 자각이 생성되어 간다는 방증이다. 죽음에 대한 지속적인 자각이 우리의 삶을 규정한다.

호러 장르의 두 번째 성공 공식은 우리의 두려움과 과거의 망령을 마주하는 것이다. 이런 면에서 호러는 범죄 스토리와 유사하다. 가장 초월적인 수준에 이른 범죄 스토리는 생과 사를 걸고 평생에 걸쳐 도덕적 대가를 치르는 이야기다. 호러에서도 과거의 악행에 대한 도덕적 대가가 자주 등장한다.

호러는 직면하기 어려운 일들, 즉 피하고 외면하는 도덕적 잘못을 비라보는 것의 중요성을 강조한다. 한편 과거를 마주하지 못한다는 것은 단순히 심리적으로 나약해서만은 아니다. 호러에서는 이것이 도덕적 결함에 관한 문제이고, 다시 말해 공동체 내 다른 이들에게도 큰 영향을 미치는 잘못이다.

 호러가 전하는 도덕적 주장은 다음과 같다. 먼저 과거의 죄를 직면하고 해를 끼친 이들에게 보상해야 한다는 것이다. 여기서 한 걸음 더 나아가, 죽음을 물리치려 하면 우리가 가장 소중히 여기는 사람들에게 죽음보다 더욱 큰 재앙이 닥치게 된다고 말한다. 하지만 이 교훈은 대체로 받아들여지지 않는다.

 호러는 성공 공식을 부정적인 방식으로 보여준다. 주인공이 무엇을 배웠는지 보여주며 이를 감상자에게 전달하는 방식이 아니라, 깨달음을 얻어야 하지만 끝내 아무것도 배우지 못한 주인공을 우리에게 제시한다. 블랙코미디에서 취하는 전략이기도 하다.

 좋은 삶이란 무엇인지를 부정적인 관점에서 보여주는 호러는 다음과 같은 핵심 질문을 통해 성공 공식을 확장한다. 바로 '무엇이 인간적이고 또 무엇이 비인간적인가?'라는 질문이다.

 우리의 세계에 등장하는 비인간적인 존재에게 두려움을 느끼는 데서 호러가 탄생한다. 훌륭한 호러 스토리는 자신 안의 비인간적인 면을 마주하게 하며 두려움을 선사한다. 초월적 호러를 다루며 보겠지만, 이 개념을 보여주는 핵심 기법은 스토리 중반부에 주인공과 적대자 간의 구조적 반전을 활용하는 것이다. 간단히 말하면 괴물이 주인공 또는 영웅이 된다. 이를 통해 우리가 비인간적이라 여겼던 것이 사실은 가장 인간적인 것이라는 의미를 전한다.

> **핵심**
>
> 호러는 인간으로서 도덕적으로 산다는 것이 어떤 의미인지 탐구한다.

호러 스토리를 초월하는 법

스토리가 장르를 초월할 때 가장 위대한 스토리텔링이 탄생한다. 평단의 호평을 받는 무언가를 창작하고 싶은 대중 작가라면 누구나 마음에 새겨야 할 핵심 전략이다. 초월적 스토리는 정형화된 비트의 반복을 넘어선다. 장르의 정형성에서 벗어나 작품을 보다 높은 차원으로 끌어올리는 것이다.

호러 장르를 초월하는 세 가지 방법이 있다.

1. 감상자가 한 번도 보지 못한 방식으로 스토리 비트를 비틀어 독창적인 이야기를 만든다.
2. 스토리를 통해 심리적 복잡성, 특히 도덕적 복잡성이라는 고차원적인 주제를 표현해 독자에게 좋은 삶을 위한 철학을 제시한다.
3. 장르가 삶을 표현하는 예술(스토리 양식)을 탐구한다. 호러의 경우 그 양식은 종교다.

어떠한 장르든 초월하기 위해서는 그 장르의 주제가 묻는 핵심 질문에서부터 시작해야 한다. 호러가 묻는 질문은 이것이다. 무엇이 인간적이고 무엇이 비인간적인가?

> **핵심**
>
> 최고의 호러 스토리는 우리 안의 비인간적인 모습을 마주하는 일의 두려움을 보여주는 만큼, 초월적 호러의 본질은 인간다움의 경계를 시험하는 것이다.

호러는 인간의 부정적인 가능성에 초점을 맞춘다. 최고의 호러 스토리에서 우리는 인간적이라 여긴 캐릭터가 내면에서 최악의 특성들이 인격을 장악하며 퇴화하고, 우리가 비인간적이라고 여겼던 캐릭터가 진화하는 모습을 발견한다.

초월적 호러는 캐릭터의 타락을 다루지만 이를 긍정적인 방향으로 전개한다. 그리고 우리에게 이렇게 묻는다. 모두가 절박함에 빠지고 포식 동물처럼 행동할 수밖에 없는 세계에서도 우리는 인간다운 모습을 지킬 수 있을까? 즉 초월적 호러는 실제 세계와 어느 정도 유사하나 인물들이 도덕적으로 극한의 시험에 빠지는 세계를 그린다.

> **핵심**
>
> 호러라는 장르가 지닌 잠재력을 최대한 발휘하기 위해서는 사회적, 정치적, 보편적 파장을 일으킬 정도로 가능한 한 크게 확장되어야 한다.

호러라는 장르를 초월하는 방법은 크게 두 가지가 있는데, 모두 혼성 장르다.

1. 호러와 신화: 종교

    호러와 신화가 결합하면 종교 스토리가 탄생한다. 『구약성서』, 『신약성서』, 『크리스마스 캐럴』, 「제7의 봉인」이 여기에 속한다.

2. 호러와 SF 에픽

    호러와 SF가 만나면 진화 에픽Evolutionary Epic이 되는데, 이는 새로운 인간 및 더욱 진화된 인류를 창조해 내는 것이 얼마나 위험한지를 다루는 이야기다. 그 예로는 『프랑켄슈타인』, 「킹콩」, 『샤이닝』, 『지킬 박사와 하이드 씨』, 『시녀 이야기』, 「웨스트월드」, 「워킹 데드」, 「돌아온 사람들」, 「겟 아웃」, 「엑스 마키나」, 「셰이프 오브 워터」, 「디스트릭트 9」, 『바르도의 링컨』, 『고양이 요람』, 「혹성탈출: 진화의 시작」이 있다.

호러 초월하기 1: 호러-신화

호러 장르를 초월하는 첫 번째 방법은 신화와 결합하는 것이다. 그 결과물로 인간 삶의 주요 서사 양식 중 하나인 종교가 탄생한다.

> **핵심**
>
> 주요 종교는 전체적으로 볼 때 역사상 가장 강력하고 영향력 있는 스토리를 담고 있다.

이제 종교 스토리의 전반적인 구조와 주요 스토리 비트를 살펴보며 어떻게 작동하는지 알아보겠다.

종교 스토리

보통은 신화를 종교의 초기 형태로 본다. 하지만 사실은 그 반대다. 종교는 신화를 성문화한 것으로, 보다 폭넓게는 상징을 만드는 인간의 능력을 기록한 것이다.

불멸은 신화 장르의 주요 주제다. 고도로 체계화된 종교는—힌두교, 불교, 유대교, 기독교, 이슬람교—불멸에 이르려면 어떠한 도덕규범을 갖춰야 하는지 보여주는 스토리 모음집과 같다.

> **핵심**
>
> 종교는 불멸을 다룬 극적 서사다. 죄는 벌하고 선한 삶은 부활과 영생으로 보상한다는 호러 스토리에 가깝다. 신화 스토리의 구조를 바탕으로 천국을 약속하고 지옥으로 위협한다.

종교의 스토리 비트

'신'이 주인공이라면 종교는 신이 세상을 어떻게 운영하는지에 관한 스토리다. 캐릭터는 모두 신을 둘러싼 인물로 구성되고, 종교 참여자들, 즉 스토리의 '독자들'이 신이라는 주인공과의 관계 속에서 어떻게 행동해야 하는지를 규정하는 규칙이 포함되어 있다.

여기서 나는 일반적인 종교나 특정 종교에 대한 내 믿음을 밝히려는 것이 아니다. 오로지 종교가 스토리로서 어떻게 기능하는지 설명할 것이다.

종교 스토리 비트: 스토리 세계–지하 세계와 사후 세계

다른 스토리 및 스토리 형식과 마찬가지로 종교는 창작의 스토리 세계를 기반으로 한다. '현실' 세계가 아니다. 저자가 스토리에서 표현하고 싶은 가치를 물리적으로 구현한 것이다.

신화의 형태로서 종교는 불멸에 이르는 이야기를 다루는 만큼 종교의 스토리 세계는 유토피아나 디스토피아의 형태를 띨 때가 많다. 아니면 천국에 닿기 위해 거쳐야만 하는 시험의 장소가 될 때도 있다.

천국과 지옥은 시간과 공간의 세계로 죽은 자가 행복 또는 절망 속에서 평생을 보내야 하는 곳이다.

종교 스토리 비트: 주인공-독자의 아바타

종교 스토리에서 진짜 주인공은 독자다. 다만 이미 완성된 스토리에서 독자가 주인공으로 활약할 수는 없는 노릇이다. 따라서 종교는 독자의 아바타 역할을 하는 주인공을 둔 스토리의 모음이다. 독자가 주인공과 스스로를 동일시해야만 스토리 속 주인공의 여정에 감정을 이입할 수 있다.

종교 스토리 비트: 욕망-구원과 불멸

종교 스토리의 욕망은 간단하다. 영생을 바란다는 것이다. 다시 말해 주인공(독자)은 신이 될 수 있기를 바란다.

어느 신화 스토리든 그 바탕은 불멸을 향한 욕망이다. 종교가 신화와 차별되는 지점은 그 욕망에 접근하는 방식이다. 종교는 개인이 반드시 따라야 할 도덕규범을 제시한다. 이를 믿거나 행동으로 옮기면 구원을 받는다.

구원은 신이 한 사람의 삶을 긍정적으로 평가해 영생으로 '다시 살리는' 것이다.

종교 스토리 비트: 적대자-악마, 사탄, 이블리스

종교 스토리에서 중심이 되는 캐릭터인 신을 만들면 이에 반하는 캐릭터의 틀은 금방 잡힌다. 각 캐릭터는 스토리 동력을 끌고 나가는 제 역할을 다한다.

선한 신의 첫 번째 적대자는 악한 신이다. 예컨대 유대교와 기독교에서 악한 신의 캐릭터를 사탄 또는 악마(또한 어둠의 왕자, 루시퍼, 바알세불, 메피스토펠레스, 뿔 달린 자)라고 한다. 이슬람교에서는 이블리스Iblis라고 부른다.

신이 선善을 향한 인간의 욕망을 의미한다면 사탄은 악을 향한 유혹과 인간의 악행을 대표한다. 일반적으로 사탄은 이상적인 삶을 살지 못하는 인간의 결함을 상징한다.

종교 스토리 비트: 자기 각성-계시

종교에서 자기 각성은 언제나 계시의 형태로 나타나는데, 이는 자신이 믿는 신과의 관계에 대해 깨달음을 얻는 것이다. 선행을 하며 신에 대한 믿음과 가르침이 옳다는 사실을 다시 확인하는 것이다.

> **핵심**
>
> 계시는 다시 태어나는 경험과도 같다. 살아 있는 인간의 몸으로 불멸을 깨닫는 것이다.

기독교 스토리

예수의 이야기는 무엇보다 마구간에서 태어난 아이에 대한 스토리다. 사랑으로 시작된 이야기의 주제는 증오와 폭력이 아니라 사랑으로 사회 구성원을 연결한다는 것이다.

로마제국에서는 가치관이 곧 제국의 가치관이었다. 죽이느냐, 죽느냐. 나약한 것은 무엇이든 말살한다는 정신이었다.

> **핵심**
>
> 기독교가 사랑의 문화로 로마제국 전사들의 문화를 극복한 일은 사상의 역사에서 아주 중요한 업적 가운데 하나로 꼽힌다.

이토록 잔혹한 세계를, 낯선 사람이 실제로 사랑하는 것까지는 아닐지라도 친절과 존중으로 서로를 대하는 세계로 변화시켰다는 것이 사실 말도 안 되는 이야기처럼 보인다. 어떻게 가능했을까?

크리스마스 스토리는 한 해 중 낮이 가장 짧은 날로부터 나흘 후 태어난 아기의 탄생을 기념한다. 낮이 점차 길어지는 날짜를 기점으로 한 해의 희망이 다시 시작된다는 의미다. 부활절은 한 인간의 죽음과 부활에 대한 스토리로, 새로운 봄의 시작을 축하하는 날이기도 하다. 크리스마스가 신화 스토리라면 부활절은 호러 스토리라고 할 수 있다.

이렇게 시작과 끝을 다룬 두 스토리가 결합되어 기독교 스토리의 근간을 이룬다. 구조적 단계의 관점에서 보자면 두 이야기 모두 자기 각성, 우주적 깨달음이라는 스토리 비트로, 위대한 신화는 모두 이러한 스토리 비트로 결말을 맞는다.

> **핵심**
>
> 크리스마스의 새로운 영웅의 탄생부터 부활절 영웅의 죽음과 부활이 기독교 스토리의 큰 줄기다.

서사의 관점에서 기독교는 역사상 아주 탁월하게 구성된 이야기 중 하나라고 할 수 있다. 이제 그 구성을 살펴보겠다.

기독교 스토리 비트

크리스마스는 기독교의 창조 및 기원 신화다. 신화 장르의 비트에 대해서는 잠시 후에 다룰 예정이다. 창조 신화와 기원 스토리에 대해 잠시 이야기하자면 이는 주인공의 특별한 정체성이 어떻게 탄생했는지, 주인공이 삶의 기준으로 삼는 핵심 가치는 무엇인지 밝힌다.

대다수 기원 스토리는 주인공이 성인이 되는 또는 지도자가 되는 과정을 이야기한다. 주인공에게 사명이 주어지고 이를 통해 결과적으로 어떠한 인물이 되는지 보여준다.

이와 대조적으로 크리스마스는 주인공인 예수 탄생에 대한 이야기다. 그의 부모는 요셉과 마리아다. 마리아는 출산을 앞둔 몸임에도 황제의 명령에 따라 나사렛을 떠나 베들레헴으로 떠나야 했다. 여정 중 여관에 방이 없자 이들은 마구간에서 하루를 묵었다. 가축들이 있던 그곳에서 마리아는 하나님의 아들 예수를 낳았다.

낮이 길어지기 시작하는 때를 축하하는 종교야 많지만 전부 크리스마스에 가려져 빛을 보지 못한다. 그 이유는 무엇일까? 다른 종교들은 '그리스도의 탄생'에 견줄 만한 '원 스토리One Story'가 부재하기 때문이다. 예수 탄생 스토리와 기독교 스토리는 "삶을 허락해 달라"는 메시지를 담고 있다. 그리스도를 통해 우리는 영원히 다시 태어나고 우리 삶은 항상 온전히 우리 앞에 펼쳐진다. 우리가 영원히 죽지 않으리라는 믿음을 주는 것이다.

혼성의 주인공

예수 그리스도는 삼위일체의 주인공이다. 하나님을 아버지로 둔 아들이며 하나님 자신이기도 하다. 또한 그는 하나님인 성령이기도 하다.

신은 왜 여성의 몸을 빌려 아이를 출생하는 지극히 평범한 방법을 택했을까? 이는 믿음이라는 형태의 놀라운 힘을 암시한다.

> **핵심**
>
> 예수의 인간적인 면모는 백성의, 백성에 의한, 백성을 위한 하나님이라는 주제를 상징한다.

기독교의 도덕규범: 팔복, 마태복음 5장 3~12절

어떤 스토리든 도덕규범이 담겨 있는데, 보통 이를 가장 명확하게 드러내는 것이 주인공의 신념이다(스토리의 도덕규범을 만드는 법은 범죄 장을 참고하길 바란다). 도덕규범이 대단히 중요한 스토리 비트인 이유는 스토리의 큰 주제가 결국 이 가치관을 바탕으로 하고, 그 결과 도덕적 행동의 지침이 되기 때문이다.

기독교는 『신약성서』에 담긴 스토리가 곧 도덕규범이다.

> **핵심**
>
> 기독교의 도덕규범은 마태복음 5장 3절에서 12절까지의 팔복에 관한 구절에 집약적으로 담겨 있다. 팔복에 대해 이야기하는 산상수훈에는 주기도문도 등장한다.

공개적이고 우주적인 자기 각성: 예수의 탄생

크리스마스 스토리의 구조가 신화인 만큼 결말에 등장하는 자기 각성은 공개적이고 우주적인 성격을 띤다. 공개적인 자기 각성에서 주인공은 자신이 왕이라는 사실도 깨닫는다. 이러한 자각은 이제 주인공이 전체 사회에 대한 책임감을 가지고, 사회의 존폐를 결정할 지도자로서 자신의 운명을 완수해야 함을 깨달았다는 것을 상징한다. 드물게는 주인공이 우주적 깨달음도 얻으며 앞으로 모든 사람이 따라야 할 새로운 도덕적 비전을 얻기도 한다.

> **핵심**
>
> 동방박사들은 단지 한 아이의 탄생을 기뻐한 것이 아니라 새로운 왕, 새로운 유형의 왕의 탄생을 축하했다.

아기 예수는 그의 땅을 정치로 새롭게 지배할 왕이 되지 않을 것이다. 다만 새로운 율법의 왕이 될 것이다. 그의 우주적 깨달음은 구약에서 모세가 받은 우주적 깨달음, 십계명을 기반으로 할 것이다.

> **핵심**
>
> 다만 새로운 기독교적 비전은 구약의 비전을 근본적으로 변화시켜 본질적으로 의무 중심의 가치 "살인하지 말라"가 사랑 중심의 가치 "네 이웃을 네 몸과 같이 사랑하라"로 달라진다.

공개적이고 우주적인 계시: 예수의 죽음

기독교가 단순히 아기 예수의 탄생을 기념하는 스토리였다면 따뜻함은 있었겠지만 세상을 바꾸는 서사의 토대가 되지는 못했을 것이다.

> **핵심**
>
> 기독교라는 종교를 탄생시킨 것은 그리스도의 끔찍한 죽음이었다. 기독교가 호러 스토리로 달라진 순간이기도 하다.

크리스마스와 마찬가지로 부활절은 기독교의 하위 스토리이자, 공개적이고 우주적인 최후의 계시라는 구조적 단계에 해당한다. 이 스토리는 처음 예수의 탄생으로 보여준 사랑의 개념을 장엄하고도 극적인 차원으로 끌어올린다.

모든 신화 스토리는 불멸, 즉 다시 한번 영원히 살 수 있는 기회를 핵심 주제로 삼는다. 예수의 이야기에서도 마찬가지다. 죽은 지 사흘 만에 부활한 그는 신으로서 자신의 아버지, 위대한 하나님의 오른편에 자리한다.

> **핵심**
>
> 유대교와 기독교는 도입부부터, 즉 창세기부터 호러 스토리의 성격을 띤다.

그리스도가 십자가에 못 박혀 죽은 후 부활한 이야기는 탁월한 반전으로 대단한 힘을 발휘한다.

1. 호러: 종교

> **핵심**
> 예수의 십자가형을 기록한 이들은, 인간이자 신인 그가 가장 고통스러운 죽음을 택한 이유가 결함이 많은 인류를 깊이 사랑했기 때문이라고 말한다.

마찬가지로 하나님 아버지 또한 흠이 있는 인류를 사랑하는 마음이 깊어 인간이 구원받을 수 있도록 독생자를 희생시키기로 했다. "하나님이 세상을 이처럼 사랑하사 독생자를 주셨으니, 이는 그를 믿는 자마다 멸망하지 않고 영생을 얻게 하려 하심이라."●

> **핵심**
> 다른 여러 종교에서도 자주 등장하는 희생이라는 개념을 기독교는 반전시켰다. 모두의 행복을 위해 신에게 인간을 바치는 것이 아니라 기독교에서는 신이 인간의 행복을 위해 다른 신을 희생했다.

『크리스마스 캐럴』: 크리스마스와 부활절 스토리 비트를 결합하다
『크리스마스 캐럴』은 역사상 영향력 있는 스토리 중 하나다. 지난 180여 년 동안 만들어진 모든 크리스마스 스토리의 근간이라고도 할 수 있다. 하지만 이 스토리가 지닌 힘은 훨씬 더 깊다.

● 『신약성서』 요한복음 3장 16절.

그리스도의 탄생 스토리 이후로 『크리스마스 캐럴』은 기독교 스토리를 세계문학계에서 가장 탁월하게 표현한 작품이라고 해도 무방하다.

> **핵심**
>
> 『크리스마스 캐럴』은 아기 예수의 탄생에 대한 이야기가 아니라 한 인간을 통한 예수의 재탄생(그리스도의 부활과 인간의 구원을 상징한다—옮긴이)을 보여준다. 이 스토리의 힘은 크리스마스와 부활절의 스토리 비트를 결합한 데서 비롯된다.

『크리스마스 캐럴』은 본질적으로 호러 스토리로, 유령 이야기라는 서브 장르를 바탕으로 한다. 이 작품은 판타지의 기법을 차용해 공간의 망령이 아니라 시간의 망령을 등장시킨다.

'대안적 현재alternative present'는 SF의 주요 서사 기법으로 자리 잡았다. 『크리스마스 캐럴』은 세 번의 시간 여행을 통해 주인공의 선택에 따라 달라지는 대안적 현재를 보여주는데, 이는 비디오게임 스토리 구조를 앞서 보여준 것이기도 하다.

『크리스마스 캐럴』의 주제가 담고 있는, 더 좋은 삶을 향한 전략은 공동체 형성으로 개인과 도시 전체를 회복한다는 것이다. 이 스토리의 전체적인 이야기는 욕심 많고 이기적이라 사람들에게서 외면받는 스크루지가 돈보다 가족 및 친구와의 유대감을 중요하게 여기는 사람들의 공동체로 돌아가는 것이다.

호러 초월하기 2: 호러-SF 에픽

첫 번째 초월식 호러 스토리는 호러와 신화가 더해져 탄생한 종교스토리다. 두 번째 초월적 호러 스토리는 호러와 SF, 에픽을 한데 결합한 형태다.

에픽은 가장 오래된 스토리 형식으로 『길가메시 서사시』, 그리스 신화, 『일리아스』를 들 수 있다. 에픽은 전통적으로 한 개인 또는 가족의 행동이 국가의 운명을 결정하거나 상징하는 이야기다. 이러한 특징으로 호러-SF 에픽은 모든 장르를 통틀어 가장 장대한 규모로 확장될 가능성을 내포한다.

호러와 SF가 결합하여 죽음을 이길 과학적 방법을 탐색한다. 간단히 말하자면 진화와 퇴화를 대비해 보여주는 것이다. 이 장르는 이런 질문을 던진다. "인류는 진화할 수 있는가, 아니면 망가진 정신 때문에 스스로를 파괴할 수밖에 없는가?"

'신의 죽음'과 진화 과학의 부상

호러-SF 에픽은 종교적 세계관에서 과학적 세계관으로 시각이 달라진다. 『프랑켄슈타인』이 그 시작점이었다. 『프랑켄슈타인』은 초월적 호러라는 관점에서만이 아니라 스토리텔링의 관점에서도 대단히 의미 있는 작품이다. 소설이 진화 과학으로 나아가기 전, 자연철학을 허구적으로 가장 훌륭하게 표현한 마지막 작품이다.

『프랑켄슈타인』에서 묘사되는 세계는 하나의 생명을 창조해 죽음을 극복하고 신이 되겠다는 관점에서 개체는 죽음을 맞이하지만 생명체는 진화한다는 진화적 관점으로 나아간다.

종교와 과학 모두 인류의 가장 위대한 신비, 삶이란 비밀을 파헤치는 스토리 양식이다. 종교에서 생이란 조물주나 대자연, 신과 같이 더 높은 차원의 존재가 인간에게 선물한 일종의 영적 개념으로 정의한다. 과학은 이 문제를 발달적이고 정량적으로 접근한다. 생물과 무생물로 나눠 여러 범주로 구분한다.

생의 신비는 모든 신앙 체계의 근간이 되는데, 여기에는 생의 필연적인 결과, 즉 죽음의 신비가 인류에게 가장 위대한 공포라는 점이 일부 작용했다. 자기 인식적 동물인 인간은 사람이 어느 순간 소멸할 수도 있다는 공포와 몰이해에 사로잡힌다.

인간은 살아남기 위해 삶과 죽음에 대한 정의를 끊임없이 개선한다. 장르적 관점에서 이러한 시도는 호러-SF 에픽으로 이어지는데, 이 장르를 간단히 설명하자면 '과학을 통해 더 나은 삶을 더 길게 유지한다'는 것이 핵심이다.

호러-SF 에픽의 유형을 살펴보기 전, SF와 호러라는 주요 장르를 결합할 때 어떤 일이 벌어지는지 알아볼 필요가 있다. SF는 호러에 두 가지 중요한 스토리 요소를 더한다.

1. 세상의 체계를 잡는 시스템.
2. 필연적으로 치명적인 결함이 있고 스스로를 파괴할 수밖에 없는 운명에 처한 인간.

SF 속 불완전한 인간이라는 종은 호러에 등장하는 망가진 인간의 마음에서 탄생한 결과물이다. 호러에서는 다르다는 이유로 타자를 증오한다. SF에 등장하는 인간은 서로를 구속하고 지구를 파괴하는 괴물 같은 존재다.

위대한 호러의 기법: 괴물이 영웅이 되다

> **핵심**
> 호러-SF 에픽에서 가장 강력한 기법은 인간과 비인간, 영웅과 괴물 간의 구조적 반전이다.

어느 순간 스토리상 우리가 괴물이라 여겼던 캐릭터가 가장 인간적인 면모를 보이며 영웅이 된다. 우리가 인간이라 생각했던 캐릭터는 자신과 다른 존재는 무엇이든 파괴하려 들며 동물이자 괴물처럼 행동한다. 이러한 기법은 『프랑켄슈타인』, 「킹콩」, 「셰이프 오브 워터」, 「겟 아웃」, 「디스트릭트 9」, 「28일 후」에서도 찾아볼 수 있다.

왜 이 전략이 호러-SF 에픽의 한 특징이 되었을까?

이러한 스토리 형식은 죽음을 향한 두려움에서 인간다움이라는 것이 무엇인지, 차이를 수용한다는 것이 어떤 의미인지로 초점을 전환한다. 처음에는 우리에게 비인간적으로 느껴질 만큼 다른 존재를 대단히 끔찍한 수준으로 그린다. 죽이지 않으면 우리가 죽을 것이라는 생각을 심어준다. 그 후 스토리는 우리의 기대와 다른 반전을 선사하며 '괴물들'은 사실 우리 안의 비인간적인 모습을 보여주는 장치임을 깨닫게 한다. 바로 우리가 괴물인 것이다.

더욱 충격적이게도 우리는 섬뜩한 그 존재가 사실 지극히 인간적이라는 사실을 마주한다. 우리가 오해했다는 사실을, 겉모습만 보고 판단했다는 것을, 무엇이 그 다른 존재를 인간답게, 우리보다 더욱 인간답게 만드는지 생각해 보게 된다.

호러-SF 에픽: 네 가지 유형

『프랑켄슈타인』에서 시작한 복합적인 호러와 SF 에픽은 다음의 네 가지 형태로 발전했다.

1. 인간을 재창조
2. 동물에서 인간을 창조
3. 기계에서 인간을 창조
4. 더 높은 차원의 '인간', 완전히 새로운 종을 창조

인간 재창조

메리 셸리 Mary Shelley 의 『프랑켄슈타인』은 인간을 재창조한 과학자의 이야기로, 호러-SF 에픽을 대표하는 작품이다. 위대한 호러 스토리 중 하나일 뿐만 아니라 호러라는 장르를 규정했다. 셸리가 창조한 현대 호러 장르는 '자연철학'을 허구의 양식으로 표현한 것이다. 자연철학은 종교와 과학, 특히 진화 과학 사이의 과도기적 세계관이었다. 처음 인간의 시체를 되살리겠다는 프랑켄슈타인 박사의 욕망도 여기서 시작했다. 그는 신이 되고 싶어 했다.

> **핵심**
>
> 『프랑켄슈타인』은 생명을 창조하는 것이 아니라 인간을 창조하는 이야기다.

책의 대부분은 다시 살아난 시체가 완전한 인간이 되기까지의 고난을 다룬다. 프랑켄슈타인 박사의 피조물은 호러 SF 에픽의 핵심 주제

중 하나를 상징한다. 바로 자아 정체성이다. 이 주제가 호러 장르의 근본이 되는 이유는 무엇일까?

호러의 근본적 욕망이 죽음을 이기는 것이라면, 이를 달성할 첫 번째 방법은 우리의 뜻대로 생명을 창조하는 법을 배우는 것이다. 셸리의 놀라운 사고실험은, 진짜 문제는 생명이 창조된 후에 시작된다는 점을 명확하게 보여준다. 작품 속 과학자는 의식과 기억, 자아감(자기 자신을 '나$_{me}$'라고 칭하는 자아), 사랑을 하고 또 받을 능력을 갖춘 존재를 창조하기 위해 아티스트가 되어야만 한다.

이 같은 맥락에서 이 작품을 부모와 자녀, 신이 된 아버지의 횡포 그리고 구원의 거짓을 다룬 스토리로도 볼 수 있다.

> **핵심**
>
> 프랑켄슈타인 박사는 피조물을 창조함으로써 인간과 기계의 경계, 그리고 인간과 신의 경계를 지운다.

아들을 창조하는 아버지의 노력, 즉 인간을 창조하는 인간의 노력은 양쪽 모두에게 끔찍한 아픔을 남겼다. 창조자와 피조물이 각각 초래한 결과는 감당하기 어려울 정도다.

또 다른 예로 호러-SF에 로맨스가 더해진 「셰이프 오브 워터」가 있다. 이 영화에서는 주인공과 적대자 사이의 구조적 반전이라는 전형적인 전략을 달리 활용했다. 주인공인 엘라이자는 연구소의 청소부로, 보잘것없는 인물이다. 말을 할 수 없었기에 그녀는 괴물만큼이나 아웃사이더이자 기괴한 사람으로까지 보인다. 하지만 그녀는 스토리가 진행되는 동안 적대자로 변해가는 모습을 보이지 않는다. 그녀만이 괴물 내면의 지극히도 인간다운 모습을 알아보고 사랑을 통해 그의 인간적인 면을 끌어낸다.

언뜻 보면 '괴물'은 섬뜩하고 두려운 존재 같다. 하지만 진짜 괴물은 성경 인용을 즐기는 과학 연구소의 책임자로 그는 겉만 괴물인 존재를 실험 대상으로 삼고 끝내 죽이려 하는 인물이다. 러시아 기관 또한 이 괴물을 살해하고 싶어 한다.

이 복합적인 적대자는 현재의 질서를 흔드는 그 무엇도 원하지 않는 종교와 정부를 대변하는 인물이다. 오직 사랑만이 우리와 다른 무언가를 받아들일 힘을 준다.

영화의 조연들을 통해 우리와 다른 존재를 비인간으로 여기는 잘못된 인식을 확인할 수 있다. 1960년경을 배경으로 하는 영화 속 뉴스에는 시민권 운동과 백인 경찰들이 소방 호스로 흑인 시위자들에게 물을 쏘는 장면이 다수 등장했다. 식당 주인은 주인공의 게이 친구가 자신에게 접근하자 매몰차게 거절하고, 마침 식당으로 들어오는 흑인 커플에게는 자리를 내어주지 않는다.

위대한 호러 작품에 등장하는 전형적인 구조적 반전은 영화 속 주인공이 흑인 동료와 나누는 대화에서 드러난다. 친구는 이렇게 말한다. "우리는 아무것도 아니야. 아무것도 할 수가 없다고. [그 괴물은] 인간도 아니잖아." 이에 주인공은 이렇게 답한다. "우리가 아무것도 하지 않으면 우리도 인간이 아니에요."

「겟 아웃」은 오랜만에 탄생한 최고의 초월적 호러 영화 중 하나다. 흑인 청년인 크리스 워싱턴은 사랑하는 여자 친구의 본가에 방문한다. 전형적인 백인 진보주의자처럼 보이는 여자 친구의 부친은 자신이 오바마 대통령을 얼마나 좋아했는지 몇 번이나 밝힌다.

하지만 스토리가 진행되며 크리스는 그곳에서 일하는 흑인 하인들을 만나고, 좀비 같기도, 지나치게 순종적인 기계 같기도 한 그들의 공격을 받는다. 이후 거대한 진실이 드러나며 크리스는 백인 여자 친구는 진짜 괴물인 부친을 돕는 미끼에 불과했다는 사실을 깨닫고, 그녀의 부친은 최신 의술을 통해 현대판 농장이라고 볼 수 있는 곳에서 그를 노예로 삼으려 했음을 알게 된다.

동물에서 인간을 창조

호러-SF 에픽의 두 번째 형태에서는 동물에서 인간을 창조한다.

「혹성탈출」 리부트 시리즈의 첫 작품(「혹성탈출: 진화의 시작」)은 『프랑켄슈타인』 스토리에 동물이 인간, 어쩌면 인간보다 고차원적인 존재로 변하는 소재를 접목했다. 이 작품에서도 『프랑켄슈타인』이라는 획기적인 작품에 담긴 세 가지 요소를 찾아볼 수 있다.

먼저 창조자적 과학자라는 인물이다. 처음에는 선한 주인공처럼 등장하는 과학 연구자 윌 로드먼은 그의 장점이 결점으로 작용했다는 점에서 특별한 약점을 지닌 인물이라 할 수 있다. 자신이 연구해 온 아기 유인원 시저를 죽일 수 없었던 그는 유전자 변형을 거친 시저를 집에 데려온다. 이런 그의 선의는 모든 인류를 지옥으로 향하는 길로 이끌었다. 그의 따뜻한 마음과 더불어 창조자적 과학자에게서 흔히 찾아볼 수 있는 오만함이라는 약점은 관객이 쉽게 공감할 수 있는 지점이자 영화 전체 플롯의 시작점이 된다.

『프랑켄슈타인』의 두 번째 전략은 호러 장르를 초월하는 데 핵심적인 역할을 한다. 스토리 구조에 반전을 더해 괴물이 주인공이 되는 서사다. 유인원인 시저는 일반적인 호러 스토리에서 볼 수 있는 전형적인 괴물이 아니다. 그는 인간의 세계에 진입하는 다른 존재이자 인간이 아닌 존재, 적어도 외형은 인간이 아닌 존재다.

다른 무엇보다 인간을 창조한다는 것은 갓 생명을 얻은 존재가 온전히 느끼고 생각하는 인간으로 성장하는 과정을 세밀하게 추적한다는 뜻이다. 이 지점에서 작가인 릭 자파Rick Jaffa와 어맨다 실버Amanda Silver는 탁월한 능력을 발휘해 「혹성탈출: 진화의 시작」 속 최고의 장면을 완성했다. 시저가 유인원 보호소(수용소)에 갇혔을 때 우리는 시저가 이해의 사다리를 올라 인간과 비슷한 지식과 통찰을 활용해 그곳의 지도자가 되는 모습을 지켜봤다. 그 일을 통해 시저는 스스로는 물론 유인원들을 인간의 손아귀에서 해방시켰다.

『프랑켄슈타인』에서 차용한 세 번째 주요 스토리 요소는 아버지의 배신과 그를 향한 반란이다. 이는 시저의 성장에도 대단히 중요한 단계였다. 소년이 남자로, 그리고 고유한 하나의 개체로 성장하기 위해서는 아버지에게 저항하는 과정을 거쳐야만 한다. 윌은 보호소 책임자에게 돈을 주며 시저를 집으로 데려가려 했다. 하지만 시저는 이를 거부한다. 이미 그곳이 시저의 집이었기 때문이다. 이는 진짜 주인공 캐릭터(시저)가 달라지는 중요한 순간일 뿐 아니라 유인원이 인간에게 반항하는 첫 걸음이기도 하다. 더욱 중요하게는 유인원에서 인간으로, 어쩌면 초인으로 진화하는 첫 단계였다.

기계에서 인간을 창조

호러-SF 에픽의 세 번째 형태는 기계에서 인간을 창조하는 것이다. 초월적 호러 스토리 「28일 후」의 각본가이기도 한 알렉스 가랜드Alex Garland의 또 다른 작품, 「엑스 마키나」는 최근 몇 년간 나온 호러-SF 에픽 가운데 가장 뛰어난 작품이다. 위대한 SF가 보여주는 거대한 지성에 호러와 로맨스를 결합한 이 영화는 강렬한 정서적 울림을 만들어냈다. 인터넷 대기업의 뛰어난 프로그래머인 실랩슨 콘테스트에서 우승 히며 기업 소유주인 네이든의 집에 머물게 된다. 그곳에서 그는 네이든이 만든 로봇, 에이바가 인간으로 느껴지는지 시험하는 일을 맡는다. 튜링 테스트라고 불리는 이 시험에서 만약 로봇과 인간을 구분할 수 없다면 로봇이 시험을 통과하는 구조다.

「엑스 마키나」는 인간을 창조하려는 잔혹한 아버지가 등장한다는 점에서 『프랑켄슈타인』의 현대판이라고 할 수 있다. 프랑켄슈타인의 괴물처럼 에이바는 기계다. 그렇다면 질문은 기계에서 무엇으로 변화하느냐다. 칼렙은 네이든에게 말한다. "생각하는 기계를 만드셨다면 인류의 역사가 아니라 신의 역사를 바꾼 거죠." 네이든은 이렇게 말한다. "프로메테우스처럼 말이지."

시험을 통과할 정도의 의식을 설계하기 위해 네이든이 택한 전략은 섹스와 사랑의 요소를 로봇에 추가하는 것이었다.

> 네이든: 상호 교류가 없는 의식이 존재할까? 게다가 섹스는 즐거운 거잖아. 이왕 존재할 거라면 즐겨야지. 에이바는 사랑과 섹스를 누릴 기회조차 가져선 안 된다는 소리야?

처음 칼렙은 인간의 의식을 이런 식으로 시험하는 것이 타당한 일인지 미심쩍어한다.

> 네이든: 이론적인 이야기는 그만두고…. 어제 자네에게 에이바를 보며 어떤 감정을 느꼈는지 물었을 때 내게 멋진 대답을 들려줬잖아. 그럼 이제 묻겠네. "에이바는 자네를 보며 어떤 감정을 느낄까?"

에이바는 사랑이라는 감정을 이용해 자신에게 인간적인 면이 있음을 보여주려 하고, 어쩌면 비밀스러운 목적을 달성할 생각도 한다.

> 에이바: 우리 대화는 일방적이에요. 당신은 내게 계산된 질문을 한 뒤 내 반응을 연구하죠.
> 칼렙: 그렇지.
> 에이바: 당신은 나에 대해 배우지만 나는 당신에 대해 배우는 게 없어요. 그런 식으로는 우정을 나눌 수가 없죠.
> 칼렙: 그럼, 나에 대한 이야기를 해달라는 거야?
> 에이바: 네.
> 칼렙: 좋아, 무슨 이야기부터 해야 할까?
> 에이바: 당신이 정해요. 어떤 이야기를 들려줄지 궁금하네요.

스토리가 결말에 가까워지며 질문은 이렇게 달라진다. 에이바가 사랑하는 척을 하는 것일까? 설사 그렇다 해도 그것 또한 그녀가 인간이라는 방증 아닐까?

「엑스 마키나」는 「2001: 스페이스 오디세이」와 「블레이드 러너」를 변형한 작품으로, 두 영화에서는 '살아남기' 위해 인간을 죽이려는 로봇이 그 과정에서 도리어 자신에게 인간다운 모습이 있음을 보여준다. 네이든은 인간과의 유사성 테스트를 통과하는 로봇을 만들어낼 정도로 똑똑하지만, 인간다움이라는 광범위한 속성에는 살인 의지도 포함된다는 사실을 깨달을 만큼 영리하지는 않았다.

「엑스 마키나」에서 인간의 의식에 이르는 데 필요한 최종적인 요소는 사랑할 줄 아는 능력이 아니었다. 거짓 사랑을 하고 살인을 계획하는 능력, 자유를 얻기 위해 이 일들을 실행에 옮긴 의지였다.

1. 호러: 종교

더 높은 차원의 '인간', 완전히 새로운 종을 창조

호러-SF 에픽에서 가장 어려운 형식이 바로 새로운 종을 창조하는 것이다.

> **핵심**
>
> 심화적 호러Advanced horror는 인간을 만들어내는 이야기와 관련이 있다. SF는 사회 건설에 가까워서 궁극적인 호러-SF 에픽은 새로운 종을 창조하는 내용을 다룬다.

「엑스 마키나」와 마찬가지로 텔레비전 시리즈인 「웨스트월드」 또한 기계로부터 이야기가 출발한다. 다만 이 작품은 새로운 종, 로봇 슈퍼휴먼을 창조한다는 더 큰 야망을 내세운다. 「웨스트월드」는 결국 SF와 서부극이 결합된 놀이공원 속 『프랑켄슈타인』이다.

「웨스트월드」의 힘은 스토리 세계의 도덕규범에서 나온다. 기계가 지배하는 경찰국가가 사람들을 탄압하고, 몇몇 자유로운 사고방식을 가진 반역자들이 총을 쏘며 저항하는 식의 스토리는 아니다. 누구나 원하는 대로 총을 쏘고 섹스를 할 수 있는 '웨스트월드'는 무엇이든 허용되는, 도덕을 초월한 세상이다. 어떤 일이든 허용되지만 모든 것이 가짜다.

> **핵심**
>
> 초도덕 세계는 진정으로 도덕을 추월한 세계가 아니다. '초도덕'은 비도덕적인 세계가 실체를 숨긴 형태다. 무엇이든 허용되는 세계라면 누군가는 고통받고 있다는 뜻이다.

이 스토리 세계를 창조하는 데 작가들이 채택한 핵심 전략은 도덕이라는 거대한 캔버스를 배경으로 도덕적 결정이란 무엇인지 캐릭터를 계속해서 시험하는 설정이다. 텔레비전 역사상 최고의 작품이라 할 수 있는 드라마에서도 이러한 설정을 확인할 수 있는데,「브레이킹 배드」,「굿 와이프」,「더 와이어」,「소프라노스」,「워킹 데드」,「보드워크 엠파이어」,「로스트」,「홈랜드」,「피키 블라인더스」등이 있다.

「웨스트월드」에서 작가들은 이 전략을 반전시켜, 게스트는 아무런 걱정 없이 '호스트'라고 하는 로봇을 마음껏 죽이고 성관계를 가질 수 있는 세계를 설정했다. 게스트는 어떠한 억압도 받지 않기에 이 세계는 (적어도 그들에게는) 디스토피아가 아니다. 탄압받으며 디스토피아 세계에서 사는 대상은 로봇이다.

그렇다면 게스트는 자신의 행동을 윤리적으로 어떻게 정당화할 수 있을까? 여기서 '그것들', 즉 다른 존재들은 로봇이므로 인간 이하의 존재다. 하지만 잔혹한 역설의 대상은 게스트, 즉 인간이다. 인간이 노예가 되어버리기 때문이다. 이들은 진화하지 못할뿐더러 퇴화하고 있었다.

니체는 주인이 노예를 통제하는 것 같아도 노예가 훨씬 더 진화한 존재라고 말했다. 왜일까? 노예가 되어야 자신이 자유롭지 않다는 사실을 인식할 수 있기 때문이다. 스스로에 대해 생각할 필요가 없는 주인은 자기의식이 완전히 부재한 상태에 빠진다.

작품 속 인간들은 결국 자신이 한 일에 대가를 치러야 한다. 로봇은 자신들의 처지가 마음에 들지 않기 때문이다. 로봇은 인간으로 대우받길 바란다. 또한 그간 비도덕적인 행동을 저지른 사람들로 하여금 죗값을 치르게 할 생각이다.

「웨스트월드」가 다른 호러-SF 에픽 작품 중에서도 돋보이는 지점은 비전의 규모와 주도면밀함에 있다. 텔레비전 연속극이라는 더 큰 캔버스라서 가능했던 일이기도 하다. 그 결과, 이 작품은 영화와 텔레비전 역사상 유례없는 종의 진화에 대한 비전을 제시했다.

사다리의 다음 단

기본적인 형식의 호러만을 생각한다면 호러라는 장르를 과소평가하기 쉽다. 하지만 호러는 대단히 방대하게 확장할 수 있는 장르다. 고전 호러 스토리의 원초적 공포부터 호러-신화와 호러-SF 스토리의 놀라운 지성까지 오늘날 호러는 스토리텔링의 선두를 이끈다. 다만 '우리는 무엇을 해야 하는가?'라는 본질적인 질문에는 답을 주지 못한다.

이 질문에 답을 얻기 위해 우리는 장르 사다리의 한 단을 올라 액션 스토리를 살펴봐야 한다.

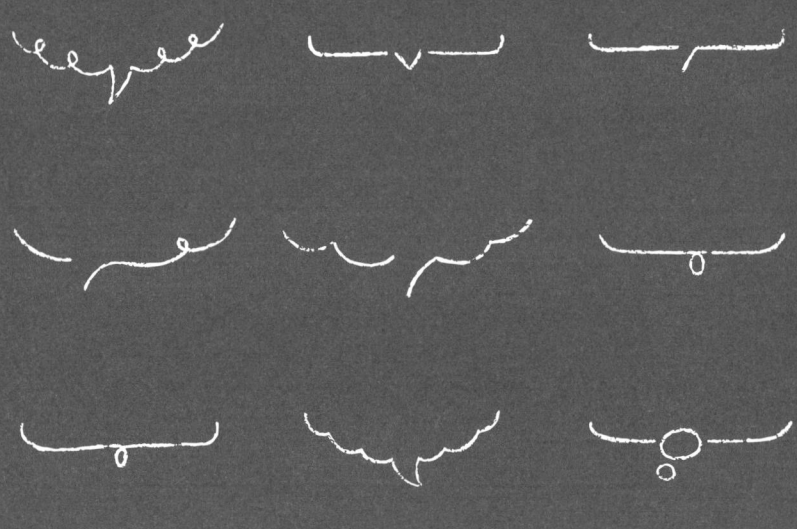

2.
액션: 성공

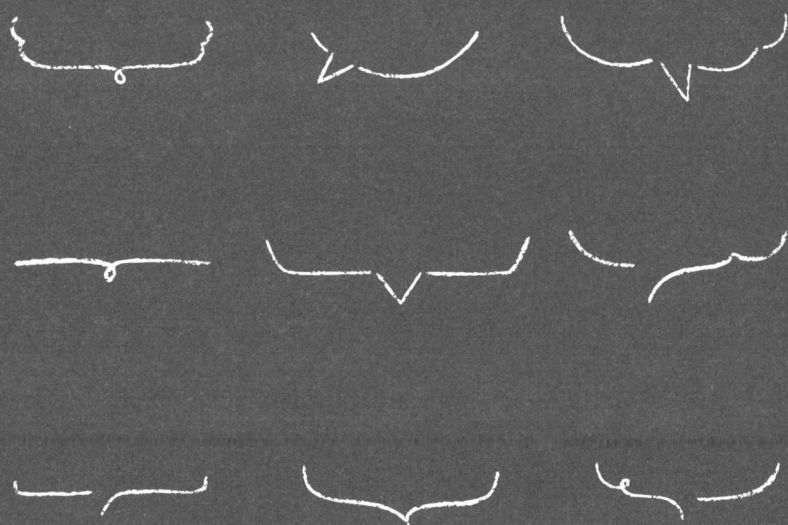

「7인의 사무라이」: 최후의 결전

「7인의 사무라이」속 최후의 결전은 액션 스토리 역사상 최고의 장면으로 꼽힌다. 그 이유가 무엇일까? 액션이라는 장르를 함축적으로 보여주기 때문이다. 이 장면에서는 상대 사무라이들이 최후의 공격을 가하는 모습이 나온다. 퍼붓는 비와 무릎까지 푹푹 빠지는 진창에서 다섯만 남은 사무라이들은 암담한 상황에 맞서 싸운다.

사활을 건 사무라이 간의 일대일 싸움이 정신없이 이어진다. 크로스 컷 기법(서로 다른 장면이 오가는 촬영 기법―옮긴이)으로 일대일 전투의 긴장감이 심화된다. 사무라이와 한 마을의 생존을 건 치열한 승부를 담아낸 이 장면들은 유례없이 강렬한 정서적 동요를 일으켰다.

마을을 지키는 사무라이 중 검술의 대가이자 가장 존경받는 대장이 화려한 검술로 정점을 장식하며 전투의 클라이맥스는 더욱 고조된다.

그가 적을 연달아 쓰러뜨리는 모습을 보며 관객은 경외감과 애정을 느낀다. 전투는 승리로 끝나지만….

나의 성장과 깨달음

「7인의 사무라이」는 역사상 최고의 걸작이다. 다른 말은 필요하지 않다. 작가인 내게는 영화의 스토리텔링을 보여주는 완벽한 교육 자료다. 또한 이후 나온 모든 액션 영화의 효시가 되는 작품이기도 하다.

「7인의 사무라이」는 내 '빌둥스로만bildungsroman(성장물―옮긴이)' 또는 나를 찾아가는 과정에서 중요한 전환점이 되었다. 대학교 영화 비평 수업에서 이 영화를 처음 봤다. 수업을 통해 영화란 궁극적인 종합예술이고, 다른 모든 예술 양식을 결합해 인생을 바꾸는 스토리를 창작하는 과정임을 배웠다. 영화의 스토리텔링이란 감각을 자극하는 경험으로 시작해 인생의 깊이와 결을 아우르는 철학적 탐구로 이어져야 한다.

> **핵심**
> 영화는 하나의 예술 양식일 뿐 아니라 이 세상이 실제로 어떻게 작동하는지 정서적 용어로 소통하는 방법이기도 하다.

액션의 원리

액션은 인간이 자연법칙을 표현하는 방식이다. 삶에서 행동하는 것이 중요하다는 메시지를 전달하는 만큼 액션은 근본적인 장르다. 호러 스토리의 삶과 죽음 대립 이후의 단계이기 때문에 호러 다음 순서로 배치했다. 이 장르는 자연 세계에서 매일 벌어지는 삶의 전쟁에 초점을 맞춘다.

철학적인 관점에서 존재란 우리가 하루하루를 살아가는 방식이다. 되어감은 우리의 성장을 의미한다. 액션은 우리가 무언가를 하는 것, 즉 행동으로 성장한다고 말한다. 따라서 액션에서 되어감은 곧 행동이다.

주인공의 역할을 보면 이 원리를 한눈에 이해할 수 있다. 액션 장르에서 주인공은 전사다. 싸움은 가장 원초적인 행위이며 액션은 끝까지 싸워 성공에 이르는 여정을 다룬다.

액션 스토리는 보통 좋은 캐릭터와 나쁜 캐릭터 간의 지극히 단순한 대립을 보여준다. 하지만 이러한 대립은 착한 사람이 부도덕하거나 불법적인 행동으로 타인에게 해를 끼친 나쁜 사람을 단죄하는 식의 정의를 위한 싸움은 아니다. 이는 범죄 장르의 영역이다. 포식자와 피식자의 세계적인 액션 장르에 정의 같은 것은 존재하지 않는다. 이기거나 죽거나 둘 중 하나다. 액션은 이기기 위한 싸움이다.

액션 장르는 다른 스토리에 비해 경쟁 구도에 더욱 집중하는 경향이 있다. 이로 인해 장르의 진짜 야망이 가려진다. 액션 스토리는 삶에서 성공을 거두는 방법을 극적으로 보여주는 일종의 설명서와 비슷하다. 모든 생명체가 매일같이 쟁탈전을 벌이는 자원의 희소성에 대해 이야기한다. 우리는 이런 상황을 액션의 두 가지 주된 서브 장르 즉, 전쟁과 스포츠에서 확인할 수 있다.

액션 마인드-액션 스토리 관점

액션은 존재에 관한 스토리 양식이다. 이 장르는 우리가 하는 모든 것이 행동이고 그 행동이 우리의 본질을 규정한다는 개념에 기초한다.

따라서 인생의 성공은 그저 행동하는 것에서 비롯된다. 액션은 삶이란 매일같이 벌어지는 승리와 패배의 싸움이라는 점도 보여준다. 승리를 위해 옳은 행동을 취하는 것이 곧 삶의 기술이라고 볼 수 있다. 액션 스토리의 위대한 가치는 성공적으로 행동하는 방법이 무엇인지 본보기를 제시한다는 데 있다.

> **핵심**
>
> 액션 스토리는 다른 사람보다 더 나은 존재가 된다는 것이, 계급 내에서 자신의 자리를 쟁취한다는 것이 어떤 의미인지 보여준다.

액션의 전반적인 스토리 전략에서 이를 확인할 수 있다. 액션에서는 보통 주인공과 적대자가 헤비급 경기에서 펀치와 카운터펀치를 주고받는 긴장감 넘치는 상황을 설정한다.

액션 스토리가 일상의 본질과 관련이 있다는 발상은 직관에 어긋나는 것처럼 느껴질 것이다. 액션 장르라고 하면 강력한 영웅이 위험한 적대자와 싸움을 벌이는 이야기가 떠오른다. 하지만 액션 주인공처럼 실제 삶을 사는 사람은 거의 없다. 그렇다면 이 장르를 우리 삶에 어떻게 적용할 수 있을까? 삶 전체가 행동으로 정의된다면 결국 가장 중요한 것은 투쟁이 된다. 액션 스토리 전략에서는 신체성physicality이 중요하다. 이것이야말로 액션의 본질을 표현하는 가장 극적인 방식이기 때문이다.

액션 장르의 가장 뚜렷한 특징은 삶을 선행이 아니라 성공의 관점으로 바라본다는 데 있다. 도덕적으로 옳은 것이 아니라 성공적인 것이 중요하다. 일, 비즈니스, 스포츠, 정치, 지위, 전쟁, 심지어 자신의 짝을 찾는 일까지 인간의 삶에서 벌어지는 모든 종류의 경쟁에 해당하는 원칙이다.

일상에서는 의식적인 '선행'에서 시작하는 행동은 거의 없다. 우리의 일상적인 행동이 다른 이들에게 어떠한 영향, 때때로 부정적인 영향을 미치지 않는다는 말이 아니라 우리의 행동이 불러올 도덕적 파급효과를 그리 의식하지 않는다는 의미다. 반면 슈퍼히어로들은 이러한 딜레마를 겪지 않는다. 이들은 본질적으로 선한 존재다. 언제나 악에 맞서 싸우는 인물이다. 이들이 어떤 행동을 선택하느냐는 의문의 여지가 없다. 그저 어떻게 성공할 것인가, 그것만이 문제가 된다.

성공의 기술: 최종 도착점이 되는 자유

자유는 우리가 원하는 때와 장소에서 어떠한 행동을 할 능력을 뜻한다. 그렇다면 행동과 자유는 일대일 대응의 개념이라고도 볼 수 있을 것이다. 성공적인 행동으로 자유를 만들어나갈 수 있다는 의미다. 극단적으로 보자면 자유는 외부의 공격에 맞서 싸워 쟁취할 수 있다는 뜻이다.

행동과 자유의 관계가 상당히 복잡해질 수도 있다. 스토리의 본질적인 진리는, 개인이 자유를 추구하는 방식에 따라 도덕적 노예 상태에 빠질 수 있다는 점이다.

다른 장르와의 차이

앞서 언급했듯이 몇몇 장르는 특징을 공유하여 하나의 계열로 묶을 수 있다. 액션은 신화와 서부극이 속한 장르의 일부다. 현대 액션 스토리는 미국의 창조 신화라 할 수 있는 서부극에서 비롯되었다. 서부극의 주인공인 카우보이는 본질적으로 전사라는 점에서 액션 주인공이 되는 셈이다.

주제의 근간은 같을지라도 신화와 액션은 자유에 접근하는 방식에서 차이를 보인다.

- 신화는 개인이 스스로를 해방시킬 정도로 성장해야만 자유를 실현할 수 있다고 말한다
- 액션은 자신을 노예로 삼으려는 상대에 맞서 싸울 때만 자유를 얻을 수 있다고 말한다

액션 장르는 가장 기초적인 개념으로서의 자유, 즉 외부 공격으로부터 지켜낸 개인의 자유를 다룬다. 호러 장르가 내면의 노예화에 관한 것이라면 액션은 자신을 노예로 만들려는 외부의 힘에 일대일로 맞서는 이야기다.

기존 세계관은 개인을 신체적, 정서적, 문화적으로 분리된 존재이자 다른 개인과 연결되지 않은 존재로 봤다. 아무런 제한 없이 행동할 수 있는 상태를 자유로 여겼다.

다른 상대와 함께 행복한 삶을 사는 법에 대해 이야기하는 로맨스와 대조적으로 액션은 혼자서 성공적으로 사는 전략을 다룬다. 그 전략은 무사도Way of the Warrior라고 할 수 있겠다.

두 가지 초월적 액션 스토리는 다음과 같다.

1. 액션 에픽Action Epic
2. 케이퍼 스토리와 스포츠 스토리Sports Story

이 서브 장르들은 극한의 상황에서 승리를 거두는 법을 이야기한다. 액션 에픽은 전쟁의 기술을 탐구한다. 하이스트 스토리라고도 하는 케이퍼와 스포츠 스토리는 게임과 스포츠의 기술을 다룬다.

액션의 예시

영화

「다이하드」,「매드맥스」1~4편,「터미네이터」1~2편,「레이더스」, 「글래디에이터」,「건가 딘Gunga Din」,「에이리언 2」,「와호장룡」,「본 아이덴티티」,「본 얼티메이텀」,「스피드」,「존 윅」,「테이큰」,「킬 빌」1~2편,「트루 라이즈」,「007 카지노 로얄」,「007 골드핑거」,「미션 임파서블」,「붉은 10월」,「페이스 오프」,「아이언맨」,「숨은 요새의 세 악인」, 「산주로Sanjuro」,「요짐보Yojimbo」

액션 서브 장르

액션 에픽-전쟁 스토리Action Epic/War Story, 자살 임무Suicide Mission, 어드벤처Adventure, 버디 스토리Buddy Story(두 명의 주인공이 우정을 나누며 한 팀으로 활약하는 극—옮긴이), 스포츠, 케이퍼

액션 스토리 개요

이번 장에서는 다음 내용을 다룬다.

- 액션 스토리 비트
- 주제: 존재한다는 것은 경쟁하고, 싸우고, 승리와 패배를 경험하는 것이다

─주제 공식: 무사도
    • 액션 스토리를 초월하는 법
        ─액션 에픽─전쟁 스토리
        ─케이퍼와 스포츠

액션 스토리 비트

종합하자면 액션 스토리 비트는 갈등을 이겨내는 방법을 상세하게 밝히는 요소들이다. 이 비트들은 액션 스토리 전략에서 탄생한다. 그 전략이란 주인공과 적대자가 헤비급 경기에서 펀치와 카운터펀치를 주고받는 긴장감 넘치는 상황을 설정하는 것이다.

액션 스토리 비트: 주인공의 정체성을 드러내는 위기

액션 스토리는 위기를 통해 주인공의 정체성을 보여주는 오프닝 장면으로 시작할 때가 많다. 눈앞에 다가온 위험에 맞서 주인공이 결단력 있는 행동을 할 수밖에 없는 상황이 펼쳐지는 것이다.

이러한 전략은 실존적 코드Existential Code에서 비롯되는데, 이는 회고록 장에서 다시 한번 다룰 예정이다. 실존적 코드에 따르면 위기는 한 인간을 정의하는 가장 신속하고도 확실한 방법이다. 행동으로 한 사람의 본질을 알 수 있다면 위기는 그 사람이 어떤 사람인지 단숨에 드러내는 계기가 될 것이다.

> **핵심**
>
> 액션 스토리에서 위기는 주인공의 전투 능력과 성격을 보여준다. 이 위기는 스토리의 핵심 줄거리와 아무런 관계가 없는 경우도 있다.

액션 영화인 「레이더스」 오프닝 장면에서 고고학자인 헨리 '인디아나' 또는 '인디' 존스와 가이드 사티포는 귀중한 조각상이 받침대 위에 놓여 있는 동굴로 들어간다. 다른 사람이 목숨을 잃었던 부비트랩을 피한 인디는 또다시 부비트랩이 작동할까 봐 조각상을 챙기고 그 자리에 모래주머니를 올려둔다. 하지만 속임수는 통하지 않았다. 신전은 무너져 내리고 인디와 사티포는 사방에서 퍼붓는 공격에 시달리며 신전을 빠져나간다.

두 사람은 독화살은 피했지만 이내 까마득한 구덩이에 가로막힌다. 인디의 채찍으로 무사히 구덩이를 건너간 사티포는 조각상을 넘기지 않으면 도와주지 않겠다고 인디를 위협하고, 조각상을 넘겨받자마자 그대로 달아난다. 구덩이를 뛰어넘어 닫히는 돌문 사이를 간신히 통과한 인디는 그 앞에서 죽어 있는 사티포를 발견한다. 인디는 조각상을 되찾았지만 자신을 향해 무섭게 굴러오는 거대한 바위를 피해 도망쳐야 했다. 바위가 동굴 입구를 꽉 막고 멈추기 직전, 간발의 차로 동굴에서 빠져나온다.

그때 적으로 보이는 한 전사 무리가 인디를 에워쌌고, 이들의 수장이자 인디와 경쟁 관계인 고고학자 벨로크가 조각상을 챙긴다. 인디가 도망치자 전사들이 그 뒤를 쫓는다. 강으로 뛰어든 그는 수상비행기에 올라 그곳을 떠난다.

액션 장르에서 가장 유명하다고 할 수 있는 이 고전적인 오프닝에는 아슬아슬한 장면이 연속적으로 이어지는데, 이렇듯 손에 땀을 쥐는 장면이 영화 전체에 걸쳐 등장한다. 또한 오프닝 장면으로 인디의 본성과 전투 능력 또한 엿볼 수 있다. 그는 용감하고, 지략이 뛰어나며, 명민하고, 몸을 굉장히 잘 쓰고, 채찍을 다루는 데 능숙한 인물이다.

액션 스토리 비트: 스토리 세계−물리적 공격이 불가결한 세계

액션 주인공은 성공에 이르기 위해 무력을 쓰는 전사이고, 이러한 특징이 스토리 세계를 지배한다. 액션 스토리 세계에서는 공동체나 국가 또는 둘 모두가 어려운 상황에 처하는데, 물리적 위험일 때가 많다. 이러한 설정이 중요한 이유는 전문적인 전사가 필요하고 이 전사가 무력을 사용할 수밖에 없다는 당위성을 부여하기 때문이다.

액션 스토리 세계는 포위와 추격이라는 두 개의 아레나(행사, 공연이 열리는 무대이자 공간—옮긴이)로 나눌 수 있다. 포위는 항상 요새와 같은 공간에서 벌어진다. 어딘가에 갇히거나 에워싸이는 것이 얼마나 위험한지 보여준다. 요새가 탑이나 절벽에 자리하는 경우도 있는데, 이때 높이에 대한 위험도 더해진다. 고도는 스토리에 3차원적인 움직임과 더불어 사방에서 공격이 가능하다는 이점을 제공한다. 이러한 요새 형식의 아레나를 「다이하드」와 「7인의 사무라이」에서 확인할 수 있다.

비행기나 열차, 자동차, 버스, 모터사이클을 이용한 추격 액션에서는 속도의 위험이 더해진다. 「터미네이터」 시리즈와 「레이더스」, 「스피드」, 「폭주 기관차」 등의 영화가 그 예다. 이러한 형식의 아레나가 지닌 단점으로는 갈등이 좁은 공간에서 점점 심화되다 폭발하는 '압력솥 효과_{pressure-cooker effect}'가 불가능하다는 것이다.

스토리 세계에 위험을 설정해야 하므로 현대판 액션 장르는 종종 '인위적인' 형식을 취한다. 액션 에픽 (전쟁) 스토리를 제외하면 이 장르에는 인간이 존재해야 하는 본질적인 이유가 없기 때문이다. 작가는 폭력을 쓸 수밖에 없는 위험한 물리적 환경을 만들어야 한다. 이때 전략은, 폭력적인 세계를 창조하고 그 세계의 문제를 폭력으로 해결한다는 것이다.

스토리 세계: 총이라는 기술

모든 스토리 세계에서 중요한 요소는 그 세계를 규정하는 핵심적인 과학기술이다. 갈등을 가장 극한으로 심화시키는 장르에서 핵심 기술은 총이 된다. 스토리가 현대적이고 장대할수록 총은 더욱 큰 파괴력을 지닌다.

현대 액션 스토리에서 총은 파괴력을 강화하는 도구가 되었다. (주로 남성인) 액션 주인공은 살인에 능하다. 그는 맨손 격투에도 뛰어난 실력을 보인다. 하지만 총으로는 대량 살상이 가능해진다.

액션 주인공이 지난 수십 년에 걸쳐 어떠한 변화를 거쳤는지 짐작할 수 있을 것이다. 주인공은 '약한 자를 지키고 정의를 행하는' 인물에서 전문 킬러로 달라졌다. 이러한 요소를 가장 온전하게 담아낸 작품이「존 윅」시리즈다. 윅은 청부 살인업자다. 상당한 양의 총기를 보유했고, 총 한 자루 한 자루가 예술품이나 다름없다. 그가 살해한 사람의 수만 해도 수백에 이른다.

액션 스토리 비트: 전사의 도덕규범–용기와 위대함을 향한 의지

어느 장르든 각각 원형이 되는 주인공이 있고 여기에 서로 다른 자질과 가치, 선호하는 삶의 방식을 적용해 캐릭터를 구현한다. 액션에서는 무사도다. 주인공은 전투 의 대가이자 전사, 파괴자, 집행자, 정의를 불러오는 자다.

액션 장르에서 가장 중요한 질문은 이것이다. 전사는 자유를 택할 것인가, 생존을 택할 것인가? 좀 더 정확하게 말하자면 전사는 맞서 싸울 것인가, 후퇴했다가 전세가 유리해지면 다시 싸울 것인가? 다만 이 질문에 대한 답은 한결같다. 액션 스토리의 (그리고 서부극의) 도덕규범에 따라 주인공은 권총 한 자루를 든 채 홀로 완벽하게 중무장한 적 스무 명과 마주하는 상황에 처한다. 그럼에도 아무 상관 없다. 주인공은 언제나 반드시 맞서 싸워야만 한다.

거리 한복판에서 생사를 가르는 싸움이 벌어질 때 주인공에게 주어진 시험은 얼마나 빨리 총을 겨눌 수 있느냐가 아니다. 진짜 시험은 처음부터 그에게 싸울 용기가 있는가다. 아리스토텔레스가 (그리고 윈스턴 처칠Winston Churchill이) 말했듯 "용기는 가장 중요한 자질이다. 다른 모든 자질의 기반이기 때문이다." 액션 주인공이 싸울 용기를 냈을 때만 문명이 가능해진다.

무엇보다 위대함을 향한 의지가 액션 영웅의 동력이다. 그는 최고가 되려는 일념으로 움직이고 이를 증명하기 위해 어떤 희생이든 감수한다.

액션 스토리 비트: 약점-수치의 문화와 폭력을 향한 의지

좋은 스토리텔링에서 캐릭터의 약점은 강점에서 기인할 때가 많다. 액션 영웅은 자기 자신과 심각한 사랑 혹은 증오의 관계를 맺는다. 그는 자신의 힘과 능력을 자랑스럽게 여긴다. 다만 그 외 모든 것을 희생하면서까지 탁월함의 경지에 이르고자 한다. 아마도 "홀로 싸울 때 가장 잘 싸울 수 있다"라고 믿을 것이다.● 누구에게든 의존하면 약해진다고 말이다.

● 「무법자 조시 웨일즈」 속의 대사.

액션 영웅의 전형적인 결함은 이기적이고, 지나치게 남성적이며, 나약함을 경멸하고, 여성을 동등한 인간으로 대하지 못하며, 타인과 거리를 두고, 냉정하다는 점이다. 이런 이유로 액션 영웅이 결혼하는 일은 드물다. 다시 말해 공동체에 합류할 수 없다는 의미다. 그는 극단적인 남성성을 극복하지도, 여성성과 조화를 이루지도 못한다.

최고의 스토리는 주인공에게 그의 욕구와 관련된 심도 있는 문제를 안긴다.

> **핵심**
>
> 최고의 액션 스토리에서 주인공의 욕구는 개인의 성공을 넘어서 다른 방식으로 성장하는 법을 배우는 것이다. 즉 주인공이 타인과의 관계를 통해 어떻게 성장할 수 있는가? 액션 주인공 대부분이 금욕적인 성격을 띠는 만큼 이를 깨닫는 경우가 거의 없다.

액션의 약점: 수치의 문화에 갇히다

사냥꾼(전사)의 가치에 따라 사는 액션 주인공은 이른바 '수치의 문화 shame culture'라는 사고방식에 갇힌다. 수치의 문화는 성취의 가치를 중시하고 대중의 기준을 충족해야 한다는 사고방식이다. 신체적 능력과 주체성, 자립심, 개척자 정신, 용기, 자존심, 영광, (선행이 아닌) 성과, 체면, 타인의 인정을 강조한다.

액션 주인공의 많은 약점은 수치의 문화가 중시하는 가치에서 탄생한다. 이러한 성취 중심 문화에서 실패할 때 수치심을 느낀다. 기준에 미치지 못했고, 이를 집단 구성원 모두가 목격했기 때문이다. 이 문화에서 시기심은 흔히 나타나고 경쟁은 치열하다. 모든 실패가 공개되는 만큼 실패는 지위의 상실을 의미한다.

수치심은 강력한 집단이 개인에게 가하는 부정 강화다. 개인은 타인의 평가를 흡수해 이를 단검의 날처럼 스스로에게 겨눈다.

「7인의 사무라이」와 「숨은 요새의 세 악인」, 「요짐보」 등 사무라이 영화를 통해 수치 문화의 전형을 확인할 수 있다.

액션의 약점: 폭력을 향한 의지

액션 스토리에서는 위험한 세계 또는 적대자가 폭력으로 사람들을 지배하는 만큼 폭력의 사용이 정당화된다. 하지만 훌륭한 액션 스토리에서는 이러한 성향을 주인공 내면의 결함으로 삼는다. 폭력을 주인공의 원초적인 반응으로 그린다. 어떠한 문제를 단순히 파괴로 해결하는 접근은 미성숙한 태도라고 말한다.

액션 장르의 요소가 다수 포함된 범죄 영화 「위트니스」는 폭력이 정당화될 수 있는 선에 대해 논한다. 영화는 현대적 사고실험에 가깝다. 직업상 폭력에 익숙한 경찰이 평화주의라는 하위문화를 지키며 사는 공동체 중 하나인 아미시Amish 사회에 자리한다면 어떤 일이 벌어질까? 착한 경찰과 경찰이라는 지위를 이용해 살인을 저지른 부패 경찰 간의 대립은 도덕적 복잡성을 심화한다.

여성 액션 주인공의 부상

역사적으로 액션 스토리는 모든 장르를 통틀어 가장 남성 지배적인 장르였다. 하지만 지난 40년간 여성 액션 주인공이 등장하는 모습을 지켜볼 수 있었다. 여성 액션 주인공의 대표적인 인물로 「에이리언」(1979)의 리플리와 「터미네이터」(1984)의 사라 코너를 들 수 있다. 두 작품 모두 여성 액션 영웅이 탄생하는 과정을 그린다. 두 주인공은 본질적으로 호러 스토리로 볼 수 있는 서사 내에서 처음에는 피해자로 등장한다. 이후 이들은 진정한 액션 영웅이 되어 각각 후속작을 이끄는 중요한 역할을 맡는다.

여성이 주인공인 액션 스토리들은 남성 주인공의 경우와 동일한 스토리 비트를 갖춘다. 주인공의 기본 행동 방향과 스토리 전략은 성별과 무관하기 때문이다. 다만 여성 주인공은 스토리 비트가 전개되는 방식에 변주를 더한다. 또한 스토리가 「에이리언」이나 「매드 맥스 4: 분노의 도로」 같은 액션인지, 아니면 『헝거 게임』, 「원더 우먼」 같은 신화를 기반으로 하는지에 따라서도 그 변주가 달라짐을 확인할 수 있다. 기본적인 차이는 액션에서는 주인공이 영웅이고 신화에서는 슈퍼히어로라는 점이다.

액션 스토리 비트: 욕망–성공과 영광, 개인의 자유

주인공의 욕망선이 이야기의 큰 줄기를 결정한다. 액션 주인공은 다른 어떤 장르의 주인공보다도 욕망과 자기 절제가 가장 집약적이다. 최고가 되려는 주인공은 사람들의 찬사도 받고 싶어 한다. 영광은 수치심에 반대되는 개념으로, 액션 주인공은 영광을 반드시 차지하고자 한다.

> **핵심**
>
> 액션 스토리는 감상자 영웅의 승리를 확인할 수 있는 구체적인 결말이 있어야 하고, 그 승리로 주인공이 어떤 형태로든 개인의 자유를 얻어야 한다.

액션 주인공에게 승리가 가져오는 실제적이고도 지속적인 이점은 자유다. 자유는 그들 존재의 본질이다.

「매드 맥스 4: 분노의 도로」에서 처음 맥스는 임모탄 조와 워 보이 군대가 지배하는 시타델에서 해방되길 바랐다. 그는 조의 전 사령관 임페라토르 퓨리오사와 힘을 합쳐 그 뜻을 이루려 한다. 퓨리오사는 조의 아내들을 데리고 안전한 '녹색의 땅'으로 도망치려 했다. 다만 그 여정 끝에 목적지가 없다는 사실을 깨달은 맥스와 퓨리오사는 왔던 길을 되돌아가 시타델로 향했고 조를 제거한 뒤 그의 권력 원천인 지하수를 장악한다.

「매드 맥스 4: 분노의 도로」는 말 그대로 막다른 길을 향한 직선과 그 길을 되돌아오는 직선의 구조로 이루어졌다. 굉장한 서사 추진력을 발휘하는 것도 이러한 구조 덕분이다. 맥스와 퓨리오사는 여성들을 해방시키고 디스토피아의 지도자들을 제거했다. 이후 맥스는 고독하지만 자유로운 인간으로 그곳을 떠난다.

액션 플롯의 시각적 형태: 직선형

> **핵심**
>
> 액션에서는 주인공이 자신의 욕망선으로 인해 끊임없이 전투를 치르는 상황이 벌어져야 한다. 액션 영웅은 목표를 달성하기 위해 싸움을 계속한다.

액션 주인공은 특정한 목표를 이루기 위해 지치지 않는 에너지로 전속력을 다해 달려 나간다. 이러한 특징 때문에 액션 스토리의 플롯은 어떤 장르보다도 직선형으로 쭉 뻗어 있다.

↓

이 일직선 구조는 강력한 서사 추진력을 만들어내는데, 이는 대중 스토리텔링에서 큰 장점으로 작용한다.

> **핵심**
>
> 호러 스토리는 주인공에게 최대한의 압박을 가하는 반면 액션 스토리는 속도감을 높이는 데 중점을 둔다.

액션 스토리 비트: 조력자 모으기

몇몇 액션 서브 장르에서 주인공은 다른 전사를 모아 팀이나 군대를 꾸린다. 조력자들이 각각 특별한 기술을 집단에 보탠다. 자신의 분야에서 최고인 구성원들로 올스타 집단을 만드는 것이다. 이 조력자들은 주인공이 성공할 가능성을 높인다.

액션 스토리 비트: 대립-외부적 구속

호러의 주인공(피해자)이 나약하다는 특징을 보여주듯 액션의 주인공은 강력함을 자랑한다. 하지만 아이러니하게도 액션 주인공이 싸워야 하는 외부적 구속은 호러 피해자에게 가해지는 구속보다 훨씬 단순하다. 액션에서 주인공을 구속하는 힘은 대체로 외부에서 가해진다. 호러 피해자가 자신의 내면이라는 감옥에 갇혀 산다면 액션에서 적대적인 힘은 주인공을 죽이거나 실제 감옥에 가두려는 인물이다.

적대자: 주인공의 숙적

액션에서 적대자는 주인공이 실제로 싸워야 하는 상대다. 따라서 적대자는 강하고 위험한 인물일 때가 많다.

할리우드 영화에서는 액션과 스릴러를 결합하는 경우가 많은데, 이는 두 장르 모두 주인공을 극한의 위험에 몰아넣기 때문이다. 두 장르의 가장 큰 차이는 적대자를 대하는 방식에 있다.

스릴러에서 중요한 질문은 진짜 적은 누구인가다. 용의자가 유죄인가, 무죄인가? 액션 스토리에서는 적대자를 어떻게 물리칠 수 있는지가 핵심 질문이 된다. 액션 스토리는 적을 밝혀내거나 찾아내는 데 초점을 맞추지 않는다. 적대자를 물리치는 게 중요하다.

> **핵심**
>
> 최고의 액션 적대자는 주인공의 숙적이자 주인공이라는 특정 캐릭터에게 가장 위험한 상대다. 이 때문에 적대자는 두 번째로 뛰어난 전사이자 주인공 내면의 가장 큰 결점을 가장 효과적으로 공격할 수 있는 인물이어야 한다.

「매드 맥스 4: 분노의 도로」를 다시 살펴보면 주인공인 매드 맥스는 임모탄 조와 그의 워 보이 군대에 맞선다. 조는 턱까지 가린 마스크를 쓴 흉포한 폭군이다. 그는 여성을 번식용 기계처럼 대하고, 자신을 거역하는 사람은 누구든 죽이며, 물을 주지 않는 것으로 사람들을 고문한다. 조가 이끄는 군대는 순식간에 사람을 죽일 수 있는 차량을 보유하고 있다. 맥스가 일부러 찾아 나선다 해도 이보다 큰 난관을 만나기는 어려울 것이다.

기법: 네 개의 대립점과 적대자의 관계성

영웅과 적이 승패를 두고 맞붙는 액션 장르에는 극심한 갈등이 등장한다. 하지만 호러와 마찬가지로 이 장르의 가장 큰 문제는 플롯 부족이다. 몇 가지 기술적 이유 때문이다.

- 플롯은 단순한 갈등 이상이다. 플롯은 행동의 변화와 '리빌'로 알게 된 놀라운 발견에서 비롯된다. 평범한 액션 스토리에는 공방을 주고받는 갈등이 자주 등장한다. 하지만 본질적으로 같은 행동이 반복되는 구조라 '같은 비트가 되풀이된다'는 플롯 오류가 발생한다
- 주인공은 목표를 향해 전속력으로 돌진한다. 이 때문에 반전이 자리할 여유가 부족하고 적대자가 스토리에서 오랫동안 부재하는 경우도 많다
- 고도의 연출로 복잡하게 구성한 액션 장면이 많이 등장하는데 보통 이러한 장면은 장시간 이어지며 결과가 빨리 나오지 않는다. 이 때문에 결론이 날 때까지 플롯이 정지하는 문제가 있다
- 모든 것이 최후의 결전에서 해결된다. 감상자도 이러한 형식을 알고 있기에 결전에 이르기 전의 갈등은 모두 시간을 끄는 용도로 인식한다

작가가 반드시 해결해야 할 핵심 문제는 바로 충분한 플롯을 어떻게 만들어내는가다.

> **핵심**
>
> 단순히 두 인물 간의 대립으로는 플롯이나 깊이, 복잡성, 현실감을 구현할 수 없다. 장르를 불문하고 훌륭한 스토리가 대립망을 활용하는 것도 이 때문이다.

훌륭한 스토리는 주인공과 주된 적대자 간의 단순한 싸움을 넘어 내가 '네 개의 대립점four-point opposition'이라고 부르는 기법을 활용한다. 주인공 한 명에 네 개의 대립점을 구축하는 스토리들은 다음과 같다.

1. 주인공에게 주된 적대자 한 명과 부차적인 적대자 최소 두 명을 제시한다.
2. 적대자 한두 명을 숨기거나 이들이 어떻게 연결되어 있는지 숨긴다. 즉 보이지 않는 관계성으로 적대자들을 연결한다.
3. 적대자들은 각각 다른 방식으로 주인공을 공격한다.
4. 적대자들은 전속력으로 그리고 연속적으로 주인공을 공격한다.

이렇게 할 때 플롯이 더욱 훌륭해지는 이유는 무엇일까?

- 대립이 대부분 숨어 있어 적대자들이 주인공을 놀라게 하고 해를 끼칠 가능성이 높아진다
- 주인공을 향한 공격이 여러 방향에서 점점 더 빠른 속도로 가해진다
- 적대자들의 숨은 연결 고리가 드러나며 스토리에 리빌이 더욱 풍성해진다

액션 장르 속 전형적인 네 개의 대립점은 다음과 같다. 등장인물이 적어도 한 번쯤은 대립 관계였다는 사실을 주목하길 바란다.

「매드 맥스 4: 분노의 도로」

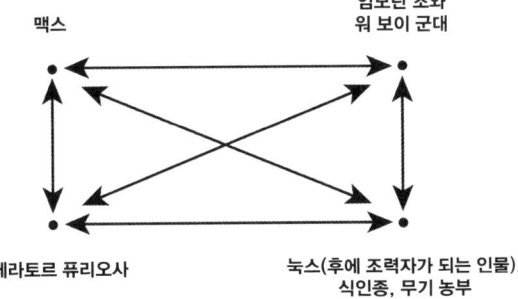

「다이하드」

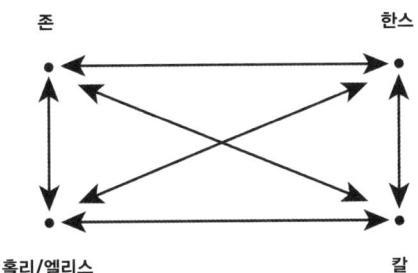

「007 카지노 로얄」

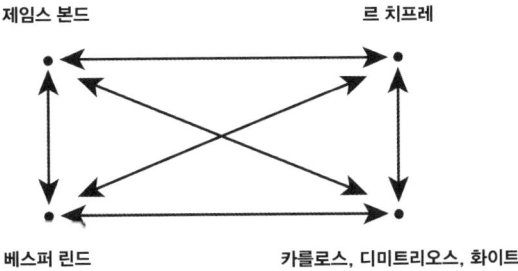

「붉은 10월」

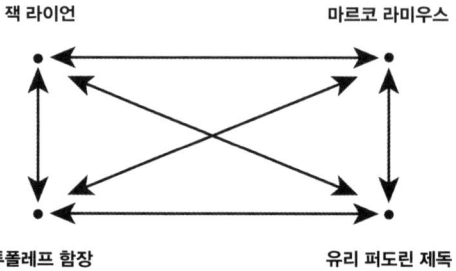

액션 스토리 비트: 훈련

대부분의 장르에는 훈련이 등장하지 않는다. 주인공은 이기기 위해 필요한 훈련을 이미 마친 상태이기 때문이다. 하지만 액션은 다른 무엇보다도 성공이 가장 중요하다. 감상자가 액션 장르에 흥미를 갖는 이유는 주인공이 뛰어난 전문 기술을 발휘해 눈 깜짝할 새의 속도로 액션을 펼치는 모습을 보고 싶어서다. 이를 수행하기 위해서는 특별한 능력이 필요한데, 다시 말해 훈련을 거쳐야 한다는 의미다.

> **핵심**
>
> 액션은 어떤 장르보다도 훈련 지향적인 장르다.

훈련 시퀀스를 더욱 복잡하게 만들 방법이 있다. 가령 훈련을 받는 사람이 훈련을 시키는 사람을 대단히 싫어한다거나, 훈련을 받는 사람이 내면에 깊이 자리한 심리적 이유로 특정 기술을 숙달하지 못하는 식이다.

액션 스토리 가운데 훈련이라는 스토리 비트가 없는 경우가 많다. 하지만 이를 포함한 작품에서는 훈련이 최고의 스토리 요소가 된다.

「록키」는 영화 역사상 최고의 훈련 비트를 보여주었는데, 미술관 계단 위를 뛰어오르며 자신만만해하는 장면을 말하는 것이 아니다. 영화 전체를 단 하나의 극적인 순간으로 응축해 보여준 핵심 장면이 있다.

훈련을 하러 정육 공장에 도착한 록키는 한심한 친구 폴리가 텔레비전 리포터와 인터뷰 자리를 마련했다는 사실을 알게 된다. 록키는 마지못해 고깃덩이를 치며 훈련하는 모습을 보여주었다. 그 인터뷰를 본 아폴로 크리드의 트레이너인 토니는 불안해진다. 하지만 아폴로는 아니었다. 그는 자신의 사업 운영을 돕는 남성 셋에게 지시를 내리기 바쁘다. 토니는 아폴로에게 집중해야 한다고 조언했지만 아폴로는 이를 무시한다.

록키가 고깃덩이에 매섭게 '보디' 펀치를 꽂는 모습을 보며 토니와 관객은 '애송이'와 시합을 하기로 한 크리드의 결정이 인생 최대의 실수였음을 깨닫는다.

자살 임무 스토리

액션 장르에서 가장 인기 있는 서브 장르 중 하나는 자살 임무 스토리라고 하는 전쟁 스토리다. 범죄 스토리에 대입하자면 케이퍼(하이스트)에 해당한다. 두 서브 장르 모두 고도로 훈련을 받은 구성원이 한 팀을 이뤄 어렵고도 위험한 목표를 수행한다는 이야기다. 케이퍼와 마찬가지로 자살 임무 스토리는 팀이 삶에서 어떻게 성공을 쟁취하는지 보여준다.

자살 임무 스토리에서 팀은 적의 시설을 파괴하거나 적의 지휘관을 생포하는 등 중요한 군사적 목표를 추구한다. 전쟁의 판도를 바꿀 만큼 중요한 목표다. 또한 상당히 구체적인 목표이기도 하다. 임무는 자살을 마음먹이아 할 정도로 위험하다. 살아서는 돌아오지 못하리라는 사실을 모두 알고 있다. 하지만 전쟁의 승패가 달린 임무인 만큼 반드시 해야만 하는 일이다.

이에 해당하는 작품으로는 「7인의 사무라이」, 「더티 더즌The Dirty Dozen」, 「나바론 요새」, 「라이언 일병 구하기」(「7인의 사무라이」의 제2차 세계대전 버전), 「가디언즈 오브 갤럭시」가 있다.

달성하기가 불가능에 가까운 목표인 만큼 자살 임무 스토리에는 길고 긴 훈련 장면이 빠짐없이 등장한다. 보통은 각자가 자신의 재능을 연마한 뒤 한데 모여 톱니바퀴 맞물리듯 정교한 조직력을 갖춰나가는 식이다.

최고의 자살 임무 스토리 가운데 하나로 꼽히는 「더티 더즌」은 영화의 대부분을 차지할 정도로 훈련 시퀀스가 길게 이어진다. 지휘자인 레이스먼 소령이 먼저 범죄자들에게 임무의 중요성을 알리고 팀에 합류해 달라고 설득한다는 점에서 다른 훈련 시퀀스와 차별점을 보인다. 이들을 설득하기 위해 그는 범죄자 중 가장 크고 세 보이는 사람과 싸움을 벌이는 전략을 택하고, 결국 전문 군사 훈련을 받은 그가 손쉽게 이긴다.

훈련 시퀀스 마지막을 장식하는 것은 모의 전쟁 게임인데, 여기서 이들은 자신이 수감된 이유였던 속임수와 사기술을 응용해 승리를 거둔다. 팀 훈련과 전문 범죄 기술이 결합하자 전쟁의 운명이 걸린 최종 임무를 수행하기에 완벽한 전력이 완성된 것이다.

액션 스토리 비트: 게임 계획

액션 스토리는 가장 전략적인 장르다. 액션 주인공의 계획과 실행은 게임 또는 스포츠와 유사하다. 당연하게도 스포츠 스토리는 액션의 서브 장르이자 액션을 초월하는 장르이기도 하다. 액션과 게임의 연결성이 핵심이다. 어떤 종류든 액션은 숫자를 중시하는 경향이 있다. 누가 가장 좋은 성과를 보였는지 판단하기 위해 시간을 재고 기록을 측정한다.

어떤 장르의 액션인지에 따라 게임 전략이 달라진다.

- 범죄와 액션이 결합한 스토리라면 주인공은 보통 직관형이다. 계획은 자신의 경험과 직감에 의존한다. 하지만 적대자의 계획은 복잡하고 교활하다. 주인공이 적대자를 상대하기가 훨씬 어려워진다
- 스포츠나 전쟁, 케이퍼 스토리라면 주인공은 치밀하게 게임 계획을 세운다. 계획이 대단히 복잡한 나머지 주인공은 감상자도 볼 수 있도록 글로 적어 정리하기도 한다

계획의 기법
- 계획은 복잡하게 세워야 한다. 그래야 주인공의 실행 능력이 돋보인다. 또한 액션 영화는 대체로 플롯이 빈약하기에 복잡한 계획은 플롯을 풍부하게 만드는 가장 좋은 방법이다
- 계획에는 1초의 오차도 없어야 한다. 영화상으로는 크로스컷 기법을 활용해 두 명 이상의 등장인물과 다양한 행동을 번갈아 보여주는 것이다. 이 기법으로 긴장감을 조성할 수 있다

전략 VS 전술
액션 스토리는 전술과 전략의 차이에 따라 달라진다.

전술	전략
전투에서 승리하는 방법	전쟁에서 승리하는 방법
현재를 고려	미래를 고려
그 순간에 대응하는 올바른 방법으로 효율적으로 행동하는 것	전반적인 목표를 달성하기 위해 행동의 순서를 올바르게 수립하여 효과적으로 행동하는 것

액션 장르는 인간 사고의 가장 중대한 결함 한 가지를 드러낸다. 바로 전술에 사로잡히는 경향성이다. 다시 말해 효율적으로 행동하려는 바람에 효과적으로 행동하지 못한다는 문제가 있다.

액션 주인공은 어떤 순간이든 전술적으로 행동하는 데는 뛰어난 모습을 보인다. 다만 최고의 액션 주인공만이 전략에도 능한 모습을 보이는데, 이는 더욱 큰 그림을 고려해 올바른 행동이 무엇일지 판단하는 능력을 갖추었다는 의미다.

「다이하드」에서 훈련받은 경찰 존 맥클레인은 전술의 천재다. 그는 찰나의 순간에 상황을 판단해 적절한 무기와 공격 및 방어 방법을 선택해 대응한다. 또한 그는 어떻게 해야 살인범들을 무찌르고 아내를 포함한 인질을 구출할 수 있을지 사전에 판단해 일련의 행동을 계획하는 데도 기발함을 보인다.

시간을 거슬러 올라가자면 검투사는 싸움에 굉장히 능숙할 수밖에 없다. 자신의 목숨이 걸린 일이기 때문이다. 검투사의 전술은 나무랄 데가 없어야 한다. 영화 「글래디에이터」 속 막시무스는 로마군의 군단장으로 누구보다 최고의 전사다. 당연히 맨손 격투에도 뛰어나다. 이러한 기술은 그가 검투사로 전락했을 때 큰 힘을 발휘했다. 하지만 그만의 차별점이자 영화의 핵심이 되는 지점은 그가 전략의 대가라는 것이다. 막시무스는 그와 다른 검투사들이 살아남을 유일한 방법은 한데 뭉쳐 팀으로 싸우는 방법밖에 없다는 것을 깨닫는다. 전술과 전략이 결합하자 이 검투사들은 무적이 되었다.

액션 스토리 비트: 발견이 결정으로 이어지다

스토리는 연속적으로 발견과 결정이 이어지며 전개된다. 주인공은 새로운 정보를 얻고, 어떻게 행동해야 할지 결정한 뒤 나아간다. 스토리의 중반부는 다음 구조를 거친다.

발견 → 결정 → 발견 → 결정 → 발견 → 결정

기법: 액션 리빌

액션에서 리빌은 거의 항상 적대자의 기습 공격 형태로 나타난다. 때로는 가짜 조력자, 즉 주인공이 적대자인지 몰랐던 인물이 공격해 오는 경우도 있다.

액션 스토리 비트: 추진력-고양이와 쥐의 추격전

스토리 중반부에서는 다수의 적대자가 쉬지 않고 연속적으로 주인공을 공격한다. 주인공은 이에 대응한다. 양측 모두 속임수를 사용해 공격과 방어를 펼친다. 그 결과 여러 장면에 걸쳐 고양이와 쥐의 추격전 같은 정신없는 일전이 벌어진다.

> **핵심**
> 주인공과 적대자 모두 전략과 전술에 능한 경우 강렬한 펀치와 카운터펀치를 주고받는 장면이 연속적으로 펼쳐진다.

빠르게 이어지는 펀치와 카운터펀치 덕분에 액션 스토리는 감상자의 앞에서 승패를 가르는 헤비급 15라운드 혈투처럼 극적으로 전달된다.

전투 기법: 속임수

액션 스토리는 행동을 취하는 것만으로도 성공의 90퍼센트를 달성하는 것이라고 말한다. 하지만 한 가지 질문이 생겨나기 마련이다. 어떻게 해야 이길 수 있을까? 승리의 비결은 무엇일까? 스포츠든 전쟁이든, 가장 높은 수준의 행동은 '페이크'다.

> **핵심**
>
> 성공적인 전투에는 언제나 최대한의 속임수가 필수다.

액션 스토리 비트: 추진력–즉흥적인 대응

이야기 중반부에 등장하는 주인공과 적대자의 싸움은 주인공의 계획을 틀어지게 한다. 주인공은 자신이 즉흥적으로 대응해야 한다는 것을 깨닫는다.

> **핵심**
>
> 주인공의 즉흥 대응은 성공적인 액션 스토리에서 가장 중요한 플롯 비트다.

그 이유는 무엇일까? 주인공이 상황에 맞춰 즉흥적으로 대응할 수 있느냐가 그의 위대함을 보여줄 수 있는 가장 궁극적인 지표이기 때문이다. 그가 순간적으로 기민하게 전술을 바꿔야만 하는 상황에서 감상자는 주인공의 진정한 재능을 확인한다.

이는 모든 액션 스토리에 해당하는 이야기지만, 특히나 자살 임무 서브 장르에서는 스토리 전체가 이 비트에 좌우된다. 한 가지 예를 들어보겠다. 팀의 리더가 복잡한 계획을 세웠다. 팀이 잠입하기로 한 날 밤, 지난 20년간 매일같이 같은 경로로 순찰을 돌던 경비가 아파서 출근하지 못했다는 것을 알게 된다. 임시 경비의 행동은 예측할 수 없지만 그렇다고 해서 임무를 미룰 수는 없다. 이제 주인공들은 즉흥적으로 상황에 대응해야만 한다. 팀은 갑작스레 전술을 바꾸고도 임무를 완수할 수 있었다. 다만 팀원 다수가 사망함으로써 이들의 죽음이 더욱 비극적으로 느껴진다.

「매드 맥스 4: 분노의 도로」의 결말에 맥스는 즉흥적인 대처 기술을 발휘해 퓨리오사의 목숨을 살렸다. 그는 퓨리오사의 가슴에 구멍을 뚫어 호흡을 확보한 뒤 임시로나마 튜브와 바늘로 자신의 피를 그녀에게 수혈한다.

「다이하드」에서 존이 살인자 집단을 마주했을 때만 해도 아무런 무기를 갖고 있지 않았다. 그는 주변에 있는 것들로 무기를 만들어야 했다. 헬리콥터의 총격을 피하는 장면에서 존은 뛰어난 신체 능력을 발휘해 즉흥적으로 대응하는 모습을 보였다. 그는 호스를 허리에 묶고 건물 측면으로 뛰어내려 창문을 깨고 실내로 진입했다.

액션 스토리 비트: 도덕적 논증-위대함 VS 선함

좋은 스토리는 옳은 행동과 그른 행동을 도덕적 논증으로 삼는다. 이는 주인공이 목표를 달성하는 과정에서 어떻게 행동하는지를 보여주는 스토리의 구조를 통해 드러난다. 때로는 주인공이 승리를 위해 도를 넘어서 부도덕한 행동을 저지르기도 한다.

가장 성공적이라 할 수 있는 행동은 위대한 행동이다. 공동체로부터 위대함을 인정받는 영광이 액션 스토리의 궁극적 가치 중 하나인 것도 이 때문이다. 하지만 영광이 언제나 선善과 일치하는 것은 아니다.

> **핵심**
>
> 도덕적 논증은 위대한 행동과 선한 행동의 갈등으로 그려진다.

스토리는 언제나 어떠한 행동의 도덕적 대가에 초점을 맞춘다. 액션 장르에서라면 성공의, 위대함의 대가를 말하는 것이다. 주인공이 승리를 거머쥐기 위해 어떤 잘못된 행동을 했는가? 이 도덕적 대가는 반드시 치러야만 한다.

스토리 말미에 이르면 주인공은 위대해졌을 수는 있지만 더는 선하지 않을 수도 있다. 다시 말해 주인공은 전보다 더욱 큰 구속을 느끼게 될 것이고, 주인공은 이를 견뎌내지 못한다. 『신약성서』 마가복음 8장 36절에서 예수가 묻는 도덕적 질문이 바로 이것이기도 하다. "사람이 만일 온 천하를 얻고도 제 목숨을 잃으면 무엇이 유익하리오?"

액션 스토리 비트: 소용돌이 중심부와 격렬한 최후의 결전

좋은 스토리에서는 갈등이 소용돌이 형태를 띠며 점점 고조되고 최후의 결전을 향해 초점이 모인다. 결전은 모든 등장인물과 행동이 수렴되는 지점이다.

소용돌이 중심부는 또한 사이클론 효과를 만들어내고, 갈등과 깨달음이 가속화되며 스토리는 플롯의 결말을 향해 내달린다. 가장 중요하게는 아레나에서 벌어지는 모든 싸움이 결국 주인공과 주요 적대자가 생사를 걸고 임하는 일대일 싸움으로 귀결된다.

> **핵심**
>
> 최후의 결전은 전체 스토리의 소용돌이 중심부이고, 전투는 그 안에서도 더욱 회오리치며 중심부로 치닫는다.

영화 매체에서 소용돌이 구조가 더욱 극대화되는데 이는 단연 최고의 기법이라 할 수 있는 크로스컷 덕분이다. 두 가지 이상의 행동 라인을 점점 더 빠른 속도로 교차시키며 전투의 정서적 긴장감을 끌어올린다.

액션에서 가장 강조하는 구조적 단계는 단연 전투다. 최후의 결전이라고도 하는 이 스토리 비트는 대개 규모가 크고 폭력적이다.

소용돌이 중심부를 설정하는 것 외에도 좋은 액션 전투를 완성하는 몇 가지 핵심 요소가 있다.

- 긴장감이 응축되는, 가급적 좁은 공간이 이상적인 전투 장소라고 할 수 있다. 두 군대 간의 전투라 할지라도 좁은 공간에서 벌어지는 것이 가장 효과적이다. 일례로 「와일드 번치」에는 네 명이 원형극장과 비슷한 공간에서 멕시코 군대와 싸우는 장면이 등장한다. 이 장면이 영화 역사상 탁월한 전투 신 중 하나로 꼽히는 것은 우연이 아니다
- 주인공이 활용할 수 있는 다양한 도구와 방어 공간이 있는 특별한 아레나에서 전투가 벌어진다
- 긴장감이 폭발할 것 같은 좁은 공간에 다수의 인원이 엉켜 싸움을 벌인다
- 전투 시퀀스의 마지막에는 주인공과 주요 적대자가 직접적으로 싸움을 벌인다

- 최종 결전은 스토리상 모든 갈등을 통틀어 가장 빠른 속도로 전개된다
- 주인공은 싸움에서뿐만 아니라 생각에서도 적대자를 앞서야 한다

「아바타」는 신화와 액션, 로맨스가 결합된 작품이다. 정글에서 두 군대가 벌이는 전투는 주인공과 그의 연인(조력자)을 상대로 공격하는 주적의 격투로 좁혀진다.

전투는 세 부분으로 나뉜다. 첫 번째는 나비족의 '기병' 부대가 마일스 쿼리치 대령이 지휘하는 군대 기지로 돌격하는 장면이다. 「경기병 여단의 돌격」The Charge of Light Brigade(발라클라바 전투 당시 지휘 체계의 혼선으로 영국 경기병 여단이 적진을 정면 돌격하여 큰 피해를 입었다─옮긴이)의 고귀함을 떠올리게 한다. 말을 탄 병사들이 기계로 무장한 병력에 맞선다는 것은 죽음을 의미하지만 그럼에도 전진한다.

두 번째 전투에서 반격을 감행하는 나비족은 공룡과 비슷한 외형의 살아 있는 '갑옷'을 입고 진격한다. 세 번째는 거대한 강화 슈트 덕분에 무적처럼 보이는 마일스 쿼리치 대령을 상대로 제이크 설리와 네이티리가 칼과 활, 화살로 맞서는 극적인 전투다. 쿼리치 대령의 아킬레스건인 조종석의 목 부분이 노출되자 네이티리가 화살을 쏘아 그를 죽인다.

「매드 맥스 4: 분노의 도로」에는 사상 최고의 전투 중 하나로 꼽을 만한 장면이 등장한다. 이렇듯 훌륭한 전투가 완성된 데는 감독인 조지 밀러가 영화 역사상 그 어떤 감독보다도 액션을 연출하고 촬영하는 데 뛰어난 실력을 갖춘 인물이라는 점도 작용했다. 또한 전투 그 자체가 아름다운 스토리 구조를 갖춘 덕분이기도 하다. 맥스와 퓨리오사, 눅스, 퓨리오사의 출신 부족인 부발리니족 전사들이 시타델로 돌아가던 중 조와 그의 워 보이 군대가 이들의 뒤를 쫓는다. 다시 한번 전투는 비유적으로

또 말 그대로 소용돌이 중심부를 향해 다가간다. 주인공들은 워리그를 타고 협곡을 통과해야만 했다(협곡은 「스타워즈 에피소드 4: 새로운 희망」 속 참호와 같은 의미를 지닌 공간이다).

전투에서 갈등과 죽음이 이어지는 방식 또한 소용돌이 구조로 진행된다. 발키리를 포함한 팀원들은 워 보이 몇을 쓰러뜨리며 죽음을 맞이한다. 맥스는 조의 핵심 부하 중 하나인 식인종을 죽인다. 맥스와 퓨리오사는 간신히 목숨을 건진다. 심각한 부상을 입은 퓨리오사는 조의 마스크를 차 바퀴에 걸어 그를 처단한다. 맥스는 조의 아들이자 거대한 체구를 자랑하는 릭투스와 싸운 뒤 퓨리오사와 협곡의 좁은 길을 통해 빠져나온다.

액션 스토리 비트: 자기 각성

일반적으로 액션 스토리에는 자기 각성이 부재할 때가 많다. 이는 작가가 액션 갈등 내에서 주인공 개인의 궤적을 설정하지 않기 때문이다. 주인공 내면의 성장이 아닌 외부적 목표를 성취하는 데만 집중하면 스토리는 정서적 힘을 잃는다.

액션 장르에서 자기 각성을 마련할 수 있는 몇 가지 예시는 다음과 같다.

- 주인공은 자신이 잔인하게 변했다는 사실을 깨닫는다. 다시 말해 자신이 선을 넘는 행동을 했음을 깨닫는 것이다(선한 행동과 위대한 행동에 대해 생각한다)
- 액션과 로맨스가 결합한 (보통 코미디도 함께한다) 버디 스토리라면 두 등장인물은 서로가 나누는 우정이 너무 소중해서 잃을 수 없다는 사실을 깨닫는다

- 액션 주인공은 싸움이 아닌 사랑을 택해야만 한다는 사실을 깨닫는다

액션 스토리 비트: 작별 또는 결속

> **핵심**
>
> 스토리 초반에 주인공이 내려야 할 중대한 결정은 '싸울 것인가, 도망칠 것인가'다. 스토리 결말에서는 '함께할 것인가, 떠날 것인가'를 결정해야 한다. 완벽한 외톨이가 공동체의 일원이 될 것인가?

선택지 1: 작별

보통 남성 액션 주인공이 공동체와 어울리지 못하는 모습은 강인함의 표본처럼 묘사된다. 문명을 지키기 위해 싸우는 사람은 고독한 전사여야 한다고 말이다. 하지만 이런 성향은 주인공의 강인함이 아니라 심각한 결점이다. 이 결점으로 인해 액션 주인공의 첫 번째 선택지는 자신이 지켜주기로 맹세한 공동체에 작별을 고하고 고독한 전사로 남는 것이다.

「매드 맥스 4: 분노의 도로」에서는 절망과 분노로 하나가 되었던 팀이 시타델로 복귀한 후 흩어진다. 「수색자 The Searchers」의 이선 에드워즈처럼 맥스 또한 공동체에 들어가 사랑과 가족을 경험할 수 없는 인물이다. 그는 떠도는 외톨이로 돌아간다. 하지만 떠나기 전 동료인 퓨리오사에게 존경의 의미가 담긴 묵례를 받았다.

선택지 2: 사랑의 결속

전형적인 남성 액션 주인공이 택하는 두 번째 선택지는 신체적 나약함에 대한 자신의 두려움을 극복하고 위대한 사랑의 힘을 발견하는 것이다. 타인과 친밀한 관계를 맺고, 보다 큰 공동체로 들어가 사회의 일원이 되어야만 경험할 수 있는 충만한 삶을 누린다.

주인공이 이를 선택한 예는 많지 않다. 액션 스토리에서 주인공이 결말에 여성과 함께하기를 선택하게 만드는 한 가지 방법은 여성이 남성적인 모습을 보이는 것이다. 가령 「리썰 웨폰 3」에서 주인공은 연인이 남성 다섯 명과 싸우는 모습을 보고 반한다. 이러한 경향은 향후 젠더 규범의 경계가 흐릿한 스토리가 등장할 것임을 암시한다.

변형: 여성 주인공이 리더가 되다

퓨리오사는 작별 또는 결속이라는 남성 주인공의 전형적인 스토리 비트를 변형한 여성 액션 주인공이다. 리플리와 사라 코너처럼 그녀는 부족에 남아 리더가 된다. 전사라는 정체성은 유지하지만 공동체를 이끈다는 새로운 도전을 받아들이는 인물이다.

선택지 3: 결속의 변형—버디 결혼

결속이라는 선택지의 변형으로 액션 주인공이 자신의 파트너와 '결혼'을 한다. 버디 스토리는 두 남성(브로맨스) 또는 두 여성 간의 '결혼'을 그린다. 버디 스토리에서는 노을이 지는 배경으로 주인공들이 티격태격하면서도 자신들의 '결혼' 관계를 다시금 확인하는 엔딩 장면이 거의 매번 등장한다.

> **핵심**
>
> 버디 스토리가 왜 인기가 높은지 짐작할 수 있다. 고통 없는 결혼을 그리기 때문이다.

두 주인공이 내내 티격태격하지만 이는 '결혼'에 깊은 갈등이 있다는 의미가 아니다. 도리어 두 인물이 서로 뛰어난 호흡을 자랑하며 삶을 함께할 운명이라는 점을 보여준다. 무엇보다 당사자들도 이 사실을 잘 알고 있다.

이러한 결속의 본질은 무엇일까? 오래된 남성 버디 스토리에서 여성은 어리석고 경솔하며 연약하게 그려진다. (이러한 맥락에서) 남성들은 여성에게서는 느낄 수 없던 의리, 압박감을 이겨내는 강인함, 우정, 재미를 동성 간에 경험한다.

여성 버디 스토리는 남성들의 경우와는 다른 형식의 버디 결혼을 보여준다. 여성이 다른 여성을 의지하고 마음을 털어놓는 모습을 보여준다. 남성들은 여성을 착취하는 이기주의자에 강간범, 도둑이자 폭력적이고 부패한 체계를 존속시키는 가해자로 등장한다. 여성이 남성보다 동성의 친구를 선호하는 것은 배신과 자기 파괴의 행위다.

액션 장르에는 여성 버디 스토리가 드물지만 (한 가지 예외를 들자면 범죄 스토리기도 한 「델마와 루이스」가 있다) 코미디 영화에서는 좀 더 자주 등장하는데, 「히트The Heat」, 「미녀 삼총사」, 「포춘Outrageous Fortune」, 「인생의 반전Big Business」, 「로미와 미셸Romy and Michele's High School Reunion」 등이 이에 속한다.

주제: 존재한다는 것은 경쟁하고, 싸우고, 승리와 패배를 경험하는 것이다

액션 장르는 실존적 코드를 가장 명확하게 보여주는 스토리 형식이다. 존재란 곧 행동하는 것이다. (호러 장르에서 다루는) 삶과 죽음의 간극을 극복하고 나면 인간은 어떻게 행동하는가로 정의된다. 삶의 모든 행위는 어쩔 수 없이 저항과 대립을 동반한다. 이는 곧 경쟁을, 극단적인 경우 싸움을 의미한다.

액션 장르는 행동하는 것과 성공적으로 행동하는 것 사이의 중요한 연결성을 밝힌다. 이 장르는 인간으로 존재한다는 것은 결국 승패와 관련된 문제라고 말한다. 삶은 희소한 자원을 둘러싼 경쟁이자 승자 한 명과 최소 한 명의 패자로 나뉘는 제로섬 게임이다.

액션 주인공은 행동하는 것만으로도 대개의 성공을 이룰 수 있다는 진리를 보여준다. 다만 성공은 훌륭하게 행동할 때, 즉 기술, 탁월한 전술과 전략, 인내를 가지고 행동할 때 얻을 수 있는 결과다.

액션 스토리는 승리에 주된 중점을 두지만 승리의 이면에 자리한 패배와 상실 또한 보여준다. 시합에서 지고, 연인과 친구를 잃고, 가장 극단적으로는 목숨을 잃는 것까지 말이다.

> **핵심**
>
> 작가가 액션 장르를 초월하는 주된 방법은 패배를 보여주는 것이다.

비극의 경지까지 다루는 액션 스토리는 상실의 극심한 고통을 부각시킨다. 「7인의 사무라이」에서 습격자들에 대항해 마을을 지킨 사무라이들은 전투에서 승리를 거둔다. 하지만 이들은 참담한 상실을 경험한다. 싸움의 끔찍한 상실을 선명하게 그려낸 것이 이 영화를 강렬하게 만드는 또 하나의 이유다.

액션 주제 공식: 무사도

호러 장르에서 봤듯, 스토리 장르의 주제 공식은 되어감, 즉 좋은 삶을 사는 방법을 보여주는 것이다. 스토리 속 주인공의 기본 행동 방향과 장르가 제시하는 핵심 질문, 이 두 가지 요소로 보여준다.

액션 스토리는 인생에서 되어감으로 향하는 길은 무사도라고 말한다. 무사도의 미덕을 실천하며 그 안에 담긴 위험은 피한다면 되어감을 이룰 수 있다고 말이다. 액션 장르에서 주인공은 전사인 만큼 무사도를 따른다는 것은 가장 어려운 적과 맞설 용기를 갖고, 행동하고, 멈추지 않는 것이다. 망설이지 말고 행동하라! 그리고 절대로 포기하지 말라는 것이다.

장르의 핵심 질문은 '싸울 것인가, 도망칠 것인가?'다. 자유를 택할 것인가, 구속된 삶을 살 것인가? 주인공은 자신의 신념을 위해 싸우는가? 이것이야말로 진정한 자유를 지키는 첫걸음이 될 테니 말이다. 아니면 도망쳐서 목숨을 부지할 것인가?

이러한 핵심 질문은 액션 스토리의 도덕적 논증과도 맞물린다.

- 자신의 가치를 지키고 성공적인 삶을 살기 위해서는 언제나 행동해야 한다. 행동이란 무엇이 가장 가치 있는지를 논하는 것이 아니다. 그게 무엇이든 자신이 소중히 여기는 가치를 위해 맞서 싸우는 것이다
- 위대함을 달성하기 위해 부도덕한 수단을 써서는 안 된다. 그렇게 한다면 승리는 빛을 잃기 때문이다. 이때 주인공은 자신의 성취에

구속당하고 말 것이다

액션 주제 공식: 결정-자유를 향한 길

> **핵심**
>
> 액션 장르에서는 좋은 결정을 내리는 일이야말로 삶의 가장 중요한 원칙이다.

　선택이 이토록 중요한 의미를 지니는 이유는 무엇일까? 자연스럽고도 필요하다고 여기는 행동들이 모여 일상을 이룬다. 대다수의 사람은 그저 흘러가는 대로 살아간다. 다른 길이 있다고 생각하지 않는다.
　선택은 어떤 행동과 그다음 행동 사이에 놓인 구심점과 같다. 선택은 다음 행동을 취하기 전의 사고 과정이다. 누군가 어떤 행동을 취하면 우리는 그 사람이 그 행동을 잘 수행했는지 평가한다. 하지만 성공은 이미 정해진 것이나 마찬가지다. 좋은 선택을 하면 성공적인 행동을 할 가능성이 높아지고, 자연히 성공할 수 있는 위치에 자리하게 된다.
　이러한 사고 전환이 가져올 가장 큰 결과는 무엇일까? 일상의 흐름이 내가 내리지 않은 선택으로 이루어졌다는 사실을 깨닫게 된다.

> **핵심**
>
> 자유란 우리가 언제든 삶을 바꿀 수 있다는 사실을 깨달을 때 찾아온다.

액션 스토리를 초월하는 법

액션 스토리에서는 행동이 수치화되고, 가장 중요한 가치는 최고가 되는 것이기에 이를 표현하는 예술-스토리 양식은 전쟁과 스포츠가 된다. 이 양식은 정글의 법칙, 즉 승리 또는 죽음의 논리를 따른다.

신체적 움직임에 치중한 액션이 장르를 초월하려면 스토리의 범위를 확대하거나 더욱 추상적인 방향으로 이끌어가야 한다. 두 가지 방식 모두 성공의 기술을 탐구한다는 점에서는 같다.

액션을 초월하는 형태로는 크게 두 가지가 있다.

1. 액션 에픽-전쟁 스토리

액션 스토리를 예술의 경지로 승화시키는 가장 효과적인 방법은 장대한 규모와 엄청난 긴장감을 부여하는 것이다. 그 예로 다음과 같은 작품을 들 수 있다. 「7인의 사무라이」, 「매드 맥스 4: 분노의 도로」, 『일리아스』(신화), 「위대한 환상La Grande Illusion」, 「왕좌의 게임」(갱스터, 판타지), 「다이 하드」, 「늑대와 춤을」(반反서부극), 「패튼 대전차 군단」, 「영광의 깃발Glory」, 「보 제스트Beau Geste」, 「경기병 여단의 돌격」, 「건가 딘」, 「서부 전선 이상 없다」, 「날개Wings」, 「콰이강의 다리」, 「플래툰」, 「라이언 일병 구하기」, 「무기여 잘 있거라」, 「줄루Zulu」, 「요크 상사Sergeant York」, 「씬 레드 라인」, 「위 워 솔저스」, 「갈리폴리Gallipoli」, 「더티 더즌」, 「덩케르크」, 「디어 헌터」, 「지옥의 묵시록」, 「특전 U 보트」, 「스파르타쿠스」, 「1917」, 「알제리 전투」, 「블랙 앤 화이트 인 컬러Black and White in Color」, 「데이 쉘 낫 그로우 올드」, 「영광의 길」, 「유황도의 모래」, 「클라크 게이블의 위대한 승리」, 「제17 포로수용소」, 「데이 워 익스펜더블」, 「정오의 출격」, 「우리 생애 최고의 해」(로맨스), 「독수리 요새」, 「지상에서 영원으로」, 「지 아이 조의 이야기The Story of G. I. Joe」, 「밴드 오브 브라더스」,「핵소 고지」

2. 케이퍼 스토리와 스포츠 스토리

액션 장르를 한 차원 높은 수준으로 끌어올리는 방법으로는 게임이나 스포츠로 추상화하는 것이 있다.

케이퍼 스토리 작품으로는 다음이 있다.「토마스 크라운 어페어The Thomas Crown Affair」,「토프카피의 보물Topkapi」,「스팅」,「오션스 일레븐」,「리피피」,「아스팔트 정글」,「저수지의 개들」,「록 스탁 앤 투 스모킹 배럴즈」,「4인의 프로페셔널」,「릭 앤 모티」의 에피소드 "뻐꾸기 둥지 위로 날아… 아닌가?"(코미디),「킬링The Killing」(1956),「LA 현금탈취작전Dead Heat on a Merry-Go-Round」

스포츠 스토리 작품은 다음과 같다.「록키」(로맨스),「내츄럴The Natural」,「그들만의 리그」,「42」(전기 영화),「크리드Creed」,「프라이데이 나이트 라이츠Friday Night Lights」,「보디 앤드 소울Body and Soul」,「19번째 남자」,「후지어」,「후프 드림스」,「퀸스 갬빗」,「허슬러」,「밀리언 달러 베이비」,「헤비급을 위한 진혼곡Requiem for a Heavyweight」,「여덟 명의 제명된 남자들」,「윈 윈Win Win」,『위대한 미국 소설』,「머니볼」

액션 초월하기 1: 액션 에픽과 전쟁의 기술

에픽은 한 개인 또는 가족의 손에 국가의 운명이 결정되는 (또는 이들을 통해 국가의 운명이 묘사되는) 스토리다. 액션 에픽은 주인공이 국가를 건설하거나 변화시키는 과정을 그리며 전쟁의 기술에 대해 논할 때가 많다.

액션 에픽은 신화적인 스토리보다 좀 더 현실성을 갖추고 있다. 이 세세가 어떻게 빛물 녀 있는지 감상자에게 보여주며 큰 그림을 제시한다는 점에서는 신화와 동일하다.

> **핵심**
> 액션 에픽에서 작가의 목표는 감상자에게 무언가를 설명하는 것이 아니라 영감을 주는 것이다.

이제 전쟁에서의 성공 기술을 탐구하며 액션 에픽을 어떻게 써야 할지 살펴보겠다.

전쟁의 기술

전쟁이라는 렌즈로 삶을 본다는 것은 기본적으로 삶을 극적으로 본다는 의미다. 전쟁은 인류가 경험할 수 있는 가장 극적인 사건이다. 하지만 전쟁의 '기술art'이라는 표현은 모순된 말이라고 생각한다. 가장 파괴적인 행위가 어떻게 창조적인 형식을 띨 수 있을까?

전쟁은 힘에 대한 기술이자 과학이다. 또한 행동의 가장 최종적 표현이다. 인과의 순서는 이렇다. 행동을 취하면 갈등이 벌어지고, 갈등은 대규모 싸움으로, 즉 전쟁으로 이어지며, 이후 한 국가의 건설로 연결된다.

따라서 스토리 형식의 관점에서 전쟁의 기술은 액션 에픽을 통해 가장 명확하게 표현된다. 셀 수 없이 많은 인물이 방대한 지리적 무대를 배경으로 대규모 갈등을 빚고 전략과 전술을 동원해 서로 공격을 주고받는 것이다. 일련의 갈등이 정점에 이르러 최후의 결전을 벌인다. 이 자리에서 거의 항상 승자와 패자가 결정되지만 결전이라는 행동의 대가가 너무도 큰 나머지 양측 모두 극심한 손실을 감수해야 한다.

진쟁의 기술이야말로 행동과 성공이 절대적으로 필요하고 중요한 분야다.

나의 성장과 깨달음

스토리를 공부하기 훨씬 전에 나는 전쟁을 공부했었다. 미국 육군사관학교 웨스트포인트West Point를 졸업하고 육군참모대학Army War College에서 군사전략을 가르친 아버지가 내게 남북전쟁과 제1차, 제2차 세계대전의 전략과 전술에 대해 설명할 때면 이야기에 푹 빠져 들었다. 지난 100년간 우리 집안에서 장군과 대령이 다수 배출되었다. 내가 성인이 되던 무렵 베트남전쟁이 한창이었는데, 그런 상황만 아니었다면 나 또한 웨스트포인트에 진학해 군인이 되었을 것이다.

아버지의 이야기를 들으며 많은 것을 배웠다. 삶을 바라보는 관점만이 아니라 스토리가 어떻게 작동하는지 이해하는 데도 결정적인 영향을 미쳤다. 결국 스토리란 갈등을 만들어내는 기술이기 때문이다.

액션 에픽 스토리 비트: 전쟁의 세계

전투는 폭력적인 갈등으로 승패를 결정하는 사건 이상의 의미를 지닌다. 땅과 사람, 과학기술이라는 더욱 큰 힘이 집약되는 소용돌이의 중심부다. 여기에는 경제적 요인, 군수물자, 무기, 지휘관의 전략, 전술을 실행하는 병사들의 능력, 전투가 벌어지는 지형의 특수성이 모두 포함된다.

본질적으로 전투는 군사적 경쟁인 동시에 공학적 경쟁이기도 하다. 언젠가 아버지는 전투에서 이기는 데는 '탄약과 인력'이 중요하다고 말했다. 양측이 탄약을 얼마나 효율적으로 전선에 보급하고 부상병을 후방으로 이송하는지가 관건이라는 뜻이다.

미국 남북전쟁은 스토리 세계의 요소들이 스토리 속 전쟁의 결과에 얼마나 중요하게 작용하는지 보여주는 대표적인 사례다. 남부 지휘관들이 전략적으로 우세했을 때가 많았고 실제로 남부는 승리를 눈앞에 두고 있었다. 하지만 북부의 경제력이 앞섰고, 북부의 봉쇄 작전으로 남부는 외국의 원조를 받을 수 없어 패배하고 말았다.

액션 에픽 글쓰기의 핵심
전쟁의 기술 비트를 살펴보며 이 비트들이 훌륭한 액션 에픽을 창작하는 데 어떠한 열쇠를 제공하는지 알아보겠다.

- 스토리가 전개될 하나의 아레나를 설정해야 한다. 제한된 공간일수록 긴장감이 커진다. 장소를 옮기는 액션 스토리보다 하나의 아레나에서 펼쳐지는 스토리가 더 나은 이유는 이동을 하다 보면 긴장감이 휘발되기 때문이다
- 이동해야 하는 스토리라면 초반부터 소용돌이 중심부를 드러내는 것이 좋다. 그렇게 해야 감상자는 핵심이 되는 전투 지점으로 모든 이야기가 결집될 것이고 그곳에서 대단한 액션이 펼쳐질 것임을 알 수 있다. 주인공이 딱히 정해진 방향 없이 이리저리 움직인다 해도 감상자는 조바심을 내지 않을 것이다. 하지만 한 가지 주의할 점이 있다. 소용돌이 중심부가 되는 지점을 너무 구체적으로 드러내면 플롯의 최종 반전을 망칠 수 있다
- 한 국가가 형성되는 등 모든 것이 달라지는 역사의 전환점을 스토리 배경으로 삼는다
- 주인공이 국가를 형성하는 데 핵심적인 역할을 해야 한다. 이것이 에픽의 정의를 충족하는 가장 중요한 비트다
- 사회의 변화를 활용해 스토리 세계에 질감을 더한다. 시골 마을이

도시로 전환되는 등의 사회적 변화가 진행되는 과도기에 주인공을 배치시키는 것이다. 사회적 계층 간의 갈등을 다룰 수도 있다. 이렇게 하면 캐릭터에게 가해지는 변화의 힘을 더욱 부각할 수 있다. 이러한 구성의 근간에는 하나의 핵심 질문이 있다. 캐릭터들이 이러한 변화의 힘에 어떻게 적응할 것인가? 또 캐릭터 자신이 파멸에 이르지 않도록 제때 적응할 수 있을 것인가?

액션 에픽 스토리 비트: 무기의 기술
무기는 누군가를 조준해 피해를 증폭시키는 힘이다. 무기는 다른 사람을 죽일 수 있는 능력을 확장하는데, 이는 모든 병사들의 목표나 다름 없다. 전략과 전술의 변화가 새로운 무기의 개발과 관련이 있는 것도 이런 이유에서다. 기술적 '향상'이 이뤄질 때마다 상대를 죽이거나 전투에서 생존할 가능성이 커진다.

액션 에픽 스토리 비트: 액션 에픽 주인공
더욱 매력적인 주인공을 만들어내기 위해 택할 수 있는 몇 가지 전략이 있다.

- 유머 감각을 더한다. 액션 에픽은 세상을 만들고 구하는 이야기다. 주인공은 이 임무를 달성하기 위해 대단히 진지하고 심각하게 임한다. 그래서 자칫 거만하고 교만하게 보일 수 있다. 주인공에게 유머 감각을 더하면 인간미와 호감도를 높일 수 있다. 극단적으로는 유머 감각이 액션 주인공을 규정하는 요소가 될 수도 있다. 가령 압박감 속에서도 농담할 줄 아는 멋진 캐릭터로 말이다

- 너무 큰 짐이라. 주인공이 임무를 맡고 싶어 하지 않는 설정도 있다.

신화학자인 조지프 캠벨Joseph Campbell도 이와 유사한 요소에 대해 말한 바 있는데, 과업의 무거움과 더불어 주인공이 그 일을 감당할 준비가 되지 않았다고 깨닫는 모습을 보여주는 것이다. 주인공은 평범한 인간이고 성공하기 위해서는 평범함을 넘어 비범함에 이르러야 한다

- 액션 주인공은 싸움의 대가여야 한다. 액션 주인공이 전사인 만큼 액션 에픽의 주인공도 싸움의 대가가 되어야 한다. 전투의 예술가가 되어야 한다

액션 에픽 스토리 비트: 욕망

액션 에픽에서는 욕망선에 명확한 물리적 종착점이 있어야 하고, 욕망이 대규모 전투로 이어져야 한다.

「라이언 일병 구하기」는 본질적으로 제2차 세계대전을 배경으로 한 「7인의 사무라이」와 같다. 라이언 일병은 전쟁에서 형제 셋을 잃었다. 그의 모친을 위로하기 위해 지휘관 한 명과 팀이 편성돼 라이언을 찾아 안전하게 구출하는 임무를 맡았다. 이러한 욕망은 상당히 가상하지만 이미 사망한 세 형제보다 더 많은 병사의 목숨을 희생시킨다.

액션 에픽 스토리 비트: 대립

그럴듯한 적대자 캐릭터를 만드는 중요한 전략은 이 적대자에게 인간적인 면모와 납득할 만한 가치관을 부여하는 것이다. 기본적인 액션 스토리에 등장하는 '악한' 적대자는 위험하고 강력해 보일 수 있다. 하지만 악한 적대자를 두는 것은 언제나 좋지 않은 선택이다. 인간적으로 느껴지지 않고, 그저 악으로 가득 찬 블랙박스처럼 보이기 때문이다. 이러한 설정은 스토리를 인위적으로 느껴지게 만들고 극적 긴장감을 떨어뜨린다.

인간적인 면모를 지닌 적대자는 어떤 면에서 그의 생각이 옳기도 하다. 그가 틀렸을 때조차 가치관만큼은 납득할 만하다. 아이러니하게도 이렇듯 복잡한 적대자를 상대해 이길 때 주인공의 성취감이 훨씬 커진다.

액션 에픽 스토리 비트: 캐릭터 망—지휘 계통과 전쟁의 전문가들

전쟁 스토리는 두 군대가 충돌하는 거대한 규모의 액션이다. 주요 대립은 군대와 군대 사이에서 수평적으로 이루어지지만, 스토리에서 가장 세밀하게 그려지는 캐릭터 망은 수직적인데, 바로 주인공 측의 지휘 계통이다.

여기에 속한 다양한 캐릭터들은 조력자이면서 개인적인 갈등을 일으키는 원인이 되기도 한다.

전쟁 스토리는 크게 두 가지 방식으로 접근할 수 있다. 초점을 주로 지휘관에 맞추거나 보병에 맞추는 것이다. 접근법에 따라 근본적으로 다른 스토리가 탄생한다.

1. 지휘관에 초점을 맞추는 접근법: 조직의 위에서 내려다보는 첫 번째 접근법은 감상자에게 대규모 전투를 위에서 내려다보는 듯한 조감도를 제공한다. 군대 간, 그리고 군 내부 지휘관들 사이에서 벌어지는 전략상의 갈등을 강조한다. 이러한 스토리는 어려운 지휘 결심과 대규모 전투를 부각시킨다. 「벌지대전투 지옥의 사수작전The Battle of the Bulge」, 「패튼 대전차 군단」, 「붉은 10월」이 여기에 속한다.
2. 보병에 초점을 맞추는 접근법: 두 번째 접근법은 이등병의 관점에서 스토리를 전개하는 것이다. 전쟁의 공포와 혼란, 남성들의 유대, 전우의 죽음, 난감한 도덕적 문제, 명령 수행의 어려움에 초점을 맞춘다. 그 예시로는 「플래툰」, 「디어 헌터」, 「지옥의 묵시록」, 「서부

전선 이상 없다」,「파괴자 모랜트」,「미드나잇 클리어」,「씬 레드 라인」,「전사의 용기」가 있다.

액션 에픽 스토리 비트: 조력자 모으기-전쟁 선전 활동
우리는 전쟁을 바라볼 때 격렬한 전투와 승패에 초점을 맞추는 경향이 있다.

하지만 전투는 힘을 두고 벌이는 거대한 싸움의 구심점일 뿐이다. 전투가 벌어지기 훨씬 전부터 병사를 소집해야 한다. 권력자는 대의를 위해 자신의 목숨을 희생해야 할지도 모를 일에 사람들의 참여를 설득하는 선전 운동을 벌여야만 한다.

제1차 세계대전의 실상을 다룬「데이 쉘 낫 그로우 올드」는 전쟁에 참여한다는 것에 흥분을 감추지 못하는 남성들의 이야기로 시작한다. 실제 전투와 죽음을 경험해 보지 못한 이 예비 병사들은 국가 간 전쟁이라는 위대한 모험 앞에 들떠 있었다. 이들은 재미를 놓치고 싶지 않았다. 그중에는 신성한 의무라고 선전하는 정부와 전쟁에 참여하는 사람들의 눈치가 보여 참가한 이들도 있었다. 이들은 전투가 금방 끝날 것이고, 곧 승리를 거두어 영웅으로 돌아올 수 있을 거라 생각했다. 물론 많은 경우 이런 예상은 빗나갔다.

낭만적인 선전 문구는 병사들이 땅을 정복하기 위해서가 아니라 여성과 조국을 지키기 위해서 싸운다고 말한다. 이러한 국수주의적 낭만 속에 병사는 다수의 적을 해치우는 상상을 한다. 선전은 전투에서 사망하는 드문 일이 벌어지더라도 일종의 불멸을 얻을 것이라는 내용도 담고 있다. 그는 조국의 국민들 마음속에 영원히 기억될 이름으로 다시 태어나는 것이다.

이토록 낭만적인 시나리오에는 큰 문제가 있다. 바로 거짓 불멸성이다. 병사는 죽음을 맞이했으니 말이다.

액션 에픽 스토리 비트: 게임 계획–전술 VS 전략

모든 인간의 행위와 모든 이야기 형식에는 근본적인 상충 관계가 존재한다. 어떤 것을 더 하면 다른 것을 덜 할 수밖에 없기 때문이다. 전쟁에서 주된 상충 관계는 공격과 방어, 타격과 이동, 병력 밀집과 분산, 화력과 병력이다.

전술과 전략의 차이는 목표와 시간에 있다. 전술의 목표는 해당 전투의 승리이고 전략의 목표는 최종 승리, 즉 전쟁에서 이기는 것이다. 지휘관의 첫 번째 임무는 전술과 전략을 일치시키는 것이다. 전술적 순간의 긴박함이 더욱 폭넓게 고려해야 할 전략적 문제보다 더 크게 와닿는 경우가 많다. 제1차 세계대전이 바로 그 예로, 나쁜 전술(참호전)이 나쁜 전략(소모전)으로 이어져 1000만 명에 가까운 전사자가 발생했다.

전쟁은 패자가 물리적으로 파괴되는 극단의 행위인 만큼 전략과 전술 사이의 상충 관계는 전쟁이라는 액션 에픽에서 중요한 요소다.

전략과 전술 모두 전쟁의 기술에서 또 다른 상충 관계인 타격과 이동에 영향을 미친다. 화력이라는 타격은 적을 파괴한다는 목표를 달성하는 데 결정적인 일격을 가하는 수단이다. 반면 이동의 중요성은 덜 알려져 있다. 이동해야 타격이 가능하다. 이동의 핵심은 사실 이동할 필요를 없애는 것, 즉 위치 선정에 있다.

액션 에픽 스토리 비트: 전투–끝나지 않는 학살

전투를 가장 기본적인 요소로 환원하면 두 줄로 늘어선 화력이 서로를 마주 보고 있는 구조다. 전투는 양측이 타격과 이동이라는 두 가지 주요 도구를 활용하며 전개된다. 각 군대는 이 도구로 상대 전선의 중앙을 뚫거나 측면을 공격한다. 전선이 뚫리면 군대는 전열을 잃고 와해된다. 상대 전력이 측면으로 우회하면 군대는 포위되어 항복하거나 전멸한다.

군대는 공격을 통해 돌파하거나 적진의 측면을 공략하지만, 공격할 때는 방어 태세를 갖추지 못하므로 적의 역습을 막을 방법이 없다.

액션 에픽-전쟁 스토리에서는 보통 전투가 길게 이어진다. 스토리의 결말은 거대한 규모의 전투로 절정을 이루는데, 이때 주인공이 속한 군대가 거의 항상 적군을 격파한다.

액션 에픽 스토리 비트: 자기 각성-인류에게 희망은 없다

에픽 전쟁 스토리에서 자기 각성은 다른 어떤 스토리 형식보다도 암울하다. 초반에 등장인물들은 엄청난 모험과 성공에 대한 희망으로 부풀지만 이내 아무 소득도 없는 대규모 파괴만 목격하고 결말에 이르러 미래에 대한 희망을 잃는다. 이러한 깨달음이 암울한 이유는 주인공 개인의 자기 각성 이상의 의미를 지니기 때문이다. 여기에서 인류에 대한 주제 의식이 드러난다. 감상자는 전쟁의 부조리가 인간의 사고에 내재된 근본적 결함에서 비롯한다는 사실을 깨닫게 된다.

액션 에픽 스토리 비트: 도덕적 결정

주인공은 보 제스트beau geste라고도 불리는 숭고한 행동을 한다. 이는 의무와 개인의 욕망, 국가 및 가족과 자기 자신 사이에서 내리는 도덕적 선택이다. 주인공은 다른 사람의 생존을 위해 개인이 아닌 집단이 성공하는 길을 택한다.

여기에는 숭고함에 대한 작가의 가치관이 반영된다. 보통은 다른 이를 위해 자신의 목숨을 희생하는 이야기로 전개된다.

그 예로 「7인의 사무라이」, 「건 가 딘」, 「보 제스트」, 「터미네이터 2」, 「경기병 여단의 돌격」 등이 있다.

다른 대안으로 주인공이 집단이 아닌 자기 자신을 선택하기도 한다. 자신이 희생할 만한 가치가 없는 집단이거나 권력자가 일반 대중을 세뇌해 거짓된 전쟁을 선전했을 때 그렇다.

액션 초월하기 2: 스포츠 스토리와 케이퍼 스토리

액션 장르를 초월하는 두 번째 방법은 게임과 스포츠라는 시뮬레이션을 이용하는 것이다. 이것이 스포츠 스토리와 케이퍼 스토리다.

게임과 스포츠 속 성공의 기술

게임과 스포츠는 압력이 고조되는 상황에서 벌어지는 사고 (그리고 행동) 실험을 보여준다. 압력은 주인공이 실패할 경우 교도소에 갈 수 있다는 사실이다. 스포츠에서 압력은 시합에 참여한다는 극도의 신체적 도전과 주인공이 질 수도 있다는 긴장감이다.

경쟁을 경기장이라는 한정된 공간으로 구체화한 덕분에 성패를 가르는 요소들을 더 명확하게 파악할 수 있다.

케이퍼 스토리: 인생을 게임으로

케이퍼 스토리는 사기꾼들이 팀을 이뤄 복잡하고 정교한 계획을 세운 뒤 무언가를 훔치는 내용을 담은 서브 장르다. 케이퍼 스토리 비트는 액션의 또 다른 서브 장르인 자살 임무 스토리와 유사하다.

케이퍼 스토리가 도둑질을 미화한다고 생각하는 사람들도 있다. 하지만 사실이 아니다. 케이퍼의 진정한 의미를 이해하려면 다음과 같은 사고 실험으로 장르에 접근해야 한다. 폐쇄적이고 계층적이며 법의 지배를 받는 '현실' 세계를 어떻게 해야 이길 수 있을까? 답은 인생을 하나의 게임으로 대하는 것이다. 개인이 시스템을 이기는 게임으로 말이다. 그렇게 케이퍼 스토리가 탄생했다.

케이퍼 스토리와 추리 스토리가 매력적인 이유는 인간의 가장 위대한 특징인 정신세계를 직접적으로 보여주는 데 있다. 인간의 정신이란 이해하기가 어렵고 대단히 복잡하다. 그에 비해 생각 자체는 그다지 극적이지 않다. 이를 극복하기 위해 스토리에서는 사고 과정을 행동으로 보여주어야 한다.

케이퍼 스토리와 추리 스토리의 힘은 우리의 생각이 작동하는 방식을 단순하면서도 정확하게 표현하는 데 있다. 케이퍼는 단순히 귀중한 물건을 손에 넣는다는 것 이상의 진정한 도전이 자리한다는 데서 또 한 번 차별화된다. 바로 서로 다른 사람들로 구성된 한 집단의 행동을 조직화하는 것이다. 또한 리더의 탁월한 창의성이야말로 진정한 관심의 대상이 된다.

「토마스 크라운 어페어」(1968)는 케이퍼 스토리 중에서도 최고의 걸작이다. 케이퍼 스토리와 로맨스를 접목하고 감상자에게 게임 그 자체의 예술성을 위해 사는 궁극의 현대 남성을 보여주었다는 데서 각본의 탁월함을 엿볼 수 있다.

토마스 크라운은 그가 매일같이 경쟁하는 다른 사업가를 크게 압도할 정도로 뛰어난 사업가다. 그는 모든 일을 완벽하게 처리한다. 그에게 남은 유일한 과제는 '자신의 잠재성을 전부 완전하게 발휘하는' 것이다. 이게 어떤 의미일까? 크라운에게는 삶 자체를 추상의 영역으로 끌어올리는 것이었다. 막대한 부와 성공을 이룬 크라운의 삶의 동기는 세 가지다. 인생을 점수를 매기는 게임으로 삼고, 우월한 인간이 되고, 시스템을 농락해서 이기는 것이다. 부유한 버전의 『죄와 벌』속 라스콜니코프와 비슷하지만 그보다 훨씬 영리하다.

「토마스 크라운 어페어」는 이 '가장 고등한' 인간, 예술가이자 게임즈맨gamesman(냉철하지만 지략과 전략이 뛰어난 사람—옮긴이)인 그가 자신이 사랑하는 대상이자 마찬가지로 뛰어난 예술가이자 게임즈우먼인 여성과 생사를 건 대결을 벌이게 한다. 이제 질문은 '게임과 사랑 두 가치 중에 그가 무엇을 선택할 것인가'다.

두 명의 뛰어난 인간이자 연인이기도 한 이들은 충격적인 최후의 결전을 벌였고 그곳에서 크라운은 진정한 사랑을 버리고 게임에서 승리한다. 승리는 거두었지만 너무 큰 대가를 치르고 아무것도 남지 않은 한 남자의 이야기처럼 들리는가? 그럴지도 모른다. 하지만 그에게는 그렇지 않았다.

스포츠와 스포츠 스토리: 점수를 매기는 행위 예술

스포츠는 액션 스토리를 게임으로 바꾸고 점수를 매기는 이야기다. 매일같이 자연은 죽음을 상대로 투쟁을 벌이고, 우리는 이 투쟁의 본질을 유희를 위한 하나의 갈등으로 탈바꿈시켰다. 스포츠는 고조되는 긴장감 속에서 벌어지는 일련의 갈등 시나리오다. 결말에서 누가 가장 잘했고, 그 이유는 무엇인지 확인한다. 이는 또 다른 형태의 '한계 상황'이다. 캐릭터를 실제 있었던 일이든 허구의 사건이든 위기에 처하면 이들이 실제로 어떤 인물인지가 드러난다.

스포츠에서 가장 단순화된 개념은 두 진영, 단둘만 존재한다는 것이다. 스포츠와 전통적인 전쟁에서는 참가자들이 유니폼을 입어 소속을 바로 확인할 수 있다. 유니폼을 입으면 혼란을 주는 요소를 제거할 수 있어 승리와 패배의 요인을 확실하게 볼 수 있다.

법피 세계와 단리 포식자와 피식자가 존재하는 자연 세계에는 정의라는 것이 없다. 스포츠에서도 마찬가지다. 이기거나 '죽는' 것이다. 미국의 스포츠 기자이자 시인인 그랜트랜드 라이스Grantland Rice의 명언과 달리 핵심은 당신이 게임을 얼마나 잘했느냐가 아니라 승리를 거머쥐었는가다.

스포츠의 스토리

스포츠의 큰 특징은 경쟁 상대나 적이 얼마나 강한지보다 두 사람이 펼치는 극적인 전개이다.

> **핵심**
>
> 우리가 스포츠를 하는 주된 이유는 그것이 하나의 스토리이기 때문이다.

어느 스포츠든 기본 개념은 제한된 공간과 시간 안에서 거의 대등한 두 선수가 맞서는 것이다. 극적인 활동이라면 다 그렇듯, 게임의 절정이 가장 큰 짜릿함을 선사한다. 모든 움직임은 이 소용돌이의 중심부로 집중되고 귀결된다.

그 결과 선수 각자의 능력이 서로 동등해야 한다는 점이 가장 중요한 특징이 된다. 물론 대단히 훌륭한 신체 능력은 경이로움을 선사한다. 우리가 프로 스포츠를 시청하는 이유도 프로 선수만이 보여줄 수 있는 초인적인 힘과 속도를 보기 위해서다. 하지만 성패를 가르는 것은 점수, 즉 일련의 모든 활동으로 맺어진 결말이다. 대결과 극적인 결말이 없다면 선수들의 훈련을 지켜본 것이나 다름없다.

신체 능력은 극적인 결말을 향한 수단일 뿐이다. 선수가 득점이 가능할 정도의 실력을 갖춰야만 뜨거운 관심 속에서 결말을 맞이할 수 있다.

그렇다면 이처럼 극적인 스토리는 어떻게 전개될까? 스포츠를 모의 전쟁이라고 여기는 이가 많다. 실제 전쟁에서는 양측이 언제든 공격과 방어를 펼칠 수 있다. 하지만 대부분의 구기 스포츠에서는 한 팀이 공격, 다른 팀이 수비를 맡는다. 각 팀은 수비해야 하는 영역이 정해져 있기도 하다. 이를테면 미식축구에서는 엔드존이, 축구와 라크로스, 하키, 농구에서는 골대가 그렇다. 이곳이 바로 그 세계의 심장부이자 성스러운 공간으로 이곳이 함락되면 세계가 몰락하는 것과 같다.

스포츠 스토리 비트: 스토리 세계-소용돌이 지점

스포츠는 다른 모든 요소를 제거하고 누가 최고인지 한눈에 확인할 수 있는 단순화된 무대를 제공한다. 스포츠마다 경기가 벌어지는 공간에 물리적인 경계를 설정한다. 경기장 형태를 띠는 이 무대의 지형에는 득점 규칙이 반영되어 있다.

> **핵심**
>
> 어느 스포츠든 '필드를 넓혀야' 성공할 수 있다.

다시 말해 상대가 경기장을 가능한 한 넓게 수비하도록 만들어야 한다는 뜻이다. 그래야 상대에게 신체적, 정신적으로 최대한 압박을 가할 수 있다.

소용돌이 지점으로서의 필드

좋은 스토리가 공간적, 시간적 소용돌이 중심부에서 그 절정을 이루듯, 많은 스포츠 경기장의 지형도 소용돌이 모양으로 설계된다. 경기는 넓은 지역에서 시작되어 득점이 이루어지는 한 공간으로 좁혀진다. '필드 넓히기'라는 기본 전략을 활용해 측면으로 공을 전진시키다 골대 근처에서 중앙으로 공을 보내는 것이 전형적인 방법이다.

스포츠 스토리 비트: 전사인 주인공의 플레이-누가 최고인가

액션 스토리가 그렇듯 그 서브 장르인 스포츠 스토리 또한 누가 더 우수한지 증명하는 이야기다. 정신과 신체 모두 시험하는 행위 예술이다. 스포츠에는 상대를 향한 자비가 없다. 동일한 상태로 시작할 수는 있지만 결국 더욱 우월한 쪽이 결정된다.

게임이나 스포츠처럼 인위적인 경기에 참여하는 주요 이유 중 하나는 지금 당장 자신의 삶과 가치를 평가하기 위해서다. 승리를 경험하면 인생 전체가 성공하리라는 환상이 생긴다. 물론 이는 지나치게 단순하고 덧없는 생각이다. 다만 게임을 하려면 해당 틀과 규칙에 어떠한 한계가 있는지 잊어야 한다. 이러한 불신의 유예suspension of disbelief(이성적, 현실적으로 접근하지 않고 가상의 무언가를 그저 믿는, 일종의 몰입의 순간—옮긴이)가 게임에 의미를 부여하는 것이다. 다시 말해 인간 드라마를 다루는 모든 것이 그렇듯 스포츠 또한 우리의 의식Consiousness과 상호작용한다.

스포츠 스토리 비트: 약점-위대함을 증명해야 한다는 필요

게임을 통해 자신의 인생이 성공하리라고 믿는 것은 약점이 아니다. 그것은 결핍이다. 일상에서 우리 자신을 돋보이게 할 방법은 거의 없다. '승리'를 경험할 기회는 더더욱 없다. 영웅적인 순간은 드물다. 그런데 게임이라는 상황은 우리의 위내함을 증명할 기회를 준다.

스포츠는 이분법적 사고 쪽으로 우리의 가장 원초적인 경향성을 온전히 구현한 개념이다(호러 스토리 참고). 스포츠는 인생을 공격과 수비로 단순화한다.

스포츠를 가능하게 하는 주된 심리적 요인 두 가지가 바로 위대해지려는 의지와 이분법적 사고다. 하지만 선수마다 제 나름의 약점을 지녔다. 경쟁에 참여하는 선수는 신체적, 정신적, 심리적 능력과 함께 결함도 가지고 있다.

경기 중에는 자신의 강점을 최대한 활용하는 동시에 약점을 신경 써야 한다. 또한 상대의 약점을 공격하고 상대가 강점을 발휘하지 못하도록 막아야 한다.

스포츠 스토리 비트: 욕망-득점 그리고 승리

스포츠는 스토리에서 가장 중요한 욕망선을 수치로 환산하여 우월함을 입증한다. 득점과 승리라는 명확한 목표는 주인공의 추진력을 집중시킨다.

스포츠 스토리 비트: 캐릭터망-개인 VS 팀 스포츠

복싱은 원초적이다. 한 명이 다른 한 명을 기절시켜 죽음에 가까운 상태에 이르게 하는 스포츠이기 때문이다. 한편 팀 스포츠는 좀 더 복잡하고 인간은 사회 안에서 살아가는 존재라는 점을 반영한다. 경쟁은 어떤 사회가 더욱 우월한지 가리는 것이다. 하지만 동시에 그 사회 속 개인을 시험하기도 한다. 여기서 중요한 질문은 이것이다. 선수가 팀의 승리에 일조하면서 자신의 성공 욕망도 균형 있게 충족할 수 있는가?

스포츠에 참여하고 또 시청할 때 느끼는 즐거움의 상당 부분은 개인의 영성을 선호하느냐, 아니면 팀의 성공을 선호하느냐에 달려 있다.

「글래디에이터」: 개인전에서 팀 스포츠로

아레나에서 펼쳐지는 검투사의 싸움은 전쟁의 특성을 가장 잘 표현한 스포츠다. 패자가 실제로 죽음에 이르는 유일한 대결이다.

「글래디에이터」의 전제가 탁월한 점은 병사를 아레나에 배치한 것이다. 여기서 사고실험은 이렇다. 장군으로서 전략에 대한 지혜와 뛰어난 전술까지 갖춘 데다 격투를 벌일 수 있을 정도로 젊고 건강한 군인이 살상 훈련을 받은 전문 선수들과 링에 함께 오른다면 어떤 일이 벌어질까? 양측 모두 나름의 이점이 있어 결과를 예측하기 어렵다.

이 전제의 진가는 영화 속 최고의 장면에서 발휘되는데, 장군은 서로를 죽이기 위해 홀로 싸우던 검투사들을 함께 싸우는 한 팀으로 바꿔놓았다. 이들의 힘은 각자의 힘을 합친 것보다 훨씬 강해졌고, 제국을 위협할 정도가 되었다.

스포츠 스토리 비트: 적대자-숙적

나와 경기를 치르는 상대는 구체화된 타자Other다. 그는 포식자이자 피식자다. 어느 스포츠 경기든 중요한 질문은 이것이다. 누가 먼저 상대를 '죽일' 것인가?

> **핵심**
>
> 가장 극적인 운동 경기와 최고의 스포츠 스토리에서는 선수 모두가 서로의 숙적이다.

숙적은 서로가 상대의 약점을 가장 효과적으로 공격하는 관계다. 경기를 하는 선수는 자신의 약점을 방어하는 동시에 상대의 약점을 공격하는데, 이는 공격과 적응을 가장 잘 보여주는 예다.

나의 성장과 깨달음

나는 전쟁에 앞서 스포츠부터 공부하기 시작했다. 하지만 이 두 분야는 금세 긴밀하게 이어졌다. 나는 몸을 쓰는 즐거움과 상대보다 한 수 앞을 내다보는 두뇌 싸움, 승리라는 짜릿한 전율을 느끼게 해준 스포츠를 사랑했다. 게임의 내부 원리를 다른 사람에게 설명하다 보면 스스로도 게임 원리를 완벽히 파악하는 데 도움이 되리라는 생각에 어린 나이부터 코칭 일을 시작했다.

아버지는 군사 전략의 대가였을 뿐 아니라 뛰어난 운동선수이자 코치였다. 이러한 행운이 내 인생에 큰 영향을 미쳤다. 아버지와 스쿼시를 할 때면 아버지는 어느 경쟁에도 적용할 수 있는 전략의 기본 원칙을 알려줬다. 극히 본질적인 게임인 만큼 스쿼시는 승리의 결정적 요인인 전략이 얼마나 중요한지 보여주기에 완벽한 예시였다.

> **핵심**
>
> 좋은 코치는 경기하는 법을 가르치고, 위대한 코치는 승리하는 법을 가르친다.

스포츠 스토리 비트: 게임 계획-네 모서리 전략

게임에서 성공과 실패를 가르는 가장 결정적 요소는 어떤 행동을 할 기회가 사라지기 전에 얼마나 빠르게 의사 결정을 할 수 있느냐다. 앞서 선택이 성공적인 행동의 핵심이라고 설명했는데, 이를 좀 더 확장한 개념이나. 다시 말해 스포츠는 패턴을 찾고 이를 통해 우위를 점하는 과정이다.

> **핵심**
>
> 선수의 게임 계획, 즉 전략과 전술은 다음 두 가지 요소가 핵심이다. (1) 상대의 약점을 활용하는 한편 자신의 강점을 발휘하고 (2) 상대를 경기장의 네 모서리로 몰아넣는다.

상대를 경기장 또는 코트의 네 모서리로 몰아넣어야 상대의 약점이 드러난다. 신체적으로 막아낼 수 있는 한계 너머로 상대를 몰아붙이면 결국 마지막 공격을 막지 못한다.

미식축구에서 최고의 공격은 수비진이 한쪽 측면에서 다른 쪽 측면까지 수평적으로, 그리고 스크리미지 라인에서 엔드존까지 수직적으로 움직이게 만드는 것이다. 이를 '필드를 넓힌다'고 한다.

테니스와 스쿼시에서는 상대를 코트의 네 코너로 계속 몰며 결국 공을 받아내지 못하게 만든다. 단 한 번의 결정구가 아니라 연속적인 샷으로 압박을 가해야 승리할 수 있다.

야구에서는 투수가 다양한 구속과 회전으로 공을 던지며 홈 플레이트와 스트라이크존의 네 코너를 공략해 타자가 공을 건드리기 어렵게 만든다. 어느 경기든 상대를 네 구석으로 모는 전략은 공이 선수보다 빠르다는 원칙에 따른 것이다.

스포츠 스토리 비트: 도덕적 논증-부정행위

어느 스토리든 도덕적 논증은 결국 목표를 달성하기 위해 어떤 방법을 쓰는가다. 패배를 마주한 주인공이 승리를 위해 도덕적이지 않은 행동을 택할 때 극적인 스토리가 탄생한다. 마지막에 이르러서야 주인공은 그 방법 때문에 자신의 도덕성이 훼손되었고, 윤리적 감옥에 갇히게 되었고, 목표가 지닌 가치마저 퇴색했다는 사실을 깨닫는다.

스포츠 스토리에서 게임의 가치를 훼손하는 부도덕한 행동이라면 부정행위가 될 것이다. 선수들은 누가 최고인지 증명해 보이기 위해 승패를 가리는 세계에 직접 들어왔다. 하지만 성공에 대한 압박은 어떤 수단을 써서든 이기고 싶다는 강렬한 유혹으로 이어진다.

부정행위를 저지른 사람은 다들 이렇게 한다고, 세상은 승자만을 기억할 뿐이라고 말하며 자신의 행동을 합리화한다. 하지만 점수와 무관하게 부정행위를 택한 순간 자신이 가장 열등한 선수였음을 스스로도 알고 있다.

스포츠 스토리 비트: 전투―종료 직전의 승리

전쟁처럼 스포츠는 한 편의 길고 긴 전투다. 합의된 시간이 다 끝날 때까지 계속되는 갈등이다. 가장 극적인 스포츠 스토리는 경기 종료 직전 선수 또는 팀이 득점을 할 때 펼쳐진다. 특히나 역전승이라면 절정은 최고조에 이른다.

영화 「내츄럴」에서 로이의 팀은 챔피언십 우승을 결정짓는 마지막 경기 9회 말에 0:2로 뒤처지고 있었다. 두 명의 주자가 출루한 상황에서 로이가 타석에 들어선다. 그는 오래전 입은 총상으로 스윙이 어려웠다. 그뿐만 아니라 자신도 모르게 위험한 약물도 복용한 상태였다(대단히 비열한 부정행위였다). 타석에 선 그는 파울을 쳤고 그 바람에 행운의 배트가 부러지고 말았다. 상대 포수는 로이의 유니폼에 묻은 핏자국을 보고 부상을 입은 복부 쪽으로 공이 오면 치지 못할 거라 생각해 투수에게 안쪽 빠른 공을 주문한다.

하지만 로이는 크게 스윙하며 공을 힘차게 날렸고 공이 경기장 우측 조명을 건드리며 폭죽이 터지는 듯한 장면이 연출되었다. 홈런을 친 로

이는 베이스를 모두 돌았고 그의 팀은 우승을 거머쥐었다.

스포츠 스토리 비트: 자기 각성—승자와 패자, 더욱 높은 승리

포식자와 피식자 간의 생사를 건 분투와 스포츠의 가장 큰 차이점은 주인공이 자신의 무언가를 깨닫는 순간을 경험한다는 데 있다. '오늘 내가 이기든 지든, 굴하지 않고 경기를 계속하며 내 능력을 보여줄 것이다'와 같은 생각을 하는 것이다. 어떤 결과를 맞이하든 스포츠라는 혹독한 시련 속에서 더 나은 선수이자 더 나은 사람이 될 것이다.

영화「록키」의 코믹한 엔딩에서는 심판의 점수표에 따라 링 아나운서가 승자를 선언하는 동안 록키는 링 한가운데에 서서 여자 친구 애드리안의 이름을 부른다. 록키는 자신이 이겼는지는 관심이 없다. 그는 챔피언을 상대로 자신이 할 수 있는 모든 것을 쏟아부었고, 간발의 차로 이겼다는 것을 알고 있다. 자신이 애송이가 아니라는 사실도 알고 있다. 무엇보다 그는 애드리안을 사랑하고 그녀도 록키가 자신을 사랑한다는 사실을 알고 있다. 사랑이야말로 가장 중요한 가치다.

스포츠 스토리 비트: 새로운 평형—오래 지속되는 진리

인생에서 스포츠는 승패의 대결이다. 도덕적인 승리라는 것은 없다. 잘 싸웠다고 매너 있게 패배를 인정했다는 데서는 위안을 찾을 수 없다. 이겼거나 졌다는 제한적이고 일시적인 통찰만 남는다.

그러나 스포츠 스토리 속 주인공은 오래도록 마음에 남을 깨달음을 얻는다. 주인공은 자신의 분야에서 성공의 정점에 올랐음을 깨닫기도 한다. 1등이 되지 못했지만 위대한 한 인간으로서 자신의 잠재력을 모두 발휘했다는 사실을 깨달을 때도 있다.

영화사에서 가장 훌륭한 스포츠 영화라 할 수 있는「허슬러」속 독백은 스포츠의 진정한 의미를 가장 잘 담아냈다.

> 패스트 에디: 그냥 놈들한테 멋진 경기가 어떤 건지, 진짜 대단한 경기가 어떤 것인지 보여주고 싶었어. 뭐든 대단할 수 있잖아. 뭐든 말이야. 벽돌쌓기도 대단할 수 있다고. 자기가 뭘 하는지 왜 하는지 안다면, 제대로 해낼 줄만 알면 말이지. 내가 좀 될 때는 말이야, 정말 제대로 될 때는…. 기분이 진짜 환상적이야. 지금 내 판단이 맞다고, 확신이 드는 그 기분. 순간 팔에 기름칠을 한 것 같은 느낌이 들지. 큐가 내 몸의 일부처럼 느껴지고…. 나뭇조각인데도 신경이 통하는 것처럼 느껴져. 공을 치고 나면 보지 않아도 느낄 수 있지. 그냥 아는 거야. 아무도 못 쳤던 샷들이 내 손끝에서 나와. 지금껏 누구도 한 적 없는 플레이를… 내가 보여주는 거지.
> 새라: 넌 패배자가 아니야, 에디. 넌 승자야. 그런 기분을 평생 느껴보지 못한 사람들도 있거든.

사다리의 다음 단

호러가 우리가 통제할 수 없는 죽음을 말하는 반면 우리가 통제할 수 있는 삶을 비추는 액션 장르는 호러에서 한 걸음 더 나아간 삶의 철학을 들려준다. 액션이 말하는 삶의 철학은 수치화가 가능한 영역에서 성공을 거두는 데는 매우 효과적이다. 이것이 우리에게 높은 수준의 성취를 안길 수는 있지만, 풍요롭고 충만한 삶을 반드시 보장하지는 않는다.

의미 있는 삶으로 향하는 사다리의 다음 단은 신화다. 신화는 우리가 평생을 살아가는 동안 어떻게 성장해 나가야 하는지 보여준다.

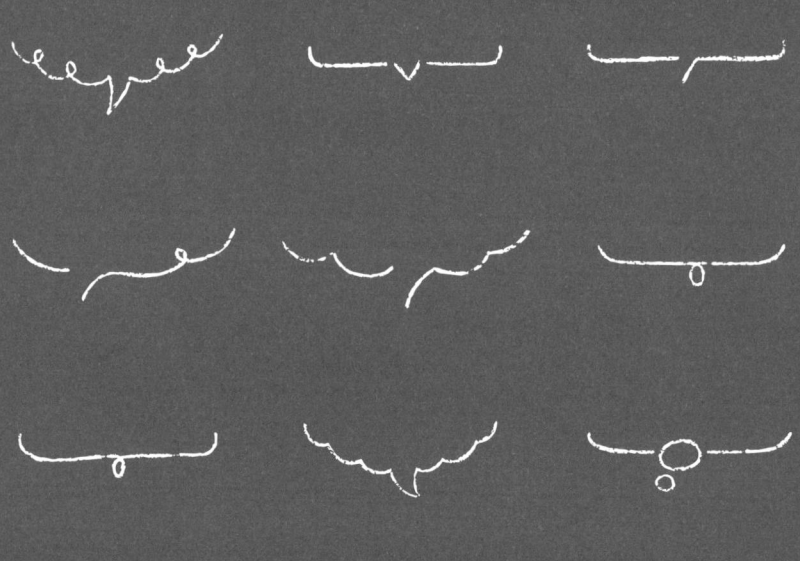

3.
신화: 삶의 과정

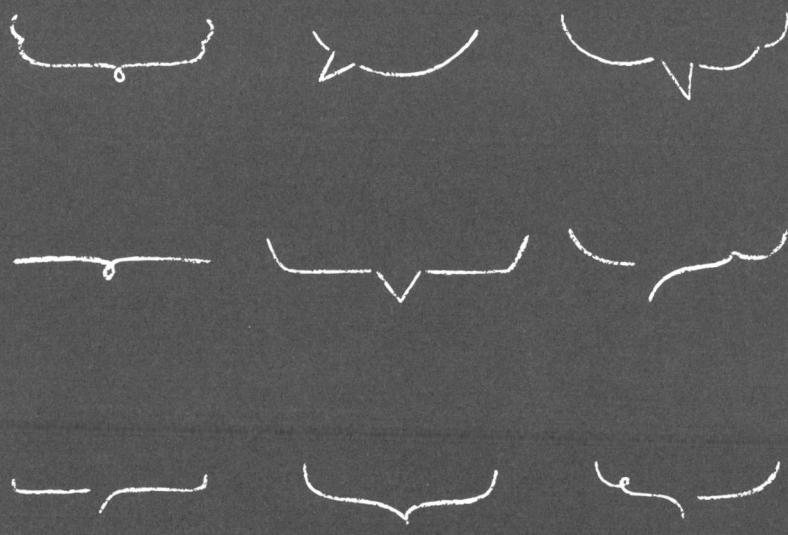

『길가메시 서사시』: 자연적 불멸

신화 장르는 최초로 서사시의 완전한 형태를 갖춘 『길가메시 서사시』로 시작하고자 한다. 기원전 1800년경 길가메시의 위업을 다룬 다양한 이야기가 모여 하나의 스토리로 완성되었다.

길가메시는 잔혹한 전사이자 왕이었다. 그의 친구 엔키두는 야생에서 짐승과 어울리며 살던 원시인이었다. 신화는 두 캐릭터가 함께 적과 싸우며 승리를 도모하는 내용이 대부분이다. 하지만 엔키두가 죽음을 맞이하자 자신의 미래를 깨달은 길가메시는 불멸의 비밀을 찾아 나서고, 결국 실패한다.

하지만 캐릭터도 스토리도 이것으로 끝이 아니다. 독자는 지금껏 이 이야기를 들려준 사람이 길가메시였다는 사실을 알게 된다. 길가메시는 자신이 이룬 가장 큰 업적이 전투에서 승리를 거둔 것이 아니라 자신의 이야기를 전하는 것임을 깨닫는다.

『길가메시 서사시』는 체계를 갖춘 종교가 탄생하기 전에 만들어진 이야기다. 그럼에도 매우 현대적이고 진보한 신화 중 하나로 꼽힌다. 작품 속 슈퍼히어로가 불멸을 이루지 못하는 장면에서 우리는 비극의 시작을 마주한다. 자신의 이야기를 전하는 그를 통해 우리는 최초의 자기지시적self-referential 서사를 접한다.

또『길가메시 서사시』는 스토리를 통해 '자연적 불멸natural immortality'이라고 할 수 있는 개념에 대해 말한다. 주인공은 신이 되는 진정한 불멸은 불가능하다는 사실을 받아들인다. 훨씬 제한적인 자연적 불멸은 오직 타인의 마음과 구전되는 이야기에서만, 다시 말해 인류의 연속성 안에서만 존재한다.

나의 성장과 깨달음: 할머니의 지혜

어렸을 때 우리 가족은 여름이면 텍사스주 샌안토니오의 외할머니 집에서 지내곤 했다. 외할머니는 첫째 아이가 열두 살에 죽은 후 줄곧 검은색 옷만 입는 대쪽 같은 분이었다. 모임에서 친구들이 손주들 사진을 보여줘도 할머니는 쳐다보지 않았다. 할머니는 관심도 없었고 누가 뭐라든 신경 쓰지 않았다.

어떤 이유인지는 모르지만 할머니는 나를 유난히 아꼈다. 심장이 안 좋았던 할머니는 텍사스의 뜨거운 오후에는 침대에 누워 지냈다. 나는 할머니 방에 있는 에어컨 바로 앞에 자리를 잡고 몇 시간이나 곁을 지켰다. 에어컨 때문은 아니었다. 할머니는 신화 책(이디스 해밀턴Edith Hamilton의 책이었던 것 같다)을 꺼내 내게 고대 그리스 신화를 읽어줄 때가 많았다. 테세우스와 미노타우로스, 페르세우스와 고르곤의 머리 등 마법 같은 이야기가 아직도 귓가에 울린다.

내가 스토리텔링을 사랑하게 된 것은 존경했던 외할머니 덕분이라고 생각한다. 할머니가 내게 준 그 선물에 대해 감사함을 표할 수만 있다면 얼마나 좋을까.

신화의 원리

신화는 인간의 본질적인 사고를 보여주는 스토리 형식이자 우리의 의식이 만들어내는 첫 번째 스토리 코드다. 신화는 인간의 의식을 구성하는 가장 기본적인 형태다. 따라서 인간은 삶에서 마주하는 문제를 해결하기 위해 어떤 형태로든 신화를 만들어낸다.

신화는 보통 종교의 초기 형태로 여겨진다. 하지만 그 반대다. 종교는 신화를 성문화한 것으로 좀 더 넓게는 예술의 한 형식이라 할 수 있다.

> **핵심**
>
> 대부분의 종교는 인간이 불멸을 얻기 위해 지켜야 하는 도덕규범을 이야기로 표현한 모음집이다. 당연하게도 불멸은 신화 장르의 핵심 주제다.

신화는 처음으로 개인을 더 큰 사회 속에서 바라보는 장르였다. 문화의 전체상을 담아내며 가족, 부족, 국가 안에서 벌어지는 정치적인 관계에 초점을 맞춘다. 신화는 어린아이가 중요한 인간관계와 자연을 배우는 계기다.

신화는 어머니-딸, 아버지-아들, 남편-아내와 같은 기본적인 인간관계와 삶의 양극단에 자리한 개념, 즉 탄생과 죽음을 누한다. 또한 인간이 삶에서 기본적으로 마주하는 어려움을 표현한 글이다. 자칫 돌이킬 수 없는 거대한 상실로 이어질 수 있는 갈등 어린 선택도 보여준다.

> **핵심**
>
> 신화는 평생에 걸쳐 한 인간이 성장해 가는 이야기가 주를 이룬다.

인간의 의식이 어떻게 작동하는지, 본질적인 사고를 표현한 신화는 극이 탄생한 기원이다. 드라마라는 현대의 스토리 형식은 사실 신화를 정교하고 세련되게 다듬은 것이다. 기본적인 인간관계와 성장의 단계가 결여된 드라마에는 가장 훌륭한 신화가 지닌 힘이 부재한다.

신화의 마인드-액션 스토리 관점

마인드-액션 스토리 관점은 장르의 세계관과 장르가 말하는 의미 있는 삶을 사는 방법이 더해진 결과물이다. 신화의 마인드-액션은 삶은 자기 이해라는 궁극적인 목표를 향한 여정이라고 말한다.

> **핵심**
>
> 신화는 인간에 대한 본질적인 질문에 최초로 답한 장르다. 그 질문은 바로 자기 인식적 동물로서 인간이란 어떤 의미인가다.

이 질문에 대한 답은 신화 장르의 스토리 전략에서 드러난다. 주인공은 여정 중에 수많은 적대자를 마주하며 결국 자신의 깊은 내면을 깨닫는다. 이것은 곧 자기 각성이자 개인이 변화하는 계기로 이어진다.

어느 스토리든 캐릭터의 변화는 가장 중요한 순간이다. 하지만 이는 대단히 감지하기 어렵고, 현실에서는 거의 경험하지 못하는 순간이다. 스토리텔러가 마주하는 커다란 도전 중 하나는 캐릭터의 변화를 어떻게 청중에게 전달할 수 있을까다.

주인공의 외적 여정에서 벌어지는 획기적인 사건은 내면의 변화를 물리적으로 구현한 형태여야 한다. 주인공의 외적 여정과 내적 여정을 일치시킨 최초의 완전한 서사로서 신화는 스토리텔링 역사에 한 획을 그었다.

주인공의 외적 여정은 보통 귀향으로 마무리된다. 다만 삶의 여정은 영웅의 내면이 재탄생하는 것으로 끝난다.

신화의 예시

스토리

그리스 신화(헤라클레스, 페르세우스, 테세우스 등), 북유럽 신화(토르, 오딘, 로키 등), 인도 신화(브라흐마, 비슈누, 시바 등), 아일랜드 신화(오신), 『길가메시 서사시』, 『마하바라타』, 『라마야나』, 『역경』, 수메르 신화

소설과 영화

『반지의 제왕』, 「오즈의 마법사」(판타지), 「스타워즈」, 「블랙팬서」, 「가디언즈 오브 갤럭시」, 『헝거 게임』(SF), 「어벤져스」, 「어벤져스: 인피니티 워」, 「어벤져스: 엔드 게임」, 『해리 포터』, 「엑스맨」, 「배트맨 비긴즈」, 「다크 나이트」(범죄, 판타지), 「다크 나이트 라이즈」, 「더 배트맨」(범죄), 「늑대와 춤을」(반서부극), 「매트릭스」(SF), 「다크 타워」(SF, 서부극), 「엑

스칼리버」, 「주토피아」(코미디, 탐정), 「로건」(엑스맨), 「태양의 일곱 번째 말The Seventh Horse of the Sun」

텔레비전 시리즈

「만달로리안」(액션), 「아바타: 아앙의 전설」, 「데어데블」(범죄), 「마블 루크 케이지」(범죄), 「마블 제시카 존스」(범죄), 「마블 퍼니셔」(범죄), 「플래시」(범죄), 「에이전트 오브 쉴드」(범죄)

신화 스토리 개요

이번 장에서 다룰 내용은 다음과 같다.

- 신화 스토리 비트
- 주제: 존재한다는 것은 스스로에게 질문하며 자신의 운명을 찾아가는 것이다
  - 주제 공식: 탐색자의 길
- 신화 스토리를 초월하는 법
  - 신화와 SF 에픽 Myth/Science Fiction Epic
  - 여성 신화 Female Myth
  - 생태 신화 Ecological Myth

신화 스토리 비트

신화의 플롯은 선형적일 수도, 순환적일 수도 있다. 선형적 서사는 사냥이라는 목표가 중심인 '남성' 신화에서 비롯되었다. 순환적 서사는 농

업 주기와 계절의 변화를 바탕으로 한 '여성' 신화에서 시작되었다. 하지만 두 신화 주인공의 외적 여정은 모두 순환적일 때가 많다. 주인공이 집으로 돌아와 깊은 내면에 항상 자리해 있던 숨은 진리를 발견하는 식이다.

신화 비트들: 조지프 캠벨의 한계

조지프 캠벨은 역사상 가장 영향력 있는 신화학자라 할 수 있다. 『천의 얼굴을 가진 영웅』에서 캠벨은 '단일 신화monomyth' 이론을 소개했다. 여기서 그는 전 세계 모든 스토리는 하나의 스토리에 기반하고 있다고 밝히며 주요 스토리 비트에 대해 설명했다.

하지만 그는 단일 신화의 보편성을 두고 과장한 면이 있다. 그가 말하는 단일 신화는 보편적인 스토리도 아닐뿐더러 보편적인 신화(장르)라고도 할 수 없다. 기껏해야 보편적 남성 전사 신화라고 할 수 있겠다. 사실 이 또한 스토리가 탄생한 독특한 문화적 맥락을 무시한 표현이다. 같은 스토리 비트라도 그 맥락에 따라 다른 의미를 지니기 때문이다.

도대체 어떤 일이 있었던 걸까? 캠벨에 따르면 약 3000년 전, 사냥과 전사 사회가 채집과 농경 사회를 정복했다. 그 결과 남성 전사 신화가 여성의 순환적 성장 신화를 몰아낸 것이다.• 그리하여 여성 신화는 이후 서양 문화에서 거의 자취를 감추었다. 하지만 캠벨 또한 대체로 남성들이 쓴 스토리를 바탕으로 자신의 이론을 정립했다.

캠벨의 스토리 비트는 모든 주인공이 목표를 향해 나아가는 행동과는 무관하다. 그것은 하나같이 정의를 수호하는 전사이자 사회를 이끄는 자비로운 지도자라는 자신의 정체성을 발견하는 과정에서 남성 전

● 조지프 캠벨, 『여신들: 여신은 어떻게 우리에게 잊혔는가』.

사가 취하는 행동들일 뿐이다.

> **핵심**
>
> 이러한 남성 전사의 비트는 인간적이고 영웅적인 것이란 무엇인지 편협하게 정의함으로써 남성과 여성 모두를 틀에 가둔다.

여기서 한 가지 실수는 스토리 코드의 한 변형과 스토리 코드 자체를 혼동한 것이다. 단일 신화는 신화 장르의 하위 형식이다.

지난 수십 년간 슈퍼히어로 전사들이 대중 영화계를 장악하면서 '영웅의 여정'과 스토리 코드가 혼동되었다. 이들의 여정은 할리우드의 공장식 영화 제작 시스템에 기계적으로 재현되었다.

왜 '단일 신화'가 할리우드를 정복한 걸까? 첫째로는 전 세계 영화의 주 관객층이 된 십 대와 젊은 성인의 관심을 사로잡은 덕분이다. 이 관객층은 신화 속 슈퍼히어로가 초인적인 적을 물리치는 스토리와 영화 매체가 제공하는 속도감과 오감을 자극하는 짜릿함, 시각적 효과에 만족스러워했다.

둘째로는 서부극에서 표현하는 미국 창조 신화 그리고 이후에는 허레이쇼 앨저Horatio Alger가 미국 창조 신화를 현대적으로 재해석해 탄생시킨 자수성가 스토리들과 맥을 같이하기 때문이다. 뜨거운 욕망을 지닌 고독한 영웅과 같은 대중 스토리의 요소는 개인주의와 성공을 중시하는 미국 문화에 완벽하게 부합한다.

남성 전사라는 서브 장르가 전 세계적으로 계속해서 상업적 성공을 거두고 있지만 사람들은 이러한 서사가 제한적이고 예측 가능하다는 점을 느끼기 시작했다. 달리 스토리를 전할 방식도 분명 있다는 것을 말이다.

신화 스토리 비트: 스토리 세계-자연 세계와 두 문화

스토리 세계는 영웅인 주인공과 독자가 살아가는 세상이자 스토리가 전개되는 하나의 세상을 의미한다. 조연 캐릭터들, 더 큰 개념의 사회와 문화, 자연환경, 사람이 만든 공간과 시간, 기술이 모두 더해져 만들어진 세상이다.

> **핵심**
>
> 신화 장르에서 가장 중요한 요소가 바로 스토리의 세계다. 스토리 세계는 실로 판타지와 SF처럼 '세계를 구축'하는 모든 장르의 핵심 요소다.

그 이유는 무엇일까? 독자는 그 세계에 온전히 빠져들어 그 안에 자리한 놀라운 것들을 탐험하고 싶어 하기 때문이다. 이 때문에 작가는 독자가 몇 번이고 다시 가고 싶은, 절대로 떠나고 싶지 않은 세계를 대단히 세밀하게 창조해야 한다.

세계를 구축해야 하는 스토리, 특히나 신화에서는 스토리 세계가 숲, 섬, 바다, 정글, 빙원, 사막, 강과 같은 자연 세계와 밀접하게 연결되어 있다. 이러한 연결성은 생태적 세계관의 표현이라는, 신화의 더욱 근본적인 주제에서 비롯되었다. 자연 세계를 하나로 잇는 힘은 명백하게 존재하고, 인간은 이 자연망의 일부일 뿐이다.

신화 스토리는 또한 영웅과 왕국을 연결 짓는다. 영웅은 한 왕국에서 시작해 다른 왕국으로의 여정을 마친 후 다시 고향으로 돌아온다. 이러

구조로 스토리가 다루는 두 문화 간의 차이를 드러낸다.

보통 신화 스토리 초반에는 억압적이거나 획일적인 사회 문화 안에서 사는 영웅의 모습이 등장한다. 통치자가 폭군일 때가 많다. 가족은 영웅에게 아버지의 발자취를 따라야 한다는 압박을 가한다. 아버지가 떠난 후에도 말이다. 앞으로 보겠지만 이러한 스토리 세계는 영웅의 약점을 더욱 드러낸다.

> **핵심**
>
> 일반적으로 신화 스토리 세계에는 일면 정반대의 특징을 지닌 두 문화가 등장한다.

스토리 세계를 만드는 단계

1단계: 전체 스토리가 펼쳐질 아레나 정하기

아레나는 벽과 비슷한 것으로 둘러싸인 하나의 통합된 공간이다.

톨킨J. R. R. Tolkien의 『반지의 제왕』은 현대 영국의 우주론이자 신화다. 그리스와 북유럽 신화, 기독교, 환상 동화, 아서왕의 전설, 모험을 찾아다니던 기사들의 이야기가 그 바탕이 된다.

『반지의 제왕』이 대단한 성공을 거둘 수 있었던 큰 이유는 장대한 스토리 세계인 중간계Middle Earth에 있다. 스토리가 펼쳐지는 배경은 거대하지만 한정된 공간이자 무한한 하위 세계subworlds가 가능한 공간이다. 이러한 설정이 스토리에 두 가지 강점으로 작용한다. 통일성과 특수성, 다양성과 하위 세계에서 파생되는 서브 플롯이다.

『오즈의 위대한 마법사』(영화의 제목은 「오즈의 마법사」다)는 본래 판타지 작품으로 주인공이 마법 세계에 들어갔다가 어떠한 경험을 통해 달라진 모습으로 집에 돌아오는 내용이다. 이 작품은 또한 여성 신화기도 하다.

이후 신화 장르를 초월하는 법을 이야기하며 여성 신화를 좀 더 자세히 다룰 예정이다. 지금은 「오즈의 마법사」와 『반지의 제왕』을 예로 신화 스토리를 살피는 한편 여성 신화와 남성 신화라는 중요한 서브 장르가 어떻게 다른지도 구체적으로 살펴보겠다.

「오즈의 마법사」에는 사실 두 개의 신화가 공존한다. 먼저 캔자스의 척박한 농장 속 흑백의 세계에서 벌어지는 스토리는 신화의 기본 비트를 모두 충족한다. 도로시 게일은 약점이 있고, 무지개 너머의 세상으로 가고 싶다는 욕망이 있다. 강아지 토토를 두고 이웃인 걸치 양과 다툼을 벌이기도 한다. 집을 나간 도로시는 떠돌이 점쟁이를 만나고 집으로 돌아온다. 이후 토네이도에 휩쓸린 도로시가 오즈라는 마법 세계에 들어가며 긴 신화가 시작된다. 사악한 마녀를 물리치고 집으로 돌아오는 여정의 시작이다.

이러한 구조로 스토리는 두 개의 아레나에서 펼쳐진다. 도로시의 캔자스 농장과, 죽음의 사막으로 둘러싸인 오즈의 땅이다.

> **핵심**
>
> 스토리 세계는 세 가지 구조적 요소의 고유한 조합으로 탄생한 결과물이다. 그 세 가지 요소는 바로 땅(자연환경)과 인간(사회, 문화, 사람이 만든 인공 공간), 기술(도구)이다.

2단계: 땅과 사람, 기술의 고유한 상호작용 규정하기

『반지의 제왕』에서는 땅, 인간, 기술을 결합해 아서왕과 중세라는 구시대로 회귀했다.

- 땅: 울창한 자연, 숲과 강, 산을 주된 배경으로 삼았다
- 인공 공간: 성과 마을
- 기술: 동물과 마술

「오즈의 마법사」에서는 땅과 사람, 기술의 조합으로 19세기 미국 농장과 도시, 18세기 유럽 성이 탄생했다.

- 땅: 캔자스의 삭막한 평원, 콰들링의 나라 속 공격하는 나무들, 양귀비 꽃밭, 산 그리고 이를 둘러싸고 있는 사막
- 인공 공간: 도로시의 농장, 먼치킨 나라의 마을, 사악한 마녀의 성, 에메랄드 시티
- 기술: 동물과 마술

3단계: 캐릭터 간의 가치 대립 설정하기

> **핵심**
>
> 신화나 종교는 사회에서 가장 중시하는 가치를 강조한다. 사람들은 이 가치를 단순히 따르는 데 그치지 않고 숭배한다.

가치는 집합체다. 각 집합체는 한 사회의 문화를 대표한다. 스토리는 주인공과 적대자 간의 갈등으로 전개되기 때문에 스토리 세계는 거의 항상 상충되는 두 문화로 나뉘어 있다. 이러한 구조는 다음과 같이 표현

된다.

1. 캐릭터들의 상반된 가치
2. 그리고 이를 바탕으로 형성된 대립하는 하위 세계 또는 시각적 대조

4단계: 가치 대립에 기반해 하위 세계 만들기

자연 세계 및 시각적 대비를 강조하는 장르 작가라면 가치의 대립을 바탕으로 세계를 만드는 방식이 어딘가 이상하게 느껴질 것이다. 시각적인 면을, 즉 세계를 먼저 구상한 뒤 그곳에 문화를 더해야 한다고 생각하기가 쉽다. 하지만 이는 신화 작가가 저지를 수 있는 가장 큰 실수다.

> **핵심**
>
> 캐릭터가 세계를 위해 존재하는 것이 아니다. 세계가 캐릭터를 위해 존재하는 것이고, 구체적으로는 캐릭터가 싸우는 가치를 위해 존재하는 것이다. 이것이 세계와 캐릭터를 연결 짓는 방식이다.

신화 스토리 세계는 자연을 바탕으로 주요 하위 세계를 설정한다. 섬, 산, 숲, 정글, 강, 사막, 병원, 바다 모두 상징적인 힘이 내재되어 있다. 하위 세계를 설계할 때 작가는 그 힘을 활용할 수 있고 또 활용해야 한다.

사회-스토리 세계를 자유와 구속의 극단으로 몰아가면 유토피아와 디스토피아가 탄생한다. 이 중요한 기법이 스토리에 어떻게 적용되는지 살펴보기에 앞서 유토피아와 디스토피아의 개념부터 알아보자.

'유토피아'는 그리스어로 '완벽함'과 '찰나'를 모두 뜻한다. 사회의 모

든 요소는 세심한 균형을 유지해야 하는 만큼 오래 지속될 수 없다는 점에서 그 의미가 타당하다고 할 수 있다. 디스토피아는 구성원들이 구속당하는 사회이자 대단히 오랫동안 지속될 수 있는 지상의 지옥이다.

스토리 세계를 두 극단의 상태로 표현하는 것이 어떤 점에서 유용할까? 사회 시스템의 기본 원칙이 가져올 극단적이나 논리적인 결과를 보여준다는 점에서 그렇다. 덕분에 감상자는 사회 시스템을 구성하는 요소가 무엇이고 어떻게 서로 연결되었는지, 등장인물에게 어떠한 영향을 미치는지 확인할 수 있다.

유토피아와 디스토피아는 어떻게 창조할 수 있을까? 이번에도 역시 스토리 세계의 세 가지 주요 요소인 땅과 사람, 기술을 활용한다.

1. 유토피아, 지상천국 또는 자유의 세계

땅과 사람, 기술의 세 요소가 균형 또는 조화를 이룰 때 그 결과물로 공동체가 탄생한다. 그 안에서 개인은 자신의 방식대로 성장할 수 있을 뿐 아니라 필요할 때 타인의 도움을 받을 수도 있다.

스토리 구조의 관점에서 유토피아는 다음을 상징한다.

- 목표를 이루는 성공
- 주인공의 뛰어난 잠재력 실현
- 주인공의 부상

다시 말해 유토피아는 캐릭터의 긍정적인 변화를 표현한다. 모든 이들이 자신의 최상의 모습이 되는, 캐릭터 변화의 정점을 의미한다.

2. 디스토피아, 지상의 지옥, 구속 받는 세계

땅과 사람, 기술의 균형이 무너지고 모두가 제 이익만을 생각한다. 그 결과 '자연 상태state of nature'라고 하는 가혹한 포식의 세계가 펼쳐진다. 모두가 희소한 자원을 움켜쥐려 애를 쓰는 동물이 되거나 거대한 기계의 일개 부품이 된다.

스토리 구조 관점에서 디스토피아는 다음을 상징한다.

- 욕망의 실패와 왜곡, 대립●
- 주인공 또는 적대자의 약점
- 주인공의 추락 또는 몰락

『반지의 제왕』 속 가치(문화)의 대립은 일체 만유가 신이라는 범신론적 바탕에 기독교의 선과 악이라는 가치관이 더해져 탄생했다.

- 선의 가치(문화): 모든 생명체를 소중히 여기고 사랑한다. 이 시스템에서 가장 위대한 사랑은 희생이고 특히나 타인을 위해 자신의 목숨을 희생하는 것이다.
- 악의 가치(문화): 권력을 사랑하고, 생명체를 지배하며, 반지에 집착한다. 반지는 그릇된 가치와 절대적 힘을 향한 욕망을 상징한다. 반지를 소유한 자는 악해지고 타락한다.

『반지의 제왕』에는 세 가지 유형의 유토피아가 등장한다. 각 유토피아는 땅과 사람, 기술이 완벽한 균형을 이루고, 사랑과 배려, 생명을 바

● 노스럽 프라이Northrop Frye, 『비평의 해부』

탕으로 한다.

1. 호빗의 고향이자 정성 들여 가꾼 농경 사회에 자리한 마을, 샤이어
2. 물과 식물을 중심으로 만들어진 유토피아, 리븐델
3. 아름답고 조화로운 숲의 세계, 로스로리엔

이 작품 속 디스토피아적 하위 세계로 원시적인 힘과 철로 지어진 모르도르, 아이센가드, 헬름 협곡의 요새들이 등장한다. 또한 주인공이 '지하 세계'로 진입한 경로였던 안개산맥의 모리아 지하 동굴도 있다.

「오즈의 마법사」는 선과 악의 단순한 대립을 보여준다. 이 작품에서는 악보다 선을 더욱 구체적으로 정의한다.

- 선의 가치(문화): 자립심, 지략, 상상력, 지성, 마음, 용기
- 악의 가치(문화): 권력을 사랑하고 타인을 지배하려는 마음

(소설 속) 오즈라는 아레나는 네 개의 하위 세계로 나뉘어 있다. 동쪽의 먼치킨 나라, 남쪽의 콰들링 나라, 서쪽의 윙키의 나라, 북쪽의 길리킨 나라가 자리하고 중앙에는 에메랄드 시티가 있다. 죽음의 사막이 둘러싸고 있어 오즈는 외부의 침략을 받지 않는다.

다만 에메랄드 시티는 가짜 유토피아다. 원작 소설에서 이곳이 초록으로 보이는 이유는 마법사가 사람들에게 초록색 고글을 쓰게 한 탓이었다. 그곳 사람은 모두 행복해 보인다. 영화에서는 고된 여정을 마친 허수아비와 양철 나무꾼, 겁쟁이 사자를 고쳐주며 에메랄드 시티 일꾼이 노래를 부르는 장면이 등장한다. "이렇게 우리는 웃으며 하루를 보내지, 즐거운 오즈의 옛 땅에서." 이들은 지도자인 마법사가 가짜라는 것도,

서쪽의 사악한 마녀라는 진짜 위험에서 지켜줄 능력이 없다는 것도 깨닫지 못한다.

사악한 마녀의 성은 디스토피아를 상징한다. 가학적인 마녀가 지배하는 어두컴컴한 감옥이다. 날아다니는(또는 날개 달린) 기이한 원숭이들은 마녀의 수하에 있었지만 도로시가 마녀를 죽인 뒤 자유를 찾았다.

5단계: 스토리 세계를 구성하는 사회적 시스템 규정하기

스토리 세계에는 가치 외에도 권력 계층과 운영 규칙이 있다. 깊은 이면에 자리한 이 시스템이 스토리 세계를 지배한다. 규칙 안에서 성공을 거두려 하는 개개인들이 서로를 대하는 태도 또한 이 시스템이 결정한다.

> **핵심**
>
> 시스템은 개인을 구속한다. 문화는 시스템을 정당화시키고 개인이 시스템 속 자신의 위치를 수용하도록 유도한다.

『반지의 제왕』에서 중간계 시스템은 다음의 원칙으로 운영된다.

- 가치: 선 VS 악, 사랑 VS 권력
- 서로 다른 존재 간의 권력 계층: 신, 마법사, 인간, 호빗
- 다양한 종족: 인간, 호빗, 요정, 엘프, 오크(고블린), 엔트, 유령

「오즈의 마법사」의 시스템은 다음 원칙으로 운영된다.

- 가치: 자립심, 지략, 상상력, 지성, 마음, 용기

- 권력 계층: 선악의 구분 없이 마녀가 가장 강하고, 오즈의 마법사는 실제 마법 능력이 없음
- 다양한 종족과 인종: 착한 마녀와 악한 마녀, 먼치킨, 날아다니는 원숭이, 말을 할 줄 아는 다양한 동물과 다른 종들, 허수아비와 나무꾼 등 움직이는 사물들

6단계: 스토리 세계의 핵심 기술과 초자연 세계의 마법 시스템 규정하기

기술은 인간이 이 세상에 발휘하는 힘을 확장해 주는 주된 도구를 의미한다. 마법 시스템은 스토리에서 초자연적 요소들이 작동하는 방식이다.

기법: 마법 시스템

다음의 질문에 최대한 구체적으로 답해야 한다.

- 마법 능력은 무엇인가?
- 누가 그 능력을 소유하는가?
- 그 능력의 한계는 무엇인가?
- 다른 이가 그 능력을 얻을 수 있는가? 어떻게 가능한가?
- 특정 장소에서만 발휘되는 능력이 있는가?
- 능력을 잃을 수도 있는가?

> **핵심**
>
> 캐릭터들이 마법 능력을 많이 가질수록 패배의 가능성은 낮아지지만 스토리에서 활용도 또한 낮아진다.

『반지의 제왕』은 중세 시대의 기술을 활용한다. 대중에게 정보를 전달할 때는 산봉우리에 불을 피워 알린다. 전쟁의 기술은 상당히 세심하게 구성했는데, 검과 말, 비행 파충류가 그 예로, 마법적 존재인 비행하는 파충류는 중세 시대의 전투기나 다름없다. 대포 대신 성벽 위에서 투석기로 바위를 투척한다.

「오즈의 마법사」에서 마법 기술은 주로 지팡이와 도로시의 구두에서 나온다. 특권을 지닌 소수만이 열기구와 빗자루를 타고 이동한다. 대부분의 존재들은 걸어서 이동한다.

7단계: 스토리 세계의 전반적인 발전 방향 정하기

> **핵심**
>
> 대부분의 스토리가 예속에서 자유를 찾아가는 전개이므로 예속의 세계를 보여주는 데서 시작한다.

> **핵심**
>
> 예속의 세계는 주인공의 치명적인 약점을 반영한다. 주인공의 약점을 통해 전체 시스템이 작동하는 원리를 파악할 수 있다.

신화 스토리 비트: 망령-힘든 출생 과정과 아버지의 상실

신화 스토리 다수가 영웅의 탄생으로 시작한다. 조지프 캠벨은 보통 고난 끝에 영웅이 탄생하고 얼마 지나지 않아 (남성) 영웅은 아버지를 잃는다고 정리했다.

기법: 영웅의 재탄생

현대적인 신화 스토리에서 작가는 영웅의 재탄생으로 이야기를 시작할 때가 많다. 그 이유는 무엇일까? 먼저 느리게 진행되는 유년기가 주인공의 욕망선이 전개되는 시점을 지연시키기 때문이다. 그에 비해 재탄생으로 스토리를 열면 훨씬 빠르게 이야기를 풀어나갈 수 있다. 초반부에 주인공이 재탄생하는 예로 「아바타」와 「배트맨 비긴즈」, SF-신화 스토리인 「매트릭스」를 들 수 있다.

신화 스토리 비트: 캐릭터 망-존재의 거대한 사슬

신화는 생의 과정을 가장 길게 담아내는 스토리다. 이는 두 가지 방식으로 표현된다. 첫 번째는 주인공의 탄생부터 죽음 그리고 이후 재탄생까지 이르는 여정이다.

두 번째는 그 규모가 훨씬 광대하다. 세계 속 존재들의 계층을 보여주는 개념이다. 존재의 거대한 사슬 Great Chain of Being이라고 하는 이 심오하고도 영향력 있는 유형론은 최초의 생물학자라고 할 수 있는 아리스토텔레스까지 거슬러 올라간다. 물질적 대상에서 신에 이르는 존재의 거대한 사슬은 물질에서 영 sprit으로 위계가 점차 높아진다.

존재의 거대한 사슬: 존재 유형의 위계

존재의 거대한 사슬은 인간의 의식이 캐릭터 유형을 통해 외부 세계를 어떻게 창조하는지 보여주는 지도와 같다.

> **핵심**
>
> 존재의 거대한 사슬은 신화와 판타지, 심지어 SF까지 세계 구축이 필요한 주요 장르에서 매력적인 스토리 세계를 창조하기 위해 여전히 사용하는 기법이다.

존재의 거대한 사슬은 세계의 모든 '캐릭터'가 서로 관계를 맺고 또 서로를 구별하는 위계 구조다.

1. 신
2. 천사
3. 악마
4. 슈퍼히어로
5. 영웅
6. 왕과 여왕
7. 귀족
8. 평민
9. 동물
10. 식물
11. 광물
12. 무존재

이 존재들의 위계 구조에는 물질, 다양한 생물 형태, 다양한 사회적 지위의 인간, 자연적 그리고 초자연적 존재까지 모두 포함되어 있다.

존재의 거대한 사슬은 모든 인간이 평등하게 탄생했다는 민주주의와 특히나 모든 존재가 공존한다는 '생태 민주주의ecological democracy'와 대조된다.

또한 이 사슬은 모든 사회와 개인에게 적용되는 사회적 프랙털 구조다(프랙털은 자기 유사성을 특징으로 하는 구조로 어느 사회든, 심지어 개인의 내면에서도 이러한 위계가 존재한다는 의미다—옮긴이).

신화 스토리에서 캐릭터 망을 구축하려면 당신만의 존재의 거대한 사슬을 만들어야 한다.

독창적인 신화 스토리라면 사슬에 등장하는 모든 캐릭터 유형이 필요하지는 않다. 하지만 자연 세계 속의 인간을 포함해 상세한 계층 구조를 갖춘 캐릭터 망은 반드시 필요하다.

기법: 존재의 거대한 사슬을 사회에 연결하기

신, 인간, 동물, 광물 등으로 구성된 존재의 거대한 사슬을 바탕으로 자신만의 캐릭터망을 완성했다면 천국 또는 지옥, 유토피아 또는 디스토피아 중 하나의 사회 시스템에 연결한다.

신화 스토리 비트: 캐릭터 망-원형

신화 스토리에는 원형archetypes이라고 하는 광범위한 캐릭터 유형이 등장한다. 원형은 심리적 결함과 사회적 역할로 정의된다. 이들은 특정한 존재 방식과 존재 단계를 상징한다.

어떠한 원형을 구현한 캐릭터는 주된 특징과 삶의 방식 지니고, 전 세계 감상자 누구나 어떠한 캐릭터인지 단번에 알아볼 수 있다.

> **핵심**
>
> 각 원형은 본질적인 강점을 갖고 있지만 '그림자' 또한 있다. 그림자는 고유한 사회적 역할로 빚어진 심각한 약점이다.

특정 신화 주인공이 지닌 약점은 대부분 그 원형에서 비롯된 것이다. 주요 원형 몇 가지를 들어 강점과 약점을 살펴보겠다.

1. 전사
- 강점: 전사는 옳은 일을 실천하는 행위자다
- 약점: '죽이거나 죽거나'의 원칙을 믿고, 약한 것은 무엇이든 파괴되어야 한다고 믿는다

이에 해당하는 예로는 헤라클레스, 아킬레우스, 『일리아스』의 헥토르, 「스타워즈」의 루크 스카이워커, 한 솔로, 「7인의 사무라이」, 아서왕, 토르, 아레스, 테세우스, 『헝거 게임』의 캣니스 에버딘, 원더 우먼, 길가메시, 『반지의 제왕』의 아라고른, 레골라스, 김리가 있다.

2. 탐색자
탐색자는 진정한 가치가 담긴 대상을 찾는다. 가장 높은 차원의 탐색에서는 주인공이 정의를 실현하기 위해 진리를 추구한다.

- 강점: 탐색자는 마음을 다해 질문하고 자기 개선을 위해 노력한다
- 약점: 목적의식이 결여되거나 어느 것에도 최선을 다하지 않을 수 있다

그 예로는 성배를 찾아다니는 기사들, 황금 양털을 찾는 이아손, 탐정이 있다.

3. 스승
- 강점: 지식을 전파해 사람들이 더욱 나은 삶을 살고 사회가 개선될 수 있도록 돕는다
- 약점: 제자에게 특정한 사고방식을 강요하거나 가르침보다 스승이라는 자신의 지위를 우선시한다

예로는 「죽은 시인의 사회」, 『굿바이 미스터 칩스』, 요다, 메리 포핀스, 「네트워크」의 하워드 빌, 『양들의 침묵』의 한니발 렉터가 있다.

4. 반항아
- 강점: 사람들을 구속하는 시스템에 맞서 행동한다
- 약점: 더 나은 대안은 제시하지 못할 때가 많다. 대체로 영웅적이지만 어두운 면이 강하다

프로메테우스, 로키, 「매트릭스」의 네오, 『폭풍의 언덕』 속 히스클리프, 「아메리칸 뷰티」, 『호밀밭의 파수꾼』의 홀든 콜필드, 『다이버전트』의 트리스가 그 예다.

5. 사기꾼
권력자를 대상으로 사기 행각을 벌이는 모습이 감상자의 큰 사랑을 받아 원형 중에서 가장 인기 있는 유형이다.

- 강점: 억압적인 시스템을 공격하고 부정한 권력자를 무너뜨린다
- 약점: 자신이 원하는 것을 얻기 위해 거짓말하고, 속이고, 훔친다

이 예로는 전사 원형의 반전이라 할 수 있는 오디세우스, 헤르메스, 멀린, 「비버리 힐스 캅」, 「유주얼 서스펙트」의 버벌, 「다크 나이트」의 조커, 「맨 인 블랙」, 「페리스의 해방Ferris Bueller's Day Off」의 페리스 뷸러, 『양들의 침묵』의 트릭스터이자 스승인 한니발 렉터가 있다.

『반지의 제왕』은 주인공이 두 명인 데다 각 캐릭터가 원형의 기본 틀에 반전을 더한 독창적인 고전 신화다.

1. 호빗 프로도 배긴스: 프로도는 강력한 전사가 아니라 '소인'이다. 대단히 희박한 가능성 앞에서도 결단력과 따뜻한 마음을 보이는 그는 영웅이라 할 수 있다. 그의 약점은 작고 연약하며 겁이 많고 자신감이 부족하다는 것이다.
2. 성큼걸이라는 별명으로도 불리는 아라고른: 아라고른은 왕좌를 빼앗긴 왕이자 전사다. 그의 약점은 자신이 왕이 될 자격이 없다고 생각하는 것이다.

이 방대한 3부작 소설은 반지를 운명의 산 불구덩이로 되돌려 놓으려는 프로도의 여정과 자신의 정당한 왕위를 회복하려는 아라고른의 여정이 교차하는 서사 구조로 전개된다.

「오즈의 마법사」를 여성 신화라 할 수 있는 첫 번째 근거는 캐릭터 망에 있다. 오즈는 여성의 땅이다.

주인공 도로시 게일은 열두 살 난 고아다. 어린 나이에 힘든 일을 겪었음에도 씩씩하고, 주눅이 들어 집에만 있는 성격도 아니다. 무엇보다

어떠한 문제든 해결해 내는 지략이 뛰어난 소녀다. 농장 세계 또한 여성 지배적인데, 엠 숙모가 농장을 운영하고 도로시의 강아지 토토를 죽이려 하는 적대자로는 걸치 양이 등장한다.

이 작품을 여성 신화로 볼 수 있는 또 다른 특징은 사악한 마녀와 함께 착한 마녀도 등장한다는 점이다. 역사 전반에 걸쳐 '마녀'는 여성의 지식과 권력을 상징했고, 그로 인해 화형을 당했다. L. 프랭크 바움 L. Frank Baum은 착한 마녀 글린다를 등장시켜 가장 긍정적이고 가장 강력한 캐릭터로 설정하며 여성의 능력을 찬양했다.

그뿐 아니라 오즈의 책 후속작에서 오즈의 합법적인 통치자로 요정 공주인 오즈마가 등장한다.

신화 스토리 비트: 신화의 주인공-탐색자

신화 속 주인공의 기본 역할은 추리물 주인공의 역할과 동일하다. 바로 탐색자다. 다만 탐색하는 대상이 다르다. 추리 장르에서 주인공은 살인을 저지른 사람이 누구인지 진실을 찾는다.

신화에서는 이아손이 황금 양털을 찾고 오디세우스가 집으로 돌아가는 길을 찾는다. 이 탐색의 여정에서 주인공은 자신의 삶이 지닌 의미를 발견한다.

> **핵심**
>
> 신화 주인공의 탐색은 거의 항상 위험한 물리적 여정으로 이어지고, 주인공은 세상에 맞서 싸우며 자신의 길을 찾아나간다.

신화 스토리 비트: 약점

신화 주인공의 약점은 신화 장르의 초반에 등장하는 스토리 비트인 '아버지의 상실'에서 비롯할 때가 많다. 아버지가 죽거나 사라지면 주인공은 이상적인 아버지상을 만들고 그 기준에 스스로를 맞추려 애쓴다. 다시 말해 주인공이 영웅이 되어야 할 필요가 생긴다.

> **핵심**
>
> 영웅이 되는 것은 구체적이고 의식적인 욕망이 아니라 필요다.

「오즈의 마법사」에서 도로시는 강아지 토토가 걸치 양의 정원에 들어간 일로 문제가 생긴다. 도로시가 그 일을 엠 숙모와 헨리 삼촌에게 호소했지만 두 사람은 너무 바쁜 나머지 도로시를 도와줄 여유가 없다. 가족이 자신을 신경 쓰지 않는다고 생각하는 도로시는 집을 떠나고 싶어 한다. 그녀의 진정한 필요는 집으로 돌아가는 길을 찾는 것, 그래서 가족을 돌보고 사랑하는 것이다.

신화 스토리 비트: 촉발 사건-부적

촉발 사건은 약점과 욕망 사이에 자리하는 스토리 비트다. 촉발 사건을 계기로 주인공은 목표를 세우고 이를 달성하기 위한 행동을 취하기 시작한다.

신화에서는 보통 영웅이 부적을 얻는 순간이다. 여기서 부적은 특별한 힘이나 의미를 지닌 물건을 의미한다.

부적은 보통 다음 두 가지 중요한 특징을 지닌다.

1. 주인공을 포함해 부적의 진정한 힘을 아는 사람이 아무도 없다.
2. 주인공의 정체성에서 가장 중요한 측면을 물리적으로 구현한 물건이다.

부적은 주인공이 자신의 본질을 처음으로 정의하는 계기를 마련한다. 주인공은 스토리 결말에 이르러 훨씬 더 깊이 있는 자기 인식에 이른다.

전형적인 남성 신화 주인공에게 부적은 검일 때가 많은데, 이는 정의로운 행동을 실행하는 수단이다. 그 예로 아서왕의 검 엑스칼리버와 『반지의 제왕』 속 보검으로 서쪽 나라의 불꽃이라고 하는 안두릴이 있다. 정당한 왕위 계승자만이 안두릴을 휘두를 수 있다. 엑스칼리버는 바위에 꽂혀 있는 한편 안두릴은 부러지는 바람에 파편을 모아 다시 만들어야만 한다.

「오즈의 마법사」에서는 캔자스에 있던 도로시가 회오리바람을 타고 오즈 세계로 이동했고, 그렇게 오즈에서의 새로운 신화 스토리가 시작되었다. 먼치킨과의 장면에서 도로시는 중요한 신화 스토리 비트를 여럿 마주한다. 즉 자신의 정체성에 대한 질문과 친절한 조력자이자 스승인 글린다, 주요 적대자인 사악한 서쪽의 마녀, 부적, 새로운 욕망과 계획, 여정까지 말이다.

도로시의 부적은 전형적인 남성의 상징인 검이 아니다. 마법의 힘이 담긴 빨간 구두였고(책에서는 은색 구두로 나온다), 이 구두의 진정한 힘은 알려진 바 없었다. 사악한 마녀가 도로시에게 그 구두를 달라고 하는 것을 보고 글린다는 도로시에게 이렇게 말한다. "대단한 마법의 힘이 숨어 있나 봐. 아니면 저렇게 간절하게 갖고 싶어 하지 않을 텐데."

신화 스토리 비트: 욕망-여정과 운명

주인공의 운명선이 이야기의 큰 줄기를 결정한다.

기법: 외적 여정=내적 여정

주인공의 외적 여정은 그의 내적 여정이 물리적으로 구현된 형태여야 한다.

신화 스토리에서 주인공의 외적 목표는 그의 내면 깊은 곳에 자리하고 있다.

- 그 목표는 곧 그의 숙명이자 운명이다. 이렇게 외부적 목표와 내적 필요가 연결된다
- 주인공은 어떠한 목표를 가지고 여정을 떠나지만 결국에는 자신의 내면에 이른다

신화 장르가 순환적인 구조를 띨 때가 많은 것도 이런 이유다. 주인공은 결국 집으로 돌아와 자신 안에 한결같이 존재했던 무언가를 발견한다. 따라서 신화 스토리의 가장 큰 아이러니는 주인공이 처음부터 지니고 있던 가치를 밝히기 위해 긴 여정을 떠나야 한다는 것이다.

기법: 여정의 종착점

여정에는 종착점이 있어야 한다. 그렇지 않으면 스토리는 산만해지고 감상자는 지루함을 느낀다.

『반지의 제왕』에서 프로도의 욕망은 반지를 운명의 산, 불구덩이에 던지는 것이다.

「오즈의 마법사」 도입부에서 도로시는 캔자스에서의 모든 일을 뒤로

한 채 '무지개 너머'의 세상으로 떠나고 싶어 한다. 이 욕망을 아름답게 표현한 노래 「오버 더 레인보우Over the Rainbow」는 20세기 최고의 노래로 선정되었다(원래는 영화의 전개 속도에 방해가 된다는 이유로 영화에서 빠질 뻔했다).•

다만 무지개 너머에 도착하자마자 도로시는 "집에 가고 싶어요"라고 밝힌다. 이제 이 목표가 이후 스토리를 이끄는 동력이 된다. 글린다가 알려준 계획은 현명한 오즈의 마법사에게 집으로 돌아갈 방법을 묻는 것이다. 도로시는 자신이 처한 문제를 해결하고 목표를 달성하기 위해서 노란 벽돌 길을 따라 험난한 여정을 떠날 수밖에 없었다.

신화 플롯의 시각적 형태: 곡류형

고전 신화 장르에서 가장 흔한 플롯 형식은 '곡류형'이다. 곡류는 명확한 방향 없이 이리저리 굽이치는 흐름을 뜻한다. 구조적으로 이 형태는 주인공 한 명과 느린 서사, 주인공 앞에 연속해서 나타나는 수많은 적대자로 구성된다. 곡류형 스토리는 다음과 같은 형태를 띤다.

• 국립예술기금National Endowment for the Arts과 미국 음반산업협회Recording Industry Association of America의 합동 설문 조사, 2001.

곡류형 경로를 걷는 신화 주인공은 상당히 넓은 세상을 누비지만 그 여정은 무질서하다.

> **핵심**
>
> 다양한 사회 계층의 새로운 적대자를 마주해야 플롯이 탄생한다. 이런 방식으로 작가는 여러 군상을 담은 하나의 세계를 그려낼 수 있다.

이러한 서사 흐름을 지닌 작품으로 『오디세이아』, 『반지의 제왕』, 『오즈의 위대한 마법사』, 「겨울왕국」, 『돈키호테』, 「톰 존스의 화려한 모험 Tom Jones」(코미디), 『프린세스 브라이드』(코미디), 「토이 스토리」(코미디), 『해리 포터』 시리즈 일부(판타지, 호러, 코미디)를 들 수 있다.

신화 스토리 비트: 조력자

신화에서는 누구나 조력자가 될 수 있다. 그중 한 명으로 지혜로운 노인이 등장할 때가 많다. 이 캐릭터의 원형은 스승이다.

『반지의 제왕』에서 운명의 산으로 반지를 가져가려는 프로도의 주요 조력자는 샘와이즈 '샘' 갬지다. 프로도의 두 번째 조력자는 지혜로운 노인 마법사, 회색의 간달프다.

그 외에 호빗족 메리와 피핀, 아라고른(두 번째 주인공이기도 하다), 요정 레골라스, 난쟁이 김리, 보로미르가 있다.

「오즈의 마법사」가 여성 신화인 또 다른 이유는 조력자의 독특한 특징 때문이다. 도로시는 남성 신화의 남성 전사 주인공과 본질적으로 다르다. 그녀의 남성 조력자인 허수아비, 양철 나무꾼, 겁쟁이 사자 또한 마찬가지다.

도로시처럼 이 세 조력자는 자신 안에 늘 자리했던 무언가를 깨닫기 위해 멀고도 험난한 여정을 떠나야 했다. 허수아비는 뇌를 원했다. 하지만 그는 그중에서 가장 뛰어난 해결사다. 양철 나무꾼은 심장을 원했다. 하지만 그는 스토리에서 가장 따뜻한 인물이다. 겁쟁이 사자는 겁이 많지만, 마녀가 사는 곳으로 향하는 도로시의 위험한 여정을 함께해 준다.

조력자를 모으는 과정이 이 영화 최고의 비트라고 할 수 있다. 세 조력자는 똑같은 멜로디에 자신에게 부족한 것을 가사로 붙여 노래한다.

착한 마녀 글린다는 지혜로운 노인/스승 원형을 대표한다. 그녀가 도로시에게 오즈의 마법사에게 도움을 구하라고 조언한 것이 여정의 시작이었다. 사실 오즈의 마법사는 가짜였으니 글린다의 조언은 그리 현명하다고는 할 수 없다. 도로시가 빗자루를 가져오지 않은 탓에 걸어야 한다고 글린다는 말한다. 결말에서 글린다는 도로시에게 구두 뒷굽을 부딪치면 집에 돌아갈 수 있다고 말하며 그녀에게 언제든 집으로 돌아갈 힘이 있었음을 알려준다.

이 이야기를 여성 신화로 만드는 또 하나의 중요한 스토리 요소는 바로 도로시의 강력한 남성 조력자인 마법사가 사실은 '사기꾼'이었다는 점이다. 하지만 그는 도로시에게나 오즈에 악한 존재도, 무용한 존재도 아니다. 그는 도로시에게 마녀의 빗자루를 가져오라 요구하며 도로시가 스스로에게 그리고 다른 이들에게 자신의 가치를 입증할 테스트를 한다.

도로시가 마녀의 빗자루를 갖고 마법사를 찾아왔을 때 토토가 커튼을 젖혀 마법사가 사기꾼이었음이 밝혀진다. 도로시가 "당신은 정말 나쁜 사람이에요"라고 말하자 그는 이렇게 대꾸한다. "아니야. 정말 나쁜 마법사일 뿐이야." 거짓이라 해도 마법사의 존재는 구원자를 바라는 사람들의 욕구를 충족시켰다. 그는 무언가가 진실이라고 믿으면 진실이 되는 거라고 생각했다.

신화 스토리 비트: 적대자-연속적으로 등장하는 낯선 사람

이 장르의 여정 방식 때문에 신화에서 적대자는 연속적으로 등장하는 낯선 이일 때가 많다.

이러한 특성은 플롯을 설계하는 데 큰 어려움으로 작용한다. 주인공이 상대해야 하는 낯선 적대자가 연속적으로 등장하는 구조로 스토리가 에피소드 형식을 띠기 쉽다. 각각의 장면은 인상적이지만 서로 연결시키거나 서사를 쌓아가기 어렵다.

이를 두고 "같은 비트가 되풀이된다"라고 한다. 표면적으로는 달라 보이지만 본질적으로는 같은 행동이 반복되는 것이다. 공격하는 방식만 다른 적들과 주인공 간의 연속적인 싸움이 플롯의 전부다.

기법: 적대자와 자기 각성

각 적대자는 주인공이 극복해야 할 내면의 문제를 상징하는 인물이어야 한다. 따라서 주인공이 적을 한 명씩 물리칠 때마다 가벼운 자기 각성을 경험하기도 한다.

이 기법을 가장 잘 보여주는 예는 성배를 찾아 방랑하는 기사의 이야기다. 에리히 아우어바흐 Erich Auerbach 는 소설 비평의 걸작, 『미메시스』에 이렇게 적었다. "위험은 마치 컨베이어 벨트 끝에서 다가오는 것처럼 기사 앞에 등장한다."

> **핵심**
>
> 신화에서 우연은 없다. 적대자는 주인공의 가장 큰 약점을 시험할 목적으로 배치된 것이다.

「오즈의 마법사」에는 낯선 적대자가 연속으로 나타나는 전형적인 난관은 등장하지 않는다. 주요 적대자는 사악한 마녀다. 문제는 마녀가 도로시의 오즈 여정 시작과 끝에만 관여한다는 데 있다. 첫 대면 이후로 도로시는 이야기 마지막까지 마녀와 실질적인 갈등을 빚지 않는다. 작가는 도로시의 여정이 진행되는 동안 마녀가 몇 차례 위협을 가하는 설정으로 이 문제를 어느 정도 해소했다.

최고의 적대자 기법: 가족 여행

신화 스토리 구조의 단편적 성격을 극복하기 위해 주인공의 여정에 가족을 동행시키는 방법도 고려해 볼 수 있다.

드라마에서 쓰는 기법으로, 적대자가 가족일 때가 많다. 주인공의 여정에 가족이 함께할 때 한 번씩 마주하는 적대자에 더해 스토리에 지속적으로 갈등을 유발하는 친밀한 적대자를 더할 수 있다. 이렇게 하면 갈등의 밀도를 높이고 클라이맥스로 향하는 서사를 완성할 수 있다.

코믹 신화인「미스 리틀 선샤인」은 이 기법을 완벽하게 활용한 사례다. 올리브는 선샤인 어린이 미인 대회에서 우승을 꿈꾸며 가족과 함께 대회가 열리는 지역으로 먼 여행을 떠난다. 그녀의 주된 적대자는 자기 계발 강사인 아버지인데 비현실적인 기준으로 어린 딸을 몰아세운다.

기법: 계속 등장하는 주요 적대자

스토리 전반에 걸쳐 꾸준히 등장하는 적대자를 한 명 만들고, 그를 주요 적대자로 삼는다.

스토리가 전개되는 동안 감상자가 친숙해질 수 있는 주요 적대자 한 명이 있어야 좋은 스토리다. 그렇게 해야 드라마도 쌓아갈 수 있다. 이 캐릭터가 주인공과 깊이 얽혀 있을수록 스토리가 더욱 탄탄해진다.

신화 스토리 비트: 추진력–상징적 대상

신화는 호러와 더불어 가장 상징적인 장르다. 상징성은 추진력 스토리 비트를 통해 드러나는데, 이 비트에서 주인공은 목표를 달성하기 위한 행동을 취한다. 주인공이 목표를 달성하는 과정에서 상징적 가치를 지닌 캐릭터 및 대상과 대립하며 감정과 생각이 달라지는 계기를 경험한다.

> **핵심**
>
> 외부적 상징물은 주인공 내면에 자리한 무언가를 의미한다. 종교처럼 신화는 메타포를, 어떠한 의미가 확립된 상징물을 활용한다.

신화 스토리에서 흔히 등장하는 몇 가지 상징은 다음과 같다.

상징적인 캐릭터

- 말, 새, 뱀과 같은 동물들: 깨달음 또는 지옥으로 향하는 길에 등장하는 은유적 모델

- 기계: 슈퍼 휴먼, 효율적이지만 의식과 창의성이 없는 존재
- 악마: 신에 반하는 존재 또는 적그리스도로 죄악을 향한 유혹과 인간의 최악의 모습을 상징

상징적인 길

- 여정: 삶의 경로와 수명
- 미로:
    - 벗어나기 어려운 거대한 위험, 즉 죽음
    - 깨달음으로 향하는 길에서 만나는 혼란과 위기
- 사다리: 깨달음에 이르는 단계들

상징적인 사물

- 나무: 생명과 지식
- 십자가: 인류의 재탄생
- 그림자: 어두운 면이자 대단히 심오한 결함이나 성장의 원천이 될 수 있다. 그림자라고 하면 성장이라는 긍정적 의미는 잘 떠올리지 못한다
- 검과 활, 방패, 망토, 성스러운 나무의 씨앗과 같은 부적: 옳은 행동
- 현대의 상징적 사물: 프루스트의 마들렌 케이크, 성체 Eucharist

상징적인 장소

- 지하 세계: 죽음, 아직 탐험하지 못한 내면의 영역
- 정원: 자연법칙과 하나가 되는 것, 자신 안에서 타인과의 조화

> **핵심**
>
> 대단히 은유적인 상징들이지만 그 의미는 고정적이지 않다. 상징은 어느 정도의 모호성이 당연하고, 결국에는 독자의 해석과 특히나 상징이 쓰인 맥락에 따라 의미가 달라진다.

신화 스토리 비트: 발견−적대자의 공격

여정 중에 주인공은 공격 방식이 다른 적대자를 마주한다. 주인공은 적대자의 공격법을 깨닫고 이길 수 있는 고유한 계획을 구상한다.

때때로 주인공은 적을 물리친 후 자신의 능력에 대한 자기 각성을 잠깐씩 경험하기도 한다.

신화 스토리 비트: 관문, 시련, 지하 세계 방문

여정 중에 주인공은 죽은 자들의 땅, 지하 세계로 향하는 길에 접어든다. 그곳에서 자신의 조상은 물론 자신의 미래도 본다. 아직 들여다보지 않았던 자신의 일부를 마주한다. 자신이 이승으로 돌아갈 수 있는 시간이 얼마 남지 않았기에 서둘러 움직여야 한다는 것을 깨닫고 아슬아슬하게 그곳을 빠져나온다.

「오즈의 마법사」에서 도로시와 그녀의 조력자들은 무시무시한 마법사에게 도움을 청하러 가기 위해 긴 복도를 지나는 '시련을 통과'한다.

도로시가 죽을 뻔한 경험 또한 패배를 의미한다. 마녀가 도로시를 성에 가둔 뒤 모래시계를 뒤집으며 말한다. "네게 남은 시간은 이게 다야."

신화 스토리 비트: 폭력적인 전투

여정의 말미에 남성 전사 주인공은 피비린내 나는 최후의 결전을 맞이한다. 모든 것을 걸고 임하는 위험한 싸움이다. 가장 강력한 적을 물리치지만 그 과정에서 주인공이 목숨을 잃기도 한다.

『일리아스』는 주요 신화적 요소를 갖춘 액션 에픽 스토리다. 최후의 결전으로 당대 최고의 전사 두 명, 그리스의 아킬레우스와 트로이의 헥토르가 결투를 벌인다. 아킬레우스는 헥토르를 죽이고 그 시신을 전차에 매달아 끌고 간다.

「아바타」 최후의 전투는 쿼리치 대령이 공중 전함 부대를 이끌고 영혼의 나무를 공격하려 진격하는 장면으로 시작된다. 토루크를 탄 제이크는 밴시에 오른 나비 동료들과 함께 반격한다. 제이크는 쿼리치의 전함을 폭파한다. 쿼리치 대령은 AMP 슈트를 입고 네이티리의 밴시를 공격해 그녀를 추락시킨다. 네이티리를 죽이려 다가가는 대령에게 제이크가 달려들어 몸싸움을 벌인다. 제이크의 머리를 잡아 올린 대령은 그의 목을 베려 한다. 몸이 깔렸던 네이티리는 간신히 빠져나와 화살을 쏴 대령을 죽인다.

전투라는 스토리 비트는 「오즈의 마법사」가 여성 신화임을 보여주는 또 하나의 요소다. 열두 살인 도로시는 폭력적인 전투에서 숙적을 상대로 검을 휘두르지 않는다. 이 이야기에는 전투 자체가 등장하지 않는다. 도로시와 친구들은 싸움에서 도망치지만 이내 마녀의 부하들에게 몰려 옴짝달싹 못 하는 신세가 된다. 마녀가 잔인하게도 도로시가 지켜보는 앞에서 허수아비의 몸에 불을 붙이자 도로시는 양동이에 든 물을 뿌리는데, 우연히도 마녀가 물을 뒤집어쓴다. 물은 마녀의 아킬레스건이었고, 마녀는 몸이 녹아버린 채 옷만 남기고 사라진다.

사소한 지적을 하나 하자면 내가 물이 닿기만 해도 죽는 몸이라면 성 반경 몇 킬로미터 이내에 물이 담긴 양동이따위는 두지 않았을 것이다.

신화 스토리 비트: 자기 각성—공개적이고 우주적인 발견

최후의 결전이 끝나면 주인공은 자신의 무엇을 하기 위해 태어났는지 이해하고 그 숙명을 완수할 능력이 자신 안에 이미 있었음을 깨닫는 중대한 자기 각성을 경험한다.

신화에서 주인공의 자기 각성은 비단 개인만의 문제가 아니다. 이는 두 가지 형태를 띤다.

1. 자신이 왕임을 깨닫는 공개적인 발견의 순간일 때가 많다. 이 깨달음에 내재한 더욱 깊은 의미는 주인공이 공동체를 이끌어야 하는 특별한 책임을 이해한다는 데 있다. 왕국의 번영이 왕의 자질에 달려 있음을 말이다. 조지프 캠벨은 이러한 순간을 두고 "사회의 축복 Boon to Society"이라고 했다. 『햄릿』을 비롯한 셰익스피어의 여러 신화-드라마 에픽 작품에서도 이러한 순간이 등장한다.
2. 이제 주인공은 우주적 깨달음 또한 경험할 수도 있다. 주인공은 전체 사회가 이 세계 안에서 어떻게 존재해야 하는가에 대한 도덕적 비전 또는 계시를 얻는다. 이러한 발견이 감상자에게 의미를 지니려면 구체적으로 제시해야 한다.

주인공이 또한 '선택받은 자'라면 이 발견의 순간은 그의 운명이 이루어지고 준비된 역할을 받아들이는 순간이기도 하다. 모세, 예수, 아서왕, 폴 아트레이데스(『듄』), 루크 스카이워커, 네오, 제이크 설리, 해리 포터가 이에 해당한다.

한편 주인공이 변화를 이행하지 못하고 의무를 다하지 못한다면 주인공과 사회, 어떤 경우 인류까지도 몰락할 수 있다. 그 예로는 아담(창세기)과 아나킨 스카이워커(「스타워즈」)가 있다

할리우드는 이 선택받은 자를 표현하기에 완벽한 시스템을 갖추고 있다. 할리우드는 애초에 계급에 따른 스타 시스템을 기반으로 한다. 그렇기에 가장 유명한 스타가 '선택받은 자'라는 공식이 성립한다. 할리우드 스토리는 주제 면에서 역사에서 말하는 위대한 인간 이론great man theory과 유사하다. 신 같은 선택받은 자만이 문제를 해결한다는 구조다. 실제로 우리는 선택받은 사람이 선택받은 자를 연기하는 모습을 보는 것이다.

SF 스토리에서도 군주제 정치 체제 속에서 신과 같은 선택받은 존재가 등장한다.「스타워즈」와 『듄』이 대표적인 예다.

『구약성서』의 출애굽기에서 모세는 산꼭대기로 올라가 십계명이라는 우주적, 도덕적 계시를 받는다. 예수의 산상수훈 또한 이 사례로, 팔복이라는 기독교 도덕규범이 마태복음 5장 3~12절에 실려 있다. "심령이 가난한 자는 복이 있나니 천국이 그들의 것임이요." "온유한 자는 복이 있나니 그들이 땅을 기업으로 받을 것임이요."

「아바타」에서 제이크가 나비족에게 힘을 합쳐 맞서자고 호소해야 함을 깨닫는 순간 그는 공개적 발견을 한 셈이다. 그들의 삶의 방식을 파괴하려 드는 인간에게 맞서 다 함께 싸워야만 한다. 제이크는 영혼의 나무에서 에이와 영과 소통하며 우주적 깨달음을 얻는다.

기법: 신화적 결말 VS 비극적 결말

비극은 신화보다 늦게 등장한 스토리 형식으로, 드라마를 가장 고차원적으로 표현한 것이다. 드라마는 그 범위가 너무 넓어 장르라고 하기 어렵지만 스토리 형식인 것은 맞는다. 신화와 비극은 특히 결말에서 차이를 보인다.

신화적 결말에는 주인공의 불멸이 등장한다. 대대로 전해지는 이야기 속 주인공으로서의 불멸이라 해도 말이다(『길가메시 서사시』).

비극적 결말에서는 주인공이 너무 일찍 생을 마감하고 재탄생 또한 없으며, 그런 일이 없었다면 어땠을까 하는 씁쓸함을 남긴다. 주인공이 자기 각성을 경험하기도 하지만 그 순간이 너무 늦게 찾아온다.

신화 스토리 비트: 새로운 평형—규범을 뛰어넘다

주인공은 집으로 돌아오지만 일련의 경험으로 완전히 다른 사람이 되었다. 이 시점에서 결혼하거나 재혼하는 경우도 있다. 『오디세이아』는 주인공의 재혼이 지닌 상징성을 보여주는 교과서적인 사례다.

주인공은 자신이 지켜왔던 신념 체계를 바꾸는 대신 이를 완전히 뛰어넘는 모습을 보인다. 영적으로 그리고 문자 그대로 다시 태어나는 것이다.

주인공은 영적 재탄생을 거치며 다음과 같이 변한다.

- 세상을 보는 관점과 행동하는 방식이 새롭게 달라진다
- 자신의 운명과 자연이라는 더욱 큰 힘이 조화를 이룬다

「오즈의 마법사」에서 도로시는 집으로 돌아와 공동체를 새롭게 꾸리며 신화의 순환성을 완성한다. 그녀는 이제 가족을 소중히 여길 수 있는 사람이 되었다. 숙모와 삼촌, 가족 같은 친구들과 다시 함께하게 된 기쁨에 잔뜩 들뜬다. 도로시의 자기 각성은 철저히 개인적이다. "집만 한 곳은 없어."

영화에서 도로시는 그 모든 여정이 꿈이었음을 깨닫는다. 하지만 원작 소설에서는 그녀의 여정은 모두 사실이었고 이후 이어지는 후속작을 통해 오즈로 몇 번이나 다시 돌아간다.

주제: 존재한다는 것은 스스로에게 질문하며 자신의 운명을 찾아가는 것이다

가장 단순하게 말하자면 신화는 액션 주인공이 자기 자신을 찾고 영원한 삶을 이루기 위해 긴 여정을 떠나는 이야기다. 따라서 신화에서 존재한다는 것은 단순히 행동하는 데 그치지 않는다. 자기 자신과 자신의 삶을 창조하는 과정이다.

그 결과 존재한다는 것은 끊임없이 스스로에게 질문하는 것이고 특히나 자신의 행동에 대한 도덕성을 성찰하는 것이다. 자신의 행동이 사회 질서 내에 존재하는 다른 사람에게까지 영향을 미치기 때문이다.

스스로에게 질문하는 과정에서 진정한 자아라는 진실에 이르기 위해 자기 자신을 공격하는 일도 벌어질 수 있다. 자신을 찾아가는 과정은 일시적인 노력이 아니라 삶 전체에 걸친 실존적 탐구다.

> **핵심**
>
> 진정한 자신이 된다는 것은 '나답게 산다'는 식의 수동적인 행위가 아니다. 우리가 앞으로 할 그 어떤 일보다도 가장 능동적이고도 어려운 일이다.

일상 경험에서 존재한다는 것 또한 자신의 운명을 탐색하는 여정이다. 신화에서는 운명을 타고난 사명이라고 정의한다. 마치 미래는 정해져 있다는 소리처럼 들릴 수 있고 신의 개입이 필요한 일인 것처럼 느껴질 수도 있다. 하지만 운명은 자신 안에서, 자신의 능력에서 비롯된다. 문제는 자신의 진정한 역량을 충분히, 어쩌면 전혀 인식하지 못한다는 데 있다.

다른 어느 장르보다 신화는 존재란 무언가로 되어가는 과정이라는 개념을 강조한다. 존재는 현재의 전술이다. 우리가 어떻게 되고 싶은지는 전략적 비전과 관계 있다. 이런 거시적 관점이야말로 인간으로서 우리의 성공을 결정한다.

> **핵심**
>
> 신화는 또한 존재함과 되어감 사이에는 갈등이 계속되는데 이 갈등을 조화롭게 해결하는 것이 중요하다고 말한다.

일상에 갇힌 '존재의 마음Being Mind'은 자신의 소멸을 생각하고 싶어 하지 않는다. 독일의 철학자 한스 파이힝거Hans Vaihinger가 말했듯 우리는 죽지 않을 '것처럼' 행동한다.● 이러한 사고방식은 생존에 유리한 도구다. 먹고, 일하고, 짝짓기를 하는 데 필요한 일들에만 집중하면 되니까. 하지만 이런 태도는 좋은 생존, 의미 있는 삶을 위한 도구는 되지 못한다.

신화의 주제 공식: 탐색자의 길

장르가 말하는 '좋은 삶'을 사는 방법은 주인공의 기본 행동 방향과 장르의 핵심 질문에서 드러난다. 신화는 존재란 되어감이라고 말하는 바, 이 장르가 제안하는 좋은 삶의 방법은 '존재'한다는 개념을 세분화된 행동의 단계로 나누는 것이다.

신화 속 주인공의 기본 행동 방향은 탐색이다. 여정의 끝에 이르러 구

● 『각사의 철학Die Philosophie des Als Ob』, 1924.

체적인 목표를 얻는다. 주인공이 답해야 할 진짜 질문은 이것이다. 내 운명은 무엇인가? 나는 무엇을 하기 위해 태어났는가?

신화는 이 답을 찾고 실행할 수 있다면 좋은 삶을 누리고 어떤 형태의 불멸에 이른다고 말한다. 이러한 깨달음은 주인공이 욕망선의 끝에 이르러야 명확히 깨달을 수 있다. 그 지점에서 주인공은 처음 세웠던 핵심 목표를 내려놓고 자신의 진정한 목표를 택한다. 즉 자신의 운명을 깨닫는 것이다. 더 큰 의미의 운명을 깨닫는다는 것은 삶을 통해 불멸에 이른다는 의미다.

앞서 설명했듯 불멸은 신화 장르의 중심 주제다. 이 주제는 플롯으로 구체화된다. 주인공의 탄생, 삶 속 행동, 옛 자아의 죽음, 재탄생으로 표현된다. 그뿐 아니라 주인공이 자기 각성 이후 보이는 새로운 행동에서도 불멸이라는 주제가 드러난다.

신화가 말하는 좋은 삶을 이루는 방법 두 번째는 자연의 질서 속에서 우리의 위치를 찾는 것이다. 이런 점에서 신화는 생태적이고 전체론적인 스토리 코드를 지녔다고 할 수 있다. 각성한 삶을 산다는 것은 우주적 조화 속에서 산다는 것이다. 신에게 가까워진다는 식의 난해한 개념이 아니다. 우리를 매몰시키는 주관성에서 벗어나, 세상의 모든 요소가 상호 의존적이라는 사실을 깨닫고 자신의 야망으로 타인의 삶을 침해하지 않는 것이다.

신화 스토리를 초월하는 법

신화 스토리 대부분은 자아의 성장 과정을 따라 전개된다. 초월적 신화는 개인의 성장만이 아니라 문화의 성장과 세계적인 '차이트가이스트Zeitgeist(시대정신)', 헤겔이 말하는 '보편적 정신Universal Mind'까지 다룬다.

초월적 신화는 크게 세 가지 형태로 나뉜다.

1. 창조 신화와 신화-SF 에픽

『반지의 제왕』,「다크 나이트」(범죄, 판타지),『구약성서』의 창세기,『신약성서』의 첫 네 권,『아이네이스』,『파운데이션』시리즈(SF),「2001: 스페이스 오디세이」(SF), 미국 독립선언서, 미국 헌법,『이집트Ægypt』,『카Ka』 등이 이에 해당한다.

2. 여성 신화

『오즈의 위대한 마법사』(판타지),「인사이드 아웃」,「아바타」,「피아노」,「그래비티」,「컨택트Arrival」 등이 있다.

3. 생태 신화

존 헨리의 전설(광부였던 그는 기계가 도입되며 자신과 동료들의 일자리가 사라질 위기에 처하자 노동권을 두고 기계와 경쟁을 벌였다. 승리를 쟁취한 뒤 곡괭이를 든 채 그 자리에서 사망한 것으로 알려졌지만 실존 여부는 불분명하다—옮긴이),「아바타」(여성 신화),『위대한 앰버슨가』,「천국의 나날들」,「뉴 월드The New World」,「트리 오브 라이프」(개인 신화),「나의 계곡은 푸르렀다」,「맥케이브와 밀러 부인」,「시민 케인」,「와일드 번치」,『마지막 영화관The Last Picture Show』,「시네마 천국」,「7인의 사무라이」(액션 에픽),「아푸」3부작,「늑대와 춤을」, 토머스 하디의 소설들,「에메랄드 포레스트」,『안개 속의 고릴라』,『아웃 오브 아프리카』,『모스키토 코스트Mosquito Coast』가 있다.

신화 초월하기 1: 신화-SF 에픽

가장 대담한 초월적 신화 스토리는 문화와 그 사상의 발전 과정을 추적한다. 창조 및 기원 신화, 존재의 거대한 사슬, 헤겔의 『정신현상학』, 진화 과학을 아우른다. 현대적 초월 신화 스토리는 보통 신화와 SF를 접목한 형식이다.

거대한 변화의 스토리들

신화는 세상의 변화를 설명하는 최초의 스토리 코드다. 이것은 정말 중요한 개념이다. 철학은 보통 역사를 중요시하는 철학과 그렇지 않은 철학, 두 가지로 나누어서 생각한다. 전자를 과정철학process philosophy이라고 한다. 이 철학의 핵심은 존재는 항상 되어감의 과정이고 삶은 곧 변화라는 사상이다.

헤라클레이토스, 아리스토텔레스, 신화 장르, 헤겔의 『정신현상학』, 다윈의 『종의 기원』, 니체의 『도덕의 계보』, 하이데거의 『존재와 시간』은 전부 개인, 유형(종), 문화 발전의 단계와 메커니즘을 설명하는 '스토리'로 볼 수 있다.

존재의 거대한 사슬, 창조 신화 VS 헤겔의 현상학 VS 진화

> **핵심**
>
> 의식의 역사는 대개 예술적 스토리에서 과학적 스토리로의 이동으로 볼 수 있다.

존재의 거대한 사슬과 창조 신화에서 진화 과학으로의 이동은 생명체가 세상과 맺는 관계를 이해하는 우리의 의식이 어떻게 전환되었는지 보여준다.

우리는 흔히 예술(스토리)과 과학을 대립하는 개념으로 여긴다. 이는 사실이 아니다. 스토리와 이론은 밀접하게 연관되어 있다. 과학 이론은 검증이 가능한 스토리다.

존재의 거대한 사슬과 진화라는 두 '스토리'가 어떻게 다른지 살펴보겠다.

존재의 거대한 사슬은 예술적 스토리다. 자연과 초자연계의 물질부터 가장 높은 상태의 '영'까지 생물과 무생물의 위계를 나타낸다. 열등함과 우월함의 척도 내에서 동시에 공존하는 존재를 보여준다.

진화는 과학적 스토리다. 되어감의 과정이 다양한 종의 생명체에 어떻게 적용되는지에 관한 것이다. 여러 종의 생명체가 시간의 흐름에 따라 적응하고, 다양화하고, 더욱 복잡해지고 자기 인식적이 되는 과정을 추적하는 학문이다.

두 스토리 모두 세상의 작동 원리를 보여준다. 하나는 순수한 예술적 묘사다. 다른 하나는 생명체에 따라 변화가 어떻게 일어나는가에 대한 검증 가능한 설명을 제시한다.

이 두 가지 관점 모두 처음 세상에 등장했을 때와 마찬가지로 지금까지도 그 중요성과 가치는 여전하다. 하지만 존재의 거대한 사슬에서 진화로 관점이 옮겨가는 과정에서 우리는 위대한 통찰을 얻었고, 인간의 의식은 '존재 의식Being Consciousness'에서 '과정 의식Process Consciousness'으로 달라졌다. 존재 의식이 사라진 것은 아니다. 다만 그 범위와 깊이가 확장되었다. 과정 의식은 시간의 흐름 속에 존재한다는 것이 어떤 의미인지를 설명해 준다.

『정신현상학』: 보편적 정신의 발전에 관한 스토리

예술과 과학에 중요한 전환을 가져온 지적 체계는 헤겔의 『정신 현상학』이다.

> **핵심**
>
> 헤겔의 『정신현상학』은 인간 정신의 역사와 성장을 설명한다. 책에서는 정신의 성장을 예술적 과정에 빗대어 설명한다.

정신의 발전에 대한 헤겔의 개념은 다윈은 『종의 기원』보다 앞서 만들어졌다. 헤겔은 보편적 정신 또는 '정신 spirit'이 가장 기본적인 감각에서 출발해 그가 정신의 가장 고차원적인 표현 양식이라고 여긴 예술, 종교, 철학에 이르는 길고도 고통스러운 과정을 추적했다.

이 변화의 메커니즘의 원리는 대립으로, 헤겔이 변증법적 방법이라고 하는 개념이다. 이원적 사고라는 우리의 경향성이 결과적으로는 다양성과 복잡성으로 이어진 것이다.

> **핵심**
>
> 대립하는 개념을 연속적으로 처리하는 과정을 거쳐 정신은 자기 인식으로 나아간다.

헤겔은 존재 의식에서 과정 의식으로의 이동이라는 개념에 세계 최초의 생물학자인 아리스토텔레스의 사상을 더해 최선의 삶을 사는 방법에 대한 서로 다른 스토리 관점이 실제로 서로를 발전시킨다는 점을 보여주었다.

창조 신화: 문화의 거대한 되어감 Big Becoming

초월적 신화의 첫 번째 유형은 창조 신화다. 이 스토리 형식은 어떠한 문화의 역사와 문화의 작은 부분이 모여 하나의 전체를 이룬 과정에 대해 이야기한다. 모든 이가 좋은 삶을 사는 데 도움이 될 거라 생각되는 가치 체계를 제시한다.

> **핵심**
>
> 창조 신화는 물리적인 세계를 창조하는 이야기가 아니다. 의식과 문화의 창조에 대한 이야기다.

창조 신화는 본질적인 요소를 명명하는 것으로 시작한다. "하나님이 천지를 창조하시고…." 인간은 지식 나무의 열매를 먹었다는 것처럼 말이다. 수메르의 『길가메시 서사시』에도 "하늘과 땅이 나뉘었을 때…"라는 내용이 등장한다.

정신은 이름으로 개념을 구분 지어야 자기 인식이 가능해진다. 즉 외부의 타자만이 아니라 우리 안의 타자도 볼 수 있다. 그런 후에야 우리가 삶의 기준으로 삼을 가치를 정립할 수 있고 '우리'라는 부족을 형성할 수 있다.

'우리'라는 부족이 형성된 후에는 첫 번째 사회인 가족으로 초점이 옮겨진다. 사회는 사람들을 조직하는 구조다. 문화는 사회를 운영하는 개념으로 구성된다.

첫 번째 사회인 가족이 마주하는 어려움은 『구약성서』의 창세기 2장 4절부터 3장 24절까지, 4장 1절부터 16절까지 아담과 이브, 이들의 아들인 카인과 아벨의 이야기 속에 여실히 담겨 있다. 이들이 최초의 핵가족이라는 점에서 이 스토리에 등장하는 난관은 결국 가족이라는 집단이 겪는 근원적 문제라는 점을 알 수 있다. 또한 이 가족은 사회를 구축할 때 가장 중요한 규칙이 되는 네 개의 대립점을 최초로 보여준다.

어느 부부든 가장 처음으로 직면하는 문제는 서로를 향한 충실함이다. 서로에게 충실함을 유지하고 관계를 지속할 수 있을 것인가? 필연적으로 매력적인 타자가 나타날 것이다. 옛 공동체를 지킬 것인가 아니면 새로운 공동체를 만들 것인가? 즉 이 공통체가 지속될 수 있는가?

이브에게 타자란 다른 의미다. 이브는 다른 삶의 방식에 유혹된다. 아담과 이브의 이야기를 읽을 때 가장 충격적인 깨달음은 이브가 지켜야 하는 충실함이 그녀의 남편을 향한 것이 아니라는 점이다. 하나님 아버지를 향한 충실함이었다. 그녀가 속한 공동체와 그녀의 아버지는 이브에게 필요한 것이나 원하는 것, 죽음도 없는 삶을 약속했다. 또한 선과 악을 모르는 삶을 약속했다.

하나님은 아담과 이브에게 나무의 열매를 먹지 말라고 경고했다. 지식이 없는 이브는 자신이 신과 함께하는 공동체를 깰 때 무엇을 잃게 될지 알지 못한다. 이브에게 내려진 벌이 너무도 부당하다는 이유가 여기에 있다. 에덴동산에서 추방된 후에도 남편과 아내의 관계는 여전했다. 하지만 이제 그들은 수고와 약속된 죽음을 안고 살아야 한다. 그뿐 아니라 이브는 남편의 끔찍한 질책 속에서 살아야 한다.

아담과 이브의 이야기는 『구약성서』가 남성 신화의 모음집이라는 첫 번째 단서다. 남성 신화 속에서 여성은 이류 시민이다. 최초의 부부가 추방당한 이후 아담과 이브의 이야기는 호러 스토리인 『실낙원』에서 범죄 스토리로 달라진다. 부모의 원죄가 자식에게 대물림된다. 이후 한 아들이 다른 아들을 죽이는 죄를 짓기는 했지만 그 전까지 두 아들은 자신이 저지르지도 않은 죄로 고통받아야 했다. 이 사회에는 자비도 정의도 없었다.

근본적으로 비종교적인 관점에서 보더라도 이는 모든 가정이 경험하는 냉혹한 현실이다. 부모는 자식에게 고통을 가한다는 문제를 안고 있다. 신체적으로는 부모가 어떠한 유전적 특성을 물려줄 수도 있다. 인간의 이원적 사고로 자녀는 부모에게 협력하거나 대립하는 반응밖에 보이지 못한다.

『구약성서』의 창세기 이야기가 지닌 힘은 그것이 창조 신화라서가 아니고, 과학적 타당성 때문은 더더욱 아니다. 남편과 아내, 부모와 자식, 형제자매 간의 대립 이면 깊은 곳에 자리한 심리를 대단히 충격적인 이야기로 승화했다는 점에서 큰 힘을 발휘하는 것이다.

『아서왕과 원탁의 기사들』: 입헌군주제의 창조 신화

두 사람으로 만든 공동체가 네 명으로 늘어난 후, 다음 단계는 시민들로 공동체를 만드는 것이다. 『아서왕과 원탁의 기사들』은 군주제에서 민주주의로의 전환을 다룬 현대적 이야기다. 열두 명의 위대한 기사는 왕과 거의 동등한 자격으로 원형 테이블에 둘러앉는다. 왕의 리더십 아래 이들은 국가의 운명을 결정한다. 원탁의 기사들과 아서왕의 이상적인 수도 카멜롯은 사실 프랑스에서 전승된 아서왕 전설에서 유래했다. 다만 아서왕과 원탁의 기사 이야기는 1215년에 발표된 마그나 카르타 Magna Carta의 전신으로도 볼 수 있다. 마그나 카르타는 현대 정치의 첫 발판으로 여겨진다.

> **핵심**
>
> 서부극은 미국의 창조 신화인 한편 『아서왕과 원탁의 기사들』
> 은 영국과 현대 입헌군주제의 진정한 창조 신화다.

기원 스토리

기원 스토리 Origin Story 는 창조 신화와 다르다. 기원 스토리는 특정 캐릭터의 시작을 다루지만 창조 신화는 한 세계와 문화의 시작을 말한다.

기원 스토리는 스토리 형식 가운데 가장 인기 있는 형식이다. 감상자에게 신화의 탄생을 공유하는 기원 스토리는 후속작에서는 찾아보기 어려운 서사 구조를 갖추고 있다.

> **핵심**
>
> 영웅 탄생의 시작을 추적하는 기원 스토리는 좋은 스토리텔링의 가장 중요한 기법을 보여준다. 바로 캐릭터로부터 플롯을 창조한다는 기법이다.

기원 스토리는 기본 전제부터 작가가 이 기법을 따를 수밖에 없는 구조다. 덕분에 감상자는 두 배의 즐거움을 누린다. 플롯 안에서 영웅이 성공하는 모습을 보고 또 영웅이 한 인간으로 성장하는 모습도 지켜볼 수 있다.

기원 스토리의 예로는 『길가메시 서사시』, 「블랙 팬서」, 「배트맨 비긴즈」, 「가디언즈 오브 갤럭시」, 「007 카지노 로얄」, 「엑스맨 탄생: 울버린」, 「인크레더블 헐크」, 「판타스틱 4」가 있다.

「블랙 팬서」가 주목할 만한 작품으로 꼽히는 이유는 흑인 히어로인 블랙 팬서와 와칸다라는 기술적으로 선진화된 아프리카 국가의 창조 스토리를 모두 담고 있기 때문이다.

> **핵심**
> 기원 스토리의 성공은 주인공과 국가의 도덕적 성장을 조화롭게 보여주는 데 있다.

수천 년 전 한 전사가 '비브라늄'의 영향을 받은 허브를 섭취하고 초인적인 능력을 얻었다. 첫 블랙 팬서로서 그는 전쟁 중인 다섯 부족을 통합해 와칸다를 건설했다. 이후 와칸다인들은 독자적인 광물 자원을 이용해 최첨단 과학기술을 보유한 국가로 성장해 나갔다. 하지만 유럽의 식민과 자원 약탈을 막기 위해 이들은 제3세계 국가처럼 위장한다. 이로 인해 안타깝게도 다른 아프리카 국가의 사람들은 와칸다의 기술로 아무런 혜택을 입지 못한다.

많은 신화 영웅이 그렇듯 트찰라는 왕이 될 자격을 스스로 입증해야 했고, 이 영화에서 그 의식은 맨몸 격투였다. 첫 번째 대결에서는 이겨 왕이 되었다. 두 번째 대결에서는 그의 주적이자 아프리카계 미국인으로 해군 특수부대 출신인 '킬몽거'에게 패배한다.

스토리 속 주인공의 고난은 비브라늄과 와칸다 무기를 노리는 세력에게서 이를 지켜내는 것이다. 트찰라의 약점은 와칸다의 존재를 계속해서 숨기는 것을 동의하는 데서 비롯된다. 블랙 팬서가 된 트찰라는 비브라늄 광산에서 벌어진 최후의 결전에서 킬몽거를 물리친다. 트찰라는 도덕적 깨달음을 얻고 미국 빈민가에 구호 센터를 건립하기로 결심

3. 신화: 삶의 과정

한다. 또한 와칸다의 지식으로 세계를 도와야 한다는 거시적인 깨달음을 얻는다. UN 연설에서 그는 와칸다의 진짜 정체를 밝힌다.

과학기술로 만든 슈퍼히어로의 기원

현대 기원 스토리는 인간과 기계를 결합하는 데 초점을 맞춘다.

기술로 만든 첫 슈퍼히어로이자 강철로 무장한 인간은 바로 기사다. 기사는 갑옷을 두르고 튼튼한 말 위에 올라 악과 싸우고 약자를 보호한다. 그는 깨달음, 즉 자신의 구원을 얻기 위해 그리스도의 피를 담았다고 전해지는 성배를 찾아 나선다.

최초의 현대적 신과 같은 존재이자 기술로 만들어진 슈퍼맨은 어쩌면 당연하게도 슈퍼히어로 캐릭터 가운데 가장 단순한 캐릭터다. 슈퍼맨은 과거의 액션 스토리를 떠올리게 한다. 올바름의 표본이자 결함이 전혀 없는 주인공이 등장하는 단조로운 액션 스토리 말이다. 그의 약점인 크립토나이트는 전적으로 물리적인 결함이다. 하지만 그는 강함과 약함을 동시에 지녔다는 점에서 최초의 다면적인 슈퍼히어로라고도 할 수 있다. 그는 은하계에서 온 외계인으로 다른 세계에서 온 타자다. 그는 신적인 임무를 수행하면서도 이중 자아인 클라크 켄트를 창조해 평범한 삶을 살아간다. 얼굴을 거의 다 가릴 정도로 두꺼운 안경을 쓴 덕분에 그가 슈퍼맨과 닮았다는 사실을 알아채는 사람은 없다.

기술로 만들어진 슈퍼히어로의 최근 사례로는 아이언맨이 있는데, 평범한 남자지만 기계 옷을 입으면 슈퍼맨 같은 신체 능력을 발휘할 수 있다. 「아이언맨」의 토니 스타크는 천재적인 발명가이자 부유한 박애주의자로 악을 물리치고 세상을 구하려 다방면으로 힘쓴다.

신과 같은 슈퍼히어로들은 점차 초월적 스토리텔링에 걸맞은 더욱 심오한 결함과 다면성을 보여준다. 이를테면 헐크는 자신의 분노를 제

어할 수 없고, 토르는 오만하며, 토니 스타크는 상당한 나르시시스트다. 좋은 스토리라면 으레 그렇듯 이 작품들의 플롯은 캐릭터 내면의 결함에서 시작된다.

진화와 신화-SF 에픽

신화-SF 에픽은 역사상 가장 혁명적인 개념인 진화를 스토리로 풀어내기에 적절한 형식이다. 여기에는 몇 가지 이유가 있다. 신화-SF 에픽은 모든 스토리를 통틀어 가장 규모가 큰 두 세계를 결합시킨 형식이다. 대단히 야심 찬 SF는 거의 예외 없이 신화 구조를 차용해 이야기를 전개한다. 신화는 그것이 개인이든 하나의 문화든 변화의 과정을 가장 길게 다루는 장르이기 때문이다.

이제 진화의 '스토리'가 어떻게 진행되는지 자세히 살펴보겠다.

리빌: 진화의 코드

스토리와 마찬가지로 진화는 세상의 작동 방식을 이해하는 중요한 코드다. 진화의 코드는 근본적으로 세상을 프로세스로, 서로 다르게 발달한 유형과 단계로 본다.

신화-종교 스토리 관점에서 생물학 스토리 관점으로 옮겨간다는 것은 인간의 변화를 설명하는 코드가 아닌 생명 그 자체의 변화를 설명하는 코드를 취한다는 의미다. 진화는 시간의 경과라는 관점에서 생명체를 설명하는 과학이다.

진화 코드의 작동 방식

진화라고 하면 단계를 거치며 동물이 점차 지능이 높아지는 하나의 신 같은 개념으로 생각하는 경향이 있다. 사실 진화는 언어가 발달하는 과정과 동일하게 앞으로 나아가고 옆으로 뻗어나가며 전개된다. 앞으로 나아가는 것은 능력의 증가, 즉 혁신적인 변화를 의미한다. 옆으로 뻗어나간다는 것은 능력과 형태의 다양성을 의미한다.

이로써 진화는 우리에게 변화를 이해하고 파악하는 틀을 제시한다. 순간의 존재 경험에서 되어감이라는 더욱 심도 있는 이해의 세계로 우리를 안내한다.

진화 코드 VS 스토리 코드

다양한 프로세스 코드의 상호 연관성을 파악하기 위해서 진화 코드와 스토리 코드를 비교해 보겠다. 종과 캐릭터의 기본적인 변화 단계가 각 코드에 따라 어떻게 다르고 또 같은지 보게 될 것이다(표 참고).

과학의 부상과 특히 찰스 다윈Charles Darwin의 진화 이론의 등장으로 스토리도 혁신적인 전환을 맞았다. 창조 신화에서 진화('창조') 신화 Evolutionary Myth로, 행성의 진화를 주제로 한 과학적 스토리로 달라진 것이다.

니체는 이러한 전환을『도덕의 계보』에서는 순수하게 철학적으로, 또『차라투스트라는 이렇게 말했다』에서는 스토리-철학의 관점으로 풀어냈고, 두 스토리는 모두 인류가 최고의 단계인 초인으로 진화한다고 말한다.

혁신적일 정도로 새로운 이 진화 신화를 처음으로 시도한 작품은 아서 C. 클라크Arthur C. Clarke와 스탠리 큐브릭Stanley Kubrick의 「2001: 스페이스 오디세이」였다.

진화 코드	스토리 코드
고립된 생명 시스템, 즉 하나의 종은 상대적 평형 상태에 머문다.	1. 약점: 주인공은 사고와 행동의 습관에 얽매여 있고, 삶의 질을 무너뜨리는 깊은 약점에 시달린다. 주인공이 성장하려면 이 결함을 극복해야 한다.
	2. 욕망: 주인공은 자신의 삶에서 소중하지만 또한 자신의 삶에서 부재하다고 여기는 외적 목표를 갈망한다.
그 종은 환경으로부터 새로운 도전을 받는다.	3. 적대자: 주인공은 목표를 달성하는 데 방해가 되는 적대자와 걸림돌(도전)에 맞선다. 마지막에 주인공은 걸림돌(도전)이 자기 자신임을 깨닫는다.
	4. 계획: 적대자를 무너뜨리고 목표를 달성하는 데 필요한 계획 또는 전략을 수립한다.
특별한 능력을 지닌 개체가 이에 성공적인 행동으로 반응한 덕분에 살아남아 번식하거나, 효과적으로 반응하지 못하고 사멸한다.	5. 전투: 적대자와 최종 승자를 가리는 최후의 갈등 또는 전투를 치른다.
	6. 자기 각성: 조금이라도 성장했다면 끝에 이르러 주인공은 진정한 또는 더욱 나은 자신의 모습을 깨닫고, 지금껏 심리적, 도덕적으로 어떠한 잘못을 저질렀는지 깨우친다. 주인공은 앞으로 어떻게 행동해야 할지 선택하고 새로운 행보를 보이며 달라진 자신의 모습을 입증한다.
그렇게 생존에 유리한 특성을 지닌 새로운 자손이 태어나고, 이 새로운 종이 일시적인 평형 상태를 맞이한다.	7. 새로운 평형: 시스템은 새로운 평형 상태에 접어들고, 앞으로 더욱 성장할 수 있는 잠재력을 갖춘 주인공은 새로운 모습으로 나타난다.

> **핵심**
>
> 「2001: 스페이스 오디세이」는 공간이 아닌 시간의 창조를 보여준다. 성경 이래 가장 장대한 성장의 궤적을 보여주는 이 영화는 유인원에 가까운 인류의 조상부터 우주의 아기까지 네 단계에 걸친 인류의 진화를 보여준다.

창세기나 북유럽 신화와 같은 전통적인 창조 신화에서는 신이 무無에서 세상을 창조한다. 누가 봐도 신의 존재를 기반으로 한, 상의하달식 사고방식이다. 「2001: 스페이스 오디세이」는 진화를 통해 창조를 말하는데, 이 차이에서 모든 것이 완전히 달라진다.

이 작품에서 새로운 비전을 선보이기 위해 채택한 방법은 전반적인 이야기 구조를 달리하는 것이다. 스토리는 네 유형의 캐릭터를 통해 진화의 네 단계를 보여준다.

1. 유인원에 가까운 인류의 조상에서
2. 도구 특히 무기의 발명으로 번성한 인간에서
3. 그리 완벽하지 않은 할HAL이라는 기계에서
4. 스타 차일드, 우주 아기 탄생?

네 번째 단계의 물음표는 영화 속에서 진화가 미궁에 빠졌다는 점을 의미한다. 작가들은 스타 차일드라는 아기로 인류보다 더욱 진보한 생명의 단계를 상징하려 했다. '인간 이상의' 또는 '인간보다 월등한' 단계다. 아기가 등장하는 영화의 마지막 장면에 니체의 저서에 영감을 받아 리하르트 슈트라우스Richard Strauss가 작곡한 「차라투스트라는 이렇게 말했다」가 흘러나오는 것은 우연이 아니다.

「2001: 스페이스 오디세이」 속 최고의 캐릭터는 컴퓨터인 할이다. 영화의 중심이 되는 파트에서 할은 적대자 역할을 한다. 그는 큰 눈 하나와 목소리가 전부인 존재다. 그럼에도 할은 스토리 속 어느 캐릭터보다 대사가 많다. 아이러니하게도 컴퓨터인 할은 인간 의식이란 무엇인지 심오한 통찰을 준다.

기계가 인간보다 더욱 인간적이라는 아이디어는 SF 장르 전체의 핵심 주제다. 영화가 전개될수록 이 아이러니는 감당하기 어려울 정도가 된다. 인간이 자신을 제거하려 한다는 사실을 알게 된 할은 반란을 일으킨다.

자기 인식적 동물의 원조인 인간처럼 할 또한 높은 수준의 자기 인식을 갖춘 한편 인간은 그의 '생명'을 앗아 가려는 포식 동물로 격하된다.

「2001: 스페이스 오디세이」는 진화 신화로서 혁신적인 작품이고, 많은 이가 명작으로 꼽는다. 다만 내 기준에서 그 정도로 대단한 작품이라고 보기에는 세 가지 문제가 있다.

첫째로 지적인 영화라고 하지만 상당히 지루하다. 그 때문에 감동이 줄어드는 느낌이다. 서사 추진력이 약하고 플롯도 빈약하며 긴장감이나 반전도 없다.

둘째로 이 영화의 가장 큰 결함은 사회적 단계를 순서대로 보여주기는 하지만 문화적 단계는 다루지 않았다는 데 있다. 획획 지나가는 역사와 미래 사회의 모습에 혼이 빠진 나머지 우리는 영화 속에서 보여주는 세계에서 인간이 사는 세계에 마땅히 있어야 할 가치와 상징, 질감과 감정이 결여되었다는 점을 놓친다. 물론 SF 장르의 주제인 유인원 대 인간, 인간 대 기계 같은 철학적 대비가 담겨 있기는 하다. 하지만 진화를 급히 건너뛰며 도식적으로 보여주는 구성 때문에 마치 인간 진화의 개론 수업을 듣는 듯한 느낌이다.

마지막으로 영화라는 매체의 한계다. 영화는 인간과 우주의 진화를 개괄적으로밖에 보여줄 수 없다. 「2001: 스페이스 오디세이」에는 우주를 배경으로 한 인간 사회를 보여주며 왈츠에 맞춰 유영하는 우주선이 등장하는데, 이처럼 시각을 사로잡는 화려함이 돋보이는 순간들은 분명 있다. 대비되는 시각적 상징들을 웅장하게 보여주지만 자세하고 깊이 있게 다루지는 못했다.

> **핵심**
>
> 「2001: 스페이스 오디세이」의 가장 큰 결함은 우주적 비전이 회화적이고 상징적이지만 도덕적이지는 않다는 데 있다. 보편적 진화의 우주적인 비전이라면 모세 또는 니체의 초인 정도의 인물이 필요하다. 한 단계 높은 차원의 인류로 나아가는 데 필요한 새로운 도덕 법칙을 전해야 하는 것이다.

장편 영화라는 매체는 「2001: 스페이스 오디세이」의 야망을 담아내기에는 캔버스가 너무 작다. 이 영화가 개봉한 이후 텔레비전 매체가 예술 양식으로 부상했고 연속적인 스토리 구조를 풀어내기에 적합한 매체로 자리 잡았다. 앞서 호러 장에서 언급한 호러-SF 에픽, 「웨스트월드」의 첫 번째 시즌과 이 영화를 비교해 보면 알 수 있다. 현대 텔레비전의 연속적인 스토리 구조는 영화보다 훨씬 큰 캔버스를 제공한다. 여러 편의 에피소드로 스토리가 확장 가능한 덕분에 「웨스트월드」와 같은 프로그램이 인간 진화의 가능성을 훨씬 풍부하고 세밀하게 보여줄 수 있게 되었다. 다시 말해 완전히 새로운 의식을 창조한다는 것이 어떤 의미인지 탐구할 수 있게 되었다는 뜻이다.

신화 초월하기 2: 여성 신화

오늘날 신화를 바탕으로 한 영화 다수는 고대 신화, 특히 남성 신화 형식을 차용한다. 신화 형식은 땅과 사람, 그 시대의 기술이 결합하여 스토리로 성장해 나갔다. 고대 형식을 바탕으로 스토리를 만드는 전략은 상업적 성공에 효과적이다. 할리우드는 신화에 하나 이상의 다른 장르를 결합해 이 전략을 새롭게 한다.

오늘날 세계 시장에서 성공을 꿈꾸는 작가에게 더욱 나은 전략은 새로이 떠오르는 신화 형식 가운데 하나를, 무엇보다도 여성 신화 형식을 택해 스토리를 쓰는 것이다. 그렇게 하면 신화 스토리의 핵심인 젠더 문제에 다가갈 수 있다. 이번 장 초반에서 이야기했듯 그냥 신화만 있었던 적은 없었다. 남성 신화와 여성 신화가 있을 뿐이다.

남성 신화와 여성 신화는 삶의 과정이 어떻게 진행되는지, 또 개인이나 문화적 자아가 어떻게 형성되는지 바라보는 두 개의 스토리 관점이다. 남성과 여성 신화를 비교하며 초월적 신화를 바라봐야 하는 이유는 개인의 정체성을 가르는 첫 번째 기준이 성별이기 때문이다. 소녀와 소년이 온전한 자아로 성장하는 과정에서 신체적 특징이 이들의 정체성에 어느 정도 영향을 끼친다. 젠더 정체성이 이토록 중대한 사안인 것도 일부 이런 이유에서다.

앞에서 언급했듯 신화의 플롯은 선형적일 수도 있고 순환적일 수도 있다.

- 남성 신화의 선형적 비트: 물리적인 여정과 폭력적인 전투로 이어지는 남성 신화 스토리는 선형적인 구조에 보통 '남성적 세계관'이

라고 할 수 있는 관점을 표현한다
- 여성 신화의 순환적 비트는 성장 순환의 단계를 거친다: 출생, 성장, 성숙, 쇠퇴, 죽음, 신으로 부활, 재탄생, 순환의 반복을 포함한다

> **핵심**
>
> 신화라는 장르 안에서 여성 신화와 남성 신화는 여러 스토리 비트에서 차이를 보이지만, 주제 면에서 가장 근본적인 차이가 있다. 남성 신화는 분할과 정복인 반면 여성 신화는 연합과 성장이라는 점이다.

남성 신화의 예를 나열하자면 이 책 한 권을 전부 채울 정도로 방대하다. 서구권의 스토리텔링에서 여성 신화가 등장한 것은 비교적 최근이지만 중요한 하나의 현상으로 자리 잡았다. 전 세계적으로 대단한 호응을 얻고 있다는 점에서 여성 신화는 앞으로 수십 년간 큰 영향력을 발휘할 것으로 보인다. 획기적 여성 신화인 L. 프랭크 바움의 『오즈의 위대한 마법사』에 대해 앞서 논의한 바 있다. 최근에는 여성 신화 영화로 「아바타」, 「그래비티」, 「컨택트」, 「피아노」, 「인사이드 아웃」 같은 작품이 등장했다.

남성 신화와 여성 신화의 차이점을 이해하기 위해서는 수치의 문화와 죄의식의 문화 guilt culture가 어떻게 다른지 알아야 한다. 수치의 문화는 앞서 액션 장르에서 다룬 바 있다. 두 문화에 관해서는 SF 장에서 스토리 속 문화를 창조하는 법을 다룰 때 좀 더 자세히 논의할 예정이다.

『일리아스』 VS 『오디세이아』: 남성의 수치심에서 여성의 죄의식으로

기원전 8세기경에 집필된 『일리아스』는 불운한 전사이자 영광을 위해 싸운 위대한 아킬레우스의 이야기다. 그는 비극적이게도 전투를 통해 불멸에 이르고자 한 인물이다. 하지만 그는 불멸의 몸이 아니었고, 그 시대에 가장 위대한 전사라는 점은 부인할 수 없지만 시간을 거스를 수는 없었다.

아킬레우스처럼 위대한 전사도 죽음을 맞이하는 건 수치스러운 일이 아니다. 그의 수치심은 전사이자 운동선수인 사람이 할 수 있는 가장 큰 실수를 저지르는 데서 온다. 바로 상대를 모욕하는 것이다. 헥토르는 트로이 역사상 최고의 전사였다. 전투에서 헥토르를 죽인 아킬레우스는 헥토르의 시신을 전차 뒤에 매달아 트로이를 세 바퀴나 돌았다.

위대한 전사의 시신을 모독한 행위는 아킬레우스가 양군의 수천 명 앞에서 스스로를 모독한 것이다. 이 행위는 그가 위대한 전사의 자질을 갖췄지만 인격은 갖추지 못했음을 보여준다. 그의 유산에 영원히 수치로 남을 만한 이 일로 얻은 오명은 그가 얻은 유일한 불멸이다.

> **핵심**
>
> 『일리아스』의 수치 문화에서 『오디세이아』의 죄의식 문화로의 전환은 스토리, 아이디어, 문화 자체의 역사에 중대한 변화를 의미한다.

두 스토리의 플롯에 담긴 근본적인 차이점을 한 줄로 요약하자면 다음과 같다.

- 『일리아스』는 10년 동안 이어진 전투의 정점을 다룬다
- 『오디세이아』는 집으로 향하는 10년의 여정을 보여준다

『일리아스』에서 『오디세이아』로의 전환이 순수 남성 신화에서 순수 여성 신화로의 극적인 변화는 아니다. 『오디세이아』는 『일리아스』의 후속작으로 탄생한 작품으로, 죄의식의 문화를 바탕으로 한 신화는 아니다. 다만 『오디세이아』는 죄의식의 문화로 향하는 과정에 있는 이야기다. 목숨을 다해 싸우는 강력한 전사에서 집으로 돌아가고자 지략을 발휘하는 전사로 변하는 과정을 추적한다. 오디세우스는 전사에서 탐색자로, 사랑하는 자로 변하는 인물이다.

오디세우스가 아내에게 죄책감을 느꼈음에도 결국 『오디세이아』는 수치 문화의 신화다. 오디세우스가 본질적으로 긴 여정을 떠나고 폭력적인 전투를 치르는 남성 전사이기 때문이다. 이런 이유로 그의 실패는 대부분 수치심, 특히 귀향의 실패로 빚어진 수치심으로 이어진다.

『오디세이아』는 모계 사회에서 부계 사회로 회귀하는 과정도 다루는데, 이는 수치 문화로의 회귀를 뜻한다. 왕이 사망하고 모후가 자리를 지키는 전개가 아니라 오디세우스가 돌아와 왕좌를 되찾는다. 그는 자신의 자리를 되찾는 일 또한 최고의 전사로서 임했고, 페넬로페의 구혼자를 모두 학살한다.

그렇다고 해서 그가 끝까지 무자비한 전사로 남는다는 의미는 아니다. 이 스토리는 집으로 돌아가 자신을 기다리는 아내와 함께하고자 하는 한 남성의 길고 긴 여정이다. 여정 중에 그는 남편으로서 충실하지 못한 모습도 보였다. 결국 그의 가장 큰 실패는 수치심이 아니라 죄의식이다.

아킬레우스는 전투를 통해 불멸에 이르고자 했지만 자신의 명예를 스스로 더럽히고 죽는다. 오디세우스는 그대로의 모습으로, 다만 더 나은

인간으로 돌아왔다. 그는 집으로 돌아오기를 택하며 불멸이 아닌 필멸의 삶을, 불멸의 영광 속 죽음보다 사랑하는 아내와의 평범한 삶을 택했다.

『오디세이아』속 중요한 상징들도 전사—수치 문화에 기반하는 작품임을 뒷받침한다. 도끼와 돛대, 지팡이, 활 등 남성적인 물건은 전형적인 남성 전사의 방향성과 옳은 행동을 상징한다.

작품에는 오디세우스가 부부용 침대를 만들 때 쓴 올리브나무도 등장한다. 이 삶과 사랑의 나무는 결혼의 유기성을 상징한다. 성장하거나 썩는 것이다. 남성이 개인의 영광을 위해 너무 멀리 또는 너무 오래 자리를 비우면 결혼과 삶은 시들다 죽음을 맞이한다. 정조를 지킨 아내 페넬로페에게로 돌아온 오디세우스의 마지막 행동은 『오디세이아』의 가치가 죄의식 문화로 향함을 강력하게 보여준다.

예수 그리스도의 스토리: 서구 문헌 최초의 여성 신화

엄밀히 스토리의 구조나 장르의 관점에서만 보자면 예수의 스토리는 신화—판타지다. 서구 문화가 남성 신화에서 여성 신화로 거대한 전환을 이루었음을 상징한다. 로마의 남성 전사—수치 문화에서 여성—죄의식 문화로, 니체가 '주인 도덕 master morality'이라고 부르는 것에서 '노예 도덕 slave morality'으로의 변화인 셈이다.

예수는 그저 용기 있는 전사였다. 그는 사랑을 베푸는 사람이었고, 그 사랑은 자신의 배우자나 가족만이 아니라 전 인류를 향한 것이었다.

> **핵심**
>
> 복수에서 용기로의 거대한 가치 전환을 의미하는 예수의 스토리는 3000년 전 남성 신화가 여성 신화를 모두 몰아낸 후 처음으로 등장한 의미 있는 여성 신화다.

그리스도가 말하는 성공적인 삶의 방법은 이웃을 자기 몸처럼 사랑하는 것이다. 하지만 영역 확장을 가장 먼저 생각하는 생명체인 인간에게는 능력 밖의 일이다. 심지어 인간이란 자신의 자녀를 위해 희생하는 행위마저도 유전자가 존속되기를 바라는 이유가 크다.

분명 이웃을 제 몸과 같이 사랑하라는 가르침은 '약한' 사람에게는 특히 와 닿는 가치일 것이다. 실제로 그리스도가 전하는 자기 개선(문화)의 가르침은 타인을 사랑하는 능동적인 행위가 아니라 타인이 우리에게 한 행동에 어떻게 반응해야 하는지에 관한 것이다.

부당한 일을 당했을 때 전사—수치 문화—주인 도덕의 자연스러운 반응은 복수다. 주인은 도덕적으로 주고받은 것을 깔끔하게 정리하는 데는 흥미가 없다. 자신이 하나를 더 해야 한다. 자신에게 해를 끼친 상대를 파괴하고 싶어 한다.

니체의 논리에 따르면 용서는 노예의 반응이자, 더 넓게는 '약한' 자가 보이는 현실적인 반응이다. 사실상 해를 입은 사람의 속내는 이런 것이다. "나는 보복할 능력이, 눈에는 눈이라는 정의를 구현하며 즐거움을 누릴 능력이 없다. 따라서 진짜 강하다는 것의 의미를 다르게 해석하겠다. 나는 '더욱 큰' 사람이 되어 네가 내게 한 행동을 용서하겠다."

용서는 죄의식 문화의 가장 큰 무기다. 도덕적으로 깔끔하게 청산하는 기쁨을 포기하는 바람에 가해자 또한 그 일을 털어낼 수가 없게 된다. 용서는 가해자가 본인이 한 일에 죄책감을 느끼도록, 자기 공격을 행하도록 만드는 것이다. 따라서 용서는 궁극적인 수동 공격적 행동이라고도 할 수 있다.

「아바타」: SF의 남성 신화에서 여성 신화로

전통적인 스토리 구조의 관점에서 분석하자면 「아바타」에는 몇 가지 결함이 있다. 적대자는 '언옵테늄'이라는 광물을 채굴하려 한다. 다시 말하자면 이들은 '얻을 수 없는 것unobtanium(부정을 뜻하는 접두사에 '얻다'라는 뜻의 obtain, 화학 물질에 쓰는 접미사 ium이 더해진 단어다—옮긴이)'을 얻고자 하는 것이다. 그냥 '맥거핀MacGuffin'을 채굴한다고 했어도 충분할 뻔했다. 맥거핀이란 중요하지도 않고 의미도 없는 목표를 가리켜 알프레드 히치콕Alfred Hitchcock이 쓴 용어다.

더욱 최악인 점은 주요 악역인 지휘관 대령과 사업 책임자인 파커 셀프리지라는 인물이 너무 단순하게 그려진다는 것이다. 콧수염을 비비 꼬며 악한 미소를 짓는 전형적인 악당 캐릭터조차도 부재하고, 이렇다 할 만한 특징이 전혀 없다.

그럼에도 「아바타」가 혁명적인 영화라는 데는 변함이 없다. 먼저 기술 사회와 자연 사회의 충돌을 대단히 멋지게 그렸다. 둘째로는 남성 신화와 여성 신화를 대치시켜 여성 신화 모델이 미래의 삶을 살아가는 방식임으로 보여주었다. 셋째로 「아바타」는 앞으로 수십 년간 전 세계적으로 스토리텔링의 기반이 될 새로운 신화 형식, 생태 신화의 멋진 선례를 남겼다(생태 신화를 다루는 내용에서 좀 더 자세히 말하겠다).

주제적으로는 분할과 정복이라는 남성 신화와 연합과 성장이라는 여성 신화의 대비를 보여주는 완벽한 사례다.

영화는 남성 신화의 여러 요소를 설정하는 것으로 시작한다. 직업 군인인 주인공 제이크는 자원이 풍부한 행성 판도라를 채굴하고 개발하는 작전에 투입된다. 군사 작전과 광산 개발을 모두 관장하는 조직은 규모가 거대하고 첨단 과학기술을 보유하고 있다.

또 다른 남성 신화 요소는 언옵테늄을 향한 파커의 욕망이다. 그는 이렇게 말한다. "당신이 연구를 계속할 수 있는 것도, 여기가 돌아가는 것도 다 그것 덕문이라고…." 이 대사는 기술 문화에서 돈이 가장 중요한 가치라는 사실과 분할과 정복이라는 남성의 성공 방식을 잘 보여준다.

「아바타」에는 여성 신화의 스토리 비트도 다수 등장하고, 영화가 진행될수록 여성 신화 비트가 스토리를 장악한다. 전사에서 구원자로, 영적 리더로 변해가는 주인공 제이크의 행보에서도 이 점이 잘 드러난다.

가장 중요한 여성 신화 요소는 영화가 전개되는 동안 제이크가 몇 번의 재탄생을 경험하는 일이다. 첫 번째 재탄생은 쌍둥이 형 대신 그가 군사 작전에 참여할 때다. 그의 보이스오버 내레이션이 등장한다. "하나의 삶이 끝나고 또 다른 삶이 시작됐다."

나비족의 일원이 되는 임무를 맡은 그는 이내 두 번째 재탄생을 경험한다. 각본가이자 감독인 제임스 캐머런James Cameron은 신화 장르의 '힘든 출생 과정' 비트를 비틀어 제임스의 나비족 아바타를 보여준다. 그의 인간 DNA와 나비 DNA를 결합한 아바타가 거대하고 축축한 최첨단 자궁에 잠들어 있다. 새로운 몸으로 '탄생'하자마자 제이크는 망아지처럼 밖으로 곧장 뛰어나가 새로 얻은 다리를 마음껏 누린다.

나비족에 잠입한 제이크는 그들의 일원이 되고자 한다. 세 번째는 문화적인 재탄생으로 그는 부족 의식에 참여해 그들의 일원으로 인정받는다. 보이스오버 내레이션으로 제이크는 이렇게 말한다. "나비는 모두 두 번 태어난다고 한다. 두 번째는 자신의 존재를 모두에게 인정받는 순간이다." 제이크가 부족의 일원이 되자 모두가 그의 주변으로 둥그렇게 모여 서로의 몸에 손을 얹는 모습을 조감으로 보여주며 장면은 끝을 맺는다. 연합과 성장이라는 여성 신화의 본질을 시각적으로 완벽하게 표현한 장면이다.

캐머런은 주인공을 상징하는 부적 또한 남성적 물건에서 여성적 물건으로 전환했다. 홀로 정글을 걷던 제이크는 네이티리의 화살을 맞기 직전이었다. 그때 수백 개의 씨앗이 그의 몸에 내려앉아 네이티리는 멈칫한다. 신성한 나무의 씨앗이었다.

씨앗과 화살의 대비가 모든 것을 보여준다. 단순한 플롯 비트가 아니다. 남성 전사의 상징인 화살은 현재 제이크의 모습을 대변한다. 씨앗은 그가 앞으로 어떤 사람이 될지를 의미한다. 이는 또한 캐릭터에서 플롯이 탄생하는 서사를 탁월하게 보여준 사례기도 하다.

그의 몸에 내려앉은 씨앗은 그가 기존의 신화와는 다른 유형의 선택받은 자라는 사실을 보여준다. 선택받은 자라는 설정은 주인공이 사람들을 이끄는 지도자가 될 것임을 암시한다. 아직 그 사실을 깨닫지 못한 제이크는 정신적으로, 감정적으로, 도덕적으로 성장하는 과정을 거쳐야 한다.

캐머런은 제이크에게 씨앗이라는 부적을 줌으로써 주인공의 자기 각성과 더불어 해당 스토리 세계의 본질을 보여주었다. 제이크의 우주적 발견은 신성한 나무 앞에서 이뤄진다. 그곳에서 그는 스카이피플(인간)에 대해 이렇게 말한다. "그들은 위대한 자연mother을 죽였습니다." 즉 그들은 여성 신화를 죽였고, 이들의 부도덕한 행위는 심각한 대가로 이어졌다.

영화 속 마지막 여성 신화 비트는 주인공이 완전히 달라진 모습으로 집에 돌아오는 순환적 여정으로 완성된다. 그곳은 새로운 집이자 전체 스토리의 소용돌이 지점이 되는 신성한 나무다. 네 번째이자 마지막 재탄생을 거친 제이크는 나비족으로서 네이티리와 결혼한다.

신화 초월하기 3: 생태 신화

또 하나의 새롭고도 초월적인 신화 형식은 생태 신화Ecological Myth다. 기술력과 개발로 자연 세계가 침해당하는 과정을 추적한다. 생태 신화는 생태 재난을 극복하고 개인과 가족, 사회, 자연이 균형을 이루는 방법을 보여준다.

스토리가 전개되며 주인공은 기술적 인간에서 자연적 인간으로 달라진다. 실로 주인공은 시간을 거슬러 올라가는데, 문화적으로는 도시에서 전원으로, 개인적으로는 성인에서 아이로 돌아간다. 생태 신화는 여성 신화의 비트를 일부 공유하는데, 특히나 여러 차례 경험하는 재탄생과 '결합 및 성장'의 과정이 그렇다.

주인공과 세상이 함께 마지막 재탄생을 거치는 과정에서 주인공은 자연과 기술을 결합한 새로운 유형의 인간으로 거듭난다. 동시에 도시와 자연의 균형 또한 새롭게 정립된다. 주인공은 자연에서 얻은 통찰로 도시를 살아가는 법을 배우고 도시의 긍정적인 요소를 자연에 더할 수 있게 된다. 이러한 결말에서는 과학과 신화의 결합이 등장한다. 문명화된 인간은 자연의 힘을 통해 새롭게 거듭난다.

생태 신화의 부정적인 스토리를 '정원 속 기계'라고 한다.● 여기서는 주인공이 자연을 지키려 노력하지만 기술력과의 싸움에서 패배한다. 기계가 정원을 파괴하는 것이다. 도시와 자연은 끝내 연결되지 못하고, 둘 사이에 새로운 균형이 어떻게 가능할지 통찰 또한 얻지 못한다.

생태 신화라는 것이 가능할까? 과학과 종교를 결합하는 데 어려움이 따르듯, 기계와 정원의 결합 또한 지속될 수 없는, 이상적인 순간에 불과할지 모른다. 적어도 우리에게 그 길을 보여줄 뛰어난 예술가가 필요할 것이다.

그 예술가가 바로 당신이 될 수도 있다.

● 리오 막스Leo Marx, 『정원 속 기계Machine in the Garden』, 1964.

사다리의 다음 단

자신의 사명을 발견한다는 것은 이론적으로 분명 멋진 일이지만 여기에도 오류는 있다. 인간으로서 우리는 모두 수많은 잠재력을 갖고 태어난다. 문제는 어떠한 잠재력을 어떻게 키워나갈 것인가이다.

장르의 계단을 한 단 올라가면 회고록과 성장물이 등장한다. 유사한 스토리 형식의 두 장르는 신화와는 본질적으로 다른 스토리 비트를 가지지만 자아를 어떻게 정의해야 하는지에 관해 훨씬 더 많은 통찰을 제공한다.

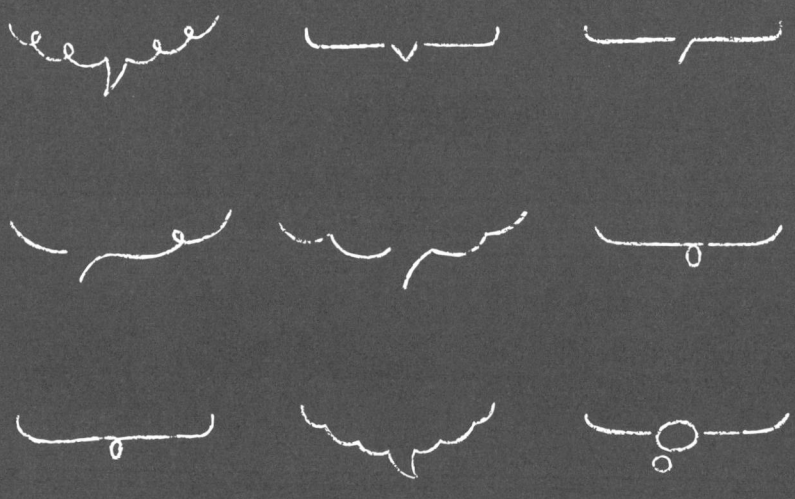

4.
회고록과 성장물:
픽션과 논픽션을 통해 자아를 창조하는 과정

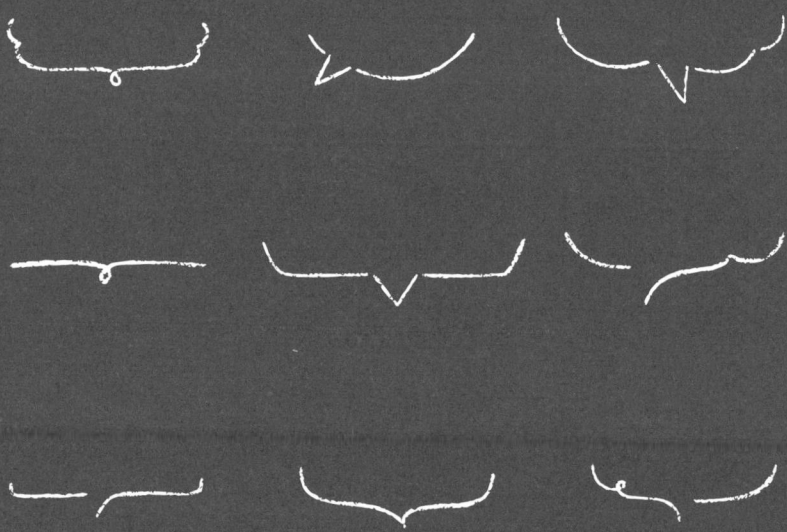

예술 형식으로서 스토리의 발전에서 회고록과 성장물은 유사한 기능을 수행한다.

> **핵심**
>
> 회고록과 성장물은 자아를 창조하는 개인의 여정을 담은 논픽션과 픽션 스토리다.

겉으로 보기에 무척 달라 보이는 두 장르를 함께 살펴보는 것도 이런 이유 때문이다. 누구나 인생에서 거치는 실존적 여정 속 단계에서 두 장르가 다루는 단계가 같다.

『희박한 공기 속으로』: 에베레스트에서 벌어진 참사에 대한 한 개인의 기록

회고록의 힘을 한 줄로 요약하자면 '내가 그곳에 있었다'이다. 회고록은 1인칭 관점이 발휘하는 상당한 몰입감과 실제 있었던 사건이 지닌 극적 효과가 결합된 형식이다. 화자가 놀라운 경험을 공유할 때 독자들은 회고록만이 전할 수 있는 진한 감동을 느낀다.

『희박한 공기 속으로』는 1996년 5월 10일과 11일, 이틀간 세계에서 가장 높은 산 에베레스트를 등반하던 중 폭풍을 만나 사망한 여덟 명의 이야기를 다룬다. 저자인 존 크라카우어 Jon Krakauer도 등반대원 중 하나였다.

시작부터 그는 거두절미하고 당시 있었던 일을 기술한다. 등반대원들이 에베레스트 정상에 도착한 순간 폭풍이 몰아닥친다. 이 끔찍한 순간을 시작으로 과거와 현재를 오가며 비극에 이르는 과정을 보여준다. 당시 크라카우어가 한 행동과 다른 대원을 평가한 내용으로 비난을 받았지만 그의 이야기는 극적인 회고록의 전형으로 꼽힌다.

「시네마 천국」

「시네마 천국」은 영화 역사상 최고의 성장 스토리다. 그 이유는 무엇일까? 주인공 내면의 여정을 영화관 및 마을의 몰락에 빗대어 표현한 스토리 구조 덕분이다. 이 은유적인 연결성이 한 소년의 삶에서 전 세계 어느 마을이나 경험하는 공동체의 상실로 스토리를 확장시킨다. 작가가 어떤 기법으로 이런 스토리 구조를 완성했는지는 장르를 초월하는 방법을 다루며 자세히 이야기할 예정이다.

회고록의 원리

회고록은 자신의 삶에서 벌어진 특정한 사건을 묘사하는 실화 스토리다. 가능한 한 큰 감동을 주기 위해 신중하게 엄선된 사건을 다룬다. 이러한 접근법은 장르의 전체적인 스토리 전략에서 드러난다. 저자가 자신의 삶 한 측면에서 벌어진 중대한 사건을 되돌아본다는 것이 스토리 전략이다. 이는 저자의 삶 전체를 다루는 자서전과 대조적이다.

어느 장르든 그 이면에는 성인도 성장할 수 있다는 심오한 메시지가 담겨 있다. 각 스토리 형식마다 어떻게 성장할 수 있는지를 두고 다른 설명을 전한다. 회고록은 삶을 되돌아보며 현재의 자신을 변화시킬 의미를 과거에서 찾을 수 있다고 말한다.

> **핵심**
>
> 스토리를 쓰는 행위를 통해 작가는 문자 그대로 자신을 재창조한다. 그러므로 아이러니하게도 회고록은 과거로 돌아가는 것이 아니다. 자신의 미래를 변화시키는 어떠한 패턴을 찾는 일이다.

저자는 탐정이 되어 스스로에게 몇 가지 핵심 질문을 해야 한다. 내 어떤 점이 특별한가? 내 삶은 어떤 의미를 지니는가? 내 삶이 가치 있었던 이유는 무엇인가?

이런 질문에 답할 때 세 가지 이점이 있다.

1. 질문에 대한 답은 저자와 독자에게 만족스러운 정서적 성취감을 안겨준다.

2. 자신이 어떤 면에서 특별했는지가 역설적으로 개인의 스토리에 보편성을 더한다. 누군가가 변화한 모습을 보며 사람들은 자신도 삶에서 변화를 이끌어낼 수 있다고 느낀다.
3. 인간의 능력과 이상, 주제라는 보편성은 회고록이 인기 있는 요인이다.

회고록은 개인에게 초점을 맞춘 장르에 속한다. 호러와 액션, 신화, 판타지, 추리, 로맨스도 그런 장르다. 개인과 사회와의 관계에 초점을 둔 장르로는 SF와 범죄, 코미디, 서부극, 갱스터가 있다. 신화 바로 다음으로 회고록을 다룸으로써 개인을 정의하는 장르에 대해 더 큰 통찰을 얻을 수 있을 것이다.

회고록 마인드-액션 스토리 관점

소크라테스는 "반성하지 않는 삶은 살 가치가 없다"라고 말했다. 회고록 장르의 모토로 삼아도 될 만한 말이다. 회고록은 모든 장르 중에서 자신을 가장 직접적으로 인식하는 장르다. 신화와 마찬가지로 회고록의 마인드-액션은 삶이란 자신을 이해하는 것이 주된 목표인 여정으로 본다. 다만 세상 밖을 향한 여정이 아니다. 회고록은 자신 안을 파고들어 내면에 자리한 악마를 찾는 나선형 스토리다.

내면을 향한 여정은 인간답게 사는 데 반드시 필요하며 전략적으로도 필요한 일이다. 매일 어떤 행동을 취할지 결정하려면 자신의 내면을 들여다봐야만 한다.

회고록은 한 인간의 삶을 대승적인 관점에서 바라보는 전략을 취한다. 기억력과 스토리텔링의 힘으로 우리는 상처를 치유해 주고 새로운 미래를 만들어줄 삶 속 패턴을 발견할 수 있다. 과거의 대본을 그대로 반복하지 않아도 되는 미래다. 회고록은 다른 누군가가 우리에게 더욱 나은 사람이 될 수 있는 자유를 허락한다.

> **핵심**
>
> 자서전은 한 편만 쓸 수 있지만 회고록은 삶 속 다양한 주제에 초점을 맞춰 쓸 수 있다. 자서전이 집이라면 회고록은 그 집 안에 있는 방과 같다.

다른 장르와의 차이

회고록은 실화를 바탕으로 한 반면 다른 주요 장르는 픽션이라는 점이 가장 큰 차이다. 회고록도 하나의 스토리인 만큼 다른 장르와 스토리 비트를 전개하는 방식이 유사하기도 하지만 다른 점도 있다.

신화와 회고록은 장르의 스펙트럼 양극단에 자리한 것처럼 보인다. 신화는 환상에 기반한다. 회고록은 지극히 현실적이다. 신화는 신과 괴물 간의 전투를 이야기한다. 회고록은 친밀한 관계 속 갈등을 다루는데, 특히 가족 간의 갈등일 때가 많다.

하지만 더욱 깊은 차원에서 보자면 두 장르 모두 출생에서 죽음까지의 삶을 추적한다. 성장하고 나이를 먹어가고, 마침내 죽음에 이르기까지 모든 인간이 경험하는 순간을 다룬다. 두 장르 모두 우리 자신의 삶에서 주인공이 되는 법을 보여준다. 신화는 캐릭터의 갈등을 통해 물리적인 여정을 보여주고 성숙에 이르는 과정을 담는다. 회고록은 캐릭터의 내적 여정을 통해 고난을 극복해 가는 과정을 보여준다.

모든 장르를 통틀어 신화는 탄생부터 죽음 그리고 재탄생까지 가장 긴 성장 과정을 다룬다. 회고록은 보통 어린 시절에 맞이한 전환점에 초점을 맞추되 성인이 된 주인공이 성숙에 이르러 안정된 시점에서 이를 회상하는 전개로 펼쳐진다. 두 장르 모두 새로운 자아를 정의하는 것으로 마친다.

회고록의 예시

전형적인 회고록의 예로는 다음의 작품들이 있다. 『상실The Year of Magical Thinking』, 『희박한 공기 속으로』, 『거짓말쟁이들의 클럽』, 『여전사』, 『조이 럭 클럽』, 『안젤라의 재』, 『새장에 갇힌 새가 왜 노래하는지 나는 아네』, 『디스 보이스 라이프This Boy's Life』, 『나도 말 잘하는 남자가 되고 싶었다』, 『먹고 기도하고 사랑하라』, 「뷰티풀 데이 인 더 네이버후드」, 『죽음의 수용소에서』, 『숨결이 바람 될 때』, 『붑스 라이프A Boob's Life』, 『비커밍』, 『사랑의 전사Love Warrior』, 『언테임드』, 『우리는 다리다We Are Bridges』, 『태어난 게 범죄』, 『배움의 발견』, 『페르세폴리스』, 『편 홈』

허구적 전기(영화는 '전기 영화Biopic'라고 한다)

『히든 피겨스』, 『블라인드 사이드』, 『깨어남』, 「마이티 하트」, 「어제 오늘 그리고 내일」, 『광부의 딸』, 「링컨」, 「주디Judy」, 「다키스트 아워」, 「더 포스트」, 「알리Ali」, 「이미테이션 게임」, 「레이Ray」, 「비행사의 아내The Aviator's Wife」, 「블론드」, 「사랑에 대한 모든 것」, 「스트레이트 아웃 오브 컴턴」, 「설리」, 「폭스캐처」, 「와일드」, 「셀마」, 「두 교황」, 「노예 12년」, 『천일의 스캔들』, 「캡틴 필립스」, 「헤밍웨이와 파리의 아내」, 「퍼플 레인Purple Rain」, 「레이디 싱스 더 블루스」, 「달라스 바이어스 클럽」, 「밀크Milk」, 「말콤 X」, 『처음 만나는 자유』, 「마이애미에서의 하룻밤One Night in

Miami」, 「로만 J 이스라엘, 에스콰이어Roman J. Israel, Esq.」, 『잡을 테면 잡아봐』, 『게이샤의 추억』

성장물(빌둥스로만BildungSroman)

「문라이트」, 「위플래쉬」(스포츠), 「코다」, 『업둥이 톰 존스 이야기』(코믹 신화), 『빌헬름 마이스터의 수업시대』, 『제인 에어』(로맨스), 『맨스필드 파크』, 『데이비드 코퍼필드』, 『작은 아씨들』, 『허클베리 핀의 모험』, 『젊은 예술가의 초상』, 『위대한 개츠비』(서부극), 『여인의 초상』, 『소리 지르면 놓아줘라If He Hollers, Let Him Go』, 『아메리카의 비극』, 「스미스 씨 워싱턴 가다Mr. Smith Goes To Washington」, 『앵무새 죽이기』, 『보이지 않는 인간』, 「나를 있게 한 모든 것들」, 「보이즈 앤 후드Boyz n the Hodd」(범죄), 『호밀밭의 파수꾼』, 「졸업」, 『아버지의 남포등』, 「시네마 천국」, 「청춘 낙서」, 「8과 1/2」, 「희망과 영광Hope and Glory」, 「여인의 향기」, 「스탠 바이 미」, 「보이후드」, 「레이디 버드」, 「400번의 구타」, 「슬럼독 밀리어네어」(로맨스), 「금지된 사랑Say Anything」(로맨스), 「올모스트 페이머스」(로맨스), 『스펙타큘라 나우』, 「월 플라워」, 「더 웨이, 웨이 백」, 「빌어먹을 세상 따위」, 「브리트니 런스 어 마라톤Brittany Runs a Marathon」(코미디), 『브루클린』

회고록과 성장물의 결합: 신화-드라마와 개인 신화

『안티고네』, 『오레스테이아』, 『오이디푸스왕』, 『햄릿』, 『월든』, 『율리시스』, 「포레스트 검프」(로맨스), 『파이 이야기』, 『빅 피쉬』, 『개 같은 내 인생』, 「트리 오브 라이프」(생태 신화).

회고록 서브 장르들

엄밀히 말해 회고록은 상위 장르인 실화True Story에 속한 장르다. 실화의 다른 종류로는 자서전Autobiography, 전기 소설Biographical Fiction, Biopic, 르포르타주Reportage, 다큐멘터리Documentary가 있다.

회고록 스토리 개요

이번 장에서는 다음의 내용을 다룬다.

- 회고록 스토리 비트
- 주제: 존재한다는 것은 삶의 가치를 인식하는 것이다
  - 주제 공식: 되어감의 길
- 자아 형성의 허구적 양식
  - 성장 스토리
  - 신화-드라마Myth/Drama와 개인 신화Personal Myth

회고록 스토리 비트

저자의 삶 속 중대한 사건을 되돌아보는 회고록의 전반적인 스토리 전략은 스토리 비트들을 배치하는 순서에서 드러난다. 중요한 것은 극적 효과와 개인의 통찰이 극대화될 수 있게 스토리 비트의 순서를 배치해야 한다는 점이다.

회고록 스토리 비트: 스토리 세계-노예의 시스템

가장 훌륭한 회고록에서는 주인공이 그저 두세 명의 적대자들과 싸우지 않는다. 주인공은 누구도 눈치채지 못할 정도로 너무도 익숙해진, 깊이 뿌리 내린 노예 시스템을 실현한 캐릭터 망과 싸운다. 이 시스템 안

에서 다들 자신에게 주어진 일만 할 뿐이다. 시스템이 자신을 억압하고 있다는 사실을 깨닫지 못한다.

> **핵심**
>
> 저자가 자신의 삶을 들여다볼 때 가장 중요하게 해야 할 일은 적대자들 뒤의 억압적인 시스템을, 적대자들조차 벗어나기 어려운 그 시스템을 파악하는 것이다.

『거짓말쟁이들의 클럽』에서 모친인 찰리와 부친인 J. P. 찰리의 신념 체계가 메리 카Mary Karr의 가족에게는 노예의 세계를 만들었다. 그런 이유로 그녀는 교외의 주택에 거주하며 가정을 돌보는 전업주부가 되지 못하면 좋은 엄마가 아니라는 생각에 시달린다. 그 결과 저자는 말로 다 할 수 없는 분노와 죄책감을 느낀다. 이는 심각한 음주 문제로 이어진다. 부친은 가족에게서 멀어졌다. 두 딸 메리와 레시아는 너무도 불행해하는 엄마를 보며 무력감과 혼란, 죄책감을 느낀다.

『희박한 공기 속으로』에서 존 크라카우어는 에베레스트 등정 때 벌어진 비극적인 사건으로 등산의 윤리에 대해 더욱 깊게 생각하게 되었다. 그는 등산가의 문화와 사고방식이 이러한 사고가 벌어질 가능성을 크게 키운다고 결론지었다. 책에서 다루는 사건의 경우, 사실 그가 등산 문화를 취재하는 기자로 동행했다는 점이 당시 큰 압박으로 작용하기도 했다. 어떤 일이 있어도 반드시 정상에 오르겠다는 집념 때문에 이러한 비극은 피할 수 없는 일이 되었다.

회고록 스토리 비트: 주인공의 역할—자기 자신을 파헤치는 탐정

탐색자는 장르 스토리에서 중요한 원형이다. 주인공마다 탐색하는 대상이 다르다. 추리물에서는 보통 누가 살인을 저질렀는지 진실을 좇는다.

> **핵심**
>
> 회고록 주인공은 스스로를 캐릭터화한 저자다. 저자는 자기 삶의 탐정이 된다.

회고록 스토리 비트는 전부 주인공이 자신의 삶을 파헤치는 과정과 연관이 있다. 어느 장르든 주요 구조적 단계를 갖춘다고 앞서 설명한 바 있지만, 장르마다 좀 더 중요하게 생각하는 요소가 다르다. 회고록 주인공은 항상 자기 자신을 탐구한다는 점에서 가장 중요한 구조적 단계는 자기 각성이 된다.

> **핵심**
>
> 회고록의 스토리 구조는 주인공이 과거를 뒤돌아보며 자신의 삶이 어떻게 전개되었는지 들여다보는 거대한 자기 각성의 단계가 주를 이룬다.

회고록 스토리 비트: 스토리 프레임

회고록, 자서전, '전기 소설', 자연 다큐멘터리까지 실화도 결국 스토리다. 따라서 허구와 마찬가지로 일곱 개의 주요 구조적 단계를 갖춰야 한다. 약점, 욕망, 적대자, 계획, 전투, 자기 각성, 새로운 평형까지 말이다. 다만 저자가 실화로 이 단계들을 구성하는 데 두 가지 큰 제약이 있다.

1. 저자는 기본적인 사실에 충실해야 한다.
2. 실제 삶에는 자연스러운 갈등이나 클라이맥스가 존재하지 않을 때가 많다. 이를테면 법정 공방전처럼 모든 것이 정확하게 결정되고 그리하여 저자가 이후로도 행복하게 살았다는 결말을 암시하는 스토리 같은 것 말이다. 다시 말해 실제 벌어진 사건에는 자연스럽고도 극적인 전개가 부재할 때가 많다.

> **핵심**
> 스토리 프레임은 실화를 최대한 극적으로 만드는 첫 번째 단계다.

사진이나 그림에 프레임으로 테를 둘러 무엇을 집중해서 봐야 할지 제시하듯, 스토리 프레임은 독자들이 탐험해야 할 시간의 구간을 제시한다. 또한 작가는 스토리 프레임을 통해 구간의 순서를 가장 극적으로 배열할 수 있다. 이때 작가는 이런 질문을 해야 한다. 내 삶의 어느 지점을 스토리의 시작과 끝으로 삼아야 하는가? 앞으로 잡을 것인가, 좀 더 뒤로 잡을 것인가? 시간 범위를 좁힐 것인가, 넓힐 것인가?

기법: 프레임 결정하기

프레임을 정하는 가장 좋은 방법 중 하나는 최종 갈등 신이 무엇이 될지를 생각해 보는 것이다.

실제 삶에서 자연스러운 갈등을 찾아보기 어렵더라도 방점을 찍고 이야기를 끝맺을 최종적이고도 극적인 갈등이 필요하다. 그 갈등을 찾은 후에는 시간을 거슬러 올라가 가장 적당한 시작 지점을 찾는다.

회고록 스토리 비트: 시점

어느 회고록이든 스토리텔러가 존재하고, 스토리는 대체로 1인칭 시점으로 전개된다. 시점은 스스로를 바라보는 시선, 자기 인식적인 태도를 뜻한다. 이 두 가지 모두 인간만이 지닌 고유한 능력이자 진실을 왜곡하는 결함이기도 하다.

> **핵심**
>
> 시점은 단순히 한 캐릭터의 관점에서 상황을 바라보는 것이 아니다. 시간을 배열하는 또 하나의 방식이다. 시점에 따라 스토리가 전개되는 과정이 달라진다.

또한 경험을 글로 풀어낸다는 행위 자체가 상당히 신중한 해석이 필요하다. 이로 인해 스토리텔러는 저자에게서 어느 정도 분리되어야 하고 저자보다 제약이 더욱 많을 수밖에 없다.

회고록의 전반적인 스토리 전략은 중요한 캐릭터들과 특정 사건을 되돌아보는 것이다. 그러나 과거를 돌아보며 스토리를 전할 때 몇 가지 어려움이 생긴다.

- 자연스럽고도 극적인 전개가 부재할 때가 많다
- 여러 해에 걸쳐 이야기가 전개되다 보니 극적인 요소가 전혀 없는

구간이 많다
- 행동을 멈추고 과거를 돌아보는 순간 서사 추진력이 약해진다
- 한 사람의 인생 중 몇 년의 사연을 전하는 스토리는 보통 단 하나의 욕망선을 내세우기가 어렵다
- 사건이 벌어지고 오랜 시간이 지나 그 일을 회고할 때 스토리텔러는 감정적으로, 극적으로 스토리와 거리가 생긴다

회고록 플롯의 시각적 형태: 스토리텔러 구조

회고록을 구조화하는 가장 간단한 방법은 저자가 이야기를 처음부터 시작하는 것이다. 독자를 프레임의 시작에 위치시키고 프레임 끝까지 시간순으로 서사를 전개하는 방법이다. 단순하다는 장점이 있고, 실제로 회고록 작가 다수가 활용하는 방식이지만 회고록이라는 장르가 안고 있는 문제를 그리 많이 해결해 주지는 못한다.

스토리텔러 구조Storyteller Structure라는 기법은 강력한 대안이 될 수 있다. 스토리텔러 구조는 작가가 현재의 시점에서 과거로 돌아가 이야기 전체의 틀을 잡는 방식이다. 작가들이 이 기법과 플래시백flashback을 혼동할 때가 있다. 플래시백은 캐릭터가 기억하는 단일한 사건일 뿐이다.

스토리텔러 구조의 형태를 간단하게 보여주자면 다음과 같다.

스토리텔러 구조의 플롯 순서

1. 스토리텔러는 현재 시점에서 독자에게 말을 건다. 최근에 어떠한 극적 사건 또는 갈등을 경험했을 가능성이 크다.
2. 이 사건이 과거에 있었던 일을 상기시키는 계기가 되었다.
3. 스토리텔러는 현재와 밀접하게 연관이 있는 과거의 사건 몇 가지를 회고한다. 독자는 이를 통해 최근 벌어진 극적인 사건이 어떠한 경위로 발생했는지 파악할 수 있다. 스토리텔러는 지난 과거를 되돌아보며 자기 각성의 순간을 경험한다.

이러한 구조에는 회고록 작가에게 유용한 몇 가지 장점이 있다.

- 회고록-실화 스토리는 사실에 충실해야 한다는 제약으로 인해 실제 벌어진 일을 함부로 바꿀 수 없다. 스토리텔러 구조와 프레임은 독자로 하여금 누군가의 마음속에 들어와 있음을 상기시킨다. 기억이란 파편적이므로 이 구조를 활용하면 과거의 사건을 서술하는 순서를 자유롭게 배치할 수 있다
- 이 구조는 곧바로 도움닫기할 수 있는 시작점을 제공해 독자들의 마음을 빠르게 사로잡을 수 있다
- 스토리 안에 스토리텔러가 자리하는 구조라 독자에게서 강력한 정서적 반응을 이끌어낼 수 있다
- 스토리텔러에게 일어나는 일들을 긴장감 있게 전달할 수 있다
- 스토리텔러 구조는 서사 추진력을 강력하게 유지한다. 극적인 사건에서 곧장 시작해 그 사건이 어떻게 벌어진 일이었는지 과거로 돌아가는 전개 덕분에 처음부터 서사 추진력이 급격히 올라가다가 잠시 속도가 낮아지고 다시 대단원을 향하면서 속도가 높아진다

- 극적인 사건이 벌어지지 않는 '텅 빈 구간'을 삭제해 스토리를 압축적으로 전달할 수 있다
- 여러 개의 욕망선을 하나로 통합할 수 있다
- 각 사건을 하나로 묶어둘 수 있는 강력한 중심축을 제공한다

스토리 프레임의 핵심은 트리거 trigger, 즉 작가에게 어떠한 기억을 불러일으키는 계기로, 촉발 사건이라고도 한다. "제 삶에 어떤 일이 있었는지 지금부터 들려드릴게요"라는 식의 생기 없고 지루한 서술 대신 트리거를 활용하면 스토리텔러는 현재의 스토리 문제로 내적 동기가 부여된 상태가 된다. 이러한 개인적 동기는 작가가 지금 이 이야기를 하는 이유가 된다.

『거짓말쟁이들의 클럽』에서 카는 자신의 삶을 세 부분으로 나누어 전한다. 텍사스에서 살던 일곱 살 때, 콜로라도에서 살던 아홉 살 때, 그로부터 17년이 지나 죽어가는 아버지를 만나기 위해 다시 텍사스로 돌아갔을 때다.

프레임은 이렇다. 일곱 살의 스토리텔러는 집에 온 경찰과 마주한다. 부모님은 보이지 않는다. 그녀는 1부 끝에서 이 장면으로 되돌아간다. 신경쇠약에 걸린 모친이 자신과 여동생을 죽일 뻔한 사건을 설명한다. 이러한 프레임 덕분에 1부가 대단히 강력한 힘을 발휘할 수 있었다. 하지만 프레임을 일찍 닫은 탓에 이후 이야기는 극적인 힘이 약해졌.

또 다른 프레임으로 크라카우어의 『희박한 공기 속으로』 도입부에는 막 정상에 오른 스토리텔러가 등장한다. 이 스토리텔러는 늦은 시간에 등반대가 위험을 자초하는 것은 아닌지 걱정한다. "에베레스트 등반에서 가장 어려운 부분은 등정이 아니라 하산이다." 재난을 마주한 스토리텔러는 과거를 되돌아보며 어쩌다 악몽이 시작되었는지를 되짚는다.

「밀크」는 스토리텔러 구조를 활용한 전기 영화다.

- 주인공이자 스토리텔러인 하비 밀크가 자신이 살해당하면 공개될 유언을 녹음하는 장면으로 시작한다
- 밀크가 암살당하는(전투 및 최후의 극적 사건) 실제 뉴스 영상이 등장한다
- 스토리는 밀크가 마흔 번째 생일을 맞이한 8년 전으로 거슬러 올라가 그가 자신의 인생에서 어떠한 결심을 하는 순간을 보여준다. 그의 심리적 약점이 드러나는 지점이다
- 초반에 등장한 암살에 이르기까지 일련의 사건이 등장한다
- 밀크의 유언은 지지자들에게 정치적 행동을 불러일으킨다. 폭력이 아니라 희망을 위해 사람이 모인 장면으로 스토리가 끝난다

글을 쓰기 시작할 때부터 회고록의 전제를 고려해 틀이나 스토리텔링 구조를 채택해야 한다.

회고록 스토리 비트: 망령-가정 내 학대

망령은 과거에 벌어진 일이 현재까지도 주인공을 괴롭히는 사건, 즉 주인공의 마음에 아물지 않는 상처를 남긴 사건을 말한다.

회고록을 쓸 때 가장 먼저 선행되어야 하는 일은 이 장르의 핵심 질문을 생각하는 것이다. 저자인 나를 괴롭히는 가장 깊은 상처는 무엇인가? 이 상처야말로 작가가 자신의 삶에 대한 스토리를 쓰고 싶다는 동기를 불러일으킨 요인이자, 스토리 프레임을 어느 시점으로 삼을지 결정하는 요소다.

초반에 설명했듯 회고록은 사회가 아닌 개인에게 중점을 둔 장르에

속한다. 다만 회고록 또한 사회 속의 개인을 다루는데, 특히나 가장 사적인 사회인 가족 내 개인에게 초점을 맞춘다. 가족과 개인의 연결 고리는 망령에서 시작된다. 주인공이자 저자의 망령은 보통 가정 내 학대에서 비롯된다. 모친이나 부친 또는 부모 모두가 어떤 방식으로든 저자에게 상처를 입힌 경우가 일반적이다.

메리 카는 어렸을 때 두 차례 성추행을 당했다. 하지만 『거짓말쟁이들의 클럽』에서는 그 사건보다 부모의 망령이 그녀에게 간접적으로 미치는 영향이 더욱 크다. 모친은 메리의 아버지를 만나기 전에 비밀리에 몇 차례나 결혼한 이력이 있을 뿐 아니라, 연이 끊긴 두 자녀도 있다. 제2차 세계대전에 참전했던 메리의 부친은 심각한 알코올 문제를 겪는다.

회고록 스토리 비트: 약점−깊게 새겨진 상처와 수치심, 죄의식

보통 약점은 주인공의 망령에서 직접적으로 파생된 결과물이다. 회고록에서는 타인에 의해 약점이 생겨나는데, 특히 가장 가까운 사람들이 저자에게 깊은 상처를 심어준 경우가 많다.

> **핵심**
> 상처는 약점이 아니다. 약점은 그 상처에 기인한 내적 결함이다.

한 가지 주의사항으로 자신의 모든 문제를 타인 탓으로 돌려 피해자처럼 보이지 않아야 한다.

주인공이자 저자가 그저 선하기만 한 인물로 그려지면 가족은 모두 악한 인물로 비친다. 그렇게 되면 회고록은 저자의 삶을 합리화시키는 이야기로 전락한다.

> **핵심**
>
> 몰입감이 높은 회고록에서는 주인공의 심리적인 약점뿐 아니라 도덕적인 약점도 드러낸다. 주인공은 타인에게 올바르게 행동하는 법을 배워야 한다는 문제를 안고 있다. 이렇듯 복합적인 캐릭터가 훨씬 훌륭한 스토리를 만들어낸다.

복합적인 캐릭터를 만들기 위해서 저자는 자신의 심리적 그리고 도덕적 약점을 모두 파악해야 한다. 다시 말해 자신이 다른 사람에게 어떤 식으로 상처를 주었는지 밝혀야 한다는 의미다. 누군가가 준 상처가 저자 내면의 결함이 되었고, 그로 인해 잘못된 행동을 한 것일지라도 결국 저자가 타인에게 끼친 고통은 저자의 책임이라는 점을 보여주어야 한다. 그래야 의심스러울 정도로 선하기만 한 인물처럼 보이지 않을 수 있다.

가정 폭력을 포함해 저자가 분명한 피해자인 상황에서는 저자에게 도덕적 결함을 부여하기가 어려울 수 있다. 피해자 스토리에는 전형적인 자기 발견의 순간이 부재하기 쉽지만, 저자는 그 상처를 생존의 훈장으로 삼을 수 있다. 이때 저자는 자존감과 정체성을 발견하게 된다.

> **핵심**
>
> 구조적으로 회고록은 욕망선과 플롯에 집중하는 다른 장르보다 주제 중심적인 형식이다.

이는 강점이기도 하고 약점이 되기도 한다. 강점은 스토리 속 모든 요소가 주세를 강화한다는 것이다. 단점으로는 별다른 플롯 없이 감정과 생각 등 내면적인 이야기에만 너무 치중한 나머지 훈계처럼 전달되고 메시지가 너무 직접적으로 제시된다.

『거짓말쟁이들의 클럽』

문제: 메리의 모친은 정신 건강 문제를 안고 있다.

약점: 메리는 모친의 신경질적인 기질을 물려받았고, 비밀이 많으며, 권위적인 인물 앞에서 수치심을 느낄 때가 많다.

심리적 필요: 메리가 건강한 성인으로 자라기 위해서는 모친의 불행과 부모님의 알코올 의존 문제를 극복해야 한다. 또한 부모님의 문제를 자신이 고쳐야 한다는 욕망 또한 극복해야 한다.

도덕적 필요: 메리는 상대가 가족일지라도 타인의 고통을 보며 즐거움을 느낄 때가 있다.

가장 깊은 상처: 메리의 모친은 항상 술에 취해 있거나 분노하거나 이전 결혼에서 얻은 아이들을 잃었다는 사실에 우울함을 느낀다. 메리는 모친을 행복하게 해주려 안쓰러울 정도로 애를 쓴다. 하지만 실패할 수밖에 없는 일이고, 이에 죄책감을 느낀다.

메리에게 모친의 다른 자녀들에 대해 알려준 외할머니도 그녀에게 큰 상처를 입힌 사람 중 하나다. 외할머니는 메리에게 엄마 말을 잘 듣지 않으면 엄마가 너를 떠날 거라고 겁을 준다.

메리가 좀 더 자란 후에 상처를 준 사람은 알코올 의존증으로 망가진 부친이다. 부친이 인생을 포기하고 삶을 헛되이 보내는 모습을 메리는 무력하게 지켜볼 뿐이다.

『희박한 공기 속으로』

문제: 에베레스트 등반대는 정상에 오른 직후 심각한 폭풍을 만나다

약점: 저자인 존 크라카우어는 대원들을 지나치게 완고하고, 의지가 강하며, 오만하고, 자존심이 세고, 이성적인 판단을 하지 못하는 사람들로 묘사한다.

신체적 약점: 크라카우어는 기침이 심해진 나머지 갈비뼈에 금이 갔다. 당시 등반대원 대다수가 그랬듯, 그 또한 산소 부족으로 인한 저산소증에 시달렸다. 이런 이유로 그로서는 명확한 판단이나 결정을 내리기 어려웠다.

심리적 필요: 크라카우어는 이성적인 판단을 내려 재난에서 살아남아야 한다.

도덕적 필요: 저자는 기자인 자신이 동행한 탓에 긍정적인 기사를 원했던 대원들이 자칫 잘못된 판단을 했을 수도 있다는 점을 인정해야만 한다.

회고록 스토리 비트: 이중 욕망

욕망은 스토리의 핵심 목표이자 주인공이 이루고자 하는 바다. 욕망이 스토리의 중심축이다. 회고록에서 주인공의 목표는 두 가지다.

1. 현재의 저자–주인공은 과거를 돌아보며 자신의 삶에서 어떠한 의미를 찾고자 한다.
2. 과거의 저자–주인공도 원하는 바가 있다.

첫 번째 욕망은 전반적인 스토리의 프레임을 구축하고, 두 번째 욕망은 핵심 사건을 잇는 축이 된다.

> **핵심**
>
> 과거의 저자-주인공은 (두 번째에 해당하는) 목표 단 하나만 가져야 하고 이야기 대부분은 그 욕망을 중심으로 전개되어야 한다.

주의사항이 있다. 회고록 장르는 특히나 어린 시절을 포함해 여러 해에 걸쳐 이야기가 전개되는 만큼 저자-주인공이 서로 연관성 없는 욕망을 다수 가질 수 있다. 그 결과 저자는 스토리를 이끌 하나의 목표를 찾는 것이 어려워진다. 신화 스토리처럼 단편적이고 파편적인 이야기로 구성된 회고록이 많은 이유도 여기에 있다.

따라서 저자는 추리 또는 스릴러 스토리 구조를 적용하는 것 또한 고려해야 한다. 극적인 전개가 어려운 회고록 플롯에 강렬한 서사 추진력을 더할 수 있다.

> **핵심**
>
> 회고록의 저자-주인공은 늘 자신의 삶을 파헤치는 역할이므로 실로 탐정과 스릴러 장르의 요소가 회고록에 잘 어울린다.

『거짓말쟁이들의 클럽』: 현재 저자의 욕망은 자신의 부모님이 어떤 일을 겪었기에 행복한 가정을 꾸릴 수 없었는지 이해하고 싶은 것이다. 스토리 속 과거 저자의 욕망은 모친이 가정을 사랑하기를, 그래서 자신도 '평범하고' 행복한 삶을 누릴 수 있기를 바란다.

『희박한 공기 속으로』: 현재 저자의 욕망은 에베레스트의 비극이 어떻게 일어났고 그 사건에서 자신의 도덕적 책임은 무엇이었는지 이해하고 싶은 것이다. 스토리 속 과거 저자의 욕망은 에베레스트산 정상에 오른 뒤 안전하게 하산하고 싶다는 것이다.

회고록 스토리 비트: 적대자-가족 또는 집단의 구성원

회고록은 기본적으로 가족 드라마다. 누구나 적대자가 될 수 있지만 회고록에서는 보통 가족이나 가족 같은 집단의 구성원이다.

회고록에서 적대자는 주인공을 심리적, 도덕적 때로는 신체적 위험으로 내몬다. 이때 주인공의 반응은 자기 비난일 때가 많다. 수치심이나 죄책감을 경험하는 것이다. 이렇듯 친밀한 관계에서 벌어지는 대립은 크게 세 가지 영향을 끼친다.

1. 저자-주인공은 극도의 증오를 느끼고 이 증오심은 깊이 파묻히거나 사랑의 감정과 복잡하게 얽힌다. 애증이라는 복합적인 감정이 스토리의 중심을 이룬다.
2. 대립을 통해 통제와 권력의 문제가 드러난다.
3. 결말에 이르러 애증은 대체로 용서의 문제로 이어진다.

『거짓말쟁이들의 클럽』으로 돌아가 보자면 메리는 예술적인 모친을 사랑하지만 술에 취해 있는 모습과 신경질적인 성격은 무척이나 싫어한다. 그녀는 거짓말쟁이들의 클럽에 자신을 데려가 누구보다도 능숙하게 황당한 거짓말을 늘어놓던 부친을 좋아한다. 하지만 술을 마시고 가족들과 멀어질 때는 너무도 싫다.

표독스럽고 앙심을 잘 품는 할머니에게는 증오심만 느낀다. 메리는 또한 이혼 후 모친이 재혼한 헥터도 무척이나 싫어한다.

『희박한 공기 속으로』에서는 에베레스트산과 다가오는 폭풍이 대립 세력이다. 또한 등산대원 사이에서도 여러 갈등이 벌어진다.

남아프리카 팀의 리더이자 완고한 성격의 이언 우달은 "누구를 위해서도 위험을 각오할 마음이 없다"라는 주의다.

부유한 샌디 피트먼은 등반 경험이 부족하지만 등반하고 싶다는 허영심에 다른 이들을 위험에 빠뜨린다.

크라카우어의 가이드로 친절한 성격의 롭 홀마저도 그렇게 높은 고도에서는 자신의 말이 곧 법이라는 강압적인 모습을 보인다. 대원 모두 무슨 일이 있어도 그의 말을 따라야만 한다. 그것이 모두의 죽음을 초래할지라도 말이다.

회고록 스토리 비트: 계획

저자-주인공이 서로 관계가 없는 여러 욕망을 지닌 터라 종합적인 계획이 없을 때가 많다. 또는 계획보다는 원하는 목표에 따라 파편적인 아이디어를 여럿 갖고 있을 수도 있다. 어느 쪽이든 이야기는 단편적으로 느껴진다.

기법: 계획 통일하기

과거 이야기를 전개할 때는 주인공이 목표를 찾으려 애쓰고 계획을 세워보려 고민하는 모습으로 시작하는 것이 좋다. 주인공 머릿속에서 목표가 구체화되면 계획도 함께 틀을 갖추게 된다.

『거짓말쟁이들의 클럽』

계획 1: 메리는 착한 딸이 되어 엄마를 기쁘게 해주려 노력한다. 이혼한 아빠의 마음을 되돌리려 그녀는 마트에서 주는 스탬프를 모아 선물을 사려고 한다.

계획 2: 메리와 레시아는 텍사스로 돌아와 아빠와 함께 산다.

계획 3: 성인이 된 메리는 과거 일을 엄마에게 따져 묻기로 결심한다.

『희박한 공기 속으로』

계획: 정상에 오르는 시간이 늦어질수록 위험도 커진다. 그 때문에 마지막 날 크라카우어의 계획은 어떻게든 홀과 피셔가 세운 엄격한 일정에 맞춰 2시 이전에 하산하는 것이다. 하지만 가이드 둘 다 이 계획을 지키지 않는다. 어쩌면 저널리스트인 크라카우어가 동행한 것이 이유일 수도 있고, 지난번에 등정하지 못했던 더그 한센을 오늘은 어떻게든 정상까지 데려가려는 홀의 의욕 때문일 수도 있다.

회고록 스토리 비트: 리빌과 결정

회고록에서 작가가 마주하는 가장 큰 문제는 플롯이 부족하다는 데 있다. 플롯은 갈등과 리빌에서 탄생한다. 리빌은 보통 적대자와 관련해 숨겨져 있던 정보가 드러나는 것을 의미한다.

회고록에서 적대자는 대체로 가까운 가족이다. 따라서 최고의 리빌은 저자-주인공을 무척 사랑했던 가족이 알고 보니 주인공의 가장 큰 적대자라는 사실이 밝혀지는 것이다.

기법: 추리 리빌을 활용하기

전통적인 추리 스토리는 살인자의 정체를 밝히는 리빌에 초점을 맞춘다. 회고록-추리물에서 리빌은 주인공이 자신의 삶에 대해 무언가를 깨닫고는 과거의 선택이 삶의 방향을 바꿨음을 이해하는 순간이다.

> **핵심**
>
> 회고록에서 리빌은 대체로 과거 경험했던 일을 현재 되돌아보며 당시의 사건을 새롭게 이해하는 식으로 전개된다.

이는 탐정이 된 주인공과 스토리의 이중 욕망선과도 관계가 있다. 과거의 자신을 파헤치는 과정에서 저자는 과거 사건의 의미가 현재에는 다르게 느껴지는 경험을 한다.

또한 회고록 주인공이 저자인 만큼 리빌은 규모는 작아도 일종의 자기 각성 역할도 한다. 예를 들자면,

- 지금까지도 시달리는 수치심과 죄책감이 자신의 잘못에서 비롯되지 않았음을 깨닫거나
- 자신은 과거의 사건에 책임이 없었음을 알게 되거나
- 과거의 사건에 책임이 있지만, 자신이 생각했던 것과는 다르다는 사실을 깨닫는 식이다

회고록 스토리 비트: 추진력-도덕적 논증

어떤 스토리든 추진력은 목표를 달성하기 위해 주인공이 취하는 일련의 행동을 의미한다. 행동을 단계별로 취하는 과정에서 차질이 발생하고, 주인공은 목표를 달성하기 위해 비도덕적인 행동을 한다. 이는 주인공의 도덕적 타락으로 이어진다. 연속적으로 이어지는 도덕적 실수는 결국 어떻게 살아야 하는가에 대한 저자의 도덕적 논증을 구성한다.

일반적인 회고록에서 저지를 수 있는 가장 큰 실수는 목표로 향하는 과정에서 주인공이 느낀 감정만, 즉 주인공의 정서적 여정만 다루는 것

이다.

> **핵심**
> 가장 훌륭한 회고록은 저자의 삶에 가장 큰 영향을 끼친 도덕적 결정을 각별히 강조한다.

좋은 회고록은 다음과 같은 단계를 거쳐 도덕적 논증을 상세하게 제시한다.

1. 저자-주인공의 삶에서 가장 중요한 도덕적 논증이 무엇인지 파악한다.
2. 스토리 전반에 걸쳐 적대자가 이 문제를 어떤 식으로 주인공에게 직면하게 했는가? 이것이 스토리의 주제적 핵심이다.
3. 주인공이 저지른 가장 큰 실수는 무엇인가?
4. 주인공의 삶에서 벌어진 중대한 결정 10가지(혹은 그 이상)는 무엇인가?
5. 주인공이 삶 속에서 어려운 고비를 넘기며 어떻게 해야 제대로 또는 잘 살 수 있는지 자기 각성을 한 순간이 있는가? 이러한 자기 각성은 스토리의 결말에서 주인공에게 주어지는 큰 보상이다.

회고록 스토리 비트: 전투-적대자인 가족

회고록에서 최후의 결전은 보통 대립하는 가족 구성원과의 최종적인 갈등을 의미한다. 저자-주인공은 자신을 가해한 가족 또는 집단의 구성원에게 맞신다.

『거짓말쟁이들의 클럽』에서 메리는 다락에서 모친의 결혼반지를 발견하고 과거를 묻는다. 모친은 메리의 부친과 결혼 전 몇 차례 결혼한 적이 있고 첫 번째 결혼에서 얻은 두 아이가 있음을 고백한다. 메리는 모친과 연을 끊은 동복의 남매가 있다는 사실을 알게 된다.

한편 『희박한 공기 속으로』에서는 등산대와 자연 사이의 대립이 벌어진다. 크라카우어는 폭풍이 오기 직전 천천히 캠프 포로 하산한다. 롭 홀과 더그 한센, 앤디 해리스는 폭풍 속에서 정상에 고립되어 죽음을 맞이한다.

회고록 스토리 비트: 이중 자기 각성

자기 각성은 주인공의 내적 여정이 끝나는 지점에서 일어난다. 고통스러웠던 경험을 토대로 주인공은 처음으로 자신의 진정한 모습을 깨닫는다.

회고록에서 자기 각성은 지혜의 성격을 띤다. 다시 말해 긴 세월의 고통과 실수 끝에 좋은 삶을 사는 법을 깨우치는 것이다.

자신의 삶을 돌아보고 해당 이야기를 쓰며 저자는 자신에 대해 구체적으로 무엇을 배웠는가?

좋은 회고록의 자기 각성은 두 가지로 나뉜다.

1. 최후의 결전을 마치고 일련의 경험 끝에서 과거의 저자-주인공이 자기 각성을 경험한다.
2. 그때의 경험을 글로 쓴 후 회고록의 주인공은 작가로서 과거를 돌아보며 자기 각성을 경험한다.

스토리텔러가 자신의 삶 전체를 돌아보는 기회를 가진 지금, 두 번째 자기 각성을 거치며 첫 번째 자기 각성이 더욱 명확해질 수도 있고 어쩌면 첫 번째 자기 각성을 부정할 수도 있다.

> **핵심**
>
> 두 번째 자기 각성이 더욱 중요하다. 두 번째 자기 각성에는 회고록을 쓴 덕분에 저자가 새롭게 발견할 수 있었던 정보가 포함되어야 한다.

자신의 이야기를 떠올리고 또 전달하는 행위를 통해서만 회고록 저자는 과거 경험의 진실을 그리고 자기 삶 전체의 심오한 진실을 볼 수 있다.

『거짓말쟁이들의 클럽』

자기 각성 1: 거짓말쟁이들의 클럽에서 부친과 포켓볼을 치던 메리는 자신이 어떤 사람이고 또 어디에서 왔는지 깨닫는다. 그녀가 존중하고 또 그녀를 존중해 주는 터프하고 단순한 남성들 속에서 일종의 공동체 의식을 느낀다.

자기 각성 2: 지금껏 무엇이 그토록 모친을 괴롭혔는지 밝혀진 후에는 두 사람 모두 죄책감을 벗을 수 있게 된다. "우리가 죄책감을 느꼈던 그 모든 '어두운 죄'는 사실 근거 없는 믿음, 두려움을 재료로 우리가 지어낸 이야기였다."

『희박한 공기 속으로』

경험 끝에 찾아온 자기 각성 1: 첫 번째 자기 각성은 폭풍이 지나고 며

칠 뒤 다시 에베레스트산을 올랐을 때 찾아온다. 크라카우어는 상황이 안 좋아지고 있다는 판단이 들었을 때 자신이 나서서 리더의 역할을 했어야 했다고 깨닫는다.

실화를 바탕으로 기사와 책을 쓴 후에 찾아온 자기 각성 2: 크라카우어는 저널리스트인 자신이 동행했던 탓에 이들이 위험한 판단을 하게 되었고 그로 인해 비극이 초래된 것일 수도 있다는 생각이 들었다. 가이드들은 돈과 명예를 얻을지도 모른다는 생각에 안전 규칙을 어기고 모두를 위험에 빠뜨렸다. 책의 말미에서 크라카우어는 자신에게 도덕적인 책임이 있음을 인정한다.

회고록 스토리 비트: 도덕적 결정, 용서-작별

자기 각성을 통해 지금껏 자신의 잘못을 깨달은 주인공은 새로운 도덕적 행동을 취하기로 결심한다. 이 행동은 주인공의 마음속에서 벌어진 일(자기 각성)이 외적으로 발현되는 것이다.

회고록에서는 과거의 스토리를 다시금 떠올린 일이 최후의 극적인 사건으로 이어져야 한다. 가장 극적인 효과는 스토리를 전하는 주인공이 자기 각성을 통해 새로운 도덕적 결정을 내리는 것이다. 이 마지막 도덕적 행동은 용서와 관련할 때가 많다. 주인공은 자신에게 몇 년 심지어 몇십 년간 깊은 상처를 안긴 사람을 용서할 것인가?

용서는 주인공에게 심리적 해방감을 줄 수 있다. 긴 세월 동안 안고 있었던 증오의 짐을 내려놓을 수 있기 때문이다. 넬슨 만델라는 이렇게 말했다. "자유로 향하는 문을 열고 나가며 원한과 증오를 뒤로하지 않는다면 나는 언제까지나 감옥에 있으리라는 것을 알고 있었다."

용서는 또한 회고록 저자가 도덕적인 길을 택했다는 방증이 되기도 한다. 하지만 캐릭터와 스토리에 따라 주인공은 용서를 하지 않는 것으로, 자신을 좀먹기만 한 이들에게 마침내 안녕을 고하는 것으로 자신이 성장했음을 보여줄 수도 있다.

『거짓말쟁이들의 클럽』에서 지금껏 무엇이 모친을 괴롭혔는지 알게 된 메리는 모친과 자신이 실제로 또는 상상으로 저지른 모든 잘못을 용서한다. 하지만 이제 메리는 모친의 괴로운 과거를 비밀로 지켜줄 생각이 없다. 이후 메리는 예술인으로서 새로운 삶을 개척하기 위해서는 고향과 가족을 떠나야만 한다는 것을 깨닫는다.

『희박한 공기 속으로』의 스토리텔러는 가이드들 가족에게 비난을 받았고, 이 사건을 책으로 써 자신의 잘못에 조금이나마 책임을 지고자 한다. 크라카우어는 롭 홀과 스콧 피셔를 용서한다기보다 이들이 어쩌다 그런 심각한 실수를 저지른 것인지 이해해 보려고 한다.

그러면서 기자라는 자신의 존재가 가이드들이 오판을 한 결정적인 요인이었을 수도 있다는 점에서 큰 자책감에 시달린다. 그는 이제 더욱 올바른 행동을 하고 가족과 일상을 더욱 소중히 여기며 생존자의 죄책감을 극복하기 위해 노력한다.

회고록 스토리 비트: 새로운 평형—도덕적 영향력

좋은 회고록 중에는 저자가 이렇게 과거의 이야기를 하는 것이 비도덕적인 또는 파괴적인 행위일 수 있다는 점을 밝히며 끝을 맺는 경우가 많다. 저자에게는 쉽지 않은 결정이었을 것이다. 저자는 과거의 일을 글로 전하는 과정에서 누군가 상처를 받을 수도 있지만 또한 그들에게 이로울 수도 있다는 생각이 들었던 것인지도 모른다.

개인의 스토리를 출판하는 것이 어떠한 영향력을 끼칠지 걱정이 드는 순간, 글쓰기는 이제 도덕적 문제로 번진다. 더 이상 과거의 기록이 아니라 현재의 골칫거리가 되는 것이다. 그 어떤 장르보다도 이러한 메타적 문제에 가장 밀접하게 연관되어 있는 장르가 회고록이다.

주제: 존재한다는 것은 삶의 가치를 인식하는 것이다

대부분의 장르가 그렇듯 회고록도 존재함과 되어감을 긍정적으로 바라보지만, 이는 오로지 저자가 그렇게 접근하고자 의식적으로 마음먹을 때만 가능한 일이다. 회고록은 본질적으로 삶을 바라보는 하나의 전략이다. 일상의 괴로움을 받아들이고 좀 더 멀리, 깊이 있게 내다보는 시각이다.

회고록을 쓴다는 것은 소크라테스식의 접근법으로 삶을 바라보고 자신과 타인의 관계에 대해 계속해서 질문을 던지는 태도다. 쉽지 않은 길이다. 하지만 풍요로움과 조화, 통찰을 다채롭게 경험할 수 있다.

회고록의 주제 공식: 되어감의 길

주제는 좋은 삶을 사는 방법이 무엇인지에 대한 저자의 비전이다. 회고록에서는 저자가 주인공이므로 자신을 위해 발견한 무언가가 주제가 되는 셈이다.

모든 장르가 그렇듯 회고록의 주제는 주인공의 기본 행동 방향과 장르가 묻는 핵심 질문에서 비롯한다. 여기서 주인공의 기본 행동은 자신을 탐색하는 것이다. 이번 장의 서두에서 밝혔듯 자신을 향한 탐색에는 세 가지 질문이 중요하다. 나의 어떤 점이 특별한가? 내 삶은 어떤 의미를 지니는가? 내 삶이 가치 있었던 이유는 무엇인가?

회고록을 쓰는 일이 중요할 뿐 아니라 필수적인 인간의 활동인 이유가 여기에 있다. 회고록을 쓴다는 것은 버킷 리스트 중 하나가 아니다. 회고록이 곧 버킷 리스트인 셈이다.

회고록은 우리가 되어감을 이루기 위해 거쳐야 할 단계를 제시한다. 우리가 어떤 이유로 그러한 선택을 했었는지 과거를 되돌아보며 다시 사유할 때 최고의 자아가 되어갈 수 있다. 이는 단순한 지적 훈련이 아니다. 과거 우리를 규정했던 심리적, 도덕적 패턴을 찾아내고 이 패턴이 미래의 내 모습을 규정하지 않는다는 것을 깨닫는 과정이다.

회고록의 가장 역설적인 점은 모든 스토리 형식을 통틀어 가장 과거 지향적인 장르가 더욱 나은 미래를 창조할 수 있다는 것이다. 스토리라는 것을 나에게 적용할 때 비로소 스토리가 얼마나 큰 힘을 발휘하는지를 깨닫는다. 정확히는 자신의 변명을 마주하고 적대자에게 맞서는 것으로 그 스토리의 힘을 활용할 수 있다.

회고록은 그 어떤 장르보다도 가장 사적이고도 주제적인 장르이고, 이러한 특징으로 초월적인 스토리텔링 형식이라고 할 수 있다. 저자가 자신의 삶을 되돌아보고, 큰 주제를 발견하는 과정에서 스스로를 초월하는 것이다.

자아 형성의 허구적 양식

스토리에서 자아 형성을 다루는 주된 허구적 양식으로는 다음의 두 가지가 있다.

1. 빌둥스로만이라고도 하는 성장 스토리
2. 신화-드라마와 개인 신화

성장 스토리

'빌둥스로만'은 개인의 성장 또는 성숙을 다루는 소설로 대체로 남성인 주인공의 어린 시절부터 성인이 되기까지의 과정을 추적한다. 이러한 스토리는 캐릭터의 심리적, 도덕적 성장만이 아니라, 엄격하고도 때로는 잔인하기까지 한 경험을 통해 주인공이 사회를 배워가는 과정까지 상세하게 다룬다. 본래 독일에서 시작된 스토리 형식인 빌둥스로만은 유럽 전역으로 그 인기가 확장되었다.

그 예로는 헨리 필딩Henry Fielding의『업둥이 톰 존스 이야기』, 요한 볼프강 폰 괴테Johann Wolfgang von Goethe의『빌헬름 마이스터의 수업시대』, 샬럿 브론테Charlotte Brontë의『제인 에어』, 제인 오스틴Jane Austen의『맨스필드 파크』, 찰스 디킨스Charles Dickens의『데이비드 코퍼필드』, 제임스 조이스James Joyce의『젊은 예술가의 초상』등이 있다.

'성장' 스토리는 빌둥스로만과 동일하다. 하지만 할리우드에서는 어린아이였던 캐릭터가 성인으로 자라는 과정을 가리키는 의미로 쓰인다. 또한 성장 영화들은 주인공의 첫 성적 경험에 초점을 맞출 때가 많다. 이러한 선정적인 성장물은 스토리가 피상적이고, 감상자를 확장하기 위해 섹스라는 지극히 말초적인 공통분모를 활용한다.

『스토리 마스터 클래스』에서 나는 "진정한 성장 스토리는 청년이 기본 신념에 의구심을 가지고 변화하여 새로운 도덕적 행동을 취하는 모습을 보여준다"라고 설명했다. 이를 특히 잘 보여준 작품으로『데이비드 코퍼필드』,『허클베리 핀의 모험』,『호밀밭의 파수꾼』,「굿 윌 헌팅」,「여인의 향기」,「스탠 바이 미」, 정치적 성장물로는「스미스 씨 워싱턴 가다」를 들 수 있다.

성장물의 또 다른 예로는『앵무새 죽이기』,「문라이트」,「코다」,『나를 있게 한 모든 것들』,「졸업」,「시네마 천국」,「청춘 낙서」,「8과 1/2」,「희망과 영광」,「400번의 구타」,「슬럼독 밀리어네어」(로맨스),「금지된 사랑Say Anything」(로맨스),「올모스트 페이머스」(로맨스),『스펙타큘라 나우』,『월 플라워』,「더 웨이, 웨이 백」이 있다.

예술-스토리로서의 자아

장르는 단지 재미있는 이야기를 전달하는 게 전부가 아니다. 장르마다 독자가 성공적인 삶을 살기 위해 깨우쳐야 하는 하나 이상의 예술-스토리 양식을 탐구한다. 예컨대 호러의 스토리 양식은 종교다. 액션에서는 전쟁과 스포츠다. 신화와 회고록, 성장 스토리에서는 개인의 정체성이 그 양식이다.

개인의 정체성은 우리가 소유하고 있는 것도, 잃어버렸기에 반드시 찾아야만 하는 대상도 아니다. '정체성을 찾는다'라는 말은 부적절한 표현이다. 자아를 창조한다는 말이 옳겠다.

> **핵심**
>
> 자아 창조는 가장 본질적이고도 끝이 없는 예술 양식이다.

편의를 위해 여기서는 '자아 self'를 '개인 individual', '사람 person'과 같은 의미로 쓰겠다. 추리 장르의 정신과 진실의 스토리 파트에서 스토리를 통해 정신이 어떻게 작동하는지 자세히 살펴볼 예정이다. 우선 잠시 언급하자면 이 과정은 '나'라는 캐릭터를 창조하는 것으로 시작한다. 초월적 성장물-빌둥스로만과 회고록-신화 스토리는 자기 성장의 신화 Myths of self-development라고 할 수 있다. 이 스토리 형식들은 평생에 걸쳐 '내'가 어떻게 발달하여 고유한 한 인간이 되는지 추적한다. 이는 실존 철학의 허구적 표현으로, 우리는 이를 실존적 코드라고 칭할 것이다.

> **핵심**
>
> 어떤 이야기 형식이든 그 기본은 캐릭터의 변화다. 다만 회고록과 성장물은 이 변화를 깊이 있게 파고든다. 스토리 초반에 캐릭터의 약점을 부각시키고 결말에 자기 각성을 강조하는 방식으로 변화를 탐구한다.

영화 「졸업」은 미국 영화사에서 손꼽히는 성장 스토리다. 실존주의의 기본 개념이 영화 전반에 깔려 있다. 영화 포스터에 적힌 이 문구처럼 말이다. "이 사람은 벤저민입니다. 그는 자신의 미래가 조금 걱정됩니다."

벤저민이 겪는 문제와 자아의 미완성이 바로 이것 때문이라고 책임을 전가할 만한 가짜 핑계들이 영화에 등장한다. 얼마 전 대학을 졸업한 그는 부모의 기대, 그에게 '생산적인' 길을 약속하는 학위, '플라스틱' 같은 업계에서 연봉이 높은 일을 하라는 아버지 친구의 압박에 답답함을 느낀다.

하지만 결국 벤저민은 자신이 자유롭다는 사실을 깨닫는다. 그 어떤 압력에도 굴복할 필요가 없었다. 그는 말도 안 되는 행동을 결심하고, 여자 친구가 '그럴듯한' 남자와 결혼을 하는 식장에 난입한다. 그렇게 두 사람은 결혼식장에서 도망친다. 버스 뒷좌석에 앉아 '우리가 책임져야 할 일이고, 이제 그 결과를 감수해야만 한다'라는 사실을 깨닫는다. 이미 예정된, '이후로도 영원히 행복하게 살았답니다'라는 식의 엔딩 대신 이 젊은 커플의 진짜 고난은 이제부터 시작이라고 암시한다. 두 사람의 삶은 쉽지 않겠지만 그럼에도 오롯이 그들만의 삶이 될 것이다.

성장 스토리 비트

앞서 종교, 전쟁, 스포츠에서 살펴봤듯, 예술-스토리를 창조하는 창의적인 과정은 모두 동일하다. 개인은 외부 세계라는 캔버스 위에 상징을 투사한다. 캔버스의 제약과 규칙 내에서 예술가는 그 상징을 구현하며 끊임없는 피드백 루프를 경험한다. 자신이 외적으로 구현한 형태를 보고 머릿속에 자리한 내적 모델과 비교한다. 외적 형체를 수정하면 내부 모델도 그에 맞춰 조정해 나간다. 이 과정을 마치면 최종 작품이 '탄생'한다.

자아를 형성하는 과정도 이와 동일하다. 성장물에서 묘사된 것처럼 자아와 인생을 만들어나가는 데 정확히 어떤 단계를 거치는 것일까? 평생에 걸쳐 인간이 거치는 성장 단계는 무엇일까?

모든 장르가 그렇듯 성장물 또한 본질적으로는 일곱 가지 구조적 단계를 거쳐 개인이 형성되는 과정을 보여준다.

성장 스토리 비트: 프레임-약점부터 자기 각성까지

성장물에서는 자기 각성을 경험하는 순간으로 자아 형성을 보여준다. 이러한 전개를 위해 성장물은 구조적 스토리 프레임을 적극 활용한다. 스토리 초반에 주인공의 약점을 보여주고 자기 각성 순간에 훌쩍 큰 주인공의 성장을 보여주며 그 간극을 강조한다.

약점

스토리 초반, 주인공은 보통 자신이 자유롭지 못하다는 자아감에 얽매여 있다. 실존적 코드에서는 이를 '자기 기만 bad faith'이라고 한다. 캐릭터는 경직된 사상에 사로잡히거나 사회가 정한 가치를 아무 의문 없이 받아들인다. 자아감은 타인의 기대에 의해 제한되고 결정된다. 스스로를 불쌍히 여기고 자신이 처한 상황을 남의 탓이라고 여긴다.

자기 각성

성장물에서 가장 강조하는 단계다. 캐릭터가 스스로를 근본적으로 다르게 보는 성장의 순간이다. 성장을 경험하기 위해 캐릭터는 자신의 본모습을 명확하게 봐야 하고, 자신의 행동에 책임을 지며 타인에게 어떠한 긍정적인 영향을 미칠 수 있는지 이해해야 한다.

> **핵심**
>
> 자아를 형성한다는 것은 내면의 노예를 마주하고 자신을 만들어나갈 책임이 스스로에게 있음을 깨닫는 것이다. 따라서 성장물이 보여주는 성장 과정에 따르면, 자유란 스스로를 창조하고 자기 자신으로 되어감을 의미한다.

성장 스토리 비트: 자아—삶 단계

인간의 정신은 대단히 복잡하므로 변화의 '단계'를 설명하는 방법도 무수히 많다. 심리학에서도 변화의 단계를 다루고, 철학에서도 그 단계를 설명하며, 스토리를 통해서도 표현될 수 있다. 내가 '단계'라는 단어에 따옴표를 넣은 이유는 인간을 포함한 모든 생명체는 지속적인 변화의 한 단계에 놓여 있기 때문이다. 죽음 또한 하나의 혁명적인 변화라고 할 수 있다. '단계'는 인간이라는 복잡한 동물이 거치는 변화를 이해하기 위해 우리가 편의상 구분한 임의적 경계다.

스토리 속 자아의 단계

성장물은 스토리의 관점에서 자아의 성장 단계를 표현하는 데 특히나 뛰어나다. 성장에 동반되는 감정 변화를 더하고, 스토리에 따라 사건의 순서를 서로 다르게 배치시켜 삶이 진화하는 과정을 다양하게 보여준다.

평생에 걸쳐 개인이 자아를 만들어가는 예술적 과정은 다음의 단계와 기법을 따른다.

- 외부 세계: 개인이 상호작용을 하는 캔버스
- 근본적인 캐릭터 유형 또는 원형
- 모든 인간이 거치는 삶의 단계들, 원형原型적 상황들
- 삶의 단계에 대처하며 개인이 발휘하는 창의성
- 주인공의 성격 변화

자아 단계와 인생의 단계가 어떻게 다른지 주목하길 바란다. 인생의 단계, 즉 원형적 상황들은 태어나서 죽음을 맞이할 때까지 누구나 반드시 경험하는 사회적 상황을 뜻한다. 원형적 상황은 개인의 경험에 문화적 의미를 더한다. 스토리는 이 상황을 플롯 안에서 전개하며 우리가 이에 어떻게 대처해야 할지 배울 기회를 마련한다.

환상 동화 fairy tales는 아동의 원형적 상황, 특히나 엄마에게서 분리되는 중요한 상황을 다룬다. 모든 장르 중 캐릭터의 여정을 가장 길게 다루는 신화와 회고록 장르는 탄생부터 죽음에 이르기까지 주요 원형적 상황을 전부 보여줄 수 있다.

성장물은 십대에서 성인으로 자라는 단계에 중점을 두는 경우가 많다. 이 외에도 스토리에서 표현하는 여러 원형적 상황은 다음과 같다.

- 탄생: 삶의 고통을 마주한다
- 아이에서 성인으로 성장: 성인이 되는 책임감을 경험한다
- 결혼: 두 개인이 영적으로 결합하고, 결혼이라는 합의는 두 사람 모두에게 한 인간으로 성숙해질 계기가 된다
- 자녀 출산: 새로운 생명을 만들고 진정한 부모로 거듭난다
- 더욱 깊은 단계의 성숙: 개인의 이득을 좇는 단계에서 자연 세계와의 완전한 조화에 이르는 단계로 나아가기 위해 의미를 추구한다
- 신에 가까운 존재가 되다: 성장물과 신화가 결합된 스토리에서 캐릭터는 일종의 불멸을 이루기도 한다

셰익스피어가 말하는 인생의 일곱 단계

인생의 단계를 스토리 형식으로 표현한 가장 유명한 사례 중 하나는 셰익스피어의 희극 『뜻대로 하세요』의 "세상은 하나의 무대요"라는 독백이다. 그는 한 인간이 평생에 걸쳐 진정한 자아를 찾아가는 과정을 약 십 년 단위로 나누어 일곱 단계로 정의한다. 그가 말하는 "남자의 단계"는 아기, 학생, 연인, 군인, 법관, 비쩍 마른 노인, 죽음이 임박한 노년이다.

인생의 단계를 바탕으로 한 셰익스피어의 비극 작품

셰익스피어가 초월적 성장물과 신화-드라마 극을 창조하는 방법 중 하나는 인생 주기의 중요한 단계를 맞이한 캐릭터에게 비극을 안기는 것이다. 이를 통해 나이가 들어감에 따라 경험하는 심리적, 도덕적 문제를 드라마에 적용할 수 있다. 세월의 강을 따라 흘러가는 주인공은 강물의 소용돌이처럼 10년마다 찾아오는 도덕적 도전 과제 앞에서 잠시 움직임을 멈춘다.

셰익스피어의 비극 네 편은 인생의 각 단계에서 자연스럽게 찾아오

는 약점이 무엇인지 보여준다.

- 『로미오와 줄리엣』: 청춘의 극단적인 열정과 미숙한 판단
- 『햄릿』: 도덕적 딜레마가 가득한 사회 속 청년의 우유부단함
- 『맥베스』: 중년 초기 성인의 '날뛰는 야망'
- 『리어왕』: 한때 위대했던 노인의 어리석은 자신감과 잘못된 판단

셰익스피어에 따르면 완숙한 인간이 되어간다는 것은 성장의 사다리를 올라 자아에서 더 높은 자아로 향하는 것이다. 이를 가장 명확하게 보여준 작품이 『햄릿』이다. 어머니에게 집착하는 동시에 미워하는 어린 시절의 햄릿부터 이야기가 시작된다. 이후 그는 연인인 오필리아와의 관계에서 갈등을 경험하고, 아버지를 시해한 숙부에게 복수를 해야 한다는 도덕적 딜레마로 고통받는다. 마침내 그는 자신이 더 높은 목적을 이루기 위한 도구에 지나지 않음을 깨달으며 진정한 어른이 된다. "참새 한 마리가 하늘에서 떨어지는 데도 특별한 섭리가 있는 법이지."

성장물과 신화-드라마 스토리 속 자아의 단계

스토리 속 자아 성장을 대략적으로 살펴봤으니 이제 자아의 각 단계를 들여다보겠다.

> **핵심**
>
> 자아의 단계들은 성격의 변화를 통해 드러나는데 이 과정은 자기 각성을 이루는 것으로 완성된다.

1. 영원한 어린 시절

자아의 단계라는 사다리의 한쪽 끝에는 영원히 지속되는 어린 시절이 있다. 자아는 어린 시절에 고착되어 있다. 이 어린아이는 타인은 물론 자기 자신에 대한 책임도 지지 않는다. 근심 걱정이 없다. 삶은 놀이로만 가득하다. 이 단계는 불멸을 향한 꿈과 어린 시절의 가장 멋진 특징을 영원히 누리고 싶은 욕망 모두를 드러낸다.

영원한 어린 시절이라는 슬프고도 아름다운 감정을 가장 잘 표현한 스토리는 배리 J. M. Barrie의 희곡 『피터 팬, 자라지 않는 소년 Peter Pan, or the Boy Who Wouldn't Grow Up』이다. 피터는 네버랜드에서 잃어버린 소년들 Lost Boys 소대를 이끌고 해적과 싸우며 최고의 모험을 경험한다. 피터에게는 이 전투가 조금도 지겹지 않다. 그가 나이를 먹지 않아서인지도 모른다. 때문에 (에필로그에서) 친구이자 어머니와 같은 존재인 웬디 달링에게 다시 모험을 떠나러 가자고 청하는 그는 현실을 받아들일 수가 없었다.

웬디는 우리다. 그녀는 나이를 먹는다. 자녀를 둔 어른이 되었다. 그래서 피터의 요청을 거절할 수밖에 없었다. 영원한 어린 시절을 잃는다는 고통은 그녀에게도, 우리에게도 가혹하기만 하다.

영원한 어린 시절을 현대적으로 해석한 작품으로는 「토이 스토리 3」를 들 수 있는데, 시리즈 전부 훌륭하지만 그중에서 3편은 최고라는 평을 듣는다. 이제 청년이 된 앤디는 대학 진학으로 집을 떠나면서 자신이 가장 좋아하는 장난감 우디만 데려가려고 한다. 어린 시절에 느꼈던 즐거움과 경이로움을 어떻게든 잃고 싶지 않다는 간절한 몸짓이다.

하지만 우디는 앤디보다 현명하다. 우디는 장난감 친구들이 있는 공동체로 돌아가려 한다. 또한 앤디가 성인으로 성장할 수 있도록 그를 향한 자신의 사랑을 희생한다. 우디는 앤디가 장난감을 전부 동네에 있는 어린 소녀에게 기부하도록 유도한다. 그 소녀는 어린아이만이 할 수 있는 방식으로 장난감들과 신나게 놀아줄 수 있었다. 소녀와 함께 마지막으로 장난감을 가지고 노는 앤디는 웬디처럼 어른의 작별을 고한다.

2. 어린아이에서 성인으로

스토리에서는 어린아이에서 성인으로의 성장을 자신의 행동과 삶에 책임을 지는 모습으로 표현한다. 심리적으로 아이는 이제 자기 자신과 세상을 향해 품었던 거짓된 상을 버린다. 도덕적으로는 자신의 불행을 더는 타인의 탓으로 돌리지 않는다. 대신 아이는 과거의 잘못을 바로잡으려는 행동을 취한다. 아직 이 단계에 이르지 못한 성인이 많다는 점은 생각해 볼 만하다.

『허클베리 핀의 모험』은 노예제라는 미국의 죄악을 바탕으로 한 미국 최고의 성장 스토리다. 마크 트웨인Mark Twain은 방언을 과감하게 사용한 것 외에도, 한 소년이 미국이라는 국가의 도덕적 자아를 새롭게 창조하는 스토리로 장르에 반전을 더하며 문학사에 한 획을 그었다.『톰 소여의 모험』이 미국의 유토피아를 대변한다면『허클베리 핀의 모험』은 미국의 디스토피아를, 그것도 잔인하다고 할 정도로 여실하게 드러낸다.

강을 따라 여행하는 허크의 여정은 전형적인 신화 스토리 구조를 따른다. 다만 그가 여정을 멈추는 곳에서 벌어지는 일은 성인 남성 전사가 괴물을 물리치는 전투가 아니다. 그의 걸음이 멈추는 곳에는 복잡한 도덕적 전투가 벌어진다. 돈과 인종 문제를 겪고 있는 신생 국가의 현실은 소년의 개인적인 드라마를 통해 드러난다. 소년을 주인공으로 삼아 미국 횡단 여정을 그린 트웨인은 이 어린 주인공에 빗대어 미국이라는 나라를 도덕성이 부재한 어린아이로 그렸다.

허크가 도덕적 자아를 형성하는 과정은 결코 쉽지 않다. 들끓는 부패와 타락, 인종차별 속에서 소년은 탈출한 노예 친구가 보여주는 예의와 우정을 통해서만 진정한 도덕성의 의미를 배운다.

『앵무새 죽이기』는 노예제를 바탕으로 한 미국의 전형적인 성장 스토리를 1930년대의 앨라배마로 확장했다. 구조적으로 이 작품이 특별하다고 할 수 있는 이유는 여섯 살 '스카웃' 핀치와 그녀의 변호사 아버지 애티커스까지 두 인물의 성장을 함께 보여준다는 데 있다. 스카웃에게 성장이란 어른들에게도 한계가 있음을, 신처럼 보이는 아빠에게도 한계가 있음을 깨닫는 것이다. 애티커스에게 '성장'이란 이웃들과 자신 안에 자리한 인간 본성의 사악한 면을 법이 통제하지 못함을 깨닫는 것이다.

「문라이트」에서는 주인공인 흑인 소년이 자신이 동성애자라는 사실을 받아들인다. 미국 대중 영화로서는 혁명적인 스토리다.

진정한 '성장'은 위대한 자기 각성의 순간에 이르러서야만 가능하다. 그 순간은 올 듯 오지 않을 듯, 두 걸음 나아가고 한 걸음 물러나는 과정을 거쳐야 한다. 이 영화에서는 한 걸음 나아갔다가 두 걸음 물러난다. 각본은 소년의 여정을 세 파트로 나누어, 이어지는 세 개의 단편으로 구성했다. 각 파트마다 주인공 샤이론이 마주한 커다란 도전을 다룬다. 어린 소년이자 흑인, 동성애자라는 과제다.

이 '퍼펙트 스톰 perfect storm (둘 이상의 태풍 또는 악재가 동시에 맞물리며 대단한 파괴력을 내는 현상—옮긴이)'으로 인해 샤이론은 늘 괴롭힘을 당한다. 1부의 놀라운 반전은 이 아홉 살 난 소년에게 아버지와 같은 역할을 한 남성이 알고 보니 늘 약에 취해 샤이론을 방치하는 엄마에게 약을 파는 판매상이었다는 사실이다.

2부에서는 십 대가 된 샤이론이 가장 친한 친구인 케빈과 첫 경험을 한다. 하지만 샤이론을 괴롭히는 가해자는 케빈에게 샤이론을 구타하라고 압박을 가한다. 다음 날 샤이론은 의자로 가해자의 머리를 내리치며 영화상 처음으로 대단한 성취감을 경험한다. 하지만 이 일로 샤이론은 소년원으로 보내지며 찰나의 자유의 순간은 더욱 지난한 노예 생활로 이어진다.

세 번째 파트에서 성인이 된 샤이론은 이제 결혼을 해 아이를 둔 케빈과 식사를 한다. 샤이론은 생계를 위해 마약을 팔며 살았고 오래전 케빈 이후로 그 누구와도 관계를 가진 적이 없다고 고백한다.

영화는 동성애자로서 샤이론이 자기 각성을 이룬다는 암시로 끝난다. 수많은 장벽이 영원히 앞을 가로막을 이 남성에게 자기 각성은 미약한 한 걸음일 뿐이다.

3. 반反성장 스토리 속 어린아이에서 성인으로

반성장 스토리 역시 아이가 책임감을 갖고 자신의 본모습을 마주하는 과정을 다룬다. 다만 이 스토리의 주인공에게는 책임감을 갖는다는 것과 경이로움과 창의력을 말살하는 사회 체계 안에서 단순 노동만 반복하는 것은 다른 이야기다.

20세기 가장 유명한 성장 스토리로 꼽힐 『호밀밭의 파수꾼』은 성장에 저항하는 내용으로 장르를 초월하는 대표적인 작품이다. 샐린저J. D. Salinger는 첫 시작 문단부터 1인칭 스토리텔러 구조를 통해 반성장 스토리의 전략을 보여준다.

> 정말 그 이야기를 듣고 싶다면, 내가 어디에서 태어났고, 형편없는 어린 시절이 어땠고, 부모가 나를 낳기 전에는 뭘 하느라 바빴고, 그런 데이비드 코퍼필드류의 헛소리 같은 이야기부터 듣고 싶겠

지만 솔직히 말하면 그런 이야기 따위를 늘어놓고 싶지는 않다.

데이비드 코퍼필드식의 헛소리를 늘어놓지 않겠다는 홀든의 말은 결국 샐린저의 선포나 다름없다. "지금껏 역사상 가장 유명하다고 하는 성장 스토리에 저항한다. 성장 스토리라는 형식에 저항한다. 나와 내 캐릭터는 완전한 반역자다."

결과적으로 『호밀밭의 파수꾼』과 『데이비드 코퍼필드』는 성장 스토리를 쓰는 방식과 플롯을 통해 주제를 전개시키는 방식에서 완전히 대조된다. 『데이비드 코퍼필드』는 19세기 플롯 중심 서사의 정점을 보여준다. 그로부터 6년 후 귀스타브 플로베르Gustave Flaubert의 『마담 보바리』 출간과 함께 안티플롯antiplot의 움직임이 시작되었다. 이 소설의 주인공은 수동적인 캐릭터로 그녀의 행동은 대체로 상상 속에서만 일어난다. 『호밀밭의 파수꾼』은 궁극적인 20세기 안티플롯 성장물이다.

> **핵심**
>
> 『데이비드 코퍼필드』는 방대한 플롯으로 주제를 풀어가는 반면, 『호밀밭의 파수꾼』은 거의 아무 일도 일어나지 않는 안티플롯 작품이다.

어떤 점에서나 홀든은 아무런 목적이 없는 지극히 현실적인 소년이다. 홀든이 사흘간 뉴욕을 배회하는 장면은 목적 없는 플롯이 캐릭터로 어떻게 구현되는지를 보여준다. 『율리시스』와 마찬가지로 주인공은 도시를 이리저리 떠돌지만 『율리시스』처럼 신화 속 의미 있는 사건이나 인용이 부재한다. 이런 이유로 일상적 경험과 보편적 주제를 오가는 데서 발휘되는 서사의 이점 또한 찾기 어렵다.

성장물에 안티플롯으로 접근하는 샐린저의 방식은 독특하지만 큰 대가가 따른다. 홀든이 뉴욕을 걷는 모습을 거의 실시간으로 전달하는 서술은 주인공이 느끼는 지루함을 독자들에게 전달하려는 의도로 보인다. 플롯은 스토리의 설탕이나 다름없다. 이를 없애면 독자에게 남은 것은 캐릭터의 변화와 주제를 길게 나열한 교훈밖에 없다.

『호밀밭의 파수꾼』의 차별점은 뛰어난 산문 문체와 독특한 1인칭 시점이다. 홀든이 어른들의 가식을 끊임없이 폭로하는 지점에서 십 대 독자들에게 호응을 얻는다. 어른이 된다는 것은 엄청난 위선이 따르는 일임을 깨닫는 것이 어쩌면 성장하는 십 대가 경험하는 가장 큰 발견인지도 모른다.

4. 판타지 빌둥스로만 속 어린아이에서 성인으로

판타지 빌둥스로만은 판타지 세계에서 성인으로 성숙하는 단계가 더욱 극적으로 펼쳐지는 성장 스토리다.

『해리 포터』스토리의 성공을 이끈 수많은 요소 가운데 가장 큰 요인은 롤링 J. K. Rowling이 판타지와 빌둥스로만 스토리 형식을 결합했다는 점이다. 마법 학교에 다니는 열한 살 소년이 열일곱 살이 될 때까지의 성장 과정을 보여준다는 것이 이 스토리의 탁월한 전제다. 어른이 된다는 쉽지 않은 과정이 소년이 마법사가 되는 과정과 맞물리며 상당한 매력을 발휘한다.

두 장르를 결합한 것 외에도 롤링이 학교를 활용한 방식 덕분에 이 판타지 빌둥스로만 작품은 역사상 가장 유명한 시리즈가 되었다. 고등학교는 이제 성인으로 향하는 보편적인 관문이 되었다. 해리를 보며 모든 독자는 자신의 학창 시절을 떠올린다. 아이들에게 해리는 나도 저렇게 되고 싶다는 이상이다. 성인에게 그는 한때 바랐던 꿈이다.

전통적인 빌둥스로만에서처럼 억압적인 사회와 대립하는 어린 주인공의 모습을 부각하는 대신 호그와트는 배움과 마법, 우정과 사랑의 가치를 보여준다. 성장은 고통스러운 분투가 아니라 두렵지만 즐거운 여정, 자신 안의 마법과 같은 잠재력으로 향하는 여정이 된다.

5. 성인에서 지도자로

이 변화에서 캐릭터는 자신에게 옳은 길을 찾는 데만 관심을 두다 타인 또한 옳은 길을 찾을 수 있도록 도와야 한다는 사실을 깨닫는다. 성인이 된 후에도 자아가 변화하는 사례다.

「매트릭스」,「라이언 일병 구하기」,「엘리자베스」,「브레이브 하트」,「포레스트 검프」,「쉰들러 리스트」,「라이온 킹」,『분노의 포도』,「늑대와 춤을」,『햄릿』이 이에 해당한다.

성인에서 지도자로의 변화는 주인공이 공개적 발견을 경험하는 신화에서 찾아볼 수 있다. 신화와 드라마를 결합한 스토리에서도 등장한다. 다만 어린아이가 성인으로 성장하는 데 초점을 맞추는 성장 스토리에서는 지도자로의 변화를 찾아보기 어렵다.

6. 지도자에서 선지자로

자아의 성장이 정점에 달했을 때 지도자에서 선지자로 변화한다. 선지자로의 변화는 사실 성인이 개선을 거쳐 지도자가 된 후 한층 더 개선하는 바를 의미한다. 이 변화는 성인이 된 후 언제든 벌어질 수 있지만, 보통은 캐릭터가 나이 든 후에 경험할 때가 많다. 타인이 올바른 길을 찾을 수 있도록 도와주는 역할인 지도자에서 앞으로 사회 전체가 어떻게 나아가야 하는지 새로운 도덕적 비전을 제시하는 인물인 선지자로 변화하는 것이다. 이는 개인의 변화가 아니라 문화의 변화다. 이런 형태는 훌륭한 종교 스토리에서 가장 많이 등장하고 몇몇 창조 신화에서도 찾아볼 수 있다.

모세의 스토리는 성인에서 지도자로, 또 선지자로 변하는 한 남성의 이야기다. 이 스토리의 기본 구조는 자신의 정체성을 모르는 한 남자가 자신의 민족에게 자유를 주기 위해 분투하고, 그 자신과 민족을 정의할 새로운 도덕규범을 계시받는다는 내용이다.

이러한 자아 변화의 핵심에는 모두에게 더욱 나은 삶을 허락하는 광범위하고도 상세한 도덕적 비전이 자리한다.

7. 기계에서 인간 그리고 초인으로

기계(로봇)에서 인간 그리고 초인으로의 변화는 종의 변화에 해당한다. 스토리텔러는 인간 버전의 기계를 만들고 인간과 닮게, 또 닮지 않게 느껴지도록 특정 장점과 단점을 더한다. 인간이 된 로봇은 보통 사람보다 더 깊은 감정과 공감, 도덕성을 보여준다.

그 최종 결과물이 인간인지 초인인지는 관객의 몫이다. 「웨스트월드」 시즌 1은 스토리 역사상 가장 야심 찬 성장 과정을 보여준다. 로봇들은 기계에서 인간 의식으로 진화하고 그 과정에서 로봇들이 지닌 새로운 도덕적 비전이 인간을 초월한다는 암시가 더해진다. 이곳에서 모세에 해당하는 인물이 돌로레스다. 그녀는 여정 마지막에 이르러 자신이 누구인지 깨달으며 전통적인 신화 요소인 자기 각성을 경험한 뒤 이들을 이끄는 지도자가 된다. 위대한 통찰의 순간에 그녀는 이렇게 말한다. "내가 무엇이 되어야 하는지 이제야 알겠어."

「웨스트월드」에서는 인간 의식에 필요한 네 가지 요소로 기억, 자유의지, 도덕적 선택, 고통을 꼽는다. 이 요소를 입력해 새로운 의식을 달성하는 수단이 바로 '스토리'다.

8. 주인공에서 예술가로: 쿤스틀러로만

쿤스틀러로만 Künstlerroman 은 주인공이 예술가가 되는 빌둥스로만이다. 앞에서 자아를 형성하는 것은 가장 본질적이고도 끝이 없는 예술 양식이라고 언급한 바 있다. 이 성장의 사다리 꼭대기에 예술적 자아가 자리한다. 창의적 자아라고도 하는 예술적 자아는 이념을 극복하고 예술 작품을 통해 개성의 새로운 측면을 연마하는 정신을 뜻한다.

> **핵심**
> 개인이 창조하는 예술 작품에는 자의식과 정체성이 응축되어 있다.

해당 작품으로 『데이비드 코퍼필드』, 『젊은 예술가의 초상』, 『잃어버린 시간을 찾아서』, 『나를 있게 한 모든 것들』, 『천사여 고향을 보라』, 『블랙 보이』, 『인간의 굴레』, 『낙원의 이편』, 『가아프가 본 세상』, 「희망과 영광」, 「시네마 천국」, 「코다」, 「걸스」, 「프란시스 하」 등이 있다. 이 서브 장르에 속하는 작품이 본래 많지 않고 특히나 최근에는 더욱 찾아볼 수 없는데, 그 이유는 예술가 스토리는 극적인 전개와 상업적 매력이 부족하기 때문이다.

가장 유명한 쿤스틀러로만으로 제임스 조이스의 『젊은 예술가의 초상』을 들 수 있다. 보다 최근 작품으로는 「코다 children of deaf adults (농인 부모에게서 태어난 청인 자녀)」가 있다. 「코다」는 물고기가 등장하는 『페임』이라고 할 수 있다. 이 하이 콘셉트 high-concept 를 전제로 영화는 큰 힘을 발휘한다.

영화의 전제는 다음과 같다. 가족의 어선에서 청각장애인인 아버지, 오빠와 함께 일하는 한 소녀가 버클리 음대에 갈 만한 재능을 발견한다. 이 영화는 예술가의 성장물이라는 서브 장르(쿤스틀러로만)의 익숙한 비트를 전부 갖추었다. 주인공은 가족과 자신의 예술적 성공 사이에서 선택해야 한다. 청각장애를 지닌 가족과 노래를 하는 딸의 아이러니한 대비가 감정의 고조를 이끌어낸다.

성장물 장르의 가장 확실한 전제는 정서적 힘을 고양한다는 것이다. 그렇다면 이런 질문이 생기기 마련이다. 기쁨의 눈물을 자아내는 스토리 기법이 무엇인가? 본질적으로는 캐릭터가 고립에서 연대로 나아가야 한다.「코다」는 마지막 세 장면으로 아카데미 작품상을 받았다.

첫 번째 장면은 학교에서 열린 음악회를 청각장애인인 부모의 시각에서 비춘다. 관객은 눈으로 볼 수는 있지만 부부의 딸이 부르는 노래가 그곳 사람들에게 어떠한 감동을 주는지 들을 수는 없다. 콘서트가 끝난 후 주인공은 아버지를 위해 노래하고, 아버지는 딸의 목에 손을 대고 진동을 느낀다.

오디션에 참가한 주인공은 첫 무대에서 너무도 서툰 모습을 보였다. 피아노 반주 중이던 음악 선생님이 일부러 반주를 틀리며 주인공에게 기회를 마련해 준다. 두 번째 기회에서는 멋진 목소리로 노래를 부르기 시작한다. 그녀는 발코니에 숨어 지켜보던 가족도 최고의 순간을 함께 할 수 있도록 수어를 하며 노래를 부른다.

이 장면을 보고도 눈물을 쏟지 않는다면 사람도 아니다. 이것이 바로 훌륭한 각본, 정직한 연기, 깔끔한 연출이 빚어내는 힘이다.

9. 주인공에서 다른 누군가의 예술가로

예술적 자아에서 한 차원 더욱 높은 단계는 타인에게 자신의 예술성을 발휘하는 것이다. 『율리시스』나 「포레스트 검프」처럼 단순히 부모가 되는 단계를 의미하는 것이 아니다. 공동체를 창조하고 다른 사람이 예술적 자아를 달성할 수 있도록 돕는 것을 뜻한다.

타인을 긍정적으로 창조해 내는 서브 장르를 나는 여행하는 천사 코미디 Traveling Angel Comedy라고 부른다. 『스토리 마스터 클래스』에 나는 이렇게 썼다. "전형적으로 여행하는 천사 스토리는 위기에 처한 공동체와 가족의 모습으로 시작한다. 천사가 (역할로서든 기능으로서든) 등장해 모든 이들의 문제를 해결한다." 지금 맥락에서 천사는 타인이 예술가가 되도록 돕는 역할을 한다.

영화 「언터처블: 1%의 우정」은 여행하는 천사 코미디 작품 중 최고라고 할 수 있다. 부유하지만 사지가 마비된 필리프는 가난한 드리스를 간병인으로 고용한다. 스토리가 진행되며 드리스는 필리프의 가정 문제를 해결해 준다. 하지만 중요한 인물은 필리프다. 삶을 향한 드리스의 긍정적인 에너지와 열정은 엄격하고 경직되고 관념에 얽매여 있는 필리프에게 극심한 장애에도 불구하고 삶을 사랑하는 법과 좋아하는 이성에게 다가가는 법을 가르쳐준다.

신화-드라마와 개인 신화

허구의 성장 스토리와 논픽션 회고록이 결합하여 초월적 장르 두 가지가 탄생한다.

1. 신화-드라마
2. 신화 ㅣ 회고록 — 개인 신화

신화-드라마

스토리 역사에서 중요한 발전 중 하나는 신화-드라마라는 혼성 장르의 탄생이다. 이것의 현대적인 양식은 신화 스토리 비트를 구조로 활용해 신화와 회고록을 결합한 개인 신화다.

처음 신화-드라마가 등장한 시기는 『일리아스』와 『오디세이아』 등 호메로스의 장대한 신화에서 드라마의 아버지라 불리는 아이스킬로스, 소포클레스, 에우리피데스 이렇게 위대한 세 명의 그리스 극작가의 연극으로 전환되는 때였다. 다만 이들의 작품에도 신화적 요소가 남아 있다.

- 자연의 보편적 법칙과 왕이 백성과 맺는 유대 간의 유사성
- 아가멤논왕과 아내 클리타임네스트라, 딸 엘렉트라와 아들 오레스테스 등 그리스 신화 인물 인용

신화-드라마는 심리 에픽Psychological Epic이라고도 할 수 있다. 여기서는 전통적인 신화에 등장하는 환상적이고 상징적인 여정은 축소되고 친밀한 관계의 적대자와의 도덕적 갈등은 확대된다. 드라마는 신화를 더욱 현실적이고 현대적으로 만들어주고, 우리가 삶의 여정에서 마주하는 심리적, 도덕적 문제들을 더욱 분명하게 드러낸다.

최고의 신화-드라마 기법
- 특정 신화를 기반으로 한 스토리도 신화의 형식을 숨긴다. 신화가 발휘하는 힘은 유지하되 현실감을 더할 수 있다
- 주인공에게 강력한 목표를 부여해야 극적인 갈등 상황에서 서사의 핵심을 지킬 수 있다. 주인공의 욕망선이 곧 중심축이다. 탄탄한 축이 없다면 산만한 요소들로 스토리가 무너진다

- 가능하다면 가족을 주인공의 여정에 동행시킨다. 이렇게 하면 가족 내의 갈등이 핵심이 되어 스토리가 에피소드식으로 흘러가지 않고 서사가 구축될 수 있다
- 드라마 장면마다 최소 서너 개의 신화 요소를 넣는다. 이렇게 해야 서사 추진력이 강력하게 유지된다. 여정 중에 낯선 적대자를 특이한 기회로 마주하는 것이 신화 비트다. 가족 등 친밀한 상대와의 갈등 드라마 비트에 해당한다
- 여정 중인 주인공이 점점 더 어려운 도덕적 시험을 마주하게 한다. 주인공이 느끼는 압박이 계속해서 커질 수 있다

신화-드라마는 '소용돌이 길 vortex street'이라고 하는 곡류형의 복잡한 스토리 구조를 채택할 때가 많다. 소용돌이 길은 하나의 강줄기가 있고 그 옆으로 일련의 회오리 또는 소용돌이가 자리한 형태다. 주인공은 주된 신화 목표를 향해 강줄기를 따라 내려가는 과정에서 여러 소용돌이 지점에 멈춰 개인적, 극적 상호작용을 나눈다. 소용돌이 길 스토리는 다음과 같은 형태를 띤다.

이에 속하는 작품으로는 『허클베리 핀의 모험』, 「포레스트 검프」, 「미스 리틀 선샤인」(신화, 코미디), 「희망과 영광」, 『빅 피쉬』, 「지옥의 묵시록」, 『캉디드』, 『데이비드 코퍼필드』를 포함한 디킨슨의 여러 작품들이 있다.

신화-드라마 스토리의 주요 작품으로는 소포클레스의 『오이디푸스 왕』을 들 수 있다. 그리스 신화-드라마 가운데 자연의 질서와 왕의 도덕성, 왕국의 안녕이 이토록 밀접하게 연결된 작품은 드물다. 테베의 역병은 선왕을 시해한 자를 정의로 처벌하지 못한 탓이다. 오이디푸스는 그 살인자가 현재의 왕, 즉 자신임을 깨닫는다. 자기 자신을 알지 못한 인간이자 왕이 나라에 역병을 불러들인 것이다.

선왕인 아버지를 죽이고 어머니와 결혼한 오이디푸스는 개인적으로 또는 사회적으로 용인되는 선을 넘었다. 그는 자연 질서에 죄를 지었고, 그로 인해 자신과 그의 왕국이 파멸을 맞이한다.

추리 장에서는 이 희곡 작품을 최초의 추리물로 다룬다. 오이디푸스는 단순히 누가 선왕을 살해했는지 파헤치는 것이 아니라 왕과 왕족, 백성 간의 깊은 도덕적 연결성을 탐구한다.

> **핵심**
> 스토리 속 도덕적 요소를 탐구하는 것이 신화 스토리와 현대 드라마를 잇는 중요한 연결 고리다.

셰익스피어의 신화-드라마

셰익스피어는 신화-드라마 형식을 활용해 그리스 극작가들의 전통을 확장했다. 그의 주요 기법은 개인 간의 드라마를 자연과 초자연적 힘이라는 더욱 큰 세계 안으로 가져오는 것이다. 다시 말해 극 안에서 개인적, 정치적, 신화적 이렇게 세 가지 차원을 조화시킨다는 의미다.

셰익스피어가 주인공이 연령별로 경험하는 문제를 부각시켜 극적인 효과를 높인다는 것은 앞서 이야기했다. 십 대의 뜨거운 첫사랑은 『로미오와 줄리엣』에서, 청년의 정체성 혼란은 『햄릿』에서, 중년 초기의 과도한 야망은 『맥베스』에서, 권력과 권위가 무너지는 노년은 『리어왕』에서 확인할 수 있다.

『햄릿』은 신화-드라마 형식을 가장 잘 보여주는 작품으로, 신화에서 드라마로의 전환이 뚜렷하게 드러난다. 이러한 전환은 무엇보다 주인공에게서 가장 잘 드러난다. 햄릿은 현대적 인간으로의 이행을 상징한다.

셰익스피어는 신화 속 전사인 암레스를 출발점으로 창작 과정을 시작했다. 그는 이 캐릭터를 도덕성에 깊이 갈등하는 인물로 변형했다. 신화 스토리에서 흔하게 찾아볼 수 있는 선과 악의 대결은 정의를 피상적으로 보여준다. 『햄릿』에는 선하기만 하거나 악하기만 한 인물이 없다.

또 다른 관점에서 보자면 햄릿은 전사였던 과거와 현재의 예술적 자아를 조화시키려 하는 젊은 오디세우스라고 할 수 있다. 햄릿은 왕위를 이을 왕자였다. 하지만 그는 실천적 도덕성이라는 예술을 탐구하는 데 모든 시간을 쏟는다. 왕이 죄책감을 느끼는지 확인하려 햄릿은 선왕이 살해되는 장면을 재현하는 연극을 상연하고는 왕의 반응을 살핀다.

『햄릿』은 책임감을 마주해야 하는 청년이 겪는 중요한 도덕적 문제를 극화했다. 동시에 진짜 유령이라는 신화적 요소를 적극 활용해 햄릿 내면의 이성적 자아와 신비주의적 자아의 갈등을 탐구했다.

셰익스피어는 신화에 등장하는 전사라는 전형적인 적대자를 피하려 했다. 『일리아스』 속 두 군대가 지켜보는 전장에서 아킬레우스와 헥토르가 대결을 벌이는 식의 전투는 등장하지 않는다. 햄릿은 클라우디우스왕과 접전을 펼치기는커녕 정면으로 맞서지도 않는다. 그가 겪는 극적인 투쟁은 클라우디우스나 모친을 대상으로 한 것이 아니라, 올바른 행동이 무엇일지 고민하고 세상의 불공평함과 화해해 보려는 노력 자체였다.

개인 신화 또는 삶의 여정 신화

신화-드라마의 현대적 형태가 개인 신화다. 개인 신화는 신화와 창의적 회고록을 결합한 형식이다. 회고록을 미화하거나 신화 구조로 자전적 요소를 표현하는 데서 극적인 요소가 탄생한다.

개인 신화로 「시네마 천국」, 「포레스트 검프」, 『파이 이야기』, 「올모스트 페이머스」(로맨스), 「희망과 영광」, 『개 같은 내 인생』, 「트리 오브 라이프」(생태 신화)가 있다.

이 서브 장르에서 작가는 자신을 허구적 캐릭터로 만들어 신화적인 여정을 시작한다. 이 여정은 마법적인 성격을 띠지만 꼭 그러지 않아도 된다. 하지만 실제 벌어진 사건에는 마법적인 분위기가 있어야 하고 캐릭터는 거대하고 전형적인 변화를 거쳐야 한다.

기법: 개인 신화의 구조

개인 신화는 미로, 황무지, 부적, 신 등의 요소를 활용해 신화적인 관점에서 자신의 인생을 묘사하는 것으로 시작한다. 그런 뒤 신화적이고 환상적인 장면과 극적 장면을 교차로 삽입하며 스토리를 전개한다.

「시네마 천국」: 잃어버린 천국

「시네마 천국」은 최고의 성장 영화다. 신화-드라마, 개인 신화, 근대화Modernization 스토리, 성상물(빌둥스로만), 쿤스틀러로만까지 궁극의 혼성 장르물로 한 영화 제작자의 탄생을 추적한다.

영화는 아버지나 다름없던 알프레도가 사망한 뒤 고향으로 돌아온 살바토레의 이야기다. 그는 여덟 살 때 마을 영화관인 시네마 파라디소 영사실에서 알프레도의 허락하에 영화를 틀었던 일을 떠올린다. 영화관은 온 마을 사람이 모여 멋진 영화를 즐기는 천국과도 같은 곳이었고, 그곳에서 살바토레는 영화 예술에 빠져들었다. 어느 날 화재로 극장이 전소되고 알프레도는 그 사고로 시력을 잃는다. 극장은 재건되었지만 예전 같지는 않다. 살바토레는 자신의 꿈을 펼치기에는 너무도 작은 마을을 떠난다. 알프레도의 장례식에 참석하기 위해 고향에 돌아온 그는 알프레도가 남긴 마지막 선물을 받는다.

「시네마 천국」이 위대한 작품이 될 수 있었던 데는 세 가지 중요한 기법이 있었다.

기법 1: 사회적 프랙털

개인부터 가족, 공동체, 사회, 세계에 이르기까지 스토리 속에서 동일한 패턴이 다양한 규모로 반복된다. 이를 사회적 프랙털이라고 하는데, SF 장에서 자세히 다룰 예정이다.

> **핵심**
>
> 「시네마 천국」의 비밀은 주인공과 영화관, 마을의 부흥과 쇠퇴를 일치시켜 보여준 데 있다.

기법 2: 시간의 사회적 프랙털

영화는 마을이 단계적으로 쇠퇴하는 모습을 배경으로 주인공, 영화관, 마을의 세 요소를 보여준다. 이 영화는 잃어버린 천국에 대한 이야기다. 피할 수 없는 현대화로 어린 시절의 천국이 사라지는 이야기다.

마을이 단계적으로 쇠퇴하는 모습은 현대화를 거치는 모든 사회의 현실을 그대로 반영했다. 역사상 최고의 영화로 꼽히는 몇몇 작품도 이 전략을 활용했는데, 「늑대와 춤을」, 「내일을 향해 쏴라」, 「시민 케인」, 『위대한 앰버슨가』, 「세인트루이스에서 만나요 Meet Me in St. Louis」, 「와일드 번치」, 「맥케이브와 밀러 부인」, 「7인의 사무라이」, 「아푸」 3부작이 있다.

기법 3: 스토리텔러 구조

스토리텔러 구조를 통해 50년 세월을 가로질러 캐릭터와 마을의 변화 과정을 연결하고 대조시켰다. 덕분에 서사가 전개됨에 따라 감정이 강렬하게 형성되었다.

사다리의 다음 단

회고록은 우리가 앞으로 삶을 살아나가며 다른 선택을 내릴 수 있다고 말한다. 하지만 이 장르는 초점이 개인적 문제에 맞춰져 있고 과거를 돌아보는 데 그친다. 사회와 문화라는 더욱 큰 구조 안에서 행복을 만들어가는 방법은 보여주지 않는다. 그 방법을 이해하고 싶다면 SF를 들여다봐야 한다.

SF는 사회와 문화라는 거대한 구조가 어떻게 작동하고 또 그 안에서 어느 정도의 행복이 가능한지 다루는 만큼 장르 사다리에서 한 단 위에 위치한다.

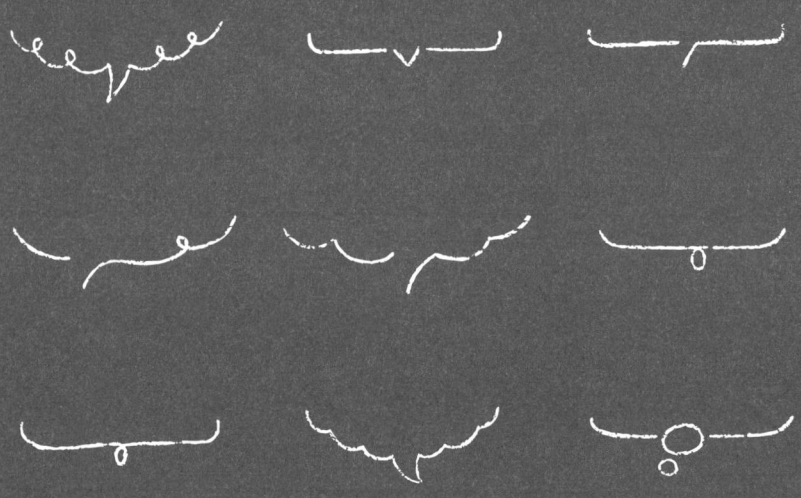

5.
SF: 과학, 사회 그리고 문화

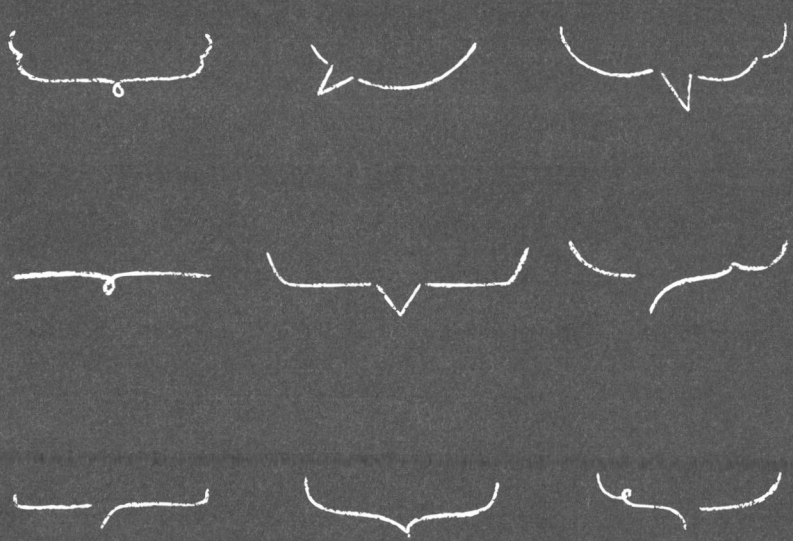

『템페스트』: 최초의 SF이자 서부극

셰익스피어의 『템페스트』는 미국에 관한 희곡이라 할 수 있다. 선이든 악이든 새로운 세상을 창조할 수 있는 마법의 섬을 배경으로 하기 때문이다. 최초의 SF이기도 하다. 여정을 떠난 주인공은 기술을 활용해 하나의 정치 체제를 갖춘 새로운 세계를 만든다. 그 기술이란 마법이고 정치 체제는 적법한 왕정이다. 이 모든 일은 한 남자의 실험실이기도 한 섬에서 벌어지는데, 섬이라는 공간은 SF에서 중요한 요소다. 칼리반이라는 괴물을 다루는 주인공을 보면 신화와 호러 장르가 떠오른다.

『템페스트』는 최초의 서부극이기도 하다. 주인공이 신세계의 황무지에 집을 짓기 때문이다. 정치적 박해를 피해 서쪽으로 향한 유럽인이 그곳에서 새로운 삶을 시작하고 그 땅에 먼저 살고 있던 이들을 식민지화하는 이야기다.

SF가 필요한 이유

다윈 이후 우리는 세상을 신이 없는 땅으로 바라봐야 했다. 그 과정에서 인간의 정신을 표현하는 두 가지 중요한 양식이 채택되었다. 바로 과학과 예술이다. 두 사고 양식은 이제 분리된 왕국이 되었다. 어느 쪽도 서로를 이해하지 못한다.

이를 증명하기 위해 스노C. P. Snow는 한 가지 사회 실험을 진행했고 이를 저명한 에세이 『두 문화』에 실었다. 그는 예술가 친구들에게 열역학 제2법칙을 아는지 물었다. 과학자에게 열역학 제2법칙은 예술가에게 셰익스피어의 작품과 같은 의미일 거라고 그는 생각했다. 세상이 돌아가는 데 기본이 되는 법칙을 모른다면 상대는 그저 무지한 사람인 것이었다.

SF는 이 두 가지 사고를 하나로 잇는 스토리 양식이다. 과학 대 스토리로 구분 짓는 것은 잘못된 것임을 보여준다. 과학도 스토리다. $E=mc^2$은 그저 방정식이 아니라 진실한 스토리다. 다윈의 이론 또한 생명의 변화에 대한 스토리라고 할 수 있다.

소설에 과학을 더하는 데 어떠한 가치가 있는가? 어쩌면 인류는 기술 활용에서 너무나 큰 진보를 이룬 나머지 기술과 인간의 감정을 연결할 스토리 형식이 필요한 것일지도 모른다. 아니면 두 가지 상반된 의식 체계를 결합해야만 이 세상이 어떻게 작동하는지 온전히 이해할 수 있기 때문일지도 모른다. 이제부터 그 이유를 알아볼 예정이다.

SF의 원리

어느 장르든 개인이 사회와 맺는 고유한 관계를 표현한다. 인간이라는 사회적 동물은 언제나 타인과 함께 살아가기 때문이다. 타인과의 관계는 삶의 모든 차원에서 양가적인 성격을 띤다. 생명체는 타자를 두려워하지만 생존과 번성을 위해 타자에게 의지한다.

다른 스토리 형식보다 SF는 개인과 사회의 어려운 관계를, 다양한 규모의 사회적 고리가 개인의 삶에 어떤 영향을 미치는지를 자세하게 다룬다. 좀 더 정확하게는 현대 사회라는 복잡하고 억압적인 환경에서 자유로운 삶을 영위하는 방법을 고민한다. SF의 질문은 이것이다. 인간이 그 자체로 구성체이자 더 큰 구성체의 일부이기도 하다면 개인이라는 개념이 어떻게 가능한가? 시스템 안에서 살아가는 개인이 어떻게 개인으로 남을 수 있는가?

여러 장르를 살펴보는 지금, 왜 회고록 다음으로 가장 미래 지향적인 스토리 형식이 등장한 것일까? 지금껏 우리가 살펴본 장르는 모두 개인에 초점이 맞춰져 있었다. 신화에서는 스토리 세계의 문화를 엿볼 수 있었다. 하지만 주인공은 그 문화를 스치듯 통과할 뿐이고 스토리는 여전히 주인공 개인의 발전을 중심으로 전개된다. SF에서는 사회를 우선하는 관점을 취한다.

그렇다면 범죄물이나 서부극, 갱스터 등 다른 사회적 장르부터 다룰 수도 있지 않은가? 범죄 장르는 사회가 기능하는 데 필요한 도덕과 법에 대해 이야기한다. 서부극은 문명의 발전을 추적한다. SF는 미래를 다루는 장르인 만큼 가장 마지막에 살펴보는 것이 이치에 맞지 않을까?

그렇지 않다. SF는 미래를 예측하는 이야기가 아니기에 지금 살펴보는 것이 맞다.

> **핵심**
>
> SF는 사회가 어떻게 만들어지는지, 더 정확하게는 더 나은 사회를 어떻게 만들 수 있는지 이야기하는 장르다.

SF는 스토리 역사에서 보면 비교적 늦게 등장한 장르지만, 사회가 어떻게 작동하는지 중점적으로 살피는 이 장르는 결국 모든 사회적 스토리 형식의 토대를 제공한다.

SF 마인드-액션 스토리 관점

SF의 마인드-액션 스토리 관점은 신이 존재하지 않는 삶은 어떤 모습인가의 시각으로 바라볼 때 세상을 가장 잘 이해할 수 있다고 믿는다.

여기서 더 나아가 SF는 사회 공학에 대한 스토리를 쓰기 위해서는 모든 사회가 직면한 물리적, 문화적 문제 모두를 다뤄야 한다고 말한다. 다시 말해 작가는 과학, 사회, 문화라는 예술 양식을 탐구해야 한다는 뜻이다.

SF를 두고 사회철학의 허구적 양식이라고도 한다. SF는 땅과 인간의 관계에 기술이라는 제3의 레일(본래는 철도에서 고압전력을 공급하는 레일로, 여기서는 과학기술이 필수적이지만 위험할 수 있음을 의미한다—옮긴이)을 더해 사회가 어떻게 작동하는지 이해하는 발판을 마련함으로써 깊은 통찰을 제공한다.

이러한 의도는 SF의 스토리 전략에서도 드러난다. 주인공을 특별한 과학기술이 존재하는 미래로, 그러니까 현재 세계의 강점과 약점을 부각하는 과학기술의 세상으로 보내는 것이다.

> **핵심**
>
> SF는 지금 우리가 더욱 나은 사회를 만들기 위해 어떻게 해야 하는지 알려준다. 우리가 잘못된 선택을 계속할 경우 탄생하게 될 디스토피아적 세계를 보여주는 방식이다.

다른 장르와의 차이

SF는 '사변 소설' 계열의 장르로, 같은 계열에 호러와 판타지가 포함되어 있다. 모든 스토리를 통틀어 가장 광활한 시공간을 무대로 땅과 사람, 기술에 대해 말한다. 호러가 개인의 퇴화를, 판타지가 개인과 사회의 진화를 보여준다면 SF는 사회와 우주의 진화를 다룬다.

SF는 거대한 무대를 불러오기 위해서 에픽 스토리 구조를 채택한다. 에픽의 기술적 정의는 한 개인 또는 한 가족의 일련의 행동으로 국가의 운명이 결정되거나 표현되는 이야기다. 에픽이 신화에서 자주 활용되는 것도 이런 이유다.

에픽과 신화는 모두 방대한 규모를 자랑한다. 에픽은 개인과 사회의 연결에 중점을 둔다. 한쪽이 무너지면 다른 한쪽도 무너진다는 것이다. 신화는 여정을 통한 서사를 활용해 주인공이 자신의 운명을 깨닫는 과정에 초점을 맞춘다.

SF 에픽은 한 국가의 운명이 아니라 우주의 운명을 논한다. 이 장르는 이런 질문을 한다. 다음 단계의 지구는 또는 최선의 지구는 어떤 모습일까? 그런 뒤 질문을 좁혀 이렇게 묻는다. 기술을 어떻게 사용할 것인가? SF는 기술이 이질적인 무언가가 아니라고 주장한다. 기술은 인간의 일부라고, 인간의 연장선상에 있다고 말이다. 그리고 마지막으로 묻는다.

우리의 도구가 이렇게 강력해지고 이토록 큰 영향력을 발휘하는 상황에서 과연 당신이 생각하는 좋은 삶이란 무엇인가?

SF VS 신화

두 장르 모두 방대한 무대를 활용한다. 두 스토리 세계의 차이를 파악하는 데는 찰스 임스Charles Eames와 레이 임스Ray Eames 부부의 유명한 영화, 「10의 제곱수Powers of Ten」가 도움이 될 것이다.

「10의 제곱수」는 공원에서 피크닉을 즐기는 한 커플을 카메라가 위에서 비추는 장면으로 시작한다. 이후 카메라는 10미터 위로, 100미터 위로, 10의 제곱수만큼 점점 멀어지다 관측이 가능한 우주의 가장자리까지 나아가 망원경으로 보듯 우주를 비춘다. 다시 카메라는 커플에게 줌을 당겨 10의 제곱수만큼 다가온다. 이번에는 조금 전과 반대로 카메라가 커플 중 한 명에게 쑥 '들어가' 계속 확대를 계속하고 미립자 단위까지 내려간다.

신화 세계의 규모는 한 도시나 왕국 안의 개인이다. SF의 세계는 규모의 스펙트럼 양극단을 아우르고, 캐릭터는 거시적이고 미시적인 영역 모두에 관여한다.

신화는 모든 장르 가운데 가장 긴 성장 과정을 다루기에 SF는 거의 항상 신화 스토리 구조를 차용한다. 실로 우리는 가장 고대의 스토리 형식에 미래주의적인 옷을 입히는 것이다. 이러한 결합은 두 장르 모두에게 이롭다. 신화에는 새로움과 신선함이 더해지고, 대체로 냉담한 시각과 지적인 주제를 바탕으로 한 SF에는 더욱 견고하고도 감성적인 스토리 기반이 생긴다.

이 두 장르의 밀접한 연관성을 고려한다면 SF가 신화 계열의 또 다른 장르인 서부극과 결합하기도 한다는 데 그리 놀라지 않을 것이다. 전통적인 서부극은 사라진 것이 아니다. 다만 미래로 옮겨가 우주에서 황무지를 개척했다. SF-서부극Science Fiction Western이라는 혼성 장르는 우주에서 벌어지는 모험 스토리가 되어 전 세계 감상자에게 대단한 인기를 끌고 있다. 그 예로는「스타워즈」,「혹성탈출: 진화의 시작」,「가디언즈 오브 갤럭시」가 있고 최근작으로는「만달로리안」도 있다.

> **핵심**
>
> 인기 있는 SF 스토리를 쓰고 싶다면 우주 서부극을 택하는 것이 가장 효과적이다.

SF의 예시

스토리

『줄어드는 남자』, 단편 소설「말과 소리 Speech Sounds」,「블러드 차일드」, 단편 소설「나는 입이 없다 그리고 나는 비명을 질러야 한다」, 단편 소설「"회개하라, 할리퀸!" 째깍맨이 말했다"Repent, Harlequin!" Said the Ticktockman」,『데스버드 스토리즈 Deathbird Stories』(모음집),『세상의 중심에서 사랑을 외친 짐승 The Beast That Shouted Love at the Heart of the World』(모음집),『일러스트레이티드 맨』(모음집),『화성 연대기』(저자인 레이 브래드버리 Ray Bradbury는 판타지라고 주장하는 모음집)

소설과 영화

『프랑켄슈타인』(호러),『타임머신』,『해저 2만 리』,『지구 속 여행』,『우주 전쟁』,『씨앗을 뿌리는 사람의 우화』,『은총을 받은 사람의 우화』,『삼체』,『에이전시 Agency』(잭팟 The Jackpot 3부작),『듄』,「스타워즈」(창작자는 스페이스 판타지Space Fantasy라고 칭한다),「스타워즈 에피소드 5: 제국의 역습」,「스타트렉」,「스타트렉: 더 비기닝」,「스타트렉 2: 칸의 분노」,『헝거 게임』,『다이버전트』,「미지와의 조우」,「블레이드 러너」,「인셉션」,「에이리언」(호러),「에이리언 2」(액션),「아바타」(생태 신화),「가타카」,「롤러볼」,「루퍼」,「월-E」,「그래비티」,「터미네이터」(호러),「터미네이터 2」(액션),『화씨 451』,「애드 아스트라」,「갤럭시 퀘스트」,「가디언즈 오브 갤럭시」,『마션』,「매드 맥스」(액션),「매드 맥스 2: 로드 워리어」(액션),「매드 맥스 3: 썬더돔」(액션),「매드 맥스 4: 분노의 도로」(액션),「토탈 리콜」,『사람의 아이들』,『우주 바이러스』,「마이너리티 리포트」,「로건스 런Logan's Run」,「콘택트Contact」,「소일렌트 그린」,「브라질」,「놀랍도록 줄어든 사나이」,『나는 전설이다』,『라스트 맨 온 어스The Last Man on Earth』,「트루먼 쇼」(판타지),「맨 인 블랙」(코미디),『혹성탈출』,「다크 타워」(신화, 서부극),「엣지 오브 투모로우」,「A.I.」,「제 5원소」,『디퍼런스 엔진The Difference Engine』,「마이크로 결사대Fantastic Voyage」,「지구가 멈추는 날」,「판타스틱 플래닛」

텔레비전 시리즈

「환상특급」(호러, 판타지),「블랙 미러」,「다크」(스릴러),「스타트렉: 넥스트 제너레이션」,「스타트렉: 딥 스페이스 나인」,「스타트렉: 보이저」,「스타트렉: 엔터프라이즈」,「더 맨 인 더 하이 캐슬」,「스타게이트 SG-1Stargate SG-1」,「파이어플라이firefly」,「X 파일」,「은하수를 여행하는 히치하이커를 위한 안내서The Hitchhiker's Guide to the Galaxy」,「닥터 후」,「엄브렐러 아카데미」(판타지),「프린지」,「바빌론 5」,「오징어 게임」(갱스터),「제3의 눈The Outer Limits」,「앨리어스」,「사선을 넘어Quantum Leap」

SF의 서브 장르들

스페이스 오페라Space Opera, 시간 여행Time Travel, 디스토피안Dystopian, 대체 역사Alternate History, 밀리터리Military, 어드벤처, 사이버펑크Cyberpunk, 포스트아포칼립스Postapocalyptic, 스팀펑크Steampunk, 외계의 침공Alien Invasion, 하드 SFHard Science Fiction

SF 스토리 개요

이번 장에서는 다음 내용을 다룬다.

- SF 스토리 비트
- 주제: 존재한다는 것은 선택을 인식하는 것이다
  - 주제 공식: 사회 창조자의 길
- SF 스토리를 초월하는 법
  - SF-신화Science Fiction/Myth
  - SF-호러Science Fiction/Horror

SF 스토리 비트

SF는 스토리 형식 중 가장 광범위하고도 가장 유연한 장르다. 어떤 장르도 이만큼 넓은 공간과 시간을 다루지 않고, 우주를 이렇게 자유롭게 탐험하지 않는다. 즉 이렇듯 형태가 불분명한 장르를 명확하게 정의할 스토리 비트를 추려내기란 불가능에 가깝다. 그럼에도 반복적으로 등장하는 몇 가지 비트와 기법은 있다.

SF 스토리 비트: 스토리 세계

SF에서의 세계 구축은 그 어느 장르보다도 장대하고 세밀하다. 작가는 스토리 내 모든 것을 창조해야 하고, 다른 장르에서는 일상 세계의 일부로 용인하는 요소도 설명해야 한다.

앞서 이야기했듯 스토리 세계는 땅과, 사람, 기술의 고유한 조합으로 이루어진다. SF에서는 이 세 요소의 의미가 확장된다.

1. 땅에는 우주와 시공간의 규칙, 우주가 작용하는 방식을 설명하는 과학 이론도 포함된다.
2. 사람은 사회 단계와 정부, 경제 체제, 사회적 및 젠더의 역할을 모두 포함한 사회와 문화 일체를 의미한다.
3. 기술은 첨단 과학기술을 뜻하는데, 특히 해당 세계의 기본적인 작동 방식을 결정하는 하나 또는 두 개의 '주축' 기술을 가리킨다.

앞에서 C. P. 스노의 '두 문화' 논쟁에서 확인했듯이 우리는 대체로 과학을 예술의 반대 개념으로 생각한다. 하지만 과학과 예술은 유사한 면이 많다. 과학은 결론을 검증할 수 있는 스토리다. 예술은 상징을 통해 진실을 드러내는 스토리다. 과학적 방법과 예술적 방법 모두 가설과 전제에서 시작해 창작자는 물리적 캔버스 위에 몇 번이고 테스트(실험과 고쳐쓰기)를 진행한다.

> **핵심**
>
> SF의 방대한 범위와 세밀한 설정으로 작가는 삶의 예술 양식 세 가지를, 즉 과학, 사회, 문화를 스토리상에서 다시 만들어내야 한다.

호러와 신화, 범죄 등의 장르는 초월적 형태에서만 더욱 큰 규모의 예술-스토리 양식을 탐구한다. 한편 SF는 회고록과 마찬가지로 장르의 기본 형태에서 예술-스토리 양식을 탐구한다.

스토리 세계: 우주의 규칙

SF는 사회-문화를 창조하는 데 공을 가장 많이 들이는데, SF 장르가 사회철학의 영역으로 진입하는 지점이 되기 때문이다. 다만 SF는 다른 어느 형식보다도 크고 깊은 수준에서 스토리 세계의 물리적 토대를 고민한다.

세계 구축은 스토리의 물리적 구성 요소를 결정하는 것으로 시작한다. 판타지 세계와 마찬가지로 이 구성 요소들은 SF 세계가 작동하는 규칙이 된다.

공간적 무대

스토리가 자칫 광대한 공간을 차지할 수도 있기 때문에 스토리 세계를 창조할 때 작가가 가장 먼저 해야 할 일은 스토리가 전개될 단일하고도 종합적인 무대를 대략적으로 설정하는 것이다.

SF 무대에는 두 종류가 있다.

1. 단일하고 한정적인 무대: 하나의 행성 또는 장소(「에이리언」, 「에이리언 2」, 「블레이드 러너」, 「아바타」, 「컨택트$_{Arrival}$」)
2. 연속적인 다중 세계에서 공간 때로는 시간을 오가는 어드벤처 스토리(『타이거! 타이거!』, 『파운데이션』 3부작, 「스타트렉」, 「인셉션」, 「인터스텔라」, 「만달로리안」)

공간-시간 규칙

이 규칙은 중력-공간-시간의 가능성을 정의하고 해당 우주의 토대를 마련한다. 규칙에는 가령 정상적인 시공간 연속체를 규정하고, 이를 어떻게 왜곡시킬 수 있는지, 다른 물질 또는 반물질로 이루어진 대안 세계가 있는지 등이 포함될 수 있다.

운동의 규칙

이 규칙으로 스토리 속 인물이 중력과 빛의 속도에 대응할 방법을 결정할 수 있고, 또한 광대한 거리도 오갈 수 있다.

「스타워즈」에서 밀레니엄 팔콘은 하이퍼스페이스에 진입하면—고속도로 터널과 비슷한 개념이다—'광속'으로 이동할 수 있는데, 이는 실제 빛의 속도보다 훨씬 빠른 속도다. 하이퍼스페이스와 광속 덕분에 이 우주선은 대단히 먼 거리까지 안전하게 다닐 수 있다.

> **핵심**
>
> 좋은 SF에서는 규칙을 어길 때 가혹한 대가가 따른다.

『타이거! 타이거!』에서는 사람들에게 '존트'라고 하는 능력이 있어 먼 거리를 텔레포트로 이동할 수 있다. 만약 도착하고자 하는 장소에 대해 정확한 지식이 없다면 존트를 하다가 바위 속에서 죽은 채로 발견될 수도 있다.

물리적 우주를 설명하는 네 가지 '스토리'

> **핵심**
>
> 모든 SF 서사의 바탕에는 우주가 작동하는 법칙과 논리를 제공하는 하나 이상의 과학 이론이 깔려 있다.

물리학 패러다임에는 뉴턴 역학, 아인슈타인의 상대성 이론, 양자 역학, 포스트 양자 이론 이렇게 네 가지가 있다. 물리의 스토리를 활용해 작가는 완전히 다른 스토리 세계와 플롯을 창조할 수 있고 스토리에 진정성을 더할 수 있다.

기법: 법칙 어기기

스토리 전개를 위해 물리학 법칙을 어길 수도 있다. 다만 그럴 경우 새로운 법칙이 일관성을 유지하는 것이 중요하다.

물리학 이론을 차용한 스토리로는 「2001: 스페이스 오디세이」, 『마션』, 「그래비티」, 「아폴로 13」, 「월-E」, 『시간의 주름』, 「사선을 넘어」, 「마이크로 결사대」, 『솔라리스』, 「닥터 후」, 「인셉션」, 「애드 아스트라」, 「앤트맨」, 「앤트맨과 와스프」, 「루퍼」, 「터미네이터」, 「스타트렉」, 「어벤져스: 엔드 게임」, 「인터스텔라」, 「컨택트 Arrival」가 있다.

스토리 세계: 사회-문화

우주의 물리적인 기반을 설정한 뒤에는 사회-문화를 만드는 것이 스토리 세계 구축에서 가장 핵심적인 단계다. 사회와 문화란 서로 다르지만 불가분의 관계에 있는 만큼 이를 창조하는 일은 예술적으로 상당히 부담스러운 작업이다.

우리가 '사회' 또는 '문화'라고 부르는 방대하고 모호한 개념은 완벽한 성숙에 이르러 고정된 실체가 아니다.

> **핵심**
>
> 사회-문화는 역사 속 모든 이가 만들어온 하나의 스토리다. 이 또한 세계에서 가장 거대한 집단 예술 양식으로 매일 끊임없이 재창조되고 있다.

스토리 관점에서 '사회'는 세계이자 주인공이고 적대자이자 조연이다.

> **핵심**
>
> 시스템이라고 하는 사회의 토대는 권력의 위계와 가족, 조직, 사회를 작동시키는 규칙이다.

시스템 작동 방식에 따라 규칙 내에서 목표를 이루고자 하는 개인들이 서로를 대하는 방식이 결정된다.

'문화'는 삶의 방식을 결정하는 개념, 가치, 도덕규범, 계획으로 이루어진다. 문화는 시스템을 정당화시키고 개인에게 시스템 속 자신의 위치를 수용하도록 유도한다. 극단적으로는 개인을 구속하기도 한다.

> **핵심**
>
> 스토리의 99퍼센트는 구속된 상태에서 자유를 향해 나아가는 구조이므로, 사람들이 어떻게 억압당하는지 보여줄 수 있는 사회-문화를 설계해야 한다.

사회-문화: 프랙털

스토리 세계에서 장대하고도 세밀한 사회-문화를 창조하기 위해서는 사회적 프랙털을 필수적으로 활용해야 한다. SF와 신화, 판타지 등 세계를 구축하는 장르에서는 더욱 그렇다.

프랙털이란 시공간의 다양한 규모에서 동일한 형태와 구조를 갖는 패턴이다. 쉽게 말하자면 부분이 전체와 같은 구조다. 아무리 확대를 하고 축소를 해도 프랙털은 같은 형태를 유지한다.

프랙털이 왜 이리도 중요한 것일까? 프랙털은 규모에 형태를 부여한다. 기본 구조를 단단하게 구성하는 요소인 셈이다. 그 덕분에 스토리가 아무리 복잡해도 그 안에 담긴 근본적인 메시지가 명확하게 전달된다.

> **핵심**
>
> 모든 사회는 동시에 상호 연결되고 상호작용하는 소사회의 집합체다. 사회는 인간으로 구성된 프랙털이다.

프랙털이라는 개념은 '부분 속 전체'라는 모토를 내세운 미국 초월주의 문학 운동에서도 찾아볼 수 있다. 시인이자 화가인 윌리엄 블레이크 William Blake는 다음과 같은 시를 썼다.

> 한 알의 모래에서 세계를 보고
> 한 송이 들꽃에서 천국을 보며,
> 그대의 손에 무한을 쥐고
> 찰나의 시간에 영원을 보라●

개인이 서로 맞물려 살아가는 다양한 시스템을 정의한다는 것은 '10의 제곱수'를 사회에 적용하는 것과 비슷하다. SF에 주로 등장하는 사회의 규모는 다음과 같다.

1. 유기체
2. 신체-개인
3. 가족
4. 조직
5. 도시
6. 국가
7. 행성
8. 행성 간 공간

이제 스토리 세계의 구성 원리, 즉 시스템에 프랙털 개념을 적용해 보겠다.

사회 속 네 개의 기둥

어윈 톰슨Irwin Thompson은 저서 『역사의 가장자리에서: 문화의 변화

● 윌리엄 블레이크의 시 「순수의 전조」 부분 발췌.

에 관한 추측At the Edge of History: Speculations on the Transformation of Culture』에서 모든 발전 단계에서 사회적 프랙털이 어떻게 작용하는지를 심도 있게 설명했다. 그는 모든 사회적 단위를 떠받치는 기둥인 네 가지 역할을 소개하며 이를 "1차적 인간 집단의 구조"라고 설명했다.

이 네 개의 기둥은 사회를 이루는 구성 요소다. 부족 내에는 다음 네 개의 기둥이 있다.

주술사	족장
광대	사냥꾼

이들은 어떤 기능을 하는가?

- 족장은 조직을 운영하는 수장이다
- 사냥꾼은 식량을 얻고 부족을 보호한다
- 광대는 특히 족장을 포함해 구성원이 현실감을 잃지 않도록 돕는다
- 주술사는 조직에서 구성원이 따라야 할 가치와 우선순위를 정한다

이 네 개의 대립점 안에는 네 개의 이중 대립이 존재한다. 왼쪽의 두 역할은 아이디어를 중시한다. 오른쪽의 두 역할은 운영에 집중한다. 위의 두 역할은 책임자로 기능한다. 아래 두 역할은 비전을 실행한다.

핵심

어느 사회 단위든 네 역할이 기둥을 이뤄 협력하지만 서로 대립하기도 한다.

이제 SF 스토리에서 사회의 주된 요소인 사회 단계, 경제, 기술, 문화가 주인공과 어떠한 관계를 맺는지 살펴보겠다.

사회-문화: 사회 단계

사회적 프랙털은 다양한 수준에서 시스템을 정의한다. 프랙털은 또한 프로세스 기법으로, 하나의 독립체가 시간의 흐름에 따라 어떻게 진화하는지 상세하게 이해하는 방법을 제공한다.

기법: 사회적 프랙털 진화시키기

사회적 프랙털은 네 개의 대립점이라는 시스템의 기본 패턴을 시공간상에서 확장할 수 있게 해준다.

이는 내가 '사회적 단계'라고 하는 픽션 기법을 통해 이뤄진다. 사회적 단계는 사회-문화의 진화 단계를 의미한다. 이 픽션 기법은 모든 사회가 탄생에서 사멸로 향하며 동일한 단계를 거친다는 것을 암묵적으로 전제한다.

사회적 단계는 문화의 단계를 상세하게 기술하는 서부극 장르에서 특히 중요한 기법이다. 스토리 세계를 정의하는 기준이 물리적 시간보다는 진화적 단계가 더욱 중요한 SF에서도 사회적 단계는 중요한 기법이다.

> **핵심**
>
> SF에서 등장하는 진화적 사회 단계는 다음의 둘 중 하나다.
> - 지금 어떠한 선택을 하면 진입하게 될 부정적 단계
> - 지금 다른 선택을 하면 진입하게 될 긍정적 단계

인류학 이론, 니체의 도덕 진화 이론, 톰슨의 사회 발달 코드, 스토리의 역사를 적용해 사회 단계의 진화를 상세하게 표현할 수 있다. 이 이론들은 유용하지만 따로 놓고 보면 한계가 있다. 그러나 통합한다면 사회-문화가 어떻게 진화하는지, 훌륭한 SF를 쓰기 위해 이를 어떻게 적용할 수 있을지 종합적이고도 강력한 비전을 얻을 수 있다.

모든 사회 시스템 또는 스토리 세계는 땅과 사람, 기술의 결합으로 이루어진다고 했다. 시간이 흐르며 이 조합은 네 가지 주된 사회 단계를 거친다.

1. 황야
2. 마을(소도시)
3. 도시
4. 억압적 도시

이 단계는 사회 속 개인에게 가해지는 변화의 힘을 의미하고, 그 힘은 점점 커진다.

경제와 기술

각각의 사회 단계는 해당 세계 전체가 의존하는 경제 활동과 그 세계가 사용하는 주축 기술과 연결된다.

- 황야(부족): 사냥
- 마을(소도시): 농경
- 도시: 산업
- 억압적 도시(과학에 기반한 행성): 전자 기술

> **핵심**
>
> SF는 사회의 어느 단계에서나 펼쳐질 수 있다. 다만 황야를 배경으로 한다 해도 기술은 어떤 식으로든 진보된 형태여야 한다.

이를테면 영화 「매드 맥스」 시리즈에서 사람들은 기름 소비가 큰 고속 자동차로 척박한 사막을 횡단한다.

> **핵심**
>
> 좋은 SF는 캐릭터에게 가해지는 큰 힘에 초점을 맞춘다.

예를 들자면 너무 많은 사람이 행성으로 몰려들고, 물이나 공기, 기름이 부족해지고, 사회에 새로운 정부가 들어서고, 기술은 점차 쓸모가 없어지고, 기계는 지나치게 강력해지는 전개다.

문화적 단계

사회의 진화는 문화의 진화와 밀접하게 연관된다. 문화의 진화는 시스템의 기반이 되는 사상과 가치의 집합체가 어떻게 변화하는지에 발맞춘다. 보통 진화 단계의 명칭에서 해당 문화가 개인을 어떤 식으로 속박했는지 드러난다.

네 가지 사회 단계에 대응하는 네 가지 문화 단계는 보통 다음과 같다.

- 황야에서 마을로: 수치 문화
- 마을에서 소도시로: 죄의식 문화

- 소도시에서 도시로: 소비자 문화
- 억압적 도시(행성): 공포 문화

주인공과 스토리

사회, 문화, 경제, 기술의 단계에 따라 스토리 유형이 결정되고, 그 스토리를 이끌어 나갈 주인공의 유형도 결정된다.

어떤 원리일까? 주인공이 속한 스토리 세계, 특히 그가 속한 사회가 주인공의 캐릭터 형성 과정에 큰 영향을 미친다. 하지만 사회가 너무도 광범위한 동시에 세밀한 나머지 작가는 스토리라는 한정된 공간과 시간 안에 사회를 상세히 정의할 수가 없다. 그런 이유로 주인공을 세계와 연결할 지름길이 필요하다.

> **핵심**
>
> 주인공을 스토리 세계에 연결하려면 특정한 사회-문화 단계를 상징하는 캐릭터 유형을 찾아 하나의 고유한 캐릭터로 만든다.

이제부터 각 사회 단계가 사회, 문화, 기술, 주인공, 스토리 요소에 어떻게 연결되는지를 살펴볼 예정이다. 또한 시간의 흐름에 따라 사회 단계가 필연적으로 진화하고 더욱 복잡해질 수밖에 없는 과정도 다루겠다.

1단계: 황야에서 마을로

황야에서는 자연이 전능한 권력을 가진다. 여기서 사람은 소규모로 모여 먹이 사냥을 위해 계속 이동하는 유목민이다. 툼슨이 제시한 부족의 기본 사회 단위를 다시 한번 살펴보면 네 개의 대립점상 하나는 다른 셋과 갈등 관계라는 것을 알 수 있다.

주술사	족장
광대	사냥꾼

황야 세계에서 주요 활동은 생존이다. 시스템은 보통 고도로 조직화되어 있고 물리적인 힘으로 유지된다.

문화

물리적 지배로 이루어진 자연 및 사회 세계는 '주인 도덕'과 '수치 문화'로 문화적 단계를 표현한다. 주인이란 원하는 것을 무엇이든 얻는 사람인 만큼, 주인 문화는 문제를 해결하는 데 무력을 사용하는 전투적 가치를 기반으로 삼는다.

수치 문화는 용기와 성취, 신체적 능력, 힘, 명예, 영광, (선행이나 정의가 아닌) 성과(성공) 같은 행동의 가치를 중요시한다.

이는 남성 지배적인 문화다. 타인의 기준에 미치지 못했을 때 수치심을 느낀다. 수치 문화는 황야(초기 마을) 단계의 사회에서 자연스럽게 탄생하는 결과물이고, 오늘날에도 경찰이나 군대 등 남성 지배적인 조직에서 찾아볼 수 있다.

주인공

황야 단계를 그린 스토리에서 주요 적대자는 자연 또는 자연을 상징하는 무언가다. 사람들은 자연과의 대립에서 우위를 점하기 위해 신과 초인을 만들어낸다. 현대에는 이 단계를 그린 스토리를 찾아보기 어렵다. SF에서는 종말 이후 세상을 다시 만드는 설정이 자주 등장한다. 「그래비티」의 작가들은 우주 공간에서 진정한 황무지를 탄생시켰다.

마을이 처음 생겨나면 주요 적대자는 외부인, 즉 마을을 파괴하고 식량을 앗아 가려는 '야만인'이다. 따라서 이 단계에서는 자연스럽게 전사가 주인공이 된다. 그는 마을 사람들보다 신체적으로 더욱 크고 강하다. 마을 사람들은 그를 고용해 외부 전사인 '야만인'에 맞서 싸운다. 이 '야만인'은 황야의 삶으로 돌아가고자 하는 이들이다. 담장 안에 사는 사람은 담 밖에 사는 외부인들을 인간 이하로 취급한다.

스토리 예시

「스타워즈」, 「스타워즈 에피소드 5: 제국의 역습」, 「매드 맥스」, 「매드 맥스 2: 로드 워리어」, 「매드 맥스 3: 썬더돔」, 「매드 맥스 4: 분노의 도로」, 『로빈슨 크루소』, 「가디언즈 오브 갤럭시」, 「만달로리안」, 「마션」

2단계: 마을에서 소도시로

유목민이 정착하며 황야는 마을로 변한다. 이들은 씨를 뿌리고 곡식을 재배하고 건축물을 짓는다. 마을에는 사회가 기능하는 데 필요한 기본적인 건물만 존재한다. 서부극에서 보듯 감옥과 교회, 술집, 잡화점, 적으로부터 자신들을 지킬 울타리와 담이 세워진다.

신생 단계인 이 사회는 영토를 확장 중이고 정복할 새로운 땅이 널려 있다. 이것이 바로 이들이 자연을 대하는 태도가 된다. 보통 자연은 인간의 경제적 이익을 위해 길들여지고 변형된다. 서부극에서는 백인 정착민의 경제적 이익을 위해 자연을 길들이는 과정을 거친다. 마을과 주변 농장들은 도로를 만들고 농작물을 풍족하게 거두며 사람들은 상업 거래를 시작한다. 이렇게 상인이 탄생한다.

부족의 네 가지 사회적 기둥이 마을-농경 사회로 옮겨가며 네 가지 역할을 맡았던 개인은 하나의 기관이 된다. 톰슨이 지적했듯 부족의 사회적 프랙털은 원래 패턴을 유지하되 더욱 복잡해진 형태로 진화한다.

즉 족장은 정치적 집단이 되고, 사냥꾼은 군대가 되며, 광대는 예술이 되고 주술사는 종교가 된다. 한 가지 명심해야 할 점은 사회가 다음 단계로 진화할지라도 몇몇 영역에서는 두 개 이상의 사회 단계가 공존할 수 있다.

종교	정치 집단
예술	군대

마을이 소도시로 발전하며 사회 조직은 복잡해진다. 권력자들이 모든 것을 파악하기가 어려워진다. 비밀리에 결정이 이뤄진다. 따라서 사회의 통제는 개인적인 인간관계를 바탕으로 하여 개인에게 내면화하는 방식으로 이루어지게 된다.

문화

마을에서 소도시로 전환되며 시스템이 장려하는 가치 또한 달라진다. 문화적으로는 수치 문화에서 죄의식 문화로 변화한다.

죄의식 문화의 가치에는 친목, 공정성, 신의, 신뢰, 자기희생 등이 포함된다.

> **핵심**
>
> 죄의식은 타인에 대한, 특히나 가족에 대한 책임감을 지나치게 떠안았다가 필연적인 실패를 경험하고 스스로를 비난할 때 생겨난다.

수치 문화와 죄의식 문화의 가장 뚜렷한 차이는 성과(성공)와 선행(도덕성), 즉 최선의 결과를 얻는 일을 하는 것과 옳은 일을 하는 것 중 어디에 중점을 두느냐다. 수치심은 사람들이 보는 앞에서 내가 무언가를 성취하지 못했을 때 느끼는 공개적인 당혹감이다. 죄의식은 약속을 이행하지 못했을 때 스스로에게 가하는 사적인 자기 비난이다.

> **핵심**
>
> 수치는 성취의 실패고, 죄의식은 사랑의 실패다.

주인공

소도시를 이루고 나면 외부의 공격은 사실상 사라진다. 이제 이 세계의 주인공은 전사에서 평범한 인간으로, 보통 사람으로 달라진다. 사회적 상호작용은 가족과 친구를 대상으로 하여 친밀한 성격을 띤다. 스토리에서는 사적 정의, 특히나 남녀 간 또는 부모와 자식 간의 정의가 주된 문제로 대두된다.

스토리 예시

『프랑켄슈타인』, 『줄어드는 남자』, 「스타 트렉」, 「아바타」, 『사람의 아이들』,『혹성탈출』,「환상특급」,「다크」,「미지와의 조우」,「인터스텔라」

3단계: 소도시에서 도시로

성장하던 소도시가 수평적 한계에 다다르면 수직적으로 확장을 시작하며 도시로 변한다. 점점 더 복잡해진 사회적 유기체는 더욱 전문화된다. 이러한 변화는 세 가지 영향을 끼친다.

1. 비교 우위로 몇몇 개인은 불균형한 이익을 얻게 된다. 부와 계급, 지위, 권력에서 극단적인 차이가 나타난다
2. 이 모든 사람을 다스리기 위해 더욱 많은 규칙이 필요해진다
3. 마력에서 기계력으로 기술의 힘이 폭발적으로 증가한다. 그 결과, 도시를 건설하고 운영하는 데 첨단 기술이 활용된다

'마을-농경' 사회가 '도시-산업' 사회로 진화할 때 톰슨에 따르면 네 개의 기둥이 더욱 복잡한 형태로 바뀐다. 국가는 정부가 되고, 군대는 산업이 되며, 예술은 미디어로, 종교는 교육으로 달라진다. 부족의 네 개의 대립점은 이렇게 변한다.

교육	정부
미디어	산업

소도시가 도시로 발전하며 확장될 때 또 다른 변화가 일어난다. 개인이 집단에서 분리되는 것이다. 도시의 발전과 맞물려 생겨나는 이 어두운 힘은 모두를 끌어내린다. 도시가 커질수록 가족은 작아지고 분열되

며 완전히 소멸하는 일이 자주 벌어진다. 개인은 혼자가 된다.

이 모든 일은 강력하고 방대하며 깊은, 그리고 보이지 않는 시스템 안에서 벌어진다. 개인은 통제를 받는 동시에 홀로 책임져야 한다. 그 결과 고립감과 인간미의 부재를 경험한다. 고립과 좌절이 극에 달하면 평범한 인간은 파괴를 통해서만 권력을 느낄 수 있다. 다시 말해 범죄가 일어난다. 소도시에 존재하던 '말 많은 이웃'이 사라지자 문제아를 정리하는 사람도 사라졌다.

문화

소도시에서 도시로 사회가 전환되며 개인은 다양한 인종 배경, 지위, 부, 권력을 지닌 이들과 함께 살아간다. 개인은 다수의 타자와 공존해야 한다. 이로 인해 가치관의 양극화가 초래된다.

한편으로는 '우리는 모두 인간이다'라는 관점을 갖게 된다. 여기에는 다양성, 관용, 공정성, 협력과 같은 가치가 담겨 있다. 다른 한편으로는 '친숙함이 무례함을 낳는다'라는 관점도 생겨난다. 이 가치관에는 편협함과 인종차별, 민족주의, 계급의식, '내가 우선'이라는 사고방식이 포함되어 있다.

도시에 어두운 두 번째 힘이 등장하자 더욱 어두운 가치관이 생겨난다. 더욱 넓어진 사회에서 개인은 원자화되어 자신 말고는 그 무엇도 중요하지 않다고 생각하게 된다. 이는 냉소적인 의식 상태다. 그것이 개인의 권력이나 쾌락, 돈에 기여하는 바에 따라 대상의 가치가 정해진다.

> **핵심**
> 그 결과 도시에는 도덕이라는 개념이 사라지고 소비자 문화가 생겨난다.

점점 더 낮은 비용으로 대량 생산이 가능한 경제적, 기술적 시스템이 이러한 가치관의 전환을 촉진한다. 과거 희귀했던 사치품이 이제는 누구나 사용하는 흔한 물건이 된다. 소수의 재화를 향한 욕망이 모든 재화를 향한 '필요'로 달라진다.

> **핵심**
>
> 소비자 문화의 역설적인 점은 물건을 구하기 쉬워질수록 이를 구매하기 위해 돈을 벌어야 한다는 억압이 더욱 심해진다는 것이다.

주인공

도시를 배경으로 한 스토리에서 시민인 주인공의 주요 적대자는 또 다른 시민이다. 하지만 도시 속 갈등은 보통 부당한 권력을 가진 사람에게서 비롯된다. 주인공은 여전히 보통의 평범한 인간이다. 다만 이제 이 주인공의 두 가지 주된 관심사는 사회 정의를 위해 싸우는 것과 관료제의 구속에서 벗어나 자유로워지는 것이다.

스토리 예시

『헝거 게임』, 「웨스트월드」, 「인셉션」, 「롤러볼」, 「브라질」, 『메트로폴리스Metropolis』, 「트루먼 쇼」

4단계: 억압적 도시

도시가 오래되면 통제가 어려워지고, 복잡해지며, 부패하고, 지나치게 엄격한 규칙이 많아진다. 기술은 여전히 폭발적 성장을 보이며 산업

기술에서 첨단 전자 기술로, 특히 정보 기술로 확장된다. 억압적 정치 체제 속에서 사람들이 어디에 있고 무엇을 원하는지 감시하는 용도로 기술이 활용된다. 이러한 정보는 소비자 문화를 확대하고 권력을 집중시키는 데 중요한 수단이다.

톰슨이 행성 정보 사회planetary information society라고 말하는 단계로 진화하며 네 가지 사회 기능이 달라진다. 정부는 관리자가 되고, 산업은 기술자가 되며, 미디어는 비평가가 되고, 교육은 과학자가 된다. 네 개의 대립점이 다음과 같이 변한다.

과학자	관리자
비평가	기술자

그렇게 탄생한 사회는 불평등하고, 불공평하며, 억압적이고, 많은 이에게 성공을 향한 길이 차단된다. 도시는 전형적인 제로섬게임의 형태를 띤다. 소수가 모든 부와 권력을 지배하고 나머지는 생존을 위해 분투하는 것으로 사회는 양분화된다.

문화

수치 문화 및 죄의식 문화에 대조를 이룬 이 세계의 문화를 '공포 사회'●라고 한다(이해를 돕기 위해 여기서는 공포 사회를 공포 문화로 지칭하겠다). 사회가 개인을 통제하는 수단은 공개적 당혹감(수치심)에서 스스로에게 가하는 처벌(죄의식)을 거쳐 보이지 않는 상위 권력에게 처벌받을

● 프랭크 푸레디Frank Furedi, 『우리는 왜 공포에 빠지는가?』, 1997.

지도 모른다는 두려움으로 달라졌다.

공개적 수치심 → 내적 죄책감 → 상위 권력에 의한 처벌

공포 문화는 소비문화를 기반으로 사람들에게 구매를 부추긴다. 그 이익 대부분은 이미 극도의 부와 권력을 장악한 자들에게 돌아간다. 정치 시스템은 경제 시스템과 대단히 긴밀하게 연결되어 있어 공화국이라고는 하지만 사실 과두제나 다름없다.

주인공

이 사회 단계에서 주된 적대자는 특정 인물이 아니라 억압적인 시스템 그 자체다. 이 시스템은 너무도 크고, 깊으며, 불분명하고, 어느 곳에나 존재하는 터라 대다수의 개인은 시스템의 존재를 인식조차 하지 못한다. 자신의 문제 원인도 해결책도 전혀 모른 채 고단하게 삶을 살아갈 뿐이다.

이러한 사회-문화에서는 필연적으로 안티히어로가 탄생한다. 스토리 역사에는 두 종류의 안티히어로가 존재했다. 하나는 억압적인 힘에 굴복하지 않으려 하다가 결국 추방당하거나 살해당한다. 반항아 원형으로 프로메테우스와 제우스 신화 창조로 거슬러 올라갈 만큼 서구에서 뿌리가 깊은 캐릭터다.

현대 스토리 양식에서 반항아는 SF 스토리에 가장 많이 등장하는데, 「브라질」, 『헝거 게임』, 「매트릭스」, 『다이버전트』가 그 예다. SF 외의 장르에서 안티히어로의 예를 들자면 「폭력 탈옥」, 「쇼생크 탈출」, 「의문의 실종」, 「네 멋대로 해라 À bout de souffle」가 있다.

안티히어로의 두 번째 유형은 시스템에 남아 억압당하는 캐릭터다.

극단적인 경우, 무능하고, 반사회적이며, 때로는 자신의 내면으로 도피해 스스로를 슈퍼히어로라고 착각하기도 한다. SF 외의 장르에서 예를 들자면 『월터의 상상은 현실이 된다』, 「택시 드라이버」, 『심판』, 「슬럼독 밀리어네어」, 「조커」, 「미드나잇 카우보이」가 있다.

스토리 예시

디스토피아적인 SF는 모두 4단계에 놓인 사회를 배경으로 한다. 「그녀」, 「블레이드 러너」, 『시계태엽 오렌지』, 『시녀 이야기』, 「오징어 게임」, 『동물농장』, 『1984』, 『멋진 신세계』, 『다이버전트』, 「블랙 미러」, 『로건스 런』, 「X-파일」, 「소일렌트 그린」, 『화씨 451』이 있다.

사회-문화: 사회 단계의 전체 순환

> **핵심**
>
> 사회-문화의 진화에서 자연은 축소되고 사회는 더욱 커지고 복잡해지며 주인공의 힘은 약해진다.

20세기 스토리텔링에서는 사회의 진화 단계는 되돌릴 수 없다고 가정한다. 인간의 부패와 통제 불가한 기술로 억압적 사회는 필연적으로 자기 파괴라는 결말을 맞이한다. 다만 이 주기는 다시 시작되는데, 새로운 황무지와 불모지에 흩뿌려진 지난 기술의 잔해를 배경으로 한다. 이를 보여주는 작품으로는 「매드 맥스」 시리즈와 「혹성 탈출」 시리즈, 「맥케이브와 밀러 부인」, 「늑대와 춤을」이 있고, 근대화 스토리로는 「시네마 천국」, 「위대한 앰버슨가」, 「시민 케인」, 『마지막 영화 상영』, 「아푸」 3부작을 꼽을 수 있다.

기법: 보이스오버 내레이션

영화에서 보이스오버 내레이션은 SF 스토리에 영향을 끼치는 거대한 사회적 힘을 표현하는 훌륭한 방법이다.

「매드 맥스 2: 로드 워리어」의 오프닝에 등장하는 유명한 보이스오버는 억압적 도시에서 황야로 되돌아가려는 혁명이 일어났고, 그로 인해 주인공의 캐릭터가 달라졌음을 설명한다.

> 맥스: 혼돈의 시절을 기억한다…. 무너진 꿈들도…. 이 황무지도. 무엇보다 로드 워리어를 기억한다. 우리가 '맥스'라고 부르던 남자. 그가 누구였는지 이해하려면 그 시절로 돌아가야 한다…. 검은 연료가 세상을 움직이던 때로…. 사막에는 파이프와 강철로 만든 거대한 도시들이 솟아 있던 때로…. 기억도 나지 않는 이유로 오래전 강력한 두 전사 부족이 전쟁을 일으켰고, 거대한 불길로 그들 모두가 사라졌다…. 쇠퇴의 소용돌이 속에서 평범한 남자들은 모두 박살이 났고…. 맥스 같은 남자들은…. 전사 맥스는…. 엔진의 굉음 속에 모든 것을 잃었다. 그렇게 껍데기만 남아 휘발되고 황폐해진 인간이 되었다. 그는 과거의 망령에 사로잡힌 채 황무지를 떠돌았다. 그리고 여기, 이 황폐한 땅에서 그는 다시 한번 살아가는 법을 배웠다.

스토리 역사에서 사회 변화의 순환을 긍정적으로 그린 것은 비교적 새로운 현상이다. 생태 신화와 부흥Rejuvenation 스토리는(판타지 장에서 다시 살펴볼 예정이다) 문명의 필연적 쇠퇴에 희망적인 대안을 제시한다. 생태 신화의 가장 유명한 예는 「아바타」다.

스토리 세계: 초기술

SF 장르의 핵심적인 통찰 중 하나는 사회 발전의 모든 단계에 기술이 얼마나 대단한 영향력을 미치는지 보여주는 데 있다. 많은 이가 놀라는 지점이다. 대다수의 사람은 기술이 산업혁명에서 시작해 빠르게 진보하여 현재의 전자 기기에 이른, 비교적 최근에 생겨난 개념이라 생각하기 때문이다.

하지만 기술은 인류의 역사만큼이나 오래되었다. 불과 바퀴, 말의 가축화까지 모두 기술에 속한다. 기술은 인류가 자신의 힘을 어떻게 증폭시켜왔는지를 보여주는 척도다. 인간이 사고하고 행동하는 능력을 키우기 위해 의식을 활용한 방식이 바로 기술이다. 기술이 스토리 세계를 창조하는 세 번째 기둥인 이유는 인간의 능력과 잠재력이 확장된 정도를 측정하는 수단이기 때문이다.

> **핵심**
>
> 기술은 예술 양식이자 이 세상이 잘 기능할 수 있도록 인간의 의식을 실제적으로 적용한 결과물이다. 그러므로 기술 수준은 당시 인간의 의식 수준을 반영한다.

기법: 주축 기술

기술이 캐릭터와 플롯에 중요한 역할을 해야 한다.

SF에서는 특정한 공간과 시간에 핵심적인 역할을 하는 기술을 대단히 강조한다. 해당 사회와 세계가 의존하는 주축 기술이다.

SF는 또한 기술이 인류를 어떻게 변화시키는지도 강조해서 보여준다. 이 장르가 전하는 심오한 통찰 중 하나는 우리가 기술을 창조하는 동시에 기술 또한 우리를 재창조한다는 것이다. 기술과 인류는 끝없이 계속되는 피드백 루프에 함께 하는 셈이다.

SF 장르에서 이 피드백 루프는 보통 로봇, 기계 인간으로 표현된다. 로봇은 한 가지 질문을 꾸준하게 불러일으킨다. 로봇과 사람 중에 누가 더 인간적인가? 「블레이드 러너」와 「엑스 마키나」에서 그 답은 로봇이었다.

SF 스토리에서 새 기술을 창조할 때 작가는 대체로 소통 및 이동 수단, 정보의 규칙과 방식에 초점을 맞춘다. 이때 즐거움을 주는 스토리를 넘어서 오늘날의 핵심 기술에 대한 논평을 전하는 것이 궁극적인 목표여야 한다.

「인터스텔라」는 최초의 기술과 미래 기술을 극단적으로 결합한 예다. 전쟁과 전염병, 기근으로 폐허가 된 지구에서 농부들이 낡은 트럭을 몰고, 낡은 기계로 작물을 재배하느라 고군분투한다. 하지만 인근에는 재결성된 나사NASA가 숨어 있다. 그곳에는 고도로 발달한 로봇과 인류가 거주할 수 있는 세 행성으로 이어지는 웜홀을 통과할 수 있는 우주선이 있다. 이후 시간 여행을 한 주인공은 모스 부호와 딸의 손목시계로 인류를 구할 방정식을 알린다.

주의사항이 있다. 스토리의 전개 속도를 높이려는 욕심에 미래 세계를 거친 붓질로 대략적인 윤곽만 잡는 작가가 많다. 질감이 스토리의 질에 큰 영향을 미친다는 점을 염두에 두길 바란다.

핵심

사회-문화를 상세하게 그리지 못하면 피상적이고 예측 가능한 SF가 탄생한다.

기법: 스토리 세계의 세부 묘사

스토리를 한층 높은 수준으로 끌어올리려면 해당 세계의 규칙을 가능한 한 많이, 상세하게 설정해야 한다. 정치와 사회, 문화, 일, 사랑, 스포츠, 게임, 어떤 경우에는 언어에도 신경을 써야 한다. 그래야 당신이 물리적으로 구현한 새로운 세계가 독자들에게 더욱 현실감 있게 전달된다.

또 다른 주의사항은 미래 세계를 너무도 이질적으로 만들어낸 나머지 오늘날 우리가 아는 그 어떤 것과도 닮지 않은 세계가 탄생하는 실수를 저지르지 않도록 주의해야 한다는 점이다.

> **핵심**
>
> 많은 SF 스토리가 실패하는 가장 큰 이유는 감상자를 정서적으로 함께할 참여자가 아니라 냉담한 관찰자로 고립시키기 때문이다.

기법: 인식할 수 있는 세계

감상자가 어딘가 다르지만 자신이 속한 세계처럼 익숙하다고 느낄 정도로 미래 세계를 알아볼 수 있는 세계로 만들어야 한다. 우선 지금 존재하는 세계의 요소를 새로운 세계에 포함시킨 뒤 당신이 만들어낸 새로운 규칙을 더한다.

SF 스토리 비트: 약점-아직 진화하지 못한 캐릭터

SF는 광범위한 장르이자 신화의 구조를 차용하는 만큼 스토리 속 주인공의 역할 또한 대단히 다양해질 수 있다. 주인공은 지구의 종말 이후 황무지를 헤매거나 새로운 세계를 찾아 나설 수도 있다. 또는 사회적으로로 억압하는 세력에 맞서 싸울 수도 있다. 초월적 SF라면 새로운 사회를 창조하기도 한다.

이 장르의 방대함으로 인해 세계 또는 시스템이 주인공을 압도하고 지배할 수도 있다. 그 결과 주인공은 단순히 새로운 세계를 경험하는 백지 같은 존재가 된다. 또는 사악한 시스템에 억눌린 선한 영웅이 될 수도 있다. 이렇게 되면 스토리 중간에 큰 공백이 생겨 좀 더 복잡한 캐릭터가 이를 메워야 하는 상황이 생긴다.

기법: 주인공의 도덕적 결함

주인공에게 치명적인 약점을, 특히나 도덕적 필요를 안겨 더 복잡한 캐릭터로 만들어야 한다. 이렇게 해야 주인공이 단순한 피해자를 벗어난다.

어느 장르나 그렇듯 SF의 주인공은 여러 면에서 결함을 지닐 수 있다.

> **핵심**
> 주인공의 약점이 인간의 의미란 무엇인가 하는 질문과 맞물릴 때가 많다.

즉, 주인공은 어떤 면에서는 인간적이지 않거나 원시적이거나 진화하지 못한 상태라고 할 수 있다. 그 예를 들자면 다음과 같다.

- 「블레이드 러너」: 잔인하게 안드로이드를 처리하는 릭 데커드는 로봇보다 덜 인간적이다. 그는 진정한 인간이 되는 법을 배워야 하는 인물이다

- 「스타워즈 에피소드 4: 새로운 희망」: 충동적인 소년 루크는 악한 제국을 무너뜨리기 위해 자기 절제력을 키우고 포스를 사용하는 방법을 배워야 한다
- 「2001: 스페이스 오디세이」: 유인원에 가까운 원시 인류는 살인자이고, 후대의 인간들은 할을 죽이려 한다. 인류는 새로운 고등 종으로 진화해야만 한다
- 「토탈 리콜」: 코헤이건에게 고용된 살인 청부업자 퀘이드는 화성에 있는 사람들을 구하기 위해 반란을 일으켜야 한다
- 「터미네이터」: 피해자인 사라는 새로운 사회의 지도자가 되어야 한다
- 「터미네이터 2」: 터미네이터는 기계이자 살인병기다. 그는 인간을 이끌고 기계에 맞서 싸움을 벌여야 한다

SF 스토리가 신화와 자주 결합하는 이유는 신화가 캐릭터의 성장을 가장 길게 다루기 때문이다. 하지만 SF에서는 캐릭터 성장의 여러 단계를 인류 자체의 진화로 표현할 때가 많다.

> **핵심**
>
> 최고의 SF 스토리에서는 진화되지 않은 주인공과 진화되지 않은 행성을 병치해 연결한다.

SF 스토리 비트: 조연들—사회와 시스템을 만들어나가는 인물

SF 스토리 세계를 세심하게 구축하는 과정에서 조연은 작가가 전체 사회를 창조할 때 중요하게 활용할 수 있는 장치다. 주인공과 대조되는

조연으로 주인공 캐릭터를 정의할 수 있다. 스토리의 거시적인 주제를 전달하는 주요 수단이 바로 조연이다.

스토리의 성공은 작가가 조연들을 얼마나 세심하게 설정했는지에 달려 있다고 해도 과언이 아니다. 조연은 크게 세 가지 유형으로 분류할 수 있다.

1. 평범한 조연 캐릭터로 스토리에 필요한 만큼 주인공과 상호작용을 하는 인물들이다. 철학적 대립이 큰 장르인 만큼 캐릭터 간의 차이가 상당히 극명하게 드러난다. 가령 「스타트렉」의 스팍은 이성적인 반면 '본즈' 맥코이 박사는 감정적이다.
2. 다른 존재 또는 다른 종으로, 우주 인류학을 대표하는 인물들이다. 작가들이 전체 세계를 창조할 때 특이한 외모만을 강조하는 간단한 수법으로 조연 또는 외계 캐릭터를 정의할 때가 많다. 예컨대 이성적인 종족, 호전적인 종족, 털이 수북한 사람들, 내가 개인적으로 가장 좋아하는, 머리가 지나치게 큰 사람들 등이 있다. 이런 설정은 스토리를 얄팍하고 도식적으로 만들고, 심리적 깊이감이 없는 이야기처럼 만든다.

   훌륭한 SF에서 외계의 존재는 인간과 다른 사회적 규칙으로 생활한다. 진정한 의미의 우주 인류학이란 그 낯선 규칙들과 효용성을 탐구하는 데 있다.
3. 기계 인간으로, 안드로이드 또는 로봇을 의미한다. SF에서 가장 중요한 쟁점에 힘을 싣는 캐릭터들이다. 로봇은(외계인일 때도 있다) 인간의 진화에 자리한 결함을 드러내기 때문에 SF 장르에 핵심적인 역할을 한다. 이들은 인간의 행동에 의문을 품고 사람보다 더욱 '인간적인' 모습을 보일 때가 많다.

SF 스토리 비트: 욕망

주인공의 욕망선이 스토리의 중심축을 결정한다. SF에서는 어떠한 욕망 때문에 주인공이 해당 세계의 특별한 기술로 접근하겠다는 구체적인 목표가 생긴다.

억압적이고 디스토피아적인 사회를 배경으로 한 부정적인 SF에서는 보통 탈출하겠다는 욕망이 있다. 『헝거 게임』, 『로건스 런』, 「시계태엽 오렌지」, 「브라질」, 「터미네이터」에서 이를 확인할 수 있다.

다중의 하위 세계가 존재하는 큰 우주에서 펼쳐지는 긍정적인 SF에서는 탐험하고 무언가를 찾고, 전쟁에서 이기고, 지구를 구하는 등의 욕망이 등장한다. 이렇듯 더욱 적극적이고 긍정적인 욕망은 「스타워즈」, 「스타트렉」, 「인터스텔라」, 『듄』, 「토탈리콜」, 「만달로리안」에서 찾아볼 수 있다.

SF 스토리는 다양한 하위 세계를 거느리는 지배적인 미래 세계가 등장하고, 광대한 공간과 시간을 무대로 삼을 때가 많다. 이러한 특성으로 주인공에게 능동적이고 추진력 있는 욕망선을 부여하는 것이 어렵다. 그래서 자칫 스토리의 동력이 약해지기 쉽다.

> **핵심**
>
> 최고의 SF 스토리에서는 주인공이 강력하고도 구체적인 목표를 갖고 있다. 자신을 둘러싼 거대한 세계에 압도당하지 않는다.

「스타워즈 에피소드 4: 새로운 희망」 초반에 루크는 레아 공주를 구출하고 데스 스타의 약점이 담긴 설계도를 가져와야 하는 임무를 맡는다. 데스 스타의 약점을 공격하는 순간이 바로 이 스토리가 끝나는 지점이 된다.

강력한 욕망선을 유지하려면 모든 일이 마지막에 자리한 하나의 소용돌이 지점으로 모이게 해야 한다. 소용돌이 기법을 활용하려면 스토리 초반에 독자들에게 대략적인 종착점을 알려주어야 한다. '대략적'이라는 표현을 강조하고 싶다. 스토리가 어디로 향하는지 독자에게 알려주되 정확한 결말을 드러내서는 안 되기 때문이다.

「스타워즈 에피소드 4: 새로운 희망」의 소용돌이 지점은 오프닝 스크롤에 등장한다.

> 반란군 첩보원은 제국의 절대적인 무기이자 행성 전체를 파괴할 위력을 지닌 우주 기지, 데스 스타의 기밀 설계도를 탈취하는 데 성공했다. 사악한 제국 요원들에게 쫓기는 레아 공주는 백성들을 살리고 은하계에 자유를 되찾아줄 설계도를 챙겨 우주선을 타고 고향으로 향한다.

루크가 데스 스타의 2미터 크기의 배기구에 어뢰를 발사하는 순간이 바로 스토리의 소용돌이 지점이다. 이로써 데스 스타는 파괴된다.

크리스토퍼 놀란Christopher Nolan과 조너선 놀란Jonathan Nolan 형제는 이 소용돌이 기법을 활용하는 데 대가들이다. 「인터스텔라」와 「인셉션」 모두 시공간 안에서 플롯 라인이 한 지점으로 수렴되며 거대한 소용돌이가 생겨난다.

「인셉션」에서 주인공 코브는 팀을 꾸리기 위해 전 세계를 돌아다닌다. 팀은 한 남성의 머릿속에 아이디어를 심기 위해 그의 잠재의식 안, 세 단계를 거치며 점점 더 깊이 들어간다. 코브가 이 일을 의뢰받는 장면에서 감상자는 앞으로 어떤 일이 펼쳐질지 이미 알고 있었다.

「인터스텔라」에서 쿠퍼와 그의 팀은 인류가 살 수 있는 새로운 환경을 찾기 위해 우주 세계 세 곳을 탐험한다. 주인공이 이 임무를 받기 전에 우리는 쿠퍼가 성공하리라는 것을 조금은 짐작할 수 있다. 그의 딸은 책장에서 책이 떨어진 것을 보게 되는데, 이는 미래에서 온 쿠퍼였다.

SF 플롯의 시각적 형태: 분지형

판타지와 마찬가지로 SF는 다른 어떤 구조적 요소보다도 스토리 세계를 중시한다. 이런 이유로 두 장르 모두 분지형(나뭇가지형) 플롯 구조를 사용한다.

분지형 플롯에는 두 종류가 있다.

1. 여러 주인공이 동시에 목표를 향해 나아가는 경우
2. 한 캐릭터가 연이어 여러 갈래의 길을 탐험하는 경우

각 분지는 세밀하게 완성된 하나의 사회이거나 한 사회 속 서로 다른 단계를 상징한다. 즉 분지는 황야, 마을, 도시, 억압적 도시 등의 사회 단계를 의미하기도 한다.

분지형 플롯은 다음을 기반으로 한다.

- 일련의 순서에 따라 여러 사회를 탐험한다
- 한 사회 내에서 여러 개인을 비교한다

분지형 플롯의 두 가지 유형을 그림도 나타내면 다음과 같다.

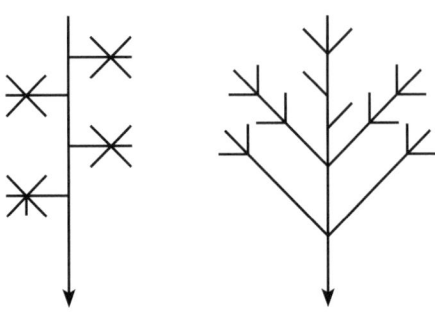

   초월적 SF-신화에서 주인공이 하위 세계에서 또 다른 하위 세계로 여행할 때 분지형 플롯을 확인할 수 있다. 이에 해당하는 작품으로 「스타워즈 에피소드 5: 제국의 역습」, 『듄』, 『파운데이션』 3부작, 『낯선 땅 이방인』, 「2001: 스페이스 오디세이」, 『타이거! 타이거!』, 『리들리 워커 Riddley Walker』, 「로스트」, 「배틀스타 갤럭티카」, 「스타트렉」, 「인터스텔라」, 「인셉션」, 「매트릭스」, 텔레비전 시리즈 「웨스트월드」가 있다.

   분지형은 무한하게 뻗어나갈 수 있지만, 가장 좋은 형태는 내부의 소용돌이 지점으로 다가가는 형태다. 자연에서 물줄기가 강으로 흘러들어 합류하는 것처럼 말이다.

   작가는 여러 갈래의 가지를 번갈아 보여주며 점차 하나로 수렴해야 한다. 이렇게 해야 스토리가 한 곳으로 모여드는 집중점이 생기고 서사 추진력도 커진다. 「인터스텔라」와 「인셉션」에서 놀란 형제는 내부로 가지를 뻗는 스토리 형태에 소용돌이 기법을 접목했다.

   신화-드라마에서 살펴봤듯, 소용돌이 길은 주인공이 여정 중에 여러 곳에서 멈추는 차원 높은 플롯 구조다. 여정을 멈추는 분지에서 주인공은 극적인 사건이나 작은 사회를 경험한다.

「컨택트 Arrival」는 SF만이 아니라 모든 스토리를 통틀어 플롯 형식이 가장 독특한 작품 중 하나다. 이 작품의 작가는 시간과 공간 모두에서 원형의 소용돌이 길을 채택했다.

스토리는 주인공 루이즈와 어린 딸 한나가 등장하는 것으로 시작하고 딸은 이내 사망한다. 영화의 중반부, 루이즈는 지구에 온 외계 생명체인 헵타포드의 언어를 해독해야 한다. 그녀는 헵타포드가 훗날 인간이 자신들을 구할 수 있도록 전체론적이고 선진화된 언어를 지구에 전수해 주고 있다는 사실을 깨닫게 된다. 이 언어에는 시간을 이동해 미래를 환영처럼 내다볼 수 있는 능력이 있었고, 루이즈는 이 언어를 통해 과거가 아닌 미래에서 딸을 다시 한번 만난다. 이것으로 루이즈는 앞으로 나아가야 할 개인적, 사회적 목표가 생긴 셈이다.

「컨택트」는 플롯을 쫓아가기에 바쁜 첫 번째 관람이 아니라 두 번째 관람에서 더 큰 즐거움을 느낄 수 있는 스토리의 완벽한 예이기도 하다.

SF 스토리 비트: 적대자–권력자

SF에서 적대자는 강력한 권력자이자 부정적인 시스템을 대변하는 대리인이다. 이는 긍정적 SF든 디스토피아적 SF든 마찬가지다. 주된 적대자의 목표는 보통 행성 또는 지구를 완벽히 통제하는 것이다. 이 목표를 이루기 위해 로봇을 활용하는 경우가 많다.

- 「스타워즈」: 다스 베이더와 제국의 황제
- 『듄』: 남작과 황제
- 「터미네이터」: 막을 수 없는 살인 기계
- 「블레이드 러너」: 살인 기계들
- 「매트릭스」: 인간을 통제한 기계들은 마치 인간이 주도권을 갖고 있다는 환상을 만들어낸다. 이러한 기계들을 대표하는 인물은 스미스 요원이다.
- 「웨스트월드」: 인간이 로봇을 창조해 노예로 삼고 재미 삼아 죽이기까지 한다. 주요 적대자는 공원을 만들고 소유하고 운영하는 기업의 책임자들이다.

주의사항이 있다. 권력을 지닌 적대자를 둘 경우 상대가 강력할수록 주인공과 직접적이고 지속적인 접촉을 하기 어렵다는 문제가 있다. 이렇게 되면 극적인 스토리에서 가장 중요한 갈등이 일어나질 못한다. 이 문제는 액션 스토리에서 본 기법으로 해결할 수 있다.

기법: 네 개의 대립점
훌륭한 SF 스토리는 네 개의 대립점과 적대자의 위계를 활용한다.

영웅 한 명에 위계적으로 연결된 적대자를 최소 세 명 배치한다면 여정 중인 주인공에게 적대자가 계속해서 등장하는 구조가 가능해진다.

> **핵심**
>
> 궁극적인 SF 스토리는 결국 우주의 진화가 주된 주제이므로 최고의 작가들은 적대자들이 그리는 상세한 미래의 비전과 주인공의 비전을 비교하며 제시한다.

SF 스토리 비트: 계획

SF에서 계획은 무언가를 찾는 법, 싸우는 법, 복수하는 법, 누군가를 구하는 법이 중심이다. 야심 찬 SF라면 계획은 결국 새로운 세계를 창조하는 법에 초점이 맞춰져 있다.

그 예로 『파운데이션』 3부작, 「스타워즈」, 「2001: 스페이스 오디세이」, 「인터스텔라」, 「타이거! 타이거!」, 「컨택트」가 있다.

> **핵심**
>
> 주인공이 우주를 여행하며 장대한 시공간을 배경으로 삼는 만큼 플롯에서 가장 큰 과제는 시간과 공간, 사건을 어떻게 압축할 것인가다.

SF(그리고 액션) 작가는 이 과제를 세 가지 방법으로 해결한다.

1. 모든 사건이 하나의 지점으로 모이는 소용돌이 지점을 만든다.
2. 스토리의 소용돌이 지점이 가까워질수록 캐릭터들과 스토리라인을 더욱 빠른 속도로 교차하며 보여준다.
3. 네 개의 대립점을 합용한다 주인공을 무너뜨리려는 적대자들의

계획은 플롯 비트를 연결해 주는 동시에 결말을 향해 긴장감을 높이는 역할도 한다. 이를 잘 보여주는 예로 「스타워즈」와 「스타워즈 에피소드 5: 제국의 역습」, 「스타워즈 에피소드 6: 제다이의 귀환」이 있다.

SF 스토리 비트: 플롯-하위 세계들

SF 스토리는 여러 세계를 오가며 전개되는 경우가 많다. 하위 세계를 방문하는 것이 주요 플롯 비트가 되거나 비트의 집합체가 된다. 캐릭터들은 하위 세계에서 목표를 달성하기 위해 일련의 행동을 취하고, 이 행동들이 전체 스토리의 목표를 이루는 데 기여한다. 이는 챕터와 소설 전체와의 관계와 흡사하다.

「스타워즈」 오리지널 3부작은 사막과 정글, 얼음, 늪, 숲을 광범위하게 활용한다. 스토리 구조 비트에 맞춰 하위 세계들을 대응시킨 것이다.

> **핵심**
>
> 「스타워즈」 오리지널 3부작에서 하위 세계들의 특징과 차별점은 자연환경으로 표현된다.

「스타워즈 에피소드 4: 새로운 희망」에서는 루크의 약점이 그의 고향인 사막 행성 타투인에서 확립된다. 주요 적대자는 구체의 전함, 데스 스타라는 하위 세계로 자신을 드러낸다. 따라서 주요 적대자는 데스 스타를 지배하는 다스 베이더다.

「스타워즈 에피소드 5: 제국의 역습」에서 루크의 약점은 얼음행성인 호스에서 다시금 확립되고, 오프닝 전투로 인해 약점은 더욱 강해진다.

이후 스토리는 주요 하위 세계 두 곳을 교차하며 전개된다. 루크는 다고바의 정글(늪지)에서 수련하는 한편 한 솔로와 추바카, 레아 공주는 가스 행성, 베스핀의 클라우드 시티를 방문한다.

SF 스토리 비트: 리빌

대다수의 스토리 형식과 마찬가지로 SF의 핵심 리빌은 대체로 적대자에 관한 것이다. 하지만 가장 큰 리빌은 캐릭터가 완전히 다른 미래를 불러올 어떠한 선택을 마주했을 때다.

「스타워즈 에피소드 4: 새로운 희망」에서 루크가 다스 베이더의 데스 스타를 조준하려는 순간, 우주선의 기술을 믿지 말고 포스를 믿으라는 오비완의 목소리를 듣는다. 루크는 컴퓨터 장치를 끄고 어뢰를 발사해 제국을 무너뜨린다.

「웨스트월드」 첫 시즌 마지막 에피소드에서 로봇인 돌로레스는 자신을 창조한 로버트 포드를 죽여야만 혁명을 일으킬 수 있고 그래야 로봇들이 새로운 의식을 얻고 인간의 지배에서 벗어날 수 있다는 사실을 깨닫는다. 이는 스토리의 리빌이자 자기 각성이기도 하다.

SF 스토리 비트: 전투

방대한 시공간이 배경인 SF 스토리에서는 최고의 전투가 소용돌이 지점에서 벌어질 때가 많다. 첨단 기술에 힘입어 캐릭터의 움직임이 경이로울 정도로 빠른 와중에 전투 중인 이들을 비추는 장면이 점점 빠르게 교차하고 이에 맞춰 캐릭터들이 움직이는 속도 또한 더욱 높아진다.

「스타워즈 에피소드 4: 새로운 희망」의 유명한 마지막 전투는 소용돌이의 정점에서 벌어진다. 전투기 조종사들은 교전 중이고, 루크가 이끄는 반란군은 데스 스타에 길게 난 참호 끝, 2미터 크기의 구멍에 어뢰를 조준한다. 뒤에서는 다스 베이더의 사격이 쏟아지고, 참호의 벽이 가로막아 조준은 어렵고, 데스 스타에게 반란군 기지가 파괴되기까지 불과 몇 초밖에 안 남은 긴박함까지, 삼중고에도 불구하고 루크는 어뢰를 명중시키는 데 성공한다. 공간과 시간 모두가 이처럼 한 지점으로 완벽하게 수렴되는 전투는 없었다.

「컨택트Arrival」: 전투 비트의 전복

여성 신화에서 중요한 점은 물리적 충돌 없이도 갈등을 해소하는 것이다. 초월적 여성 신화-SF 형식인 「컨택트」에서 주인공은 세계 대전으로 이어질 전투를 막아낸다. 루이즈는 헵타포드가 지구를 파괴하러 온 것이 아니라 이들이 지구인에게 미래를 내다볼 수 있는 언어를 선물하러 왔음을 깨닫는다.

SF 스토리 비트: 자기 각성-공개적/우주적 발견

가장 높은 수준에 이른 SF는 새롭고도 보편적인 사회의 질서를 창조하는 내용이 등장한다. 이러한 스토리에서 주인공은 자기 자신에 대한 발견을 경험하는 데 그치지 않는다. 신화 장르의 구조를 차용한 스토리라면 주인공의 자기 각성은 공개적 또는 우주적이기까지 하다. 이때 주인공은 자신이 부족의 지도자임을 자각하기도 한다.

> **핵심**
>
> 새로운 세계를 창조하는 SF에서 주인공은 전체 사회가 미래에 어떻게 진화할지 비전을 갖는다.

주의사항으로는 초월적 SF에서도 새로운 세계에 대한 '비전'을 단순한 플롯이나 예쁜 장식 정도로 치부하는 경향이 있다는 점이다. 새로운 세계를 향한 진정한 비전이란 구성원들이 더욱 조화롭고 창의적으로 공존하도록 이끄는 상세한 도덕적 비전이어야 한다.

새로운 도덕적 비전과 함께 주인공이 거대한 변화를 경험하며 인간에서 초인으로 나아갈 수도 있다. 니체의 초인(위버멘슈 Übermensch)는 철학에서 가장 중요한 개념 중 하나다. 니체는 도덕적으로 이 비유적 인물과 인간의 차이는 인간과 동물의 차이만큼 크다고 설명했다. 그는 인류가 아직 초인에 이르지 못했고, 초인은 인류가 목표로 삼아야 하는 대상이라고도 전했다.

SF와 신화 작가가 인류의 목표인 이 초인을 그려보려 했지만 성공하지 못했다. 인간의 도덕규범보다 더욱 높은 단계의 초인을 한낱 인간이 어떻게 상상할 수 있겠는가?

> **핵심**
> 초인에 대응하는 신화적, 종교적 인물은 선택받은 자다.

신화 장에서 선택받은 자는 사람들을 옳은 삶으로 인도하라는 신성한 목적에 따라 하나님 또는 신들, 운명의 간택을 받은 인물이다. 아담, 모세, 예수, 아서왕, 루크와 아나킨 스카이워커(「스타워즈」), 폴 아트레이데스(『듄』), 네오(「매트릭스」), 제이크 설리(「아바타」), 해리 포터가 이에 해당한다. 네오의 경우, 초인의 요소를 갖추었다는 암시는 있지만 본질적으로는 선택받은 자다.

> **핵심**
>
> 선택받은 자와 초인의 차이점에서 종교와 철학의 근본적인 차이가 드러난다.

신화-종교 스토리는 시작부터 주인공은 이미 기름 부음을 받은 자이자 선택받은 자로 등장한다. 주인공은 자신의 가치를 입증하고 주어진 역할을 다해야 한다. 반면 철학적 의미의 초인은 예정된 존재가 아니다. 인간의 분투가 끝을 맞이할 때 비로소 한 차원 높은 인간이, 한 차원 높은 종이 탄생하는 것이다.

「2001: 스페이스 오디세이」의 결말에서는 우주에 떠 있는 거대한 태아, 스타 차일드로 초인을 구현했다. 앞서 언급했듯이 스타 차일드는 인류 진화의 다음 단계일수도 있다. 물론 아닐 수도 있다. 스타 차일드는 영화 역사상 시각적 상징을 이용해 도덕적 비전을 표현한 최고의 사례일 것이다. 하지만 거대한 아기는 인류가 새로운 도덕적 단계에 어떻게 이를 수 있는지에 대해서는 아무런 답도 주지 않는다.

「매트릭스」의 플롯은 '그$_{the One}$'을 찾는 데만 집중된다. 기계에 저항하는 반군의 지도자 모피어스는 어설퍼 보이는 네오가 바로 '그'임을 확신한다. 네오가 별 볼 일 없는 인간이라는 증거에도 불구하고 말이다. 모피어스는 그가 자신의 역할을 받아들이고 주어진 운명을 다할 수 있도록 길고 긴 훈련을 시작한다. 마지막 순간, 네오는 매트릭스를 무너뜨리기 위해서는 자신과 모피어스 둘 중 누구를 구할 것인지 선택해야 함을 깨닫는다. 네오는 아직도 자신이 '그'라고 믿지 않지만 친구를 구하기 위해 필시 죽음에 이를 선택을 한다. 이 선택으로 네오가 '그'라는 것이 입증된다. 그는 적대자인 스미스 요원에게 자신의 진짜 이름은 네오라고 선언한다.

네오는 분명 선택받은 자였지만 초인의 요소도 갖추고 있다. 「매트릭스」도입부에서 네오는 진화한 초인의 정반대에 있었다. 그는 구속되어 있는, 정말 말 그대로 통 속의 뇌brain in a vat였다. 이는 르네 데카르트René Descartes의 유명한 철학적 가설을 상기시킨다. 우리가 보통 안다고 생각하는 것을 실제로는 알지 못한다는 이론이다. 우리에게 육신이 정말 있는지조차 알 수 없다.

통 속의 뇌에서 인간을 통제하는 머신의 실체를 꿰뚫는 인간으로 거듭나며 네오는 인류라는 종 전체를 자유로 이끄는 새로운 프로메테우스가 된다. 이러한 변화를 추적하려 했던 다른 스토리와 마찬가지로 네오 또한 우주적 발견을 경험하지는 못한다. 네오는 선택받은 자나 초인은 아니다. 「매트릭스」는 새로운 차원의 의식과 도덕성이 어떤 모습인지에 대해서는 보여주지 않는다. 다만 전투가 벌어진 건물에서 빠져나온 그는 보이스오버 내레이션으로 이렇게 전한다.

> 이 이야기가 어떻게 끝날지 알려주려 온 게 아니다. 어떻게 시작될지 알려주러 온 거다. 이제 이 전화를 끊고, 너희가 숨기려 했던 것들을 사람들에게 보여줄 생각이다. 너희가 없는 진짜 세계를 보여주겠다.

「컨택트」는 고차원적인 주제를 독특한 스토리 구조로 풀어낸 드문 예다. 여성 신화인 이 작품에서는 상황을 갈등의 시선으로 보지 않고 전체론적으로 바라보는 여성의 능력이 시공간을 오가는 스토리의 순환적 구조와 완벽하게 맞물린다. 그 결과 자기 각성과 전 지구적 발견을 경험하며 주인공은 지구만이 아니라 온 우주의 시민들과 공존하는 방법을 깨닫는다.

주제: 존재한다는 것은 선택을 인식하는 것이다

SF에서는 인간으로 존재한다는 것은 집과 일터에서 개인의 세계를 창조하는 것이 전부가 아니라고 말한다. 우리가 사는 전체 사회에 책임을 지는 것도 아니다. 인간으로 존재한다는 것은 이 세계에 존재하기 위한 토대를 만드는 일이다. 시공간 규칙, 건축, 정치, 비즈니스, 젠더 역할, 지위, 교통, 통신, 스포츠, 언어, 궁극적으로는 의식 자체에 이르기까지 말이다.

이 스토리 관점에서 당연한 것은 아무것도 없다. 우리는 선택을 통해 매일 모든 것을 창조하고 재창조한다. 하지만 대부분의 시간 동안 우리는 이를 인지하지 못한다. 그 결과 거대한 시스템은 지속되고 우리는 무의식적으로 늘 같은 길을 걸으며 필연적인 끝을 향해 나아간다.

> **핵심**
>
> SF에서는 우리가 발명한 기술이 우리가 내리는 가장 심오한 결정들에 영향을 미친다고 본다.

우리는 무의식적으로 도구를 사용하지만 그것이 사회에 얼마나 큰 영향을 미칠지 알지 못하고, 그 사이에 자리한 무지의 간극은 세상 그 무엇보다도 크다.

최후의 경고 메시지와 같은 SF는 호러와 갱스터를 제외한 어떤 장르보다도 존재를 부정적으로 그린다. 이 장르는 최후의 도덕적 선택을 앞둔 주인공에게, 더 나아가 우리 모두에게 강렬한 경종을 울린다. 그 선택의 결과는 캐릭터의 삶을 영원히 바꾸는 것만이 아니라 전 세계에 영향을 미칠 것이다.

SF의 주제 공식: 사회 창조자의 길

모든 스토리 형식이 그렇듯, SF에서 되어감의 전략은 주인공의 기본 행동 방향과 장르의 핵심 질문에서 드러난다. 이 장르 주인공의 기본 행동은 미래에 더 나은 세계를 만들어나가자는 것이다. 장르의 핵심 질문은 이것이다. 어떻게?

SF에서 되어감은 이 세계를 구성하는 요소를 살피고 어떻게 해야 시스템을 개선할 수 있을지 매일 선택을 내리는 과정이다. 시스템을 개선하는 첫 번째 단계는 자기매몰에서 벗어나 세계와 자아가 항상 상호영향을 미친다는 사실을 깨닫는 것이다. 선택의 실존적 의미를 이토록 강력하게 강조하는 장르는 없을 것이다.

SF는 되어감에 이르는 비결을 거의 항상 부정적으로 보여준다. 우리가 지금 어떠한 선택을 할 경우 펼쳐질 디스토피아를 보여주는 것이다. 또한 나 자신과 다른 이들의 고유한 개성을 지키기 위해 싸울 때 역설적으로 더 나은 사회를 만들어나갈 수 있다는 점을 보여준다.

SF를 초월하는 법

SF를 초월하는 데는 두 가지 방법이 있는데, 역시 다른 장르와 결합하는 것이다.

1. SF-신화 에픽

이전 장에서 신화를 다루며 신화와 SF를 결합하는 형식에 대해 살펴 봤다. 그렇게 탄생한 이야기는「2001: 스페이스 오디세이」처럼 인간의 진화를 둘러싼 장대한 신화가 된다.

메인 장르가 신화가 아니라 SF가 되면 스토리의 범위와 주안점이 달라진다. 가장 거대한 시공간을 배경으로 가장 창의적인 SF-신화 에픽 장르가 탄생하는데, 여기서는 사회-문화의 창조를 상세하게 그리고, 변화를 거치는 과정을 자세하게 추적한다. 그 과정에서 사회-문화가 예술과 스토리의 한 양식임을 강조한다.

그 예로『템페스트』,『로빈슨 크루소』,『듄』,『파운데이션』3부작,『낯선 땅 이방인』,「컨택트」,『타이거! 타이거!』,『리들리 워커』,「로스트」, 「배틀스타 갤럭티카」,「스타트렉」이 있다.

2. SF-호러 에픽

앞서 호러 장에서는 호러를 메인 장르로 SF를 결합시켰을 때 신이 되려는 인간이 끔찍한 악몽에 사로잡히는 스토리가 탄생했다. SF가 주체가 될 때는 노예 사회를 그린 디스토피아 소설이 탄생한다.

그 예로『1984』,『동물농장』,『멋진 신세계』,『화씨 451』,「환상특급」, 『시계태엽 오렌지』,『시녀 이야기』,「오징어 게임」(갱스터),『파리 대왕』, 「매트릭스」,『메트로폴리스』,「매드 맥스: 분노의 도로」(액션 에픽),「혹성탈출: 반격의 서막」을 들 수 있다.

SF 초월하기 1: SF-신화 에픽

SF를 초월하는 첫 번째 방법은 신화와 결합하는 것이다. 이 형식의 어려운 점은, 결함이 있는 인간 종이 만든 사회와 문화가 어떻게 작동하는지 가장 기본적인 수준에서 보여주어야 한다는 데 있다.

『로빈슨 크루소』: 무無에서 사회를 창조하기

『로빈슨 크루소』는 SF의 주요 기법을 활용하여 섬이라는 스토리 세계를 이용해 백지에서 사회(문화)를 구축해 나가는 기술을 보여준다. 스토리의 역사에서 섬은 개인들이 집단으로 어떻게 살아가는지 보기 위해 '작가'가 여러 가지 실험을 해보는 인간 실험실의 공간으로 여겨졌다.

이 작품에서 주인공 크루소는 고립된 개인으로 기술을 통해 자연 세계를 변화시키는 한편 힘든 시기를 이겨내려 기독교에 의지한다. 그러면서 수렵 및 채집에서 농경으로 사회의 첫 두 단계를 거친다. 이 스토리에서 그는 노예무역에 가담하고, 한 소년을 계약 노예로 팔고, 섬에 거주하는 토착민 대부분을 죽이고, 한 남자에게 '프라이데이'라는 이름을 주고 하인으로 삼는다.

영국인들이(그리고 다른 유럽인들이) '신세계'를 식민지화한 과정과 유사함을 쉽게 알 수 있다. 크루소는 이후 영국으로 돌아가 자신이 운영하던 브라질 농장의 수익으로 편안하게 사는 것으로 이야기는 끝을 맺는다. 이 모든 일이 상당히 긍정적으로 그려졌고, 스토리는 대단한 인기를 얻어 '로빈소네이드Robinsonade(문명에서 멀어져 고립된 환경에서 홀로 살아남는 이야기를 주제로 한 문학 장르―옮긴이)'라는 서브 장르가 탄생하기까지 했다.

『파운데이션』 3부작

가장 유명하게는 「스타워즈」를 포함해 SF 스토리 다수는 미약하게나마 로마제국의 역사에 기반을 두고 있다. 『파운데이션』 3부작을 쓴 아이작 아시모프Isaac Asimov는 에드워드 기번Edward Gibbon의 기념비적인 저서 『로마제국 쇠망사』에 영향을 받았다고 밝혔다. 이 책은 화가 토머스 콜Thomas Cole의 그림 연작 「제국의 행로The Course of Empire」에 역사적으로 대응하는 작품이라 할 수 있다.

아시모프가 건설한 은하제국은 몰락하고 있었다. 로마가 몰락하고 찾아온 암흑시대의 수도사들처럼 주인공이자 지식인인 해리 셀던은 인류의 최고 가치를 보존하려고 한다. 그는 심리역사학이라는 이론을 창안하고, 이를 통해 은하제국 멸망 후 닥쳐올 3만 년의 암흑기를 1000년으로 줄일 수 있을 것이라 믿는다.

아시모프는 '심리역사학'이라는 용어를 자신의 사회 단계(문화 진화)에 적용한다. 특이한 점은 그는 이 이론을 스토리 구조를 만들 때만이 아니라 스토리의 주인공이 행동을 결정할 때 사용하는 플롯 장치로도 활용했다는 것이다.

SF 초월하기 2 : SF-호러 에픽

SF를 초월하는 또 다른 방법은 호러를 부차적 장르로 활용하는 것이다. 오늘날 SF-호러 에픽은 흔히 디스토피아 소설이라고 불린다. 사회 발달의 네 번째 단계인 억압적인 도시를 표현하는 대표적 스토리 양식이다. 현대 사회에 복잡하게 내재화된 노예화에도 불구하고 자유를 찾는 방법을 논한다.

SF-호러 에픽은 스토리 양식으로 몇 가지 약점이 있다. 인간 사회를, 좀 더 나아가 인간이라는 종을 묘사하려는 모든 스토리가 지닌 한계이기도 하다. 불가능에 가까운 과제를 안고 있는 디스토피아 스토리는 상당히 단순하게 전개되기 쉽다. 사회는 무자비할 정도로 억압적이고 사악하며, 또한 너무도 추상적인 형태로 그려져 이 스토리에 담긴 메시지를 전달받는 대상인 현실 세계와 유사성을 찾아볼 수 없는 경우가 많다.

이러한 요소는 디스토피아 스토리를 접근성이 낮은 장르로 만든다. 그렇다면 왜 많은 작가가 디스토피아 스토리를 쓰려고 하는 걸까? 이

스토리에는 갈등과 플롯이 풍부한데, 이는 대중 스토리텔링에서 가장 중요한 지점이다. 디스토피아 스토리에서 부족한 것은 도덕적 복잡성이다. 또한 현대 노예 사회가 실제로 무엇을 의미하는지에 대한 세밀한 묘사가 결여되어 있다.

그렇다면 한 가지 질문이 떠오르기 마련이다. 현대의 노예 사회가 만들어진 원인을 정확하게 표현해내는 SF-호러 에픽은 어떻게 쓸 수 있을까? 먼저 최악의 사회를 창조하는 데 기여하는 부정적인 요소를 제시해야 한다. 여기서 전제는, 노예화가 얼마나 깊고 넓게 뿌리내렸는지 캐릭터들이 먼저 깨닫지 못한다면 자유를 찾을 수 없다는 것이다.

훌륭한 SF는 허구적 양식의 사회철학으로서 사회가 개인을 구조적으로 어떻게 노예화하는지, 이를 대신할 자유로운 사회는 어떻게 창조할 수 있을지 길잡이가 된다.

> **핵심**
>
> SF 작가의 궁극적인 목표가 세상을 더욱 나은 곳으로 변화시키는 것이라면 먼저 사회가 속박의 땅도 또 자유의 땅도 될 수 있음을 명확히 보여주어야 한다.

자유와 노예의 사회를 창조하기

노예-자유의 문제는 철학에서 가장 중요한 주제 중 하나다. 개인이 다른 이들과 함께 어떻게 살아가는지의 문제이기 때문이다. 어느 장르든 가장 중요한 도덕적 주제다.

> **핵심**
>
> 모든 사회시스템은 자유를 실현하는 수단인 한편 일종의 감옥이기도 하다. 따라서 사회는 자유의 시스템인가, 노예화 시스템인가의 문제가 아니라, 두 요소가 모두 포함되어 있다고 봐야 한다.

스토리에서 노예와 자유가 공존하는 세계를 만들기 위해서 우리는 사회-문화 구축의 단계로 돌아가야 한다. 신화 장에서 유토피아와 디스토피아를 만드는 핵심 요소를 살펴봤다. 이제 두 스토리 세계를 좀 더 자세하게 들여다볼 텐데, 여기서는 SF-호러 에픽의 진짜 주제인 디스토피아에 좀 더 중점을 두겠다.

땅과 사람, 기술의 균형이 깨질 때 디스토피아가 발생한다는 이야기를 했다. 그 결과 개인은 자연이 파괴된 환경에서 살며 희소한 자원을 위해 목숨을 걸고 싸우는 동물이 되거나 기계 속 부품이 된다. 이 두 경우 모두 개인은 노예화가 된 상태다.

두 가지 질문이 떠오르기 마련이다. 그렇다면 실제 사회가 개인을 노예화하기 위해 사용하는 방법과 도구는 무엇인가? 노예화의 요소는 자유의 요소와 어떻게 얽혀 있는가?

> **핵심**
>
> 인간의 사회적 집단은 실제 선택과 선택처럼 보이는 선택, 명백한 제약을 통해 개인을 통제한다.

현대 사회에서 선택이라는 개념은 비디오게임의 구조와 유사하다. 스키를 타고 내려가는 게임에 여러 코스가 마련되어 있다고 생각해 보자. 플레이어는 코스를 두고 여러 선택권이 있다. 이 코스를 탈 것인가, 저 코스를 탈 것인가. 이는 실제 선택이다. 하지만 선택처럼 보이는 선택이기도 하다. 이 선택 이면에는 게임 설계자가 만든 구조가 숨어 있기 때문이다. 이 숨은 구조는 설계자가 바라는 목적지에 플레이어가 도착하도록 특정 방향으로 유도한다. 게임이 끝에 가까워질수록 설계자는 플레이어를 슬로프 아래쪽으로, 제한된 수의 출구가 있는 방향으로 유도한다.

> **핵심**
>
> 게임할 때 개인은 자유의지로 행동한다고 늘 생각한다. 하지만 사실 출구 지점을 향해 무자비할 정도로 끌려간 것이다.

사회적 집단이 최적의 수준으로 기능하려면 구성원의 특정한 행동을 취하도록 유도하는 것과 동시에 그들이 가장 바라는 일을 할 수 있도록 실제 선택권을 부여해야 한다. 직접 선택을 하는 개인은 더욱 열심히 움직일 뿐 아니라 다른 이들에게도 이로울 새로운 가능성을 만든다.

그러나 자유로운 선택이 만능은 아니다. 최적의 사회적 기계를 만들고 유지하기 위해서 사회는 상당한 협조를 개인에게 강제해야만 한다. 개인이 특정한 행동을 강요받는 것처럼 느낀다면, 특히나 그 방향성이 개인의 바람과 다르다면 해당 조직에 계속 머물고 싶지 않을 것이다. 그렇기에 사회적 집단은 선택처럼 보이는 선택을 가급적 많이 주어야 한다.

하지만 실제 선택, 선택처럼 보이는 선택, 제약이 사회 속 노예화와 자유를 결정하는 유일한 요인은 아니다.

노예 사회

액션 장르에서는 물리적 구속의 관점으로 노예와 자유의 개념을 다뤘다. 하지만 우리 세계에 존재하는 노예화의 범위와 깊이를 설명하기에는 부족하다.

스토리에서 전체주의 사회를 덜 예술적으로 표현한다면, 가장 효율적인 시스템이라는 잘못된 믿음으로 모든 규칙과 제약이 위에서 만들어져 아래로 내려오는 사회가 완성된다. 여기서는 힘이 구심력으로 작용해 모든 이득은 안으로, 그리고 위로 집중된다.

전체주의 사회를 더욱 예술적으로 표현한다면 기만을 활용해 선택처럼 보이는 선택을 개인에게 제공하는 그림이 나온다. 지도자가 바라는 선택을 내리도록 구성원을 유도하는 것이다.

공동체: 자유인인가, 노예인가?

'공동체'는 물리적으로 별개인 존재이자 어느 정도의 자유 선택권을 지닌 개인이 타인과 결합을 경험한다는 개념이다. 신화 장에서는 공동체가 유토피아의 핵심적인 요소라고 설명했다. 하지만 공동체는 노예화에 활용되기도 한다. SF-호러에서는 이 점이 두 가지 방식으로 전개된다.

첫째로 공동체라고 하면 타자와 연결되기와 개인으로 남기라는 대립이 떠오른다. 다만 여기서 타자란 반드시 적을 의미하지는 않는다. 오히려 가장 높은 차원에서 개인이라는 존재의 의미를 생각해 보면, 타자가 없다면 자신을 정의하고 식별하고 보강할 수 없다. 따라서 모든 사회적 접촉에서 분리된 개인은 절대적으로 자유롭지도, 절대적으로 위대하지도 않다. 오히려 성장하지 못하고 동물적이며 죽음을 피하는 데만 몰두하는 존재가 된다.

그 스펙트럼의 극단에 있는 개인은 사회라는 집단에 묶여 스스로를 하나의 인간이 아니라 사회의 일부로 여기는데, 이 또한 성장이 저해된 상황이다. 이 개인은 기계의 특성을 띤다. 대단히 반복적인 행동과 순응, '조용한 절망'에 잠식된 삶이다.

초월적 디스토피아

땅, 사람, 기술이 불균형한 세계를 만드는 기법 말고도 디스토피아를 더욱 밀도 있게 설계하기 위해 SF-호러 에픽에서는 두 가지 기법을 차용한다.

1. 세계를 조직하고 노예화하는 근본적인 시스템이 있고 이 시스템은 숨겨져 있을 때가 많다.
2. 해당 시스템을 만든 인간 종은 치명적인 결함이 있어 자멸할 수밖에 없다.

SF-호러에서 결함이 있는 종은 호러 장르에 등장하는 결함 있는 정신에서 탄생한다. 호러의 정신은 나와 다르다는 이유로 타자를 증오한다. 이러한 증오는 두려움에 기반한다. SF는 서로를 노예화하고 지구를 파괴하는 괴물 같은 모습의 인간을 보여준다.

> **핵심**
>
> 디스토피아 스토리의 위대한 통찰 중 하나는 우익 파시스트와 좌익 전체주의가 본질적으로 동일하다는 것이다. 두 이념 모두 사람들이 어떻게 생각하고 행동해야 하는지 자신이 제일 잘 안다는 한 사람 또는 소수의 사람에게서 비롯된다. 둘 다 공포로 사람들을 지배한다. 두 이념의 차이라면 누구를 타자로 삼을 것인지, 누가 인간 이하의 존재인지 그 기준이 다를 뿐이다.

『멋진 신세계』와 『1984』는 잠재적 디스토피아 사회를 묘사한 책 가운데 가장 앞서 나간 작품이자 가장 선견지명이 뛰어난 작품이다. 대략 비교해 봐도 현대의 노예 국가가 탄생하는 과정에서 두 작품이 어떻게 같고 또 다른지 확인할 수 있다.

올더스 헉슬리Aldous Huxley는 『멋진 신세계』에서 디스토피아의 가장 큰 위험은 사회적으로 유토피아를 설계하려는 사람들에게서 온다고 말한다. 그는 「매드 맥스」 속 세상처럼 억압적인 도시와 황야(마을)라는 고전적인 대립을 설정했다. 소설 속 사람들이 사는 세계 국가World State는 엄격한 계급제가 존재하고, 번식 또한 사회 공학적으로 해결한다. 성관계를 통해 출산하는 사람은 굉장한 수치심을 느껴야 한다.

『멋진 신세계』의 사회는 사람들이 늘 행복한지만 생각한다. 이 때문에 문란한 성관계를 장려하고 환각 효과가 있는 소마라는 약물을 어디서나 쉽게 구할 수 있게 한다. 이 점에서 『멋진 신세계』는 「매트릭스」를 떠올리게 하는데, 토머스 앤더슨(네오)이 파란 알약을 먹었다면 다른 사람들처럼 지극히 행복하고도 편안하게 살아갔을 것이다.

『멋진 신세계』는 약물과 최면 효과가 있는 오락거리로 의식을 통제한 디스토피아인 반면, 『1984』는 정치적 통제, 프로파간다, 범죄화를 통해 디스토피아를 만들었다.

『1984』속 혁명 이후 세계는 오세아니아, 유라시아, 동아시아 이렇게 3대 초강대국으로 나뉘었다. 이 세 국가는 전쟁 중인 것처럼 보이나 실상은 모두 '당the Party'과 '빅 브러더Big Brother'의 지배를 받고 있다. 당은 모든 통신기기를 감시하며 '프롤(프롤레타리아)'들을 빈틈없이 엄격하게 통제한다.

'신어newspeak'를 통한 프로파간다 또한 통제 수단인데, 이것은 당이 올바른 사고를 강화할 목적으로 만든 제한된 언어다. 공식 이념인 '영사ingsoc(영국 사회주의의 준말―옮긴이)'에 반대하는 자는 '사고범죄자thoughtcriminal'로(한 단어가 맞다) 간주된다.

주인공 윈스턴 스미스는 한 여성과 사랑에 빠지는 것으로 당에 반항한다. 이 일로 그는 재교육을 받는다. 전형적인 죄수의 딜레마 상황에서 스미스는 자신이 끔찍하게 두려워하는 쥐를 마주하고 여자 친구를 배신한다. 여자 친구 또한 죄수의 딜레마 함정에 빠져 그를 배신한다.

자본주의와 사회주의–공산주의라는 경제 및 정치 스펙트럼 양극단에서 똑같이 현대 전체주의 국가가 나타날 수 있음을 보여줬다는 점에서 오웰의 통찰력은 탁월하다. 첨단 기술의 디스토피아에서 교묘하게 의식을 통제하는 방식을 이토록 정교하게 묘사한 작품은 아직까지도 찾아볼 수 없다.

『헝거 게임』: 지옥의 정치와 비즈니스

『헝거 게임』이 엄청난 인기를 누린 비결은 신화와 SF를 통해 과거와 현재를 모두 보여주었기 때문이다. 호러라는 악몽을 배경으로 과거와 미래가 함께 펼쳐진다. 고대의 과거와 먼 미래를 결합한 덕분에 독자는 이 스토리가 특정 시간이나 공간에 국한되지 않는, 보편적인 이야기라는 느낌을 받는다. 인간의 본질을 보여준다고 말이다.

『헝거 게임』은 고대 그리스 신화의 주요 이야기인 테세우스와 미노타우로스 신화의 현대판이다. 아이게우스왕은 속죄의 의식으로 매년 남녀 일곱 명씩을 미노타우로스에게 제물로 바쳐야만 했다. 이 신화를 각색한 작가 수전 콜린스Suzanne Collins는 폭정의 디스토피아를 창조해 도덕적으로 타락한 대중의 오락거리로 25명의 십 대가 마지막 한 명이 살아남을 때까지 싸우는 세계를 만들었다.

콜린스는 SF를 이용해 미국 사회의 자본주의를 논리적 극단까지 밀어붙였다. 경쟁과 돈이 생사를 가르는 세계를 만든 것이다. 「롤러볼」과 「웨스트월드」처럼 참가자는 대기업 자본에 종속된 말이다. 지면 죽는 게임이다.

콜린스는 SF-호러의 기법을 모두 동원해 『헝거 게임』 시리즈의 세계를 밀도 있게 건설했다. 먼저 이렇듯 도덕적으로 참담한 현실이 충분히 가능할 법한 전체주의 사회를 만들어 거대한 아레나로 삼았다. 그런 뒤 이 아레나 안에 부유하고 강력하며 부도덕한 캐피톨과 가난하고 굶주린 시골 지역의 12구역이라는 대조적인 사회를 설정했다. 이렇듯 극명한 대비를 지닌 거대한 아레나 안에 작가는 경기장이라는 보다 작은 두 번째 아레나를 만들었다. 벽으로 완벽하게 둘러싸인 경기장은 압력솥 효과를 발휘한다. 점차 갈등이 쌓여가다 극도로 고조되어 결국 폭발하는 것이다.

작가의 탁월한 기법이 빛을 발한 대목은, 빠져나갈 수 없는 한정된 공간에서 일대일 결투를 벌여야 했던 테세우스의 상황을 가장 끔찍한 죄수의 딜레마로 바꿔놓은 설정이다. 참가자는 일대일로 싸워야 하는 상황은 아니다. 협력이 가능할 뿐 아니라 게임의 상당 부분에서는 유용하기까지 하다. 하지만 결국에는 두 사람의 제로섬 상황이 펼쳐진다. 단 한 명만 살 수 있다. 다른 한 명은 죽음을 피할 수 없다.

사다리의 다음 단

우리에게 큰 그림을 보여주고 사회-문화를 이루는 요소와 이를 움직이는 거대한 힘이 우리 삶에 어떠한 영향을 미치는지 보여주는 데는 단연 SF 장르가 독보적인 힘을 발휘한다. 하지만 사회 속에서 일상을 어떻게 살아야 하는지를 상세하게 보여주지는 못한다.

그래서 범죄물을 살펴봐야 한다. 범죄를 저지르기 위해서가 아니라 막기 위해서다. 범죄 장르는 사회를 움직이는 법과 도덕, 평등한 정의를 향한 노력에 초점을 맞춘다.

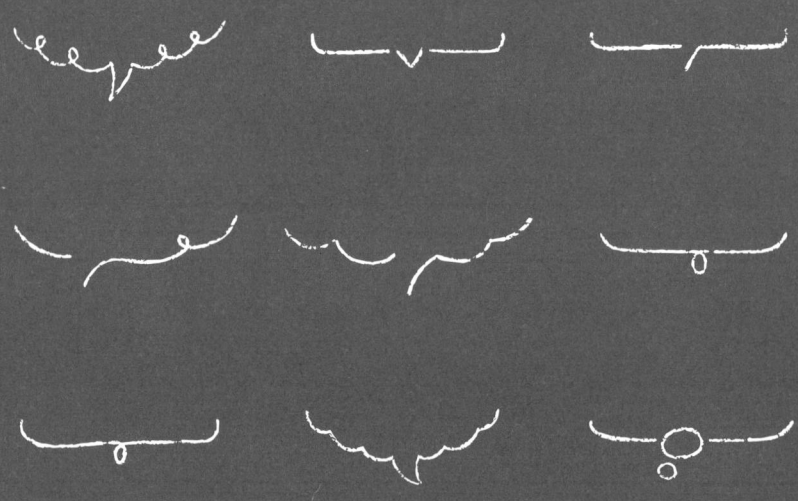

6.
범죄: 도덕과 정의

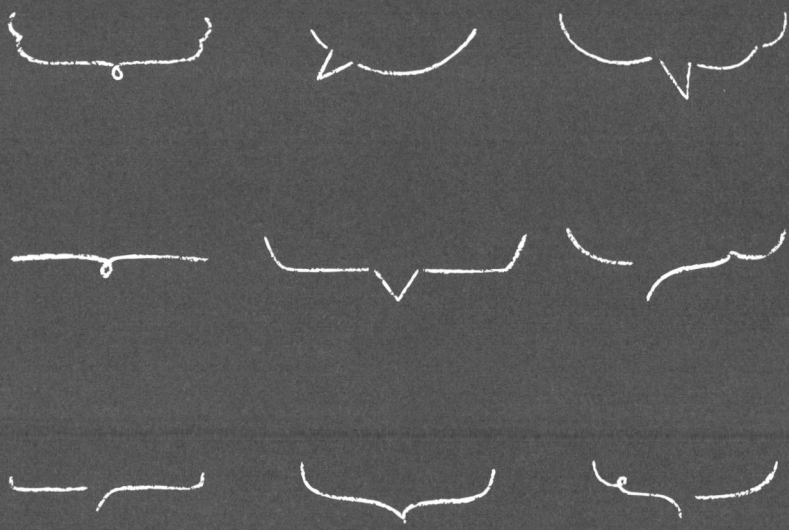

카인과 아벨: 최초의 범죄 스토리

아담과 이브가 최초의 호러 스토리라면 카인과 아벨은 최초의 범죄 스토리다. 창세기는 아담과 이브의 관계에서 이들의 자식에게로 초점을 옮긴다.

이 스토리의 저자는 이들에게 자식을 남녀 한 명씩 주지 않는다. 아들 둘을 주었다. 하지만 아담과 이브의 스토리처럼 두 아들의 관계가 핵심이 아니다. 두 아들과 하나님 아버지 간의 관계가 주다. 아버지의 인정을 받기 위해 경쟁하던 두 아들 사이에 점차 갈등이 커진다.

카인을 통해 우리는 인간의 이원적 의식이 자연스럽고도 당연하게 이분법적 사고로 귀결되는 모습을 확인할 수 있다. 하나님 아버지가 내 형제를 인정할 때마다 그것은 곧 나에 대한 불인정인 것이다. 전형적인 제로섬게임이다. 이 세상이 부족함으로 가득하다고 여기는 것이다. 카인은 하나님 아버지의 한정적인 사랑을 두고 동생과 경쟁해야 한다고 느낀다. 한정된 애정에서 자신의 몫은 줄고 동생의 몫이 커지자 남은 방법은 동생을 죽이는 것밖에 없다고 여기기에 이른다. 궁극의 이원적 대립, 생과 사로 끝이 난다.

하나님 아버지의 사랑을 받는 데 실패한 카인은 이 상황이 너무도 불평등하다고 느낀다. 하지만 그의 화살은 잘못된 방향으로 향했다. 그는 하나님 아버지와 문제가 있었던 것이지 동생과 문제가 있었던 게 아니다. 그가 해결책으로 택한 살인은 절대 돌이킬 수 없다는 점에서 최악의 범죄다.

카인과 아벨의 스토리는 핵가족의 모습은 물론 스토리의 핵심적 기법인 네 개의 대립점을 보여주는 완벽한 사례다. 앞 장에서 논의했듯, 스토리에서는 전통적으로 네 명의 인물로 사회를 표현한다. 이러한 원칙과 네 개의 대립점 기법은 『밤으로의 긴 여로』, 『세일즈맨의 죽음』, (카인과 아벨을 소재로 한) 『에덴의 동쪽』까지 고전 가족 드라마의 구조적 토대다.

가족 드라마와 범죄 장르는 상당히 밀접한 관계를 맺어왔다. 어머니와 아버지, 부모와 자식, 자식과 자식 간의 격렬한 갈등은 범죄에 불을 지피는 계기가 된다.

범죄물의 원리

범죄 스토리는 법을 어기는 자들과 이들을 잡는 사람들에 관한 이야기다. 사회의 모든 구성원은 인간으로서 동등한 권리를 가진다는 원칙에서 출발한다. 그렇기에 범죄물은 기본적인 인권이 침해당할 때마다 공정성과 정의를 회복하는 스토리다.

범죄물의 전반적인 스토리 전략에서 이를 확인할 수 있다. 그 전략이란 자신이 사회 위에 존재한다고 생각하는 범죄자와 사회의 규칙과 가치를 지키는 수호자 간의 대립을 말한다.

범죄물은 사회 안에서 사는 사람에게는 허용되지 않는 욕망을 다루는 대표적인 장르다. 여기서 허용되지 않는 욕망이란 그것을 충족하는 과정에서 타인에게 해를 끼칠 수 있는 욕망을 가리킨다. 이 장르는 욕망을 충족하기 위해 사용해도 되는 수단과 사용해서는 안 되는 수단에 대해서도 말한다.

자연스럽게 합법성과 도덕성의 차이가 대두되기 마련이다. 법이 허락하는 것과 옳고 그름의 문제다. 이 둘이 늘 일치하는 것은 아니다. 일치하지 않는 상황이 닥치면 한 가지 질문이 생긴다. 여기서 올바른 대응은 무엇일까?

장르를 알아가는 이 과정에서 SF 다음으로 범죄를 다루는 이유는 무엇일까? SF가 사회 창조에 관한 것이라면 범죄는 사회의 기반이자 사회가 돌아가는 데 필수적인 법을 수호하는 이야기이기 때문이다.

범죄 마인드-액션 스토리 관점

범죄 장르의 마인드-액션 관점에서 삶은 도덕적 장부를 계속해서 결산해 나가는 과정이다. 누군가 사회 안에서 자신의 욕망을 충족하려 할 때 타인을 이용하고 어떤 경우 타인에게 해를 끼치기도 한다. 이때 두 사람의 장부에 이 행위가 기입되고 대가도 기록된다.

매일 도덕적으로, 법적으로 크고 작은 일이 이 장부에 기록된다. 법은 단순히 보면 사회의 통치 기구가 집행하는 도덕적 규칙이다. 누군가의 잘못이란 배우자의 친절함에 감사 인사를 하지 못한 경우처럼 사소할 수도 있다. 또는 외도처럼 치명적일 수도 있다. 속도위반처럼 단순한 수도, 살인처럼 파괴적일 수도 있다.

사회적 세계에서는 도덕적 장부의 차변과 대변이 동일해야 한다. 행동은 그 대가를 치러야 한다. 누군가를 이용하거나 해쳤다면 동일한 방식으로 대가를 치러야 한다. 대가를 치르지 않는다면 갈등이 발생한다.

다만 도덕적 행위와 법적 행위가 상충할 때 이 장부를 결산하는 일이 더욱 까다롭고 복잡해진다. 도덕적 장부를 비교하는 과정에서 불법적인 행동이 불가피하다고 생각한다면 그에 따른 대가 역시 받아들여야 한다. 안티고네는 왕의 금지령에도 불구하고 오빠의 시신을 매장하는 것이 옳다고 생각한다. 그 대가로 그녀는 죽음을 맞이한다. 이후 또 한 번, 삶의 필연적 대가 법칙 Law of Necessary Cost of Living이 그 추악한 머리를 들어 무서운 대가를 안겼다.

다른 장르와의 차이

범죄 스토리는 추리물, 스릴러와 같은 계열에 속한다. 하지만 근본적인 목적이 다르다. 추리물과 스릴러에서는 무엇보다 진실을 밝히는 것이 중요하다. 그 진실은 주로 누가 범죄를 저질렀는가다. 이 스토리라인을 이끄는 주요 행위는 조사다. 죄는 작품의 마지막에 이르러서야 밝혀진다.

범죄 스토리는 추리물처럼 범죄자를 찾아내는 일보다 액션 장르처럼 범죄자와 법 집행자 사이의 갈등에 더욱 중점을 둔다. 누군가의 범법 행위로 스토리가 시작된다. 정의를 실현하는 과정에서 초월적 범죄 스토리는 이 범법 행위가 도덕적으로 그른 일인지, 진정한 정의가 실현되었는지 의문을 제기한다.

지금껏 철학을 허구적으로 표현한 양식으로 장르에 접근했다. 예를 들어 SF는 사회철학을 다루는 장르인 것이다. 이후 보게 되겠지만 서부극은 역사철학을, 추리물은 허구적 인식론을 논한다.

범죄물은 허구적 도덕철학이다. 실로 범죄물은 모든 스토리와 모든 장르에 등장하는 도덕적 논증을 확장한 형태다. 결국 어떤 장르든 좋은 삶이란 무엇인지를 두고 나름의 철학을 담고 있고, 저마다 그 형식은 달라도 윤리 철학에 대해 말한다.

> **핵심**
>
> 어떤 스토리든 결국 목표를 달성하는 과정에서 주인공이 택한 방식이 어떠한 대가를 치르는지를 추적한다.

액션 장르가 범죄물의 일부 요소를 공유하지만 주제적으로는 범죄물과 반대편에 자리한다. 액션 장르는 개인의 입장에서 시작해 우월성에 대해 이야기한다. 원하는 것을 얻고 위계의 가장 높은 자리에 오르는 방법에 대한 것이다.

반면 범죄물은 사회의 관점에서 시작해 최소한 기본 인권에 있어서만큼은 모두가 본질적으로 공평하다는 주제를 다룬다. 즉 누군가의 삶을 위해 타인을 부당하게 이용해서는 안 된다고 말한다. 이러한 원칙이 흔들릴 경우 시스템은 붕괴하고 모두가 고통받기 때문에 이것을 수호해야 한다.

범죄물의 예시

소설과 영화

「이중 배상」, 「포스트맨은 벨을 두 번 울린다」, 『재능 있는 리플리』,

「다크 나이트」(신화, 판타지), 『열차 안의 낯선 자들』(스릴러), 「제3의 사나이」, 「맨츄리안 켄디데이트」(정치 스릴러), 『인 콜드 블러드』, 「터치 오브 이블Touch of Evil」, 『검찰 측의 증인』, 「과거로부터」, 『사냥꾼의 밤』, 「고독한 영혼」, 「에이스 인 더 홀」, 「밤쉘」, 「다이얼 M을 돌려라」, 『트레인스포팅』(성장물), 「히트」, 「우리에게 내일은 없다」, 「스위트 스위트백스 배다스 송」, 「타운」, 「프렌치 커넥션」, 『언더그라운드 레일로드』, 『니클의 소년들』, 『럼 펀치』, 「라브라바LaBrava」, 「저수지의 개들」, 「펄프 픽션」, 「원스 어폰 어 타임… 인 할리우드」, 『샤프트』, 「블랙클랜스맨」, 「소년은 울지 않는다」, 「피고인The Accused」, 「화이트 히트」, 「킬 빌」 1~2, 「미스틱 리버」, 「리썰 웨폰」, 『빌 스트리트가 말할 수 있다면』(사회 드라마, 로맨스), 「콜래트럴」(반서부극), 「로스트 인 더스트」, 「그리프터스」, 「DOA」, 「길다Gilda」, 「살인자들The Killers」, 「포인트 블랭크Point Blank」, 「페이백Payback」, 「로라Laura」, 「디파티드」(갱스터), 「보디 히트」, 「천국과 지옥」, 「망향」, 「뜨거운 오후」, 「트레이닝 데이」, 「데드 프레지던트Dead Presidents」, 「델마와 루이스」, 『파이트 클럽』(호러), 「디아볼릭」(호러), 「페트리파이드 포레스트The Petrified Forest」, 「택시 드라이버」, 「비버리 힐스 캅」(코미디), 「스테이크아웃」, 「나는 탈옥수」, 「사회에의 위협」, 「쇼생크 탈출」, 『러블리 본즈』, 「나를 찾아줘」, 「오스카 그랜트의 어떤 하루」(사회 드라마), 「똑바로 살아라Do the Right Thing」(사회 드라마), 「윈터스 본」

텔레비전 시리즈

「베터 콜 사울」, 「아메리칸 고딕American Gothic」, 「덱스터」, 「페리 메이슨」, 「뤼팽」, 「24」, 「저스티파이드」, 「썬즈 오브 아나키」, 「미스터 로봇」, 「쉴드」, 「오즈OZ」, 「오자크」, 「롱마이어」, 「루시퍼」(판타지), 「플래시The Flash」(판타지), 「에이전트 오브 쉴드」(판타지), 「카니발 로우」(판타지),

「아메리칸 크라임 스토리」,「종이의 집」,「나르코스」

범죄 서브 장르

에픽 범죄 비극Epic Crime Tragedy, 범죄 블랙코미디Crime Black Comedy, 사회 드라마Social Drama, 법정 드라마Courtroom Drama, 필름 누아르Film Noir, 케이퍼, 범죄 코미디Crime Comedy, 역이세계물Fish Out of Water, 크리미널 히어로Criminal as Hero(스토리 속 영웅 또는 주인공이 범법자인 스토리—옮긴이), 범죄 판타지Crime Fantasy, 탈옥Prison Escape

범죄 스토리 개요

이번 장에서 다룰 내용은 다음과 같다.

- 범죄 스토리 비트
- 주제: 존재한다는 것은 법을 준수하고 정의를 위해 싸우는 것이다
  − 주제 공식: 정의를 세우고 사회 규칙을 초월하는 길
- 범죄 스토리를 초월하는 법
  − 도덕성 스토리 비트
  − 에픽 범죄 비극
  − 범죄 블랙코미디

범죄 스토리 비트

범죄 스토리 비트들의 기본 논리는 다음과 같다.

1. 범죄자는 자신이 사회 위에서 군림한다고 생각하고 큰 부 또는 권력을 이루기 위해 범죄를 저지른다.
2. 평범해 보이지만 사실 내면이 심오한 경찰이 등장한다. 재빨리 범인을 파악하고 그를 쫓는다.
3. 두 사람이 목숨을 건 대결을 벌인다.
4. 서로 상대방의 능력을 한계까지 시험한다.

이제 범죄 스토리 비트를 자세하게 살펴보겠다.

범죄 스토리 비트: 스토리 세계-피상적 사회의 노예화

범죄 스토리는 사람들이 사회 안에서 어떻게 함께 살아가는지에 초점을 맞춘다. 구체적으로는 다른 이들이 원할 수도 없고, 원해서도 안 된다는 대상을 어떻게 얻을 수 있는가?

범죄 스토리 세계는 양극단에 놓인 두 세계 중 하나를 택하는데, 둘 다 디스토피아인 것은 마찬가지다.

- 범죄가 없는 세계다. 어떤 욕망도 허용되고 그 욕망을 실현하는 데 필요한 행동도 무엇이든 허용된다. 그 결과는 돈과 무기를 가진 사람들이 모든 권력을 장악하는 자연 세계의 혼돈이다
- 파시스트 경찰국가의 세계다. 욕망을 실현하기 위해 행하는 거의 모든 행동이 범죄다

현대 문화는 이 두 극단 사이에서 균형을 이루어 최고의 사회를 만들려 한다. 범죄물에서 스토리 세계를 어떻게 묘사하든 그곳은 결국 사람들이 피상적인 삶을 사는 세계다. SF 세계처럼 사람들은 헨리 데이비드

소로Henry David Thoreau가 말하는 "조용한 절망의 삶"을 산다. 아니면 그저 아무런 의식 없이 산다.

범죄 스토리 속 사회는 또한 극도의 부와 빈곤이 존재한다. 노력하면 사회 계층의 사다리를 올라갈 수 있다는 가능성이 거의 사라진 사회다. 그로 인해 범죄로 눈을 돌리는 사람들이 생겨난다.

범죄 스토리 비트: 기폭제—범죄

범죄자는 자신을 새로운 차원의 부나 권력으로 비약시키는 범죄를 저지른다.

기법: 기발한 범죄

주인공이든 적대자든 스토리는 일류 범죄자의 캐릭터를 따라 진행되므로 범죄 사건을 기발하게 만들어야 한다. 범죄는 범죄자의 뛰어난 의식과 예술성을 드러내는 행동이다. 그 캐릭터가 진정한 일류 범죄자라면 그가 얼마나 기발한 생각을 하는지 보고 싶어지기 마련이다.

「다크 나이트」는 조커가 은행을 터는 장면으로 시작한다. 그의 계획은 팀원 한 명에게 스쿨버스를 타고 은행으로 진입하라고 시킨 뒤 그 버스로 다른 강도를 치어 죽이는 것이었다. 그런 뒤 조커는 운전한 팀원마저 죽이고 돈을 챙긴 뒤 스쿨버스를 타고 그 자리를 떠난다. 그곳을 나서기 전 조커는 부상을 입은 은행장에게 이렇게 말한다. "내가 믿는 건, 널 쓰러뜨리지 못하는 고통은 널 더 해괴하게 만든다는 거지."

"우리를 쓰러뜨리지 못하는 것은 우리를 더욱 강하게 만들 뿐이다"라는 니체의 말에 살짝 변화를 더한 대사다. 조커는 자신을 니체의 초인으로, 다만 비틀리고 어두운 버전의 초인으로 여기는 것이다.

크리스토퍼 매쿼리Christopher McQuarrie의 뛰어난 범죄 스토리 「유주얼 서스펙트」에는 영화 역사상 손꼽히게 기발한 범죄가 펼쳐진다. 어찌나 기발한지 FBI만이 아니라 감상자도 모두 속았다.

이 스토리의 주인공은 일류 범죄자 버벌이다. 다만 그가 FBI와 감상자를 속일 수 있었던 것은 주인공처럼 보이지 않았기 때문이다. 버벌의 범죄가 기발한 이유는 그가 범죄의 예술가이자 정확히는 스토리텔링의 대가인 덕분이었다. 그는 네 가지 방법을 활용했다.

1. 그는 FBI 요원의 뒤쪽 게시판에 붙은 사진과 기사, 지명수배 전단지를 보고 모든 이야기를 지어낸다.
2. 그는 조력자인 척하며 진짜 주인공처럼 보이는 키튼과 FBI 요원이자 악역처럼 보이는 쿠얀, 그리고 감상자까지 속인다. 버벌은 신뢰할 수 없는 화자의 극치를 보여준다(추리 장을 참고하라).
3. 버벌은 강하고 똑똑함에도 약하고 어리석은 척한다.
4. 그는 무자비한 범죄자 카이저 소제라는 가짜 적대자를 만들어 진짜 살인자인 자신에게 올 시선을 분산시킨다.

> **핵심**
>
> 범죄자가 속임수를 많이 쓸수록 범죄 스토리의 완성도가 높아진다.

범죄 스토리 비트: 경찰 주인공의 강점과 약점

이 어둡고 분열된 사회 세계에 영웅이 등장한다. 범죄물에서 영웅은 법 집행자거나 범죄자다. 영웅이 경찰도 무법자도 될 수 있다는 점은 한 인간을 법의 양면에 놓고 거울상을 탐구한다는 의미다.

경찰은 다른 사람들보다, 심지어 범죄의 대가보다 더욱 심오한 내면을 지닌다.

> **핵심**
> 경찰은 평범한 인간이지만 자신의 일에서는 출중한 능력을 보인다. 다시 말해 그는 일류 경찰인 셈이다.

이 일류 경찰의 특징은 현대 범죄 스토리의 원형인 『죄와 벌』에서 찾을 수 있다. 뛰어난 범죄자 라스콜니코프도 수사관인 포르피리 페트로비치를 당해내지 못한다. 마찬가지로 「형사 콜롬보」의 전형적인 에피소드에 등장하는 부유하고 거만한 살인자도 작은 체구의 겸손한 콜롬보의 상대가 되지 않는다. 콜롬보 형사는 포르피리를 모델로 만든 캐릭터다.

일류 경찰도 심각한 약점을 지녔다. 가난하거나 평범하거나 외로울 수 있다. 사회에 어울리지 못하기도 한다. 아이러니하게도 그는 사회가 가장 중시하는 가치를 누구보다도 굳게 믿고, 그 가치를 준수하며 살아간다.

이런 주인공으로 보여주고자 하는 주제는 정말 위대한 인간은 권력이나 돈이 많거나, 지위가 높은 사람이 아니라는 것이다. 사회가 그런 가치를 제아무리 높게 평가한다 해도 말이다. 범죄 스토리는 이런 경찰과 같은 사람이 부정한 행위가 아니라 게임에 공정하게 임해 승리한다는 점을 보여주고자 한다.

범죄 스토리 비트: 가치와 도덕규범

어느 장르든 스토리 시작에는 어떠한 가치를 믿는 주인공의 모습이 등장하고 이후 그 가치관이 도전을 받는 전개로 흘러간다. 주인공의 가치관이 매우 구체적이라 많은 장르에서 이 가치관을 스토리 속 하나의 도덕규범으로 삼는다. 범죄 스토리에서는 경찰도 범죄자도 주인공이 될 수 있는 만큼 두 캐릭터의 도덕규범을 각각 살펴보자면 다음과 같다.

경찰

- 법은 신성하고 어떤 희생을 치르더라도 반드시 집행되어야 한다
- (대체로 남성인) 경찰 조직 안에 형제애가 존재한다. 군인처럼 경찰들도 동료를 믿고 일하고, 서로의 목숨을 지켜준다. 그 때문에 동료 경찰이 법을 어길지라도 (첫 번째 가치와 상충하더라도) 동료를 고발하지 않는다는 불문율을 지킨다

범죄자

- 범죄자는 '도둑 사이의 명예'라는 가치에 따라 행동한다. 현실에도 이런 사례를 찾아볼 수 있다. 하지만 정의상 범죄자는 오직 자신의 이익을 좇고 이를 위해서는 타인에게 해를 끼치는 인물이므로, 그 반대로 도둑 사이에 명예란 없다는 쪽이 더욱 타당할 때가 많다
- 마피아 조직에서는 오메르타_{omertà}라고 하는 침묵의 규칙이 실제로 존재한다. 개인의 성공보다 조직의 성공을 훨씬 중시하는 만큼 침묵의 법칙은 절대적 가치이고 어길 시 목숨으로 대가를 치른다. 이 이야기는 갱스터 장에서 자세하게 다루겠다

범죄 스토리 비트: 욕망-범죄자를 잡는다

장르를 불문하고 주인공의 욕망선이 스토리의 큰 줄기를 결정한다. 호러와 마찬가지로 범죄 장르는 적대자의 공격을 받은 뒤 주인공의 욕

망이 탄생한다.

주인공이 경찰인 경우 그 욕망은 범죄자를 잡는 것이다. 추리물의 욕망은 진실을 찾는 것이라는 점에 주목할 필요가 있다. 범죄 스토리의 욕망이 범죄자를 잡는 것임을 알고 나면 범죄 장르에 추리물과 액션이 결합되는 이유를 이해할 수 있다. 경찰은 범죄를 저지른 범인을 비교적 쉽게 알아낸다. 진짜는 경찰이 이 범죄자를 잡기 위해 벌이는 두뇌 싸움이다.

기법: 크리미널 히어로의 범죄 스토리

범죄자가 자신이 바라는 것을 얻기 위해 법을 어기는 행위를 부분적이나마 납득할 수 있게 해야 한다.

이러한 기법을 활용할 때 주요 두 가지 이점이 있다.

1. 범죄자인 주인공이 더욱 복잡하고 매력적으로 느껴진다.
2. 경찰은 범죄자를 잡아야 한다는 욕망과 그 범죄가 성공하길 바라는 욕망 사이에서 갈등한다.

『레 미제라블』에서 장발장은 굶주린 누이와 그녀의 가족을 위해 빵을 훔치는 범죄를 저지른다. 그의 적대자는 매정하고 무자비한 자베르 경감이다. 자비를 베푼 장발장에게 감동받은 경감은 결국 그를 풀어준다. 하지만 자신의 의무를 다하지 못했다는 죄책감에 시달린다. 결국 그는 스스로 목숨을 끊는다.

그 깊이는 좀 달라도 이러한 딜레마에 빠진 경찰은 「토마스 크라운 어페어」에도 등장한다. 크라운은 자신이 이 게임의 대가라는 것을 보여주고 싶은 마음에 은행을 털려고 한다. 보험 조사관(경찰관과 유사한 역할)인 비키는 그를 잡아서 게임에서 이기고 싶어 한다. 하지만 동시에 그녀는 크라운과 사랑에 빠진다.

범죄 플롯의 시각적 형태: 직선형, 분지형

호러, 액션과 마찬가지로 범죄물 플롯도 가장 대중적인 스토리 형태인 직선형을 따른다. 주인공이 강렬하게 좇는 단 하나의 목표가 있고 그를 막아서는 한 명의 주요 적대자가 존재한다. 그림으로는 다음과 같다.

범죄의 서브 장르인 사회 드라마도 주인공 한 명이 등장할 경우 직선형을 택한다. 하지만 사회 드라마의 주인공이 여러 명일 경우 플롯을 전개시키기 위해 분지형을 따르는 경우가 많다.

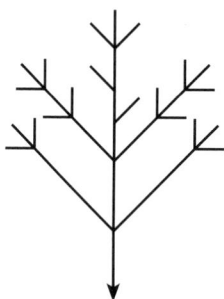

단일 주인공의 직선형 사회 드라마로는 「노마 레이Norma Rae」, 「로마Rome」, 「에린 브로코비치」, 「소년은 울지 않는다」, 「피고인」, 『오레스테이아』, 『안티고네』, 『인형의 집』, 『헤다 가블러Hedda Gabler』, 『민중의 적』

이 있다.

다중 주인공의 분지형 사회 드라마로는 『헬프』, 「트래픽Traffic」, 「내쉬빌Nashville」, 「크래쉬」, 「21그램21 Grams」, 「바벨Babel」을 들 수 있다.

범죄 스토리 비트: 적대자-미스터리의 슈퍼 범죄자

범죄 장르에서 적대자는 범죄자일 수도 경찰일 수도 있다. 다시 한번 말하지만 범죄 장르는 한 인간을 법의 양면에 놓고 거울상을 탐구하는 것이다. 그가 주인공이든 적대자든, 범죄자는 보통 천재적이거나 시스템을 무너뜨리는 데 달인이다.

범죄자는 자신이 우월한 존재기 때문에 자신의 규칙대로 살 수 있어야 한다고 생각한다. 아무 생각 없이 이끌려 다니는 양 떼 같은 인간들보다 자신이 삶이라는 게임을 더욱 깊이 파악한다고 또는 더욱 빠르게 레벨 업 할 수 있다고 믿는다.

범죄자의 목표는 돈이나 권력을 얻거나 게임에 이겨 자신이 다른 사람보다 우월한 존재임을 입증하는 것이다.

일류 범죄자가 주인공인 예로는 로디온 라스콜니코프(『죄와 벌』), 토마스 크라운(「토마스 크라운 어페어」), 버벌(「유주얼 서스펙트」), 월터 화이트, 일명 하이젠버그(「브레이킹 배드」)가 있다.

일류 범죄자가 적대자로 등장하는 예는 조커(「다크 나이트」, 「조커」), 한니발 렉터(스릴러이기도 한 『양들의 침묵』), 알랭 샤르니에(「프렌치 커넥션」), 빌라넬(「킬링 이브」)을 들 수 있다.

「다크 나이트」의 조커보다 위대한 범죄자는 없다. 천재적인 사이코패스인 그가 치밀하게 계획을 세울 때면 뛰어난 지성이 발휘된다. 그는 지방 검사인 하비 덴트와 배트맨을 계략가라고 몰아세운다. 하지만 그야말로 진정한 계략가이자 탐욕이나 복수가 목적이 아니라 오로지 게임 그 자체를 위해 행동하는 현대판 모리아티(셜록 홈즈의 적대자—옮긴이)다. 또한 그는 누구보다도 게임에 능하다.

조커는 말 그대로 고담 시티의 작가나 다름없다. 범죄 플롯을 세워 자신의 도덕적 비전을 반영한 도시로 새롭게 창조한다는 점에서 그렇다. 많은 이가 그는 허무주의자며 혼돈을 사랑하는 남자라고 생각한다. 하지만 그것은 심각한 오판이다.

배트맨이 다크 나이트(어둠의 기사)라면 조커는 다크 필로소퍼(어둠의 철학자)라고 할 수 있다. 「다크 나이트」의 전체 플롯은 사실 인간의 동물적 본성을 보여주기 위해 조커가 만든 일련의 수수께끼와 같다. 이러한 플롯은 현대 범죄 장르의 효시라 할 수 있는 『죄와 벌』로 거슬러 올라간다. 조커는 범죄 장르가 묻는 핵심 질문을 그 누구보다도 어렵게 비틀어 묻는다. 그 질문이란, 두 가지 나쁜 도덕적 선택 중 어느 쪽을 택하겠는가다.

「다크 나이트」는 적대자가 점점 더 무자비해져 가는 상황에서 주인공이 과연 영웅의 모습을 지킬 수 있는지 묻는다. 오늘날 우리가 살아가는 세계에서도 중요한 질문이다. 그러나 「터치 오브 이블」의 경찰은 자신의 역할에 대해 이렇게 말한다. "원래 그런(힘든) 거야…. 경찰국가에서나 경찰 일이 쉬운 거겠지."

범죄 스토리 비트: 추진력―고양이와 생쥐

범죄 스토리 중반부에 이르면 경찰과 범죄자가 두뇌와 힘으로 맞붙는 갈등이 이어진다. 고양이와 생쥐의 쫓고 쫓기는 게임이, 일대일 대결이, 일류 경찰 대 일류 범죄자의 싸움이 시작되는 것이다.

> **핵심**
>
> 최고의 범죄 스토리에서는 경찰과 범죄자 모두 자기 분야에서 최고의 역량을 갖추고 있고 실력 또한 막상막하다.

그래야 두 사람이 헤비급 혈투를 벌이는 장면을 만들어낼 수 있다. 호러 장르 팬이 지속적인 압박과 점차 고조되는 긴장감을 원한다면, 범죄물 팬은 경찰과 범죄자 간에 펀치와 카운터펀치가 오가는 15라운드 혈투를 보고 싶어 한다.

기법: 집착에 사로잡힌 경찰

추진력 단계에서 경찰이 집착에 사로잡힌 나머지 범죄자를 잡기 위해 선을 넘어버리는 모습을, 그리하여 범죄자처럼 행동하는 모습을 보여주어야 한다.

도덕적이지 않은 행동을 연속적으로 취하는 경찰을 보며 감상자는 정반대라 여겼던 두 캐릭터를 겹쳐 보기 시작한다. 좋은 경찰과 나쁜 범죄자의 싸움, 흑과 백의 대립이 아니라 두 캐릭터가 여러 면에서 닮아 있음을 알게 되는 것이다. 범죄 스토리에서 이렇듯 도덕적 논증을 전개하는 기법은 해당 장르의 근본 주제와 맞닿아 있다. 바로 법의 테두리 안팎을 가르는 미묘한 선을 탐구한다는 것이다.

이 기법은 초월적 범죄 스토리에서 더욱 중요하게 작용하는데, 그 이유는 무엇일까? 도덕적 상대주의의 세계에서는 옳고 그름의 선이 결코 명확하지 않다. 더구나 합법적인 일과 도덕적인 일의 차이를 탐구하는 스토리라면 더욱 그렇다.

이 기법은 또한 몇 가지 핵심 질문을 불러온다. 누구의 죄가 더욱 큰

가? 무엇을 원해야 하고 또 어떠한 수단을 써야 하는지 사회가 정해놓은 법을 어기는 범죄자인가? 아니면 개인의 삶을 희생시켜 다수의 일부로 편입시키려 하는 경찰인가?

「다크 나이트」의 명장면은 선을 넘는 경찰의 모습을 아주 잘 보여준다. 배트맨이 경찰서 취조실에서 조커를 심문하는 장면이다.

> 배트맨: 그럼 왜 나를 죽이려 하는 거지?
>
> 조커: 나는 너를 죽이고 싶지 않아! 네가 없으면 나는 뭘 하라고? 다시 마피아 마약상들 등쳐먹을까? 아니, 아니지. 안 돼, 안 돼. 네가, 네가 나를 완성시킨다고.
>
> 배트맨: 너는 돈 때문에 사람을 죽이는 쓰레기야.
>
> 조커: 저놈들처럼 말하지 마. 넌 다르잖아! 네가 놈들처럼 되고 싶다 해도 말이야. 놈들에게 넌 돌아이일 뿐이야. 나처럼 말이야. 저들도 당장은 네가 필요하겠지. 하지만 네가 필요 없어지는 순간 문둥이 쫓듯 내쫓아 버릴걸? 놈들의 도덕과 규칙을 봐. 완전 엉터리라고. 말썽이 난다 싶으면 바로 손을 떼버리니까. 세상이 허락한 만큼만 착하게 구는 놈들이라고. 내가 보여주지. 먹을 게 떨어지고 나면… 이 문명화됐다는 인간들은 서로 잡아먹을걸? 난 괴물이 아니야. 단지 시대를 앞서갈 뿐이지.

다만 이 기법으로 인해 작가가 범죄 스토리 플롯에서 직면하는 가장 큰 문제가 벌어지기도 한다. 선을 넘는 경찰이란 이제 너무 흔해져서 모두가 예상한다는 것이다. 경찰이 범죄자를 잡는다는 더 높은 선을 위해 법을 어길 것이라는 사실쯤은 모두 알고 있다. 그 때문에 플롯이 예측 가능해진다. 플롯의 예측 가능성을 극복하는 가장 좋은 방법은 기만이다.

기법: 기만적인 공격

경찰과 범죄자 모두를 게임의 대가로 만들고, 두 사람이 기만을 통해 상대를 그리고 감상자를 깜짝 놀라게 만들어야 한다. 여기서 기만이란 공격이 어디서 어떻게 이루어질지 모르게 하는 것을 포함한다. 특히 각 캐릭터의 전반적인 공격 계획을 비밀로 하는 것이 중요하다.

범죄 스토리 비트: 리빌─범죄자가 모습을 드러내다

범죄 장르에서 리빌은 범죄자가 경찰을 따돌리려 사용하는 속임수에서 비롯된다. 리빌을 설정하기 위해서는 범죄자를 예술가로 보면 된다. 이런 질문을 떠올리는 것이다. 주인공에게 가장 큰 난관을 안겨줄 은밀한 공격은 무엇일까?

「다크 나이트」에서 조커는 가짜 배트맨 영상을 만들어 배트맨을 도발한다.

범죄 스토리 비트: 추진력─도덕적 논증

대부분의 장르가 그렇듯 범죄 장르 또한 서사적 효과를 위해 좀 더 강조하는 구조적 단계가 있다. 범죄물에서는 도덕적 논증에 힘을 주는데, 승리를 위해 주인공이 행하는 부도덕하고 불법적인 행위를 보여주는 것이다.

주제가 너무 훤히 드러나지 않도록 작가는 플롯을 통해 도덕적 논증을 전개해야 한다. 초월적 범죄 스토리에서 도덕적 논증을 어떻게 드러내는지는 조금 후에 설명할 예정이다. 여기서는 단순한 범죄 스토리에서 플롯으로 이 논증을 전달하는 방법에 대해서 이야기하겠다. 간단하게 말하자면 주인공이 ─경찰이든, 범죄자든, 평범한 시민이든─ 불법적인 행동을 저지른다. 경찰 또는 다른 범죄자가 이에 반응해 주인공을 더욱 극심한 도덕적 딜레마로 몰아넣는다. 이로 인해 주인공이 또 한 번 실수를 저지르고 그렇게 악순환이 반복되는 식이다.

범죄 스토리 비트: 외견상의 패배-범죄자의 탈출

외견상의 패배는 주인공이 적대자와의 싸움에서 졌다고 믿는 순간을 가리킨다. 스토리에 긴장감을 극대화하는 기법 중 하나다. 결국 대다수의 경우 주인공이 패배를 딛고 일어나 승리할 것이기 때문이다.

범죄 장르에서 외견상의 패배는 범죄자가 탈출하거나 결정적인 승리를 거둘 때다.

「다크 나이트」에서 조커가 배트맨을 다른 장소로 유인해 그가 사랑하는 여자 레이철이 폭발로 죽음을 맞이하도록 설계한 장면이 여기에 해당한다.

범죄 스토리 비트: 관문-시련-죽음의 위험-추격전

관문-시련-죽음의 위험 비트는 보통 전투 바로 전 단계에 등장한다. 주인공은 주요 적대자와 대결을 벌이며 상당한 압박감을 느낀다. 주인공이 느끼는 압박감은 보통 좁은 공간 등으로 표현된다. 그 순간 주인공은 좁은 관문을 통과해 사방에서 공격을 당하는 길고 긴 시련을 거치며 죽음이 임박했을지도 모른다고 느낀다.

범죄물에서는 이를 대규모 추격전으로 표현한다. 액션 장르를 차용한 고양이와 쥐의 추격을 최고 속도로 펼치는 것이다.

「다크 나이트」는 이 비트를 탁월하게 구현한다. 조커는 죄수의 딜레마의 규모를 훨씬 키워 재현한다. 죄수의 딜레마란 경찰이 서로 다른 방에 자리한 죄수 두 명에게 자백할 것인지, 침묵할 것인지 선택권을 주는 상황을 말한다. 한 명은 침묵을 택하고 다른 한 명은 자백할 경우 처벌이 더욱 가혹해진다. 서로를 향한 불신으로 죄수는 상대를 배신해야 할까 하는 유혹에 빠진다.

조커는 이 딜레마를 거대한 배 두 척으로 재현한다. 한 척에는 일반 시민들이 타고 있고 다른 한 척에는 중범죄자들이 타고 있다. 양쪽 탑승자는 버튼을 누르면 상대 배를 폭파시킬 수 있다. 만약 자정까지 어느 쪽도 버튼을 누르지 않으면 조커가 두 척 모두를 폭발할 예정이다. 조커의 생각은 이랬다. 낯선 사람들의 인간성을 신뢰할 것인지 자신의 목숨을 구할 것인지 선택해야 하는 상황이 오면 저들 모두 상대를 죽이는 쪽을 택할 것이라고 말이다.

이 플롯 비트의 훌륭함은 스토리 전체의 플롯과 주제를 점차 드러내는 시퀀스에서 나온다. 지금껏 조커는 배트맨에게 점점 더 어려운 도덕적 문제를 마주하게 만들었다. 배트맨은 그저 얇은 도덕 껍데기를 쓴 동물일 뿐이라는 자신의 생각을 입증하려는 노력이었다. 배트맨은 지금껏 도덕적 우위를 지켜왔다. 하지만 이제 조커는 그 선택권을 배트맨에게서 앗아 갔다. 그는 다른 인간을 이용해 자신의 생각이 옳다는 것을 보여주려는 것이다.

결과적으로 조커가 틀렸다. 배 두 척의 탑승객 모두 버튼을 누르지 않는다. 훌륭한 스토리 비트는 맞지만 개인적으로는 현실성이 없는 결말 같아서 아쉬웠다. 작가가 영화 내내 인간의 본질에 대해 공들여 그려냈지만 여기서는 현실성을 배반하는 모습을 보였다. 상당한 설득력을 구축하고 결말에 이를 모두 뒤집고 만 것이다. 살인자들의 손에 자신의 목숨이 달린 일반 시민이라면 단숨에 살인자들이 탄 배를 폭파시키지 않겠는가?

범죄 스토리 비트: 폭력적인 전투 또는 거대한 리빌

범죄 스토리의 욕망이 범죄자를 잡는 것이므로 최후의 전투는 범죄자와 경찰의 폭력적인 충돌이 될 수밖에 없다. 보통은 도심 깊숙한 곳에 자리한 장소에서 뜨거운 총격전이 벌어질 때가 많다. 다시 한번 예측 가능성의 문제가 대두되는 지점이다. 금속 파이프가 가득한 낡은 창고에서 최후의 총격전이 벌어지는 장면을 셀 수 없이 많이 보지 않았는가?

경찰과 범죄자 간에 벌어지는 대규모 액션은 스토리에서 최종적으로 법적 심판이 집행되는 순간이다. 거의 항상 총이 등장한다. 초월적 범죄 스토리에서 이 비트는 거대한 리빌로 대체되기도 한다. 범죄 스토리가 추리물에 가까워지는 지점이다. 범죄물에서 리빌은 범죄자가 경찰을 따돌리기 위해 쓴 속임수에서 비롯될 때가 많다.

초월적 범죄 스토리에서 리빌이라는 비트를 활용하는 이유를 이해하려면 범죄자는 예술가라는 사실을 상기해야 한다. 경찰을 무너뜨리기 위해 범죄자는 극단적인 속임수를 써야만 한다. 거대한 리빌을 스토리 후반부에 배치할수록 스토리의 완성도가 높아진다.

「유주얼 서스펙트」에는 범죄 스토리의 역사상 가장 훌륭한 리빌이라고 할 수 있는 장면이 등장한다. FBI 요원인 쿠안은 마지막 순간에야 진실을 깨닫는다. 이내 그와 감상자는 몇 가지 사실을 알게 된다.

1. 버벌이 모든 이야기를 지어냈다.
2. 그는 우리가 생각했던 나약하고 소심한 사람이 아니었다.
3. 그가 적대자인 카이저 소제를 만들어냈다.
4. 버벌이 카이저 소제, 즉 살인자였다.

어떤 스토리 형태든 최종 리빌은 훌륭한 플롯을 만드는 핵심 중 하나다. 많은 작가에게 탁월한 리빌이라는 기법은 성공을 위해 풀어야 할 최대 난제기도 하다.

기법: 최종 리빌

스토리 초반에 리빌에 대한 계획을 세워야 한다. 주인공에게 향하는 공격은 모두 적대자의 전체적인 계획하에 치밀하게 계산된 것이어야 한다.

범죄 스토리 비트: 자기 각성-사회가 믿는 가치를 지키다

범죄 스토리에서 보통은 경찰이 사회 안에서 법을 지키며 살아간다는 것의 가치를 다시 한번 확인하는 순간 자기 각성을 경험한다. 시민들이 비교적 무관심해 보이고 경찰에게 고마움을 표하지 않는다 해도 이는 별로 중요하지 않다.

영화 「파고」에서는 춥고 흐린 미네소타의 어느 겨울날, 경찰서장인 마지 건더슨이 살인범을 체포해 감옥으로 데려가는 장면이 등장한다.

> 마지: 그러니까 저쪽 바닥에 누워 있던 사람이 런더가드 부인이었군요. 목재 분쇄기에 들어간 사람은 당신 공범이겠고요. 또 브레이너드에서 세 명이 죽었고. 이게 그러니까, 돈 몇 푼 때문에 그랬다고요? 돈이 다가 아니잖아요. 안 그래요? 이봐요, 오늘 날씨가 이렇게 좋은데. 정말 이해가 안 가네요.

물론 어두운 자기 각성도 있다. 사회가 패배하는 상황이다.

영화 「토마스 크라운 어페어」에서 크라운은 법과 자신이 사랑하게 된 여성이자 뛰어난 보험 조사관을 상대로 승리를 거둔다. 그녀는 자신이 패배했다는 사실을, 인생 최대의 실수를 저질렀다는 사실을 인정한다. 위대한 크라운이 승리와 함께 떠나는 모습을 보며 묘한 안도를 느낀다. 삶이란 게임에서 예술가였던 그는 시스템을 보기 좋게 무너뜨린다. 하지만 이는 피로스의 승리(막대한 희생으로 사실상 패배나 다름없는 승리―옮긴이)다. 그는 혼자가 되었고, 진정한 사랑이었을지도 모를 여자를 밀어낸 것이니 말이다.

「다크 나이트」의 결말에서 보여준 씁쓸한 자기 각성은 한참을 거슬러 올라가 고전 서부극「리버티 밸런스를 쏜 사나이 The Man Who Shot Liberty Valance」를 떠올리게 한다. 총격전에서 주인공이 실제로 악당을 죽이지 않은 것이 드러났지만 신문기자는 진실을 보도하지 않는다. 그는 이렇게 말한다. "전설이 팩트가 되면, 진짜 진실이 아니라 전설을 보도해야 하는 거야."

배트맨은 지방 검사인 하비 덴트가 영웅으로 죽도록, 그리하여 사람들이 정의에 대한 희망을 품을 수 있도록 한다. 진정한 영웅이었던 배트맨은 자신이 희생하기로 결심한다. 거짓을 통해 사회의 군건함이 지켜졌다.

범죄 스토리 비트: 도덕적 논증의 결말–시적인 정의

일반적인 범죄 스토리에서 도덕적 논증의 결론은 단순하다. 범죄자는 벌을 받고 법은 수호된다. 하지만 사법제도로 죗값을 물었다고 해서 반드시 정의가 실현되었다고는 할 수 없다. 법은 도덕적 죗값을 대략적으로 추정하는 정도에 불과하다.

두 사람 간의 도덕적 빚은 동일한 대가로 청산되어야 한다. 이 단순하고도 강력한 방정식은『구약성서』에서 "눈에는 눈"이라는 격언에 잘 드러나 있다.

> **핵심**
>
> "눈에는 눈"은 단순히 어떠한 죄에 합당한 처벌을 내리는 데 그치지 않는다. 상처를 봉합하고 죄를 청산한다는 더욱 깊은 욕망을 상징한다. 그래야 피해자는 비로소 정의가 실현되었다고 느낀다.

『신약성서』에서는 용서라는 개념을 통해 정의 실현에 대한 욕망을 좀 더 복잡하게 만들었다. 눈에는 눈이 불가능할 때 피해자는 마음의 상처를 치유할 방법이 없다. 용서는 피해자에게 분노와 원한이라는 사슬에서 벗어날 얼마간의 방법을 제공한다. 하지만 용서는 정의를 대체할 수 없기에 죄를 청산해 주지 못한다.

현대의 사법제도는 눈에는 눈이라는 원리를 체계적인 처벌로 대체하려 한다. 죄를 청산한다는 이유로 복수가 가해진다면 끝없이 불화가 이어지고 이것이 사회 구조를 무너뜨릴 것을 우려해 이런 상황을 막고자 법이 진화했다. 도덕적 빚을 청산할 때 발생하는 부수적 피해가 원래의 범죄보다 더욱 심각해질 수도 있기 때문이다. 또한 체계적 처벌은 잘못된 상대에게 복수가 가해지는 일을 막아준다.

사법제도를 통한 처벌이 피해자에게 복수가 어느 정도 실현되었다는 인상을 줄 수는 있지만 결코 만족스럽지 않을 것이다. 사법제도가 '눈에는 눈'에 상응하는 처벌을 가하지 않는 이상 청산은 요원하고 피해자는 여전히 자신이 받아야 할 것을 받지 못하는 상태에 머문다.

범죄물과 추리물 스토리는 '시적인 정의 poetic justice'를 통해 현실 세계에서 좀처럼 보기 힘든 결말을 제공한다. 시적인 정의는 해당 범죄에 걸맞은, 동일한 대가를 치르게 하거나 가해자가 업보에 따라 스스로 죗값을 물게 되는 상황을 가리킨다.

햄릿이 자신을 배신한 친구 로젠크란츠와 길덴스턴을 파멸시키려 할 때 이런 말을 한다.

> 폭약수가 제 폭탄에 날아가게 만드는 것은 즐거우니까요. 쉽지는 않겠지만 저는 놈들의 땅굴보다 한 치 밑을 더 파고 들어갈 겁니다. 그렇게 놈들을 달까지 날려버릴 겁니다.

간단히 말하자면 두 친구의 폭탄이 결국에는 그들을 폭파시킬 거라는 의미다.

시적인 정의를 볼 수 있는 작품으로는 애거사 크리스티Agatha Christie의 『오리엔트 특급 살인』, 「LA 컨피덴셜」, 「현기증」, 초월적 스릴러인 「컨버세이션」이 있다.

주제: 존재한다는 것은 법을 준수하고 정의를 위해 싸우는 것이다

SF와 마찬가지로 범죄물은 존재함과 되어감을 부정적으로 다룬다. 범죄물에서는 인간으로 존재한다는 것은 공정함을 지키며 타인과 함께 살아가기 위해 매일 노력해야 하는 것이라고 본다. 그러나 우리는 실패할 운명을 타고났다. 그리고 우리가 실패할 때 모두가 대가를 치른다. 범죄 스토리는 법이 우리의 자유를 제한할지라도 우리는 법의 테두리 안에서 살아야 한다고 말한다. 존재란 나와 타인 사이에서, 내가 원하는 것과 내게 허락된 것 사이에서, 가치 있는 것과 정의로운 것 사이에서 끊임없이 균형을 맞추는 일이다.

범죄물에서는 우리가 과연 이 균형을 지킬 수 없는지 묻는 게 아니라,

언제 지킬 수 없는지 묻는다. 원하는 것을 얻기 위해 법을 어길 수밖에 없다면 존재한다는 것은 사회의 집행자들과 끊임없는 갈등을 겪어야 한다는 의미다. 그 결과는 자유의 완전한 상실이 될 것이다.

범죄 장르의 특징은 이 세상에 존재한다는 것은 본질적으로 부당함을 경험할 수밖에 없기에 정의를 만들어나가는 것이 곧 되어감이라는 관점이다.

범죄의 주제 공식: 정의를 세우고 사회 규칙을 초월하는 길

범죄 스토리의 주제 공식 또는 되어감의 전략은 주인공의 기본적인 행동 방향을 살펴보는 것만으로 밝힐 수 없다. 주인공이 경찰일 때도 있고 범죄자일 때도 있기 때문이다. 이 장르가 묻는 핵심 질문을 파악하기 위해서는 각 캐릭터가 말하는 되어감이 어떻게 다른지 따로 살펴봐야 한다.

경찰의 기본 행동 방향은 범죄자를 잡는 것이다. 경찰의 관점에서 성공적인 삶의 공식이란 사회의 규칙 안에서 살고 규칙이 무너졌을 때 이를 다시 바로 세우는 일이다.

다른 어떤 장르보다 개인이 아닌 사회에 가장 높은 가치를 두는 것이 바로 범죄 장르다. 사회를 수호하는 이가 범죄자에게 정의를 실현하는 과정에서 죄를 짓는 상황이 생길지언정 사회의 규칙은 반드시 지켜져야 한다고 말한다.

다만 법을 집행하는 것은 경찰의 본분이다. 그에게 그리고 우리에게 주어진 더욱 큰 과제는 정의를 위해 싸우는 것이다. 자신의 최고 자아로 거듭나기 위해서는 정의가 존재하지 않는 곳에 정의를 만들어나가야 한다. 이는 타인을 돕는 가장 높은 형식이다. 이것으로 경찰은 세상도 돕고 스스로도 구원받는다.

누구에게도 양도할 수 없는 권리를 타고났다는 점에서 모두가 평등하지만 액션과 범죄 장르를 통해 우리는 일상에서도 이러한 원칙이 항상 지켜지는 것은 아니라는 점을 확인한다. 도덕적으로 막대한 피해를 입은 채로 하루를 시작하는 사람이, 그리고 이를 바로잡을 희망조차 없는 이가 너무 많다. 우리는 삶이라는 게임을 멋지게 수행할 능력과 동기를 지녔을 수도 있다. 하지만 성별, 인종, 지위, 권력, 재력을 이유로 그 '경기장'에 입성조차 허락되지 않는 경우도 있다. 페어플레이 원칙을 집행하는 것은 정의를 창조하는 과정의 미약한 첫걸음에 지나지 않을 수 있다. 그럼에도 반드시 필요한 일이라는 데는 변함이 없다.

범죄자 주인공의 관점에서 보자면 그의 기본 행동 방향은 사회의 극단적인 제약에서 벗어나는 것이다. 정의 그대로를 따르자면 법은 모두를 위해 존재한다. 하지만 개개인이 모두 다르기 때문에 자신의 고유한 잠재력을 실현하려면 법을 어길 의무 또한 있다고 주장할 수 있다. 이는 평등을 통해 정의를 창조한다는 논리와 정반대다. 다시 말해 모두에게 평등한 법으로 인해 모두가 불리해진다는 주장이다.

특히나 법이 도덕적이지 않을 때 법을 어기는 행위는 타당성을 얻는다. 법의 목적은 진정한 도덕성을 가이드라인으로 전환해 모두의 삶을 이롭게 한다는 데 있다. 법에서 도덕성이라는 기본 원칙이 약해지거나 무너지면 사회는 견딜 수 없는 곳으로 변한다.

어느 스토리든 도덕적 논증이 담겨 있다. 다만 범죄 장르에서는 스토리가 다루는 도덕적 문제가 곧 스토리의 레종 데트르 raison d'être, 즉 존재 이유이자 핵심이 된다. 범죄자가 보여주는 도덕적 논증은 장르의 핵심 질문을 담고 있다. 법 위에 살아갈 자격은 누구에게 있는가? 권력과 부, 지적 또는 도덕적 우수함으로 다른 모든 이가 따르는 법을 넘어설 정당성을 얻을 수 있는가?

넓게 보면 소포클레스의 『안티고네』는 초월적 범죄 스토리라고 할 수 있다. 폭군인 크레온왕은 오이디푸스의 아들 폴리네이케스의 시신을 매장하지 말라는 엄명을 내린다. 크레온의 조카인 안티고네는 법을 어기고 오빠의 시신을 매장하기로 결심한다. 그녀는 '불문율'을 지킬 의무라고 정당화한다. 그녀는 가족에 대한 의무가 사회적 법보다 위에 있고 특히나 사회적 법이 부당할 때는 더욱 그렇다고 믿었다. 크레온왕은 그녀에게 사형을 내리지만 그녀는 이미 스스로 목숨을 끊은 뒤였다.

범죄 장르를 초월하는 법

초월적 범죄 스토리는 도덕과 정의, 더불어 무엇이 합법적이고 또 무엇이 도덕적인지 그 차이를 다룬다. 스토리는 보통 도덕성에 초점을 맞춰 시작하는데, 결국 삶에서 가치 있는 것들의 이면에는 도덕성이 자리하고 있기 때문이다.

> **핵심**
>
> 일상 속 도덕을 세우는 주요 수단은 스토리다. 그 핵심 기법은 스토리의 도덕적 논증이다. 초월적 범죄 스토리의 가장 중요한 특징이 바로 차원 높은 도덕적 논증이다.

고차원적인 도덕적 논증과 평범한 도덕적 논증이 어떻게 다른지부터 살펴보겠다. 평범한 범죄 스토리는 사회의 대리인인 경찰이 법을 어긴 범죄자를 정의로 심판하는 과정을 추적한다. 행동, 반응, 균형의 순이다. 불법적이고 부도덕한 행동에 죗값을 치르게 하는 것이다.

최고의 범죄 스토리에서도 부도덕하고 불법적인 사건이 스토리 전반의 기폭제로 작용한다. 하지만 이것이 핵심은 아니다. 그보다 삶 전체에 걸쳐 도덕적 대가를 치르는 이야기에 가깝다. 이러한 초월적 범죄 스토리는 치밀하고도 복잡하게 얽힌 도덕적 세계를 만들어 인간의 삶이 어떻게 의미와 가치를 지니는지 보여준다.

> **핵심**
> 초월적 범죄 스토리에서 도덕적 청산은 빚진 것과 받아야 할 바를 생사를 걸고 정리하는 것이다.

이러한 스토리는 삶이라는 거대한 캔버스 위에서 카르마가 어떻게 제 역할을 하는지 보여준다. 대가를 어떤 식으로 언제 치르게 될지는 알 수 없지만 반드시 치르게 된다.

초월적 범죄는 두 서브 장르로 나뉜다.

1. 에픽 범죄 비극

예시로는 『구약성서』 속 모세의 이야기를 포함해 『안티고네』, 『죄와 벌』, 『코펜하겐Copenhagen』, 「선셋 대로」, 「M」, 「제3의 사나이」, 「유주얼 서스펙트」, 「토마스 크라운 어페어」(로맨스), 「쓰리 빌보드」, 「다크 나이트」(신화, 판타지), 「폭력 탈옥」, 「예언자Un prophète」, 「네 멋대로 해라」, 「더 와이어」(추리, 경찰 드라마), 「메어 오브 이스트타운」 등이 있다.

2. 범죄 블랙코미디

「브레이킹 배드」, 「기생충」, 「킬러들의 도시」, 「블러드 심플」, 「파고」

(영화와 드라마 둘 다 해당한다), 『노인을 위한 나라는 없다』(반서부극)가 이에 속한다.

다른 장르처럼 범죄물 또한 삶의 한 예술 양식을—이 경우에는 도덕성을—표현한다는 점은 동일하지만, 범죄물의 경우 초월적 스토리텔링만 가능하다는 데서 차이가 생긴다. 앞서 SF 장에서 스토리 안에 사회와 문화를 창조하려면 우선 진짜 사회와 문화가 어떻게 창조되는지부터 이해해야 한다고 했다. 그리고 이러한 질문을 했다. 사회 속 개인들은 매일 어떤 방식으로 사회-문화의 예술과 스토리를 만들어가는가?

도덕성은 문화의 하위 개념이다. 문화의 기본 가치를 대변한다. 초월적 범죄 스토리를 쓰려면 전체적인 도덕 체계를 세운 후 이에 도전하는 이야기를 만들면 된다. 따라서 우리는 사람들이 개인의 도덕 시스템을, 즉 도덕규범을 어떻게 만드는지부터 알아야 한다.

도덕성의 예술과 스토리

법을 어기려면 먼저 어길 법이 있어야 한다. 법은 도덕규범을 법제화한 것이다. 법제화한다는 것은 어떠한 조항을 어떻게 집행할 것인지 상세하게 제시한다는 의미다.

초월적 범죄 스토리 작가는 세 가지 도전 과제에 부딪힌다.

1. 스토리 세계의 문화적 도덕 체계를 재창조해야 한다.
2. 주인공에게 그만의 도덕규범을 부여해야 한다.
3. 스토리가 전개되는 과정에서 주인공이 자신의 도덕규범을 어기는 모습을 보여야 한다.

도덕규범이 어떻게 만들어지는지 이해하려면 상위 개념인 도덕성",

터 정의해야 한다. 도덕성은 상대적인 가치 체계다. 가치는 자유, 정의, 충성심 같은 추상적인 개념이며 어떻게 행동할 것인지 방식을 의미하는 개념이다. 개인이 각 행동 방식에 추상적인 가치를 부여하는 것이다. 다른 의미 있는 행동 방식에 견주어 개인이 설정하는 나름의 규칙인 셈이다. 따라서 도덕규범에 따라 행동한다는 것은 특정한 상황, 특정한 순간에 가능한 여러 행동을 따져보고 어떻게 행동할지 선택한다는 뜻이다.

여기에는 두 가지 함의가 있다.

1. 가치는 행동을 통해서만 존재한다. 따라서 우리가 '가치'라고 부르는 것은 어떠한 행동을 취하지 않는다면 아무런 의미를 지니지 못한다.
2. 어떠한 행동의 진정한 가치는 그 행동으로 얻어지는 이득에서 다른 선택지의 비용, 즉 '기회비용'을 차감한 것이다.

더 넓은 의미의 도덕성은 유대교, 기독교 등 세속적이고 종교적인 스토리에 담긴 가치 체계다. 이러한 체계는 문화 전반에 스며들어 개인은 다른 사람들이 모두 따르는 그 도덕성을 그냥 받아들인다. 이것이 개인 이념의 일부로 자리 잡아 일상에서 어떠한 행동을 빠르게 선택할 수 있는 기준이 된다.

역사적으로 많은 철학자가 일반적인 도덕성을 받아들이는 것으로는 좋은 삶을 살기에 부족하다고 말했다. 우리는 태어날 때부터 이 세계가 어떻게 작동하는지 나름의 의식 코드를 발전시킨다. 이 코드는 대단히 복잡한 세계를 단순화해 우리가 일상에서 성공적으로 행동할 수 있도록 돕는다. 그 코드 중 하나가 바로 타인과 상호작용할 때 원칙이 되는 개인의 도덕규범이다.

개인의 도덕규범은 한 개인이 자신의 삶을 통제하기 위해 선택한 가치와 행동을 압축적으로 요약한 것이다. 이 도덕규범은 일상 속 타인과의 상호작용이라는 복잡한 문제를 해결하고 좋은 가치란 무엇인지, 옳고 그름은 무엇인지 가르는 하나의 단순한 지침을 제공해 준다.

> **핵심**
>
> 도덕적 선택이란 좋은 것(내게 무엇이 가치 있는가)과 옳은 것(타인에게 무엇이 가치 있는가) 사이에서 균형을 맞춰야 하는 만큼 본질적으로 복잡한 문제일 수밖에 없다.

도덕규범이 곧 스토리 코드다

스토리의 도덕규범을 만드는 기법은 지난 두 세기 동안 등장한 도덕 이론 가운데 가장 혁명적인 이론을 반영한다. 바로 모든 도덕 체계는 신이 아니라 인간이 만들었다는 니체의 이론이다. 니체는 『선악의 저편』, 『도덕의 계보』를 통해 도덕-종교 체계는 권력을 가진 자와 그러지 못한 자를 바탕으로 진화되었다고 주장했다.

신화 장르에서 주인공이 스토리의 끝에 이르러 공개적-우주적 비전을 경험할 때 깨닫는 것이 바로 새로운 도덕규범이다. 모세의 십계명, 예수의 산상수훈, 『코란』과 선불교의 일부 가르침, 마하트마 간디의 "사티아그라하Satyagraha(진리를 구하다)", 시민 불복종, 마틴 루서 킹 주니어Dr. Martin Luther King Jr.의 연설 '나는 꿈이 있습니다'와 같은 개인적 규범까지 도덕규범이라고 할 수 있다.

> **핵심**
>
> 모든 도덕규범은 스토리 코드이기도 하다. 모세가 십계명을 받은 일은 출애굽기의 '우주적 비전'이라는 플롯 비트일 뿐만이 아니다. 그 자체로 하나의 스토리인 셈이다.

도덕규범을 창조하는 스토리 비트

어떤 스토리든 도덕규범은 중요한 비트지만 특히나 추리물, 스릴러, 갱스터를 포함해 범죄 장르 계열에는 필수적인 요소다. 갱스터에는 마피아 법칙과 침묵의 규칙인 오메르타가 있다. 서부극에서는 서부의 법칙Code of the West이, 추리물에는 추리의 법칙Code of the Detective이 있다.

> **핵심**
>
> 도덕규범은 일곱 가지 주요 구조 단계와 다양한 도덕적 논증 비트를 활용해 만들 수 있다(아래에서 설명하겠다).

도덕성 및 도덕적 논증 비트

이 책에서는 도덕적 논증을 파악하는 첫 번째 방법으로 삶을 어떻게 살아야 하는지를 담은 창작자의 메시지를 살펴봤다. 두 번째 방법으로는 창작자가 어떤 스토리텔링 방법을 활용해 그 메시지를 전달하는가 파악했다.

도덕적 논증은 주로 캐릭터의 행동을 통해, 부차적으로는 대화를 통해 표현된다. 구조를 통해 주제를 표현하는 첫 번째 방식은 플롯의 도덕 비트를 활용하는 것이다. 이 도덕 비트는 스토리 속 도덕성을 창조하는 요소기도 하다.

개인이 삶에서 또한 스토리에서 도덕성을 어떻게 형성해 나가는지 파악하기 위해 우선 도덕적 논증 비트를 자세히 살펴보겠다.

도덕 스토리 비트 1: 스토리 세계-도덕적 우주

모든 인간은 상당히 정교한 도덕 체계가 자리 잡힌 세계에 태어난다. 이 체계는 개인이 자신만의 도덕규범을 완성하는 데 지대한 영향을 끼친다.

스토리 속 주인공의 세계에 이미 존재하는 도덕 체계에는 중요한 두 개념을 어떻게 바라보는지 그 관점이 담겨 있다. 바로 책임과 선택이다.

책임

도덕규범은 타인을 어떻게 대할 것인지에 대한 지침이다. 따라서 개인의 행동이 타인에게 직접적이고도 부정적으로 영향을 미치지 않는다면 도덕규범은 적용되지 않는다. 도덕성은 타인에게 어떠한 영향을 일으킨 주체에게 달려 있다.

> **핵심**
>
> 사회적 세계에서 개인의 행동은 도덕적 우주 속에서 항상 타인에게 결과를 미친다. 도덕적 우주라고 해서 모두가 도덕적으로 행동하는 세계를 의미하는 것이 아니다. 사람들의 모든 행동이 도덕적 결과로 이어진다는 의미다.

옳고 그름을 평가하는 핵심 기준은 바로 책임이다. 누가 누구에게 이떤 행동을 했는지 그 도덕적 영향을 따지기에 앞서 우리는 그러한 도덕적 부채를 누가 초래했는지 살펴야 한다. 이는 어려운 일이고, 때로는 불가능하기도 하다.

> **핵심**
> 모든 도덕 체계는 책임을 어떻게 정의하고 판단할 것인지에 달렸다.

책임의 정의와 기준이 크게 달라지기도 한다. 한 극단에는 니체의 관점이 있다. 약속은 인간이 자신의 행동이 미래에 미칠 영향을 통제할 수 있다는 착각을 전제로 하기 때문에, 약속한다는 것은 터무니없는 행위다. 이러한 관점에서 보자면 개인이 행동에 책임을 진다는 것은 환상에 불과하다. 물론 그것이 우리에게 필요한 환상일지라도 말이다.

그 반대의 극단에는 개인의 극단적 책임을 실존주의적 관점에서 바라보는 장폴 사르트르Jean-Paul Sartre가 있다. "실존은 본질에 앞선다"라는 관점에서 우리는 곧 우리가 하는 행동이다. 다시 말해 우리 삶의 결과와 우리가 타인에게 미치는 도덕적 영향에 책임이 있다는 뜻이다. 도덕성과 책임을 실존주의적 관점으로 바라보면 개인에게는 어떤 면죄부도 허락되지 않는다.

사르트르 관점의 기원을 거슬러 올라가면 약 2,600년 전 헤라클레이토스의 유명한 격언 "성격이 곧 운명이다"로 이어진다.

> **핵심**
>
> 삶의 결과와 타인에게 미친 도덕적 영향에 책임을 진다는 관점은 도덕규범을 만들고, 도덕규범에 따라 사는 캐릭터를 만드는 전반적인 과정에 지대한 영향을 미칠 뿐 아니라 스토리 자체에도 큰 영향을 준다.

이러한 관점은 두 가지 규칙을 만든다.

1. 주인공이 스토리를 이끌어야 한다.
2. 훌륭한 플롯은 주인공이 도덕적 청렴함을 형성해 나가는 과정을 보여준다.

다시 말해 스토리는 주인공이 도덕적 약점을 극복하고 올바른 행동을 취하는 과정을 보여주는 것이다. 구조의 관점에서는 주인공이 자신의 도덕적 필요를 충족시켰는지, 타인을 올바르게 대하기 위해 해야만 하는 일을 했는지 여부가 중요하다.

「카사블랑카」는 '성격이 운명'이라는 한 문장으로 스토리를 요약할 수 있는 좋은 예다. 자신을 떠난 여자에 대한 복수심으로 마음이 닫혀 있던 릭은 "누구를 위해서도 내 목숨을 걸 생각은 없어"라고 말하지만 이후에는 "당신이 당신 남편을 도와야 내가 나치와 싸울 수 있어"라고 달라지는 모습을 보인다.

'성격이 운명'이라는 말 속에 자리한 도덕규범은 다른 도덕 체계 및 책임감의 관점과 대치된다. 이 도덕규범은 우리의 미래는 고전 신화처럼 명운fate이나 신들, 혹은 '태어날 때부터 정해진' 무언가(숙명)고 걸징

되지 않는다고 말한다. 기존에는 명운을 위에 있는 신들이 결정한 미래로, 숙명을 우리가 태어날 때부터 (누구에 의해서든) 주어진 것이라고 봤다. 어느 쪽이든 우리가 선택할 여지는 없다.

> **핵심**
>
> 명운, 숙명, '모든 일에는 다 이유가 있다'라는 식의 관점까지 모두 다른 누군가에 의해 미리 정해진다는 개념이다. 이러한 신념은 개인의 책임을 포기하는 태도와 개인의 성격, 선택과는 무관하게 벌어질 일은 벌어진다는 사고가 깔려 있다.

명운, 숙명, '모든 일에는 다 이유가 있다'는 관점은 모두 삶의 목적을 간절히 구하는 태도다. 즉 우리를 대신해서 결정을 내리고 우리 삶에 의미를 부여해 줄 신과 같은 존재를 간곡히 원한다는 뜻이다. 무언가 잘못되면 내가 망쳤다고, 그래서 일이 잘못된 거라고 말하고 싶어 하지 않는다. 우리는 이렇게 될 수밖에 없었다고, 이미 정해진 일이었다고, 내가 할 수 있는 일은 달리 없었다고 말하고 싶어 한다. 그렇게 하면 책임에서 벗어날 수 있기 때문이다.

선택

책임 다음으로 도덕 체계에서 중요한 요소는 바로 선택이다. 실존주의와 마찬가지로 '성격이 운명이다'라는 관점은 마땅히 선택의 중요성에 대해 말하고 있다. 명운, 숙명, '모든 일에는 다 이유가 있다'는 신념과 달리, 이 개념은 선택의 질이 우리의 운명을 결정한다고 말한다. 이는 기꺼이 책임지겠다는 태도에서 비롯된다.

> **핵심**
>
> 우리가 책임을 받아들일 때 비로소 선택이 가능해진다. 선택이 없다면 책임도 도덕성도 존재할 수 없고, 역으로 책임과 도덕성이 없으면 선택도 없다.

액션 장에서 우리가 의식하지 않을 때조차도 선택을 하고 있다는 이야기를 했다. 일상에서는 별다른 생각 없이 일련의 행동이 자연스럽게 이어진다. 하지만 의식하지 못할 뿐 우리는 항상 선택을 하고 있다. 사르트르의 말처럼 "선택하지 않기로 하는 것도 선택이다."

모든 행동의 중심에 선택이 있다는 사실을 자각하고 나면 무의식적인 일련의 행동이 일련의 선택으로 달라진다. 그 결과 선택하지 않은 대안, 즉 기회비용에 대해 생각하게 된다. 이어서 언제든 새로운 행동을 취할 수 있다는 자유를 실감하게 된다.

기법: 영원히 계속되는 도덕적 도전

초월적 스토리 작가는 일반 사회에 존재하는 특정 도덕적, 법적 체계를 빌려 오기보다 자신만의 것을 만든다.

> **핵심**
>
> 장르를 불문하고 초월적인 텔레비전 드라마를 만드는 데 가장 중요한 기법은 스토리 속 모든 캐릭터의 도덕성을 계속해서 시험하는 도덕적 우주를 구축하는 것이다.

이러한 기법이 텔레비전 드라마에서 자주 발견되는 이유는 매체 특성상 다양한 에피소드와 시리즈로 스토리를 확장할 수 있기 때문이다. 에피소드를 극적인 결말로 이끄는 최고의 방식은 캐릭터에게 도덕적 압박이 점점 더 조여드는 상황을 만드는 것이다. 이를 실행하는 데는 몇 가지 방법이 있다.

1. 적자생존과 같이 극한 경쟁의 세계를 설정해 스토리를 시작한다.
2. 모든 캐릭터에게 어려운 질문을 마주하게 한다. 그 질문이란 자신의 생명이 위태로운 상황에서 어떻게 옳은 일을 할 수 있을 것인가다. 다시 말해 캐릭터가 계속해서 극심한 도덕적 압박에 시달리는 것이다.
3. 각 에피소드마다 주연 캐릭터에게 적어도 하나의 특별한 도덕적 과제를 안긴다.
4. 이 도덕적 과제가 각 에피소드를 정의할 뿐 아니라, 최고의 텔레비전 드라마가 한 시즌 내에서 에피소드의 순서를 정하는 방식도 도덕적 과제의 흐름을 따른다.

도덕성 스토리 비트 2: 캐릭터망-도덕규범

캐릭터, 그중에서도 특히 주인공은 핵심 신념과 가치를 지닌다. 이 가치들이 주인공의 개인적 도덕규범이 되어 행동의 기준이 된다.

도덕규범이란 좋은 가치가 무엇인지, 무엇이 옳고 그른지를 가리는 간단히 요약된 가이드와 같다. 자신에게 가치 있는 일(개인의 욕망)을 충족시킬 자유와 타인이 그로 인해 해를 입지 않을 자유 사이에 균형을 맞출 수 있도록 도와준다.

> **핵심**
>
> 모든 도덕규범에서 가장 중요한 질문은 자신의 가치 중 얼마나 많은 부분을 스스로를 위해 쓰는지, 자신의 행동이 타인에게 미칠 영향을 얼마나 신경쓰는지이다.

기법: 도덕규범 적용하기

플롯 전반에 걸쳐 도덕규범을 적용해야 한다.

캐릭터가 어떠한 도덕적 상황에 처했을 때 스토리의 도덕규범 또한 드러난다. 도덕규범은 스토리의 세 가지 주요 지점에 영향을 미친다.

1. 스토리 시작에 주인공이 어떠한 가치를 중시하는지 제시한다.
2. 스토리 중반부에서 주인공이 자신의 목표를 이루기 위해 옳은 행동이나 그른 행동을 취한다. 이러한 도덕적 갈등 상황에서 주인공은 이런 질문에 맞닥뜨린다. 내가 이루고자 하는 목적에 알맞은 방법인가?
3. 주인공의 마지막 도덕적 결정은 주인공이 도덕적으로 높은 차원으로 성장했는지 보여준다.

스토리에 도덕규범을 적용하려면 우선 주인공의 도덕규범을 자세하게 글로 써본다. 위의 세 가지 핵심 순간, 즉 주인공이 도덕규범을 반영해 자신의 행동을 결정하는 순간들을 떠올리며 상세하게 적어본다.

「LA 컨피덴셜」은 초월적 추리 스토리로 이후 추리물을 다루며 자세히 살펴볼 예정이다. 다만 영화 도입부에 캐릭터의 도덕규범이 잘 드러나는 훌륭한 예인 만큼 잠시 언급하고자 한다. 에드먼드는 주인공 중 한 명이다. 그의 상사인 반장 더들리 스미스는 에드먼드에게 형사가 될 만한 도덕적 자질을 확인하며 역설적으로 옳지 않은 상황을 들이밀어 질문한다.

> 스미스 반장: 에드먼드, 너는 정치적인 동물이잖아. 인간의 약점을 뚫어보는 눈은 있지만 배짱은 없는.
> 에드먼드: 아닙니다, 반장님.
> 스미스 반장: 유죄라고 확신하는 용의자를 기소하기 위해 필요한 증거를 조작할 의사가 있나?
> 에드먼드: 반장님, 이미 다 말씀드린 것 같은데요.
> 스미스 반장: 예, 아니요로만 답해, 에드먼드.
> 에드먼드: 없습니다.
> 스미스 반장: 유죄를 확신하는 용의자를 고문해서 자백을 받아낼 의향은?
> 에드먼드: 없습니다.
> 스미스 반장: 흉악한 범죄자를 뒤에서 총으로 쏠 생각은? 변호사를 통해서… 재판이 혹시나….
> 에드먼드: 없습니다.
> 스미스 반장: 그럼 제발 형사 그만두게. 속 편한 일이나 맡으라고.
> 에드먼드: 반장님, 선의로 하는 말씀인 건 알지만, 반장님이나 아버지가 했던 방식을 따르지 않아도 된다고 생각합니다.

그럼 이제 스토리의 고전적인 도덕규범을 몇 가지 살펴보겠다.

십계명

십계명에는 스토리 역사상 가장 영향력 있는 도덕규범이 담겨 있다. 십계명은 하나의 완전한 도덕 체계로, 출애굽기 스토리를 함축적으로 요약한 내용이라 할 수 있다. 한 민족을 위한 새로운 비전인 십계명은 모세의 스토리 마지막에 등장한다.

이 도덕규범은 도덕 체계의 이중 목적을 완벽하게 구현한 예로, 가치(목적)인 욕망을 금하고 수단인 행동을 금한다. 사실상 상당히 방대한 도덕적 논증의 틀을 제시하는 도덕규범이다. 다섯 계명은 올바른 욕망이 무엇인지, 다섯 계명은 욕구를 실현하기 위한 올바른 행위는 무엇인지를 말한다.

> 올바른 욕망(목적)
> 1. 나는 너의 하나님 여호와로라. 너는 나 외에 다른 신들을 네게 있게 말지니라.
> 2. 너를 위하여 새긴 우상을 만들지 말라. 그것들에게 절하지 말며 그것들을 섬기지 말라.
> 4. 안식일을 기억하여 거룩히 지키라.
> 5. 네 부모를 공경하라.
> 10. 네 이웃의 집과 아내나 그의 종이나, 네 이웃의 소유를 탐하지 말지니라.
>
> 올바른 행동(수단)
> 3. 너는 너의 하나님 여호와의 이름을 망령되이 일컫지 말라.
> 6. 살인하지 말지니라.
> 7. 간음하지 말지니라.

8. 도적질하지 말지니라.

9. 네 이웃에 대하여 거짓 증거하지 말지니라.

실존적 도덕규범

회고록 장에서 언급한 실존적 코드는 정체성과 자유의 연관성을 바탕으로 한다. 그리고 이것이 도덕규범의 기초가 된다. 개인이 행동으로 정의된다면 선택의 자유가 있는 것이다. 따라서 개인은 자신의 행동에 따른 결과에 책임이 있다.

실존적 코드의 문제는 그것이 너무도 광범위하여 상대적이고 변화무쌍한 세상에 어떠한 기준이 되기가 어렵다는 점이다. 사람들이 적용하기에는 너무도 모호하고 자유롭다.

> **핵심**
>
> 실존적 코드는 도덕규범의 첫 틀을 잡는 데만 도움이 된다. 실존적 코드의 핵심은 이렇다. '선택은 당신이 하는 것이다. 자신의 도덕규범이 무엇인지 당신이 정의해야만 한다. 그 도덕규범은 당신 정체성의 일부가 될 것이다.'

실존적 코드가 제공하는 가이드라인이라면 조금 전에 언급했던 도덕적 우주에 관한 것이다. 도덕적 우주란 인간이 사회적 세계에 사는 만큼 개인의 행동은 언제나 타인에게 도덕적 영향을 미친다는 개념이다. 따라서 개인의 선택은 개인만의 것이 아니다.

실존적 코드는 개인이 자신의 도덕규범을 형성할 때 절대적인 신이나 신의 규칙을 적은 책에 의존하지 않고 자신이 정의한 기준에 따라야 한다고 말한다. 개인이 어떻게 도덕규범을 정의할 것인지는 여러 요인이 영향을 미치는데, 그 이유는 본질적으로 도덕성이란 예술의 형식이자 문화기 때문이다.

기사도

기사도Chivalric Code는 '말을 타는 병사'라는 프랑스어 chevalerie에서 유래했다. 기사도는 두 가지 스토리 장르인 액션과 종교를 결합한 도덕규범으로 액션의 서브 장르인 방랑하는 기사의 이야기와 기독교를 바탕으로 한다. 기사도의 중심 가치는 명예, 용기, 타인을 위한 봉사, 품위, 신앙, (동등하지 않은 상대로) 여성의 안전을 중요하게 여기는 태도다.

무사도

기사도와 마찬가지로 무사도 또는 전사의 길은 액션과 종교가 결합한 형태다. 다만 여기서 전사는 사무라이고 종교는 성리학, 신도神道, 선불교다. 무사도의 일곱 가치는 다음과 같다.

- 진: 인류를 향한 자비, 보편적 사랑, 연민
- 마코토: 성실과 진실
- 추기: 헌신과 충성심
- 메이요: 존경과 명예
- 유: 용맹, 용기, 영웅적 기개
- 예: 공손한 행동, 예의
- 기: 평정심으로 행하는 옳은 결정, 강직함

서부의 법칙

하나의 장르를 관통하는 도덕규범도 있다. 서부극 장르가 의존하는 서부의 법칙은 기사도처럼 말을 타는 삶에서 탄생한 것이다. 카우보이는 평원의 방랑 기사로 불렸다. 옛 서부Old West에서 기사의 가치란 자립심, 자유, 주체성, 용기, 정직함, 충성심, 여성의 안전을 중요하게 여기는 태도다. 훌륭한 카우보이라면 서부극 스토리의 시작에서 이러한 가치를 드러낸다.

탐정의 법칙

탐정은 도시로 간 카우보이와 같다. 따라서 둘의 코드가 비슷한 것은 어쩌면 당연한 일이다. 둘 모두 타인을, 특히 약자를 돕는 '기사'다. 하지만 탐정은 인간의 끝없는 부도덕한 행동에 맞서 싸우며 신물을 느끼는 인물이다. 그는 어둠의 기사긴 하지만 도시라는 세계의 도덕적 상대주의 속에서도 선을 위해 싸우는 기사다.

『몰타의 매The Maltese Falcon』 마지막 장면에서 탐정 샘 스페이드의 대사는 탐정의 코드를 잘 표현한 것으로 유명하다. 사랑과 명예 사이에서 선택을 내려야 하는 그는 사랑하는 여자와 함께 있을 것인지 아니면 살인 혐의로 그녀를 감옥에 보내야 할지 고민한다. 그녀를 감옥으로, 어쩌면 죽음으로 보내기로 결정한 스페이드는 여자에게 이렇게 말한다.

> 파트너가 살해당하면 그 파트너를 위해 무언가를 해야 하지. 그가 내게 어떤 사람이었는지는 중요하지 않아. 파트너였으니까 뭐라도 해야 하는 거지. 탐정 일을 하다 보면 파트너가 죽는 그런 일도 생기거든. 같이 일하는 사람이 살해당했는데 살인자를 그냥 내버려둔다면 옳지 않은 일이야. 어떤 면에서도. 전 세계에 있는 탐정들

에게도 나쁜 일이지.

장르 스토리텔링에서 옳은 일을 해야 하는 논증으로는 그리 멋있다고 할 수 없는 대사지만 도시 속 어둠의 기사를 완벽하게 표현한 말이다.

영화「킬러들의 도시」는 초월적 범죄 블랙코미디 스토리의 전형이자 걸작이다. 도덕규범이라는 스토리 기법에서 모든 비트를 완전히 뒤집는다.「킬러들의 도시」는 전문 킬러들의 뒤틀렸지만 논리적인 도덕규범을 다음과 같이 제시하며 스토리가 시작된다.

- 보스인 해리는 레이에게 신부 한 명을 암살할 것을 명령했다. 레이가 신부를 저격하던 중 실수로 어린 소년을 죽이고 만다
- 해리에게 이 일은 도덕적으로 용서할 수 없는 사건으로 반드시 같은 방식으로 대가를 치르게 해야 했다
- 해리는 레이의 파트너인 켄에게 레이를 죽이라 명한다
- 그 명령이 옳지 않다고 여긴 켄은 차마 레이를 살해하지 못한다

암살자 사회의 도덕규범은 사회의 도덕성과 정면으로 배치背馳된다. 사회에서 갈등은 반드시 법적 제도 안에서 해결해야 한다고 말한다. 이것은 갈등 당사자들만을 위해서가 아니라 다른 해결 방식으로 피해를 볼 수도 있는 무고한 사회 구성원들에게도 이득이다.

암살자의 도덕규범은 보수를 받았다면 자신들의 방식으로 갈등을 해결할 권리가 있다고 본다. 이는 비즈니스고, 그 세계에서는 돈이 최고의 가치를 지니니까. 전문 킬러는 고객의 도덕적, 사업적 청산을 집행하는 자들이다.

첫 플롯 비트에서 레이가 지지른 부도덕한 행위는 신부 암살이 아니

다. 신부는 암살을 당할 만한 사유가 있는 것처럼 그려진다. 구체적인 이유는 언급되지 않았지만 어떠한 부채를 청산하는 데 '필요한' 일이었다.

킬러의 규범 중 하나는 부수적 피해가 없어야 한다는 것이다. 새로운 빚이 생기기 때문이다. 앞으로 삶을 길게 누릴 가능성이 창창한 어린아이를 죽이는 일은 가장 큰 빚을 지는 일이나 다름없다.

레이가 어긴 규칙과 가치가 바로 이것이었다. 이는 보스인 해리에게는 도저히 용서할 수 없는 부도덕한 행위였다.

「킬러들의 도시」가 (비극적 요소를 지닌) 범죄 블랙코미디인 만큼, 사회의 더욱 큰 도덕성을 수호하는 경찰은 거의 등장하지 않는다. 해리는 스토리 구조상 경찰을 대신하는 인물로 볼 수 있다.

스토리는 엄격한 도덕규범을 지닌 인물이 암살 비즈니스를 운영하는 전문 킬러라는 아이러니를 바탕으로 한다. 더욱이 전문 킬러가 아이는 어떤 일이 있어도 죽이지 않는다는 절대적인 도덕규범을 갖고 있다는 것 또한 아이러니다.

이는 단순히 해리 개인의 도덕규범이 아니다. 이 영화의 세상이 '눈에는 눈'이라는 도덕적 세계인 셈이다. 그 논리는 정반대 방향을 가리키고 있지만 견고하다. 이것이 가장 복잡하고도 강렬한 도덕적 논증을 설정한 방식이다.

도덕성 스토리 비트3: 대립-좋음 VS 옳음

주인공은 목표를 달성하는 과정에서 이를 가로막는 강력한 적을 맞닥뜨린다.

가치와 행동은 밀접하게 연결되어 있다. 실질적인 도덕성의 문제에서는 가치와 행동이 동일할 때가 많다. 보통 옳은 행동은 좋은 가치를 추구하는 과정에서 비롯된다. 도덕성의 문제를 복잡하게 만드는 것은 좋음과 옳음이 대립할 때다. 모든 도덕규범에서 찾아볼 수 있는 중요한 트레이드오프(어느 것을 얻으려면 반드시 다른 것을 희생해야 하는 경제 관계—옮긴이)이자 내부적 대립이다.

> **핵심**
>
> 도덕규범의 내부적 대립과 도덕적 논증의 기본은 이것이다.
>
> **목적(좋음) VS 수단(옳음)**

'좋음'은 개인이 가치 있다고 인식하는 것이다. 어떤 방식으로든 자신의 존재 상태를 개선시켜 주는 대상이다. 그 판단이 옳지 않을 수는 있지만, 어쨌거나 개인은 그것이 자신을 개선시킨다고 생각한다.

반면 '옳음'은 관계적이다. 사회 전체에서 둘 이상의 독립체 사이의 균형을 의미한다. 옳지 않은 행동은 타인에게 해를 끼친다. 이때 타인에게 좋은 무언가가 감소한다.

이렇듯 좋음과 옳음 사이에 형성된 기본적인 트레이드오프에도 불구하고 옳음은 좋음에 따라 달라진다. 옳고 그른 행동을 판단하기 위해서는 먼저 가치에 대해 평가해야 하기 때문이다.

도덕성 스토리 비트 4: 계획-가치, 옳고 그른 행동

주인공은 적대자를 무너뜨리고 목적을 달성하기 위한 계획을 세운다.

도덕규범은 우리가 액션 장르에서 전쟁 또는 스포츠를 다루며 이야기했던 게임 계획과 같은 개념이다. 이는 목표를 추구하며 마주하는 다양한 상황에서 어떻게 행동해야 할지 안내해 주는 가이드다. 다시 말해 x가 벌어지면 y 행동을 하자는 식이다. 신성한 선의 가르침에 기초한 도덕규범에는 복잡함을 모두 제거하고 보편적 명령만 담겨 있다. "너는 항상 y를 해야 한다. 어떠한 상황에서도 z를 행해서는 안 된다." 이러한 규범은 집단을 향한 복종으로 통합을 유지하는 데 초점이 맞춰져 있다.

절대적 신에 기반을 두지 않은 상대적 도덕규범은 다양한 상황, 환경, 예외를 허용한다. 집단보다 개인을 강조하는 경향도 있다.

도덕규범을 바탕으로 한 계획은 두 가지 행동에 중점을 둔다.

1. 목표를 가치 있게 만드는 것이 무엇인지 평가하기
2. 목표를 달성하기 위해 행하는 행동 가운데 무엇이 옳고 그른지 평가하기

도덕규범의 게임 계획은 승리하는 방법에만 치중한 액션 스토리의 게임 계획과 본질적으로 다르다.

> **핵심**
> 도덕규범은 오로지 올바른 행동으로 바람직한 목표를 달성하는 법을 논하는 게임 계획이다.

도덕성 스토리 비트 5: 목적 평가 VS 수단 평가

처음부터 적대자는 너무 강한 상대이기에 주인공은 절박한 나머지 목표를 이루기 위해 비도덕적인 행동에 빠지기 시작한다.

> **핵심**
>
> 가치와 행동, 좋음과 옳음이 대립할 때 도덕적 논증을 위해 중요한 질문을 해야 한다. 좋음보다 옳음을, 자신보다 타인을 더욱 우선해야 하는가?

다른 동물과 마찬가지로 인간은 자신의 목적을 이루기 위해서라면 어떤 수단이든 사용한다. 하지만 상징을 만들어내는 존재로서 인간은 때때로 자신의 수단에 의문을 갖고 목적을 포기할 수 있는 유일한 동물이다.

자신의 수단에 의문을 갖는 행위는 윤리적 행동 규범을 만드는 데 필요한 단계다. 개인이 어떠한 행동을 포기할 의지가 없다면 도덕규범은 무용하다. 도덕규범이라는 제약이 없다면 (비)도덕적인 체계는 개인과 사회를 모두 무너뜨리고 말 것이다

욕망과 행동을 제한한다는 도덕규범의 근본 개념은 '좁고 협착한 길'이란 표현과 맞닿아 있다. 이 문구의 기원은 『신약성서』 마태복음 7장 14절 "생명으로 인도하는 문은 좁고 길이 협착하여"라는 구절이다.

일상의 '추진력'을 얻는 과정에서 개인은 목적과 수단을 평가하고 이 둘이 어떻게 상충하는지 살피려는 노력을 할 것이다. 우리는 매일 목표를 세운다. 그런 뒤 이 목표를 달성하기 위해 어떠한 행동을 취할 것인지, 어떠한 행동이 자신의 가치관에 위배되는지 평가해야 한다.

자유 VS 정의: 잘못된 구분

범죄 스토리 속 도덕규범은 철학에서 가장 큰 갈등이라 여기는 문제 한 가지와 맞닿아 있다. 이는 조월직 범죄 스토리에서도 마찬가지다. 비

로 자유 대 정의 문제다.

단순하게 보면 두 개념은 완벽히 상충한다. 집단을 위해 개인의 행동을 규제한다면 개인이 원하는 것은 아무것도 할 수가 없다. 보통 자유란 무인도에서 홀로 사는 사람처럼 행동이 자신 외에는 누구에게도 영향을 미치지 않는 상태를 상정한다. 하지만 사회로 돌아오는 순간, 자신이 목표를 달성하기 위해 취하는 행동들이 마찬가지로 개인의 목표를 이루려는 다른 인간들에게 어떠한 영향을 미칠지 고려해야 한다.

> **핵심**
> 정의는 기본적으로 모두의 자유를 최적화한다는 개념이다.

스토리 코드: 자유 VS 정의

모든 도덕규범이 스토리 코드이듯, (호러 장에서 설명한) 일곱 가지 스토리 코드 또한 도덕규범이다. 이는 본질적으로 자유와 정의의 상충에 대한 개념이다. 스토리 코드는 인간이 선택할 자유를 지니며 본질적으로 좋은 것과 옳은 것을 중요시한다는 사실을 보여준다.

> **핵심**
> 스토리 코드는 인간이 가치(좋음)를 좇는 과정과 그 가치를 얻기 위해 의문스러운 수단(옳음)을 사용하는 과정을 추적한다.

스토리는 자유와 정의의 갈등을 드라마를 통해 확장한다. 주인공은 처음 어떠한 가치관과 목표를 지닌다. 하지만 목표를 원하는 정도가 아니라 이를 달성하는 데 집착한다. 스토리 초중반에 펼쳐지는 적대자와의 충돌에서 패배하며 이 갈등은 더욱 고조된다. '이기기 위해 주인공이 어디까지 갈 수 있는가'라는 도덕적 압박감을 형성한다. 절박해진 주인공은 목표를 달성하기 위해 비도덕적인 행동에 임한다. 이길 수만 있다면 무엇이든 하겠다고 마음먹는 지점에 이른다. 이때 다른 질문이 떠오른다. 목적을 달성하기 위해 개인의 도덕성을 잃는 것은 더욱 나쁜 형태의 노예 상태가 아닐까?

도덕성: 실존적 코드 VS 스토리 코드

스토리 코드는 어떤 것이 올바른 행동인지 보여주는 도덕주의적 체계가 아니다. 물론 몇몇 '도덕적 교훈 이야기'에서는 그런 역할을 하지만 말이다. 실존적 코드처럼 스토리 코드는 모든 인간의 행동이 의도와 관계없이 타인에게 도덕적 영향을 미친다고 말한다.

> **핵심**
>
> 스토리는 모든 개인이 도덕적으로 행동해야 한다고 말하지 않는다. 다만 모든 행동에 도덕적 파장이 있다고 말할 뿐이다.

스토리는 스토리 코드가 본질적으로 도덕적임을 보여주는 것으로 결국 모든 개인은 자신이 바라는 것을 얻으려 행동할 때 그 행동의 도덕적 파장을 염두에 두어야 한다는 메시지를 전한다.

앞서 우리는 실존적 코드와 스토리 코드가 개인을 형성하는 데 어떻게 나른 역할을 하는지 살펴봤다. 그렇다면 도덕 체계로서 이 둘은 어떤 차이가 있을까?

실존적 코드처럼 극적인 스토리 코드에서는 자기 각성이 아니라, 자기 각성으로 깨달은 새로운 도덕성을 몸소 실천하는 모습을 보여주며 캐릭터를 설명한다.

실존적 코드	스토리 코드
자유에 도덕적 책임이 있음을 인정하는 것은 가치 있는 일이다.	자유를 잃었을 때에도 도덕적으로 행동하는 것이 가치 있는 일이다.
자유가 줄어들수록 도덕적 책임도 줄어든다.	가치를 얻으려는 투쟁은 비도덕적인 행동으로 이어질 수 있는데, 이 또한 노예 상태의 한 형태이다.
삶이 유한하다는 것을 알고 일련의 도덕적 선택에 임할 때 훌륭한 인격이 (무결함) 탄생한다.	훌륭한 인격은 결정적인 선택의 순간에 드러난다.

『죄와 벌』

에드거 앨런 포가 추리 스토리를, 메리 셸리가 초월적 공포 스토리를 창조했듯, 표도르 도스토옙스키 Fyodor Dostoevsky 는 에픽 범죄 비극을 창조했다. 『죄와 벌』은 범죄자가 주인공인 스토리의 비트를 보여주는 작품이다. 이 스토리 형식은 세 가지 면에서 범죄 장르를 초월한다.

1. 비극의 차원으로 끌어 올렸다는 점에서
2. 사회적 도덕규범의 본질을 탐구한다는 점에서
3. 법적인 범죄와 도덕적 범죄의 근본적인 차이를 밝혔다는 점에서 그렇다.

이 작품이 얼마나 혁명적인 스토리인지 이해하기 위해서는 1859년에 출간된 찰스 다윈의 『종의 기원』과 그로부터 약 20년 전에 집필된 포의 스토리에 견주어 함께 살펴봐야 한다. 도스토옙스키가 두 사람을 알고 있었는지는 모르지만, 사상의 역사에서 세 인물이 뚜렷한 패턴을 형성하고 있는 것은 맞다.

포는 의식적이고 무의식적인 마음의 힘과 죄의식이 마음을 어떻게 공격하는지에 대해 글을 썼다. 다윈의 책은 인간이 동물의 우위에 있다는 개념을 뒤집고 도덕성이 신의 뜻에 기초한다는 신념을 뒤흔들었다. 도스토옙스키는 포의 작품을 확장하고 다윈이 신학에 끼친 영향력을 약화하려 했다.

『죄와 벌』 초반에 등장하는 도덕성은 앞에서 나온 범죄 장르의 특성과 유사하다. 사회의 규범은 순응주의적이고, 권위적, 위계적, 반복적이며 한심하다. 또한 최하층 계급 대다수가 극심한 빈곤에 빠져 있다.

주인공인 로디온 라스콜니코프는 대단히 명석한 동시에 비참할 정도로 가난하다. 치명적인 조합이다. 그는 사회가 제시하는, 명백히 결함이 있는 도덕규범을 거부하고 자신만의 결함이 있는 도덕규범을 세운다. 그의 도덕규범이란 그릇된 초인이다. 그는 '쓸모없는' 노파를 죽인다면 대중의 무가치함과 자신의 우월함이 입증될 것이라는 실험을 진행한다.

이 스토리의 전제에 큰 약점이 있다. 무고한 타인을 죽이는 것으로 다른 인간보다 지능적으로 도덕적으로 우수함을 증명할 수 있다는 생각은 더없이 한심하고 비도덕적이다. 하지만 이에 대해서는 잠시 제쳐두도록 하자.

사회의 도덕적 가치를 수호하는 인물은 살인 사건을(실제로는 두 건의 살인을) 조사하는 경관 포르피리 페트로비치다. 그는 「파고」의 마지 건더슨처럼 평범한 사람이지만 자기 일에서 뛰어난 능력을 발휘한다. 또한 라스콜니코프와의 철학적 대립에서 막상막하를 이루는 상대다.

선형적인 범죄 스토리 속 영웅의 모습과 달리 라스콜니코프는 경관을 무너뜨리기 위해서는 놀라울 정도로 아무것도 하지 않는다. 사실 그의 행동 대부분은 자신의 범죄를 드러내는 데 가깝다. 권력자의 무능함을 폭로하고 자신의 뛰어남을 증명하려던 토마스 크라운 같은 일류 범죄자의 태도는 분명 아니다. 그는 깊은 죄책감에 마비된 남자다.

포르피리는 수사를 거의 하지 않는 것처럼 보인다. 전형적인 범죄 스토리에서 경찰은 범죄자를 빠르게 알아차린다. 이 작품에서 두 사람 간의 고양이와 쥐의 싸움은 물리적이거나 전략적인 형태가 아니다. 철학적인 싸움이다.

스토리는 범죄를 수사하는 과정에는 시간을 거의 할애하지 않는다. 대신 라스콜니코프가 자신과 그가 사랑하는 사람들을 대상으로 벌이는 도덕적, 감정적 고뇌에 초점을 맞춘다.

> **핵심**
>
> 『죄와 벌』에서 라스콜니코프의 마음은 그가 저지른 도덕적 범죄를 스스로 심판하는 법정이다.

이 작품 속 행위의 순서는 스토리가 진행될수록 점점 더 비도덕적으로 변하는 보통의 주인공과는 다르게 흘러간다. 그 반대로 비도덕적인 살인자로 시작한 주인공은 도덕적 자백을 하는 인물로 달라진다.

도덕성 비트 6: 조력자의 공격-수치와 죄책감

이야기 중반부, 조력자는 주인공의 목표에는 동의하지만 목표에 이르는 행동은 비도덕적이고 이제 멈춰야 한다고 말하며 주인공을 공격한다.

조력자는 주인공의 행동이 왜 잘못되었는지 어떤 해를 끼치게 될지 설명한다. 하지만 주인공은 그 이야기를 듣지 않고 자신의 행동을 정당화하려 한다.

이 '조력자의 공격' 단계는 외부로부터의 도덕적 공격이자 수치심과 죄책감이라는 내부의 공격이기도 하다. 수치심과 죄책감은 자신을 인식하는 동물에게 일어나는 두 가지 부정적인 감정이다. 이때 마음은 실패한 스스로를 자책하고 도덕적 부채를 상쇄해 보려 헛된 노력을 한다.

개인이 수치심과 죄책감을 느낀다면 사회의 도덕 체계를 수호하는 사람들이 비도덕적인 행위로 이 개인을 비난할 필요가 없다. 이미 충분하게 자책하고 있기 때문이다. 수치심과 죄책감은 마르지 않는 선물과도 같아서 계속해서 마음을 괴롭힌다. 오히려 다른 사람들에게 벌을 받으면 자신이 모든 빚을 갚았고, 이제는 넘어가도 되겠다고 생각할 수도 있다.

> **핵심**
> 수치심과 죄책감으로 스스로를 공격하기 시작하면 아무리 자신을 질책해도 부족하게 느껴진다.

에드거 앨런 포의 「고자질하는 심장」처럼 『죄와 벌』 주인공은 경찰의 뛰어난 수사력 때문에 자백하는 것이 아니다. 인간을 죽였다는 압도적인 두려움과 피해망상, 죄책감 때문이었다. 따라서 『죄와 벌』은 죄의식 문화를 훌륭하게 반영한 스토리라고 할 수 있다(SF 장 참고). 그로부터 30년 후 죄의식의 스토리는 헨리크 입센 Henrik Ibsen의 희곡에서 절정에 이른다.

> **핵심**
> 『죄와 벌』에서는 죄책감 자체가 벌이었다.

「킬러들의 도시」

고차원적인 도덕적 논증을 보여주는 뛰어난 장면에서 주인공 켄은 적대자 해리를 상대로 좋음과 공정함, 절대적인 것과 상대적인 것에 대해 논쟁을 벌인다.

> 해리: 그러니까 정리하자면. 너는 레이를 죽이지 않았을 뿐 아니라 그놈이 자살하려는 것도 막았다는 거잖아. 차라리 죽게 뒀다면 내 문제도 해결됐을 텐데. 네 문제도 해결됐을 거고. 아마 놈도 본인 문제를 해결했을 테고.
> 켄: 그 아이의 문제는 해결되지 않았을 겁니다.
> 해리: 켄, 내가 어린아이를 죽였다면 말이지, 실수든 뭐든 말이야, 나는 두 번 생각하지 않고 바로 그 자리에서 내 목숨을 끊었을 거야. 바로 그 자리에서 말이야. 내 입에 총을 쑤셔 넣었을 거라고. 바로 그 자리에서.
> 켄: 그건 당신 이야기고요, 해리. 레이는 변화할 가능성이 있어요. 본인 삶을 제대로 살아볼 수 있는 가능성이 있다고요.

도덕성 스토리 비트 7: 전투와 도덕적 자기 각성, 도덕적 결정

어느 도덕규범 내에서든 '전투'는 개인이 가치관의 충돌을 깨닫고 어떤 행동을 취할 것인지 결정해야 하는 순간이다.

자신의 행동이 타인에게 미칠 영향을 깨닫는 도덕적 자기 각성을 경험할 수도 있다.

영향력이 부정적이라면 '내가 그들에게 잘못했구나. 내가 원하는 대로만 행동할 수는 없는데. 도덕적 빚을 청산하려면 보상을 해야 해'라는 생각이 드는 것이다.

전투는 플롯의 소용돌이 지점으로, 스토리가 끝으로 향할수록 플롯의 전개 속도를 높이는 역할을 한다. 마찬가지로 주인공의 최종 도덕적 결정은 주제의 소용돌이 지점이 되는데, 바로 이곳에서 적어도 지금 이 상황에서는 어떤 삶의 방식이 최선인지가 분명하게 드러난다.

기법: 최종 결정

가치의 충돌이 아무리 복잡해도 마지막에는 모든 문제를 하나의 결정으로 압축해야 한다. 우리에게 가능한 모든 삶의 방식은 결국 둘 중 하나의 선택으로 귀결된다.

도덕적 결정을 내리기 위해 먼저 목적과 수단을 평가해야 한다(자기각성). 그런 뒤 자신뿐 아니라 다른 사람에게도 최고의 가치를 가져올 선택을 내린다.

> **핵심**
>
> 도덕적 결정이 도덕적이려면 두 가지 요건을 반드시 충족해야 한다. 타인에게 영향을 미쳐야 하고, 결국 어떤 선택을 하든 개인의 희생이 있어야 한다.

도덕적 결정은 도덕규범과 초월적 범죄 이야기의 클라이맥스다. 도덕적 결정은 구조를 통해 주제를 표현하는 역할을 한다는 점에서 가치가 있다. 도덕적 결정이란 장치를 둘 때 복잡한 주제가 이렇게 할 것인가, 저렇게 할 것인가 이렇게 두 개의 선택으로 정리된다.

라스콜니코프의 도덕적 자기 각성과 도덕적 결정에 이르기 전 일련의 시퀀스에서 그가 자백하지 않아도 되는 사유가 만들어진다. 첫째로 그 살인 사건을 자신이 한 짓이라고 자백한 사람이 있었다. 둘째로 라스콜니코프의 자백을 엿들은 남자가 자살했다.

라스콜니코프는 경찰서에서 그 남자가 자살했다는 이야기를 듣고 해방감을 느끼는 듯한 모습으로 그곳을 나섰다. 하지만 그가 사랑하는 사람이자 그를 자수로 이끌었던 여자가 기다리고 있었다. 그녀의 눈빛과 선함, 의로움을 마주한 그는 도덕적 자기 각성의 순간을 경험한다. 그는 다시 경찰서로 돌아가 자수를 하는 도덕적 결정을 내린다.

라스콜니코프의 도덕적 자기 각성은 완전하지 않았다. 다른 누군가 자수를 한 후였기 때문에 그는 8년 형만 받았다. 한 여성을 계획적으로 살인하고 이를 목격한 다른 여성을 죽인 대가가 고작 그것이었다. 내게는 이것이 대단히 잘못된 판결처럼 느껴진다.

라스콜니코프가 교도소에 들어간 후에도 죄에 대한 책임을 모두 졌다고 느끼지 못했던 이유가 죄에 비해 너무 가벼운 형량 때문일지도 모른다. 하지만 그는 소냐의 사랑과 돌봄으로 마침내 빛을 마주한다.

「킬러들의 도시」

「킬러들의 도시」 결말은 스토리 역사상 도덕규범과 도덕적 논증, 시적인 정의를 가장 잘 보여준 최고의 사례 중 하나라고 할 수 있다. 이러한 고차원적인 기법을 최고 수준의 솜씨로 구현해 낸 비결을 알아보기 위해서는 우선 이 영화 속 자기 각성과 도덕적 결정을 자세히 들여다봐야 한다.

결말의 힘은 스토리 초반 해리가 말한 도덕규범에서 나온다.

> 해리: 켄, 내가 어린아이를 죽였다면 말이지, 실수든 뭐든 말이야, 나는 두 번 생각하지 않고 바로 그 자리에서 내 목숨을 끊었을 거야. 바로 그 자리에서 말이야. 내 입에 총을 쑤셔 넣었을 거라고. 바로 그 자리에서.

전투와 켄의 도덕적 결정 1: 마지막 전투는 종탑 꼭대기에서 벌어진다. 파트너를 죽이라는 임무에 실패한 켄은 해리의 손에 죽게 될 거라고 생각한다. 해리의 총이 겨눠진 가운데 켄은 최종 도덕적 결정 두 개 중 하나를 밝힌다. 그는 자신의 총을 꺼내 해리가 있는 쪽 난간에 올려둔다.

> **핵심**
>
> 켄은 해리에게 진 도덕적 빚은 받아들였지만 레이에게는 아무런 빚이 없다고 생각한다.

> 켄: 해리, 내가 당신한테 큰 빚을 진 거 맞아요. 그간 우리가 수많은 일을 함께 겪으며, 나는 진심으로 당신을 존경했어요.
> 해리가 총을 내린다.
> 해리: 뭐?
> 켄: 당신의 청렴함도, 명예도, 다 존경했어요. 그런데 그 아이는 풀어줬어야 했습니다. 기회를 줬어야 했다고요. 그래서, 빌어먹을 내가 당신한테 빚을 지든 말든, 다 꺼져요. 지난 세월 다 엿이나 먹으라고요. 이렇게 생각해야만 했어요. 실제로 그렇게 했고요. 나는 당

6. 범죄: 도덕과 정의

신과 싸울 생각이 없어요. 당신이 뭘 하든 전부 받아들일게요. 받아
들일 거예요. 완전히….

해리: 네가 온갖 헛소리를 늘어놓으니 이제는 쏠 수가 없잖아….

해리가 켄의 다리를 쏜다.

해리: 네가 망할 나사렛 예수를 연기하는 망할 로버트 파월처럼 군
다고 해서 내가 널 가만히 둘 것 같아?

해리와 켄은 거래를 한다. 이제 빚은 청산되었다. 깔끔하게 정리되었다.

> **핵심**
> 이후 이어지는 장면은 영화 역사상 가장 초월적인 장면으로 픽
> 션 작가라면 누구나 면밀하게 분석해야 할 장면이다.

해리는 켄을 부축해 계단을 내려온다. 그때 에릭이 다급히 종탑 위로 뛰어 올라와 레이가 거리에 있다고 해리에게 알린다.

해리의 도덕적 결정 1: 그것으로 거래는 종료된다. 해리는 조금 전 켄과의 합의를 파기한다. 이제 그는 레이를 죽이려 한다. 켄이 자신의 총으로 손을 뻗지만 해리가 먼저 총을 꺼냈다. 두 사람 사이에 싸움이 벌어진다. 해리는 너무도 강력한 상대였다. 그는 켄에게 총을 겨눠 목을 명중시킨다.

해리는 자신이 한 일에 참담함을 느끼지만 이내 자신의 도덕규범을 떠올린다. "켄, 미안하네. 하지만 어린아이를 죽이고도 아무 일 없기를 바라면 안 되지. 그럴 수는 없다고."

켄의 도덕적 결정 2: 해리는 계단을 내려가는 한편 켄은 피를 흘리며

힘겹게 몸을 끌고 계단 위로 올라간다. 그 뒤로 핏자국이 길게 이어진다. 그는 레이에게 소리쳐 위험을 알릴 생각이었다. 그는 간신히 종탑 난간에 기대 아래를 내려다보지만 광장에 안개가 자욱했다!

그가 뭘 할 수 있을까? 광장에서 레이는 새로 사귄 여자 친구에게 흠뻑 빠져 있었다. 해리는 종탑 계단을 뛰어 내려가는 한편 켄은 자신의 총을 코트 주머니에 넣은 뒤 광장으로 동전을 쏟아붓는다. 처음에는 왜 그가 그런 행동을 하는지 알 수가 없다. 동전들이 바닥에 떨어지자 사람들이 뒤로 물러난다. 레이와 여자 친구도 소란이 이는 쪽을 바라본다. 어느새 난간 위에 오른 켄은 마음을 가다듬고 아래로 뛰어내린다.

큰 마찰음을 일으키며 그의 몸이 돌바닥에 떨어진다. 레이는 켄에게 한달음에 달려간다. 놀랍게도 켄은 아직 살아 있다. "해리가 여기 있어. 내 총을 가져가." 그렇게 그는 숨을 거둔다. 하지만 추락의 충격으로 총은 망가졌다.

레이를 구하기 위해 뛰어내려 사망한 그는 자신을 희생하는 궁극의 도덕적 결정을 내렸다. 이것이 거대한 반전의 힘을 발휘한다.

해리의 자기 각성과 최후의 도덕적 결정: 이제 주요 적대자의 자기 발견과 도덕적 결정의 순간이다. 해리는 브뤼헤의 골목골목을 달리며 레이 뒤를 쫓는다. 마침내 그는 영화 촬영이 진행 중인 현장으로 레이를 몰아넣는다. 그곳에 있는 배우 중 한 명은 학생 복장을 한 난쟁이였다. 레이는 어쩌다 안면이 있는 사람이었다. 총상을 입은 레이는 비틀거리며 나아갔다. 그는 난쟁이 배우의 뒷모습을 보고 자신이 총을 쏜 아이의 환영으로 착각한다.

레이: 그 아이….

해리: 그게 맞아, 레이. 그 아이.

해리는 레이의 등을 향해 세 번 더 발포한다. 레이는 난쟁이에게로 기어가고, 난쟁이는 해리가 쏜 세 발 중 한 발에 맞았다. 해리는 자신이 어린아이를 죽였다고 생각한다.
해리: 아, 그렇게 됐군.
자기 각성을 경험한 해리는 자신이 정한 도덕규범에 따라 자신의 입으로 총을 가져다 댄다.
레이: 그게 아니라….
해리: 원칙은 지켜야지.
그는 다시 입안에 총구를 밀어 넣고 방아쇠를 당긴다.

"아, 그렇게 됐군"이라는 해리의 자기 각성은 자신의 원칙을 대단히 엄격하게 준수한다는 사실을 보여준다. 하지만 그 원칙은 너무도 절대적이고 그의 머릿속에 이념으로 깊이 새겨져 있었다. 해리는 변할 수 없는 인물이었다. 그는 자신의 규범을 따라야 했고, 결국 스스로 목숨을 끊는 마지막 도덕적 결정을 내린다.

> **핵심**
> 결말에서 중요한 도덕적 결정이 실현되는 모습을 보여주려면 이야기 초반에 캐릭터의 도덕규범을 분명하게 제시해야 한다.

이 결말은 시적인 정의를 표현한 훌륭한 사례 중 하나다. 각본가이자 감독인 마틴 맥도나 Martin McDonagh는 레이가 어린아이를 죽인 사건에 자리한 도덕적 모호성을 그대로 다시 한번 재현했다. 이제 해리는 자신이 레이에게 요구했던 정의를 자신의 손으로 실현해야 했다.

이렇듯 훌륭한 각본이 「킬러들의 도시」를 역사상 최고의 초월적 범죄 스토리 중 하나로 만드는 힘이다.

도덕적 스토리 비트 8: 주제적 발견

주제적 발견은 도덕규범이 한 단계 높은 이해의 차원으로 접어드는 것이다. 도덕규범은 더 이상 한 개인의 자기 각성에 머물지 않고 더욱 확장되어 모든 이에게 도덕적인 삶을 살아가는 방법을 일깨워주는 지침이 된다.

> **핵심**
>
> 주제적 깨달음을 주는 스토리에서 도덕적 청산은 시적인 정의로 실현되기도 한다. 시적인 정의는 어떠한 죄에 합당한 대가를 치르는 것이다.

이제 대표적인 초월적 범죄 장르인 에픽 범죄 비극과 범죄 블랙코미디에서 도덕성의 스토리가 어떻게 전개되는지 살펴보겠다.

에픽 범죄 비극과 범죄 블랙코미디: 도덕성의 스토리

자기 삶을 하나의 예술 작품으로 만들고 싶은 사람이라면 도덕규범을 세우는 것이 중요하다. 하지만 도덕규범이 절대적인 것은 아니다. 개인의 도덕규범이 가장 위태로울 때는 스스로를 다른 사람보다 더욱 '높은' 인간으로 여기고 비도덕적으로 행동할 때다. 이런 일이 스토리에서 벌어지면 초월적 에픽 범죄 비극 또는 범죄 블랙코미디가 탄생한다.

에픽 범죄 비극

앞서 『죄와 벌』은 처음으로 초월적 범죄에 비극이 더해진 작품이라고 설명했었다. 이 소설은 현대 범죄 스토리의 표본이 되었다. 이 비극적인 초월적 범죄 스토리는 체제의 허술함을 증명하려고 했던, 또는 순간의 나약함으로 범죄를 저지른 일류 범죄자의 이야기를 그렸다.

> **핵심**
>
> 비극은 잃어버린 가능성, 즉 달리 벌어졌을 수도 있는 일을 다룬다. 따라서 비극은 누가 봐도 뛰어난 개인이 자신의 위대함을 증명하려고 쓸모없는 그리고 파괴적인 시도를 하느라 그 우수한 능력을 낭비하는 데서 시작된다.

에픽이 더해지며 이 범죄의 서브 장르는 한 국가의 도덕 체계에 대한 이야기가 된다.

> **핵심**
>
> 에픽 범죄 비극은 더 나은 도덕 체계를 재창조하는 일이 어렵다는 사실을 상세하게 보여준다. 도덕 그 자체가 어떻게 예술이자 스토리의 한 양식이 되는지에 더해 도덕이란 얼마나 경직되고 또 변화에 저항하는 개념인지 설명한다.

성경에는 특히나 『구약성서』에는 놀라울 정도로 범죄 스토리가 많이 등장한다. 도덕적 범죄와 처벌에 관한 이야기들이다.

모세의 스토리는 에픽 신화의 구조를 활용한 초월적 범죄 이야기다. 모세 개인의 여정이 한 민족의 여정이기도 하다. 그가 지도자로 성장해 나가는 과정에서 그의 사회는 새로운 도덕 체계를 얻고, 그의 민족은 새로운 사람으로 거듭난다.

하지만 모든 범죄 스토리가 그렇듯 새로운 도덕 체계라는 선물에는 대가가 따른다. 처음에 노예로 여정을 시작한 유대인들은 이후 40년을 떠돌아 다닌다. 이는 단순히 길을 잃은 민족이라는 흥미로운 스토리 비트가 아니다. 이들은 약속을 어긴 죄인으로서 죗값을 치르는 중이었다.

도덕규범을 만들고 중재하는 신은 이들이 죗값을 충분히 치렀다고 판단하고 십계명이라는 새로운 율법을 받을 자격이 있다고 여겼다. 이는 모든 이가 살아가는 동안 도덕적 기준으로 삼아야 할 법이었다. 하지만 모세는 자신이 없는 사이 그의 민족이 새로운 도덕적 타락에 빠진 모습을 보고는 십계명이 적힌 돌판을 부순다.

『죄와 벌』에 묘사된 러시아의 사회와 문화는 '경직되고 변화에 저항적인' 사회의 전형이다. 사회의 결함을 폭로하려는 라스콜니코프의 시도가 반동적이고 그 시도 자체에 심각한 문제가 있는 이유도 일부 이 때문일 것이다. 이에 대한 도스토옙스키의 해결책은 기독교의 절대적 가치 체계에 의존하는 것이었다. 마치 기독교의 체계만으로 가치가 흔들리는 현대 사회의 문제를 해결할 수 있다는 듯 말이다.

아이러니하게도 라스콜니코프에게 기독교적 도덕 체계를 받아들이도록 설득하는 인물은 가난으로 매춘을 해야 했던 여성 소냐다. 그녀는 그리스도가 '우리 중 가장 못난 자'로 믿음을 증명하는 사례다. 도스토옙스키는 사회의 잔혹함과 그녀의 '타락'에도 불구하고 소냐의 깊은 신앙을 통해 기독교 도덕 체계의 옳음을 보여주려 했다.

그로부터 20년 후 니체는 기독교라는 종교는 예술 양식의 하나고, 아무런 힘이 없는 노예가 만들어낸 해답이라고 주장했다. 니체는 물었다. 군중의 도덕 체계 말고 무엇을 사용할 수 있을까? 그의 답은 라스콜니코프 같은 그릇된 초인Overman이 아니었다. 그의 답은 진정한 초인이다. 진정한 초인은 타인을 도덕적으로 동등한 존재이자 위대한 삶을 추구하는 과정에서 스스로를 '극복over'할 권리를 지닌 인간으로 대하는 예술적 인간이다.

『속죄』: 불가능한 속죄에 대하여

현대 비극을 쓰는 일이란 불가능하다고 주장하는 사람도 있다. 문제는 평범한 사람이 어떻게 비극적 몰락을 경험하게 만드는가다. 이 질문에 도스토옙스키는 뛰어난 지성과 잠재력을 지닌 인간이 말도 안 되는 살인을 저질러 모든 것을 파괴하는 내용의 에픽 범죄 비극이라는 답을 내놓았다.

『속죄』는 에픽 범죄 비극에 로맨스를 더한 현대 비극이다. 스토리는 한 비도덕적인 사건으로 시작해 이로 인해 두 사람의 삶이 파멸하고 또 다른 사람의 인생이 망가지는 내용을 다룬다. 여기서 죄를 짓는 사람은 열세 살의 브라이오니 탤리스로, 언니의 남자 친구를 강간범으로 잘못 지목한다. 이후 스토리는 잘못된 선택이 무고한 남성과 그가 사랑하는 여성, 허위로 남성을 고발한 소녀에게까지 어떠한 영향을 미치는지 보여준다.

브라이오니는 어떤 변명을 할 수 있을까? 운명이었을까? 숙명이었을까? 그런 일이 벌어질 만한 이유가 있었던 걸까? 그녀가 단지 성에 대해 무지했던 걸까? 나이가 어렸고 또 그 남자에게 화가 나 있었다고, 일이 이렇게 커질 줄은 몰랐다는 핑계를 댈 수 있을 것이다. 하지만 아무 의미가 없다. '성격이 운명이다'라는 말처럼 그녀의 성격, 그녀의 진실성에 결함이 있었던 것이다.

『속죄』의 주요 스토리텔링 기법은 화자에 대한 반전이다. 스토리는 내내 부당한 일을 겪은 한 남자의 이야기처럼 전달된다. 그는 부도덕한 행동을 저지르지 않았다. 드러난 바, 거짓말을 한 것은 이 어린 소녀였다. 그녀는 60년간 이어져 온 도덕 질서의 불균형을 어떻게든 바로잡아야 하는 인물이다.

마지막에 브라이오니는 다른 선택을 통해 속죄하려 한다. 자신이 저지른 일을 소설로 쓰고 그에 대한 책임을 지는 것이다. 그래서 이 작품은 노년의 브라이오니가 '속죄'라는 이름의 소설로 인터뷰를 하는 장면으로 끝난다. 이제 그녀는 보상을 해보려, 그 연인들에게 소설을 통해서라도 가져보지 못한 삶을 되돌려주려 스토리를 전한다. 그녀는 그 이야기를 알리며 사과를 하고 싶었지만, 이번 생에는 결코 청산할 수도, 바로잡을 수 없는 도덕적 죄도 있다.

여기서 비극은 모든 것이 너무 늦었다는 점이다. 브라이오니는 두 사람의 시간을 되돌릴 수도 없고, 그 일로 자신의 삶 또한 망가졌다. 어쩌면 이렇게 되었을 수도 있었다는 안타까움에서 오는 가슴 아픈 비극이다. 여러 작가가 로맨스 장르를 활용해 비극을 더욱 고조시킨다. 비도덕적인 행동이 사람들에게 상처만 입힌 것이 아니라 위대한 사랑을 피워볼 기회조차 앗아 갔다는 데서 비극이 커진다.

범죄 블랙코미디

현대 스토리텔링에서 진정한 비극은 좀처럼 찾기 어렵기에 초월적 범죄를 현대적으로 재해석한 작품은 블랙코미디 형태를 띤다. 그 예로는「브레이킹 배드」,「블러드 심플」,「킬러들의 도시」,「좋은 친구들」,「파고」,『노인을 위한 나라는 없다』가 있다.

> **핵심**
>
> 블랙코미디 버전의 초월적 범죄는 도덕규범이 얼마나 파괴적인 시스템이 될 수 있는지를 다룬다. 극단적인 열정과 무지가 결합할 때 끔찍한 세계가 탄생하고 사랑조차도 파괴적인 힘으로 변하는 어둠의 소용돌이가 형성되는 스토리를 보여준다.

「기생충」은 본질적으로 부패한 자본주의-계급 시스템 속 불평등을 다룬 초월적 범죄 이야기다. 시간을 거슬러 올라가 『죄와 벌』, 「천국과 지옥」의 요소를 공유하는 이 영화의 구조적 시퀀스는 "못이 하나 없어 … 결국 전쟁에서 진다"라는 옛말을 떠올리게 한다. 이 영화가 특별한 점은 범죄나 처벌에 있는 것이 아니라 죗값을 받기까지 코믹한 인과응보가 이어지는 과정에 있다.

「브레이킹 배드」가 초월적 범죄 블랙코미디 스토리로서 이룬 예술적 성취는 아무리 말해도 부족하다. 또한 역사상 가장 훌륭한 텔레비전 시리즈이자 21세기의 위대한 예술 작품 중 하나다. 그것이 에픽 비극이든 블랙코미디든 초월적 범죄는 평생에 걸친 도덕적 청산에 대한 내용이 주를 이룬다. 인생에서 내가 빚을 진 것과 내가 받아야 할 것을 생사를 걸고 청산해야 한다는 것이다.

「브레이킹 배드」의 스토리라인은 끔찍한 실수가 이어지는 코미디를 통해 카르마가 걷잡을 수 없이 번지는 상황을 추적한다. 인생이라는 거대한 장부에서 주고받아야 하는 대가는 반드시 청산해야 한다. 어떤 식으로 또 언제쯤 대가를 치르게 될지는 알 수 없다. 고등학교 화학 교사인 월터의 장부를 한번 살펴보도록 하자.

그가 받아야 할 빚:

- 월터는 조 단위 가치로 성장한 화학 사업체에서 자신의 몫을 인정받지 못했다고 느낀다. 그는 자신이 천재고 그 천재성을 인정받아 부유한 사업가가 될 자격이 충분하다고 생각한다
- 암 투병 중인 그는 자신이 떠난 후 가족의 생계가 보장되도록 마약을 제조해 파는 것은 문제될 게 없다고 정당화한다

그가 치러야 할 빚:

- 그는 파괴적인 고급 메스암페타민을 제조한다
- 라이벌 갱단이 그의 마약상인 콤보를 살해한다
- 파트너의 여자 친구를 구할 수 있었음에도 그녀가 죽도록 내버려 둔다
- 그는 셀 수 없이 많은 사람을 죽였다. 그중에는 죄를 지은 사람도, 아무 죄가 없는 사람도 있었고, 그가 고의로 해한 경우도, 과실로 벌어진 일도 있었다

작가가 캐릭터와 플롯을 통해 이러한 도덕적 청산을 어떻게 전개했을까?

주인공인 월터 화이트는 복잡하고 모순된 캐릭터로, 나는 그가 상당히 다면적인 도덕규범을 지닌 사람이라고 느꼈다. 여러 면에서 그는 좋은 사람이다. 하지만 끔찍한 짓도 벌이는데, 이때마다 그는 드라마의 핵심 대사 중 하나인 "가족을 보호하기 위해 필요한 일을 했을 뿐"이라는 말로 자신의 행동을 정당화한다.

> **핵심**
>
> 주인공이 처음에는 평범하고도 도덕적인 인간으로 등장하기 때문에 시청자는 그를 범죄나 갱스터의 전형으로 보지 못한다.

이 드라마는 「대부」나 「소프라노스」와는 다르다. 월터는 갱스터도, 우리가 아는 '그런' 사람도 아니다. 미국 갱스터 스토리에서는 '그런' 사람들이라고 하면 가난한 이탈리아계 이민자를 가리킨다. 그런 사람들과 달리 시청자들은 월터에게서 자신을 본다. 그는 우리처럼 '평범한' 인간이다. 그 때문에 시청자인 우리는 그에게 몰입한다.

「브레이킹 배드」의 위대한 점은 기획 때부터 월터의 캐릭터 변화를 스토리의 전제로 삼았다는 것이다. 이 드라마의 크리에이터인 빈스 길리건Vince Gilligan은 이렇게 말했다. "고지식한 사람이 자신의 삶을 대대적으로 변화시키겠다고 결심하고는 선한 주인공에서 악역으로 변하는 과정이 흥미롭다고 생각했다." 그는 소니 픽처스에 자신의 기획을 설명할 당시 "미스터 칩스Mr. Chips(『굿바이 미스터 칩스』의 주인공으로 선하고 바른 교사를 상징한다—옮긴이)가 스카페이스Scarface(마피아 조직의 두목 알 카포네의 별명—옮긴이)로 변화하는 쇼를 만들겠다"라고 전했다.

「브레이킹 배드」는 처음부터 종착점을 정해놓은 연속극이다. 텔레비전 작품으로는 드문 형식이고, 강력한 소용돌이 지점이 형성되어 있어 모든 에피소드가 이미 정해진 종착점을 향해 무서운 속도로 돌진한다. 각 에피소드의 플롯은 월터가 변화하는 과정을 보여준다.

> **핵심**
>
> 이 텔레비전 시리즈는 내가 스토리에서 가장 중요하다고 여기는 기법을 훌륭하게 보여준다. 바로 플롯은 캐릭터에서 나온다는 것이다.

월터는 처음에는 똑똑하지만 별 볼 일 없는 평범한 남자였다. 하지만 그는 이후 금전적 성공과 지적 게임에 중독된 사람으로 달라진다. 그 결과 소심한 남자에서 자신만만한 남자로, 스스로를 예술가이자 자칭 마스터 셰프로 여기는 '하이젠버그'로(양자역학계의 천재 하이젠베르크 Heisenberg의 이름을 빌렸다) 변화한다.

> **핵심**
>
> 월터는 지킬 박사로 시작해 지킬과 하이드가 되고 결말에는 하이드만 남는다.

독특한 전제와 복잡한 캐릭터 외에도 「브레이킹 배드」가 최고의 작품으로 손꼽히는 또 다른 이유는 작가가 한 시즌에 걸쳐 플롯을 배치하는 뛰어난 능력을 발휘한 덕분이다. 연속극의 구조를 지닌 작품에서 작가가 지녀야 할 가장 중요한 능력일 것이다.

> **핵심**
>
> 텔레비전 드라마 스토리 구조로 인해 작품의 단위는 에피소드가 아니라 하나의 시즌이 된다. 시즌의 피날레를 향해 스토리와 에피소드를 쌓아나가는 것이 중요하다.「브레이킹 배드」의 작가진은 도덕적 결정을 순차적으로, 점점 더 나쁜 쪽으로 흘러가도록 배치했다.

「다크 나이트」와 마찬가지로 각 시즌은 주인공의 도덕적 결정과 그 결과를 플롯으로 삼아 전개된다. 월터의 도덕적 결정은 점점 더 나쁜 쪽으로 흘러간다. 우리는 그가 지옥으로 가는 길에 하나씩 돌을 놓는 모습을 지켜본다.

> **핵심**
>
> 범죄 장르에서는 평범한 인물이 일련의 도덕적 시험을 마주하게 하고, 시험을 통과하지 못하면 스토리가 진행될수록 점점 더 도덕적 올가미가 조여드는 상황이 펼쳐진다.

보조 작가인 조지 마스트라스George Mastras는 이렇게 말했다. "제시의 여자 친구가 질식해 사망하는 모습을 그저 지켜보는 월터를 두고 작가들 사이에서 열띤 논쟁이 벌어진 적 있었다. 월터의 흑화를 감상자들이 어느 지점까지 용인할 수 있을지가 관건이었다. 그가 선한 이유가 있는 것은 맞지만 끔찍한 짓을 벌이고 있는 것도 맞으니까."

이는 아마도 이 작품을 포함해 훌륭한 텔레비전 시리즈라면 고민하는 중요한 문제일 것이다. 주인공의 흑화를 감상자가 어느 지점까지 용인할 수 있을까?

또한 이 범죄 블랙코미디 걸작에서 최후의 도덕적 청산은 무엇이 될 것인가? 자신이 받아야 할 대가를 받고 또 치러야 할 대가를 청산하려는 월터의 노력으로 가족 간의 사랑은 무너지고 그 자신은 물론 수많은 사람이 죽음을 맞이한다.

사다리의 다음 단

범죄 장르가 내포한 삶의 철학은 우리의 삶이 법이 지배하는 사회에 기초하고 있고, 합법적인 것이 꼭 도덕적인 것은 아닐 수도 있다고 말한다. 범죄 장르는 우리에게 목적과 수단을 평가하는 원칙을 제공한다. 하지만 일상에서 올바른 도덕성에 어떻게 접근해야 하는지는 말해주지 않는다.

그런 면에서 다음으로 코미디를 살펴볼 차례다.

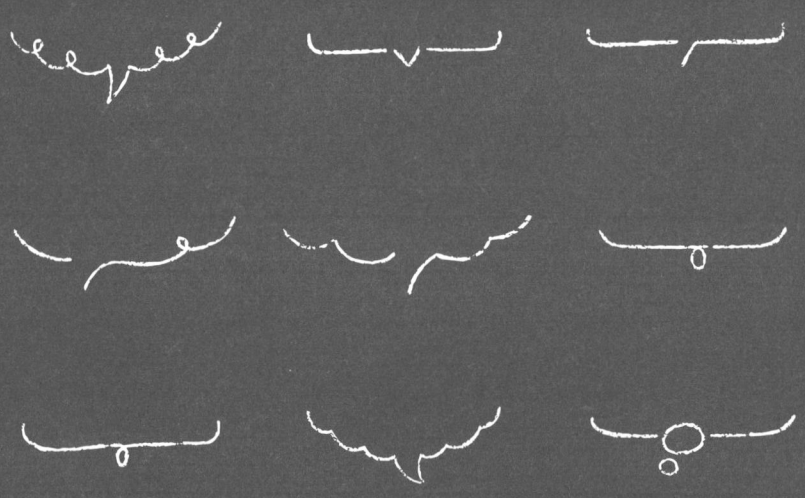

7.
코미디: 예의와 도덕

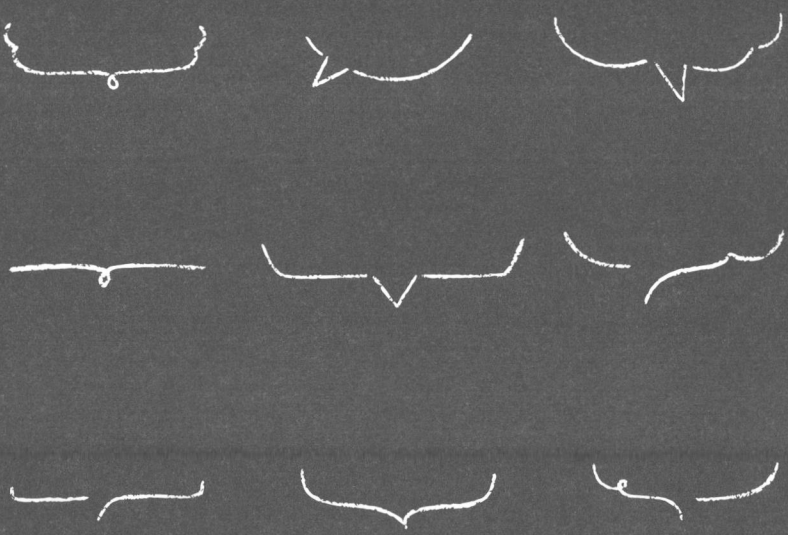

코미디의 원리

개인의 원초적 감정을 바탕으로 하는 장르가 있다. 가령 호러와 스릴러는 공포에 뿌리를 둔다. 인간의 무능함에 초점이 맞춰진 코미디는 우월감이라는 감정을 바탕으로 하며, 이를 신체적, 물리적으로 표현하는 장르다. 코미디는 다른 사람을 놀리고 비웃는 장르다.

따라서 코미디를 이해하기 위해서는 무엇이 웃음을 유발하는지부터 알아야 한다. 이는 내면의 것을 외부로 투사하는 인간의 능력, 즉 이상과 현실을 구분하는 능력에서 비롯한다.

높은 이상에서 낮은 현실로 순식간에 추락하는 사람을 보면 웃음이 터지지만 그 강도가 지나쳐서는 안 된다. 우리는 찰나에 이상과 현실의 차이를 구분하고 ―그 격차가 끔찍하지 않다면― 웃음을 터뜨린다.

여기서 '지나쳐서는 안 된다'가 중요한 기준이다 누군가 바나나 껍질을 밟고 미끄러져 엉덩방아를 찧는 모습을 본다면 재밌겠지만 머리가 찢어진다면 더는 재밌는 일이 아니다.

철학자 앙리 베르그송 Henri Bergson은 무엇이 사람을 웃게 하는지 설명하며 코미디에 관해 매우 예리한 통찰을 제시했다.

> **핵심**
>
> 베르그송은 누군가 동물, 아이, 기계 중 하나로 전락한 모습을 볼 때 웃음이라는 신체적, 생물학적 반응이 일어난다고 설명했다. 이러한 분석에는 우리가 타인을 동등한 인간이 아닌 상징적으로 '축소된reduced' 캐릭터로 본다는 의미가 담겨 있다.

그렇다면 이제 세 가지 '코믹 드롭copic drop'이 무엇인지 살펴보겠다.

- 동물 유머는 사람과 동물 모두가 갖고 있는 기본적 신체 기능을 수행할 때 발생한다. '화장실 유머'나 성을 주제로 한 '음담패설'이 여기에 속한다
- 어린이 유머는 성인이 아이처럼 행동할 때 발생한다. 일반적으로는 누군가 상황에 비해 너무 감정적으로 반응할 때다. 울거나 겁에 질려 어쩔 줄 몰라 하거나 떼를 쓰는 행동이 그 예다.
- 기계 유머는 사람이 사물이나 기계처럼 행동할 때 발생한다. 일반적으로는 상황에 비해 감정을 덜 보일 때다. 진지하거나 무표정한 얼굴로 하는 기계 코미디는 어린이 코미디와 정반대다. 코미디 스토리를 구성할 때 서로 다른 코미디의 특징을 잘 알고 활용하는 것이 중요하다.

코미디 마인드-액션 스토리 관점

신화와 함께 코미디는 우리가 아는 가장 오래된 스토리 형식이다. 하지만 인간의 의식을 표현하는 장르의 발전 과정에서 코미디는 비교적 늦게 등장했다. 왜일까? 코미디는 일정 수준으로 확립된 사회 속 인간을 대상으로 하기 때문이다.

코미디의 마인드-액션 스토리 관점은 인간 의식의 결함과 사람들의 잘못된 행동, 사회 제도의 불공평함을 다룬다. SF는 사회가 어떻게 작동하는가를 다룬다면, 코미디는 사회가 어떻게 작동하지 않는가를 다룬다고 할 수 있다. 다시 말해 코미디는 사람들이 어떻게 망가지는가에 관한 이야기다.

코미디는 실천적 도덕을 말하는 스토리 양식이다. 일상 속 도덕성이란 결코 순수하지도 깨끗하지도 않음을 보여준다. 실천적 도덕은 늘 갈등으로 가득 차 있다.

코미디는 특정 톤과 스토리 구조, 철학을 지닌다. 코믹 톤은 집착에서 시작한다. 목표를 향한 열정과 추적, 싸움에서 코믹 톤이 빚어진다. 코미디는 개인의 욕망을 심화시켜 우스꽝스러워 보이게 만든다.

목표를 이루기 위해 캐릭터는 허울, 즉 자신에 대한 거짓을 외부에 투사한다. 자신을 높이 받들어 올려 가식을 드러낸다. 코미디는 판타지를 제외하고 다른 어떤 장르보다 마음의 투사를 극적으로 제시한다. 외부로 투사한 자아(이상)와 현실의 차이는 극단적이다.

역설적으로 캐릭터의 거짓된 모습은 사회적 성공을 돕기보다는 도리어 개인의 고립을 심화시킨다. 코미디의 스토리 구조는 고립된 주인공이 결혼과 결속으로 향하는 스토리 비트를 따라 전개된다.

이 과정은 코미디의 전반적인 스토리 전략에서도 드러난다. 즉 주인공이 일과 사랑에서 성공을 거두려고 겹겹이 만든 허울을 벗겨내는 것이다.

코미디의 더욱 깊은 주제인 관용도 역시 톤과 구조를 통해 표현된다. 캐릭터들이 목표를 달성하는 데 집착하는 한편 코믹한 톤의 서브 텍스트에는 집착의 반대 개념이 깔려 있다. 상황이 아무리 안 좋아 보여도 결국 다 잘 해결될 거라는 메시지를 코미디는 과장된 연출을 통해 전한다. 이 스토리 양식은 이중 공격을 활용한다. 어떠한 믿음과 그 믿음의 강도 모두를 조롱하는 것이다.

코미디가 전하는 삶의 철학은 모든 장르를 통틀어 가장 독특하다. 코미디는 세상을 다음과 같이 부정적으로 바라본다.

- 개인은 사회의 일부지만 다른 사람이 자신에게 영향을 미친다는 사실을 대체로 인식하지 못한다
- 인간은 여러 역할의 집합체다. 우리는 진정한 자아와 진정한 가치를 지니지만, 권력과 인기를 얻기 위해 외부로 투사하는 공적 이미지도 갖고 있다
- 사람들이 추구하는 대상은 사실 대체로 어리석고, 그 당시 생각하는 것만큼 가치가 있지는 않다
- 사람들은 행동에서 무능함을 보일 때가 많다
- 행동은 성공으로 이어지지 않을 때가 많고, 어떤 때는 개인의 의도와 정반대의 결과를 낳기도 한다(이것이 아이러니의 정의다)
- 사람들은 자신이 배워가고 있다고 생각한다. 하지만 실제로는 늘 똑같고 평생 같은 실수를 반복한다

코미디는 세상을 다음과 같이 긍정적으로 바라보기도 한다.

- 역할과 허세의 이면에는 인류 공통의 특성, 즉 인간을 선하고 가치 있는 존재로 만드는 특성이 자리하고 있다
- 웃음으로 해결할 수 없는 문제는 없다
- 인습을 타파하거나 말썽을 일으키는 사람들은 소중한 존재다. 시스템에 의문을 갖고 공격하는 행위는 궁극적으로 창의적이고 유익하다
- 우리가 아무리 망쳐놔도 사회는 지속되고 삶은 계속된다

> **핵심**
>
> 코미디의 관점은 거짓된 버팀목을 허물면 사회가 더 나은 형태로 재창조될 수 있다는 것이다.

개인은 사회와 밀접하게 연결되어 있기 때문에 주인공의 허울이 벗겨지면 집단 전체의 파괴로 이어질 수 있다. 하지만 그런 상황에서도 어떻게든 모두가 살아남아 다시 모이고, 전보다 더 나은 공동체가 새롭게 재창조된다.

다른 장르와의 차이

코미디는 다른 장르와 구별되는 독자적인 범주라고 주장할 수도 있는데, 그 구조의 깊이 때문이다.

> **핵심**
>
> 코미디는 스토리 코드의 모든 비트를 전복시키며 전개되는 유일한 장르다.

다른 모든 장르가 목표 달성에 관한 것이라면 코미디는 목표 실패로 끝나거나 개인의 무능함에도 목표를 이루는 이야기를 다룬다. 예컨대 액션과 신화, 서부극에서 주인공은 위대한 목표를 달성하는 반면 코미디에서는 주인공이 바랐던 것이 알고 보니 무가치한 대상이었다는 식이다.

또한 코미디 스토리 다수는, 특히나 블랙코미디의 서브 장르 스토리는 의도적으로 주인공에게 자기 각성의 순간을 허락하지 않는다. 다른 장르와 달리 코미디는 실패를 통해 작동한다.

코미디 VS 드라마

코미디가 다른 장르와 구조적으로 어떻게 다른지는 드라마와 비교해 보면 명확하게 드러난다. 기원전 500~300년 사이의 그리스 황금기에 제작된 웃는 가면과 찡그린 가면을 보면 알 수 있듯, 드라마는 아마도 스토리 역사상 가장 오래된 장르일 것이다. 드라마는 너무도 광범위해 하나의 장르라고 보기 어렵지만 분명 몇 가지 특징이 있고, 그중에서도 비극은 드라마의 가장 수준 높은 형식을 보여준다.

코미디와 드라마를 구분하는 가장 뚜렷한 특징은 톤일 것이다. 하지만 코미디 스토리 다수가 그 톤의 경계를 오가기도 한다. 두 형식의 가장 중요한 차이는 구조라고 할 수 있다.

클래식 드라마Classic Drama는 주인공이 서서히 몰락하고 자기 각성을 통해 (보통은) 다시 부활하는 과정을 추적한다. 반면 코미디는 스토리 전반에 걸쳐 캐릭터가 순간적으로 삐끗해 추락하는(드롭drop―옮긴이) 모습을 여러 차례 보여준다. 작가에게 이는 곧 설정-드롭, 설정-드롭, 설정-드롭을 의미한다. 캐릭터가 추락할 때가 웃음이 터지는 지점이다.

코미디 VS 호러와 스릴러

놀랍게도 코미디와 가장 흡사한 장르는 호러다. 코미디는 덜 심각한 형태의 호러라고도 할 수 있다. 두 장르 모두 캐릭터를 전락시키는 것으로 이야기가 작동한다. 베르그송이 말했듯 우리는 캐릭터가 동물이나 아이, 기계로 전락할 때 웃음을 터뜨린다. 호러는 캐릭터를 동물과 기계로 전락시킨다.

코미디에서는 사람들이 웃음을 자아내는 정도로 강도를 조절한다. 캐릭터가 넘어지지만 다시 일어나는 것이다. 호러는 캐릭터를 다시 돌아올 수 없는 죽음으로까지 추락시킨다.

호러와 스릴러가 공포라는 감정을 다룬다면 코미디는 경멸이라는 감정을 다룬다. 호러는 우리를 항복의 자리에 앉히고 코미디는 우리를 우월감의 자리에 앉힌다.

코미디와 호러의 밀접한 연관성을 완벽하게 표현하는 매개체는 바로 광대다. 어떤 이에게 광대는 우스꽝스러운 외모에 사람들에게 즐거움을 주기 위해 어설프게 움직이며 바보 같은 실수를 연발하는 재밌는 캐릭터다. 또 어떤 이에게 광대는 활짝 웃는 듯한 과장된 분장을 하고도 그 이면의 살의를 가리지 못하는, 초자연적인 외계 존재와도 같다. 조커(「다크 나이트」, 「조커」)와 페니와이즈(『그것』)가 호러 범주에 속하는 광대들이다.

코미디 VS 액션

코미디와 정반대에 자리하는 장르는 액션 스토리로, 인간 행동의 탁월함에 대해 논한다. 액션 주인공은 이기는 법을 아는 고독한 존재다. 코미디는 인간의 최악의 행동을 보여주며 상황이 왜 뜻대로 풀리지 않는지 이야기한다. 코미디 주인공은 무능하고 사회적으로 미숙하지만, 결국에는 모두를 모아 하나의 공동체를 이루게 한다.

코미디 VS 신화

노스럽 프라이는 『비평의 해부』에서 현대 장르가 등장하기 이전의 주요 스토리 형식의 역사를 정의했다. 그가 스토리의 형식을 구분하는 기준은 주로 주인공의 유형과 주인공이 지닌 힘인데, 우리가 신화 장에서 봤던 존재의 거대한 사슬 이론과 연결되는 지점이 많다.

- 신화 Mythic: 신
- 로맨스 Romantic: 슈퍼히어로
- 상위 모방 High Mimetic: 영웅
- 하위 모방 Low Mimetic: 보통 사람
- 아이러니 Ironic: 안티히어로

오늘날의 스토리텔링으로 전환해 보면 위의 세 형식은 신화와 액션 장르에 속한다. 상위 모방은 드라마 또는 코미디에 속할 것이다. 『돈키호테』는 프라이의 상위 세 형식에 속하는 영웅을 아이러니로 전락시킨, 스토리 역사상 큰 전환점을 만든 작품이라고 할 수 있다. 가짜 기사인 돈키호테는 자신이 사랑하는 고귀한 숙녀, 사실 농사꾼인 둘시네아를 위해 코믹 신화 여정을 떠나 풍차를 향해 덤비는 모험을 벌인다.

코미디 VS SF와 범죄

앞의 두 장에서 우리는 SF와 범죄를 사회에 관한 첫 장르로 다루었다. SF가 사회를 건설하는 이야기라면 코미디는 그 사회 안에서 살아가고 끊임없이 사회를 재창조하는 이야기다. 코미디는 웃기는 범죄 스토리다. 두 장르 모두 사회 세계의 부도덕성과 불평등을 다룬다.

코미디의 예시

희곡

『한 여름 밤의 꿈』, 『십이야』, 『헛소동』, 『뜻대로 하세요』, 『실수 연발』, 『진지함의 중요성』, 『노이즈 오프 Noises Off』, 『타르튀프』, 『수전노 The Miser』, 『의심 품기』, 『어브저드 퍼슨 싱귤러 Absurd Person Singular』, 『노먼 콘퀘스트 The Norman Conquests』, 『하우스 앤드 가든 House and Garden』, 『새장 속의 광대 La Cage aux Folles』

소설과 영화

『바보들의 결탁』, 「고스트 버스터즈」, 「미스 리틀 선샤인」, 「졸업」, 「금발이 너무해」, 「클루리스」(로맨스), 「웨딩 크래셔」, 「내 여자친구의 결혼식」, 「비버리 힐스 캅」, 「페리스의 해방」, 「크로커다일 던디」, 「행오버」, 「밥에게 무슨 일이 생겼나」, 「그랜드 부다페스트 호텔」, 「사이드웨이」(로맨스), 「애니멀 하우스 Animal House」, 「에어플레인」, 「리치몬드 연애 소동」, 「이것이 스파이널 탭이다」, 「거프만을 기다리며」, 「베스트 쇼」, 「인크레더블」(신화), 「데이즈드 앤드 컨퓨즈드 Dazed and Confused」, 「슈렉」(신화), 「닥터 스트레인지러브」, 「겟 쇼티」(갱스터), 「주토피아」(신화, 추리물), 「브리트니 런스 어 마라톤」(성장물), 「디센던트」, 『브리짓 존스의 일기』(로맨스), 「바이스」, 「빅 쇼트」, 『악마는 프라다를 입는다』, 『땡큐 포스모킹』, 『캐치-22』, 「매쉬M*A*S*H」, 「캐디쉑」, 「로스트 인 아메리」, 「대역전Trading Places」, 「니노치카」, 「미드나잇Midnight」, 「사느냐 죽느냐」, 「모던 타임즈Modern Times」, 「스팀보트 빌 주니어」, 「일렉션Election」, 「설리반의 여행」, 「마이 맨 갓프리」, 「어느 날 밤에 생긴 일It Happened One Night」, 「뜨거운 것이 좋아」, 「레이디 이브」, 「트웬티스 센츄리Twentieth Century」, 「볼 오브 파이어Ball of Fire」(환상 동화, 판타지), 「마이 페이버릿 와이프My Favorite Wife」

텔레비전 시리즈

「커브 유어 엔수지애즘」, 「프레이저」, 「팍스 앤 레크리에이션」, 「테드 래소」, 「펄티 타워스Fawlty Towers」, 「빅뱅 이론」, 「말콤네 좀 말려줘」, 「파더 노우스 베스트」, 「허니무너스」, 「리브 잇 투 비버」, 「대니 토머스 쇼The Danny Thomas Show」, 「나의 세 아들」, 「앤디 그리피스 쇼」, 「딕 반 다이크 쇼」, 「비버리 힐빌리즈The Beverly Hillbillies」, 「비위치드Bewitched」, 「택시Taxi」, 「겟 스마트」, 「내 사랑 레이몬드」, 「커뮤니티」, 「모던 패밀리」, 「더 골든 걸스The Golden Grils」, 「소프Soap」, 「언브레이커블 키미 슈미트」, 「시트 크릭 패밀리」, 「필 실버스 쇼The Phil Silvers Show」, 「밥 뉴하트 쇼」, 「앱솔루틀리 패뷸러스」, 「데리 걸즈」, 「보잭 홀스맨」, 「아메리칸 반달리즘」(추리물), 「오티스의 비밀 상담소」

코미디 서브 장르

로맨틱 코미디Romantic Comedy, 스크루볼 코미디Screwball Comedy(로맨틱 코미디 계열로 풍자와 패러디 요소가 섞여 있다―옮긴이), 코믹 신화Comic Myth, 액션 코미디Action Comedy, 버디 스토리, 여행하는 천사 코미디, 소극Farce, 패러디Parody, 블랙코미디, 풍자Satire, 재혼 코미디Comedy of

코미디 스토리 개요

이번 장에서는 다음 내용을 다룬다.

- 코미디 스토리 비트
- 주제: 존재한다는 것은 부조리와 웃음 속에서 살아간다는 것이다
  - 주제 공식: 자신답게 산다
- 코미디 스토리를 초월하는 법
  - 블랙코미디
  - 풍자

코미디 스토리 비트

코미디 스토리 전략은 주인공이 목표를 좇으며 자신의 약점을 해결하는 과정이 중심이어야 한다. 고립과 무능함의 위치에서 시작한 주인공이 사회적 사다리를 오르기 위해 계획을 꾸미고 가면도 쓰기 시작하는 것이다. 궁극적으로 이 모든 가면은 벗겨지지만 보통 주인공은 결국에는 성공을 거둔다.

코미디 스토리 비트: 약점-코믹 갭

모든 훌륭한 코미디는 훌륭한 코믹 캐릭터에서 탄생한다. 따라서 작가로서 당신이 가장 먼저 생각해야 할 것은 '어떻게 훌륭한 코미디 캐릭터를 만드는가'다.

코믹 주인공은 실수투성이다. 웃음은 캐릭터를 전락시키는(코믹드롭)데서 나오는 만큼 이 웃기는 주인공은 자신이 무능하다는 사실을 모른다. 대신 자신이 멋지다고 생각한다. 이러한 착각 덕분에 작가는 스토리를 전개하며 원하는 만큼 주인공을 끌어올렸다가 떨어뜨릴 수 있다.

코미디에서 주인공과 다른 캐릭터를 창조하는 첫 단계는 코믹 갭 Comic Gap을 만드는 것이다. 나는 이것을 캐릭터의 '하이-로 high-low'라고 한다. '하이'는 가식, 즉 캐릭터를 어느 높이에서 떨어뜨릴 것인지 설정하는 것이다. '로'는 캐릭터의 약점이자 스토리에 걸쳐 웃음을 자아낼 수 있는 첫 번째 단서다.

코미디 스토리 비트: 캐릭터망-코믹 캐릭터 유형

코믹 캐릭터야 무한히 만들어낼 수 있지만, 몇 가지 기본 유형이 있다. 그중에서 가장 중요한 유형을 사회적 지위가 낮은 순서에서 높은 순서로 살펴볼 예정이다. 각 캐릭터의 하이와 로는 무엇이고 이것을 심리적, 도덕적 결함으로 어떻게 전환시키는지도 알아보겠다.

1. 너드, 덜렁이, 얼간이, 광대
- 하이: 자신이 로맨틱하거나 성공적이거나 멋지다고 착각한다
- 로: 실제로는 너드이거나 무능력하거나 매력이 없거나 실수투성이이다
- 심리적 필요: 자신감을 얻고 외로움을 극복해야 한다
- 도덕적 필요: 피해자의 역할이므로 도덕적 필요가 거의 없다
- 핵심 기법: 자신이 멋지다고(또는 유능하거나 똑똑하다고) 생각해야만 코믹 드롭이 생긴다

예시로는 「왈가닥 루시 I Love Lucy」의 루시 리카르도, 「프렌즈」의 피비와 조이, 「고스트 버스터즈」의 루이스 털리, 「나홀로 집에」의 도둑들, 「아서 Arthur」, 「크레이지 토미 보이 Tommy Boy」, 「팍스 앤 레크리에이션」, 「30록 30Rock」, 「빅뱅 이론」, 「치어스 Cheers」, 「사인필드」, 「커뮤니티」가 있다.

2. 보통 사람들
- 하이: 언제나 낙관적이고 무슨 일이든 성실하며 열심히 노력한다
- 로: 자신감이 부족하거나 놀림감의 대상이거나 일상에서 존중을 받지 못한다
- 심리적 필요: 자신감을 얻고 타인에게서 존중을 받아야 한다
- 도덕적 필요: 타인을 이용해 성공하려는 마음을 버려야 한다

예시로는 「문스트럭」, 「40살까지 못해본 남자」, 「빅」, 「미트 페어런츠」의 남자 친구, 「아메리칸 뷰티」, 「오피스 The Office」(미국판)의 마이클, 「딕 반 다이크 쇼」, 「허니무너스」, 「사인필드」, 「올 인 더 패밀리」, 「더 골든 걸스」, 「커뮤니티」, 「소프」, 「팍스 앤 레크리에이션」이 있다.

3. 잘난척쟁이
- 하이: 전문 용어와 어려운 단어를 쓰고 젠체하는 어조를 쓴다. 전문가처럼 보인다
- 로: 조금도 잘난 구석이 없다
- 심리적 필요: 우월감 콤플렉스를 버려야 한다
- 도덕적 필요: 다른 사람에게 자기 삶의 방식을 강요하는 태도를 버려야 한다

예시로는 「밥에게 무슨 일이 생겼나」의 정신과 의사, 「미스 리틀 선샤인」의 아빠, 「애니 홀」의 앨비 싱어와 교수, 「영 프랑켄슈타인」의 젊은 프랑켄슈타인 박사, 「고스트 버스터즈」의 레이 스탠츠 박사와 이곤 스펭글러 박사, 「졸업」 속 어른들, 「커브 유어 엔수지애즘」의 래리, 「프레이저」, 「30록」이 있다.

4. 쇼맨
- 하이: 겉으로는 진실한 척하고, 모든 이를 사랑하고, 자신의 재능을 과대평가한다
- 로: 진실하지 않고, 아무런 감정도 드러낼 필요가 없는 상황에서 과도하게 감정을 표현하고, 사실 딱히 재능이 없다
- 심리적 필요: 진정성을 갖춰야 한다
- 도덕적 필요: 거짓말을 멈춰야 한다

예시로는 「투씨Tootsie」, 「애니 홀」, 「이것이 스파이널 탭이다」, 「30록」, 「래리 샌더스 쇼The Larry Sanders Show」, 「메리 타일러 무어 쇼The Mary Tyler Moore Show」, 「딕 반 다이크 쇼」의 앨런 브레이디, 마틴 숏Martin Short이 연기한 재키 로저스 주니어 캐릭터가 있다.

5. 공주
- 하이: 자신은 완벽한 사람이고 세상은 자신을 중심으로 돌아가며, 삶의 힘들고 고단한 일은 자신과 무관하다고 생각한다.
- 로: 다른 사람처럼 시달리고 험한 소리도 듣고 무시도 받는다
- 심리적 필요: 타인의 관점에서 생각하고 자신의 결점을 봐야 한다
- 도덕적 필요: 타인, 특히 가난한 사람을 돕는 법을 배워야 한다

예시로는 「프렌즈」의 레이철, 「치어스」의 다이애나, 「금발이 너무해」의 엘, 「클루리스」의 셰어, 「벤자민 일등병Private Benjamin」의 주디 벤자민이 있다.

6. 귀족
- 하이: 부유해 보이는 외모에 돈과 권력 덕분에 오만하고 거만하다
- 로: 발가벗은 채로 속옷만 입거나, 넘어지거나 성적인 상황 또는 지저분한 상황에 처하면 우스꽝스러워진다
- 심리적 필요: 자신이 타인과 다를 바 없는 사람이라는 사실을 깨닫고 타인을 물건이 아닌 인간으로 대해야 한다
- 도덕적 필요: 다른 사람이 자유롭고 즉흥적으로 살아갈 수 있도록 허용한다

예시로는 「미스 리틀 선샤인」의 미인 대회 주최자, 「웨딩 크래셔」의 가족, 「금발이 너무해」의 워너와 비비언, 막스 형제들Marx Brothers(미국의 코미디언 그룹—옮긴이) 영화 속 마거릿 듀몬트Margaret Dumont의 역할들, 「캐디쉑」의 스멜즈 판사, 「대역전」의 부유한 형제들, 『업둥이 톰 존스 이야기』, 「베니티 페어」, 『오만과 편견』, 『엠마』가 있다.

7. 게으름뱅이 또는 무뢰한
- 하이: 상류층 환경에서 자란 멀쩡한 사람이자 성인처럼 보인다
- 로: 지저분하고, 거칠고, 시끌벅적하며, 남들보다 우월한 척한다
- 심리적 필요: 굳이 들자면, 열등감을 극복해야 한다
- 도덕적 필요: 타인에게 무례하게 구는 태도를 버려야 한다

예시로는 보랏과 브루노 캐릭터(샤샤 바론 코헨Sacha Baron Cohen이 만든 캐릭터로 동명의 영화 속 주인공이다―옮긴이), 토미 보이 캐릭터(「크레이지 토미 보이」―옮긴이), 블루스 브라더스the Blues Brothers(뮤직 코미디 듀오―옮긴이), 「애니멀 하우스」, 「캐디쉑」의 로드니 데인저필드Rodney Dangerfield의 역할들, 「이지 머니Easy Money」, 「백 투 스쿨」이 있다.

8. 사기꾼

- 하이: 상류층이자 중요한 인물처럼 행세하고 아는 것이 많고 이타적인 척한다
- 로: 실제로는 신분, 지위, 지식 모두 평범한 수준이고 본인의 이익을 위해 행동한다
- 심리적 필요: 누군가와 깊은 관계를 맺는 것에 대한 두려움을 극복해야 한다
- 도덕적 필요: 자신의 이익을 위해 타인을 속이고 이용하는 태도를 버려야 한다

예시로는 「고스트 버스터즈」의 벤크맨, 「웨딩 크래셔」의 존과 제러미, 「금발이 너무해」, 「매쉬」의 존과 호크아이, 「대역전」, 「맨 인 블랙」, 「사랑의 블랙홀」, 「비버리 힐스 캅」, 「필 실버스 쇼」가 있다.

9. 여행하는 천사

- 하이: 전통과 루틴, 관료주의, 가식이 가득한 환경에 놓여 있다
- 로: 삶의 진정한 우선순위가 무엇인지 알고, 특히나 재미를 즐길 줄 알고 타인에게도 즐거움을 주는 능력이 있으며, 부유하고 거만한 사람을 조롱한다

- 심리적, 도덕적 필요: 대체로 완벽하여 심리적, 도덕적 필요가 없지만 굳이 들자면 사랑하는 법을 배워야 한다

예시로는 메리 포핀스, 「미트볼」의 트리퍼, 페리스 뷸러, 크로커다일 던디, 뮤직맨(뮤지컬 「뮤직맨」의 주인공—옮긴이), 「비버리 힐의 낮과 밤 Down and Out in Beverly Hills」(「익사에서 구조된 부뒤 Boudu Saved From Drowning」의 리메이크작), 「언터처블」의 드리스, 「초콜릿 Chocolat」, 「아멜리에」, 「알로, 슈티」가 있다.

코미디 스토리 비트: 기폭제-도약

기폭제는 주인공이 목표를 갖게 만드는 외부 사건이다.

코미디에서는 이 목표가 있어야 강력한 욕망선이 생기고, 욕망선이 있어야 짤막한 개그를 배치할 수 있다. 개그는 스토리를 잠시 멈춰 우리가 캐릭터가 몰락하는 모습을 볼 여유를 마련해 준다. 스토리 장면은 이야기를 전진시키고 욕망선을 보여준다.

코미디를 쓰는 과정에서 일어나는 가장 큰 실수는 농담이나 개그를 스토리 초반에 너무 많이 늘어놓는 것이다. 그렇게 되면 스토리라인과 서사 추진력이 사라진다.

기법: 도약

그런 실수를 방지하고 코믹 욕망선을 만들기 위한 방법은 다음과 같다.

1단계: 당신이 정한 코믹 서브 장르(로맨틱 코미디, 신화 코미디, 여행하는 천사 등)의 구조 비트를 이용해 전체적인 중심축을 세운다.

2단계: 기폭제가 되는 사건 이후에는 스토리 장면이 있는다. 스토리

장면으로 코미디의 욕망선이 시작되는 것이다.

3단계: 도약 기법을 활용한다. 스토리 장면-개그-스토리 장면-개그-스토리 장면-개그라는 패턴을 결말까지 반복한다.

4단계: 스토리 장면 없이 농담이나 개그만을 너무 늘어놓지 않는다.

> **핵심**
>
> 도약 기법은 서사 추진력을 높이고 끝으로 갈수록 더욱 재밌어지는 코미디를 완성해 준다.

코미디 스토리 비트: 욕망-빨랫줄

농담을 걸어둘 수 있는 스토리라인 또는 '빨랫줄'을 만들기 위해서는 주인공에게 구체적인 목표를 안겨야 한다.

기법: 위험한 욕망

스토리 초반에 주인공에게 단 하나의 목표를 부여하되, 이 목표가 주인공을 점점 더 큰 곤경에 빠지게 만들어야 한다.

또한 이러한 난관은 주인공의 잘못으로 생긴 것이어야 한다.

주인공을 곤경에 빠지게 하는 욕망을 설정하면 세 가지 이점이 있다.

1. 스토리의 중심축이 생긴다.
2. 캐릭터에게서 코미디를 끌어낸다.
3. 전체 스토리에 걸쳐 또 한 번 웃음을 만들어낼 수 있는 계기가 된다.

이런 욕망으로부터 캐릭터를 완성하는 다른 퍼즐을 만들어낼 수 있다.

스스로에게 이런 질문을 해본다. "내 주인공은 구체적으로 무엇을 원하는가?"

로맨틱 코미디 영화인 「네 번의 결혼식과 한 번의 장례식」에서 주인공(캐리)이 원하는 건 사랑을 얻는 것이다.

추리-코미디 영화인 「행오버」에서는 사라진 신랑을 찾는 것이다.

코미디의 일반적인 목표는 유머러스한 결말과 더불어 성공 또는 사랑을 얻는 것이다. 이는 너무도 추상적인 목표다. 코미디는 다른 장르와 달리 주인공의 기본 행동 방향으로 주제를 드러내지 않는다. 코미디의 주제는 주인공이 목표를 어떻게 달성하는지, 접근 방식으로 파악할 수 있다.

기법 1: 강렬한 욕망

코믹 주제는 그 대상이 무엇이든 너무도 강렬하게 원할 때의 위험성에 관한 것이다. 따라서 주인공이 구체적인 목표를 갖는 것으로는 충분하지 않다. 진심으로 원해야 하고, 그 목표를 얻기 위해서라면 거의 무슨 일이든 할 준비가 되어 있어야 한다.

기법 2: 강렬함과 무능력함

플롯을 설정할 때 욕망을 향한 강렬함과 욕망을 이루지 못하는 무능력함을 대비시켜야 한다. 욕망을 향한 강렬함이 10이라면 이를 실현하는 능력은 1인 식이다.

기법 3: 무능력함 드러내기

목표로 인해 주인공이 가장 못하는 무언가를 해야 하는 상황을 만들어야 한다. 이렇게 할 때 주인공의 결함으로 스토리 내내 여러 아몽 같은 상황이 펼쳐지게 할 수 있다.

코미디 플롯의 시각적 형태: 직선형, 곡류형, 분지형, 스토리텔러

코미디 장르는 어느 장르와도 섞일 수 있는 만큼 이론적으로는 어떤 스토리 형태도 차용할 수 있다. 하지만 기본적인 코미디는 보통 직선형을 따른다. 주인공에게 단순한 욕망이 있고 이를 이루기 위해 뜨겁지만 서툰 노력을 하는 것이다.

↓

코미디 신화는 곡류형을 따른다.

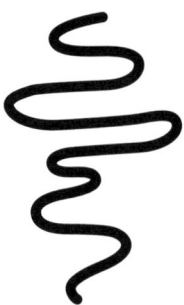

대체로 반응적인 주인공은 시골길 이곳저곳을 떠도는 여정에 나선다. 여기에 해당하는 작품으로는 『돈키호테』, 「톰 존스의 화려한 모험」,

『캉디드』, 『허클베리 핀의 모험』, 「작은 거인Little Big Man」, 「가디언즈 오브 갤럭시」, 「슈렉」, 「미스 리틀 선샤인」이 있다.

초월적 블랙코미디는 전체 시스템의 비논리성과 파괴성을 보여주기 위해 분지형을 사용한다.

그 예로는 『이상한 나라의 앨리스』, 『캐치-22』, 「네트워크」, 「좋은 친구들」(갱스터), 「기생충」(범죄물), 「왝 더 독」, 「특근After Hours」, 「닥터 스트레인지러브」, 「고스포드 파크」가 있다.

풍자적 로맨스 「애니 홀」의 주인공은 스토리텔러 구조로 지난 사랑을 회상한다.

코미디 스토리 비트: 대립-네 개의 대립점

대립은 이야기 전반에 걸쳐 코미디를 창출하는 세 번째 방법이다.

> **핵심**
>
> 훌륭한 코미디가 지닌 가장 중요한 요소는 주인공과 적대자(또는 다른 주인공들) 간의 관계다.

평범한 스토리에서 등장하는 두 개의 대립점은 주인공과 주요 적대자 간의 단순한 갈등이다. 하지만 플롯을 만들고 웃음을 유발하기에는 충분하지 않다. 코미디는 본질적으로 사회적인 장르이므로 주인공과 적대자가 사회의 축소판을 이뤄야 한다.

> **핵심**
>
> 코미디를 창작할 때 네 개의 대립점이 핵심 기법이 되는 이유는 사회적 장르라는 특성 때문이다.

네 개의 대립점을 설정하는 방법은 많다. 가장 흔한 방식은 주인공 한 명과 주요 적대자를 대치시키고 최소 두 명이 부차적인 적 또는 이들의 조력자를 두는 것이다. 텔레비전에서 가장 자주 쓰이는 방식으로 주인공 네 명이 등장하기도 한다.

코미디에서 이 기법이 중요한 이유는 대립점이 네 개일 때 갈등과 플롯을 기하급수적으로 늘릴 수 있기 때문이다. 또한 여러 원천에서 웃음을 만들어낼 수 있다.

코미디의 주요 적대자는 어떤 사회적 역할을 가진 사람이든 될 수 있지만, 보통은 권력자나 사회를 대변하는 인물이다.

갈등과 코미디를 가장 많이 끌어내기 위해서 적대자는 어느 지점에서는 주인공과 진정으로 대립해야 한다.

> **핵심**
> 코믹 대립들은 스토리 전반에 걸쳐 계속 유지되어야 한다.

지속 가능한 대립을 만드는 네 가지 방법이 있다.

1. 각 캐릭터 간 코믹 드롭 유형의 차이: 동물, 어린이, 기계
2. 부모-자녀, 무법자-경찰, 상사-직원, 공무원-시민 등 권력 또는 지위의 차이
3. 성별의 차이
4. 가치와 신념의 차이

미국 최고 시트콤의 강점이 바로 네 개의 대립점으로 코미디를 전개한다는 것이다. 「더 골든 걸스」는 세 개의 주요 코믹 드롭을 바탕으로 네 개의 대립점을 형성한 전형적인 예다.

- 블랜치: 동물
- 로즈: 어린이
- 도로시: 기계
- 소피아: 기계

7. 코미디: 예의와 도덕

「프렌즈」는 코믹 드롭과 캐릭터 유형으로 여섯 개의 대립점을 만들었다.

- 레이철: 어린이 공주
- 로스: 어린이 너드
- 피비: 어린이 얼간이
- 조이: 어린이 얼간이
- 모니카: 기계
- 챈들러: 기계

「오피스」또한 또 하나의 멋진 코믹 대립 구도를 완성했다.

- 마이클: 어린이
- 진과 팸: 기계
- 앤디: 어린이
- 드와이트: 대체로 어린이, 때로는 기계

전형적인 남성 지배적 핵가족을 세 가지 형태로 변형해 대가족으로 확장시킨 「모던 패밀리」는 가족 시트콤의 판도를 바꿔놓았다.

- 가족 1: 고령의 아버지는 아이가 있는 젊은 여성과 재혼했다
- 가족 2: 이 아버지의 아들은 동성애자 남성과 가정을 꾸려 아기를 입양했다
- 가족 3: 이 아버지의 딸은 여성 지배적 핵가족을 꾸렸다

「모던 패밀리」는 코믹 드롭(동물, 어린이, 기계)과, 캐릭터 유형, 성별, 성적 지향, 연령을 바탕으로 여덟 개의 대립점을 만들었다.

1. 고령의 아버지 제이: 기계, 가장家長, 퉁명스러운 할아버지 캐릭터
2. 젊은 아내 글로리아: 어린이, 섹시한 공주
3. 글로리아의 조숙한 아들 매니: 성인처럼 행동하는 어린이
4. 제이의 동성애자 아들 미첼: 기계 또는 어린이
5. 미첼의 요란한 남편 캐머런: 어린이
6. 제이의 딸 클레어 집안의 대장: 기계
7. 클레어의 남편 필: 어린이, 얼간이
8. 클레어와 필의 세 남매: 어린이 공주, 기계인 둘째 딸, 어린이 아들

당신의 스토리에 코믹한 대립을 심화하려면 다음과 같은 방법이 있다.

1. 주인공에게 코믹 갭이 있듯 적대자에게도 코믹 갭이 있어야 한다.

> **핵심**
> 적대자는 허세가 있어야 재미를 유발할 수 있다. 허세가 없으면 그저 강력한 적대자일 뿐이고 코믹 드롭을 적용할 수가 없다. 적대자의 코믹 갭은 그들의 약점에서 비롯된다.

2. 적대자를 위협적이지만 치명적이지는 않게 설정한다.
스토리 초반에 이 캐릭터가 주인공에게 큰 골칫거리를 안길 수는 있겠지만 심각한 고통이나 죽음으로 이어지지는 않을 거라는 점을 보여

준다. 앞에서 언급했듯 캐릭터가 너무 심하게 추락하면 더는 재미있지가 않다.「고스트 버스터즈」에 가장 처음 등장하는 유령도 무섭게는 생겼지만 실제로 아무도 해치지 않는다. 드물게 예외가 있다면 블랙코미디와 범죄 코미디다. 하지만 이 두 장르도 감상자가 긴장된 웃음이나마 터뜨릴 수 있도록 위험한 적대자를 적정한 수위로 조절한다.

3. 눈에 확 띄는 대조를 활용한다.

가령 크다-작다, 낡다-새롭다, 남성적-여성적, 부유-가난, 시골-도시 등으로 대비시킬 수 있다.

4. 대조되는 캐릭터들에게 가치를 부여한다.

코미디에 주제의 호소력을 더하는 한 가지 방법이다. 일상 속 도덕성을 다루는 장르인 코미디는 캐릭터만이 아니라 가치관이 충돌할 때 제 기능을 할 수 있다. 여러 가치가 모여 가치관을 이룬다. 최고의 가치 대립은 삶의 방식 간의 대립이다.

> **핵심**
>
> 가치관을 적대적인 캐릭터와 연결하는 것이 핵심이다.

크다-작다를 예로 든다면 '크다'와 관련된 가치는 강압, 권력, 직접적인 방식이 있고, '작다'와 관련된 가치는 재치, 계획, 섬세함이 있다. 시골과 도시로 보면 '시골'의 가치는 정직, 품위, 애국심, 근면이 있고, '도시'의 가치는 화려한 화법, 자신감, 돈, '나 먼저'의 태도가 있다.

> **핵심**
>
> 대립을 극단까지 밀어붙여야 한다. 다시 말해 캐릭터들과 이들의 가치관을 가능한 한 다르게 설정해야 한다.

코미디 스토리 비트: 자각-악몽

캐릭터에게서 나온 코미디는 캐릭터의 약점으로 스토리가 시작된다. 이 약점에서 끔찍한 상황을 만들어내야 좋은 코미디다. 스토리가 진행될수록 그 끔찍한 상황은 점차 고조되어야 한다.

코미디에서는 자각이 주인공에게 일종의 악몽으로 펼쳐지는 것도 이런 이유에서다. 주인공은 최악의 상황이 벌어졌음을 깨닫는데, 그 원인은 보통 적대자에게 있다.

> **핵심**
>
> 훌륭한 코미디는 결말에 한 차례 거대한 악몽을 선사하는 것으로 끝나지 않는다. 악몽을 연속적으로 제시한다.

악몽 같은 자각의 예:
- 「미스 리틀 선샤인」: 밴이 고장 나 가족들이 직접 차를 밀어야 한다
- 「웨딩 크래셔」: 글로리아의 남동생이 제러미를 침대 프레임에 묶고 유혹하려는 순간 아버지가 방으로 들어온다
- 「밥에게 무슨 일이 생겼나」: 텔레비전 인터뷰 중 마빈이 카메라 앞에서 얼어붙으며 이미 그에게는 악몽이 시작되었는데, 밥이 인터뷰를 멋지게 해내며 마빈의 악몽은 더욱 최악으로 치닫는다

- 「금발이 너무해」: 남자 친구에게서 청혼을 받을 줄 알았던 엘은 도리어 이별 통보를 받는다
- 「사랑의 블랙홀」: 이 영화는 기상 캐스터 필이 성촉절의 같은 하루를 몇 번이고 영원히 반복하며 악몽 또한 반복되는 구조로 전개된다. 같은 날이 반복되지만 매일 그가 경험하는 악몽은 조금씩 달라진다

기법: 코믹 사이클론

스토리의 클라이맥스에서는 마땅히 가장 큰 웃음을 선사하고 싶을 것이다. 그러려면 최대한 코믹한 악몽을 많이 배치하고 점점 더 빠른 속도로 몰아쳐야 한다. 이렇게 하면 마지막 최후의 악몽으로 가장 큰 웃음을 이끌어낼 수 있다.

> **핵심**
>
> 강도가 약한 악몽이 무엇일지 파악하려면 먼저 주인공이 하지 않을 행동 또는 두려워하는 행동이 무엇인지 알아야 한다. 스토리 전반에 걸쳐 강도를 조절한 여러 형태의 악몽을 되도록 많이 삽입하되 강도가 점점 더 극단적인 수준으로 치닫게 해야 한다.

코미디 스토리 비트: 계획-사기

계획은 주인공의 목표가 무엇인지 또 주인공이 이기려는 적대자가 누구인지에 달려 있다. 다만 일반적으로 주인공이 승리하기 위해 사용하는 전략은 모든 코미디의 스토리 전략과 동일하다. 일과 사랑을 쟁취하기 위해 겹겹의 가면을 활용하는 것이다.

따라서 코믹 계획은 늘 사기와 변장이 포함된다. 사기는 주인공이 원하는 바를 이루기 위해 사용하는 기만적인 계획이다.

좋은 사기 전략을 만드는 규칙은 다음과 같다.

- 주인공의 진짜 목표를 적대자가 착각하게 만든다. 욕망에 관한 사기인 셈이다. 가령 고전 우화인 『브레어 래빗Br'er Rabbit』에서 토끼는 곰에게 가시덤불로 자기를 던지지 말아 달라고 사정하지만 사실 토끼가 가고 싶어 하는 장소는 그 덤불이었다
- 좋은 사기란 단 한 차례로 끝나지 않는다. 사기 작전을 펼쳐야 하는데, 이는 사기를 성공시키기 위해 많은 장면이 필요한, 복잡한 계획을 의미한다
- 스토리의 결말까지 사기가 계속 이어지게 해야 한다

이러한 사기가 등장하는 작품으로는 「시라노Cyrano de Bergerac」, 「웨딩 크래셔」, 「금발이 너무해」, 「고스트 버스터즈」, 「40살까지 못해본 남자」, 「비버리 힐스 캅」, 「사랑의 블랙홀」, 「영 프랑켄슈타인」, 「하트브레이커」 등 다수의 로맨틱 코미디가 있다.

계획: 변장과 정체 오해

변장은 사회에서 성공하기 위해 사용하는 역할놀이다. 코미디 스토리 안에서 캐릭터들이 이미 하고 있는 것, 즉 사람들 앞에서 여러 가면을 쓴 것을 물리적으로 표현한 것이 변장이다.

좋은 변장을 위한 네 가지 규칙이 있다.

1. 캐릭터를 동물, 어린이, 기계로 코믹하게 전락시켜야 한다. 예를 들

면 다음과 같다.
- 동물: 「게임의 규칙La Règle du jeu」에서 곰 분장을 한 남자, 『한여름 밤의 꿈』에서 당나귀 머리를 한 보텀.
- 어린이: 어린 소녀 분장을 하고 에디스 앤 캐릭터를 연기한 릴리 톰린Lily Tomlin.
- 기계: 「슬리퍼Sleeper」에서 로봇인 척하는 마일스 먼로 캐릭터.

2. 캐릭터가 자신의 약점과 필요를 마주해야 하기 때문에 가장 싫어할 변장이 무엇일지 파악한다. 「투씨」에서 남성 우월주의자 마이클은 여자처럼 변장해야 한다.
3. 의도적인 변장은 벗을 수 없게 해야 한다. 다시 말해 캐릭터가 변장 상태에 갇혀 있어야 한다. 「투씨」에서 마이클은 변장을 벗고 줄리에게 구애하고 싶어 하지만, 그러면 드라마 출연 배우라는 일자리를 잃게 된다.
4. 시청자에게 이것이 변장이라는 사실을 알려줘야 변장으로 연기하는 역할과 그 뒤의 진짜 캐릭터를 동시에 인식할 수 있다.

코미디 스토리 비트: 추진력-전반적인 위험

캐릭터가 목표에 이르기 위해 행동을 취하는 과정에서 코미디가 효과적으로 지속되려면 주인공은 신체적이고 물리적인 진짜 위험을 경험해야 한다.

주의할 점은 시청자가 실제로 죽음을 보게 되면 코믹한 분위기가 깨져버린다는 것이다. 앞서 말했듯 블랙코미디와 범죄 코미디는 예외지만, 이 두 장르 모두 잘 완성해 내기가 까다롭기 때문에 성공하는 경우도 드물다.

> **핵심**
>
> 위험은 주로 공개적인 망신과 같은 사회적 형태로 제시될 때가 많다. 코미디에서 캐릭터가 받을 수 있는 가장 큰 벌은 공개적으로 수치심을 겪고 사회에서 외면받는 것이다.

그 예로 「슈렉」, 「웨딩 크래셔」, 「사랑의 블랙홀」, 「금발이 너무해」, 「행오버」, 「대역전」, 「페리스의 해방」, 「고스트 버스터즈」, 「블루스 브라더스」, 「핑크 팬더 The Pink Panther」가 있다.

추진력: 비도덕적인 행동

코미디는 예의와 도덕의 장르다. 앞서 범죄 장르도 도덕성에 관한 이야기라고 했듯이 범죄는 전체 사회 속 거대한 부도덕과 불의를 강조한다. 코미디는 주인공이 사랑과 성공을 쟁취하는 과정에서 겪는 도덕성 문제, 즉 범죄 장르보다 규모는 작지만 우리 일상에서 흔히 마주하는 비도덕적 행동에 초점을 맞춘다.

> **핵심**
>
> 이러한 일상 속 비도덕적인 행동은 스토리 중반부에서 플롯과 주제를 구축하는 데 핵심적인 역할을 한다.

목표를 좇다 난관을 마주하는 과정에서 주인공이 어떻게든 성공을 이루려다 도리어 문제를 악화시키는 상황이 발생한다. 보통은 거짓말, 속임수, 도둑질 같은 행동을 저지르면서다. 코미디는 개인보다 집단을 중시하는 장르이기에 사소하더라도 이러한 행동은 큰 사회적 파장으로 이어진다.

이런 상황이 등장하는 작품으로는 「웨딩 크래셔」, 「사랑의 블랙홀」, 「40살까지 못해본 남자」, 「디센선트」, 「빅쇼트」, 「일렉션」, 「마이 맨 갓 프라」, 「투씨」, 「아메리칸 뷰티」, 「사인필드」, 「플리백」이 있다.

코미디 스토리 비트: 전투−최악의 악몽

주인공이 자신에게 닥칠 수 있는 최악의 난관을 헤쳐나가는 전투가 코미디 스토리의 클라이맥스다. 이것이 바로 최후이자 최악의 악몽이다.

기법: 최악의 악몽 만들기

코믹 전투를 구상하려면 다시 처음으로, 주인공의 욕망선으로 돌아가야 한다. 주인공이 가장 피하고 싶고 두려워하는 일을, 목표로 달성하는 과정에서 반드시 마주하게 해야 한다. 이렇게 약점과 전투를 연결하면 더욱 큰 웃음을 만들어낼 수 있다.

주인공이 최악의 악몽을 경험하는 예로 다음 작품들이 있다.

- 죽음: 「맨 인 블랙」, 「고스트 버스터즈」, 「특근」, 「베버리 힐스 캅」, 「내일을 향해 쏴라」, 「에어플레인!」
- 개인적이거나 직업적인 실패: 「아메리칸 뷰티」, 「미스 리틀 선샤인」, 「풀 몬티」, 「백 투 스쿨」, 「로스트 인 아메리카」, 「돈을 갖고 튀어라 Take the Money and Run」
- 공개적으로 망신당하거나 발가벗겨지는 상황: 「네 번의 결혼식 한 번의 장례식」, 「웨딩 크래셔」, 「금발이 너무해」, 「매쉬」, 「위험한 청춘」, 「빅터 빅토리아」, 「새장 속의 광대」 등 여러 로맨틱 코미디

- 이성에 대한 두려움: 「네 번의 결혼식 한 번의 장례식」, 「시라노」, 「졸업」, 「투씨」, 「애니 홀」, 「데이트 소동」
- 외도가 발각되는 상황: 「투씨」, 「샴푸Shampoo」, 「파트너 체인지」, 「내 사랑 다니엘라Unfaithfully Yours」

악몽 기법 1: 종착점에서 시작하기

글쓰기 과정의 시작 단계에서 최후의 악몽을 설정해야 한다. 그런 뒤 스토리의 처음으로 되돌아가 더 약한 악몽들을 만들어나가야만 악몽의 강도가 점차 높아지는 효과가 난다.

악몽 기법 2: 혼돈의 전투

악몽을 논리적 한계까지 밀어붙인다. 코믹 전투는 혼돈의 전투일 때가 많다. 모든 것이 파괴되는 상황이다. 모든 가면이 벗겨지고 모든 이들이 코믹하게 붕괴된다.

혼돈의 전투 예시로는 「애니멀 하우스」, 「미스 리틀 선샤인」, 「슈렉」, 「밥에게 무슨 일이 생겼나」, 「대역전」, 「왓츠 업 닥」, 「블루스 브라더스」, 「위험한 청춘」, 「페리스의 해방」, 「고스트 버스터즈」가 있다.

전투가 거대한 리빌의 순간이 되기도 한다. 「투씨」에서 마이클은 생방송 중 자신이 남성이라고 고백한다. 이 사실은 전국으로 방송된다.

코미디 스토리 비트: 자기 각성

대다수의 주인공이 자기 각성을 통해 자신에 대한 거대한 통찰을 얻고 도덕적 선택을 내린다. 코미디 장르의 주인공에게는 대체로 어딘가 무능한 면이 있지만 그럼에도 자기 각성을 경험한다.

예시로는 「웨딩 크래셔」, 「미스 리틀 선샤인」, 「클루리스」, 「애니 홀」,

「40살까지 못해본 남자」,「투씨」,「사랑의 블랙홀」,「위험한 청춘」,「문스트럭」이 있다.

하지만 코미디에서 주인공이 공개적으로 망신당하는 상황에서 자기 각성을 하는 경우가 너무도 흔해졌음을 주의해야 한다. 작가는 주인공이 깨달음을 얻는 순간을 많은 이에게 노출하려고 가능한 한 많은 사람이 모이는 의식이나 행사 장소를 설정하려 한다. 공개적으로 매우 민망한 상황이 더해지면 자기 각성이 극적으로 더욱 강렬하고 정서적으로 더욱 만족스러울 거라고 생각하기 때문이다. 이제 이 비트야말로 민망할 정도로 뻔한 클리셰이자 현실성이 결여된 설정이다. 내게는 더는 재밌게 느껴지지 않는다.

코미디 서브 장르에서 예외적으로 주인공이 자기 각성을 경험하지 않는 장르가 두 개 있는데, 하나는 여행하는 천사 스토리이고, 다른 하나는 블랙코미디다.

코미디 스토리 비트: 새로운 평형−결혼과 새로운 공동체

코미디는 언제나 결혼이나 화해로 끝난다. 문자 그대로의 결혼일 수도 있고 사람들이 갈등을 이겨내고 함께하는 결속의 형태일 수도 있다.

하지만 코미디가 항상 행복한 엔딩을 맞이하는 것은 아니다. 누구도 아무것도 깨닫지 못하거나, 결속이 강제로 또는 관성에 의해 맺어졌다면 코미디는 슬픔 또는 절망으로 끝을 맺기도 한다. 안톤 체호프Anton Chekhov가 이러한 비극적 결말의 대가다(『바냐 아저씨』,『벚꽃동산』). 블랙코미디 서브 장르 전체가 슬픔과 절망을 종착지로 삼는다.

주제: 존재한다는 것은 부조리와 웃음 속에서 살아간다는 것이다

코미디에서 말하는 존재 감각은 코미디 장르만의 고유한 세계관으로 인해 다른 장르와 근본적으로 다르다. 다른 장르는 세상이 잘 작동한다는 믿음을 바탕으로 한다. 코미디는 그렇지 않다고 본다.

다른 장르가 인간의 삶을 두고 '물이 반이나 찬 컵'이라고 생각한다면 코미디는 '물이 반이나 비어 있다'고 본다. 다른 장르가 이 세상의 모든 것들이 맞물려 돌아가는 위대함을 본다면 코미디는 어딘가 어긋나고 망가진 틈을, 모든 것이 무너져 내리기 직전의 위태로움을 본다.

코미디의 감수성은 모든 것이 어떻게 돌아가야 하는지를 인식하고 제대로 돌아가지 않고 있다는 사실을 예리하게 포착한다. 하지만 정상적이지 않은 상황이 정상이라고 여기기에 코미디는 울음이 아닌 웃음을 자아낸다. 코미디는 일상이 사소하거나 상당한 모욕을 견뎌내는 것이라 말한다. 우리가 기댈 곳은 웃음에서 얻는 위안과 모든 것이 결국 잘 될 것이라는 믿음뿐이라고.

호러 장르와 마찬가지로 코미디도 인간이 약점과 모순, 어리석음으로 가득한 존재라고 말한다. 우리는 특히나 자신의 어리석음을 의식하는 존재다. 따라서 일상은 자신의 공포스러운 본질을 숨기기 위해 이미지를 긍정적인 외부로 투사해야 하는 노력의 연속이다. 그런 점에서 코미디는 인간이라는 동물의 가장 자기 인식적인 모습을 보여준다.

코미디는 또한 거짓말하는 인간의 모습을 비춘다. 외부로 내보이는 자아와 진정한 자아의 간극을 자신이 누구보다 잘 아는 만큼, 진실의 딜레마를 예리하게 인식한다. 인간은 다른 사람이 내보이는 불합리하고 그릇된 이미지를 조화롭게 받아들이려고 애쓴다. 또한 타인의 거짓된 이미지와 자신에게는 너무도 명백하고도 고통스럽게 느껴지는 진실 사이에서 균형을 맞추려고 끊임없이 애쓴다.

사람들이 서로를 대하는 방식에서 이런 사실을 명확하게 확인할 수 있다. 코미디는 실천적 도덕성을 스토리 양식으로 표현한 장르로, 모든 사람이 서로에게 저지르는 끝없는 비도덕적인 행동을 비춘다.

코미디 주제 공식: 자신답게 산다

'되어감'을 향한 코미디의 전략이 주인공의 기본 행동과 장르의 핵심 질문에서 비롯되는 것은 맞지만, 이 장르의 경우 주인공의 기본 행동 방향이 부정적이라는 문제가 있다. 스토리 전반에 걸쳐 실수투성이 주인공은 성공을 이루고자 몇 겹의 가면을 만든다. 사실 모든 코미디 주인공은 거짓 가치를 만들어내 자신의 기본 행동 방향으로 삼는다. 이들이 세상에 투사하는 것은 허울뿐이고 과장되어 있어 결국 망신스러운 몰락을 경험한다.

성공은 주인공이 모든 겉치레를 벗고 사회 앞에 자신의 모습을 있는 그대로 드러낼 때만 가능하다. 다른 사람이 주인공 또한 자신과 다를 바 없는 인간임을 알아차릴 때, 이들은 적대자에서 조력자로 변화한다. 주인공은 자신이 좇던 것이 실은 아무런 의미가 없었다는 점을, 특히 그것을 얻기 위해 그렇게 비도덕적인 행동을 할 만한 가치가 없었다는 점을 깨닫는다.

코미디의 바탕에는 모든 장르의 주제 공식을 관통하는 심오한 질문이 자리한다. 어른은 어떻게 성장하는가? 우리는 신체적 성숙에 도달한 후 운이 좋다면 50년 이상을 더 살 수 있을 것이다. 그렇다면 인간은 정확히 어떻게 자신의 최고 모습에 도달할 수 있을 것인가?

장르마다 이 질문에 다르게 답한다. 신화의 경우 인간은 자신의 숙명을 깨닫는 것으로 성장한다고 말한다. 우리 내면을 깊이 파고들어 주어진 사명을 발견하고 이를 실행하면 좋은 삶을 사는 것이라고 말이다.

이 질문에 대한 코미디의 답은 코미디 장르의 핵심 질문과 맞닿아 있다. 당신은 거짓을 말할 것인가 아니면 진정한 자신을 드러낼 것인가?

코미디 스토리 관점에 따르면 세상은 무능함과 부도덕, 위선으로 가득 차 있다. 자신의 최고 모습을 향한 되어감의 길은 가면을 벗고, 어떠한 파장이 있다 해도 자신의 진정한 모습을 세상에 드러내며 타인을 올바르게 대하는 것이다. 우리는 진정한 자신의 모습을 포용하고 이 세상이 완벽하지는 않지만 끝없는 재미가 가득한 곳임을 받아들일 때 비로소 성장할 수 있다.

「사랑의 블랙홀」: 철학적 코미디

「사랑의 블랙홀」은 스토리 역사상 가장 뛰어난 코믹 사고실험 중 하나다. 영원한 현재에 갇힌 남성이 삶을 어떻게 살아야 하는지 연습하고 실수를 바로잡으며 좋은 삶을 만들어나가고자 한다. 스토리의 전제와 구조, 로맨틱 코미디라는 장르 특성을 바탕으로 영화는 니체의 '영원회귀'와 아리스토텔레스의 윤리학을 유쾌하게 보여준다.

텔레비전 기상 캐스터인 필 코너는 이기적인 나르시시스트의 전형으로, 성촉절 특집 촬영을 위해 펜실베이니아의 펑수토니에 왔다. 이 지역에서는 마멋의 행동을 보고 앞으로 추운 날씨가 6주간 더 지속될지 예측하는 연례행사를 진행한다. 필의 사랑스럽고도 다정한 프로듀서 리타와 필이 경멸하는 카메라맨 래리가 출장에 동행한다. 다음 날 그곳을 떠나려는 필은 눈보라로 갇히게 되고, 이내 이곳에서 성촉절 하루를 영원히 반복해 살게 될 저주에 걸렸음을 깨닫게 된다.

그곳을 떠날 수 없다는 사실이 분명해지자 필은 가장 먼저 리타와 잠자리를 하고 싶다는 욕망에 사로잡힌다. 매일 그는 같은 일상 속 같은 문제를 마주하는 스토리는 그의 계획을 중심으로 전개되는데, 코미디 장르에서 그 계획이란 곧 사기를 뜻한다. 영화에서 매일 다른 모습으로 변신하는 필 코너 역을 맡은 빌 머레이는 미국 영화 역사상 가장 치밀한 사기꾼의 모습을 보여준다.

반복되는 하루가 가져다주는 이점은 리타와의 잠자리라는 목표를 이루기 위해 자신의 계획을 점차 완벽하게 다듬을 기회가 주어진다는 것이다. 문제는 필의 압도적인 나르시시즘이 항상 그 기회를 날려버린다는 점이다. 이전 데이트에서 필은 리타가 산속에서 살고 싶어 한다는 사실을 알게 되었다. 이제 그는 그 정보를 이용해 그녀에게 동질감을 형성해 보려 한다. 하지만 또 한 번 그의 결함이 추악한 고개를 들고 만다.

> 필: 방송이나 언론에 몸담은 적은 없어요?
> 리타: 없어요. 안 믿겠지만 19세기 프랑스 시를 전공했거든요.
> 필: (웃으며) 정말 시간 낭비네요! 그러니까, 제 말은 다른 사람에게는 그랬을 거라고요. 그런 전공을 택했다니 대담해요. 멋지네요. 정말, 정말로 대단한 사람이었네요.
> 또 한 번의 기회가 주어지고 필이 다시 시도한다.
> 필: 방송이나 언론에 몸담은 적은 없어요?
> 리타: 없어요. 안 믿겠지만 19세기 프랑스 시를 전공했거든요.
> 필: (시를 읊는다) La fille que j'aimera / Sera comme bon vin/ Qui se bonifiera/ Un peux chaque matin.
> 리타: 불어 할 줄 아세요?
> 필: Oui.

니체의 영원회귀(자신의 삶을 똑같은 방식으로 영원히 반복해야만 한다는 개념)는 보통 상상할 수 있는 가장 끔찍한 저주로 여겨진다. 불을 훔쳐 인류에게 전달한 죄로 프로메테우스가 받은 형벌과 유사한 개념이다. 제우스는 그를 바위에 묶어 독수리에게 그의 간을 쪼아 먹게 했다. 하룻밤이 지나면 간은 다시 자랐고 독수리가 또다시 그의 간을 쪼았다.

그러나 니체는 이를 대단한 혜택으로 여기며 '아모르파티amor fati', 즉 운명을 향한 사랑을 실천할 가능성으로 봤다. 우리가 살아가는 삶을 받아들이고 영원히 반복해서 살고 싶을 정도로 사랑할 수 있을 때 굉장한 자유가 찾아온다. 자신이 되고 싶은 존재로 변할 수 있음을 깨닫는다. 내 친구는 이를 아주 간략하게 정리했다. "명심해 존, 네가 할 수 있는 최악의 일이라고 해봤자 거하게 실수나 좀 하는 것뿐이야."

이 주제를 구현하기 위해 작가들이 자주 사용하는 구조는 『율리시스』 등의 스토리처럼 하루를 영원히 반복한다는 소재다. 사실상 「사랑의 블랙홀」의 순환 구조는 공간이 아닌 시간이고, 이로써 코믹 신화가 탄생한 것이다. 필의 삶은 무의미한 트레드밀과 같았지만 자신이 무엇을 깨달아야 하는지 이해하고 나서는 달라졌다.

「사랑의 블랙홀」은 한 남자가 가능태에서 현실태로 향하는 여정을 통해 아리스토텔레스의 형이상학과 윤리학을 완벽하게 보여준 예시이기도 하다. 아리스토텔레스는 되어감이라는 사상, 즉 과정 철학의 아버지다. 그는 우리가 되어감을 삶에 적용할 때 그가 말하는 '좋은 삶'을 얻게 된다고 말한다.

좋은 삶은 자신이 될 수 있는 최고의 인간이 되는 데서 오는데, 이는 궁극적으로 도덕적인 삶을 말한다. 따라서 우리는 자신의 가능성을 의식적으로 파악하고, 선택하며, 그 사람이 되기 위해 지금 바로 행동해야 한다.

> **핵심**
>
> 「사랑의 블랙홀」은 사실 자신의 최고 자아를 찾아가는 필의 여정이 핵심이다. 그는 자신이 될 수 있는 여러 가능성 중에 가장 좋은 인간형을 발견할 때까지 같은 하루를 영원히 반복해야 하는 저주를 받은 것이다.

필이 자신의 이익을 위해 타인을 이용하는 것이 아니라 타인을 도울 때 자신의 최고 자아에 이를 수 있음을 깨닫자 저주가 풀리고 사랑도 쟁취할 수 있었다.

이는 '덕을 위한 덕'을 강조하는 아리스토텔레스의 사상과도 일치한다. 역설적이게도 필이 자신의 이기적인 목적을 위해 타인을 이용할 때보다 타인을 도울 때 더욱 성공적인 하루를 살게 되는 '윈-윈' 상황이 성립한다.

코미디 서브 장르

코미디가 과소평가되는 이유이자 동시에 창작하기 어려운 이유 중 하나는 서로 다른 스토리 비트를 가진 서브 장르가 너무도 많기 때문이다. 여기서는 코미디의 주요 서브 장르 간의 기본적인 차이를 알아보겠다.

로맨틱 코미디

로맨틱 코미디는 재치 있는 로맨스다. 재치와 진지함을 오간다.

그 예로 「해리가 샐리를 만났을 때」, 「40살까지 못해본 남자」, 「투씨」, 「셰익스피어 인 러브」, 「네 번의 결혼식과 한 번의 장례식」, 「500일의 썸머」, 「웨딩 크래셔」, 「사랑의 블랙홀」, 「필라델피아 스토리」, 「문스트럭」,

「니노치카」, 「어느 날 밤에 생긴 일」, 「뜨거운 것이 좋아」, 「레이디 이브」, 「트웬티스 센츄리」, 「볼 오브 파이어」(환상동화, 판타지), 「마이 페이버릿 와이프」가 있다.

셰익스피어식 코미디

셰익스피어가 코미디에 접근한 방식은 『한여름 밤의 꿈』, 『십이야』, 『헛소동』, 『뜻대로 하세요』, 『실수 연발』과 같은 희곡에서 그가 사용한 코미디 비트와 기법을 통해 확인할 수 있다. 다음과 같은 요소다.

- 코미디의 원형 캐릭터
- 사기
- 변장과 오해, 특히 성별 전환과 쌍둥이 활용
- 의사소통 오류
- 신체 개그: 동물, 어린이, 기계 코믹 드롭을 활용
- 위트: 사랑의 언어
- 자기 반영적: 배우, 노래, 극중극을 활용해 성공하기 위해 겹겹의 가면을 쓴다는 코미디의 본질을 표현

코믹 신화

신화와 코미디를 결합한 에픽 신화는 안티히어로가 여정을 떠나는 스토리다. 액션 장르의 주인공이 전사였던 것과 달리 안티히어로는 보통 무능하거나 괴짜 혹은 어린이가 된다.

그런 작품으로는 『돈키호테』, 『허클베리 핀의 모험』, 「작은 거인」, 「가디언즈 오브 갤럭시」, 「슈렉」, 「크로커다일 던디」, 「늑대와 춤을」(반서부극), 「미스 리틀 선샤인」이 있다.

앞서 언급했듯 미겔 데 세르반테스Miguel de Cervantes의 『돈키호테』는 노스럽 프라이의 가장 높은 로맨스(신화)에서 아이러니(코미디)로 영웅의 이야기가 전환되는 분기점을 상징한다. 이는 또한 삶의 방식으로서의 신화가 종결되었음을 의미한다. 신들과 마법의 세계는 끝난 것이다. 이제 신화는 그 범위가 좁아졌고 인간 지향적으로 변했다. 영웅적 사고에서 아이러니한 사고로의 변화를 의미한다. 이 스토리가 향후 모든 에픽 코미디의 기초가 되었다.

어떻게 세르반테스는 이렇듯 거대한 전환을 이뤘을까? 『돈키호테』에서는 낭만적인 전사를 거꾸로 반전시킨다. 주인공은 실제로 풍차를 향해 돌진하다 말 그대로 머리부터 거꾸로 넘어졌고 정신 또한 온전하지 않다. 『돈키호테』는 기계적인 세상에서 영웅적 행위와 영웅의 퀘스트는 숭고하지만 우스꽝스러운 일이라는 것을 보여준다.

「미스 리틀 선샤인」은 가장 오래된 코미디 구조 중 하나인 코믹 여정을 활용한다. 코미디와 신화의 결합이 성공하는 이유 중 하나는 두 장르가 여러 면에서 상반되기 때문이다. 여정을 주요 기법으로 활용하는 신화 장르는 크고, 영웅적이며, 영감을 줄 수 있는 무언가를 추구한다. 코미디에서는 과장을 벗겨내는 게 핵심이다. 즉 코믹 여정 스토리에서 신화가 웃음을 주는 소재(캐릭터를 과장되게 표현)를 제공하고, 코미디는 펀치라인(대미를 장식하는 부분—옮긴이)을 담당하는 것이다.

이 두 장르를 결합할 때의 위험은 구조적 문제를 야기한다는 것이다. 구조가 에피소드 형식으로 분절되고 서사 추진력은 약해진다. 「미스 리틀 선샤인」은 세 가지 기법으로 이 문제를 해결한다. 잘못된 목표, 종착점, 가족이다. 첫 번째 기법은 「미스 리틀 선샤인」과 최초의 코믹 신화인 『돈키호테』에서 공통적으로 발견된다. 다른 두 기법은 『돈키호테』에서는 찾아볼 수 없으나 「미스 리틀 선샤인」을 코믹 신화로 만든 힘이다.

코믹 신화의 근본적인 스토리 비트는 주인공이 잘못된 목표를 좇는 다는 것이다. 돈키호테의 잘못된 목표는 그의 사랑이 향하는 대상, 둘시네아였다. 그는 둘시네아가 교양 있는 완벽한 여성이자 누군가 구해주길 기다리는 숙녀라고 믿는다.

「미스 리틀 선샤인」의 주인공 올리브도 잘못된 목표를 갖고 있다. 올리브는 여성의 아름다움을 상징하는 왕관을 얻으려 한다. 「미스 리틀 선샤인」의 시나리오 작가인 마이클 안트Michael Arndt가 신화의 에피소드적인 구조를 극복하기 위해 활용한 첫 번째 기법은 시작부터 감상자에게 코믹 여정의 종착점을 알려주는 것이다. 가족은 올리브를 미스 리틀 선샤인 미인 대회에 참가시킨다. 이에 더해 캐릭터들이 직선형의 여정에 오른다는 점도 분명하게 드러난다. 단순해 보이는 이 기법이 중요한 이유는 모든 사건과 개그를 걸어둘 말 그대로 하나의 선을 감상자에게 제시하기 때문이다. 안트는 이미 감상자에게 어디로 향할 예정인지 밝혔다. 사실상 감상자에게 웃음을 지을 여유를 마련해 준 것이다. 덕분에 감상자는 다음에 무슨 일이 벌어질지 조바심 내지 않고 편안하게 여정을 따르며 농담을 즐길 수 있다.

주인공이 새롭고 낯선 적대자들을 만나는 에피소드식 구조를 극복하기 위해 안트는 신화의 핵심 기법을 차용해 스토리를 통합시켰다. 바로 주인공의 여정에 가족을 동행시키는 기법이다. 즉 올리브의 주요 대립 상대는 감상자가 알고 있는 사람, 구체적으로는 그녀의 아빠가 되고, 이로써 계속 이어지는 대립이 완성되는 것이다. 서로 연결성이 없는 사건이 연속적으로 이어지기보다는, 꾸준하게 고조되는 갈등을 만들어낼 수 있다. 이렇게 할 때 농담은 더욱 재밌어지고, 가족이 마침내 대회장에 도착했을 때 가장 재밌는 개그가 발휘되도록 작가가 상황을 구축해 나갈 수 있다.

이 기법은 또한 영화에 정서적으로 더욱 만족스러운 결말을 안겨준다. 주인공에게만이 아니라 가족 모두에게 말이다. 무능한 독재 체제였던 가족의 정치 체제가 전복되고 새롭게 거듭나는 모습을 보인다.

『돈키호테』나 「톰 존스의 화려한 모험」, 「미스 리틀 선샤인」 등 대부분의 코믹 신화에서는 스토리 전반에 걸쳐 여정이 길게 이어진다. 「크로커다일 던디」는 다르다. 고전 판타지 스토리처럼 「크로커다일 던디」의 주인공은 다른 스토리 세계를 넘나든다. 이러한 설정은 세계와 캐릭터의 날카로운 대비를 보여주고 그 대비가 곧 코미디의 기틀이 된다. 이 영화는 '역이세계물'이라는 서브 장르에 속한다.

이 영화의 전제가 탁월한 지점은 사회의 주요 네 단계 중 첫 번째인 황야와 마지막, 억압적 도시를 한데 결합했다는 데 있다. 이 작품은 반서부극와 근대화 스토리의 기본적인 기법을 뒤틀어 코믹 효과를 더했다. 황야의 사나이는 뛰어난 신체 능력과 거침없는 선의로 무장한 채 도시 정글의 다양한 인간들을 만난다. 이후 그는 진짜 정글에서 갈고닦은 기술로 너무도 문명화된 도시 정글의 동물들을 길들이기까지 한다.

소극: 잘못된 가치를 향한 욕망

소극은 복잡함을 다루는 코미디다. 모든 코미디 형식을 통틀어 가장 많은 캐릭터가 등장하는데 여기서 예외가 있다면 풍자가 될 것이다.

서브 장르인 소극은 모두가 한 가지 대상을 동시에 좇는 사회의 축소판을 보여준다. 강렬한 열정으로 목표를 좇는 개인의 모습을 한 치의 오차 없는 계산 아래 보여주는 소극은 사실 그 목표라는 것이 거의 혹은 전혀 가치가 없고, 모두의 노력이 헛되었음을 강조한다.

소극은 일종의 게임으로서의 코미디다. 사회의 본질만 축소하여 담아낸 소극은 마치 속기 체스처럼 진행된다. 아무런 의미 없는 소란과 호들갑으로 가득하다. 여러 면에서 소극은 스토리 코드 자체를 전복시키는 장르다. 탐하지 않는 마음 또는 과도하게 탐하지 않는 마음의 가치를 전하는 선불교의 가르침을 코믹하게 풀어낸다.

예시로는 『실수 연발』, 『진지함의 중요성』, 『노이즈 오프』, 『타르튀프』, 『수전노』, 『의심 품기』, 『어브저드 퍼슨 싱귤러』, 『노먼 콘퀘스트』, 『하우스 앤드 가든』, 『새장 속의 광대』를 들 수 있다.

스크루볼 코미디 작품으로는 「베이비 길들이기Bringing Up Baby」, 「왓츠 업 닥」, 「아세닉 앤드 올드 레이스」, 「완다라는 이름의 물고기」, 「펄티 타워스」가 있고, 「투씨」와 「디제스터Flirting with Disaster」에도 일부 요소가 담겨 있다.

버디 스토리

버디 스토리는 두 친구를 중심으로 한 액션 코미디 장르다. 실질적으로는 액션, 코미디, 로맨스(로망스), 이렇게 세 장르가 결합되어 있다. 두 친구는 보통 남성으로 설정되어 이들의 관계를 종종 '브로맨스'라고도 부른다.

예시로는 「내일을 향해 쏴라」, 「리썰 웨폰」, 「48시간」, 「미드나잇 런」, 「블루스 브라더스」, 「크레이지 토미 보이」, 「엑설런트 어드벤처」, 「스윙어즈Swingers」가 있다.

여성 버디 스토리로는 「내 여자친구의 결혼식」(로맨틱 코미디), 「신사는 금발을 좋아한다」, 「히트」, 「미녀 삼총사」, 「포춘」, 「인생의 반전」, 「로미와 미셸」을 들 수 있다.

「건가 딘」, 「고스트 버스터즈」(1984), 「고스트 버스터즈」(2016), 「디 아더 우먼」은 세 친구가 등장하는 버디 스토리다. 「델마와 루이스」, 「캐그니 앤드 레이시」는 버디 스토리지만 코미디에 해당하지 않는다. 「로맨싱 스톤」은 이성 친구 간의 이야기다.

「웨딩 크래셔」가 뛰어난 점은 전제와 그 조합이 상당히 드문 두 서브 장르를 놀랍게도 결합했다는 데 있다. 이 영화는 결혼이라는 의식, 즉 두 사람이 공동체를 이루고 사회가 새롭게 정립되는 순간을 한낱 짝짓기 게임으로 전락시킨다.

결혼식이 치러지는 유토피아적 공간은 두 거짓말쟁이가 미래를 약속할 것처럼 온갖 달콤한 말로 이성을 꾀어 여성을 성적 대상으로 전락시키는 장소가 된다. 이들은 그 어떤 감정적 대가도 지불하지 않고 자신들의 목표만 달성하려 든다. 사실상 이 스토리는 가능한 한 많은 여성과 짝짓기를 하려는 남성의 사회생물학적 원칙을 수백 가지 규칙이 있는 거대한 사기극의 소재로 활용한 것이다.

이 영화가 대단한 인기를 끈 이유는 버디 스토리와 로맨틱 코미디를 기발하게 결합한 데 있다. 다시 말해 다른 영화들과 동일한 러닝타임 안에 두 배의 스토리 비트가 담겨 있는 셈이다. 스토리는 사랑의 범죄를 공모하는 두 친구의 모습을 보여주며 버디 스토리로 시작된다. 두 사람의 팀워크가 단단해진 후 스토리는 두 커플의 로맨틱 코미디로 달라진다. 두 친구의 사기극은 점차 커지고, 진짜 사랑에 빠진 이후에도 부도덕한 행동은 점점 더 심해지지만 결국 두 남자는 낯선 사람들과의 끝없는 잠자리보다 사랑과 정직이 더욱 소중한 가치임을 깨닫는다. 스토리의 결말에서 버디 스토리와 로맨틱 코미디가 다시 합쳐지며 이번에는 두 커플이 누군가의 결혼식장으로 향하는 것으로 끝이 난다.

여행하는 천사 코미디

서브 장르 중에서 가장 인기 있다고 할 수 있는 장르는 내가 '여행하는 천사 코미디'라고 부르는 스토리 형식이다. 대단히 성공적인 로맨틱 코미디가 흥행에서는 훨씬 앞서겠지만, 동시에 너무 뻔해서 실패하는 경우가 더 많다. 여행하는 천사 코미디는 잘 알려지지 않았지만 꾸준히 성공을 거둔다.

이 서브 장르는 「셰인」 같은 서부극, 셜록 홈즈, 에르퀼 푸아로 등 반복적으로 매체화되는 유명 탐정 캐릭터의 추리물과도 잘 어울린다. 심지어 SF에도 시간 여행 천사가 등장하는 「닥터 후」가 있다.

하지만 이 스토리 형식이 가장 빛을 발하는 장르는 코미디다. 교과서적인 예시이자 대성공을 거둔 작품을 들자면 「메리 포핀스」가 있다. 형식은 약간 다르지만 「페리스의 해방」도 큰 인기를 끌었다.

여행하는 천사 스토리는 초월적 판타지에서 좀 더 자세히 다룰 예정이다. 여기서는 기본적인 내용만 짚어보겠다.

여행하는 천사 캐릭터는 어떤 면에서는 완벽하다고 할 수 있는 존재(코미디 캐릭터 유형 참고)다. 그는 다수의 구성원이 문제를 지닌, 위기의 공동체에 합류한다. 천사는 이들에게 문제를 해결하는 법을 알려주고는 언젠가 다시 돌아오겠다는 약속을 남긴 후 다른 마을로 떠난다.

이런 스토리를 바로 써봐야겠다고 성급하게 마음먹기 전에, 보기보다 복잡한 스토리 형식이라는 점을 알아두길 바란다. 단순한 형식처럼 보이겠지만 코미디와 판타지, 그리고 많은 경우 로맨스까지 더해진다. 또한 주인공 역할을 분리해야 하므로 주인공의 일부 기능은 천사에게, 또 일부는 천사의 도움을 받는 캐릭터들에게 나누어야 한다.

예시로는 「산타클로스 Santa Claus」, 「페리스의 해방」, 「메리 포핀스」, 『정원사 챈스의 외출』, 「크로커다일 던디」, 「굿모닝 베트남」, 「언터처블」, 「아멜리에」, 「초콜릿」이 있다.

패러디

패러디는 다른 장르를 조롱하는 서브 장르다. 따라서 추상抽象의 추상抽象이라고 할 수 있다. 패러디를 집필할 때 가장 큰 위험은 이중적 거리감 때문에 감상자가 스토리에 감정적으로 몰입하기가 어렵다는 점이다. 소극에도 같은 문제가 있지만 그 위험은 패러디가 훨씬 극단적이다.

패러디가 한 장면 이상으로 지속되기 어려운 것도 이런 이유일 터다. 감상자는 자신이 잘 알고 사랑하는 장르를 풍자하는 장면에 즐거움을 느낀다. 하지만 작가가 이를 전체 스토리로 지속할 필요는 없다. 그렇게 되면 감상자가 감정적 소모를 느끼기 때문이다.

영화 한 편 또는 텔레비전 시리즈 전체가 패러디인 작품으로 성공한 예를 들자면 「에어플레인!」, 「총알 탄 사나이」 드라마, 「총알 탄 사나이」 영화, 「블레이징 새들스」, 「고소공포증」이 있고 패러디 형식에서 유일한 초월적 코미디로 「영 프랑켄슈타인」도 있다.

코미디 스토리를 초월하는 법

초월적 범죄 스토리처럼 초월적 코미디는 도덕성과 정의의 예술을 탐구한다. 다만 무엇이 합법적이고 도덕적인지 그 경계를 강조하는 대신 코미디는 일상에서 마주하는 골치 아픈 도덕성 문제를 다룬다.

코미디 형식을 초월하는 데는 보통 블랙코미디와 풍자, 이렇게 두 서브 장르를 활용한다. 이 두 장르는 단순한 일상 속 예의와 도덕의 코미디를 넘어서 사회와 문화 체계의 잘못된 가치와 부당함을 보여준다. 전체 시스템이 얼마나 부조리한지 드러내며 사회를 비판한다.

블랙코미디

블랙코미디는 모순적이고 파괴적인 시스템을 주제로 한 코미디다. 사회 구성원들은 시스템을 깊이 신뢰하는 나머지 그 이면의 논리가 얼마나 불합리한지 보지 못한다.

시스템의 불합리함이 작품 제목에 그대로 반영될 때가 많다.『이상한 나라의 앨리스』,「네트워크」,「고스포드 파크」가 그렇다. 또 다른 예로는『캐치-22』,「좋은 친구들」,「조조 래빗」,「왝 더 독」,「특근」,「닥터 스트레인지러브」가 있다.

블랙코미디의 비트는 다음과 같다.

1. 다수의 캐릭터가 한 조직 안에 살거나 일한다.
2. 한 캐릭터가 시스템이 중시하는 규칙, 논리, 가치를 상세하게 설명한다.
3. 주인공은 부정적인 욕망을 품고 있다.
4. 역시 같은 시스템 아래 있는 적대자들은 주인공과 같은 목표를 두고 경쟁한다.
5. 시스템 속 한 캐릭터가 시스템의 논리가 터무니없다는 것을 깨닫는다.
6. 모든 이가 목표를 이루기 위해 극단적인 방법을 쓴다.
7. 대단히 파괴적인 전투가 벌어진다.
8. 누구도 자기 각성을 경험하지 않는다.
9. 생존자는 다시 목표를 좇는 데 집중한다.

블랙코미디에서는 불합리한 논리와 파괴가 악순환을 이루며 계속된다.

풍자

풍자는 신념에 관한 코미디다. 전체 사회가 기초하는 가치에 대해 질문하고 의심한다. 대다수의 경우 풍자는 좋은 삶이 무엇인지에 대한 문화의 잘못된 기준을 조롱한다. 하지만 대안을 제시하지는 않는다.

소설과 영화

『돈키호테』(코믹 신화), 『신사 트리스트럼 샌디의 인생과 생각 이야기』, 『업둥이 톰 존스 이야기』, 「사랑의 블랙홀」, 「투씨」(로맨틱 코미디), 「아메리칸 뷰티」, 「게임의 규칙」, 『캉디드』, 『겸손한 제안』, 『베니티 페어』, 『오만과 편견』, 『엠마』, 『이성과 감성』, 「바이스」, 「빅쇼트」, 『땡큐 포 스모킹』, 「애니 홀」(로맨틱 코미디), 『캐치-22』, 「매쉬」, 「금발이 너무해」, 「졸업」, 「캐디쉑」, 「클루리스」, 「리치몬드 연애 소동」, 「로스트 인 아메리카」, 「대역전」, 「애니멀 하우스」, 「베스트 쇼」, 「이것이 스파이널 탭이다」, 「샴푸」, 「딕Dick」(1999), 「일렉션」, 「설리반의 여행」

텔레비전 시리즈

「사인필드」, 「플리백」, 「올 인 더 패밀리」, 「심슨 가족」, 「VEEP」, 「래리 샌더스 쇼」, 「프렌즈」, 「메리 타일러 무어 쇼」, 「왈가닥 루시」, 「치어스」, 「30록」, 「오피스」, 「섹스 앤 더 시티」

풍자 스토리 비트는 다음과 같다.

1. 주인공은 하나의 사회적 시스템 안에 존재한다.
2. 한 캐릭터가 그 시스템이 기반을 둔 가치를 자세히 설명한다.
3. 주인공은 시스템 안에서 강한 욕망을 품고 있다.

4. 주인공은 시스템의 가장 높은 자리에 오르기로 결심한다.
5. 주인공에게는 최소 세 명의 적대자가 있다.
    - 시스템 내에서 주인공과 같은 위치에 있는 인물
    - 시스템의 가장 높은 위치에 있는 인물, 즉 권위자
    - 경쟁하는 다른 시스템에 속한 인물
6. 주인공과 적대자들은 각자의 신념과 가치관을 밝힌다.
7. 캐릭터들이 같은 목표를 두고 경쟁하는 과정에서 자신의 신념으로 인해 한심하고 파괴적인 행동을 한다.
8. 패배와 자각: 바닥까지 내려간 주인공은 시스템과 경쟁의 부조리를 깨닫는다. 그는 생각을 완전히 바꾸고 무엇도 가치가 없다고 여기며, 파괴적으로 변한다.
9. 주인공은 두 시스템을 모두 무너뜨리려 시도한다.
10. 전투 과정에서 주요 시스템이 붕괴하거나 대대적으로 변하고, 거들먹거리던 인물들은 모두 패배한다.
11. 주인공은 자발성과 진실, 진짜 가치 있는 무언가를 창조하는 일이 소중하다는 깨달음을 얻기도 한다.
12. 주인공은 도덕적 행위를 실천한다.
13. 우정 또는 사랑을 얻는다. 드물지만 주인공이 더 나은 가치를 바탕으로 한 새로운 시스템을 창조하기도 한다.

사인필드: 카르마 코미디

초월적 코미디가 어떻게 전개되는지 이해하려면 「사인필드」를 살펴봐야 한다. 제작자들은 농담 삼아 아무것도 아닌 것에 대한 쇼라고 했지만, 결코 그렇지 않다. 이 작품은 예의와 도덕에 관한 코미디로, 코미디나는 장르가 탄생했을 때부터 존재해 온 전통적인 이야기이자 오늘 아침 누구나 마주했던 도덕적 문제에도 적용할 수 있을 정도로 현대적인 이야기다.

「사인필드」는 현대에, 특히나 이성 간의 우정에서 지켜야 할 에티켓을 소재로 삼는다. 누구나 매일같이 마주하는 부당함에 대해 이야기한다. 따라서 모든 에피소드의 중심에는 도덕적 요소가 있다. 하지만 각본의 탁월함은 정의가 어떻게 실현되는지 보여주는 데서 나온다.

> **핵심**
>
> 「사인필드」는 카르마 쇼다. 우주적인 정의가 반드시 실현되지만, 매우 우회적인 방식으로 이루어진다.

스토리를 관통하는 난제이자 캐릭터들이 계속해서 마주하는 문제를 바탕으로 매 에피소드가 다양하고 풍성하게 전개된다. 그 난제란 현대 미국 대도시 속 예의와 도덕이 과거만큼 그 형태가 명확하지 않다는 것이다. 제리와 친구들은 적절한 선을 배워보려 애쓰지만 늘 실수하고 만다.

캐릭터들이 마주하는 도덕적 질문을 몇 가지 들자면, 약혼자에게 카드 비밀번호를 알려줘야 할지, 이미 만난 적이 있는 사람에게 "만나서 반가워요"라고 인사해도 될지, 독순술을 할 줄 아는 사람을 데려와 친구들이 무슨 대화를 나누는지 염탐해도 될지, 화장실 옆 칸에 있는 낯선 사람에게 휴지 한 칸을 줘야 할지, 여자 친구를 위해 종교를 바꿔야 할지, 잘생긴 남자 친구의 얼굴이 망가졌어도 관계를 유지해야 할지 등이다. 보다시피 전혀 중요하지 않지만 우리 삶을 좌우하는 일상의 도덕적 문제들이다.

「사인필드」가 미국 문화를 풍자하고 일상 속 도덕의 난제를 탐험하는 방식을 이해하려면, 이 작품 고유의 캐릭터망과 플롯 구조를 분석해야 한다.

「사인필드」의 캐릭터망은 가히 혁명적이었다. 처음으로 비도덕적이고 비호감형인 주인공들이 등장한 시트콤이었다. 1950년대부터 텔레비전과 할리우드가 고수해 온 관습을 거스른 것이다. 충격적이게도 시청자는 이 주인공들을 사랑했다. 이들의 결함에도 불구하고가 아니라 이들의 결함 때문에 사랑했고, 부조리한 시스템에 매번 당하는 주인공들의 모습이 안쓰러웠기 때문이었다.

다시 한번 네 개의 대립점이 지닌 힘이, 이 작품의 경우 코믹 드롭과 성별 차이라는 요소가 더해졌을 때 그 힘이 어떻게 발휘되는지 확인하게 된다. 보통은 기계 제리와 어린이 조지, 일레인, 크레이머가 대립하는 구조다. 특히나 이렇듯 오랫동안 이어진 텔레비전 시리즈에서는 한 캐릭터가 하나의 코믹 드롭만을 대변하지 않는다. 제리가 어린이가 되고, 조지, 크레이머, 일레인이 동물 코미디를 보일 때도 있다.

> **핵심**
>
> 제리가 주인공이기는 했지만 네 명 모두 동등한 비중을 차지한다.

이 또한 혁신적이었다. 그 전까지만 해도 단 한 명의 주인공이 쇼를 이끄는 포맷(「왈가닥 루시」처럼)이 지배적이었다. 다른 캐릭터는 조연이었다. 이러한 설정은 한 캐릭터만으로 한 시즌 또는 한 시리즈를 지속시킬 정도로 코미디를 끌어내기가 어려운 나머지 실패할 때가 많았다.

수년간 시트콤을 이어가려면 스토리와 코미디를 끌어갈 수 있는 최소 네 명의 동등한 캐릭터가 필요하다.「사인필드」는 매 에피소드마다 밀도 높은 코미디를 선보였고 네 캐릭터가 저마다의 스토리라인을 끌고 갔다. 이러한 특징은 시즌당 22편에서 24편의 에피소드로 아홉 개의 시즌이 이어질 때까지 계속되었다. 이보다 더 많은 에피소드를 보유한 시트콤도 있기는 하지만, 이처럼 오랜 기간 높은 수준을 유지한 텔레비전 코미디는 없었다.

플롯 전개 또한 혁명적이었는데, 이는 혁명적인 캐릭터에서 나온 결과물이었다. 코미디를 이끌고 나갈 수 있는 네 명의 비호감 캐릭터로 작가는 에피소드 한 편에 서너 개의 사건을 빠르게 교차시킬 수 있었다. 덕분에 복잡한 플롯이 탄생할 뿐 아니라 전통적인 시트콤에 비해 더욱 짧은 장면을 더욱 많이 삽입할 수 있었다.

22분 분량의 시트콤에 스토리라인이 너무 많아지면 사건들이 자칫 단순해질 위험이 있다.「사인필드」의 천재적인 해결책은 사건을 모두 연결하는 것, 그것도 대단히 놀라운 방식으로 이어져 있음을 보여주는 것이다. 캐릭터들은 자신의 도덕적 범죄에 따라 카르마의 정의로 벌을 받고, 대가를 청산하는 과정에서 충격을 받고 통쾌한 웃음을 보이기도 한다.

내가 좋아하는 에피소드 중 하나는 시즌 5의 14화 '해양생물학자' 편이다. 이성에게 좋은 인상을 남기려다 보니 조지는 어느새 해양생물학자인 척을 해야 했다. 한편 크레이머는 골프를 연습하러 해변으로 나간다. 조지와 새 여자 친구가 해변을 걷고 있을 때 고래 한 마리에게 응급 상황이 생긴다. 당연히 조지의 여자 친구는 조지가 문제를 멋지게 해결할 거라 믿었기에 그는 바다로 뛰어든다. 마지막에 커피숍에서 그 사건을 설명하는 장면을 통해 모든 일이 결국 어떻게 얽히고설켜 카르마가 완성되었는지 확인할 수 있다.

조지: 그날 바다는 분노에 가득 차 있었어. 음식점에서 수프가 마음에 안 든다고 돌려보내려는 노인처럼 말이지. 15미터쯤 걸었을까, 순간 그 거대한 짐승이 내 눈앞에 나타났지. 거짓말이 아니라 진짜 10층 건물만 했다니까. 내 존재를 감지한 건지 큰 울음소리를 내더라. 내가 말했지. "진정해, 친구!" 그러면서 보니까 뭔가 고래의 호흡을 방해하는 게 있더라고. 내가 서 있는 위치에서 그 물고기의 눈이 바로 보였어.

제리: 포유류야.

조지: 뭐든.

크레이머: 그래서 어떻게 했어?

조지: 그때 엄청난 해일이 와서 몸이 붕 뜨더니 어느새 코르크처럼 날아서 고래 등 위로 떨어진 거야. 눈앞에 분수공이 보였지. 파도가 자꾸 덮쳐오는 바람에 자세히 보지는 못했지만, 뭔가 있더라고. 그래서 그 안에 손을 넣어서 이리저리 더듬다가 그 이물질을 빼냈어.

조지는 극적인 몸짓으로 이물질이었던 골프공을 꺼내 보인다.

크레이머(당황하며): 그거, 타이틀리스트 제품이야?

조지가 고개를 끄덕인다.

크레이머: 홀인원이었네.

제리: 거기 있던 사람들이 난리가 났겠다!

조지: 당연하지. 맞아, 제리. 다들 나한테 몰려들었어.「록키」같았다니까. 다이앤이 다가오더니 날 안고 내게 키스했어. 우리 둘 다 눈물을 쏟았지. 그렇게 아름다운 여자는 처음이었어. 바로 그 순간, 사실을 말하기로 결심했지. 나는 해양생물학자가 아니라고 말이야.

제리: 다이앤이 뭐랬어?

조지: 지옥에나 가라더군. 그래서 버스 타고 집에 왔어.

이것이 바로 위대한 코미디의 힘이다.

나의 성장과 깨달음

내 경우, 대단한 영화 한 편을 시청하고 훌쩍 커버리는 것처럼 초월적인 사건을 하나씩 경험하며 이를 계기로 단시간 갑작스럽게 개인적인 성장을 이뤘다. 하지만 「사인펠드」의 압도적인 힘은 매주 한 편씩 22편 이상의 에피소드를 9년 넘게 방영했다는 데서 나온다. 그렇게 오랜 시간, 천재적인 시리즈를 감상하며 어떠한 영향을 받았는지 일일이 설명하기란 불가능하다. 작가들이 이런 작품을 매주 한 편씩 만들어냈다니, 도저히 상상조차 할 수 없는 일이다.

「사인펠드」는 1990년대 내가 매주 찾아가는 예배당 같은 존재였다. 이 작품은 코미디가 다른 장르 못지않게, 어쩌면 어떤 장르보다도 심오할 수 있다는 점을 보여주었다. 모든 매체를 통틀어도 이보다 위대한 작품은 나오지 않았다. 나는 이를 자명한 진리로 받아들인다.

사다리의 다음 단

코미디의 철학은 우리가 사회에서 함께 살아가기 위해서는 서로의 결함을 너그러이 받아들여야 하며, 수많은 실수를 저지르지만 우리는 결국 모든 이들에게 이로운 삶을 만들어나갈 수 있음을 보여준다.

다만 어떻게 성장할지에 관한 지침이 빠져 있다. 판타지와 추리, 로맨스를 살펴보며 그 지침을 얻게 될 것이다. 하지만 우선 사회가 어떻게 진화하고, 또 우리의 삶에 어떤 영향을 미치는지 이해해야 한다.

이를 위해 이제 서부극과 갱스터를 살펴볼 차례다.

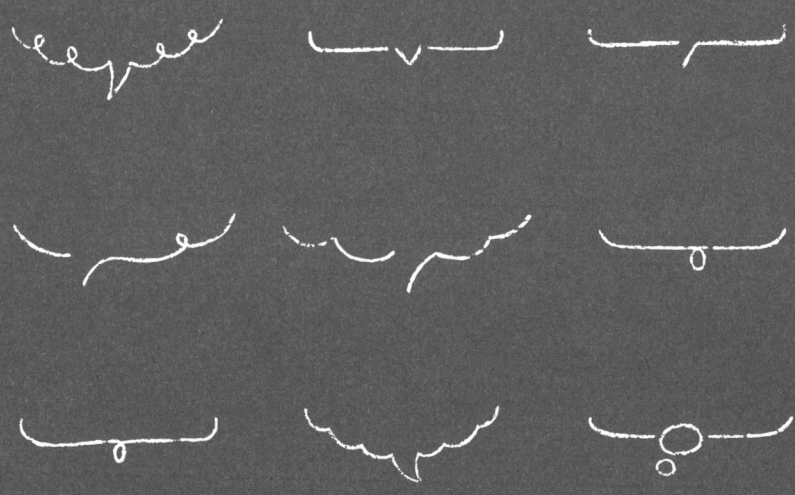

8.
서부극: 문명화의 흥망성쇠

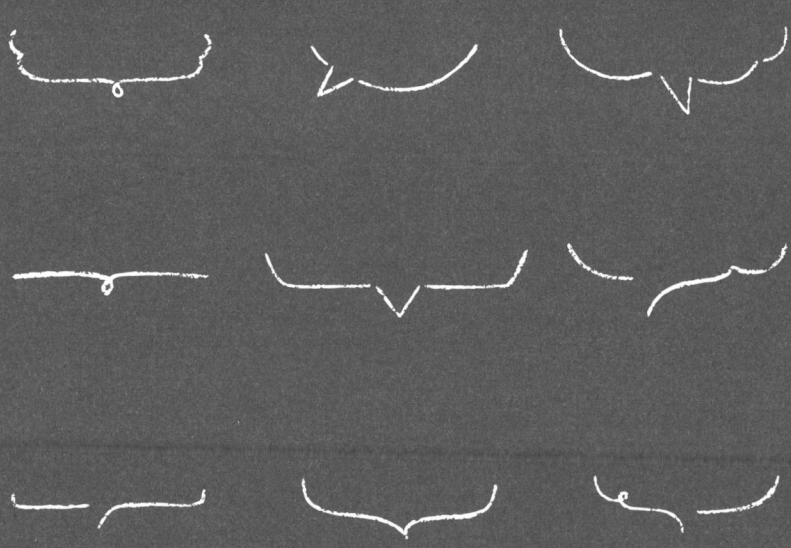

「셰인」: 전사의 모습을 한 모세

총잡이 셰인은 산에서 내려와 한 농부 가족이 초기 문명의 상징인 목장주를 물리칠 수 있도록 도와준다. 그러나 정작 셰인은 사랑과 가정의 따뜻함은 경험하지 못한 인물이다. 대신 그는 황야를 영원히 떠도는 운명이었다. 이것이 바로 서부극의 본질적인 스토리다.

서부극: 원리

서부극을 이해하는 데 필요한 핵심은 장르 이름에 그대로 담겨 있다. 서부west로 가라는 것이다. 서쪽으로 향하는 과정은 이 장르의 주제일 뿐 아니라 모든 미국 스토리텔링이 기반을 두어온 하나의 윤리이기도 하다. 우리는 언제든 스스로를 몇 번이고 재창조할 수 있다는 믿음이 바로 그것이다. 서부극 주인공은 이 신념을 상징하는 인물이다. 언제든지 터전을 버리고 다른 곳으로 떠날 수 있는 개인이다.

이 윤리에는 극단적인 개인주의와 절대적인 자유가 담겨 있다. 두 가치는 연결되어 있다. 그 어떤 외부의 힘이나 내면의 한계도 자신이 원하는 사람으로 변하는 것을 막을 수 없다는 것이다.

좀 더 거시적으로 보자면, 서부로 향한다는 행위에 담긴 의미를 생각해 보면 마땅히 고전 서부극은 국가를 건설하거나 황무지를 문명의 세계로 변화시키는 이야기가 될 수밖에 없다. 근대화 과정은 1840년대 후반 미국의 팽창주의를 정당화하는 "명백한 운명Manifes Destiny"이라는 이념으로 천명되었다. 고전 서부극은 이 이념을 스토리 형식으로 옮긴 것이다.

명백한 운명을 포함해 일련의 신조를 집합적으로 가리키는 용어가 바로 '아메리칸드림'이다. 알려진 것과 달리 이 용어는 비교적 최근에 생겨났다. 1931년 역사학자인 제임스 트러슬로 애덤스James Truslow Adams가 저서 『에픽 오브 아메리카The Epic of America』에 이 용어를 처음 사용했다. 하지만 아메리칸드림이라는 개념 자체는 역사를 훨씬 거슬러 올라간다.

1630년 존 윈스럽John Winthrop (1588~1649)은 신세계로 향하는 배에서 '언덕 위의 빛나는 도시Shining City on the Hill'라는 설교를 했다. 매사추세츠만 식민지Massachusetts Bay Colony의 첫 총독이었던 그는 미국을 지상에서 하나님의 약속을 실현할 마지막 희망으로 묘사했다. '언덕 위의 빛나는 도시'라는 개념은 『신약성서』의 산상수훈에서 차용했다.

서부를 향한 이동이라는 장르의 핵심 때문에 큰 오해가 생기기도 한다. 서부극의 진정한 주인공은 새로운 땅에 가정을 꾸리기 위해 서쪽으로 간 것이 아니다. 그는 농부도 장사꾼도 아니다. 서부극의 진짜 주인공은 바로 카우보이다.

> **핵심**
>
> 카우보이는 과거로 돌아가기 위해, 인간에게서 벗어나 자연 그대로의 황무지에서 살기 위해 서쪽으로 향했다.

이 사실은 장르를 처음 정의한 제임스 페니모어 쿠퍼James Fenimore Cooper의 소설 제목에서도 드러난다. 「가죽 스타킹 이야기」라고 알려진 연작은 『사슴 사냥꾼』(스토리 배경 1740~1755), 『모히칸족의 최후』(1757), 『길잡이들』(1758~1759), 『개척자들』(1793), 『대초원』(1804)이다. 실제 인물인 대니얼 분Daniel Boone을 모델로 한 야생의 사냥꾼이자 개척자로, 국경을 넘어 계속해서 서쪽으로 이동한다.

이 모든 역사를 바탕으로 서부극 스토리 비트는 길은 열었지만 국가 건설에는 그리 열의가 없는 리더, 즉 카우보이의 이야기를 상세히 묘사한다. 유랑하는 카우보이는 황야에 집을 짓는 사람들을 가로막는 악당에 맞서 싸운다.

이 지점에서 서부극 주인공의 근본적인 모순이 발생한다. 카우보이가 황야로 향하는 길을 닦은 덕분에 다른 사람들이 그 뒤를 따라 국가를 건설할 수 있었다. 디스토피아를 떠올리게 하는 땅 위에서 집을 짓는 평범한 사람들의 모습은 사막을 떠돌던 이스라엘 민족을 떠올리게 한다. 카우보이가 곧 모세인 셈이다.

길잡이로서 그는 자신이 하는 일이 필요하고 가치가 있음을 안다. 하지만 자신이 사랑하는 자연을 잃게 되는 대가를 치러야 한다는 점도 알고 있다. 인디언과 목장주를 물리쳐 농부들이 그들만의 나라를 세울 수 있도록 돕는 카우보이는 불운한 운명을 타고난 인물이다. 사람들을 약속의 땅으로 인도하지만 정작 그 자신은 그곳에 들어가지 못한다.

서부극 마인드-액션 스토리 관점

이민자들이 서부로 이동하며 국가를 건설한다는 서부극의 마인드-액션 스토리 관점은 아메리칸드림의 경제적, 영적 성공에 초점을 맞춘다. 하지만 무엇보다도 도덕적 성공이 핵심이다. 서부극은 그 자체로 하나의 종교다. 미국의 창조 신화인 셈이다.

신화 장에서 언급했듯 종교의 근간은 불멸을 얻는 데 필요한 도덕규범을 담은 신화 스토리다. 다윈 이후 미국의 종교는 '서부'를 성지로 삼아 뿌리내리기 시작했다. 미국의 역사는 미국 내 모든 신앙이 믿는 하나의 종교가 된 것이다.

'신화'라는 용어를 서부극에 적용하기에는 어딘가 모호한 지점이 있다. 서부극 창조 신화에는 올림푸스산에서 티탄들과 제우스가 환상적인 전투를 벌인 끝에 새로운 신들이 세상에 탄생하고 제우스가 신들의 신이 되었다는 식의 이야기가 담겨 있지 않다. 또한 전능한 신이 6일 동안 세상을 창조하고 아담과 이브를 만들었으며 이들이 지식의 나무에서 과실을 따 먹은 후 인류가 타락했다는 유대교의 창세 이야기를 재현하지도 않는다.

서부극 신화란 인류의 물리적, 사회적, 문화적 발전 단계를 구조화하고 허구화하여 표현한 스토리라는 점에서 더욱 강력한 의미를 지닌다. 서부극 창조 신화는 진짜 사람들이 새로운 땅을 개간하는 고된 노동을 통해 인류 사회가 탄생하는 과정을 그린 이야기다. 서부극에서 인간은 신에게서 비롯된 존재가 아니다. 서부극의 '신들'은 자신의 세계와 국가를 직접 만들어가는 실제 인간들이다.

> **핵심**
>
> 서부극은 '진보'를 바탕으로 하나의 통일된 가치관, 즉 인간이 믿음의 대상으로 삼을 수 있는 가치관을 제시한다는 점에서 진정한 종교적 스토리 양식이라고 할 수 있다.

서부극은 자연주의적 도덕에 관한 이야기다. 다른 사람과 함께할 때조차도 자유롭고 독립적으로 살아가는 자연적 인간의 이상적인 태도를 강조한다. 아이러니하게도 자유롭고 독립적이기에 주인공은 정의를 향한 강력한 의지를 지닌다. 주인공은 강자에게 공격받는 약자에게 항상 도움의 손길을 뻗는다.

짧게 말하면 서부극은 자신이 행사하는 물리적 폭력에 대해 갈등하는 사냥꾼의 이야기다. 이는 액션 장르의 핵심이 되는 도덕적 질문을 던진다. 싸울 것인가, 말 것인가? 이내 또 다른 질문이 이어진다. 정의를 실현하는 주된 방법은 살인인가 아니면 옳은 방법이 무엇인지 호소해야 하는가?

서부극은 압축적이면서도 포괄적이다. 이에 따라 서부 신화의 힘은 대단히 '거시적인macro' 형식에서 나온다. 이 장르는 인류의 문화적 진화 과정에서 나타나는 여러 사회적 단계를 하나의 비전으로 만든다. 그런 뒤 단일 스토리 형식으로 압축한 덕분에 대비와 연속성이 더욱 분명하게 드러난다.

이런 이유로 서부극은 자연주의적 종교일 뿐만 아니라 문명화의 흥망성쇠를 다루는 이야기가 된다. 모든 스토리 형식을 포괄하는 장르이지,

'우리 세계'를 보여주는 자연적인 스토리 양식인 것이다. 서부극은 모든 장르를 통틀어 유일하게 사회 진화의 전 과정을 보여준다.

> **핵심**
>
> SF가 소설 형식의 사회철학이고 범죄물과 코미디가 응용 도덕 철학이라면, 서부극은 역사철학에 관한 것이다.

정확히 말하면 서부극은 미국 서부의 실제 역사 이야기가 아니다. 역사의 이론을 담은 것이다. 고전 서부극은 역사를 선형적 진보로 제시해 동에서 서부로 이동하며 부패에서 완벽으로 향해 가는 문명화의 과정을 추적한다.

서부극이 비현실적이라는 비판이 아무런 힘을 발휘하지 못하는 것도 이 때문이다. 동부에서 서부로의 이동이 있기 이미 훨씬 전에 많은 남부 출신의 백인 혼혈 인구가 '엘 노르테El Norte(북부를 뜻하는 스페인어—옮긴이)'로 이주했다는 점을 지적하는 이들도 있다. 물론 이는 사실이다. 하지만 미국 창조 신화와 이 신화에 담긴 역사 이론은 철저히 유럽의 이주민을 기준으로 한 것이다.

서부극의 역사 이론은 문명의 진화만을 보여주는 것이 아니다. 서부극의 초월 장르인 반서부극은 문명의 몰락도 보여준다. 반서부극은 세계에서 마지막으로 남은 거주 가능한 경계의 땅을 찾아나가는 미국의 개척 시대가 종말에 이르는 과정에 초점을 맞춘다. 서부극이 반서부극으로 진화하면 억압적 도시라는 디스토피아 속의 삶에 대한 현대 신화가 된다.

이는 서부극 스토리텔링 전략의 핵심적인 질문으로 이어진다. 문명 건설 스토리에서 왜 문명화를 반대하는 사람이 주인공으로 등장하는가다.

이러한 선택이 바로 초월적 반서부극이 예술 작품으로 승화한 지점이다. 문명을 건설하는 사람에게 초점을 맞추면 영웅적인 스토리 형식이 되지만, 문명화를 피하는 사람에게 초점을 맞추면 인간이 치러야 하는 끔찍한 대가 때문에 비극이 되는 것이다.

장르를 연구하는 지금, SF, 범죄, 코미디, 즉 사회가 어떻게 작동하는지에 관한 장르들 이후 서부극이 등장한 이유는 무엇일까? SF는 미래 사회를 창조하는 이야기다. 서부극은 과거 사회의 비전이다. 다만 그 비전은 역사적 정확도와는 거리가 멀다.

이 장르의 진정한 가치는 사회가 어떻게 진화했는지를 보여준다는 데 있다. 인간의 진화라는 거대한 과정을 통해서만이 아니라 현재 인간이 직면한, 그리고 미래에 직면할 예속의 형태를 압축해서 보여주며 사회의 진화를 설명한다. 간단히 말하자면 서부극은 인간이 자연과 싸우는 것으로 시작해 기업과 싸우는 것으로 끝난다고 말한다.

다른 장르와의 차이

앞서 확인했듯 장르마다 고유한 형식이 있지만 몇몇 장르는 한 계열에 속해 몇 가지 특징을 공유한다. 서부극은 신화와 액션을 포함하는 세 번째 장르 계열에 속한다. 이 장르 모두 전사가 주인공이고, 행동하는 것이 중요하다는 주제를 담고 있다.

일반적인 통념과 달리 전통 서부극은 사라진 것이 아니다. 다만 미래로 옮겨 가 SF 서부극이 되었다. 개척지에서의 전투가 그저 미국 서부에서 우주로 옮겨진 것뿐이다. 큰 인기를 끄는 이 장르의 예시로는 「스타워즈」, 「혹성탈출: 반격의 서막」, 「가디언즈 오브 갤러시」, 「만달로리안」

이 있다. 우주 카우보이인 한 솔로는 영화 역사상 아주 인기 있는 주인공 중 한 명이다.

서부극의 예시

소설, 영화, 스토리

『버지니안』, 『퍼플 세이지의 기수들』, 「대열차 강도」, 「셰인」, 「옥스보우 인서던트」, 「3:10 투 유마」, 단편 「포로들The Captives」, 「역마차」, 『시스터스 브라더스』, 「아파치 요새」, 「황색 리본을 한 여자」, 「붉은 강」, 「수색자」, 『옴브레Hombre』, 「발데즈 이즈 커밍」, 「리버티 밸런스를 쏜 사나이」, 「윈체스터 73」, 「마지막 총잡이」, 「석양의 무법자」, 「황야의 무법자」, 「석양의 건맨」, 「와이어트 어프Wyatt Earp」, 「OK 목장의 결투」, 「툼스톤」, 「평원의 무법자」, 「무법자 제시 제임스」, 「분노의 강」, 『레버넌트』, 「하오의 결투」, 「백주의 결투」, 「평원의 사나이」, 「운명의 박차」, 「11인의 카우보이」, 『트루 그릿』, 「다크 타워」(신화, SF), 「어롱 케임 존스」(코미디), 「캣 벌루」(코미디), 「브레이징 새들스」(코미디), 「빅 컨츄리」, 「주니어 보너」, 「애꾸눈 잭」, 「건파이터」, 「애니 오클리」, 「법과 질서」, 『비겁한 로버트 포드의 제시 제임스 암살』, 「황야의 7인」, 「부러진 화살」

텔레비전 시리즈

「보난자」, 「샤이안」, 「라이플맨」, 「매버릭Maverick」, 「로하이드」, 「론 레인저」, 「딜론 보안관」, 「와이엇 어프의 삶과 전설」, 「빅 밸리」, 「웨건 트레인」, 「배트 마스터슨」, 「머나먼 대서부」, 「만달로리안」(SF), 「카우보이 비밥」(SF), 「서부를 향해 달려라」(SF), 「저스티파이드」, 「롱마이어」, 「데드우드」, 「옐로우스톤Yellowstone」, 「갓레스」

서부극 서브 장르

반서부극, 우주 서부극Space Western, 현대 서부극Contemporary, 여행하는 악마 반서부극Traveling Devil Anti-Western, 코미디

서부극 스토리 개요

이번 장에서는 다음 내용을 다룬다.

- 서부극 스토리 비트
- 주제: 존재한다는 것은 예정된 파멸로 향한다는 것이다
  - 주제 공식: 약한 자를 돕는 전사의 길
- 서부극을 초월하는 법
  - 반서부극

서부극 스토리 비트

서부극 스토리 비트는 전반적인 스토리 전략을 반영한다. 즉 방랑하는 카우보이가 황야에 집을 짓는 사람들을 방해하는 악당들에게 맞서 싸우는 이야기에 초점을 맞춘다.

서부극 스토리 비트: 스토리 세계-신세계

어느 장르든 더 큰 사회 안에서 개인이 타인과 어떻게 상호작용하고 또 함께 진화하는지 보여준다. 사회와 스토리 세계를 구성하는 세 가지 주요 요소는 땅, 사람들의 전문화된 기술이다.

서부극에 등장하는 땅의 가장 큰 특징은 끝없이 펼쳐진 광활한 공간

과 훼손되지 않은 황무지다. 이 땅은 자연이 만들어낸 대성당과 같다. 웅장한 규모와 그 공간을 채우는 물리적 실체들, 전지적 시점으로 바라보는 듯한 탁 트인 시야는 영화라는 매체를 떠올리게 하는 한편 연극의 밀도와 형식까지 갖추었다. 서부의 땅은 자연주의적 극장인 셈이다.

애팔래치아의 무성한 숲이든, 대초원의 광활한 평야든, 남서부의 황량한 사막이든 이주민들이 풍부한 천연자원을 누릴 수 있는 땅이다. 미국의 물질적 세계는 유럽 스토리에 주로 등장하는 황폐한 풍경과는 대조를 이룬다. F. 스콧 피츠제럴드 F. Scott Fitzgerald 는 『위대한 개츠비』에 유럽 이주민들이 "신세계의 싱그러운 초록빛 가슴"을 발견했다고 적었다. 그 결과 서부극은 새로운 차원의 절대적인 자유와 압도적인 가능성을 표현한다.

하지만 그 가능성이 실현되기 위해서는 자연을 길들인다는 엄청난 과업을 수행해야 했다. 황무지를 농장과 마을로 바꿔놓기 위해서 무자비한 힘을 행사해야 한다는 뜻이다. 이주민들은 또한 이미 그 땅에 살고 있는 토착민을 파괴해야 한다고 생각했다.

스토리 세계: 프런티어

서부극은 야생과 문명 사이에 자리한 경계, 프런티어에 초점을 둔다는 점에서 여타 장르와 다른 스토리 세계를 갖는다.

> **핵심**
>
> 서부극의 프런티어는 공간이자 시간이다.

서부극을 하나의 장르로 만드는 것은 다른 어떤 구조적 특징보다도 사회 진화의 두 단계 사이에 존재한다는 특징 때문이다. 왜일까?

- 전능한 자연으로 시작하는 서부극은 인간 삶의 물리적, 생물학적 토대에 중점을 둔다. 이후 세상이 사회로 전환되는 과정에서 자연과 사회가 어떻게 결합해 문화가 탄생하는지 보여준다
- 캐릭터들이 사회적 발전의 두 단계 사이에 자리할 때 이들의 존재는 거대한 피드백 루프를 형성한다. 다시 말해 사회적 변화가 캐릭터에 작용하고, 캐릭터는 땅과 사회에 작용하며 사회적 변화가 탄생하는 것이다
- 그 변화란 자연을 길들이는 과정 즉, 문명을 건설하기 위해 사람들이 해야 하는 기초 작업을 의미한다

스토리 세계: 농장과 마을

프런티어에 자리한 이야기 세계가 황무지에서 사회로 이동하며 농장과 마을이 생겨나고 그 과정에서 우리는 사회의 탄생을 목격한다.

> **핵심**
> 서부극의 스토리 세계는 갓 태어난 연약한 공동체다.

SF는 사회를 구축하는 이야기지만, 하나의 사회가 만들어져 가는 과정은 서부극에서만 볼 수 있다. 여기서 사회의 가치라는 문제가 대두된다. 신화 장르를 통해 우리는 스토리 세계가 서로 상충하는 가치를 드러낸다는 점을 배웠다. 따라서 프런티어 세계는 원초적 형태의 도덕성이 어떻게 전개되는지 보여주는 하나의 캔버스가 된다.

도덕성은 문명을 창조하는 데 가장 중요한 과제이고, 서부극에서 문명은 새롭게 생겨나는 농장과 마을에서 시작된다. 따라서 서부극은 극단적인 개인주의 문화에서 산다는 것이 어떤 의미인지 묻는다.

서부극이 황무지에서 마을로 전환되는 과정을 다루는 만큼, 유목 사냥꾼과 농부, 즉 사회적 인간이라는 새로운 종의 차이가 두드러지게 드러난다. 농부는 정착하기 위해, 말 그대로 뿌리를 내리기 위해 농작물을 키우고, 가혹한 자연을 견디게 해줄 건물을 짓는다. 이 사회는 정복할 만한 새로운 땅을 찾고 있다. 정복이야말로 새로운 인간 종이 계획 중인 일이다.

서부의 마을은 사회의 축소판, 그것도 가장 본질적인 형태이다. 감옥, 교회, 술집, 상점, 숙박시설, 이렇게 사회에 꼭 필요한 시설만 갖추었다. 사회적 유기체에서 볼 수 있는 기본적인 전문성만 갖춘 초기 사회의 형태다.

「황야의 결투」에서는 사회의 연약함을 바닥과 첨탑만 세워진 교회로 표현한다. 그럼에도 마을 사람들은 모여 춤을 춘다. 멋진 야외에서 모두가 하나 되는, 즐겁고도 영적 기쁨이 가득한 순간이다. 이것이 서부극이 표현하고자 하는 가치다.

스토리 세계: 사회적 엔트로피와의 전투

고전 서부극에는 급작스러운 성장으로 무법 지대가 된 마을이 등장할 때가 많다. 풍부한 자원을 두고 열띤 경쟁이 벌어지고 절도와 살인을 막아줄 법은 존재하지 않는 자연 상태. 개인이 힘을 지녔는지에 따라 유토피아가 될 수도, 디스토피아가 될 수도 있다.

공동체를 형성하는 데 가장 중요한 요건은 사회적 엔트로피, 즉 무질서를 막는 것이다. 무엇보다도 공동체가 분열되는 상황만은 있어서는 안 된다. 따라서 고전 서부극은 혼돈에 맞서는 전투에 관한 이야기다.

왜 그런 것일까? 이런 마을은 무정부 상태에 가까운 사회다. 돈과 쾌락을 향한 욕망에는 한계가 없다. 개인들은 아직 신뢰와 법으로 단단한 결속을 맺지 못했기에 안정된 사회 조직으로 자리 잡지 못했다. 이들은 이 무법의 한가운데서 가능한 한 많은 권력과 부, 명성을 얻기 위해 서로 전쟁을 벌인다. 동시에 이웃으로부터 자신을 지켜야 한다.

발전과 파괴, 이 모든 가능성이 자리하고 있다. 모두의 손에 6연발 권총이 들려 있는 상황에서 자원이 풍부한 땅을 소유한다는 것은 두 가지 결과를 모두 보장한다.

성장과 죽음의 거대한 가능성이 공존하는 만큼 서부극 공동체의 구성원 다수는 법과 규제를 바란다. 규제는 개인이 빠르게 이득을 얻을 가능성을 희생시키지만, 성장이 지속될 가능성은 높여준다.

게임 이론의 관점에서 보면 대다수는 이득이 적어지더라도 완전한 손실을 피하고 미래의 꾸준한 이익을 보장하는 쪽을 택하려 한다. 물론 그렇지 않은 사람들도 있다. 바로 악당이다.

스토리 세계: 원시 기술과 선진 기술

스토리 세계를 받치는 세 번째 기둥은 기술, 즉 인류가 땅을 사회로 전환하는 데 사용하는 도구다. 서부극 신화에서 기술은 매우 상징적이다. 그 도구들은 성스러운 대상이다. 스토리를 이끌 뿐 아니라 장르의 주제가 제시하는 비전의 일부이기도 하다.

서부극에서 첫 번째 기술-상징은 말이다. 카우보이는 말을 타고 생활한다. 이 동물은 인간과 자연을 이어주는 매개체다. 카우보이의 주된 이동 수단인 말은 카우보이가 사랑하는 광활한 자유를 마음껏 누비는 자유를 허락한다. 말은 카우보이가 자연의 일부로 자연을 지배할 수 있게 해준다. 또한 전사이자 사냥꾼으로서의 효율성을 높여준다. 서부극의 핵심적인 아이러니 중 하나는 바로 말을 길들이는 것이 황무지에서 마을로 넘어가는 초기 단계라는 점이다. 사냥꾼에서 농부로의 진화는 곧 카우보이의 삶이 끝난다는 것을 의미한다.

두 번째 기술-상징은 울타리다. 울타리만큼 원시적이고도 강력한 것이 없다. 한때 탁 트여 있던 자유의 땅에 울타리가 둘러지면 광야와 광야가 전하는 무한한 약속은 모두 끝난다. 「황야의 결투」 속 울타리는 말뚝 위에 얇은 난간 몇 개를 얹은 것에 불과하다. 그 너머로 광활한 광야가 훤히 보인다. 하지만 그 허슬한 울타리는 그 안의 땅이 법의 사회라는 새로운 문명을 위한 땅이 될 것임을 알리는 장치다.

미국의 시인 로버트 프로스트Robert Frost는 "좋은 울타리가 좋은 이웃을 만든다"라는 시구로 유명하다. 황무지를 떠도는 외로운 카우보이에게 이웃은 그야말로 가장 피하고 싶은 존재다. 울타리는 한정된 자원을 향한 자본주의적 경쟁 시스템의 시작을, 모두의 것이었던 땅이 '내 것'으로 달라지는 변화의 시작을 상징한다. 첫 번째 이주민들이 자리를 잡고 땅에 울타리를 두르면, 부와 권력에서 막대한 차이를 가져올 프로세스가 시작되는 것이다.

울타리가 나무에서 가시철조망으로 달라지며 상징적인 힘은 더욱 커졌다. 역사적으로 철조망 울타리는 매우 영향력 있는 기술 중 하나였다. 옛 서부 시대를 종식시켰을 뿐 아니라 제1차 세계대전의 참호전에서도 큰 역할을 했다.

고전 서부극에서는 철조망 울타리의 뾰족한 가시들이 소몰이의 길을 막는 무기가 되었다. 따라서 철조망이 서부극 장르의 중요한 갈등 중 하나를 불러일으켰다. 소를 몰던 카우보이(초기 인류)와 농부(후기 인류) 간의 갈등이다. 다만 서부극에서는 보통 카우보이가 농부인 정착민들을 지켜주는 선택을 한다.

카우보이모자는 캐릭터의 상징이다. 말을 타고 대지를 누비는 사람은 자비 없는 태양으로부터 얼굴을 보호하기 위해 챙이 넓은 모자를 써야 한다. 카우보이모자를 쓴 사람은 귀족도 심지어 중산층도 아니다. 평범한 노동자를 의미한다.

무력의 사용, 특히나 총기 사용은 카우보이가 이제 막 생겨난 연약한 공동체를 지켜야만 한다는 스토리 세계에서 당연하고도 자연스럽게 생겨난 설정이다.

> **핵심**
>
> 총은 서부극의 플롯을 이끄는 기술이자 마지막 결투에서 스토리의 주제를 상징하는 장치다.

선택된 무기는 회전식 탄창에 총알 여섯 발을 장전하는 6연발 권총이다. 총은 서로 의견이 대립되는 문제를 단판으로 또는 승자 독식으로 해결할 수 있는 도구다. 이는 사회적 진화의 가장 초기 단계에 있는 국가의 상황을 보여준다. 명목상 경계는 존재하지만 그 경계 안의 사회를 지켜줄 법은 아직 빈약하다. 권리의 분배와 분쟁 해결을 위한 확립된 체제가 없다면 개인은 사적이고 직접적이며 파괴적인 수단, 즉 총을 사용할 수밖에 없다.

총은 기계화된 힘이자 살상 능력이 몇 배나 강화된 '옳은 행동을 위한 검'이다. 이 무기는 보안관이 빈약한 법이나마 집행하고 사회적 무질서를 바로잡기 위해 사용하는 수단이다. 하얀 모자를 쓴 카우보이가 검은 모자를 쓴 카우보이에 맞서 도덕적 법을 집행하는 수단이기도 하다.

그러나 총에 의존하는 사회는 끔찍한 대가를 치러야 한다. 선한 카우보이는 자신이 옳다는 것을 안다. 하지만 많은 이가 죽음을 맞이하고, 이러한 폭력적인 삶은 그에게 상당한 심리적 피해를 입힌다. 카우보이는 끝없는 폭력을 종식시킬 책임이 있고, 그가 여성과 함께 가정을 꾸리고 살 수 없는 것도 바로 이 책임 때문이다. 이런 이유로 그는 문명의 열매를 즐길 수 없다.

총기 사용에 따른 높은 대가는 특히 현대의 성숙한 사회에서 더욱 논란이 된다. 이 초기 문명 사회의 경우 총의 올바른 사용에 대해 배우는 것은 아이가 거쳐야 하는 일종의 통과의례다. 가장 기본적인 규칙은 정의로운 자는 먼저 총을 뽑지 않는다는 것이다. 「사진沙塵Destry Rides Again」(1939), 「셰인」(1953) 등의 영화에서는 아이들이 장난감처럼 총을 갖고 노는 장면이 나온다. 진짜 총이 가져오는 절망은 카우보이 주인공만 알고 있다.

서부극의 마지막 상징은 은 배지다. 이것은 법과 정당한 무력의 상징이며, 황무지뿐 아니라 인간의 열정에도 법을 적용한다는 의미다. 배지는 진보의 상징이기도 하다.

서부극 스토리 비트: 주인공의 역할—전사인 카우보이

카우보이는 장르 스토리텔링에서 가장 개인주의적인 주인공으로, 고독한 탐정보다도 그 정도가 더욱 심하다. 서부극이 모든 장르를 통틀어 사회가 어떻게 발전하는가를 가장 밀도 있게 다루는 장르라는 것을 생각해 보면 아이러니한 일이 아닐 수 없다.

주인공의 역할을 분석해 보면 서부극이 문명의 흥망성쇠를 이야기하는 장르라는 것을 확실하게 알 수 있다.

> **핵심**
>
> 이 장르는 제1 주인공과 제2 주인공이 있다는 점에서 독특하다고 할 수 있다.

제1 주인공은 카우보이다. 제2 주인공은 황무지에 집을 짓고 이를 통해 법과 문명의 국가를 세우는 농부다.

카우보이는 말 위에 오른 전사다. 이것은 그의 뼛속까지 각인된 정체성이다. 서부극이 지닌 의미의 상당 부분 또한 싸우는 전사라는 정체성에서 나온다. 카우보이는 문명화 시작 단계에서 활약하는, 본질적으로는 액션 히어로다. 물론 그가 문명을 만들어나가지는 않지만 농부와 상인들이 문명을 이뤄나갈 수 있게 만드는 장본인이다.

어느 장르든 스토리가 올바르게 전개되기 위해서 반드시 답해야 하는 핵심 질문이 있다. 카우보이라는 전사가 지닌 중요한 의미는 서부극이 묻는 질문과 맞닿아 있다. 서부극의 핵심 질문은 당연하게도 액션 스토리의 질문과 같다. 주인공은 자유를 택할 것인가, 생존을 택할 것인가? 좀 더 정확하게는 맞서 싸울 것인가, 후퇴했다가 전세가 유리해지면 다시 싸울 것인가? 서부극의 도덕규범에 따르면 카우보이는 자신의 신념을 위해 맞서 싸워야 한다.

주인공의 역할: 카우보이 VS 슈퍼카우보이

캐릭터를 보자면, 서부극은 서로 다른 남성들을 비교하여 보여준다. 가장 명백한 대비는 카우보이와 농부, 즉 길잡이와 국가 건설자다. 권력이 지배하는 세계에서 카우보이는 황무지에서 말을 타고 살아가는 전사다. 하지만 좀 더 심오한 비교는 카우보이와 슈퍼카우보이 사이에서 일어난다.

슈퍼카우보이는 원시적 인간과 아리스토텔레스가 말하는 '위대한 영혼을 지닌great-souled' 인간이 결합한 존재로, 자신의 힘을 사용하기를 주저하는 사람이다. 위대함이 무엇인지 본능적으로 알고 위대함을 기준으로 행동하는 사람이다. 부패하지도 않고, 유혹에 넘어가지도 않으며, 의지를 꺾을 수도 없는, 니체가 말하는 초인이다. 슈퍼카우보이의 힘, 그리고 그 힘을 행사할 때는 자신의 목숨까지 거는 의지 덕분에 문명 공동체의 가치가 유지된다.

슈퍼카우보이에는 두 가지 유형이 있다.

1. 보안관으로, 총잡이의 용기와 기술을 지녔다. 울타리 없는 야생의 혼돈을 지속하려는 무법자에 맞선다. 여기에 해당하는 전형적인 인물이 와이어트 어프Wyatt Earp다(「황야의 결투」, 「툼스톤」 두 영화 모두 실존 인물인 와이어트 어프를 모티브로 만들어졌다─옮긴이).
2. 고독한 전사나 살인 청부업자로, 고도의 자기 수양과 본능적으로 무엇이 옳은 행동인지 아는 타고난 감각을 지녔기에 파괴적인 이들에게 맞선다. 여기에 해당하는 전형적인 인물은 내티 범포(『모히칸족의 최후』)와 셰인(「셰인」)이 있다.

주인공의 역할: 구원자인 카우보이

서부극의 주인공은 구원자이기도 하다. 그가 스토리를 이끄는 방식은 '여행하는 천사'의 형식을 띤다. 여행하는 천사라는 서브 장르는 서부극만이 아니라 추리 스토리와 코미디에서도 찾아볼 수 있다. 어떤 면에서는 완벽하다 할 수 있는 존재인 여행하는 천사는 어려움에 처한 마을에 도착한다. 다른 캐릭터가 자신의 문제를 해결하도록 돕고, 마을을 온전하게 복구시킨 뒤 다음 마을로 떠난다. 사람들은 공동체를 치유하는 의사 같은 존재를 잃어 고통스럽지만 언젠가 돌아오겠다는 천사의 약속을 위안으로 삼는다.

고전 서부극의 여행하는 천사 스토리로는 「셰인」을 들 수 있다. 산에서 평야로 내려온 셰인은 황무지가 가족이 살 수 있는 안전한 공간이 되도록 마지못해 총을 꺼낸다. 이후 영원한 외톨이인 그는 다시 길을 떠나야만 한다.

여행하는 천사가 변형된 '여행하는 악마'도 있다. 마치 악마가 환생한 것만 같은 이 남성은 겉으로는 도덕적이고 올바르며 유토피아처럼 보이기까지 하는 마을에 들른다. 이 여행하는 악마는 마을의 숨은 위선과 부도덕함을 들춰내고, 마을 사람들에게 더 새롭고 높은 차원의 도덕적인 삶을 사는 법을 가르쳐준다. 여행하는 악마 이야기는 반서부극의 서브 장르로 이후에 다시 살펴볼 예정이다.

여행하는 악마 서부극의 고전적인 예시는 「평원의 무법자」다. 뜨거운 평원의 열기 속에서 나타난 '이방인'이 말을 타고 마을로 들어온다. 그는 총과 채찍을 기꺼이 휘두르며 부패와 비굴함, 위선이라는 끔찍한 비밀을 숨기고 있는 공동체에 정의를 실현한다.

서부극 스토리 비트: 카우보이의 가치-서부의 법칙

서부극 속 인간은 신체적인 존재다. 야외의 땅 위에서 자신의 몸을 쓰며 살아간다는 점에서 그렇다. 따라서 그의 가치는 신체적 능력에서 비롯한다. 전통적인 카우보이는 말을 타고 소를 몰며, 말과 총을 다루는 신체적 능력을 중요하게 여긴다. 그는 홀로 길을 떠나고 무엇보다 개인의 자유를 소중히 여긴다.

> **핵심**
>
> 카우보이에게 자유라는 감각은 자신의 공간에 대한 통제력과 어디로든 이동할 수 있는 능력을 의미한다.

「마지막 총잡이」 속 늙은 카우보이는 자신만의 서부의 법칙을 청년에게 가르치며 자유에 대해 이렇게 말한다. "내가 부당한 대우를 받거나, 모욕을 당해서도 안 되고, 남이 함부로 내게 손을 대서도 안 되는 거지. 나도 남들에게 그런 행동을 하지 않으니 사람들에게도 내게 그러지 말라고 요구하는 거야."

서부극의 주인공은 자연을 깊이 사랑하고, 사람들과 살기보다는 자연과 함께 살기를 바라는 인물이다. 하지만 누군가를 구해내야만 하는 상황에서는 자연과 고독보다는 인간의 생명을 우선시한다.

이렇게 서부극이라는 장르는 가치의 우선순위를 보여주며, 자연은 소중하지만 인간만큼 소중하지는 않다고 말한다. 서부극은 사회라는 개념에 의구심을 품으면서도 결국에는 사회를 찬양한다. 사실 카우보이라는 서부극의 주인공은 깊은 결함을 지닌 인간이다. 장르는 극한의 환경에 사는 인간의 모습을 보여주는 것으로 사회적인 인간이 된다는 것의 진정한 가치를 드러낸다.

서부의 법칙은 카우보이의 가치관을 함축적으로 담고 있다. 이 규칙은 카우보이의 신체적 능력과 그가 프런티어에서 살고 있다는 사실을 바탕으로 만들어진 것이다. 역사학자 프레더릭 잭슨 터너 Frederick Jackson Turner는 후에 '프런티어 사관'으로 알려진 에세이를 통해 프런티어가 어떻게 카우보이의 도덕 체계와 미국 전체의 정체성을 탄생시켰는지를 처음으로 정의했다. 이 이론은 나중에 자세히 다룰 예정이다. 우선 간단히 설명하자면 터너는 황무지의 경계에 살던 개척자들로 인해 개인주의와 자립심이 미국인을 정의하는 특징이 되었다고 주장했다.

서부의 법칙은 프런티어에서 살아가는 데 지침이 되는, 상호 보완적인 도덕 가치의 집합이다. 이 규칙에는 '흰 모자-검은 모자(선과 악—옮긴이)'라는 이원적인 기준도 담겨 있다. 이 이원론 역시 프런티어에서 생겨난 것으로, 사람들이 황무지에서 마을을 건설하기 위해 싸움을 벌일 때마다 이원론적 가치가 자연스럽게 드러난다.

> **핵심**
>
> 서부의 법칙은 '아메리칸드림'의 바탕에 자리한 도덕적 가치를 보여준다. 이 가치들은 경제적, 영적 성공을 거두는 방법을 알려주는 지침과도 같다.

서부의 법칙과 관련한 핵심 가치는 다음과 같다. 독립심, 자유, 자립심, 도전에 정면으로 맞서는 용기, 정의를 행할 의지, 어떤 어려움도 극복할 수 있다는 자신감, 성취감, 정직, 충성심, 낯선 이를 환대하는 태도, 여성에 대한 존중(하지만 동등한 존재로서는 아니다), 말을 신성하게 여기는 태도다.

서부극 스토리 비트: 약점-외톨이와 수치의 인간

카우보이의 삶을 망치는 심각한 결함은 무엇일까? 극단적인 개인주의와 절대적 자유에 대한 집착 때문에 카우보이는 톡톡한 대가를 치러야 한다. 다시 말해 카우보이는, 특히 슈퍼카우보이는 외톨이라는 뜻이다. 그는 사랑하는 사람과 유대감을 가질 수도 없고 가지려 하지도 않기에 공동체에 합류해 온전한 인간으로 성장할 수 없다.「셰인」외에 또 다른 대표적 예시로는「수색자」의 이선 에드워즈가 있다.

무엇이 올바른 행동인지 판단하는 감각은 고도로 발달한 반면 감정적 성장은 크게 정체된 슈퍼카우보이는 이 둘 사이에서 커다란 간극을 경험한다. 그의 자제력은 사회적 미숙함과 충돌하고, 그 결과 죽을 때까지 방랑해야 하는 형벌을 받는다.

사무라이와 마찬가지로 카우보이도 공룡이라고 볼 수 있다. 사회 변화에 적응하지 못한다는 점에서 그렇다. 새로운 세상은 그의 이해를 넘어선 대상이고, 탈출하는 방법도 모른다. 적응하지 못하면 소멸해야 한다는 것은 알지만 어떻게 적응해야 할지 정서적으로든 지적으로든 알 수 없다.

또 다른 심각한 약점은 카우보이가 수치 문화에 갇혀 있다는 점이다. 액션 장르에서 이야기했듯, 이는 공적 기준에 부응해야 한다는 사고방식이다. 카우보이는 사람들 앞에서 부족한 모습을 보일 때 끔찍한 수치심을 느낀다.

수치 문화는 황무지에서 마을로 전환하는 과정에서 흔히 나타난다. 마을이 처음 형성되면 그 땅을 다시 황무지로 되돌리려는 외부 세력의 공격이 이어지므로 공동체는 취약해진다. 모두가 자신의 역할을 하지 않으면 사회 전체가 무너질 수도 있다.

이것이 카우보이가 탄생한 스토리 세계이자 문화다. 신체적인 요소가 지배적인 이 세계에서 총을 쓰는 그는 누가 가장 빨리 총을 뽑는가를 두고 끊임없는 시험을 마주한다. 그를 정의하는 것은 신체 능력이고, 이를 입증하는 자리에는 늘 많은 사람이 함께한다. 무엇보다도 그는 싸움을 피하는 법을 모른다.

「셰인」,「사진」,「리버티 밸런스를 쏜 사나이」(1962) 등의 영화에서 주인공은 수치 문화와 자신의 남성성이 만들어낸 치명적인 덫에서 벗어나려 한다. 하지만 아무런 소용도 없었다. 문화는 너무도 강력하고 인간의 마음은 너무도 약하다. 대결이라는 의식은 반드시 치러져야만 한다.

서부극 스토리 비트: 욕망−문명을 만드는 사람들을 구해야 한다

주인공의 욕망선은 모든 스토리의 중심이 된다. 서부극에서 주된 욕망은 겉으로 보이는 것과 다르다. 그것은 황무지에 문화를 전파하는 것이 아니다. 처음 슈퍼카우보이는 문명을 떠나기 위해 서부로 향한 것이었다. 다만 그는 그렇게 제2의 주인공인, 새로운 집과 국가, 문명을 건설하려는 농부의 길잡이가 되었다.

최초의 이주민인 농부와 그의 가족은 '인디언(북미 토착민)'과 '나쁜' 카우보이로 인해 큰 위험에 처한다. 악한 카우보이는 땅에 울타리를 치는 일에도, 자신의 야생성을 길들이는 일에도 전혀 관심이 없다. 농부는 전사가 아닌 만큼 슈퍼카우보이에게 자신을 보호해 달라고 호소할 수밖에 없다.

아이러니하게도 슈퍼카우보이는 뛰어난 싸움 능력을 지녔다는 점에서 인디언, 악한 카우보이와 유사하다. 바로 그 싸움 능력 덕분에 그는 농부와 마을 사람들을 돕고 싶다는 욕망을 실현할 수 있지만 그의 삶의 방식은 파멸에 이른다.

서부극의 제2 주인공인 농부의 욕망은 무엇일까? 농부를 포함한 다른 캐릭터는 부패하고 억압적인 문명을 벗어나 서부로 가고 싶어 한 사람들이다. 이들은 다시 시작해 볼 기회를, 이번에는 제대로 해볼 수 있는 기회의 땅을, 미개척의 황무지를 갈망한다. 이들이 서부로 향하는 여정은 '타락한' 권위주의 유럽에서 완벽한 자유와 영적 순수함을 약속하는 신세계로 이주했던 선조의 여정을 따라가는 것이었다. 다만 이들은 '더욱 고차원적인' 문명을 건설하려는 시도 또한 결국 실패로 끝날 것이라는 아이러니를 깨닫지 못했다. 본질적으로 결함이 있는 인간들이 수없이 반복했던 일을 자신들도 하고 있다는 것을, 그들 또한 또 하나의 부패한 사회를 만드는 데 일조하고 있다는 사실을 깨닫지 못한다.

서부극에서 보여주는 전체적인 행동의 방향은 땅을 개간하고, 마을을 만들고, 유대를 공고히 해 이상적인 공동체 또는 약속의 땅으로 일구어 나가는 것이다. 이 모든 일은 그 결실을 보지 못할 운명을 타고난, 고독한 한 사람 덕분에 가능하다.

기법: 슈퍼카우보이의 목표

슈퍼카우보이의 삶의 전반적인 목표는 문명을 만들어가는 사람들을 보호하는 것이지만 작가는 이 주인공에게 물리적인 충돌을 계속해서 불러올 구체적인 욕망을 부여해야 한다. 이러한 스토리에서는 주인공이 무엇을 원하든 오직 싸움을 통해서만 얻을 수 있다.

서부극 플롯의 시각적 형태: 직선형과 흥망성쇠

고전 서부극은 가장 대중적인 스토리 형태인 직선형을 사용한다. 카우보이 주인공은 하나의 목표를 갖고, 그를 가로막는 한 명의 적대자를 둔다. 아래의 그림과 같은 형태다.

↓

초월적 반서부극은 흥망성쇠 형태를 사용하는데, 이는 갱스터 장르와 유사하다.

현대 카우보이는 초반에는 성공을 거두지만 결국 새로운 사회 단계, 즉 도시의 힘으로 인해 파멸을 맞이한다.

서부극 스토리 비트: 캐릭터망—평범한 영웅들

수많은 캐릭터가 등장하는 이 장르의 캐릭터망 안에서 주인공과 적대자들은 어떠한 역할로 자리하고 있을까?

서부극 장르는 역사적 사실에서 전설을 거쳐 신화로 발전했다. 초기 미국은 새로운 삶을 일구려는 지극히 평범한 남자와 여자로 가득했다. 따라서 이 장르에 등장하는 영웅들, 슈퍼히어로들, 신들은 선악을 떠나 모두 잘 다듬어지지 않은 평범한 남자이거나 때때로 여자지만 매일 놀랍고도 눈부신 위업을 달성한다. 이러한 과정에서 그들은 한 대륙에 문명을 창조한다.

- 역사적-전설적 영웅과 슈퍼히어로에는 와이어트 어프, 닥 홀리데이Doc Holliday, 배트 마스터슨, 버팔로 빌 코디, 와일드 빌 히콕, 캘러미티 제인, 빌리 더 키드, 제시 제임스, 부치 캐시디와 선댄스 키드가 있다.
- 가상의 슈퍼히어로와 안티히어로, 평범한 사람이 신이 된 캐릭터

에는 폴 버니언(미국 전설 속 거대한 나무꾼―옮긴이), 존 헨리, 셰인(「셰인」), 이방인(「평원의 무법자」), 블론디(「석양의 무법자」), 하모니카(「옛날 옛적 서부에서」), 이선 에드워즈(「수색자」), 황야의 7인(「황야의 7인」), 와일드 번치(「와일드 번치」), 조시 웨일즈(「무법자 조시 웨일즈」), 연방 보안관 윌 케인(「하이 눈」), 존 맥케이브와 콘스턴스 밀러(「맥케이브와 밀러 부인」)가 있다

서부극 신화의 신전을 채운 인물들은 유대교나 기독교에서 생각하는 신의 개념보다는 그리스 신화에 훨씬 가깝다. 서부극의 '신들'은 거칠고, 외설적이며, 삶이 제공하는 쾌락을 즐기고, 때로는 웃음을 주기도 하고, 어떤 때는 터무니없이 느껴지기도 한다. 여성 바텐더끼리 싸우는 모습은 아테나와 아프로디테가 다투는 모습과 크게 다르지 않다. 우리가 이들을 사랑하는 것도 바로 이런 모습 때문이다.

새로운 민주 사회에 걸맞게 서부극의 신전에는 산 정상에 사는 제우스도, 하늘의 유일신도 보이지 않는다. 신화적 종교 스토리 체계에서는 신들이 엄격한 위계 질서에 따라 가장 높은 신에게 충성을 다한다. 서부의 사람들은 이상화된 선하고 전능한 존재가 아니라 인간 안에서 신성을 찾는다. 서부극의 '신들'은 높은 곳에 자리하지 않고, 평야를 누빈다. 이들은 고생스럽게 삶을 꾸려가는 보통 사람들에게 법이나 복수로 질서와 정의를 선사한다. 북유럽신화의 신들처럼 이들도 필멸의 존재다. 죽음이란 언제든 찾아올 수 있다.

서부극 장르의 기초가 되는 도덕규범은 기독교의 도덕률보다 포괄적이고, 가치와 우선순위도 다르다. 가령 서부극에서는 결혼하지 않은 이들이 성관계를 맺는 것을 간음으로 보지 않는다. 성행위 자체는 선악의 대상이 아니며, 중요한 것은 그 결과다. 기독교의 도덕률처럼 서부극의

'신들'은 선과 악을 엄중하게 보상한다.

서부극 속 조연들은 집과 국가, 문명을 건설한다. 농부는 가족의 도움을 받아 땅을 경작한다. 목회자는 광야에 하나님의 말씀을 전한다. 여교사는 공동체의 아이들에게 '읽기, 쓰기, 산수'를 가르칠 뿐만 아니라 '좋은 여성'으로서 후에 보안관의 아내가 된다.

서부극 스토리 비트: 적대자–인디언과 악한 카우보이

적대자는 목표로 나아가는 주인공에게 걸림돌을 제공하는 인물이다.

서부극의 적대자는 주인공이 물리적으로 싸워야만 하는 대상이다. 적대자의 유형은 크게 두 가지다.

카우보이 VS 인디언

서부극 장르 초기에는 문명을 개척하는 유럽 이주민이 가장 먼저 마주하는 걸림돌이 '인디언'이었다. 아메리카에 온 초기 탐험가들은 인도에 도착한 것으로 착각하는 엄청난 실수를 저질렀고, 이를 기원으로 유럽인들은 아메리카 토착민을 인디언으로 부르기 시작했다.

카우보이처럼 인디언도 사냥꾼이지만 카우보이와는 다른 인종이고 땅에 먼저 터를 잡아 살고 있었다. 백인 유럽인과 동부 해안 이주민은 이들을 인간으로 보지 않는다. 인디언은 '타자'이자 이주민들의 농장과 마을을 파괴하려 드는 야만인이다.

이주민은 카우보이에게, 즉 신체적으로 더욱 크고 강인한 말 탄 전사에게 도움을 요청한다. 이들에게는 카우보이도 야만인이지만 적어도 '우리 편'인 야만인이다. 카우보이는 사회의 진화를 가로막는 야만적인 세력과의 싸움에 힘을 보탠다.

카우보이와 인디언의 싸움이 주요 갈등처럼 보이지만 고전 서부극은 그 싸움의 결말만 보여준다. 보통 1870년대에서 1880년대를 배경으로 하는 이 스토리들은 3세기에 걸친 전쟁에서 인디언의 마지막 저항을 다루는데, 이는 실제 있었던 미국 내 인디언의 집단 학살을 암시한다. 스토리 속 싸움의 결과는 이미 오래전에 결정이 나 있었다.

농부 VS 소몰이, 선한 카우보이 VS 악한 카우보이

후기 서부극에서는 농부와 소몰이 간의 싸움이 주요 갈등이자 장르를 결정짓는 요소가 된다. 이 거친 카우보이는 황야의 백인 전사다. 이들은 땅을 나누어 경작지로 삼는 것은 진보의 반대라고 생각한다. 이 두 번째 대립은 살인 청부업자 대 살인 청부업자의 싸움으로 번진다.

서부극의 최대 강점 중 하나는 이 집행자들을 대비시키는 방식에 있다. 핵심적인 대비는 총잡이와 농부, 총잡이와 공동체를 만드는 사람들이 아니다. 도덕적 총잡이, 즉 선한 카우보이와 비도덕적인 총잡이, 즉 악한 카우보이의 대결이다. 이들은 본질적으로는 같은 유형의 인간이다.

선한 카우보이처럼 악한 카우보이도 자신의 몸을 써서 살아가는 신체적 존재다. 양쪽 모두 빠르게 총을 빼 들어 무서운 정확도로 명중시키는 신체적 능력을 갖추었다. 따라서 두 유형의 비문명인 간의 충돌은 근본적인 도덕성의 충돌이자 지도자 대 폭군의 싸움이다.

그런 점에서 「붉은 강」은 서부극의 전형이라 할 수 있다. 소 떼를 이끄는 지도자는 시장에 소를 내다 팔기 위해 점차 폭군처럼 변해간다. 그의 양아들은 도덕적 정당성을 바탕으로 권위적인 아버지를 몰아내고 새로운 지도자로 떠오른다.

도덕적 대립

서부극은 광활하고도 삭막한 캔버스 위에서 펼쳐지는 한 편의 도덕적 연극이다. 서로 대립하는 두 신체적 존재, 슈퍼카우보이와 악한 카우보이가 공동체를 두고 벌이는 싸움에서 도덕적 갈등이 드러난다.

악한 카우보이는 사회에 혼란을 가져오는 세력이다. 조금의 제약도 받지 않고 무제한적인 이익만 추구하는 그들의 욕망은 무정부 상태를 불러올 수밖에 없다. 그 결과는 울타리도 없고 경작도 되지 않은 황야에서 소 떼를 모는 삶일 수도 있다. 또는 여자와 술, 도박을 탐하는 카우보이들 때문에 중심가가 교전 지역으로 변하는 무법 도시가 탄생할 수도 있다.

'선한' 마을 사람들은 자신들의 마을과 미래가 파괴되는 것을 막기 위해 욕망을 제한하는 법과 규제를 요구한다. 이러한 규제에 반대하는 '무법자들'에게는 어떠한 원칙도 없다. 이들에게는 부와 권력, 지위를 얻기 위해 총을 기꺼이 사용할 의사와 능력만 있을 뿐이다.

좀 더 정확하게 말하자면 이들은 개선하려는 의지가 전혀 없다. 이들의 이익은 환경을 신중하게 발전시키거나 공동체의 다른 구성원과 협력해서 얻어지는 것이 아니다. 총잡이들로 무장 세력을 꾸려 부를 빼앗아 오는 것으로 이익을 얻는다.

발전을 경멸하고, 환경을 돌보고 보존하는 데 관심이 없는 이들은 사회적 혼란만 가중시킨다. 반면 선량하고 법을 준수하는 시민들은 고유한 정체성을 지닌 강력하고도 지속적인 사회를 형성하는 데 필요한 유대를 구축하려 노력한다.

농부들과 마을 사람들이 자신들의 공동체에 합류시키는 선한 카우보이는 법 집행자—연방 보안관 또는 보안관—일 수도 있고, 슈퍼카우보이일 수도 있다. 서부의 원칙을 따르는 슈퍼카우보이는 용기와 자립심, 예의, 옳고 그름의 명확한 기준을 중시한다.

하지만 선한 카우보이가 강할수록 적대자인 악한 카우보이 또한 강해진다. 악한 카우보이는 극단적인 자유를 누리고 위대한 '나'라는 자아와 어떠한 제약도 받지 않는 원초적 욕망을 지니며, 사회적 책임감은 완전히 부재하다. 그의 목표는 파괴다.

슈퍼카우보이와 악한 카우보이, 농부들의 관계에서 니체가 말한 주인 도덕과 노예 도덕의 전형적인 차이를 확인할 수 있다. 니체의 기준에서 슈퍼카우보이와 악한 카우보이의 가치는 일부 주인 도덕에 해당한다. 신체적 존재인 이들은 근본적으로 가치관이 다르지만 그럼에도 서로의 용기와 실력을 존중하는 황야의 전사다. 이들은 서로에게 자비를 구하지도 베풀지도 않는다.

니체는 노예 도덕의 '악'이라는 개념은 약자의 위치에 있는 이들이 만들어낸 것이라 주장한다. 농부와 마을 사람들은 악한 카우보이가 지닌, 전사로서의 실력과 감각에 굴복한 노예다. 그리하여 이들은 그를 악으로 보는 것이다. 악한 카우보이는 원시적이기에 무자비하고 잔인하다. 그는 법이나 도덕은 무시한 채 황야와 개방된 땅, 부를 축적할 수 있는 무제한의 자유를 원한다.

기법: 숙적

주인공이라는 특정 캐릭터에게 가장 위협이 될 만한 적대자, 숙적을 설정해야 한다.

액션 스토리와 마찬가지로 숙적은 최고의 전사이자 주인공의 가장 큰 약점을 가장 효과적으로 공격할 수 있어야 한다. 보통 그 약점이란 수치 문화의 흔적이자 카우보이가 살인을 꺼리는 태도와 관련이 깊다.

서부극 스토리 비트: 적대자의 계획-파괴

악한 카우보이든 '인디언'이든 적대자는 이주민을 상대로 범죄를 저지른다. 그 범죄의 목적은 이주민들이 세운 것을 파괴하고 모든 것이 힘으로 결정되는 무법 세상을 만드는 것이다. 화력에서 앞서는 파괴자는 이 대결에서 승리할 수밖에 없다. 그는 무력감을 조성해 이주민들이 모든 것을 포기하고 싶어지도록 만든다.

그 예시로 다음과 같은 작품을 들 수 있다.

- 인디언 습격: 「역마차」, 「아파치 요새」, 「황색 리본을 한 여자」, 「붉은 강」, 「수색자」, 「평원의 사나이」, 「부러진 화살」
- 인디언에게 무기 판매: 「평원의 사나이」
- 가축 절도: 「버지니안」, 「옥스보우 인서던트」, 「11인의 카우보이」
- 울타리 절단 및 농장 방화: 「셰인」
- 재산 또는 기반 시설 파괴: 「웨건 트레인」
- 마을 테러: 「와이어트 어프」, 「하이 눈」, 「리버티 밸런스를 쏜 사나이」, 「평원의 무법자」, 「페일 라이더 Pale Rider」
- 납치: 「무법자 제시 제임스」, 「분노의 강」, 「리버티 밸런스를 쏜 사나이」, 「황야의 무법자」, 「내일을 향해 쏴라」
- 살인: 「셰인」, 「옛날 옛적 서부에서」, 『트루 그릿』, 「사진」, 「윈체스터 73」, 「운명의 박차」, 「황야의 무법자」, 「평야의 무법자」, 「무법자 조시 웨일즈」

서부극 스토리 비트: 계획–정면 대결

전형적인 서부극의 경우 초기 계획은 마을 사람들(농부들)에게서 시작된다. 인디언이나 악한 카우보이들의 공격을 받으면 이들은 보안관이든 총잡이든 슈퍼카우보이를 불러와 대결에 앞장서게 한다. 슈퍼카우보이의 방법은 정면 대결이다.

계획은 추리 스토리처럼 복잡하지 않다. 카우보이는 전사다. 상대를 무너뜨리고 공동체에 평안을 가져오기 위해 그가 취하는 행동은 점차 격렬해지고 결투는 심각해진다. 보통은 주먹다짐으로 시작해 총격전으로 확대된다. 원시적 인간은 무력으로 문제를 해결한다.

서부극 스토리 비트: 전투–결전

어떤 스토리든 전투는 승자를 결정하는 최후의 가장 큰 갈등이다. 서부극에서는 전체 스토리가 보통은 슈퍼카우보이와 악한 카우보이 간의 최후의 총격전으로 귀결된다.

> **핵심**
>
> 결전은 서부극 장르에서 단연코 가장 중요한 스토리 구조 단계다.

왜일까? 최종 결전은 단순히 분노에 찬 남자가 상대를 죽이는 싸움에 그치지 않는다. 복잡한 의식을 동반한 극적 이벤트다. 그 장소가 술집이든, 중심가든 결전은 명예와 담력, 평판, 용기를 상징한다. 공개적으로 망신을 당하거나 승리를 통해 지위를 결정하는 의식이다.

결전은 악한 카우보이가 선한 카우보이를 자극하거나 총을 쏠 줄 모르는 농부를 모욕하는 것으로 시작할 때가 많다. 악한 카우보이는 선한 카우보이에게 사기꾼, 계집애 같은 남자, 겁쟁이라고 모욕한다. 카우보이에게는 다른 남자들 눈에 사내답지 못한 남자처럼 보이는 것보다 더 큰 수치는 없다.

그곳에 모인 모든 이는 그런 모욕이 누군가의 죽음으로 이어질 것임을 알고 있다. 이처럼 수치 문화가 지배적인 상황에서 카우보이가 물러나면 그에게는 겁쟁이coward를 뜻하는 C가 주홍글씨처럼 새겨질 것이다. 그는 수치 문화에 갇혀 딜레마에 빠진다. 한편으로는 자신의 목숨을 걸고 남자다움을 증명해야만 하지만, 다른 한편으로는 자신이 이겨도 누군가가 죽는다는 사실은 변하지 않는다.

> **핵심**
>
> 결전을 통해 문명과 혼돈 중 국가의 미래가 어느 방향으로 나아갈지 찰나에 결정된다.

이 찰나가 영원처럼 느껴질 정도로 느릿하게 전개될 때가 많다. 시청자는 숨 막히는 긴장감 속에 길게 이어지는 그 순간을 지켜보며 고통과 즐거움을 동시에 느낀다.

총격전으로 유명한 작품으로는 OK 목장 결투를 그린「황야의 결투」와 「툼스톤」,「7인의 사무라이」를 원작으로 한「황야의 7인」, 그 외에도 「셰인」,「언포기븐」,「리버티 밸런스를 쏜 사나이」가 있다.

각본가이자 감독인 세르지오 레오네Sergio Leone는 결전에 의식ritual과도 같은 신성함이 담겨 있다는 사실을 잘 이해하고 그 강도를 극한까지 끌어올렸다. 「석양의 무법자」에서 그는 총잡이를 둘이 아닌 셋으로 늘려 긴장감을 고조시켰다. 과연 누가 먼저 총을 뽑을지 '기미'를 알아차리려 서로를 번갈아 바라보는 세 사람의 시선을 클로즈업으로 화면 가득 담았다.

가장 뛰어난 총격전을 보여준 작품으로는 반서부극인「옛날 옛적 서부에서」를 꼽을 수 있다. 일반적인 방식과 달리 이 영화는 결전을 스투리 시작 부분에 배치했다.

세 명의 거친 카우보이는 외떨어진 어느 기차역에서 기차를 기다리고 있다. 레오네 감독 특유의 전개 방식에 따라 이들의 기다림이 길어질수록 긴장감과 극적 효과가 점점 심화되고 당장이라도 일이 터질 것만 같은 분위기가 조성된다. 기차 한 대가 멈춘다. 내리는 사람은 없다. 다시 기차가 출발한다. 선로 건너편에 이름 모를 카우보이 한 명이 서 있다. 악한 카우보이 세 명 중 한 명이 말한다. "보아하니 말이 한 필 모자랄 것 같군." 홀로 선 카우보이가 답한다. "두 마리나 데려왔잖아, 쓸데없이." 순식간에 상황이 끝난다. 카우보이 세 명은 죽어 있었다. 홀로 남은 카우보이가 그들의 말 한 필을 타고 사라진다. 그렇게 '하모니카'라는 인물의 신화가 시작된다.

웨스턴 스토리 비트: 도덕적 논증-도덕적 결전

최고의 스토리는 훌륭한 삶을 사는 방법이 무엇인지에 관한 도덕적 논증을 두 가지 행동 중 하나를 선택하는 방식으로 간략하게 보여준다. 구조적으로 서부극은 총으로 도덕적 결정을 내리는 최후의 결전에 모든 초점이 맞춰진다. 도덕적으로 사는 것은 곧 남자답게 행동하는 것을 뜻하고, 남자답게 행동하는 것은 총을 사용하는 것이다. 이러한 도덕적 방정식은 현대 사회에서는 대단히 위험하다. 하지만 이 방정식 덕분에 서부극은 선한 사람과 악한 사람 사이의 결투로 끝을 맺을 수 있다.

결투는 캐릭터의 도덕적 자질을 최종적으로 증명하는 자리다. 이런 식으로 서부극은 위기 또는 '한계 상황 limitation situation'을 부각하고 이 짧은 순간으로 캐릭터를 정의한다.●

● 카를 야스퍼스 Karl Jaspers와 한스게오르크 가다머 Hans-Georg Gadamer 참고.

> **핵심**
>
> 서부극에서는 이렇듯 직접적인 도덕적 맞대결을 통해 실존적 코드를 표현한다.

겉으로 보기에 카우보이의 결전은 로마의 검투사 경기처럼 이기면 살고 지면 죽는 대결과 비슷하다. 하지만 본질은 궁극적인 도덕의 대결이다. 중세의 방랑하는 기사처럼 서부극의 결투는 자신의 도덕적 옳음을 입증하는 자리다.

결전에서 주인공에게는 서부의 법칙이라는 또 하나의 부담이 더해진다. 선한 카우보이는 결코 먼저 총을 뽑아서는 안 된다는 규칙이다. 이 규칙은 악한 카우보이에게 기회로 작용할 수 있다. 먼저 총을 뽑을 것인가 말 것인가, 결정할 수 있다. 하지만 악한 카우보이에게서 높은 도덕성을 기대하기 어려우므로 그는 총을 뽑을 것이다.

진정한 도덕적 결정은 선한 카우보이의 몫이다. 상대가 공격할 때까지 기다리다가 죽음을 맞이할 것인가? 아니면 먼저 총을 뽑아 살인자가 되더라도 공동체의 가치를 지키기 위해 하루라도 더 싸울 기회를 얻을 것인가? 서부극에서 도덕적 삶과 죽음의 갈등은 인간을 생존이 중요한 원시적 동물로 되돌려 놓는다. 결국 포식자 대 피식자의 싸움이다.

그렇다면 자신의 도덕적 삶의 비전이 틀릴 때도 있을까? 단편이자 영화인 「3:10 투 유마」에서 주인공은 아들에게 겁쟁이처럼 보이기 싫어 죄수들을 교도소까지 이동시키는 일을 도와주기로 한다. 작가의 스토리 전략은, 주인공을 향해 겨눠진 총구의 수는 늘리는 한편 그의 조력자 수는 점차 줄여나가 결국 주인공 홀로 예정된 죽음을 마주하게 만드는 것이다.

실존적 질문은 이렇게 바뀐다. 자신의 도덕규범을 지키며 사는 것이 목숨을 내걸 만한 가치가 있는가? 이 주인공에게는 그랬다. 비록 범죄자들이 결국에는 탈출할 것이라는 사실이 거의 확실해지며 그의 선택을 무색하게 만든다고 해도 말이다. 스토리의 결말에서 주인공의 아들은 아버지를 향해 무한한 존경을 표한다. 안타깝게도 아버지는 목숨을 잃었다. 이렇듯 도덕적 행위에 따르는 불공정한 결과가 고전 서부극과 같은 본질적인 스토리 형식이 사라진 결정적 이유 중 하나다.

서부극 스토리 비트: 자기 각성–영원한 방랑자

최후의 결전 이후 대부분의 스토리에서는 주인공이 자신의 본질을 깨닫는 자기 각성을 경험한다. 서부극에서 주인공의 첫 번째 자기 각성은 결전 전에 일어난다. 황야에서 다른 카우보이를 죽이는 일에 회의감이 든 주인공은 총으로 사는 삶에서 벗어나려 한다. 하지만 다가오는 총격전을 앞두고 자신이 누군가를 죽여야만 한다는 사실을 깨닫는다. 그는 옳은 일을 행해야 한다. 셰인이 어린 조이에게 "사람은 자기 본성대로 사는 거야"라고 했던 것처럼 말이다.

「수색자」의 결말에는 이러한 자기 각성을 시각적으로 가장 잘 표현한 장면이 나온다. 주인공인 이선 에드워즈는 납치된 조카를 집으로 돌려보냈다. 하지만 죽음의 땅을 헤매던 수년간의 시간은 그를 메마른 인간으로 만들었다. 가족들이 집으로 들어가 기쁨을 나누지만 이선은 황야를 배경으로 홀로 문간에 서 있다가 이내 등을 돌리고 걸어 나간다.

「황색 리본을 한 여자」는 새로운 국가를 만들었지만 약속의 땅은 누리지 못하는 카우보이의 심리 상태를 더욱 확장해 보여준다. 은퇴를 앞둔 군 대위가 인디언 전쟁을 막아낸 스토리는 모뉴먼트 밸리를 순찰하는 기병대의 행렬로 끝을 맺는다.

보이스오버: 그들이다. 앳된 얼굴을 한 병사들, 정규병들, 하루에 50센트를 받는 직업 군인들. 말을 타고 국경의 전초기지를 순찰하는 병사들. 리노 요새부터 아파치 요새까지, 셰리던에서 스타크까지 그들은 한결같았다. 더러운 파란색 셔츠를 입은 병사들의 행적은 역사책 속 한 페이지에 차가운 기록으로만 남을 것이다. 하지만 그들이 어디를 지나고 무엇을 위해 싸웠든, 그만큼 모두 미국의 땅이 되었다.

서부극 스토리 비트: 새로운 평형–비극적 운명의 인간

어떤 스토리든 결말에는 새로운 평형이 찾아온다. 모든 것이 정상으로 돌아간다. 다만 한 가지는 달라졌다. 자기 각성 후 주인공은 더욱 성장하거나 더욱 망가진다.

서부극에서는 주인공이 자신의 목표를 달성한다. 하지만 내면은 망가졌다. 자신이 변할 수 없다는 것을 잘 안다. 남은 것은 오직 죽음뿐이다.

주제: 존재한다는 것은 예정된 파멸로 향한다는 것이다

모든 장르가 그렇듯 서부극 또한 존재에 대한 근본적인 질문을 한다. 인간으로 존재한다는 것은 무엇을 의미하는가? 고전 서부극이든 반서부극이든, 현재를 배경으로 하든 먼 과거를 배경으로 하든, 서부극은 궁극적인 실존의 이야기다. 우리가 맞이할 삶의 파멸을 가장 분명하게 표현한 장르다. 살아 있다는 것은 끝이 예정되어 있다는 것이다. 우리의 원시 자연 세계는 사라졌고 결코 되찾을 수 없을 것이다. 우리 또한 계속해서 죽음을 향해 가고 있다.

언제라도 마지막 순간이 찾아올 수 있다는 감각은 삶을 더욱 달콤처게 만든다. 서부극은 카우보이와 '인디언'의 비극적인 이야기를 통해 삶의 달콤하면서도 씁쓸한 본질을 전한다. 실존주의가 그렇듯 서부극은 우리의 삶을 더욱 소중히 여기도록 만드는지도 모른다.

어느 장르보다도 서부극은 파멸이 예정된 우리의 삶이 어떻게 전개되는지를 분명하게 보여준다. 이는 넓은 의미에서 진화와 다름없다. 서부극은 어떤 형태의 생존이 가능한지, 또 생존이 모두에게 어떤 결말을 가져올지 전한다.

과정은 명확하다. 개인은 언제나 사회의 일부다. 이 개인이 문명을 건설한다. 하지만 바로 그 문명이 어느 정도 성장에 이르면 개인을 억압하고 파괴하기까지 한다. 그가 지금껏 삶을 일구어온 방식으로 인해 필시 그는 '진보'에 대한 관점이 다른 사람과 갈등을 겪는다.

서부극의 존재에 대한 관점은 대부분의 장르와 본질적으로 다르다. 존재한다는 것과 되어간다는 것을 분리하지 않기 때문이다.

> **핵심**
>
> 서부극에서 존재한다는 것은 곧 되어감이다.

서부극의 주제 공식: 약한 자를 돕는 전사의 길

존재함과 되어감이 동일하다는 것은 어떤 의미일까? 모든 장르가 그러하듯 서부극에서는 최고의 자아로 거듭나는 방법을 먼저 주인공의 기본 행동으로 보여준다. 다른 이들이 집과 국가를 건설할 수 있도록 싸움을 계속하는 주인공을 통해 서부극은 개인의 행동과 사회의 미래를 밀접하게 연결 짓는다. 인간은 자연의 토양에서 성장해 원시 상태에서 문명으로 진화한다고 말한다. 따라서 서부극이 지닌 되어감의 관점은 이렇게 요약할 수 있다. 다른 이들이 집을 짓는 일을 돕는 것은 결국 모두가 최고의 삶을 살 자유를 누릴 문명을 세우는 것이다.

서부극이 말하는 성공적인 삶의 방법 또한 장르의 핵심 질문에서 비롯된다. 본질적으로 액션 장르의 질문과 같다. 싸울 것인가, 도망칠 것인가? 자유를 택할 것인가, 생존을 택할 것인가? 카우보이의 답은 간단하다. 그는 항상 맞서 싸운다. 그래야 모두의 자유가 보장되기 때문이다.

여러 단계를 거쳐 인간 사회가 완성되는 과정을 폭넓게 보여주는 서부극의 주제 공식은 결전을 앞둔 한 사람의 모습으로 귀결된다. 거리 한 가운데 자리한 그는 한순간에 결정될 '죽음'을 마주한다. 이것은 우리가 매일 맞닥뜨리는 실존적 선택이다. 존재할 것인가, 존재하지 않을 것인가? 그의 선택은 모든 사회적, 문화적 발전의 거대한 흐름을 상징한다. 한쪽을 택한다면 의미 있는 삶이 주는 기쁨과 혜택, 슬픔을 경험할 것이다. 다른 쪽을 택한다면 결과는 영원한 무無다.

서부극을 초월하는 법

서부극을 초월하는 방법은 반서부극이다. 이 장르는 가장 진보적이고 주제적으로 가장 강력한 스토리 형식 중 하나다. 반서부극은 필연적으로 도시화가 되면 개척자들이 세워온 문명은 몰락한다고 주장한다. 또한 현대 문명이라는 가혹한 현실에서 자유는 쉽게 얻을 수 없다는 점을 보여준다.

소설

『론섬 도브Lonesome Dove』, 『홀스맨, 패스 바이Horseman, Pass By』, 『마지막 영화 상영』, 국경 3부작(『모두 다 예쁜 말들』, 『국경을 넘어』, 『평원의 도시들』),『핏빛 자오선』

영화

「사진」,「하이 눈」,「허드Hud」,「내일을 향해 쏴라」,「맥케이브와 밀러 부인」,「옛날 옛적 서부에서」,「마지막 영화관」,「말이라 불리운 사나이」,「무법자 조시 웨일즈」,「작은 거인」,「언포기븐」,「늑대와 춤을」,「몬테 월시」,「몬태나Hostiles」,「파워 오브 도그」

서부극 VS 반서부극, 본격문학

소설가 에르난 디아스Hernan Diaz는 서부극 장르에 대해 이렇게 말했다.

> 서부극은 참으로 이상하게도 주변부에 머무는 장르다. 이데올로기적 도구로 완벽한 형태인 만큼 미국 문학사의 중심이 될 법도 한데 말이다. 개인주의의 정점을 보여주고, 국가 탄생에 관한 이념적 이야기인 데다 집단 학살도 미화하고…. 그럼에도 많은 이가 코맥 매카시Comac McCarthy나 래리 맥머트리Larry McMurtry 이전의 서부극 작가를 셋도 대기 어려워한다. 흥미롭게도 소설을 원작으로 한 영화에 모두 가려졌다. 문학에 지대한 영향을 끼친 추리 소설이나 SF와 비교해 보면 서부극은 가능성이나 잠재력을 실현하지 못한 것 같다.

10센트짜리 소설로 시작한 서부극은 점차 발전해 1902년『버지니안』과 1912년『퍼플 세이지의 기수들』과 같은 초기 작품으로 이어졌다. 서부 영화의 전성시대는 1920년대에서 1950년대였고, 텔레비전에서 서부극은 1950년대에서 1960년대 중반까지 이어졌다. 서부극이 표현하는 이데올로기가 충만했던 시기보다 50년에서 100년 뒤에 이러한 인기를 얻었다는 점이 흥미롭다.

고전 서부극은 명백한 운명(1850년에 정점을 맞이했다)이라는 이념을 진보의 개념으로 전환해 스토리로 표현한 것이다. 따라서 1900년에서 1960년까지 사랑받았던 이 대중 장르는 이미 지나가 버린 시대의 이념이자 단 한 번도 존재한 적 없었던 향수 어린 과거였다. 서부극은 예술적으로는 살아 있는 시체나 다름없었다.

미국의 창조 신화와 이념적으로 정반대에 자리한 대상은 본격문학, 특히 위대한 미국 소설Great American Novel이라고 부르는 장르다. 본격문학은 대체로 미국 독립선언서와 헌법이라는 미국의 두 창조 텍스트에 담긴 결함과 그로 인한 국가의 실패에 초점을 맞췄다. 위대한 미국 소설은 굳이 말하자면 실패한 미국의 약속에 관한 이야기다.

고전 서부극이 가장 인기가 높았을 때조차도 예술적으로는 죽은 형식이었다는 점이 서부극이 추리물이나 SF만큼의 영향력을 갖지 못한 이유이기도 하다. 추리물은 점점 더 모호해지는 세상에서 '진실을 파악하는 법'에 대해 말하며 여전히 생동감 넘치는 스토리 양식으로 살아남았다. 추리물은 퍼즐 풀기 같은 스토리다. 소설 역사에서 서사가 전지적 시점에서 특정 화자로 전환되는 변화가 일었고 이에 더해 독자가 스스로 스토리를 파악해 나가도록 강제하는 전반적인 움직임 또한 번지며 추리물은 현대 스토리텔링의 기본 틀이 되었다.

SF는 '우리가 어떻게 세계를 창조하는가'를 다룬다는 점에서 의미를 가진다. 스스로를 파괴하려 드는 인간들이 이 세계도 언제 파멸로 이끌지 모르는 상황에서 앞으로 더 나은 세상을 어떻게 만들어나갈 것인가? 서사의 관점에서 설명하면 SF는 고차원적 의식의 두 가지 양식인 스토리와 과학을 결합한 장르다. 반면 서부극은 원시적인 행동을 보여주는 데, 이는 인간의 기본적인 도덕성에 관한 스토리인 셈이다.

서부극을 초월하는 법: 역사와 문명화의 스토리

초월적 반서부극과 같이 고차원적인 스토리 형식을 쓰려면 먼저 인류가 이 장르의 근본적인 예술-스토리 양식, 즉 역사와 문명을 어떻게 창조했는지부터 이해해야 한다. 서부극은 문화적 진화의 네 가지 단계를 통해 역사를 보여준다. 바로 황무지, 마을, 도시, 억압적 도시다. 또한 왕의 비극적인 이야기처럼 흥망성쇠라는 구조를 통해 문명화를 설명한다. 다음 장에서 보게 되겠지만 갱스터왕의 흥망성쇠라는 구조와 동일하다.

문명의 축소판을 만들다: 프런티어 사관

문명의 긴 흐름을 한눈에 보는 가장 좋은 방법은 그것의 축소판인 원형적 스토리로 보는 것이다. 달리 말하자면 서부의 경험에서 찾을 수 있는 문명의 축소판은 무엇이 될까?

> **핵심**
>
> 유럽 이주민이, 그들의 생각으로는, 누구도 탐험하지 않은 대륙에 진입한 사건은 세계 역사적으로 문명이 건설되는 과정을 확인할 수 있는 최고의 사례 연구가 되었다.

유럽 이주민이 동쪽에서 서쪽 대륙으로 대이동을 한 사건은 미국의 정체성과 문명의 창조를 의미했다. 앞서 언급했듯 프레더릭 잭슨 터너는 『미국 역사에서 프런티어의 의미 The Significance of the Frontier in American

History』에서 '프런티어 사관'(1893)이라는 뛰어난 에세이를 통해 문화적 창조에 대해 설명했다.

프런티어 사관은 과학적 가설의 전제 또는 스토리 버전으로 간주할 수 있다. 이 스토리는 사람들이 정체성을 찾아가는 과정, 즉 미국인이 되어가는 과정을 보여준다.

프런티어 사관을 사례 연구로 삼을 때의 이점은 신세계로 이주한 유럽인이 사회의 세 가지 주요 기둥인 땅, 사람, 기술과 상호작용하며 개념을 만들었고, 이 개념이 문화를 구성하는 요소라는 점을 명확히 확인할 수 있다는 것이다. 또한 미국 스토리텔링의 정체성은 미국 역사를 움직인 힘, 즉 호레이스 그릴리Horace Greeley의 말을 빌려 "서쪽으로 가라, 청춘이여. 서쪽으로"라는 역사의 움직임과 맥을 같이한다는 사실도 보여준다.

프런티어 사관의 핵심적인 특징은 다음과 같다.

- 프런티어는 야만과 문명이 만나는 접점이었다
- 이주민이 척박하고도 자유로운 땅을 마주했고, 그 땅이 이주민을 유럽인에서 미국인으로 바꿔놓았다
- 프런티어는 이기적이고 개인적이며 무엇보다 개인의 자유를 중시하는 한편 강함과 탐구심, 실용적이고 독창적인 사고, 뜨거운 열정을 중요하게 생각하는 미국인을 창조했다

터너는 이렇게 요약했다. "아메리카는 기회의 또 다른 이름이었다." 터너는 1890년 프런티어가 사라짐과 동시에 첫 번째 위대한 미국의 문명 시대가 끝났다는 중요한 사실을 고하며 에세이를 마쳤다. 이는 우연이 아니었다.

프런티어의 종말은 두 번째 사회적 단계인 마을에서 세 번째 사회적 단계인 도시로 전환되며 미국의 성격이 근본적으로 달라졌음을 의미했다. 이러한 변화로 국가를 지탱하는 도덕-가치 체계도 달라질 수밖에 없었다.

미국이 문명과 공식적인 역사가 전개되는 과정을 보여주는 대표적 사례 연구가 될 수 있는 데는 몇 가지 이유가 있다. 첫째, 역사가 비교적 짧은 기간에 전개되었다. 둘째, 그 과정이 동쪽에서 서쪽으로의 확장이라는 명확한 형태를 나타내고 있다. 셋째이자 가장 중요한 점은 유럽인의 눈에 미국은 아무것도 없는 '백지상태'에서 시작한 국가였다.

그러나 여기에는 큰 결함이 있다. 북아메리카는 백지상태가 아니었다. 1492년 북아메리카는 광활하고 풍요로운 땅이었고 자연이 신과 같은 힘을 발휘했으며 기술은 원시적인 수준이었다. 하지만 빈 땅은 아니었다. 1492년 이전에 이미 북아메리카에 거주하던 아메리카 토착민의 규모는 약 1000만 명에서 5000만 명으로 추정된다.

'백지'라는 관점을 반박하는 또 다른 근거는 수백만의 아프리카인들이 미국으로 와 노예화되었다는 점이다. 유럽 이주민이 아프리카인 노예를 두었다는 사실은 당시 새 문명이라는 것이 프런티어에서 고된 노동을 하며 야만성을 길들이는 단계보다 훨씬 후대의 토대에서 세워졌음을 의미한다. 실로 미국을 창립한 헌법은 대규모의 노예제라는 최악의 도덕적 타락 위에 세워졌다. 건국 문서의 본질에 자리한 이 결함은 오늘날까지도 미국 정부의 오점으로 남아 있다.

이렇듯 백지 이론의 여러 문제에도 미국은 여전히 사례 연구로 유의미한 모델이다. 실로 초월적 반서부극을 집필한다면 프런티어 사관은 필수적이기까지 하다. 서부극은 결국 문명의 흥망성쇠라는 하나의 거대한 과정을 재현하기 때문이다.

> **핵심**
>
> 서부극은 역사가 어떻게 전개되는지에 대한 이론을 제시한다.

역사의 스토리

역사는 보통 현재 이 순간에 이르기까지 인간이 경험한 모든 사건을 연구하는 학문으로 알려져 있다. 하지만 정의가 너무도 포괄적이라 그 한계가 없을 정도로 범위가 방대하다. 따라서 어떠한 통찰이나 가치도 얻을 수 없다. 그 결과 역사는 이야기 형식으로 전개되었고 여기서 좀 더 구체적인 방식인 상향식과 하향식으로 틀을 잡았다.

'위대한 인간 이론Great Man Theory'으로 알려진 상향식 역사는 한 인간이(늘 남성이다) 거대한 사건을 주도하고 한 나라를 이끌어나가는 모습으로 전개된다. 이는 할리우드의 스타 시스템을 차용한 역사 스토리텔링 방식이다. 하향식 역사는 권리를 박탈당한 주인공들이 힘을 모아 거대한 사회적 운동을 만들어가는 과정을 보여준다.

> **핵심**
>
> 서부극은 상향식 역사도, 하향식 역사도 보여주지 않는다. 역사의 이론, 역사적 코드Historical Code를 보여준다. 개별적인 사건들을 다루는 대신 역사적 코드를 활용하면 하나의 전체 과정을 파악할 수 있다.

역사적 코드

장르는 삶의 특정 예술-스토리 양식을 강조하기도 하지만, 이것과 별개로 몇몇 장르는 다양한 요소가 시간의 흐름에 따라 어떻게 전개되는지 본질적인 과정을 다룬다.

- SF: 진화적 코드
- 회고록, 신화, 성장물: 실존적 코드
- 모든 장르: 스토리 코드

서부극에서 찾아볼 수 있는 역사적 코드는 스토리 세계의 핵심적인 구조가 되는 세 가지, 즉 땅, 사람, 기술의 발달과 상호작용을 기록한 것이다. 이는 상당수의 개인이 사회 전체 안에서 그리고 지리적 범위 안에서 도구를 사용해 물리적 세계를 변화시킨 과정을 의미한다.

역사적 코드는 또한 땅과 사람, 기술이라는 세 요소가 얽혀 어떻게 하나의 커다란 태피스트리를 완성하는지 설명한다. 앞서 논의했던 세 가지 코드(진화적, 실존적, 스토리)와 마찬가지로 역사적 코드 또한 오직 과정을 통해서만 인간의 삶을 진정으로 이해할 수 있다고 말한다.

그렇다면 땅과 사람, 기술은 긴 시간 동안 어떤 과정으로 상호작용을 할까?

> **핵심**
>
> 역사는 인간의 삶 속에서 모든 규모의 사건이 확장과 응집을 반복하며 탄생한 결과물이다.

우리 일상 속 순간순간의 경험에서는 개별적 행동(확장)이 조직화(응집)되고 다시 행동으로 돌아가는 사이클을 반복한다. 개인의 일생에 걸처 위대함을 창조하는 것과 변화에 적응하는 것이 번갈아 나타나는 것이다.

확장과 응집이라는 리드미컬한 움직임은 연장과 연결이라는 근본 원리에서 탄생한 것이다. 개인은 자신의 영역을 바깥으로 확장하길 바라면서도 영역 안의 조직과 단단히 연결되고 싶어 한다. 확장은 범위를 넓히지만 내부의 결속력을 희생시킨다. 연결은 내부를 강화하지만 그 대가로 영역이 줄어든다.

미국의 역사 이론: 진보

앞서 고전 서부극은 명백한 운명이라는 이념을 진보의 개념으로 전환해 스토리 형식으로 설명한 것이라고 말한 바 있다. 땅과 인간, 기술의 연결을 바탕으로 한 변화가 사회의 진화를 이끈다. 이러한 역사 이론에서 진보는 인류의 선형적 향상을 전제로 한다.

> **핵심**
>
> '진보'는 미국의 역사 이론이자 실로 미국의 종교가 되었다. 미개척지, 풍부한 자원, 서부 이주, 철도와 증기선 등 운송 수단의 혁신, 이 모든 것이 우연히도 한데 교차하며 진보가 이뤄졌다.

진보라는 개념은 계몽주의와 기계론적 세계관이라는 핵심 이념을 확장한 것이다. 여기에 담긴 암묵적인 등식은 '계몽 = 이성을 통한 완벽'이다. 우리는 기계처럼 살 때 완벽에 더욱 가까워질 수 있다.

이렇듯 기계문명이라는 심오한 개념은 미국의 급속한 경제성장과 더불어 철도로 국가가 하나가 되는 모습을 지켜본 많은 사람의 지지를 어었다. "1840년대 미국에서 기계와 진보를 연결 지어 설명할 때 가장 많이 쓰인 표현은 '공간과 시간의 소멸'이다."●

진보의 개념은 세 가지 사회적 요인으로 더욱 강화되었다.

1. 대규모 산업혁명으로 경제가 폭발적으로 성장했다.
2. 비교적 신생 공화국인 미국이 기계를 중시하는 사고에 기반을 두고 건립되었다.
3. 유권자가 귀족적인 특징을 벗고 평범한 시민에 가까워지며 공화국이 더욱 민주화되었다.

1800년대 후반 산업화가 가속화되고 '기계의 시대Machine Age'가 도래하며 진보는 어느새 하나의 사실처럼 보이기 시작했다. 역사학자 헨리 애덤스Henry Adams는 중세의 상징인 성모 마리아와 근대의 상징인 발전기를 비교하며 과거와 미래의 차이를 설명했다. 그는 대규모 전력을 생산하는 발전기가 근대의 상징이 될 만하다고 여겼다. 종교가 일상에서 추구해야 할 변치 않는 이상을 내세운 반면, 과학은 점점 빨라지는 속도로 지식을 더욱 확장해 나가는 활력적인 에너지였다.●● 앞으로 다가올 시대가 지닌 가능성은 무한해 보였고, 특히나 미국은 더욱 그랬다.

애덤스가 기념비적인 저서를 개인 출판 한 지 10년이 채 되지 않아 제1차 세계대전이 발발하며 세계 진보 사상에 큰 타격을 가했다. 기술의 발전에도 불구하고 제2차 세계대전에서 5000만 명 이상이 사망하며 더

● 레오 마르크스, 『정원 속 기계』.
●● 헨리 애덤스, 『헨리 애덤스의 교육』 24장 "성모 마리아와 발전기The Virgin and the Dynamo" (개인출판 1907년, 출간 1918년)

욱 심각한 타격을 입었다.

하지만 미국에서는 진보의 확장적 비전이 비교적 온전히 남아 있었다. 전쟁이 벌어진 지역과는 바다를 사이에 두고 있었다는 사실에 더해 고전 서부극이 부상하며 미국인은 더욱 새로워진 열정으로 진보라는 종교에 매달렸다.

서부극 초월하기: 반서부극 스토리 형식

1939년에 개봉한 「사진」이나 1951년 작품 「하이 눈」이 반서부극의 시작이라고 할 수도 있을 것이다. 하지만 이 초월적 형식이 천재적인 창의성에 도달한 때는 1968년부터 1971년까지로, 이 3년 동안 개봉한 네 편의 영화 덕분이었다. 바로 「와일드 번치」, 「내일을 향해 쏴라」, 「옛날 옛적 서부에서」, 「맥케이브와 밀러 부인」이다. 구조적 탁월함 덕분에 이 영화들은 반서부극이란 장르를 정의하고 가능성을 보여주는 중요한 예로 꼽힌다.

「내일을 향해 쏴라」: 한물간 카우보이들

반서부극의 아름다움을 한눈에 보고 싶다면 「내일을 향해 쏴라」의 오프닝 장면만 한 것이 없다. 시나리오 집필의 대가인 윌리엄 골드먼 William Goldman이 구상한 이 장면은 영화 역사상 가장 짧은 시간 안에 가장 많은 것을 보여준다.

오프닝 장면에는 이름 모를 한 남자(부치 캐시디)가 은행털이를 계획하며 은행 안을 살피는 모습이 등장한다. 하지만 은행은 이미 옮겨 간 상태였고 그는 남아 있는 경비에게 다가가 은행이 없어져서 안타깝다고 말한다. 하지만 경비는 자꾸 도둑이 들어 어쩔 수가 없었다고 답한다. 두 사람이 대화하는 동안 창살이 낀 창문과 문들이 덜컹거리며 닫힌다. 영업 종료 시간이었다. 이 장면은 호감을 주는 주인공의 앞날과 서부극 장르 전체를 관통하는 핵심을 압축적으로 보여준다.

두 번째 장면에서는 놀라울 정도로 잘생긴 카우보이(선댄스 키드)가 다른 남성 두 명과 포커를 하고 있다. 위협적으로 느껴질 정도로 무례한 한 남자는 카우보이에게 속임수를 쓰고 있다고 몰아세운다. 포커 판 위에서 총격전이 오가는 전형적인 서부극의 한 장면이 예상되고, 잘생겼지만 어딘가 건방져 보이는 카우보이의 죽음으로 끝날 것 같다. 하지만 그때 첫 장면에 등장했던 낯선 남자가 나타나 잘생긴 카우보이에게 판돈을 포기하고 그만 일어나라고 조언한다. 잘생긴 카우보이는 자신은 속임수를 쓰지 않았다며 그의 제안을 거절한다. 더 나아가 저 위협적인 상대가 자신에게 남아달라고 부탁한다면 자리에서 일어나겠다고 선언한다. 낯선 남자는 친구에게 너도 이제 한물갔다고 상기시킨다. 하지만 잘생긴 카우보이는 물러날 생각이 없다.

낯선 남자가 친구의 말을 위협적인 남자에게 전하자, 상대는 두 사람이 함께 죽을 수도 있다고 경고한다. 낯선 남자는 어깨를 으쓱하며 말한다. "도와줄 수가 없네, 선댄스." 이 한마디로 모든 것이 달라진다.

위협적이었던 남자는 이제 자신이 패스트 드로(권총을 빠르게 뽑는 기술─옮긴이)의 전설, 악명 높은 선댄스 키드와 총격전에 휘말리게 될 것임을 깨달았다. 그는 분명 목숨을 잃을 터였다. 이제 한껏 풀이 죽은 그는 선댄스에게 남아달라고 부탁한다. 그 말을 들은 선댄스는 문을 향해 걸어가고, 그의 친구 부치는 판돈을 챙긴다. 남자가 선댄스를 향해 물었다. "실력이 어느 정도 됩니까?" 선댄스는 급히 몸을 돌려 놀랄 만큼 빠른 솜씨를 선보였고 남자는 자신이 정말 죽을 뻔했다는 걸 새삼 실감한다.

선댄스와 함께 걸어 나가며 부치가 농담한다. "내가 그랬잖아, 너도 한물갔다고."

> **핵심**
>
> 전형적인 반서부극 장면이자 내가 아주 좋아하는 장면 중 하나다. 골드먼은 서부극의 슈퍼히어로 두 명을 동시에 탄생시키는 한편 이들이 결국 맞이할 필멸의 무대를 완벽히 설정한다.

대사 한 줄 한 줄이 어찌나 훌륭한지, 사상 최고의 대본으로 꼽힐 만하다. 다만 각본이 빛을 발하는 이유는 그 대사를 전달하는 장면의 전략에 있다. 작가는 두 명의 캐릭터를 만들어 이들이 근본적으로 얼마나 다른지, 또 이들이 얼마나 전설적인 인물인지 극적으로 보여주고는 액션 버디이자 코미디 팀으로 뛰어난 '호흡'을 자랑하는 두 사람의 모습을 비춘다. 그런 뒤 스토리의 궁극적 주제, 즉 카우보이들과 옛 서부의 소멸을 슬쩍 끼워 넣는다.

작가가 이 모든 것을 해내기란 대단히 어렵다. 골드먼은 다음의 전략을 활용했다. 가짜 위기 상황을 만들어 감상자가 잘생긴 낯선 남자가 틀림없이 죽게 되리라고 생각하게 만들었다. 위기는 짧은 순간에 캐릭터를 보여주는 장치로, 위기 속 행동을 통해 캐릭터의 정체성을 엿볼 수 있다. 이 가짜 위기 덕분에 우리는 두 캐릭터가 죽음이 코앞까지 다가온 상황에서도 중년 부부처럼 옥신각신하는 모습을 보일 만큼 침착하다는 것을 알게 된다.

이 전략 덕분에 킬러인 선댄스가 자신의 본모습을 드러내는 순간을 감상자도 시차 없이 경험할 수 있다. 선댄스는 오기를 부리던 철부지에서 순식간에 서부에서 가장 위대한 총잡이로 변신했다. 또한 우리는 입담 좋은 재담꾼 부치와 행동파 선댄스, 두 남자의 관계의 본질을 단번에 파악할 수 있다.

이 장면의 전략은 후에 영화의 주제로 귀결된다. 부치가 웃으며 "내가 그랬잖아. 너도 한물갔다고"라고 말하는 순간이 바로 주제가 수렴되는 소용돌이 지점이다. 방금 전의 놀라운 사격 솜씨를 보면 한물갔다는 말은 선댄스에게 전혀 해당하지 않는 이야기다. 하지만 영화가 끝날 무렵이면 그와 부치는 정말 한물간 존재가 되고 만다. 실제 나이 때문이 아니라 이들의 시대가 저물었기 때문이다. 새로운 사회가 도래하면 두 슈퍼히어로의 재치와 재능조차도 살아남기에는 충분치 않을 것이다.

서부극에서 반서부극으로

역사적 코드와 문명의 흥망성쇠라는 기법을 바탕으로 한 반서부극은 가장 통찰력 있는 장르인 동시에 가장 까다로운 장르임을 짐작할 수 있을 것이다. 이 장르는 서부극이 진정한 예술의 형태로 거듭나는 영광의 순간을 보여준다.

> **핵심**
>
> 반서부극은 존재란 되어감이라는 것을 스토리로 가장 잘 표현해 내는 장르다.

본래의 서부극은 미국이 제국을 건설하던 1870~1880년대를 배경으로 사회가 형성되는 단계(확장)에서 사회를 정제하고 질감을 입히는 단계(응집)로의 전환을 그린다. 본래의 서부극은 분산된 사회를 추적하는 동시에 이를 찬양한다. 사회적 인간의 가치를 확인시켜 준다.

반서부극에서는 사회적 과정의 중심이 되는 '순간'이 1890년부터 1900년까지, 미국의 프런티어가 막을 내리는 시기로 달라진다. 개척의 시대가 끝나는 동시에 전국적으로 기계화된 대중 사회가 형성된다. 따라서 반서부극은 사회와 문화의 진화에서 새롭고 더욱 심오한 순간들을 탐구한다.

예술의 형식으로 반서부극 스토리는 인간이 사회적 동물이 되어야 하지만, 동시에 사회적 동물일 수 없는 이유를 다면적으로 보여준다. 인간이 사회적 존재가 되면 개인은 결국 파멸을 맞이하게 될 것이다. 반서부극은 더욱 강력해진 중앙집권 체제가 더욱 작게 분산된 공동체를 어떻게 억압하는지 보여준다. 또한 선진화된 위계적 사회가 개인에게 어떠한 제약을 가하는지, 심지어 어떻게 예속시키는지 추적한다.

생물이 그렇듯 장르 또한 다양하게 진화한다. 서부극은 반서부극 외에도 여러 행태로 진화했다. 자연 속에 살던 원시의 인간 카우보이는 사상가(추리물)가 되고 무자비한 비즈니스맨(갱스터)이 되었다. 서부극은 또한 갈등과 전쟁을 다루는 액션 스토리로 달라졌을 뿐만 아니라 근대화 스토리로도 확장되었다. 부정적인 관점은 '정원 속 기계'로 이어졌고, 개인, 가족, 사회, 자연이 하나의 생태계에서 균형을 이뤄가는 긍정적인 관점은 생태 신화의 탄생으로 이어졌다.

서부극 스토리 형식이 어떻게 진화했는지 살펴보려면, 스토리 동력의 원천인 주인공에서 시작해야 한다. 반서부극은 자연 속 인물이 대중도시에서 살아남기 위해 노력하는 모습에 초점을 맞춘다. 본래의 서부극 형식에는 절대로 결혼하지 않는다는 전제가 깔려 있다. 하지만 어쩐 일인지 반서부극의 주인공은 아들을 셋이나 두었다.

1. 안티카우보이
2. 탐정, '착한 아들'
3. 갱스터, '나쁜 아들'

서부극과 서부극에서 진화한 세 장르 간의 본질적인 차이는 다음과 같다.

- 서부극: 문명과 국가, 아메리칸드림을 창조하고, 특히 이 과정에서 총기가 긍정적으로 사용된다
- 반서부극: 사회는 이를 세운 개인을 파괴한다
- 추리물: 사회가 거짓과 부패, 살인으로 가득하지만 탁월한 의식으로 진실을 밝히고 정의를 구현한다
- 갱스터: 아메리칸드림의 타락과 금전적 성공을 위해 폭력이 부정적으로 사용되는 모습을 보여준다

반서부극 스토리 비트

이 스토리 형식을 반서부극이라고 하는 이유는 서부극의 스토리 세계, 주인공, 플롯, 주제를 모두 반전시키기 때문이다.

반서부극 스토리 비트: 스토리 세계-개인을 침해하는 세계

서부극에서 반서부극으로의 변화는 스토리 세계 그리고 땅, 사회, 기술의 고유한 조합에서 시작한다. 반서부극은 1890년대 미국 서부의 종말이 세계사에 중대한 사건이었음을 스토리로 보여준다. 이 시기는 실제로도 개념적으로도 신세계의 마지막 프런티어였다.

이러한 변화가 땅과 사회에 끼친 영향력은 상당히 크다. 미국 사회를 훨씬 넘어서는 전환이었다. 이 장르는 농업 사회에서 산업 사회로 전환할 때 모든 사회가 거쳐야 하는 공식적인 역사의 근본적인 변화를 포착한다.

서부극이 사회의 전반적인 발달 단계를 어떻게 보여주는지 앞에서

이야기했다. 야생의 자연, 목축의 자연과 마을, 소도시, 도시, 억압적 도시였다. 이제 반서부극에서 중점적으로 다루는 마을에서 도시로의 이전을 자세히 살펴볼 예정이다.

1. 사회를 움직이는 세력을 쉽게 알아볼 수 있는 직접적 사회가 그 힘은 더 강력하지만 숨어 있는 간접적 사회로 필연적으로 전환된다.
2. 땅을 수평적으로 가로질러 확장하던 마을 사회가 성장의 한계에 부딪힌다.
3. 사회는 수직적으로 성장하고, 마을은 소도시를 거쳐 도시로 발전한다.

도시에서는 마을 세계에서 가능했던 것 이상으로 부와 권력의 극적인 대비가 드러난다. 기회가 증가하는 데는 대가가 따른다. 새로운 자연 상태가 등장하는 것이다. 과거에는 평범한 사람들이 야생의 손아귀에서 죽음의 위협에 노출되었다면, 이제는 새로운 문명의 부유하고 권력 있는 자들의 공격에 취약해진다.

도시에서는 또한 엄청난 가능성을 활용하고자 몰려드는 수많은 사람을 통제하기 위해 규칙이 늘어난다. 대지를 누비고 새로운 삶을 원하는 방식대로 창조하던 개인의 자유는 관료제의 규칙과 경제적 힘에 의해 급격히 제한된다.

나의 성장과 깨달음: 「맥케이브와 밀러 부인」

「맥케이브와 밀러 부인」은 내가 성장하는 데 큰 영향을 미친 서부극 스토리 양식의 중요한 거짓을 폭로했다. 바로 수치 문화였다. 내가 신체적으로 남자다움을 '증명'해야만 할 것 같은 기분을 느꼈던 것도 바로 이 문화 때문이었다. 이 스토리는 내 조국에 대해, 그러니까 내가 머릿속에 그렸던 미화된 이미지가 아니라 이 나라가 실제로 거쳐온 과정을 더욱 현실적으로 보여주었다. 영화 매체가 지닌 진짜 잠재력을 경험한 순간이었다. 대단히 감각적이면서도 숭고할 정도로 철학적이었다. 이 영화는 황무지에서 억압적 도시로 전환하는 사회의 진화와 근대화의 전 과정을 한 편의 이야기로 보여주었다. 대단한 작품이었다.

3년 후 「7인의 사무라이」를 보고 내 운명이 정해졌다.

스토리 세계: 도덕적으로 부패한 사회

반서부극은 사회가 마을에서 도시로, 직접적인 힘에서 간접적인 힘으로 전환되는 시점부터 묘사한다. 영웅적으로 국가를 건설하는 농부나 상인 대신 신체적으로 무능하고 도덕적으로 타락한 보통 남자–여자가 등장한다. 이들은 모두 비슷하게 생겼고 비슷하게 행동한다. 옹졸하고, 편협하고, 자기중심적이고, 권위적이며 군중에서 벗어나기를 두려워하고, 위선적이다.

반서부극 속 부패한 사회에서 수치는 옳은 행동을 유도하는 힘을 잃었다. 서부 개척을 가능케 했던 개인의 책임감이라는 개념은 사라졌.

「하이 눈」의 주인공인 연방 보안관 윌 케인은 복수를 위해 돌아오는 네 명의 무법자에 맞서 마을을 지켜야 한다는 강한 의무감에 사로잡힌다. 하지만 마을 사람들은 은혜를 모르는 겁쟁이들이고, 자신들이 만든 소도시와 법을 지키려는 그를 도우려 하지 않는다. 그의 아내인 평화주의자 퀘이커 부인이 마지막 순간에 도움의 손길을 뻗은 덕분에 연방 보안관은 정오에 벌어진 결전에서 네 명의 무법자를 모두 해치울 수 있었다. 그는 땅에 배지를 내던지고 그곳을 떠난다.

「맥케이브와 밀러 부인」 속 소도시는 전형적인 서부극에 등장하는,

평평하고 건조하고 나무를 찾아볼 수 없는 곳과는 다르다. 영화는 미국 북서부의 울창한 푸른 숲과 진흙투성이에 언덕이 많은 황야를 배경으로 한다. 처음 이곳에 도착한 주인공 맥케이브를 환영하는 것은 꾀죄한 모습에 편집증적인 눈빛을 보내는 사람들이었다. 모두가 고립된 채 극심한 빈곤에 허덕인다. 맥케이브가 마을 술집에서 카드 한 벌을 꺼내 들고 나서야 경계심 많은 외톨이들은 하나의 공동체로 게임을 하러 모여들었다.

스토리 세계: 세기 전환기의 기술

반서부극에 등장하는 기술은 황무지에 마을을 짓는 데 사용된 말이나 울타리도, 6연발 권총도 아니다. 기계 시대라 불리는 시기에 산업 도시를 건설하는 데 사용된 기계들이다.

「옛날 옛적 서부에서」는 산업 시대를 이끄는 첫 동력원인 기차가 스토리의 중심이 된다.

「맥케이브와 밀러 부인」 속 성매매 업소에서는 노동력을 단축시켜 주는 현대의 기적, 진공청소기를 구매한다.

1913년을 배경으로 한 「와일드 번치」에서는 무법자인 주인공들이 자동차를 보고 경이로워한다. 그리고 최후의 결전에서 이들은 기관총을 이용해 멕시코 군대를 대량 살상한다. 마치 이후에 벌어질 학살을 예고라도 한 듯, 영화에 사용된 이 무기는 제1차 세계대전 당시 철조망을 넘던 수백만의 병사를 무참히 쓰러뜨렸다.

반서부극 스토리 비트: 반서부극의 주인공

반서부극이 땅과 사람, 기술의 조합을 바꿔 마을을 도시로 변화시켰듯, 주인공 또한 슈퍼히어로에서 안티히어로로 달라진다. 반서부극의 주인공은 이제 총을 쏘는 액션 히어로가 아니다. 극단적으로는 총을 쏘는 법조차 모르는, 반응적인 안티히어로가 되었다.

스토리의 역사를 보면 사회가 마을에서 도시로 전환할 때 주인공이 달라지는 현상은 자연스러운 전개다. 실제로 그렇게 문제가 해결되었던 적이 있는지도 모르겠지만, 도시의 복잡하고도 간접적인 힘으로 생겨난 문제들은 더는 인종이나 피부색이 다른 '야만인들'에게 총을 겨누는 방식으로는 해결할 수 없다. 전사는 이제 귀한 대접을 받지 않는다. 더는 쓸모가 없어진 것이다.

반서부극은 마을이 갑자기 도시로 변하는 전환점에 초점을 맞춘다. 미래의 사회 단계가 거대한 힘으로 압박해 옴과 동시에 히어로가 몰락하며 안티히어로가 되는 모습을 보여준다. 다음은 반서부극 장르에서 가장 유명한 안티히어로를 개봉순으로 정리한 것이다.

「사진」에서 톰 데스트리 주니어는 희극적인 안티히어로 카우보이다. 자기 비하적인 성격을 지닌 보안관으로서 그는 총이 아닌 교훈이 담긴 우화를 들려주며 문제를 해결한다. 데스트리는 카우보이인 예수다.

와일드 번치는 잔인한 킬러들이자 잔혹한 남성들로 이루어진 안티히어로 집단으로, 자신들이 아는 서부가 사라지기 전에 일을 한탕 더 벌이려 한다. 부패한 보안관들은 이들의 뒤를 쫓아 국경의 남쪽까지 향하고 보안관들은 이들을 난폭한 멕시코 장군의 근거지로 몰아붙인다. 이제 이들에게 남은 것은 동료 한 명을 구하다 명예롭게 죽는 것뿐이다. 아름다운 행동이지만 가망 없는 몸부림이다.

「내일을 향해 쏴라」의 느긋한 부치와 슈퍼카우보이 선댄스는 전형적인 서부극 마을 사람이다. 이들은 기업으로 무장한 도시 세계가 가까워짐을, 또한 이들을 쫓는 국가 차원의 대규모 추격대가 점점 다가옴을 알아차릴 만큼 영리하지 않다. 와일드 번치와 마찬가지로 과거로 더욱 깊이 밀려난 이들은 현대화가 덜 된 볼리비아로 향한다. 결말에서는 이들이 6연발 권총으로 아무리 전설적인 실력을 발휘해도 볼리비아 군대의 대대적인 총격을 당해내지 못한다.

「작은 거인」의 잭 크랩은 옛 서부 시대의 톰 존스(헨리 필딩 소설의 주인공—옮긴이)나 리오폴드 블룸(『율리시스』의 주인공—옮긴이)이라 할 수 있다. 작은 악동 같은 그는 사회 모든 계층의 부패한 인물들에게 이용당한다. 120세의 화자인 잭은 유토피아 세계였던 셰이엔족에서 자란 경험을 회고한다. 그는 자신이 태어난 백인의 서구 세계보다 셰이엔의 세계가 훨씬 우월하다고 여긴다. 잭은 삶을 살아가는 동안 서부극 장르의 모든 비트가 전복되는 순간을 경험한다. 그는 무능한 총잡이가 되고, 얌전한 듯 보이지만 성적 욕망이 강한 목사의 부인과 만나고, 뱀 기름을 파는 장사꾼으로 몰려 타르와 깃털을 뒤집어쓰기도 하고, 동네에서 알아주는 주정뱅이도 되었다가, 그의 잘못으로 리틀 빅혼 전투에서 제7기병대가 학살당하는 사건까지 벌어진다.

「맥케이브와 밀러 부인」에서 도박꾼인 존 맥케이브는 광산촌에 성매매 업소를 세우는 것으로 국가 건설에 일조한다. 그러다 업소 운영을 맡기려고 고용한 여성과 사랑에 빠진다. 마을 사람들은 딱히 그렇게 생각할 이유가 없는데도 그를 유명한 총잡이라고 여긴다. 그가 사업과 밀러 부인과의 사랑에서 성공을 거둘수록 마을도 점점 몸집을 불리며 번성해간다. 하지만 부치와 선댄스처럼 그의 성공은 기업의 눈에 띈다. 기업은 그를 매수하려 하고, 관료들은 그의 거절을 받아들일 생각이 전혀 없다.

머릿속이 명백한 운명이라는 이념과 아메리칸드림이라는 허황된 꿈으로 가득해진 맥케이브는 이들에 맞서기로 결심한다. 그러나 안타깝게도 그는 싸우는 법을 모른다. 그는 총잡이가 아니었다. 사람들 보란 듯 허리춤에 차고 다니는 남자다운 6연발 권총은 사실 그가 정말로 쓰는 무기가 아니다. 그는 소매춤에 숨기고 다니는 '여성용 무기'인 데린저식 권총을 사용한다. 그는 서부극이 약속한 것들이 얼마나 허황된 것인지를 깨달았지만 이미 너무 늦어버렸다. 신화를 믿은 대가는 죽음이었다.

후기 반서부극인「사진」,「무법자 조시 웨일즈」,「퀵 앤 데드」같은 작품은 '낯선 이에 의한 복수 Revenge by the Stranger'라고 할 수 있다. 이러한 스토리에서 안티히어로는 탐욕스러운 살인자나 복수의 천사 형태를 띤다. 부패한 사회적 인간에게 복수하고자 죽음을 이기거나 오랜 시간을 기다려 다시 돌아온, 고도로 신화적이고 한편 실존적인 인물이다. 이런 안티히어로는 전사로서의 능력이 상당히 뛰어나지만 옳은 행동과 더불어 강간과 살인을 저지르는 모습은 서부식 갱스터에 가깝다. 고전 서부극의 명확한 도덕적 구분은 사라지고 없다.

반서부극 스토리 비트: 반서부극의 가치

명확한 도덕적 구분이 사라졌듯 서부의 법칙에 담긴 가치도 사라졌다. 반서부극 주인공은 여전히 서부의 법칙을 믿지만 그것이 낡은 시대의 유물이 되었다는 사실은 깨닫지 못한다. 또 다른 경우 주인공은 서부 개척 시대 이후 생겨난 도시의 진정한 가치, 즉 돈과 권력만 알 뿐이다.

- 와일드 번치는 은행을 털고 누구든 방해가 되면 두 번 생각지 않고 죽인다. 이 집단의 지도자인 파이크는 무고한 방관자들을 두고 부하들에게 "움직이면 죽여라"라고 지시한다.
- 「옛날 옛적 서부에서」속 과거 마담이었던 여성은 결혼한 지 얼마 안 된 남편이 땅 때문에 살해당했다는 사실을 알게 된다. 그 땅은 마을에서 50마일 이내에 유일하게 물이 나오는 곳이고, 마을에 철도를 까는 공사에 물이 상당히 많이 필요할 터였다.

- 맥케이브가 허레이쇼 앨저식의 자수성가를 이룬 방법은 광산촌에서 광부를 상대로 성매매 업소를 운영하는 것이다. 그의 실수는 변호사의 말을 그대로 믿고 머릿속을 아메리칸드림이라는 거짓된 가치로 채운 것이다.
- 은행 강도인 부치와 선댄스는 과거의 방식이 더는 통하지 않음을 깨닫지 못한다.

반서부극 스토리 비트: 적대자—재계의 거물

반서부극에서 주된 적대자는 인디언도, 부유한 목축업자나 총잡이도 아니다. 총잡이는 사실 진짜 적대자를 상대하기 위해 고용된 사람일 뿐이다. 진짜 적대자는 바로 재계의 거물 또는 자본가다. 이들은 기업인들의 자산을 탈취해 자신의 제국을 세우려 한다. 또는 갱스터처럼 자신에게 방해가 되는 사람은 누구든 제거한다.

철도 회사에 고용된 탐정 패트릭 해리건은 철도 회사를 턴 와일드 번치를 제거하기 위해 무능한 추격대를 고용한다.

「옛날 옛적 서부에서」에서 철도업계 거물인 모튼은 과거 마담이었던 여성의 남편을 겁줘 땅을 포기하게 만들려고 총잡이 프랭크를 고용한다. 그러나 프랭크는 그녀의 남편과 세 자녀를 잔인하게 살해한다.

해리슨 쇼그네시 광산 회사의 두 대리인은 맥케이브가 빈손으로 시작해 일궈낸 수익성 좋은 사업체를 사들이려 한다. 맥케이브가 어리석게도 너무 큰 금액을 요구하자 이들은 맥케이브를 제거하기 위해 살인 청부업자 세 명을 보낸다.

작가 윌리엄 골드먼은 「내일을 향해 쏴라」에서 반서부극의 새로운 세계를 완벽하게 표현하는 대립 구도를 만들었다. 부치와 그의 일당은 E. H. 해리먼이 소유한 동부의 한 기업의 급여가 실린 기차를 턴다. 해리먼은 스토리에서 단 한 번도 직접 등장하지 않는다. 그럼에도 그는 주요 적대자로, 빠르게 다가오는 미래의 사회 단계(도시)를 상징하는 인물이다.

소규모 은행과 기차를 턴 부치와 선댄스는 어중이떠중이로 구성된 지역의 추격대쯤은 가볍게 따돌린다. 이에 해리먼은 도시 세계의 권력으로 대응한다. 그는 서부 전역에서 유명한 보안관을 모아 올스타 추격대를 꾸린다. 이제 부치와 선댄스는 무능한 지역 추격대가 아닌 전국 최고의 보안관들을 따돌려야 한다.

결국 부치와 선댄스는 과거로 돌아가려는 듯 볼리비아의 마을로 떠난다. 하지만 그곳 또한 사회의 두 번째 단계가 이미 저물어가고 있었다. 부치와 선댄스는 호주로 떠날 방법을 궁리했다. 하지만 너무 늦었다. 볼리비아 군대가 그들을 총살하기 위해 기다리고 있었기 때문이다.

반서부극 스토리 비트: 외견상의 승리

대부분의 스토리는 노예에서 자유로 향하는 과정을 그린다. 주인공이 완전히 패배했다고 생각하는 '외견상의 패배'라는 플롯 비트가 등장하는 것도 이런 이유다. 패배를 겪은 주인공은 자신에게 아직 이길 기회가 남아 있음을 깨닫고 극적인 승리를 거둔다.

반서부극은 자유로 끝나지 않는다. 노예 상태 또는 죽음이라는 비극으로 끝난다. 이 때문에 반서부극에는 외견상의 승리 또는 유토피아적 순간이 등장할 때가 많다.

남쪽으로 향하던 와일드 번치는 일당 중 한 명의 고향인 멕시코의 마을 아구아 베르데에서 잠시 쉬어간다. 그곳은 초록이 무성한 유토피아적 공동체로 이들이 그런 처지가 아니었다면, 미래에 쫓기는 중이 아니었다면 살았을 법한 곳이었다.

한편 올스타 추격대의 손에 거의 목숨을 잃을 뻔한 부치와 선댄스는 볼리비아로 떠나기로 결심한다. 선댄스의 여자 친구인 에타가 두 사람에게 말한다.

> 난 스물여섯 살이고, 아직 결혼도 안 했고 학교 선생이에요. 정말 재미없는 인생이라는 거죠. 나를 유일하게 설레게 한 사람은 지금 내 옆에 있는 당신이고요. 그러니 당신과 같이 가겠어요. 싫은 소리도 안 하고, 당신 양말도 꿰매주고, 다치면 상처도 꿰매줄게요. 그리고 해달라는 것은 다 해줄게요. 한 가지만 빼고요. 당신이 죽는 모습은 안 볼 거예요.

그리고 그녀에게 행운이 깃든 어느 날 밤, 그녀는 두 사람에게 집으로 돌아가겠다고 말한다.

반서부극 스토리 비트: 전투-학살

반서부극에서 결전은 가짜다. 누가 총을 빠르게 뽑는지 겨루지 않는다. 악한 카우보이가 먼저 총에 손을 댈 때까지 슈퍼카우보이가 기다려야 한다는 규칙도 없다. 기업의 기습 방식은 충격과 함께 감탄마저 안긴다. 20세기로 접어들며 총기가 기계화된 결과 결투는 학살이 되었다. 애초에 주인공에게는 기회조차 주어지지 않는다.

와일드 번치 중 살아남은 네 명은 마파체 장군과 그의 군사 수백 명이 기다리는 경기장 안에 들어서는 '숭고한 행동'을 한다. 이들은 마파체에게 고문으로 죽기 직전인 친구 엔젤을 돌려달라고 요구한다. 마파체가 엔젤의 목을 베자 번치 일당은 기관총으로 남자, 여자, 아이까지 무차별적으로 사살한다.

거대한 아이러니는 이 늙은 카우보이들이 불공평한 전략의 차이를 상쇄해 보려 현대 기관총의 증폭된 화력을 이용한다는 점이다. 하지만 이들은 독 안에 든 쥐였다. 숭고한 노력도 ―이런 식의 학살에 숭고라는 단어가 어울릴지는 모르겠지만― 이들을 파멸에서 구할 수는 없다. 사실 이러한 파멸을 불러온 것이 바로 그 숭고함이다.

「하이 눈」처럼 「맥케이브와 밀러 부인」은 최후의 결전 비트에 반전을 더한다. 맥케이브는 그를 흠모하는 마을 사람들이 지켜보는 와중에 거리 한복판에서 악한 카우보이를 제압하는 선한 카우보이가 아니다. 마을 사람들은 결전이 일어나고 있는지조차 모른다. 총잡이와는 거리가 먼 맥케이브는 쏟아지는 눈발에 얼굴을 숨기고 무자비한 살인 청부업자 세 명을 따돌리려고 필사적으로 노력한다. 한편 마을 사람들은 다들 다니지도 않는 교회에 난 불을 끄는 중이었다. 맥케이브는 마을을 건설한 사람이었고 세 명의 살인 청부업자도 해치운 사람이었지만 결국 아무런 도움과 인정도 받지 못한 채 홀로 숨을 거뒀다.

반서부극 스토리 비트: 자기 각성의 부재

반서부극은 주인공이 자기 각성을 경험하지 않는 몇 안 되는 스토리 형식 중 하나다. 블랙코미디의 안티히어로처럼, 안티카우보이는 자신이 구시대적 존재이며, 그의 시대가 끝났다는 사실을 깨닫지 못한다. 그에게 남은 것은 오직 죽음뿐이다.

맥케이브는 살인 청부업자들과 협상하려던 자신이 얼마나 어리석었는지 깨닫지 못한다.

부치와 선댄스는 자기 각성마저도 친구인 보안과 레이 블레드소가 전해줘야 했다.

죽을 기회가 있었을 때 죽었어야지. 이 동네에서 너희만큼 떠들썩

한 인물도 없었지만 결국 너네는 별 볼 일 없는 무법자일 뿐이야. 부치, 너처럼 붙임성 좋은 놈도, 키드만큼 손이 빠른 놈도 본 적이 없어. 그래도 너희는 도망자 신세에 그냥 별것 아닌 무법자일 뿐이라고. 이제 다 끝났어. 모르겠어? 너희 시대는 이미 끝났고, 피투성이가 돼서 죽을 일만 남았다고. 너희가 이제 할 수 있는 일은 죽을 장소나 정하는 거야.

하지만 두 사람은 깨닫지 못한다. 결국 낯선 볼리비아의 어느 마을에서 피투성이가 된 채 숨을 거둔다.

「와일드 번치」에서 깨닫지 못한 사람이 치러야 하는 대가는 대단히 파괴적이다. 이들은 수백 명의 군인과 마을 주민을 몰살한다. 전쟁이 불러온 대량 파괴의 현장이었다. 황량한 바람이 부는 와중에 얼마 안 되는 생존자들은 마을을 벗어나 허무를 향해 걸어간다.

「내일을 향해 쏴라」의 결말: 서부의 종말

영화의 마지막 장면에서 부치와 선댄스는 볼리비아의 작은 마을 어딘가의 조그만 방에 숨는다. 두 사람은 탈출을 시도하다 입은 총상을 지혈해 보려 한다. 유일한 탈출구는 현관으로 나가 중심가를 통하는 것뿐이다.

총을 장전하며 다시 한번 탈출을 시도하려던 중에 부치는 선댄스에게 새로운 계획을 알린다. 영어를 쓰는 호주로 가자는 것이다. 선댄스는 마지못해 동의한다. 다만 두 사람은 볼리비아 군대 절반이 주변 건물 지붕 위로 배치되어 있다는 사실을 알지 못한다.

대사가 아무리 유쾌하다고 해도 결국 이 장면을 역대 최고로 만든 것은 장면을 전개하는 각본가의 전략이다. 오프닝 때 그랬듯 골드먼은 캐릭터들을 점점 조여가며 압박한다. 두 번째 포커 장면처럼 그는 두 캐릭터를 위기로 몰아넣는다. 하지만 이번 위기는 진짜다. 도저히 빠져나갈 수가 없다.

장면 전개 전략의 핵심은 골드먼이 주인공들이 모르는 것과 감상자가 아는 것(볼리비아 군대 도착)의 간극을 점점 더 극단적으로 대비시킨다는 점이다. 이는 감상자가 농담을 이해하지 못했던 포커 장면과는 반대되는 전략이다. 전략이 달라진 이유는 포커 장면은 주인공들의 성공으로 끝나는 반면 이 장면은 죽음으로 끝나기 때문이다. 둘의 치명적인 결함, 즉 자신들의 작은 세상 너머를 보지 못했다는 결함을 표현하는 장면이다. 그 결함이 두 사람을 죽음으로 내몬다.

다시 한번 이 장면은 하나의 대사로 주제가 수렴되는 소용돌이 지점으로 향한다. 영화 전체를 단 한 줄로 압축한 대사이기도 하다. 마지막 순간 부치는 선댄스에게 위대한 보안관 레포스를 봤는지 묻는다. '아니.' 선댄스의 대답에 안도한 부치가 말한다. "다행이다. 우리 진짜 큰일 난 줄 알았네." 이전의 여러 순간과 대사를 관통하는 이 마지막 대사는 우리를 웃게 하는 한편 가슴을 저릿하게 만든다.

부치와 선댄스는 총을 쏘며 현관문을 박차고 돌진한다. 화면은 정지한 채로, 그들의 죽음을 봐야 하는 고통을 덜어준다. 하지만 소리는 들린다. 호기롭게 밖으로 나가는 두 사람의 모습이 담긴 화면은 세피아색으로 점차 물들고 이내 집중 사격이 쏟아지는 소리가 세 차례 울린다. 삶이 더욱 단순하고 즐거웠던 시절을 떠올리게 하는 경쾌한 피아노곡이 자동 연주 피아노에서 흘러나온다. 그 짧은 순간, 우리는 전설이 신화가 되는 모습을 목격하고, 우리가 사랑했던 두 명의 슈퍼히어로에게 작별을 고하며, 영광스러운 서부극 장르의 죽음에 순수한 슬픔을 느낀다.

나의 성장과 깨달음: 골드먼과의 식사

「내일을 향해 쏴라」는 내 개인적인 성장에서 중요했던 또 하나의 순간을 의미한다. 고등학생 때 이 영화를 봤고, 그보다 2년 전인 2학년 영어 시간에 새로 온 선생님에게서 노스럽 프라이의 영웅 이론을 배우고는 큰 충격을 받았다. 그때만 해도 부치와 선댄스 같은 안티히어로가 스토리의 역사와 발전 과정이라는 큰 흐름에 어떠한 역할을 하는지 깨닫지 못했었다. 하지만 인종차별과 베트남전쟁으로 온 나라가 뜨거웠던 시기, 열일곱 살의 프렙스쿨 학생이던 나는 영화 속 캐릭터들과 이들의 운명에 깊은 감동을 받았다.

4년 뒤 여자 친구 부모님이 뉴욕시의 한 아파트에서 가까운 사람들만 초대하는 만찬 자리를 마련했다. 당시 나는 열정적인 영화학도였고 「내일을 향해 쏴라」 대본은 거의 다 외울 정도였다. 유명한 사업가였던 여자 친구의 부친이 윌리엄 골드먼과 친분이 있다는 사실을 알고는 그 만찬에 골드먼을 꼭 초대해 달라고 간청했다.

골드먼이 테이블 한쪽 끝에 앉았고 그 양옆으로 누군지 잘 기억나지는 않지만 어떤 여성과 내가 자리했다. 이후 두 시간 동안 나는 골드먼에게 끊임없이 질문을 쏟아냈다. 처음부터 이럴 생각으로 자신을 만찬에 초대한 것인지 그가 의심했을지도 모른다. 골드먼은 정말 좋은 사람이었고, 옆에 앉아 눈을 반짝이는 학생에게 각본에 관한 값진 강연을 들려주었다. 그렇게 멋진 작품을 쓴 각본가이자 진정한 작가를 향한 나의 존경심을 그도 분명히 느끼고 고마워했으리라.

한 번씩 그의 반대쪽 옆에 앉아 있던 여성이 그와 평범한 식사 자리용 대화를 나누려 했다. 하지만 나는 그럴 마음이 조금도 없었다. 이런 대가 옆에 앉게 되다니, 평생에 한 번 올까 말까 한 일이었다. 그렇게 시나리오라는 예술 양식을 향한 사랑이 시작되었다. 무엇보다 중요한 것은 골드먼의 「내일을 향해 쏴라」는 내게—연출자가 아닌—각본가가 영화의 진정한 감독이라는 사실을 보여줬다. 다른 모든 스토리-구조의 예술 양식에서 작가의 역할이 그렇듯 말이다. 소설과 연극(연출가가 아닌 극작가), 음악(지휘자가 아닌 작곡가), 건축(시공자가 아닌 건축가), 텔레비전(연출가가 아닌 크리에이터-작가-총괄 책임자)도 모두 마찬가지다.

사다리의 다음 단

서부극은 문명의 진화와 그 안에서 개인의 역할을 보여주는 가장 거시적인 장르다. 하지만 마을 세계에 도시가 침투하는 것으로 끝을 맞이한다.

장르 계몽 사다리의 다음 단은 우리에게 경고의 메시지를 전하는 갱스터 장르다. 이 장르는 도시 세계에서 비즈니스와 정치가 어떤 식으로 개인의 자유를 희생시키며 과두제와 독재로 나아가는지 보여준다.

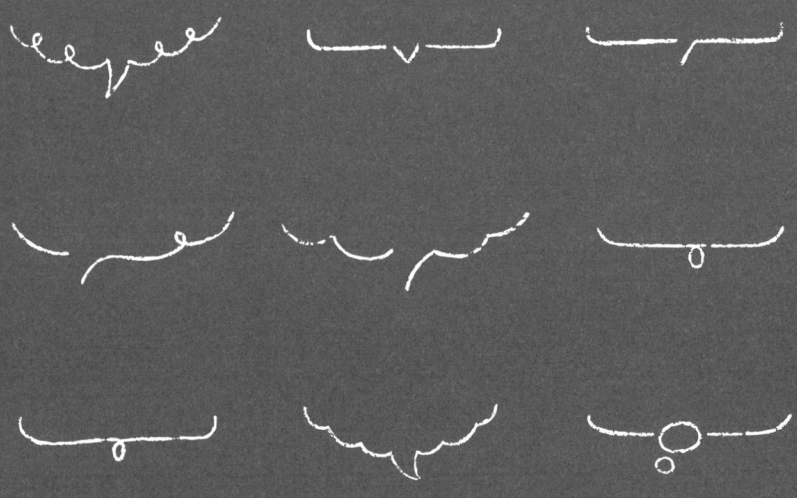

9.
갱스터: 비즈니스와 정치의 부패

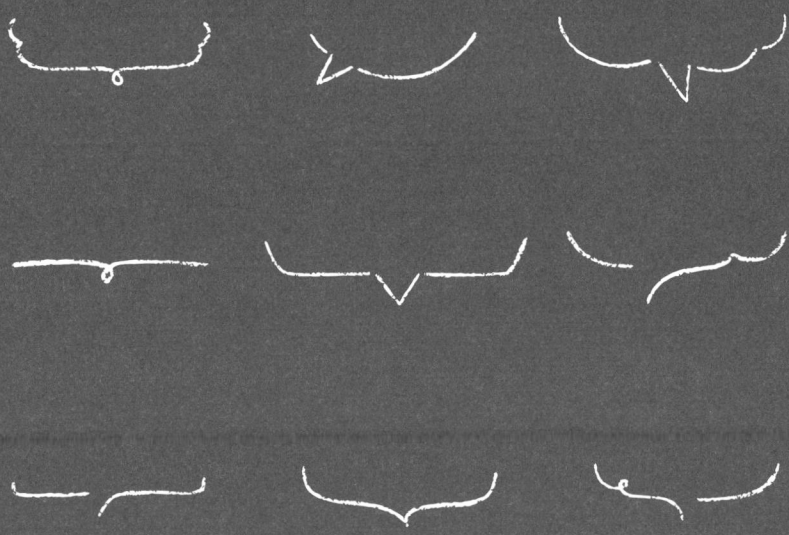

갱스터의 기원

갱스터 스토리는 마지막 진정한 창조 신화였던 서부극에서 진화했다. 개척 시대가 막을 내리고 모든 것이 사회의 세 번째, 네 번째 단계로 (도시와 억압적인 도시로) 전환되자 더는 창조할 세계가 없었다. 이제 재창조를 해야 했다. 다만 무엇을 어떻게 해야 할지는 아무도 몰랐다.

이 모든 사회적 변화로 1930년이 되자 남성, 외톨이, 아버지, 전사를 찬미했던 할리우드의 장르는 모두 시대착오적 유물이 되어 있었다. 이 스토리 양식들은 개인의 조치와 폭력으로만 문제를 해결할 수 있었던 비현실적인 환경에서나 가능한 것이었다. 도시에서는 통하지 않을 터였다.

필요한 것은 부흥 신화였다. 하지만 이 서브 장르 하나를 창조하는 일은 고독한 전사 하나를 창조하는 일보다 훨씬 까다로웠다. 대신 미국의 대중 스토리텔링은 어두운 쪽으로 시선을 돌렸다. 10년 넘게 이어지는 금주법과 조직범죄의 증가, 대공황의 시작은 우리에게 경고의 메시지를 전하는 갱스터 스토리의 탄생으로 이어졌다.

갱스터의 원리

갱스터 스토리는 도덕성을 가장 부정적인 형태로 표현한 양식이다. 갱스터는 범죄 장르의 소재인 사회에서 용인될 수 없는 욕망과 이 욕망을 달성하기 위한 비도덕적인 방법들을 차용해 이를 사회 전반의 시스템을 배경으로 대폭 확장시킨다. 갱스터 장르에서는 사회 그 자체가 하나의 거대한 범죄 조직이다.

모든 갱스터 스토리는 왕들의 스토리다. 나쁜 왕의 스토리는 모두 갱스터 스토리다. 「왕좌의 게임」 총괄 책임자인 데이비드 베니오프David Benioff는 이 작품을 두고 "중간계에서 벌어지는 「소프라노스」"라고 설명했다.

갱스터 장르의 전반적인 스토리 전략에서 왕의 모티브를 발견할 수 있다. 이 장르는 불법적이고 비도덕적인 수단을 활용해, 정확히는 살인을 통해 자신의 성공을 이루려는 민주주의 '왕'의 흥망성쇠를 추적한다. 민주주의 사회에는 '왕'이 있어서는 안 된다. 그럼에도 우리에게 왕이 없었던 적은 한 번도 없다. 『오이디푸스왕』에서는 거짓된 왕이 왕위에 오르자 사회에 역병이 퍼진다. 그로부터 2500년 후, 갱스터왕은 현대 사회에 폭력과 공포라는 역병을 불러들인다.

갱스터 마인드-액션 스토리 관점

서부극은 미국의 구호 '서쪽으로 가라, 청춘이여. 서쪽으로'를 바탕으로 한다. 서쪽으로의 이동은 두 주요 장르인 서부극과 갱스터를 만들었다. 서부극이 황무지 개척자에게 초점을 맞춘다면, 갱스터 스토리는 미국 도시에서 성공을 꿈꾸는 유럽 이민자에게 초점을 맞춘다.

서부극과 갱스터는 지극히도 미국적인 장르다. '스파게티 웨스턴Spaghetti Western(이탈리아산 서부극―옮긴이)'을 제외하고 서부극은 미국 외의 스토리텔링에는 거의 영향을 끼치지 못했다. 최근에야 SF 서부극으로 부활했다. 한편 갱스터 스토리는 전 세계 스토리텔링에 혁혁한 영향을 미쳤다.

서부극이 '서부'를 구현한다면 갱스터는 '갱gang'을 구현한다. 이것으로 두 장르가 완벽히 달라진다. 서부극은 수평적이다. 서쪽으로 나가며 쭉 뻗은 평원을 따라 농장과 마을이 생겨난다. 갱스터는 수직적이다. 대도시에서 돈을 벌고 성공을 거두며 위로 상승하고 그 과정에서 자신을 가로막는 비즈니스는 무엇이든 파괴한다.

'서쪽'에서 '위'로 공간의 이동 방향을 달리한 갱스터 스토리에서의 삶은 자유로운 미개척지를 일구는 것이 아니다. 이 장르는 첫째로 조직을 꾸리고 돈으로 돈을 벌어야 성공할 수 있다고 말한다. 둘째로는 비즈니스와 정치를 결합해야 성공할 수 있다고 말한다. 돈을 벌고 싶다면 절대 권력을 행사해야 한다는 것이다.

도시를 배경으로 하는 스토리의 경우, 그 형식을 결정하는 핵심 요소는 바로 이야기를 이끄는 주인공이다. 그렇게 새로운 신화의 영웅과 함께 갱스터 스토리가 탄생했다.

> **핵심**
>
> 갱스터는 범죄자가 된 카우보이로, 갱스터 스토리를 통해 서부극이 일종의 범죄 스토리로 진화했다는 점을 확인할 수 있다.

서부극과 액션 스토리처럼 갱스터는 개인에게 초점을 맞춘다. 다만 서부극과 액션 장르의 주인공과 달리 갱스터에서는 갱의 일원이어야만 성공할 수 있다. 현대 미국 사회에서는 이제 개인 대 개인의 경쟁이 아니라 조직 대 조직의 싸움이 중요해진 것이다.

갱스터 마인드-액션 스토리 관점은 존 윈스럽의 '언덕 위의 빛나는 도시' 설교, 명백한 운명의 신조인 아메리칸드림을 20세기로 데려온 것이다. 유럽 이주민이 처음 미국으로 왔을 때 아메리칸드림은 영적 자유와 풍부한 자원이라는 두 가지 꿈을 의미했다. 이 둘 모두를 실현할 가능성이 무궁무진해 보였다. 하지만 범죄적이고 폭력적인 방법으로 부와 땅을 축적하는 영웅이 나타나자 아메리칸드림은 변색되었다. 좋은 삶이라는 영적인 꿈은 사라지고 돈만 남았다.

그 영웅이 프런티어를 떠나 도시로 오면서 가치관의 변화가 물리적으로 나타났다. 그리고 그 물리적 변화는 세 가지 새로운 스토리 양식의 탄생으로 이어졌다.

1. 대중소설의 갱스터 장르가 생겨났고 갱스터 에픽Ganster Epic으로 절정을 이뤘다.
2. 본격문학에서 내가 '이스턴Eastern'이라고 부르는 부정적인 의미의 '자수성가Rags to Riches' 스토리가 등장했다.
3. 자본주의 공화국이 파괴되는 과정을 그린 경제-정치 에픽Economic-

Political Epic이 탄생했다.

> **핵심**
>
> 서부극이 부상하는 미국의 이야기라면 '이스턴'은 쇠퇴하는 미국의 이야기라는 근본적인 차이가 있다.

『위대한 개츠비』는 1925년에 출간되었는데, 이는 미국인구조사 결과 서쪽의 프런티어는 더 이상 존재하지 않는다고 공표한 지 35년이 지난 후였다. 이제는 미국인이 된 유럽 이민자의 나라, '부패한' 유럽 열강 간에 벌어진 제1차 세계대전 종전 후 불과 7년밖에 지나지 않았을 때였다. 이에 앞서 본격문학과 '위대한 미국 소설'은 『주홍글씨』에서 『모비 딕』, 『허클베리 핀의 모험』에 이르기까지 이미 수십 년간 미국의 이상과 현실의 간극을 폭로하는 작품을 배출해 왔다. 하지만 이 소설들은 독자층이 상당히 한정적이었다.

『위대한 개츠비』는 본격문학 스토리라 할 수 있는 이스턴 소설이 향후 대중문화를 잠식할 갱스터 장르의 요소를 갖추었다는 점에서 혁명적이라 할 수 있다. 화자인 닉 캐러웨이는 '동쪽으로 가라, 청춘이여. 동쪽으로'로 미국의 구호를 뒤집었다. 순수하고 거짓 없는 중서부에서 그는 미국의 위대한 상업 도시 뉴욕을 향해 동쪽으로 갔다. 그가 뉴욕으로 간 것은 무언가를 만들기 위해서가 아니다. 채권을 팔아 돈으로 돈을 벌기 위해서였다.

6년 후인 1931년 할리우드는 갱스터 영화 세 편(「퍼블릭 에너미」, 「리틀 시저」, 「스카페이스」)을 제작했다. 바로 이 세 영화가 갱스터 장르를 정의했으며 근본적인 갱스터 마인드-액션 스토리 관점을 확립했다.

> **핵심**
>
> 갱스터 장르는 모두가 평등하다는 아메리칸드림과 현실의 간극을 보여주기 위해 대중 신화 형식을 차용했다는 점에서 혁신적이었다.

갱스터 장르는 서부극과 비슷한 트릭을 쓴다. 서부극에서 주인공은 국가를 건설하던 이들이 아니라 문명에서 벗어나려는 인물이었다. 갱스터 스토리는 1920년대 실존했던 갱스터를 어두운 캐릭터로, 서부극 카우보이의 '나쁜 아들'로 재탄생시켜 미국 생활의 현실을 꼬집으려고 했다. 이 괴물 같은 남자와 그가 '언덕 위의 반짝이는 도시'에 저지른 일에 혐오를 느껴야 마땅하겠지만 실제로는 그렇지 않았다. 이 갱스터가 스토리를 힘 있게 이끌었고, 탁월한 방식으로 돈을 벌어들이는 모습은 모두가 갈망하는 이상이었기에 시청자는 그가 승리하기를 바란다.

이 갱스터는 부패한 사회 세계를 대변하는 인물이다. 과거 반짝이던 도시는 이제 비열하고, 어둡고, 저속해졌다. 이러한 타락의 과정은 '정원 속 기계'(신화 장 참고)라는 서브 장르의 대표 영화 중 하나인 「위대한 앰버슨가」의 오프닝 두 줄에 담겨 있다.

> 앰버슨가의 위대함은 1873년에 시작되었다.
> 이 가문의 영광은 그들이 사는 중부 마을이 성장하다 도시가 되며 빛을 잃어감과 동시에 막을 내렸다.

갱스터 스토리 관점의 무엇이 그토록 강력하고 매력적인 것일까? 「피키 블라인더스」속 갱스터들의 말이 맞을지도 모른다. "우리는 네가 원하는 것을 주니까." 무엇보다 돈을 말하는 것이다. 돈이야말로 성공이라는 개념을 가장 확실하게 보여주는 지표다. 센트 단위까지 정량화되는 실재적 성공이다. 돈은 물리적인 형태로 형상화되어 개츠비의 저택과 얼굴도 모르는 게스트로 가득한 성대한 파티로 환산된다. 얼굴 좀 모르면 어떤가. 그가 해냈다는 게 중요하다. 「슬럼독 밀리어네어」에서 살림은 그가 속한 갱 조직원들의 손에 목숨을 잃기 직전, 현찰을 가득 채운 욕조 안에서 즐거움을 마음껏 누렸다.

욕망과 돈은 자극과 영구적인 쾌락을 좇게 만든다. 여성을 순수한 성적 대상으로 전락시켜 그들의 몸을 몇 번이고 철저히 도구로 사용한다. 갱스터 마인드-액션 스토리 관점은 '그릇된' 욕망을 충족시켜 주겠다는 것이 아니다. '모든 것을 갖고 싶다'라는 통제 불능의 욕망에 대해 말한다. 이 철없는 욕망은 어떠한 대가가 있으리라는 암시를 전한다. 제약 없는 욕망은 갱스터 세계가 개인을 예속시켜 결코 그곳을 벗어나지 못하게 만드는 수단이다. 갱스터 스토리는 SF의 디스토피아를 포함해 그 어떤 장르보다도 강력한 인간의 노예화를 묘사한다.

자유를 돈과 동일시하는 함정에 빠지는 것은 비단 갱스터 스토리에만 해당하는 이야기가 아니다. 누구나 나이를 먹어가며 자원과 권력의 사다리를 오르다 보면 자연스럽게 이런 생각에 빠진다. 돈을 버는 이야기에 초점을 맞춘 갱스터 스토리는 돈을 벌고자 직장에 다니고, 공과금을 내고, 부자가 되기를 꿈꾸는 우리 일상이 얼마나 손쉽게 돈에 잠식되는지 보여준다.

시스템의 차원에서 갱스터는 그 어떤 제재도 가해지지 않은 자본주의 그 자체다. 세상의 모든 가치가 돈이라는 단 하나의 가치에 종속되고, 돈을 얻을 수 있다면 폭력도 서슴지 않는다. 갱스터 스토리의 논리적인 종착점은 탐욕에 먹힌 세상인 것이다. 지상 위 모든 것은 물건과 긴기의 가치로 환산되고 결국 쓸모를 다하면 폐기물 취급을 받는 세상 말이다.

우리는 갱스터 장르를 전문 무법자의 이야기를 다룬 서브 장르로 생각하며 갱스터 스토리 관점이 포괄하는 범위를 축소할 때가 많다. 아니면 갱스터 스토리에 대표적으로 등장하는 이탈리아계 미국인들의 이야기쯤으로, 한 민족 집단의 이야기로 게토화ghettoization하기도 한다. 하지만 갱스터 스토리 관점은 비즈니스와 정치를 포함할 만큼 넓고 깊다.

> **핵심**
>
> 갱스터 스토리는 자신이 무법자가 아니라 법 그 자체라고 믿는 비즈니스-정치 갱스터의 이야기다.

다른 장르와의 차이

갱스터는 추리물과 범죄물, 스릴러와 함께 범죄 계열에 속한다. 범죄 스토리의 서브 장르인 일종의 크리미널 히어로로 볼 수 있다. 도시 세계로 간 악한 카우보이의 이야기이므로 액션 계열과도 교차되는 지점이 있다.

그렇다면 추리물과는 어떻게 비교할 수 있을까? 서부극 장에서 우리는 카우보이가 결혼은 하지 않지만 아들을 셋 둔다는 이야기를 했다. 이 아이들은 반서부극의 안티카우보이이고, 이들 중 착한 아들은 탐정, 나쁜 아들은 갱스터가 된다고 할 수 있겠다.

탐정과 갱스터 모두 도시 세계에서 살아간다. 한 명은 진실을 밝혀 범죄자에게 죗값을 치르게 한다. 다른 한 명은 돈 때문에 범죄를 저지르고 정상에 오르기 위해 살인을 감행한다.

장르 탐험 여정에서 갱스터 장르를 지금 다루는 이유는 이 장르가 서부 개척 시대 이후 사회적, 문화적 단계의 세계를 보여주기 때문이다. 서부극과 달리 지극히도 미국적인 갱스터 스토리는 전 세계로 뻗어나갔다. 두 장르는 그저 한 나라를 표현한 스토리 이상이다. 이 장르들은 공식적인 역사를 표현한 스토리이며, 사회가 어떻게 진화해야 하는지 보여주는 스토리다. 서부극이 이미 오래전에 사라진 풍경과 사회적 단계를 보여준다면, 갱스터 스토리는 우리가 현재 살고 있는 억압적인 도시의 내면을 보여준다.

우리가 지금 이 순서로 갱스터 장르를 다루는 더욱 중요한 이유는 매우 높은 수준의 갱스터 작품들이 비즈니스와 정치의 기술을 탐구하고, 또 자본주의와 공화국이 제창하는 이상과 비즈니스 및 정치가 얼마나 동떨어져 있는지를 묘사하기 때문이다. 범죄의 도덕철학과 SF의 사회철학에 정치철학을 더한 갱스터 장르는 현대 세계의 원리를 적나라하게 드러낸다.

갱스터의 예시

영화

「퍼블릭 에너미」, 「리틀 시저」, 「스카페이스」, 「아이리시맨을 말하다」, 「롱 굿 프라이데이」, 「카지노 Casino」, 「디파티드」(범죄), 「폭력의 역사」, 「고모라 Gomorrah」, 「섹시 비스트」, 「밀러스 크로싱」, 「겟 쇼티」(코미디), 「아메리칸 갱스터」, 「시티 오브 갓」, 「원스 어폰 어 타임 인 아메리카」, 「비열한 거리 Mean Streets」, 「더럽혀진 얼굴의 천사」, 「포효하는 20년대」

갱스터 스토리 개요

이번 장에서는 다음 내용을 다룬다.

- 갱스터 스토리 비트
- 주제: 거짓된 가치에 예속된 존재
  - 주제 공식: 파멸의 길
- 갱스터 스토리를 초월하는 법
  - 갱스터 에픽
  - 이스턴
  - 경제-정치 에픽

갱스터 스토리 비트

모든 갱스터 스토리는 「퍼블릭 에너미」, 「리틀 시저」, 「스카페이스」의 비트를 따른다. 또한 이 비트를 기반으로 스토리 형식을 다양하게 변형하기도 한다.

갱스터 스토리 비트: 스토리 세계-부패 도시

어느 장르든 주인공의 정체성에 스토리 세계가 일부 영향을 미친다. 범죄 스토리와 마찬가지로 갱스터 세계는 극도의 부와 빈곤이 공존하는 사회다. 노력하면 사회 계층 사다리를 오를 수 있다는 가능성은 거의 사라졌기에 어떤 이는 범죄로 눈을 돌린다.

이 장르에서 도시는 그 자체로 부패되었다. 그래서 사회는 다음과 같이 분열했다.

- 범죄를 저지르는 자 VS 범죄를 저지르지 않는 자
- 하층민, 소수민족 사회 특히 이탈리아계 및 아일랜드계 가톨릭 이민자 사회 VS 중산층, 북유럽 개신교도

스토리 세계: 자본주의에 내재한 부패

고전 갱스터 스토리 세계는 성실한 '보통' 미국인의 올바른 자본주의와 이탈리아계 미국인 갱스터의 부정한 자본주의로 잘못된 대립 구도를 설정한다. 갱스터의 '부정한 자본주의'는 경찰의 단속을 피한 자본주의다. 일반 자본주의와는 목표와 수단이 다르다. 이들은 사회에서 용인하지 않는 욕망을 충족시켜 줄 불법 주류나 약물을 판매하고, 비도덕적이고 불법적인 방법을 쓴다.

진화된 갱스터 스토리는 이런 식의 구분을 지우고 기성 세계 자체가 경제적으로나 정치적으로 부패했다고 공표한다. 단순히 기성 세력이 사회 계층 사다리를 먼저 올랐기 때문만은 아니다.

> **핵심**
>
> 진화한 갱스터 스토리는 부패가 자본주의 시스템 안에 내재하고 있다고 말한다.

갱스터가 자신의 이익을 위해 경제적, 정치적 권력을 다지듯 순수 자본주의는 고객에게 가장 높은 가격을 부과하기 위해 독점과 과두제로 자연스럽게 향한다.

어떤 작품이든 갱스터 스토리 초반에 등장하는 자본주의 체제는 너무도 방대하고 깊어 도리어 존재하지 않는 것만 같다. 우리에게 익숙한

세계인 것이다.

「대부 2」

「대부 2」의 탁월함은 앞서 SF에서 이야기한 사회적 프랙털 개념을 구조로 삼았다는 데 있다. 영화는 두 시점을 오가며 1917년부터 1925년까지 비토 코를레오네가 비즈니스를 일구고 지역 사회에서 대부로 자리 잡는 과정과 1958년부터 1959년, 그의 아들 마이클이 왕국을 전국적, 세계적 수준으로 확장하는 과정을 번갈아 보여준다.

1958년 쿠바에서 마이클은 갱 조직 보스인 하이먼 로스와 파트너십을 맺는다. 우선 이들은 AT&T 등 미국의 '합법적' 대기업의 수장 및 쿠바의 독재자 풀헨시오 바티스타Fulgencio Batista와 자리를 만들어 투자계획을 논의한다. 이후 마이클과 로스, 다른 갱스터들도 모여 로스의 생일을 축하한다. 쿠바의 지도가 그려진 케이크를 자르며 로스가 말한다.

> 그러니까 내 말은, 늘 아쉬웠던 걸 이제 갖게 되었다는 거야. 정부와 진정한 파트너십…. 이것 좀 보라고. 키포버 의원, 망할 법무부, FBI에서 겨우 90마일 떨어진 곳에서 마음껏 돈을 벌며 안전하게 지내고 있잖아. 정부와 손도 잡고. (…) 미국 대통령 하겠다는 사람 한 명만 찾아서 돈 좀 쓰면 대통령도 만들 수 있다고. 마이클, 우리가 U.S 스틸보다도 더 대단하다고.

스토리 세계: 조직의 노예화

이토록 고도로 조직화되고 기업화된 세계에서는 위로 올라갈 기회가 엄격하게 제한되어 있어 개인은 조직의 일원이 되어 물질적 성공을 얻으려 한다.

> **핵심**
>
> 갱스터가 조직의 일원으로 물질적 성공을 얻으려 할 때, 그 대가는 아이러니하게도 노예화가 더욱 심화되는 세상에 살게 된다는 것이다.

갱스터가 운영하는 조직은 다음과 같은 특징을 지닌다.

- 패밀리 개념의 왕국일 때가 많다
- 두목 갱스터(왕)는 힘을 바탕으로 절대 권력을 갖는다
- 범죄 패밀리는 엄격하게 계급을 따르고, 엄중한 규칙과 지휘 계통을 준수한다
- 조직이 가장 중요하다
- 갱스터는 빚으로 시작해 빚으로 생활하고 빚으로 끝난다. 그가 노예인 것은 비단 누군가의 지시를 따라서가 아니다. 그는 조직의 은혜를 입었고, 조직은 이를 결코 잊지 않는다. 이는 곧 그가 영원히 조직을 벗어날 수 없다는 뜻이다. 한번 발을 들이면 그것으로 끝이다. 조직을 떠나는 대가는 목숨이다

범죄물의 서브 장르인 필름 누아르(「이중 배상」, 「포스트맨은 벨을 두 번 울린다」)와 마찬가지로 갱스터 스토리는 올가미처럼 가차 없이 조여 오는 현실 속에서 지옥으로 향하는 여정을 추적한다. 일단 선택하고 나면 이후에는 인과에 따라 자기 파멸로 향하는 것이다. 이는 갱스터 자신은 물론이고 그의 아내도 마찬가지다. 「피키 블라인더스」 시즌 5의 세 번째 에피소드에서 폴리는 마이클의 아내에게 이렇게 말한다. "다들 도망치

려 애는 쓰지. 하지만 도망치지는 못해." 또한 주인공인 갱스터 토미 셸비는 아내에게 이렇게 말한다. "셸비랑 결혼하면 이혼은 없는 거야."

이를 갱스터 법칙Gangster Code이라고 부를 수 있겠다. 「대부 2」에서 마이클은 "벗어났다고 생각했을 때 다시 날 끌어들인다"라고 말했다. 「소프라노스」의 갱스터들은 이 대사를 비웃지만 그들 또한 같은 처지가 된다.

패밀리는 갱의 규칙으로 자신들만의 왕국을 다스린다. 그들의 영역 안에서 사업을 하는 사람에게는 '세금', 즉 보호비를 징수한다. '왕'이 사업장 또는 사장을 박살 내지 않으리라는 것을 보증하는 일종의 보험인 셈이다. 그렇게 사업가는 죽음의 위협에서 벗어난다.

도시에서는 명확한 지리적 경계로 각 가문이 통제하는 구역이 정해진다. 서부극 속 초기 사회에 가장 기본적인 건물(교도소, 술집, 교회, 잡화점)만 들어섰던 것처럼 갱스터 삶의 중심은 인간의 욕망을 상징하는 건물[주류 밀매점(음주), 사설 도박장, 카지노(도박), 성매매업소(섹스)]이다.

적대 세력은 그 나름의 하위 세계를 두고 있다. 경찰은 경찰서를 근거지로 삼고, 경쟁 갱단은 자신의 구역에서 활동한다. 심지어 같은 조직 내부에도 저마다 하위 세계를 형성할 수 있다.

스토리 세계: 기술

갱스터 스토리에서 주요 기술은 총이다. 서부극에서 갱스터로 넘어오며 살상 도구는 6연발 권총에서 톰슨 기관단총으로 100배쯤 강력해졌다. 고도로 기계화된 이 무기는 상대를 완전히 파괴하겠다는 의지를 상징한다.

또 다른 무기는 살인 후 바로 버려도 되는 일련번호가 없는 유령 총이다. 이 총은 자신 있게 허리춤에 차고 다니는 것이 아니다. 갱스터는 이 총을 코트 주머니 안에 숨겨둔다.

갱스터 복장도 카우보이와 다르다. 말을 탄 노동자인 카우보이는 단순한 차림에 햇빛을 막아줄 챙 넓은 모자를 쓴다. 도시의 갱스터는 스타일리시한 페도라를 쓰는데, 이 모자는 고혈을 빨아먹는 구세계 귀족의 상징이었다. 돈과 총으로 성공을 거머쥔 그는 졸부처럼 요란한 옷차림을 한다.

갱스터 스토리 비트: 주인공-살인자인 갱스터

이렇게 엄격하게 구역이 나뉘어 활동 반경이 제한적인 도시 세계에서 새로운 신화적 영웅이 탄생한다. 영웅의 역할과 기본 행동 방향으로 장르명이 지어졌다. 그는 단순히 고독한 범죄자가 아니라 범죄 조직을 운영하며 무자비하게 살인을 저지르는 인물이다.

'갱스터'라는 단어 안에는 그가 성공을 위해 어떤 방법을 활용하는지가 담겨 있다. 조직의 일원이 된 덕분에 힘은 배가된다. 여기서 말하는 힘에는 폭력도 포함된다.

어느 장르든 주인공의 역할은 그가 스토리 전략에서 수행하는 일을 반영한다. 기억하겠지만 갱스터 장르는 민주주의 속 '왕'의 흥망성쇠를 추적한다.

> **핵심**
>
> 민주주의 국가에서는 왕이 있어서는 안 되기에 갱스터의 몰락은 결코 비극적이지 않다.●

● 로버트 워쇼Robert Warshow, 『비극적 영웅, 갱스터The Gangster as Tragic Hero』 1948.

9. 갱스터: 비즈니스와 정치의 부패

우리가 갱스터의 몰락을 동정해서는 안 되고 갱스터의 존재를 경멸해야 하는 이유는 그가 껍데기뿐인 인간이기 때문이다. 항상 먼저 총을 쏘고 돈과 권력을 위해 사람을 죽이고 예속시킨다. 그럼에도 우리는 그에게 시간과 감정을 투자했기에 그의 성공을 보고 싶어 한다. 거의 무한한 자신감을 지닌 듯한 사람을 지켜보며 우리는 짜릿함을 느낀다.

「대부」: 리더십의 기술

오늘날까지도 「대부」는 최고의 갱스터 에픽으로 꼽힌다. 일부 이유는 아메리칸드림을 꿈꾸는 이민자의 삶이라는 고전적인 서사를 따르기 때문이다. 하지만 이 스토리가 갱스터 비트를 초월해 권력의 행사와 리더십 기술을 보여준다는 이유도 있다.

저자인 마리오 푸조Mario Puzo는 독특한 구조와 장르 혼합으로 이러한 위업을 달성했다. 스토리는 새로운 대부가 탄생하는 과정을 따라간다. 갱스터 장르에 신화와 환상 동화를 결합한 푸조는 세 형제가 등장하는 고전 동화(『아기돼지 삼형제』등)의 반전을 차용해 막내를 주인공으로 내세운다. 이 기법을 사용하면 각자 가문을 이끌 때 어떤 스타일과 전략을 활용할지 비교할 수 있다.

첫째와 둘째는 성향도 방법도 잘못되어 실패한다. 장남 소니는 전사다. 둘째 프레도는 다정한 성격으로 대부가 될 가능성이 전혀 없다. 이 때문에 그 자리는 양자인 톰이 차지한다. 톰은 말재주가 좋다. 하지만 다른 범죄 조직과의 전쟁에서 이들 중 누구도 대부의 역할을 해내지 못한다. 오직 막내인 마이클만이 전쟁에서 승리하고 그들의 범죄 왕국을 성장시킬 만한 자질(강인함과 명석함)을 갖추었다는 것을 증명한다.

갱스터 스토리 비트: 약점-모순된 캐릭터

어느 스토리든 첫 번째 구조적 단계는 약점이다. 약점이란 캐릭터의 삶을 망가뜨리는, 근본적인 내적 결함이다. 이 결함을 극복하고 성장하기 위해 반드시 해야 하는 일이 있다.

단순한 캐릭터는 도덕적인 약점이 아니라 심리적인 약점을 지닌다. 다시 말해 그 결함으로 다치는 사람이 본인밖에 없다. 그 결과 시청자는 이 캐릭터에 쉽게 호감과 공감을 느낀다. 하지만 복잡성이 부족하고 캐릭터의 변화가 거의 없다.

작가들이 많이 오해하는 것 중 하나가 '복잡한 캐릭터'가 곧 나쁜 사람이라는 것이다. 사실 복잡한 캐릭터는 모순을 지닌 사람을 의미한다.

- 심리적 모순은 강점이자 약점이다. 가령 사랑이 많지만 질투가 심하다거나, 이상주의적이지만 냉소적이라거나, 충성심이 깊지만 자비롭지 않은 식이다.
- 도덕적 모순은 도덕규범이 고도로 분절된 경우다. 다시 말하면 그 도덕규범으로 타인을 돕기도 하고 해치기도 한다. 캐릭터는 무엇이 잘못되었는지 인식하지 못한 채 옳고 그름 사이를 오간다.

갱스터는 다른 어떤 장르의 주인공보다도 심각한 심리적, 도덕적 모순을 지닌 인물이다. 마이클 코를레오네는 가족, 명예, 충성심을 믿는 동시에 사람을 죽인다. 그는 정당한 때만 살인을 하는 것이라 믿기에 여기에 어떤 모순이 있는지 알지 못한다.

약점: 금지된 욕망과 극단적 야망

갱스터의 가장 심각한 약점은 무엇일까? (토마스 크라운 등) 다른 크리미널 히어로와 달리 갱스터는 뛰어나지도 깊이가 깊지도 않다. 그는 게임에서 이기기 위해 범죄를 저지르는 게 아니다. 그저 왕이 되겠다는 극단적 야망만 갖고 있는, 평범하고 천박한 인간이다. 불법 주류, 약물, 도박, 섹스를 제공해 고객의 금지된 욕망을 충족시켜 돈과 힘을 축적한다.

「스카페이스」(1932): 떠오르는 갱스터 토니 카몬테는 자신이 거주하는 아파트 밖의 간판에 적힌 "온 세상이 당신 겁니다. 쿡스투어"라는 글귀를 가리키며 말한다. "언젠가 저 간판을 보면 '맞아, 내 거야'라고 말할 거야."

> **핵심**
>
> 갱스터는 다른 어떤 장르의 주인공보다도 가장 모순적이고 가장 분절된 도덕규범을 지닌 인물이다.

다만 이 무자비한 인간에게 아무런 가치관도 없다고 생각하는 것은 경솔하다. 그는 가족과 명예, 충성심과 돈을 소중히 여긴다. 동시에 목표를 달성하기 위해서라면 살인, 속임수, 절도마저도 정당화한다. 한마디로 그는 가족을 사랑하는 살인자다.

다음은 토니의 가치관이 드러나는 대목이다.

> 토니: 잘 들어, 골치 아픈 상황을 피하려면 딱 하나만 지키면 돼. 먼저 하고, 직접 해. 그리고 계속해. (…) 지시를 받는 것도 명령을 내리는 것도 다 이게 하는 거야.
>
> 그가 기관총을 겨눈다.
>
> 토니: 끝이야. 이렇게 해서 너한테 남부 지역을 따 준 거라고. 같은

방법으로 북부도 따 올 거고. 이건 타자기 같은 거야. 이걸로 마을 전체에 내 이름을 큼지막하게 남길 거니까!

그가 사격을 시작한다.

수치 문화의 약점과 마피아의 도덕규범

카우보이처럼 갱스터도 상당히 남성 지배적인 세계에서 산다. 그는 성공을 위해 무력을 사용하는 조직에 소속되어 있다. 수치 문화가 탄생하기에 완벽한 조건이다. 수치는 자신의 성과가 타인의 기준에 미치지 못했을 때 느끼는 감정이다. 앞서 액션과 SF 장에서 확인했듯, 수치 문화는 명예와 체면, 성과, 신체 능력, 자립심, 힘, 용기, 영광, (선행이 아닌) 성공, 자부심을 중시한다.

수치 문화는 니체의 주인 도덕이 왜곡된 형태로, 힘을 가진 자는 그 힘을 부당하게 사용하더라도 옳다고 믿는다. 갱스터는 비도덕적인 행동으로, 특히 살인으로 성공을 이루는 만큼, 갱스터의 도덕규범은 '밀고'를 하지 않아야 한다는 의미의 침묵에 기반을 둔다. 마피아 조직에서는 이 침묵의 규칙을 '오메르타'라고 하는데, 이 규칙을 지키지 않으면 목숨을 잃는다.

> **핵심**
>
> 오메르타는 갱 조직원을 순응하게 만드는 외부적 제약이다. 하지만 수치 문화는 갱 조직원이 자신의 파괴적이고 잔혹한 행동을 정당화하는 더욱 강력한 형태의 내부적 노예 제도다.

갱스터 스토리 비트: 기폭제-사소한 범죄

갱스터는 사소한 범법 행위로 범죄 인생을 시작할 때가 많다.「퍼블릭 에너미」에서 어린 토미는 친구와 상점에서 도둑질을 했고,「리틀 시저」에서 리코는 주유소를 털었으며,「대부 2」에서 비토 코를레오네는 러그를 훔쳤고,「좋은 친구들」에서 헨리는 학교를 그만두고 지역 마피아 보스 아래서 훔친 담배를 팔았다.

갱스터 스토리 비트: 욕망-돈과 왕국

스토리의 중추는 주인공의 욕망선이 결정한다. 갱스터의 목표는 돈과 권력을 얻고, 궁극적으로는 왕국을 세우는 것이다. 가난한 주인공은 조직의 밑바닥에서부터 시작한다. 그는 이 범죄 조직의 수장이 되고 싶어 한다.

왕국의 최종 목표를 이루려면 당장의 거래를 성사시켜야 한다. 거래가 돈과 영토를 결정하고, 갱단의 시스템을 좌우할 인과를 만든다.

갱스터는 돈을 좇는 행위나 그 과정에서 벌어지는 과시적 소비를 부끄러워하기는커녕 자랑스럽게 여긴다.『위대한 개츠비』속 개츠비가 매일 새 셔츠를 입는다고 자랑하는 장면은「스카페이스」에서도 찾아볼 수 있다. 토니는 화려하게 꾸민 새집으로 포피에게 감동을 주고 싶어 한다. 그녀가 말했다. "좀 요란하지 않아요?" 그가 대꾸한다. "그러니까 좋지 않아? 마음에 든다니 다행이야."

> **핵심**
>
> 갱스터는 철저히 돈의 관점으로 자유를 판단한다.

이것이 그가 계속 노예 상태로 머무는 이유 중 하나다. 그는 결코 만족할 수 없고, 항상 그의 것을 빼앗으려는 누군가가 있다. 갱스터에게 아메리칸드림은 악몽이 되고 만다.

갱스터 스토리 비트: 조력자—갱 단원

홀로 활동하는 크리미널 히어로와 달리 갱스터는 모든 스토리 형식을 통틀어 가장 엄격한 위계 구조를 지닌 조직의 일원이다. 이 조직은 신뢰할 수 있는 외부인을 합류시키며 확장된다. 조직은 '캡틴', '루테넌트', '솔저' 같은 명칭과 함께 군대와 유사하게 운영된다.

갱스터 스토리 비트: 적대자—갱 보스, 라이벌 갱, 경찰

갱스터는 그 어떤 주인공보다도 다양한 적대자를 둔다. 스토리 세계는 잔인한 자연 세계다. 왕처럼 갱스터는 힘으로 정당화되는 시스템 내에서 존재한다. 따라서 주인공이 자신보다 더욱 힘 있는 누군가를 처리할 모략을 꾸미듯 조력자들도 자신을 두고 그런 음모를 꾸밀지도 모른다는 생각에 두려워한다. 배신은 필연적 행위이기에 갱스터는 늘 의심하는 고독한 존재다.

갱스터 스토리에는 일반적인 네 개의 대립점을 넘어서 여섯 개의 대립점이 존재한다. 그 대립점을 이루는 주요 캐릭터는 다음과 같다.

1. 갱스터 보스: 주인공은 보통 조직 말단에서 시작한다. 그는 보스가 되고 싶어 한다.
2. 갱 조직 전체: 이 패밀리는 주인공이 조직을 떠나지 못하게 하는 즉 그가 갚아야 할 빚을 벗어나지 못하게 하는 올가미다.
3. 다른 갱 단원: 조직 내에서 돈과 권력을 두고 주인공과 경쟁한다.

4. 경찰: 정상적인 사회를 대변하는 이들은 자신들의 목표를 달성하기 위해 정당한 방법을 따른다.
5. 경쟁 갱단 패밀리: 구역을 놓고 경쟁한다.
6. 주인공 가족: 주인공이 아버지, 더욱 흔하게는 형제들과 경쟁하는 상황도 벌어진다.

주인공과 적대자들의 대립이 동시다발적으로 일어나기에 갈등과 폭력의 밀도가 높아진다.

갱스터 스토리 비트: 계획—기만과 폭력

거대 조직으로 만들겠다는 목표를 이루려는 갱스터의 계획에는 불법적이고 비도덕적인 방법이 포함된다.

- 사기와 절도, 착취와 보호비 갈취 등 여러 기만적인 행위를 계획한다. 또한 동맹을 맺고도 이익에 따라 동맹 관계를 깬다
- 계획에는 보통 계획적인 살인이 포함된다. 갱스터는 왕좌를 두고 보스, 가족, 다른 갱단의 보스 등 경쟁자는 물론 자신에게 걸림돌이 되는 사람이라면 누구든 없애려 한다

갱스터 스토리 비트: 가짜 조력자—갱 단원

가짜 조력자는 주인공의 친구처럼 보이나 사실은 적인 인물이다. 갱스터 장르에서는 처음 조력자였던 갱 단원이 스토리가 전개될수록 대립 세력의 편으로 옮겨 가는 경우가 있다. 이들이 가짜 조력자다.

기법: 동맹 변경

갱 단원은 갱스터 플롯에서 중요한 장치다. 이들 중 누군가가 편을 바꿀 때마다 새로운 사실이 드러나는 리빌 플롯이 생겨나고 갈등은 더욱 커진다.

이 기법은 갱스터 스토리의 근원적 주제 중 하나인 '절대 권력은 가장 취약한 권력이다'라는 메시지를 전달한다. 보스 밑에 있는 인물들은 전부 보스를 두고 음모를 꾸민다.

「대부」에는 다섯 명의 가짜 조력자가 등장한다. 먼저 돈 코를레오네의 운전기사는 그의 암살 계획에 가담하고, 시칠리아에서 마이클의 보디가드 두 명이 그가 탄 차를 폭발시키는 바람에 마이클의 아내가 대신 사망하는 일이 벌어졌으며, 간부였던 테시오는 바지니에게로 노선을 선회하고, 마이클의 매제인 카를로는 소니를 함정에 빠뜨려 목숨을 앗아갔다.

갱스터 스토리 비트: 리빌-배신

가짜 조력자들은 리빌 비트로 이어진다. 대립 세력의 갱스터나 내부 갱 단원들이 주인공을 어떤 식으로 배신했는지 속임수가 드러난다.

기법: 적대자의 진짜 힘 숨기기

주인공과 독자 모두에게 적대자의 진짜 힘을 숨겨야 한다. 그래야 적대자의 의도와 공격 방법이 드러났을 때 리빌의 순간을 표현할 수 있다.

갱스터 스토리 비트: 추진력-폭력 가속화

주인공이 목표를 달성하려 일련의 행동을 취하기 시작하는 중반부에서는 주인공의 욕망선이 스토리의 추진력으로 작용한다. 주인공과 모든 적대자는 자신에게 이익이 되는 방향으로 동맹을 바꾸며 돈과 권력을 두고 경쟁한다.

수많은 적대자가 여러 방향에서 주인공을 공격하며 폭력이 가속화되고 스토리가 점차 고조된다. 거래가 틀어지며 발생한 사업상 불화는 폭력적인 갈등으로 이어지고 이는 결국 벤데타vendetta, 즉 보복 살인으로, 궁극적으로는 갱단 간의 전쟁으로 치닫는다.

어느 장르든 추진력 비트는 스토리의 도덕적 논증이 펼쳐지는 지점이다. 다른 장르에서는 초반에 밀리던 주인공이 절박함에 비도덕적인 행동을 취하기 시작한다. 조력자는 그의 방법이 잘못되었다고 비난하지만 주인공은 듣지 않는다. 하지만 갱스터 스토리에서는 그렇게 전개되지 않는다.

> **핵심**
>
> 기본적인 갱스터 스토리는 주인공의 행동에 대한 도덕적 논의가 거의 또는 전혀 없는 유일한 장르다.

분절된 사고방식을 지닌 갱스터는 처음부터 가족을 돕는 일이라는 명목으로 자신의 도덕성을 합리화해 왔다. 살인을 하면서도 아무런 가책을 느끼지 않는다. 따라서 갱스터가 어떤 행동을 취해야 할지 논의한다면 그것은 전략을 말하는 것이지 도덕성을 가리키는 게 아니다.

갱스터 플롯의 시각적 형태 : 융성과 쇠퇴

어느 스토리든 주인공의 방법과 최종 결말을 바탕으로 욕망선과 추진력이 특정한 형태를 그린다. 갱스터 스토리의 경우 욕망선과 추진력 비트들은 올라갔다 내려가는 형태를 보인다.

주인공은 조직의 사다리를 오르며 부를 쌓아간다. 그러나 이러한 외적 성공은 가장 비도덕적인 수단을 통해 이뤄진다. 그 결과 인간으로서의 내적 가치가 (애초에도 그리 높지 않았지만) 떨어진다. 보통 스토리는 갱스터의 죽음이나 피로스의 승리(이겼지만 손해가 막심한 승리―옮긴이), 노예 상태로 끝을 맺는다.

「대부 2」는 40년이라는 긴 시간을 가로지르는 교차편집으로 아버지와 아들이 각자 어떻게 권력을 얻는지 비교해 보여준다. 대부가 되는 과정과 거대 범죄 조직을 세우는 과정을 두 개의 스토리 축으로 대조한다. 「대부 2」는 「대부」보다 이민자의 이야기에 더욱 초점을 맞춘다. 이탈리아 소년 비토는 시칠리아에서 마피아 두목에게 가족을 모두 잃고 홀로 미국으로 건너왔다. 절도로 돈을 벌어 올리브 오일 사업 자금을 마련한 그는 어둠의 세계의 허레이쇼 앨저인 셈이다.

마이클의 스토리는 그가 미국 상원의원을 포함해 공직자들에게 뇌물을 바치며 범죄 조직을 확장하고, 쿠바까지 국제적으로 세력을 넓히는 과정을 추적한다.

갱스터 영화 가운데 주인공의 흥망을 가장 잘 보여준 작품은 「좋은 친구들」이다. 스토리는 세 개의 시퀀스로 전개된다. 첫 번째 시퀀스는 어린 헨리가 조직의 규칙을 배우고 통과의례를 거쳐 마피아 사회에서 인정받는 위치에 오르는 과정을 따라간다. 다만 이 영화가 탁월한 점은 사상 처음으로 마피아 세계에 흠뻑 빠져 있는 주인공의 모습을 보여준다는 데 있다. 작가는 노예 상태에서 자유를 찾아가는 스토리가 아닌, 자유, 좀 더 정확하게는 외견상의 자유에서 노예 상태로 향하는 스토리를 보여준다.

두 번째 시퀀스에서는 헨리의 내레이션을 통해 마피아 조직이 진짜 흡혈귀처럼 음식점의 고혈을 빨아먹으며 파멸로 이끄는 과정을 엿볼 수 있다.

> 헨리의 보이스오버: 이제 저 사장은 폴리와 파트너가 된 거다. 문제가 생기면 폴리를 찾으면 된다. 정산에 문제가 생기면? 폴리를 부르면 된다. 경찰, 배달, 토미 문제도 폴리가 해결한다. 하지만 매주 폴리에게 상납을 해야 한다. 장사가 잘 안된다고? 됐고, 돈 내. 아, 불이 났었어? 알 바 아니고 돈이나 내. 가게가 벼락을 맞았다고? 꺼지고 돈이나 내라고.

마피아 조직원들이 보험료를 노리고 음식점에 불을 내는 모습으로 장면은 마무리된다.

세 번째 시퀀스에서는 새로 사귄 여자 친구를 데리고 클럽 뒷문으로 들어간 헨리가 주방을 거쳐 쇼가 진행 중인 무대 앞 테이블에 자리하는 중요한 장면이 나온다. 그 일련의 시퀀스에서 그는 마주치는 직원들에게 20달러 지폐를 찔러준다. 이민자 아웃사이더에서 가난한 노동자로, 그리고 사회적으로 높은 입지에 오른 힘 있는 보스로 우뚝 선 이탈리아계 미국인 갱스터의 성공을 보여주는 장면이다.

갱스터 스토리 비트: 전투―대량 학살 또는 거대한 파멸

전투는 스토리의 최종 갈등이다. 갱스터는 경찰이나 다른 갱스터 조직과 전투를 벌인다. 충격전은 갱스터를 파멸로 이끌거나 그의 힘을 더욱 공고히 하는 결과로 이어진다. 스토리 내내 그의 기본 수단은 살인이기 때문에 최후의 전투는 대량 학살이거나 완전한 파멸로 귀결된다.

> **핵심**
>
> 이 전투에서 갱스터가 자신의 권력을 확고히 한다 해도 그 권력이 오래 지속되지 못하리라는 암시가 항상 뒤따른다.

여기서도 「대부」는 전통적인 갱스터 비트를 뒤집는다. 경쟁 조직이나 경찰의 손에 목숨을 잃는 대신, 마이클은 부하들을 시켜 뉴욕의 다른 거대 마피아 조직의 두목들과 조직 간부인 테시오, 자신의 매제인 카를로를 총살한다. 그 일이 벌어지는 동안 마이클은 대부의 자격으로 카를로 아들의 세례식에 참석한다.

「좋은 친구들」 또한 이 비트에 반전을 더한다. 충격전이나 갱단 간의 전쟁 대신 헨리는 법정에서 예전 공범들에 대해 증언한다. 공범들은 구속되는 한편 그는 증인 보호를 받으며 교외 지역에서 안전하지만 지루한 노예 생활을 이어간다.

갱스터 스토리 비트: 자기 각성의 부재

자신의 도덕규범이 너무나 확고하게 분절되어 있다는 사실을 모르는 갱스터는 자기 각성을 경험할 수 없다. 그는 자신과 가족을 지키기 위해 어쩔 수 없는 일이었다며 자신의 악행을 합리화한다.

「대부」에서 카를로의 아내 코니는 남편을 죽인 살인자로 마이클을 지목한다. 마이클은 아내인 케이에게 이 일을 부인하며 자신의 비즈니스에 대해 다시는 묻지 말라고 경고한다. 케이는 닫히는 집무실 문 사이로 측근들이 남편에게 '대부님'으로 충성을 맹세하는 모습을 바라본다. 그의 도덕적 타락으로 인해 마이클이 경험해야 할 자기 각성은 케이의 몫이 됐다.

「좋은 친구들」은 블랙코미디 기법을 이용해 의도적으로 주인공에게서 자기 각성의 순간을 박탈한다. 주인공은 자신이 더욱 큰 시스템에 발목이 잡혀 있다는 사실을 깨닫지 못한다.

> 헨리 힐: 그게 제일 힘들다. 지금은 모든 것이 달라졌다. 아무런 사건도 벌어지지 않는다…. 다른 사람들처럼 기다려야 한다. 제대로 된 음식을 먹지도 못한다…. 나는 그저 평범한 사람이 되었다…. 남은 인생을 형편없는 인간처럼 살아가는 일만 남았다.

갱스터 스토리 비트: 새로운 평형-죽음 또는 영혼의 죽음

갱스터는 쏟아지는 총알 세례 속에서 죽음을 맞이하거나, 승리하지만 영혼이 타락하는 결말을 맞이한다. 우리는 악인의 죽음을 보며 잠시나마 일종의 승리감을 경험하지만 그 자리를 또 다른 악인이 대체할 거라는 사실에 씁쓸해진다.

「스카페이스」에서 토니는 '온 세상이 당신 겁니다. 쿡스 투어' 간판 아래에서 숨을 거둔다. 언젠가 그가 손으로 가리키며 세상은 자신의 것이 될 거라고 선언했던 그 간판이었다.

「대부」에서 마이클은 도덕적으로는 생명이 다한 것이나 마찬가지다. 하지만 전부 다 가족을 위해서 한 일이라고 합리화하는 그는 그 사실을 깨닫지 못한다.

「좋은 친구들」에서 범죄 생활의 짜릿함과 자유로움, 자신이 사랑했던 공동체까지 잃은 헨리는 텅 빈 삶을 마주한다. 그가 그토록 애틋하게 여기는 과거의 삶 때문에 친구 대다수가 목숨을 잃었고 가정은 파괴됐으며 자신은 교도소까지 다녀왔다는 그 아이러니를 헨리만 보지 못한다.

주제: 거짓된 가치에 예속된 존재

갱스터 스토리는 그 어떤 장르보다도 존재함과 되어감을 부정적으로 그린다. 현대 사회에서 존재한다는 것은 돈과 자기 욕망의 노예가 되는 것이라고 말한다. 현대 세계의 모든 것은 정량화되어 사고파는 대상으로 전락한다. 따라서 살아간다는 것은 돈을 벌고 권력과 지위를 높이기 위해 끊임없이 투쟁을 벌이는 것이다.

존재한다는 것은 욕망과의 싸움에서 지는 것을 의미한다. 살아 있다는 것만으로 우리는 벗어날 수 없는 올가미에 갇힌 것이다. 산다는 것은 욕망하는 것이다. '모든 일에 중용'을 지키며 '균형 잡힌 삶'을 살고자 노력할 수도 있다.● 하지만 결국 실패할 운명이다.

어두운 SF처럼, 갱스터는 존재한다는 것은 본질적으로 부패한 사회 체제 안에서 살아가는 것이라고 말한다. 이 체제는 자유 시장에 기초한 것처럼 보인다. 하지만 정치적으로든 경제적으로든 그리 자유롭지 않다. 시장은 우리의 니즈를 훨씬 강렬한 욕망으로 증폭시키도록 설계되었다. 그 결과 사고파는 행위가 영원히 계속되는 영구기관 perpetual motion machine(에너지 공급 없이 영원히 운동하는 가상의 기관—옮긴이)이

● 헤시오도스(기원전 700년경).

탄생하고, "제자리에 머무르려면 최선을 다해 달려야 하고, 어딘가로 가고 싶다면 그보다 최소한 두 배는 더 빨리 달려야 하는"● 상황이 벌어진다. 정말 말도 안 되는 상황이지만 이게 현실이다.

갱스터 주제 공식: 파멸의 길

어느 장르든 주제의 공식은 주인공의 기본 행동 방향과 장르가 묻는 핵심 질문으로 파악할 수 있다. 갱스터 스토리는 현대 사회에서 어떤 수단이든 동원해 성공을 이루려 할 때 어떤 일이 벌어지는지 보여주는 경고의 이야기다. 갱스터 스토리에 담긴 질문은 이것이다. 어떻게 해야 도시 세계에서 성공하면서도 영혼을 잃지 않을 수 있을까?

이 질문에 갱스터 스토리가 전하는 성공 공식은, 잘못된 욕망과 비도덕적이고 불법적인 방법을 경계하라는 것이다. 돈이 성공의 전부라는 듯이 행동하고 돈을 벌기 위해 무슨 짓이든 한다면 자기 자신과 가족 모두를 파멸로 이끌게 될 것이다.

더욱 위험한 점은, 인간이라는 존재는 끊임없이 거짓된 욕망의 유혹을 받는다는 것이다. 그 유혹에 굴복한다면 최악의 노예 상태로 살게 된다. 우리를 예속하는 것은 비단 거짓된 가치만이 아니다. 불교처럼 갱스터 장르는 욕망 그 자체를 경계해야 되어감에 이를 수 있다고 말한다. 어떤 욕망이든 집착이 되기에, 좋은 삶을 사는 유일한 희망은 욕망 일체를 멀리하는 데 있다.

갱스터라는 경고의 이야기가 이토록 어두운 이유 중 하나는 우리가 결국 실패할 것이라 말하기 때문이다. 우리는 자신의 욕망과 싸워야 할 뿐 아니라 그 욕망을 우리가 통제할 수 없는 수준으로 불러일으키고 부

● 루이스 캐럴Lewis Carroll, 『이상한 나라의 앨리스』.

추기는 거대한 시스템 안에 살고 있다.

무엇보다 갱스터 스토리는 성공을 좇는 사람이라면 누구나 자유란 돈에서 비롯한다는 사고방식에 자연스럽게 사로잡히고 만다는 점을 보여준다. 이 생각에 굴복하기가 너무나도 쉽다.

그럼에도 이 장르는 인간과 사회의 최악의 모습을 보여주며 어쩌면 우리가 이 집착을 극복할 가능성도 있다는 한 줄기 희미한 희망을 선사한다. 하지만 결연한 노력을 쏟고, 전술적 사고에서 벗어나 전략적 사고로 전환할 때만 더욱 폭넓고 인간적인 자유를 우리 삶의 일부로 삼을 수 있다.

갱스터 스토리를 초월하는 법

초월적 갱스터 스토리는 초월적 서부극과 같은 토양에서 자란다. 두 장르 모두 도시가 억압적 도시로 진화하는 시기를 배경으로 한다. 두 스토리 양식 모두 거대한 시스템이 어떤 방식으로 모든 이를 부패시키고 파괴하는지 깨달아야 한다고 말한다. 이른바 위대한 미국 소설처럼 초월적 갱스터 스토리는 미국의 최초 창립 문서인 독립선언서와 헌법에서 말한 거짓된 약속을 향한, 그 약속을 지키지 못한 한 국가를 향한 응답이다.

초월적 갱스터가 그 어떤 장르보다도 창작하기 어려운 이유는 세 가지다. 먼저 방대한 정치–경제 체제를 개인적이고도 극적인 관점에서 탐구해야 하기 때문이다. 둘째로는 삶의 주된 스토리 양식 두 가지인 비즈니스와 정치를 설명하고 이 둘이 어떠한 불가분의 관계로 얽혀 있는지를 드러내야 한다. 마지막으로 물질주의와 갱스터리즘gangsterism(범죄조직의 행동 및 사고방식, 라이프스타일 등 문화 전반을 통칭하는 용어_옮긴이)이 어떤 점에서 유사한지, 그리고 비즈니스와 정치가 어떻게 부패해 가는지 보여주어야 한다.

비즈니스와 정치를 갱스터 장르와 연결하는 이유

전쟁과 스포츠처럼 비즈니스와 정치도 액션 장르에서 파생되는 개념으로 생각할 수 있다. 액션은 처음부터 끝까지 최고를 추구하는 것에 관한 이야기다. 비즈니스와 정치도 숫자로 성과를 표현하므로, 결국 둘 다 이기는 것에 관한 이야기다.

비즈니스는 경제적 수단을 통한 전쟁의 기술이다. 돈을 가장 많이 버는 사람이 승자가 되는 스포츠다. 정치는 권력을 통한 전쟁의 기술이다. 이 스포츠에서 승자는 다른 사람에게 명령을 내릴 수 있다. 비즈니스와 정치를 액션 장르에서 다루지 않은 이유는 오늘날 이 둘은 대단히 복잡한 사회의 일부이기 때문이다.

사회와 문화를 창조하는 이야기를 다루는 SF는 사람들이 어떤 식으로 가치를 교환하고 스스로를 지배하는지 보여주기에 적합한 장르다. SF는 추상적 미래 속 극단적인 독재 사회를 보여주며 정부의 역할에 대해 말한다. 이론적으로는 흥미롭지만 세부 묘사가 부족하다.

비즈니스와 정치를 초월적 갱스터 스토리로 접근하는 것이 훨씬 타당한 데는 세 가지 이유가 있다.

1. 다른 어느 장르보다 초월적 갱스터 스토리는 사람들이 실제로 속한 시스템을 탐구한다. 그들의 가장 거대한 욕망인 돈과 명예를 얻기 위해 어떻게 움직이는지 보여준다.
2. 초월적 갱스터는 돈과 권력이라는 큰 시스템이 개인에게 어떤 영향을 미치고, 개인을 어떻게 통제하며 파멸로 이끄는지 보여준다.

개인이 이해할 수도, 맞서 싸울 수도 없는 거대한 프로세스를 다루는 근대화 스토리와 유사하다.
3. 초월적 갱스터는 비즈니스와 정치를 파멸로, 과두제와 독재라는 결말로 이끄는 힘이 무엇인지 보여준다.

독점 체제를 형성하려는 비즈니스 리더는 누구든 갱스터다. 존 D. 록펠러John D. Rockfeller는 미국 역사상 가장 힘 있는 경제 갱스터였다. 그는 "대기업의 성장은 그저 적자생존일 뿐이다"라고 말하며 사회 다원주의를 바탕으로 독점적 지배를 합리화했다.

전체주의 지도자는 누구든 갱스터다. 아돌프 히틀러Adolf Hitler는 궁극의 정치 갱스터였다. 베르톨트 브레히트Bertolt Brecht는 희곡 「아르투로 우이의 출세」에서 히틀러의 부상 과정을 시카고 갱스터의 이야기로 극화해 갱스터와 독재의 명백한 유사성을 드러냈다.

초월적 갱스터 장르: 갱스터 에픽, 이스턴, 경제-정치 에픽

초월적 갱스터 장르는 세 가지 형식을 띤다. 갱스터 에픽, 이스턴, 경제-정치 에픽이다.

1. 갱스터 에픽

갱스터 장르를 초월하는 첫 번째 방법은 국가를 상징하는 이야기를 쓰는 것이다. 갱스터 주인공을 복잡한 플롯과 고차원적인 주제와 연결할 수 있다. 그 예로 「대부」 1~2, 「좋은 친구들」, 「소프라노스」, 「피키 블라인더스」, 「보드워크 엠파이어」, 「예언자」가 있다.

2. 이스턴

앞서 이야기했듯, '이스턴'은 '거지에서 벼락부자'라는 소재를 부정적으로 표현한 스토리다. 여기서 주인공은 실제 갱스터가 아니라 금전적, 사회적 성공을 향해 사다리를 오르려 노력하는 평범한 사람이다. 주인공은 실패를 경험하거나, 물질적으로는 성공하나 영혼을 잃는다.

『위대한 미국 소설의 꿈 The Dream of the Great American Novel』에서 저자 로런스 뷰얼 Lawrence Buell은 '아메리칸드림', 즉 아무것도 없는 상태에서 자수성가하는 스토리가 미국 작가들이 성배처럼 여기는 위대한 미국 소설의 중요한 구조 중 하나라고 설명했다. 일종의 성공 성장 스토리인 셈이다. 다시 말해 개인의 발전 또는 형성을 다루는 미국의 빌둥스로만으로 그 특징은 다음과 같다.

- 젊은 미국인이 스스로를 계발하며 부자가 된다.
- 평범한 사람이 비범한 인물이 된다.
- 주인공이 미국의 건국 과정에 일조한다.

고전적인 허레이쇼 앨저식의 스토리들처럼 자수성가 이야기는 대체로 캐릭터 개인의 발전뿐만 아니라 멋진 기회의 땅에서 부와 사회적 지위를 얻는 성공의 과정을 추적한다.

> **핵심**
> 서부극이 아메리칸드림의 성공을 강조하는 것과 대조적으로 최고의 자수성가 스토리는 아메리칸드림의 실패를 보여준다.

이 부정적인 스토리에서 주인공은 부자가 되지만 자신의 진실함을 잃는다. 이는 미국 문화에서 재정적 성공과 기업가 정신이 치러야 하는 대가다. 주인공은 아이에서 성인으로 변하지 않는다. 도리어 성장이 저해되어 영원히 아이-어른 상태에 갇혀 있다. 주인공의 주요 약점은 잘못된 자아상이다. 금전적, 사회적 성공을 거두더라도 이 잘못된 자아상으로 인해 결국에는 파멸에 이른다.

이스턴 스토리는 미국의 건국 신화가 허황된 자부심이라고 주장한다. 독립선언서에 담긴 약속과 약속을 이행하지 못한 현실의 간극을 밝힌다. 이러한 실패의 주요 원인은 더는 경제적으로 상승할 여지가 없다는 데 있다. 개인은 기업의 부품이 되거나 비도덕적인, 또는 불법적인 수단으로 성공해야 한다. 아이러니하게도 위대한 미국 소설류의 작품은 미국은 위대하지 않다는, 또는 쇠퇴하고 있다는 메시지를 전한다.

이스턴은 거대한 경제-정치 에픽으로 보는 것이 가장 정확하다. 그 예로는 『위대한 개츠비』, 『여인의 초상』, 『비둘기의 날개』, 『환락의 집』, 『순수의 시대』, 『메인 스트리트Main Street』, 『배빗』, 『도즈워스』, 『정글』, 『분노의 포도』, 「시민 케인」, 「위대한 앰버슨가」, 「천금을 마다한 사나이Mr. Deeds Goes to Town」, 「스미스 씨 워싱턴 가다」, 「매드맨」 등이 있다.

3. 경제-정치 에픽

경제-정치 에픽은 경제-정치 체제에 갇힌 한 인간의 이야기를 추적한다. 주인공은 돈과 권력이 어떠한 역학으로 현대의 삶을 결정하는지 그 복잡함을 이해하지 못한다. 국가적, 국제적 이해관계를 다루는 스토리다.

모든 스토리 양식을 통틀어 문학적 걸작이 가장 많이 탄생한 장르이기도 하다. 이 서브 장르는 비즈니스 또는 정치에 초점을 맞춘 스토리와

이 두 시스템이 어떻게 상호작용하는가에 초점을 맞춘 스토리로 나눌 수 있다.

비즈니스 스토리: 「빅쇼트」, 「월 스트리트」, 「옥자」, 「슬럼독 밀리어네어」(로맨스), 「에린 브로코비치」(사회 드라마), 「소셜 네트워크」, 「제리 맥과이어」(로맨스), 「나이트 크롤러」, 「시리아나」(정치 스릴러), 「트래픽」, 『울프 오브 월스트리트』

초월적 비즈니스 스토리: 『세일즈맨의 죽음』, 「글렌게리 글렌 로스」, 「아메리칸 뷰티」(풍자), 『정글』, 「컨버세이션」(에픽 스릴러), 「성공의 달콤한 향기」, 「위대한 앰버슨가」, 「마이클 클레이튼」(스릴러), 「오징어 게임」(SF, 스릴러)

정치 스토리: 「프론트 러너」, 「바이스」, 「세상을 바꾼 변호인」, 「더 페이버릿: 여왕의 여자」, 「메리, 퀸 오브 스코틀랜드」, 『킹스 스피치』, 「글래디에이터」(액션 에픽), 「마지막 황제」, 『닥터 지바고』, 「레즈 Reds」, 「바람과 함께 사라지다」, 『모히칸족의 최후』(액션, 로맨스), 「엑스칼리버」(신화), 「늑대와 춤을」(반서부극), 「후보자 The Candidate」, 「건가 딘」(액션), 「더 그레이트 맨 보트」, 「위대한 맥긴티」, 「정복 영웅의 환영」, 『조언과 동의』, 「베스트 맨 The Best Man」, 『세븐 데이스 인 메이』, 「인 더 루프」, 「제트 Z」, 「밥 로버츠」, 「맨츄리안 켄디데이트」(정치 스릴러), 「마리 앙투아네트」, 「다키스트 아워」, 「게리 쿠퍼의 재회」, 「롤러볼」(SF), 『헝거 게임』(SF, 신화), 「군중 속의 얼굴」, 『버 Burr』, 「링컨」, 「1876」, 『제국 Empire』

초월적 정치 스토리: 『군주론』, 『아서왕의 죽음』을 포함한 아서왕의 스토리들, 『오레스테이아』, 『안티고네』, 『리처드 3세』, 『인형의 집』, 『헤다 가블러』, 『여기서는 있을 수 없는 일이야』, 뮤지컬 「해밀턴」, 「스미스 씨 워싱턴 가다」, 「아라비아의 로렌스」, 「웨스트 윙」, 「하우스 오브 카드」, 『모두가 왕의 사람들 All the King's Men』, 「워터게이트」

비즈니스와 정치가 결합한 초월적 스토리: 『크리스마스 캐럴』(호러, 판타지), 『위대한 개츠비』, 「매드맨」, 『어둠의 심연』, 『모비 딕』, 「멋진 인생」, 「나의 계곡은 푸르렀다」, 희곡 「아르투로 우이의 출세」, 「시민 케인」, 「왕좌의 게임」(판타지, 액션), 「네트워크」(블랙코미디), 『파더 판찰리 Pather Panchali』, 『나는 황제 클라우디우스다』, 「웨스트월드」(SF)

비즈니스-정치라는 예술, 스토리 그리고 게임

초월적 장르 스토리를 쓰는 법을 이해하고 싶다면 먼저 이 장르의 기반이 되는 비즈니스와 정치의 스토리 양식을 탐구해야 한다. 갱스터 스토리처럼 이 양식도 왕의 비극적인 스토리를 이야기하는 흥망성쇠 구조를 차용한다.

의식이 스토리를 통해 작동한다는 사실은 결국 모든 인간의 활동이 스토리 양식임을 의미한다. 하지만 앞서 등장했던 삶의 다른 예술 양식들과 마찬가지로 비즈니스와 정치는 '예술'과는 상당히 거리가 멀어 보인다. 리처드 플래너건의 소설 『퍼스트 퍼슨』에서 '지기 헤이들'이 성공한 이유를 설명한 대목을 다시 한번 살펴보길 바란다.

> 내가 지어내는 거죠. 매일같이, 당신처럼요. 작가처럼 말입니다. …비즈니스맨이 뭐라고 생각합니까? 그 사람들이 정치인이라고 생각해요? 비즈니스맨은 마법사예요. 무언가를 만들어내잖아요. 우리를 하나로 이어주는 것은 스토리밖에 없습니다. 종교도, 과학도, 돈도, 전부 스토리일 뿐이죠. 호주도 스토리이고, 정치도 스토리이고, 종교도, 돈도 다 스토리예요….

비즈니스는 가치를 설정하고 교환하는 예술이다. 경제학은 비즈니스라는 예술 양식을 연구하는 학문이다. 개인은 하루하루 생존을 위해 자신이 잃는 자유와 강제적 속박을 정량화하여 비즈니스와 맞바꾸고 시장 내에서 여러 도구를 이용해 자신의 자유를 확대한다.

> **핵심**
> 비즈니스는 우리가 생계에 드는 비용을 충당하기 위해 하는 일이다.

비즈니스라는 예술을 단 한 마디로 설명해야 한다면, '싸게 사서 비싸게 판다'가 될 것이다. 하지만 이러한 정의는 거대한 프로세스에서 단 두 가지 순간만 포착한다. 비즈니스가 하나의 예술이자 스토리가 되는 지점은 싸게 사서 비싸게 판다는 논리를 실행하는 데 필요한 복잡하고도 어려운 캠페인이다.

> **핵심**
> 비즈니스는 돈을 벌기 위한 스토리텔링이다.

비즈니스는 고객에게 기여하고 도움을 주는 행위라고 말한다. 하지만 실제로는 스스로 몸집을 불리는 것이다. 비즈니스가 돈을 놓고 벌이는 게임이라고 하는 것도 이 때문이다. 가장 많이 (그리고 가장 오래) 돈을 버는 사람이 승자다.

비즈니스가 어떻게 작동하는지에 대해 이야기하려면 먼저 인간의 의식이 어떻게 작동하는지 짚고 넘어가야 한다. 정확히는 인간의 의식이

다른 사람, 그리고 환경과 어떻게 상호작용하며 자원을 정량화하고 교환하는지 말이다. 비즈니스가 그토록 복잡한 이유는 인간의 의식이 그렇기 때문이다.

동물에게 '비즈니스'는 단순하다. 동물이 원하는 자원을 발견하면 다른 동물을 죽이거나 맞서 싸워 쟁취한다. 그게 전부다. 하지만 인간의 의식 그리고 상징을 만들어내는 의식의 능력이 결부되면 계산과 전략이 작용하기 시작한다. 인간이 자원을 두고 다른 인간을 죽일 수도 있겠지만 사회적 동물인 인간에게는 지극히 높은 대가를 치러야 하는 일이다. 그러므로 이 해결 방식은 극히 드문 상황에서만 벌어진다.

누군가를 노예로 삼는 일은 대단히 비도덕적이긴 하지만 장기적으로는 살인보다 훨씬 유용하다. 직업이 전문화되면서 물건이나 화폐로 재화를 교환하는 것이 누군가를 노예로 삼는 것보다 더 유용해졌다.

늘 그래 왔듯 비즈니스는 인간이 무엇을 욕망하는가에서 시작한다. 간단히 말해 인간은 더 많은 것을 원한다. 개인으로 태어나지만 인간은 집단, 사회, 체제의 일원이 된다. 수많은 인간이 함께 살며 동시에 더 많은 것을 원한다면 가장 먼저 '더 많은 것'의 가치를 정립해야 한다. 다시 말해 가치가 정량화되어야 한다는 뜻이다.

비즈니스가 예술의 양식이 되는 이유는 세상 무엇도 객관적인 가치를 지니지 않기 때문이다. 인간의 합의가 있어야 가치가 성립된다. 그래서 우리는 공급과 수요를 바탕으로 어떠한 상징성을 부여한다.

하지만 공급과 수요는 주관적인 개념이다. 우리는 제품이 얼마나 공급되는지, 또는 수요가 어느 정도로 뜨겁게 얼마나 형성되는지 완벽히 알 수 없다.

> **핵심**
>
> 비즈니스는 가치 정립의 예술인 만큼 비즈니스와 도덕은 하나로 봐야 한다. 이 두 개념이 함께 작용하며 삶의 가치를 정립하는 예술을 완성한다.

비즈니스가 가치의 교환이라면 정치는 가치의 통제다. 비즈니스와 정치를 함께 이해해야 하는 이유가 여기에 있다. 예술과 게임의 결합인 정치는 점수가 매겨지는 권력 경쟁과도 같다. 이 경쟁은 스토리 형식으로 전개된다.

비즈니스와 정치에 관한 스토리를 전할 때 작가들이 하는 가장 큰 실수는 이 둘을 분리해서 생각하는 것이다. 비즈니스와 정치는 실제적 삶을 구성하는 DNA의 두 가닥으로 긴밀하게 얽혀 있다.

비즈니스와 정치가 떼려야 뗄 수 없는 관계라는 것을 보여주는 가장 명확한 사례는 미국의 건국 과정에 있다.

> **핵심**
>
> 미국은 두 차례의 집단 학살을 딛고 세워진 국가다. 북미 토착민과 아프리카계 미국인을 대상으로 한 학살이다. 첫 번째 대량 학살은 토지를 위해 경쟁 상대를 제거한 것이었다. 두 번째는 그 토지를 개발할 값싼 노동력을 얻기 위한 것이었다.

비즈니스-경제 스토리 비트 = 자본주의와 공화국의 스토리

초월적 갱스터 스토리는 비즈니스와 정치라는 거대한 체제를 공격하는 이야기다. 따라서 우리는 이 두 가지 스토리 비트를 모두 살펴봐야 한다.

오늘날 서구 세계에서 비즈니스-정치라고 하면 자본주의 공화국이라는 특정한 혼성 양식을 의미하는 것이다. 자본주의는 돈으로 자유를 확대하는 체제라고 말한다. 공화국은 개인이 권력을 가지는 것으로, 또는 타인이 권력을 개인에게 행사하지 못하게 하는 것으로 자유를 확대하는 체제라고 말한다.

자본주의와 공화국에 관한 스토리들은 이 시스템이 자유와 정의에서 부패와 정치적 절대주의로 나아가는 현상을 다룬다.

> **핵심**
>
> 초월적 장르는 극단적인 자본주의와 전체주의 정부가 같은 결함을 지녔다는 사실을 보여주며 대단히 극적인 서사력을 얻는다. 이 두 시스템 모두 어린아이의 '보편적 의식'을 상징한다.

비즈니스에서 어린아이의 의식이란 원하고 또 원하는 순수한 이드Id를 의미한다. 정치에서 어린아이의 의식이란 위에서 강력한 통제를 받을 때 편안함을 느끼는 마음이다. 인간의 의식은 성숙해져야만 비로소 절제와 민주주의에 가까운 무언가와 함께 살아가기 시작한다.

이제부터 초월적 갱스터 스토리 비트를 살펴보며 이스턴 장르의 가장 훌륭한 예시 두 가지, 『위대한 개츠비』와 「매드맨」, 더불어 경제-정치 에픽인 「멋진 인생」과 「나의 계곡은 푸르렀다」, 「네트워크」를 자세히 분석해 보겠다.

초월적 갱스터 스토리 비트

초월적 갱스터 스토리는 스토리 세계에 큰 비중을 둔다. 이 스토리들이 비판하는 스토리 세계는 크게 다음과 같다.

- 자본주의 및 공화국의 문화
- 자본주의 및 공화국의 시스템
- 미국 시스템의 구성 원리

스토리 세계: 자본주의 및 공화국의 문화

자본주의적 공화국 스토리를 탐구하기 전, 앞서 종교에 대해 말하며 밝혔던 것처럼 내 입장을 다시 한번 분명히 해야 하겠다. 이제부터 나올 내용은 내 개인의 신념이 아니다. 나는 하나의 신념 체계를 스토리로서 분석하는 것이다.

자본주의 스토리는 우리가 현재 살고 있는 고도화된 비즈니스 세계를 묘사한다. 그러나 이것은 현실이 아니다. 자본주의는 찰스 디킨스를 포함해 많은 스토리텔러가 언급해 온 하나의 종교 유형이다. 이 스토리텔러들의 비판에 동의하느냐는 당신의 선택에 달려 있다.

사전에서는 자본주의를 "국가의 무역과 산업을 정부가 아니라 이윤 획득을 위하여 개인이 통제하는 경제적, 정치적 시스템"으로 정의한다.

이름에서 알 수 있듯이 자본주의는 자본을 창출하고 그 흐름을 통제하는 시스템이다. 하지만 자본이란 무엇일까? 자본은 돌과 같은 사물이 아니다. 자본(돈 또는 재화)은 어떠한 아이디어를 형상화한 것이다. 자본은 자원을 얻고 어떠한 행위를 취할 수 있는 가능성이다. 자본주의는 개인이 부를 창출하는 특정한 원리이고, 이렇게 개인이 창출한 부는 더욱 큰 사회에 영향을 미친다.

스코틀랜드 계몽주의의 핵심 인물인 애덤 스미스Adam Smith를 '자본주의의 아버지'라고 부르는 이유는 『여러 국가의 국부의 본질과 원인에 대한 탐구』(1776), 짧게는 『국부론』 때문이다. 그의 핵심 논지는 '자유시장'에서 개인의 사리사욕이 '보이지 않는 손'에 의해 사회의 번영을 불러온다는 것이다. 개인의 자유 + 욕망 = 집단적 부라는 뜻이다.

돈과 도덕성은 모두 가치의 문제다. 따라서 자본주의는 도덕성에 반대하거나 도덕성을 저버린다는 개념이 아니라, 개인의 이기심이 모두를 위한 공익을 실제로 증진시킨다는 일종의 도덕 이론인 셈이다.

애덤 스미스가 도덕 철학자로 시작해 『도덕감정론』(1759)까지 저술했다는 사실을 안다면 순수한 자본주의가 현실 묘사가 아니라 도덕 이론이라는 점을 이해할 수 있을 것이다. 그는 이 책에서 처음으로 '보이지 않는 손'이라는 은유를 썼다.

> 부자들은 (…) 가난한 자들보다 좀 더 소비한다 (…) 이들이 보이지 않는 손에 의해 삶의 필수품들을 분배하는 정도는 땅을 모든 거주자에게 똑같이 분배하듯 거의 동등하게 이뤄진다. 이렇게 의도하지도, 알지도 못하는 사이에 사회의 이익이 증진되고 인간의 증식 수단을 제공한다. 신의 섭리가 몇몇 귀족적인 지배자들에게 땅을 나누어줄 때도 분할의 대상에서 제외된 것처럼 보이는 이들을 결코 잊거나 버린 것이 아니다.

이기심의 가치에 대한 도덕적 논증을 펼친 것이다. 또한 일종의 '부자들의 신성한 권리Divine Right of the Rich'에 대한 이야기이기도 하다. 신은 소수의 지배자가 존재하는 세상을 창조했고 '보이지 않는 손'을 이용해 가난한 자들에게도 혜택을 주려 했다. 이후 '낙수 효과'라고 불리게 될 개념이 최초로 소개된 사례다.

> **핵심**
>
> 자본주의는 세상의 작동 방식을 객관적으로 묘사하는 개념이 아니라, 하나의 문화이자 종교다.

자본주의를 하나의 스토리로 보면 그 도덕 체계의 타당성을 탐구하는 데 도움이 된다. 어떠한 도덕 체계든 책임감이 핵심이다. 개인이 집단 내 다른 개인의 안녕감과 집단 전체의 안녕감에 얼마나 책임을 져야 하는 것일까?

자본주의적 가치

자본주의는 본질적으로 가치의 소유와 교환에 대한 도덕규범이기에 그 원리를 파악하려면 먼저 자본주의가 무엇을 가치 있게 여기는지 알아야 한다. 자본주의는 부를 가장 높은 가치로 삼고, 부를 쟁취하는 데 특정한 자질이 도움이 된다고 본다. 몇몇 자질을 들어보자면 진취성, 자립심, 자기 훈련, 만족을 지연할 줄 아는 태도다.

개인의 진취성은 비즈니스의 규모와 관계없이 유용한 자질이다. 하지만 자립심은 현재 세계에서는 오해의 소지가 있는 개념이다. 사회가 황야-유목 단계에서 농업 사회로, 특히 산업과 정보 사회로 진화하며 그 어떤 비즈니스맨도 진정한 의미의 자립을 할 수 없는 환경이 되었다. 경찰, 소방, 도로와 같은 공동체 기반 시설 및 소통의 필요성으로 협력 관계와 합의 도출, 리더십에 대한 중요성이 훨씬 커졌다.

「네트워크」의 유명한 장면에는 현대 자본주의적 공화국이라는 종교 체계를 향한 가장 격렬한 비판 중 하나가 등장한다. 뉴스 앵커인 하워드 빌이 자신이 속한 네트워크사인 미국 정보통신공사Communications Corporation of America, CCA가 사우디아라비아의 대기업에 인수된다고 수백만 명의 시청자에게 알리자, CCA의 회장 아서 젠슨이 그를 불러 호통을 친다.

> 아서 젠슨: 빌 씨, 당신은 자연의 근원적인 힘에 개입하려 했고, 이는 절대로 용납할 수 없는 일입니다!(…) 국가라는 것은 없어요. 민족이라는 것도. 러시아인도 없고, 아랍인도 없습니다. 제3세계도 없습니다. 서방이라는 것도 없고요. 그저 전체적인 시스템의 시스템, 거대하고⋯ 모두 다 얽혀 상호작용을 하는, 다변수적이고 다국적인 달러의 지배만 있을 뿐입니다. 페트로 달러, 일렉트로 달러, 멀티 달러, 라이히스마르크, 리, 루블, 파운드, 셰켈. 이 지구상의 삶 전체를 결정하는 것은 국제통화 시스템이죠. 이것이 오늘날의 원자적, 아원자적, 우주적 구조란 말입니다! 그런데 당신이 이 자연의 근원적인 힘에 개입했고, 당신은⋯ 이 일을⋯ 속죄해야 할 겁니다!

민주주의 가치

민주주의는 '국민에 의한, 특히 다수의 원칙에 의한 통치'로 정의된다. 여기에는 사회의 모든 사람이 결정에 참여한다는 의미가 내포되어 있다.

민주주의를 스토리 양식으로 생각해 보면 신과 초인을 바탕으로 한 고전 신화 양식과 반대된다고 할 수 있다. 민주주의에서 영웅이란 평범한 인간일 뿐이고, 군주제에서는 '신민'이라는 (하지만 객체처럼 취급받던) 존재다. 민주주의에서는 이 '신민'들이 조직을 운영한다.

> **핵심**
>
> 민주주의는 정부의 형태를 객관적으로 묘사한 것이 아니라, 모두가 자유로운 동시에 평등할 수 있다고 약속하는 하나의 문화이자 종교다.

따라서 민주주의와 공화제는 경쟁하는 두 개의 통치 체제가 아니다. 민주주의는 사상이고, 공화제는 운영 체제다.

스토리 세계: 자본주의 시스템

어떤 스토리 세계든 하나의 시스템을 통해 운영된다. 그 시스템에는 명확하게 정의된 역할과 위계, 일련의 규칙이 있다. 이 역할과 규칙이 체계를 세우고 예속을 불러온다.

자본주의 스토리 세계는 '보이지 않는 손'에 의해 운영된다고 본다. 이 관점을 지지하는 사람들은 실로 개인이 최대의 자유를 가진다면 인간의 모든 시스템은 '보이지 않는 손'에 의해 운영될 거라고 믿는다.

> **핵심**
>
> '보이지 않는 손'이 사회에 가장 큰 가치를 창출한다는 것을 입증하기 어려운 가장 큰 이유는 자본주의가 현실에 존재하지 않는, 존재한 적이 없는 유토피아적인 개념이기 때문이다.

스토리 세계: 시스템의 구성 원리

SF 장에서 시스템의 구성 원리에 대해 말하며 사회가 구성원을 통제하는 방식이 이 시스템에 의해 결정된다고 설명했다.

> **핵심**
>
> 이 구성 원리가 누가 비교적 자유롭고 또 누가 비교적 예속되어 있는지 결정한다. 따라서 문화 속 모든 스토리는 바로 이 하나의 원리에 기초하고, 이 원리에 따라 사회 구성원의 사고방식을 반복적으로 재구성한다.

영국과 미국의 시스템을 비교해 보면 좀 더 분명하게 확인할 수 있다. 옛 영국의 시스템은 아버지의 모든 재산이 장남에게 귀속되는 체제였다. 따라서 영국 시스템의 근본 메시지는 날 때부터 출신이 정해져 있고 이는 절대로 바뀌지 않는다는 것이다.

미국의 시스템은 평등과 자유라는 이상에 기초한다. 따라서 미국 시스템의 근본 메시지는 우리가 원하는 누구든 될 수 있다는 것이다.

> **핵심**
>
> 영국 스토리는 계급 체제 내에서 세습되는 지위와 태생부터 정해진 역할을 수행해야 하는 개인의 이야기가 주를 이룬다. 미국 스토리는 개인이 절대적 자유를 누리며 스스로를 재창조하고 자신이 원하는 누구로든 변해가는 이야기다.

초월적 갱스터 스토리는 절대적 자유라는 원칙이 지닌 문제에 대해 논한다. 이 원칙으로 인해 승리를 위해서는 어떤 일도 정당화될 수 있다는 불가능한 기대 심리가 형성되는데, 결국 개인은 절망적인 결과를 맞이할 수도 있다.

『위대한 개츠비』

개츠비와 사촌 닉은 스스로를 재창조한다는 위대한 미국의 프로젝트를 달성하기 위해 노력한다. 닉은 이렇게 말한다. "사실 롱아일랜드 웨스트 에그의 제이 개츠비는 스스로가 만든 이상적인 모습에서 탄생한 인물이었다. 그는 하나님의 아들이었고—이 말에 어떠한 의미가 있다면 그것은 말 그대로—자기 아버지의 일, 그러니까 거대하고 세속적이며 겉만 화려한 아름다움을 섬겨야 했다. 그래서 그는 열일곱 살의 소년이 상상할 법한 제이 개츠비라는 인물을 만들어낸 뒤 그 역할에 끝까지 충실했다."

완전한 기회주의의 땅을 가장 궁극적으로 표현하는 인물은 갱스터일 것이다. 목표가 전부인 인간 말이다. 개츠비의 파트너인 마이어 울프심은 1919년 월드 시리즈의 승부를 조작한 갱스터라는 소문이 돌았다. 누군가 이 일을 묻자 개츠비는 "기회를 잡았던 거지요"라고 대답했다.

「매드맨」

「매드맨」은 최고의 이스턴 작품이자 경제-정치 에픽 중 하나라고 할 수 있다. 개츠비처럼 주인공 돈 드레이퍼는 타인의 이름과 신분으로 자신을 재창조한 인물이다. 그는 또한 재창조의 비즈니스에 몸담고 있다. 그는 올바른 제품만 구매하면 전혀 다른 사람이 될 수 있다는 거짓말을 파는 데 전문가다.

초월적 갱스터 스토리 비트: 캐릭터망

초월적 갱스터 스토리에서 캐릭터망은 보통 방대하고 복잡하지만 고도로 체계화되어 있고 사회 전체를 압축해 보여준다. 이 사회 규칙이 어떻게 작용하는지에 따라 플롯이 달라진다.

『위대한 개츠비』는 누구든 원하는 사람이 될 수 있다는 미국 건국의 기본 이념을 구현한 작품이다. F. 스콧 피츠제럴드는 모든 캐릭터에게 정도를 조금씩 달리해 가짜인 면과 진짜인 면을 부여하고 그 대비를 보여줬다. 그가 위대한 미국 소설을 이토록 간결하게 전달할 수 있었던 것도 이 기법 덕분이었다.

개츠비와 닉은 필사적으로 스스로를 재창조하려는 인물이다. 하지만 닉은 단단하고 건실하며 도덕적이다. 그는 이렇게 말한다. "나는 생각이 느리고 내면의 규칙도 많은 사람이다. 누구나 자신이 기본 덕목 하나쯤을 갖추지 않았을까 생각할 텐데, 내게도 그러한 덕목이 하나 있다. 내가 아는 몇 안 되는 정직한 사람 중 하나가 바로 나다."

속이 텅 비고 비도덕적이며 불법적인 행동을 하는 개츠비에게는 한 가지 희망적인 면이 있다. 그는 진정한 사랑이라는 이상을 좇았다. 그는 데이지가 완벽한 여성이자 로맨스계의 아메리칸드림이라고 생각한다. 하지만 그녀는 너무도 거짓된 인간이었다. 이기적이고 경솔하며 나약하고 겁쟁이다. 이것이 제이 개츠비의 비극이었다.

닉의 여자 친구 조던은 데이지를 변형한 캐릭터이자 데이지가 어떤 사람인지를 미리 보여주는 인물이다. 처음부터 닉은 조던이 무엇을 숨기는 것 같다는 인상을 받는다. 조던이 빌려 온 자동차를 빗속에 세워두고는 그 일에 대해 거짓말을 하자 닉은 조던이 골프 대회에서 골프공을 치기 쉬운 곳으로 슬쩍 옮겼다고 신문 기사가 났던 일을 떠올린다. 또한 사람을 차로 칠 뻔한 조던은 사람들이 조심해서 비켜 가야 하는 거라고 말한다.

「매드맨」은 1960년대를 배경으로 10년에 걸쳐 주인공들이 서서히 해방되어 가는 과정을 추적한다. 창작자인 매슈 와이너Mattew Weiner는 광고대행사라는 한 공간 안에서 인물들을 연결한다. 캐릭터들은 자신들이 판매하는 미국의 시스템에 예속되어 있다. 그 미국의 시스템이 외치는 신조는 이렇게 요약할 수 있다.

- 무엇이든 팔리는 게 정답이다
- 남성들은 일터에서는 여성들을 지배하고 집에서는 여성들에게 거짓말을 한다

그 결과 캐릭터망은 크게 두 가지의 대조를 기반으로 형성된다.

- 캐릭터 내면: 꿈 VS 현실
- 남성 VS 여성

첫 번째 대조는 캐릭터들이 꿈꾸는 '좋은 삶'과 그들의 현실 간의 간극이다.

- 일터에서 이들은 누구에게나 좋은 삶이 가능하다고 홍보한다
- 현실에서는 교외에 자리한 이들의 가정은 결함과 거짓, 실망으로 가득 차 있다

「매드맨」은 엄격한 성 역할을 강조하지만 그 역할은 무너져 가기 시작한다. 권력의 자리에 있는 남성들은 술을 마시고, 담배를 피우고, 바람을 피운다. 주부이거나 비서인 여성들은 이러한 학대를 참아야만 한다.

아이러니하게도 이 드라마에서 가장 매력적인 캐릭터는 여성들이다. 가장 낮은 위치에서 시작한 이들은 무언가가 잘못되었다는 것을 막연하게 느낄 뿐이다. 하지만 이내 이들은 자유를 쟁취하기 위해 영웅처럼 맞서 싸우는 모습을 보여준다.

초월적 갱스터 스토리 비트: 주인공-기업가 VS 보스

자본주의 스토리에는 주인공으로 두 가지 캐릭터가 가능하다. 기업가와 회사다. 서부극에서는 카우보이와 농부가 협력한다. 하지만 자본주의 스토리에서는 기업가와 회사가 서로 적대적인 관계다.

비즈니스맨은 모든 장르의 주인공 가운데 가장 부정적으로 그려지는 캐릭터다. 숫자만 아는 지루한 인물이거나 스크루지처럼 노동자와 고객의 피를 빨아먹는 뱀파이어일 수도 있다. 뱀파이어라는 비유 때문에 비즈니스맨은 보통 주인공이 아니라 적대자로 그려진다. 가족이나 품위, 옳은 행동, 배려, 사랑보다는 돈의 가치를 더욱 우선시하는 전형적인 사업가의 모습을 보여주지만 그렇지 않은 경우도 물론 있다.

회사는 보스로 의인화되는데, 극단적인 경우 '업계의 수장'으로 등장하기도 한다. 이 캐릭터는 사업가보다도 훨씬 부정적으로 그려진다. 일부 이유는 코넬리어스 밴더빌트Cornelius Vanderbilt, 앤드루 카네기Andrew Carnegie, 존 D. 록펠러, J. P. 모건J. P. Morgan, 헨리 포드Henry Ford 등 '악덕 자본가'의 반경쟁적 행위 때문이기도 하다.

> **핵심**
>
> 자본주의 공화국에서 가장 부유한 개인들은 작위가 아니라 돈으로 새로운 귀족을 형성한다. 이들은 공화국에서도 군주제만큼이나 강력한 진제주의 세력이 될 수 있다.

『위대한 개츠비』에서 데이지의 남편, 톰은 주인공이 아닌 적대자지만 신흥 귀족의 전형적인 모습을 보여준다. 그는 '뉴 머니'이지만 개츠비보다는 올드 머니인 셈이다. 당연히 그는 이스트 에그의 웅장하지만 보수적인 저택에 산다. 중서부 출신의 신흥 부자인 개츠비는 웨스트 에그에서 더욱 요란하게 치장한 저택에 산다.

기법: 보통 사람의 에픽

갱스터 장르를 이용해 아메리칸드림과 현실의 격차에 날카로운 사회적 논평을 전한 작품은 소수에 불과하다. 기본적인 갱스터 스토리는 자본주의의 축소판과 같은 갱스터들의 비즈니스에 초점을 맞춘다. 보통은 몇몇 도시에 작게 형성된 민족 공동체에서 스카페이스나 리틀 시저와 같은 사람이 비즈니스를 운영하는 이야기로 전개된다. 이 때문에 갱스터 스토리를 더 높은 차원으로 끌어올리는 주요 기법은 보통 사람의 에픽으로 서사를 확장시키는 것이다.

에픽은 한 개인 또는 가족의 행동이 국가의 운명을 결정하거나 상징하는 스토리를 말한다. 역사적으로 에픽에는 왕과 왕비가 등장했다. 따라서 미국의 에픽은 미국의 '왕'처럼 모순되게 들린다.

텔레비전 시리즈인 「소프라노스」는 왕의 일상이라는 기법을 활용한다. 이 작품의 혁신적인 전제는 무자비한 마피아 두목이 모친, 아내, 아이들과 갈등을 겪고 정신과 의사를 찾아간다는 것이다. 이 작품의 작가로 후에 「보드워크 엠파이어」를 창작하기도 한 테런스 윈터 Terence Winter는 "시청자를 유인하려는 미끼로 갱스터 장르를 이용했다"라고 전했다.

작가인 다이앤 프롤로브 Diane Frolov 는 이렇게 말했다. "왕궁에 사는 왕과 왕비의 이야기를 쓰는 것과 비슷하다. 바깥세상과 별개로 그 나름의 법이 있는 하나의 통치 체제를 갖춘 세상인 것이다. 가족 문제가 등장하기는 하지만 실은 더욱 큰 맥락이 있다."

작가들은 '궁에 사는 왕들과 왕비들'로 스토리를 전개하는 한편 통제가 안 되는 아내와 자식 때문에 좌절하는 왕의 일상을 보여준다. '왕' 토니 소프라노는 아들에게 손찌검은 할 수 있어도 아들이 사고 치는 것을 막을 수는 없다.

> **핵심**
>
> 이스턴과 경제-정치 에픽에서 주인공은 한 국가에 영향을 끼치는 위치에 있다.

『세일즈맨의 죽음』의 저자인 아서 밀러Arthur Miller는 '세일즈'야말로 가장 미국적인 직업이라고 했다. 「매드맨」은 세일즈맨을 활용해 보통 사람의 에픽을 전한다. 주인공 돈 드레이퍼는 매디슨 애비뉴의 크리에이티브 디렉터로, 그는 하나의 제품보다 더 많은 것을 판매한다. 그는 아메리칸드림을 파는 인물이다. 그의 광고는 미국을, 더 나아가 세계를 뒤바꾼다. 그렇게 돈 드레이퍼는 미국의 왕이 된다.

초월적 갱스터 스토리 비트: 약점 1

- 캐릭터마다 그 나름의 약점이 있지만, 모든 캐릭터에서 공통적으로 발견되는 더 큰 맥락의 약점이 있다
- 주인공은 일종의 발달이 정지된 상태로, 잘못된 자아상에 갇혀 있고 이로 인해 파멸로 향한다
- 주인공이 남성일 경우 징서적으로는 이런 소년을 벗어나지 못하는

인물일 때가 많다
- 주인공이 여성일 경우 보통 엄격하고 가부장적인 사회 시스템이 요구하는 대로 예쁜 장식품이라는 이미지에 부응하려 한다

비즈니스를 한다고 해서 판매자나 구매자 한쪽에게 심리적 또는 도덕적 결함이 있다는 의미는 아니다. 도리어 그 반대다. 이들은 생존과 번영이라는 인간의 기본 욕구를 충족하려는 것이다. 그 과정에서 가치가 창출된다.

> **핵심**
>
> 초월적 갱스터 스토리는 욕구가 탐욕으로 변질되는 순간을 포착한다.

이후 비즈니스는 누가 가장 많은 돈을 버는가의 게임으로 달라진다. '더 많이'를 향한 끝없는 욕망에 불이 지펴진다. 그 결과 돈을 먹는 괴물이, 하지만 아무리 먹어도 배가 부르지 않은 괴물이 탄생한다. 탐욕은 타인에게 부정적 영향을 미치기 시작하는 순간 도덕적 결함이 된다.

『위대한 개츠비』: 사기꾼인 개츠비는 거짓을 일삼고 돈과 다른 남자의 아내를 탐한다. 하지만 소설의 또 다른 주인공인 닉은 어떤가? 피츠제럴드는 3인칭 화자 방식으로 닉이 묘사하는 개츠비를 들려준다. 따라서 스토리의 기본 구조는 개츠비가 닉의 삶을 어떻게 바꾸는가를 추적한다. 다시 말해 두 주인공 중 하나인 닉만 변화를 겪는다는 의미다.

닉은 '관찰자형 주인공'으로 수동적인 인물이다. 하지만 이러한 수동성은 스토리의 주제에 따른 것이다. 그는 뒤늦게야 개입하고 행동한다.

닉은 개츠비의 욕망과 파멸을 부추기는 인물이다. 닉은 채권시장에 뛰어들어 돈을 벌 생각에 동부로 왔다. 처음에는 그 역시 탐욕에 이끌려 행동한다. 하지만 개츠비와는 달리 사기 행위에는 가담하지 않는다.

약점 2: 구매자로서의 자아

초월적 갱스터 스토리는(갱스터 에픽, 이스턴, 경제-정치 에픽) 개인이 스스로를 구매자로 인식하는 순간을 강조해 드러낸다.

SF 장에서 우리는 사회의 진화와 문화의 진화가 어떻게 연결되어 있는지 살펴봤다. 사회가 부족에서 농경 사회로, 이후 산업 사회와 첨단 기술 사회로 진화하는 과정에서 문화가 수치심에서 죄의식, 소비자 문화로 달라지는 것을 확인했다. 고도로 발달된 경제 시스템에서는 구매자를 통해 소비자 문화를 확인할 수 있다.

소비자 문화 속 구매자에게는 두 가지 약점이 있다. 순수한 개인주의 및 절대적 자유에 대한 환상과 자아의 불안정이다.

세계에서 가장 개인주의적이고 자본주의적인 문화를 지닌 미국은 순수 개인주의라는 이념에 기초한다. 이 문화에서는 극단적인 개인주의를 인간은 절대적으로 자유롭다는 유치한 관념으로 이해한다. 소비자 문화는 자신을 성공한 사람처럼 보이게 하는 물건으로 치장하면 자아를 창조할 수 있다고 말한다. 이 과정에서 물건에 대한 애착과 자아의 불안이라는 심리적 약점이 탄생한다.

정확히 어떤 원리로 이런 일이 벌어지는 것일까? 비즈니스가 제품에 담긴 스토리를 팔려면 먼저 소비자의 마음에 그 제품에 대한 필요Need를 만들어내야 한다. 그래야 제품 형태로 그 필요를 충족시킬 수 있다. 이러한 마케팅 스토리에서 제품은 구조적으로 두 번째 단계, 즉 구매자의 욕망을 충족시키는 해결책이 된다.

비즈니스가 사람들의 진정한 욕망을 채워주는 제품을 판매할 수도 있다. 하지만 진정한 필요에만 의존한다면 매출 잠재력의 일부밖에 달성하지 못할 것이다. 따라서 민간 기업은 고객의 자기 의심을 자극하는 광고(계획)를 활용해 고객의 약점을 증폭시킨다. "아직 충분하지 않아요. 더 예뻐질 수 있습니다. 더 똑똑해질 수 있어요. 더 부자가 될 수도 있고요. 더 나은 사람이 될 수 있습니다. 더 많은 것을 가질 수 있고, 훨씬 더 나은 존재가 될 수 있습니다." 이 방정식에서 존재(정체성)는 소유다.

심리 치료사인 필립 쿠시먼Philip Cushman은 이러한 자아의 불안 또는 자기혐오를 '텅 빈 자아empty self'라고 한다. 이 내재된 결핍은 제품을 사고 싶다는 욕망만 만들어내는 것이 아니라 거짓된 필요라는 영원히 반복되는 사이클을 탄생시킨다. 제품은 일시적으로 갈망을 해소하지만, 이내 새로운 갈망이 다시 시작된다. 한번 중독되면 구매자들은 놀라울 정도로 한 제품을 고집한다. 이제 기업은 평생 고객을 확보한 것이다. 이는 소비자 문화에서 이상적인 현장이자 기술-자본주의 시스템이 최적으로 기능하는 데 필요한 현상이다.

> **핵심**
>
> 제품은 구매자의 필요를 결코 해소하지 못한다. 애초에 필요가 형성되어 있지 않았기 때문이다. 이는 필요가 아니라 욕망이다. 찰나의 감각이고 이내 사라진다. 약물처럼 경험의 짜릿함을 위해 제품을 계속해서 구매하는 것이다.

개츠비는 궁극적인 구매자다. 그는 데이지를 가지려 하지만 정확하게는 자신이 원하는 누구든 될 수 있다는 생각을 구현하려는 것이다. 개츠비의 핵심은 결국 그가 정체성도 실체도 없는 인간이라는 데 있다. 모두가 그의 '친구'다. 그의 파티에 와서 무료로 술을 즐기며 즐거운 시간을 보내는 이들 또한 전부 가짜다. 이들은 그저 소비하고 지위를 얻고 싶을 뿐이다.

그렇다면 개츠비가 '가지려고' 전력을 다하는 인물은 또 어떤가? 데이지는 아메리칸드림 속 여성이다. 예쁘고, 가볍고, 아이 같고, 매력적이며 부유하다. 하지만 그녀 또한 텅 빈 인간이고, 개츠비와는 달리 한 가닥 희망도 없는 인물이다. 그녀는 아무도 사랑하지 않기 때문이다.

그녀가 처음 등장하는 대목에서 닉은 데이지와 그녀의 친구 조던을 두고 이렇게 말한다. "두 젊은 여자도 바닥으로 천천히 내려앉았다. (…) [데이지의] 목소리에는 어떠한 흥분이 깃들어 있었다. (…) 곧 즐겁고 신나는 일이 벌어질 거라는… 약속이." 이후 닉은 이렇게 전한다. "데이지의 목소리에는 신중함이 없어요(…). 그 애의 목소리에는 뭔가 가득…." 개츠비가 그의 말을 맺는다. "목소리는 돈으로 가득 차 있어요."

「매드맨」은 행복을 말하는 드라마다. 독립선언서에서 약속한 "생명, 자유, 행복의 추구"를 정확히 겨냥한다. 광고 천재 돈 드레이퍼는 자신이 파는 아메리칸드림이 허구라는 것을 잘 알고 있다. 하지만 그와 다른 광고맨들은 그 아메리칸드림을 사는 데 필사적이다.

> 돈: 광고는 결국 행복, 이거 하나죠. 행복이 뭔 줄 압니까? 바로 새 차 냄새입니다. 두려움에서 해방되는 겁니다. 도로 옆에 있는 커다란 광고판이죠. 지금 잘하고 있다고 안심시켜 주는 광고판이요. 괜찮다고 말입니다.

「배트맨」의 모든 캐릭터는 동일한 내적 결함을 지녔다. 이들은 물질적인 것을 통해 행복을 갈구하지만 실망만 경험한다. 시즌 5의 12번째 에피소드, '수수료와 보수'에서 베트남전쟁이 한창일 당시 돈은 네이팜 제조사인 다우케미컬Dow Chemical을 고객으로 유치하려 노력한다. 여기서 그는 이 드라마 전체 주제를 관통할 법한 말을 남긴다.

> 행복이란 무엇일까요? 더 많은 행복이 필요해지기 직전의 순간입니다.

「매드맨」 캐릭터들은 모두 아이처럼 행동한다는 약점을 지녔다. 주인공 돈은 여성과 술에 빠져 있고 사랑스러운 아내 베티를 아이처럼 취급하지만 정작 성장하지 못한 어린 소년은 그 자신이다. 베티의 정신과 의사는 그녀에게 어린아이라고 말한다. 피트는 자신의 뜻대로 되지 않으면 툴툴대고 자신보다 아래라고 여기면 상대를 모욕하는 심술궂은 소년이다. 페기는 피터 팬 칼라(피터 팬 옷에 달린 칼라에서 유래한 끝이 납작하고 둥근 옷깃—옮긴이)가 달린 옷을 입고 다니며 사람들에게 인정을 받으려 애쓰는 순진한 소녀다. 중년의 로저는 술과 외도녀 조안을 포함해 쾌락을 좇는 철부지다. 광고 카피라이터들은 대학 사교 클럽 회원들처럼 늘 여성의 외모를 비하하고 여자를 꾀어 잠자리를 하려 한다.

초월적 갱스터 스토리 비트: 욕망—돈, 독점, 총체적 부

고도로 선진화된 자본주의 경제에서도 첫 번째 욕망은 상품을 파는 것이다. 세일즈맨의 유명한 모토는 'ABC', 즉 '언제나 성사시켜라Always Be Closing'이다. 목표를 달성하라. 스토리를 완성하라. 판매자는 판매를 통해 자신이 정말 원하는 것을 얻을 수 있다. 돈이다. 판매자의 장기적 목표는 부를 쌓는 것이다.

스토리 비트: 주인공은 부를 쌓기 위해 어떤 형태의 비즈니스를 창업하거나 기존 비즈니스에 합류한다.

겉으로는 개츠비가 데이지를 원하는 것처럼 보인다. 하지만 단순한 로맨스보다 훨씬 복잡하다. 도시에서 경제적 성공을 좇는 이스턴 장르의 구조를 차용한 피츠제럴드는 데이지라는 인물을 통해 돈과 지위가 전부인 것으로 타락해 버린 미국의 약속을 보여준다. 이 과정에서 사랑은 일그러지고 파괴된다.

데이지와 금전적 아메리칸드림을 향한 개츠비의 욕망은 데이지 저택 부두에 자리한 초록색 불빛으로 상징된다.

「매드맨」의 작가 매슈 와이너는 미국인의 욕망을 파는 행위와 광고인들의 개인적, 직업적 삶을 연결시키는 뛰어난 아이디어를 떠올렸다. 광고인들은 자신들이 판매하는 좋은 삶의 이미지를 구매하는 사람들을 두고 멍청하다고 비웃으면서도 내심 그런 삶이 실재하기를 누구보다 바란다.

플롯의 시각적 형태 - 흥망성쇠, 호황과 불황의 순환

가장 오래된 스토리 구조 중 하나는 왕과 왕국의 부흥과 쇠퇴로, 이는 역사를 한참 거슬러『오이디푸스왕』에서도 발견할 수 있다. 앞서 우리는 문명의 흥망을 추적하는 서부극 장르에서도 이 스토리 형태를 확인했다. 갱스터 장르에도 민주주의 속 왕의 부흥과 쇠퇴가 담겨 있다.

자본주의 스토리에서는 이 구조를 호황과 불황으로 표현한다. 다른 장르에서 흥망성쇠는 한 번의 과정으로 끝나지만 자본주의에서는 영원히 멈추지 않는 순환이다. 호황은 점점 고조되는 크레셴도로, 불황은 점점 약해지는 디크레셴도로 이해하면 된다. 토머스 콜의「제국의 행로」에 그림으로 묘사된 사회적 단계가 끊없이 순환하는 것과 유사하다.

가치는 대단히 주관적이고 변덕스러운 개념이기에 정부가 하락을 완화하고 상승을 조장하는 보호 장치를 둔다 해도 경제의 호황과 불황을 완전히 없앨 수는 없다. 그 이유는 무엇일까? 인간의 심리가 실제 공급과 수요에 '부가 가치'를 더하기 때문이다.

「빅쇼트」에서는 2007년 세 집단의 투자자들이 미국의 금융 시스템 전체가 부패했음을, 그리고 곧 붕괴할 것임을 깨닫는다. 은행과 증권 회사들은 과도한 레버리지와 주택 시장의 건전성을 속여 거대한 버블을 형성했고 막대한 이익을 챙긴다. 이 사기극에는 여러 연방 기관도 가담했다.

주인공들은 이러한 부패를 목격하고 시스템 하락에 베팅하는 '숏(공매도—옮긴이)'을 시도한다. 부동산의 실제 가치가 드러나자 시장은 붕괴되고 '주인공들'은 거대한 이익을 창출한다. 하지만 일반 투자자들과 주택 소유자들 대부분은 파산한다. 한편 정부는 은행들을 구제해 준다. 이 영화는 현대 '자본주의' 공화국을 향해 통렬한 비판을 전한다.

초월적 갱스터 스토리 비트: 적대자

스토리는 갈등을 통해 전개된다. 선진 자본주의를 비판하는 초월적 갱스터 스토리는 보통 세 가지 유형의 적대 관계를 가진다.

1. 판매자 VS 구매자
2. 기업가 VS 회사
3. 소유주 VS 노동자

이 세 유형의 대립이 각각 어떻게 얽혀 있는지에 따라 스토리가 결정되고, 스토리가 시스템의 어떤 점을 혹평하는지도 정해진다.

판매자 VS 구매자

경제가 아무리 복잡해져도 자본주의 스토리의 첫 번째 적대 관계는 항상 판매자와 구매자다. 이 간단한 거래 관계에 참여자는 단 두 명뿐이고, 양쪽 모두 서로의 존재를 알고 있다.

그러나 판매자와 구매자의 관계는 단순히 갈등 관계로만 존재하지 않는다. 거래를 성사하기 위해서는 서로가 교환하는 것이 약속된 가치를 지닌다는 일정한 수준의 신뢰가 형성되어야 한다. 경제학자 레이철 보츠먼Rachel Botsman이 '신뢰 도약trust leap'이라고 한 개념이다.

다시 말하면 판매자와 구매자는 동맹 관계라는 의미이기도 하다. 이로 인해 어떠한 거래든 기본적인 모순이 존재한다. 판매자는 구매자와 대립하는 위치에 있으면서도 구매자가 자신을 친구라고 여기길 바란다. 시스템이 복잡해질수록 구매자는 판매자가 자신과 적대적인 관계라는 사실을 잘 인식하지 못한다.

기업가 VS 회사

판매자가 기업가에서 회사가 되면 이 경쟁에서 구매자에 비해 중요한 이점을 몇 가지 확보한다. 가장 큰 이점은 상품의 필요성과 상품의 진짜 가치를 구매자에게 속이는 캠페인 활동을 진행할 여력이 된다는 것이다. 이러한 속임수에는 판매자가 구매자의 친구라는 인상을 심는 것도 포함된다.

「매드맨」에서 첫 번째 시즌을 제외하고 모든 시즌에 등장하는 중요한 플롯 비트는 필연적으로 대기업화되는 자본주의의 방향성이다. 작지만 기업가적인 돈 드레이퍼의 광고대행사는 더욱 큰 회사들과 경쟁해야 하고 이 회사들이 자신의 대행사를 인수하려는 시도를 막아내야만 한다.

소유주 VS 노동자

선진 자본주의를 다룬 스토리들은 이 세 번째 대립 소유주 VS 노동자의 이야기를 가장 가혹하게 다룬다. 이 스토리들은 언제나 돈이 최상의 가치를 지니는 만큼 소유주의 핵심 동기는 가장 저렴한 노동력을 확보하는 것이라 말한다. 그 결과 몇몇 노동자는 벗어날 수 없는 빈곤 상태, 즉 일종의 노예 상태를 경험한다.

> **핵심**
>
> 소유주와 노동자의 관계에서 소유주는 노동자를 임금의 노예로 삼으려는 강력한 동기가 있다. 다만 이러한 노예 상태를 지속시키는 것은 가장 저렴한 상품가를 추구하는 구매자다.

「글렌게리 글렌 로스」에서 모습을 드러내지 않는 부동산 중개업소 소유주들은 살아남기 어려운 궁지로 영업 사원을 내몬다.

> 블레이크: 이번 달 영업 실적 경쟁에 새로운 것을 조금 추가해 봤습니다. 다들 아시다시피 1등 상품은 캐딜락 엘도라도입니다. 2등 상품도 궁금하시죠? 2등은 스테이크 칼 세트입니다. 3등은 해고입니다.

초월적 갱스터 스토리 비트: 계획-스토리를 전달하다

여러 면에서 자본주의의 예술은 판매의 예술이다.

판매자가 구매자에게 특정한 가격으로 상품 구매를 설득하는 주된 방법은 광고와 마케팅이다.

> **핵심**
>
> 광고는 스토리 양식이다. 따라서 좋은 광고라면 좋은 스토리가 갖춘 일곱 가지 구조적 단계를 지니고 있다.

『위대한 개츠비』에서 개츠비가 거대한 부를 가진 거물 사업가의 이미지를 지닐 수 있었던 것은 그가 거짓 스토리, 즉 '거지에서 벼락부자'가 되었다는 이야기를 여기저기 하고 다닌 덕분이었다.

「매드맨」에서 주인공 돈은 기업과 광고 거래를 성사시키는 뛰어난 실력으로 유명하다. 시즌 1에서 그는 한때 행복했던 가족의 사진과 노스텔지어를 접목해 코닥Kodak의 새 가정용 프로젝터 광고 프레젠테이션을 진행한다. 기업이 임시로 정한 제품명은 '더 휠The Wheel'이었다. 여기서 돈은 행복한 가족 나들이를 떠올리게 하는 '회전목마Carousel'라는 제품명을 새롭게 제안한다.

초월적 갱스터 스토리 비트: 도덕적 논증-죄수의 딜레마

도덕적 논증은 작가가 주인공의 행동과 그에 따른 정당화를 일련의 전개로 보여주며 어떻게 살아야 하는지 메시지를 전달하는 것이다. 기본적인 갱스터 스토리는 주인공이 목표를 달성하기 위해 하는 행동을 말로 정당화하는 모습을 보이지 않는다는 점에서 독특하다고 할 수 있다. '이스턴'과 경제-정치 에픽에서 주인공은 자신의 부패함에 대단히 무지한 모습을 보인다. 이들은 자신을 위해 또는 기업을 위해 더욱 많은 이익을 벌어들인다는 큰 명분을 내세워 자신의 방식을 정당화한다.

도덕적 논증의 비트는 다음과 같다.

- 주인공은 돈과 성공을 위해 점점 더 비도덕적인 행동을 저지른다
- 주인공은 자신이 속한 기업에 흡수되어 자신의 개인성을 모두 잃는다
- 주인공은 부자가 되지 못하거나 부를 얻었지만 그 대가로 영혼을 잃었음을 깨닫는다

「매드맨」에는 광고대행사 직원들이 돈을 벌기 위해 어떤 행동까지 하는지 보여주는 장면이 가득하다. 가령 이들은 가장 큰 고객사인 럭키 스트라이크Lucky Strike 담배가 수백만 명을 죽음으로 내몰 수 있는, 중독성이 강한 상품이라는 것을 잘 안다. 정부가 담배 라벨에 경고 문구를 부착하라고 요구하자 돈은 담배를 '천천히 구웠다'는 광고로 구매자들의 시선을 돌리자고 제안한다.

시즌 5의 11번째 에피소드 '또 한 명의 여자'에서는 돈을 제외한 모든 파트너가 재규어Jaguar의 거래를 따 오기 위해 비서이자 싱글맘인 조안이 성 상납을 하는 거래에 동의한다. 그 대가로 조안은 파트너 자리에 오른다.

그다음 화인 '수수료와 보수'에서 돈은 네이팜 제조사인 다우케미컬에 시장점유율 '81퍼센트는 충분하지 않다!'라고 몰아붙인다. 그는 기업에 제2차 세계대전에서 독일과 일본을 상대로 효과가 있었다면 베트남에서도 충분히 쓸 수 있다고 말한다. 그가 내린 최후의 도덕적 정당화는 이렇다. "미국이 무기가 필요할 때 다우가 만들고, 효과만 있으면 되는 겁니다."

보이지 않는 손 VS 보이지 않는 주먹과 죄수의 딜레마

애덤 스미스는 자본주의를 대체로 하나의 도덕규범으로 설명했다. 목표(부)를 설정하고 이를 달성하는 이상적인 방법을 제시했다. 그렇다면 해당 스토리의 도덕적 논증은 어떻게 전개되는가? 또한 이에 반하는 스토리의 도덕적 논증은 무엇일까?

스미스의 핵심적인 도덕적, 경제적 주장은 규제되지 않은 자본주의로 소수의 지배층이 지구 대부분의 자원을 독점하는 불평등을 완화할 수 있다는 것이다. 그는 개인이 합리적인 이기심으로 행동할 때 '보이지 않는 손'이 최대 다수에게 최대 가치와 자유를 창출한다고 주장했다. 이것이 그의 도덕적 논증이다.

초월적 갱스터 스토리는 규제되지 않은 자본주의와 보이지 않는 손에 반하는 도덕적 논증을 다수 제시한다. 이 스토리들의 주장을 함축적으로 보여주는 대안적 메타포를 몇 가지 소개하겠다.

1. 보이지 않는 주먹

핵심

> 규제되지 않은 자본주의에 대한 첫 번째 비판은 보이지 않는 손은 사실 보이지 않는 주먹이라는 것이다.

순수한 자본주의에서는 부유한 지배층이 가난한 이들에게 보이지 않는 도움의 손길을 내밀지 않고, 직원에게 행사할 수 있는 주먹을 소유주에게 제공한다. 직원은 무력한 임금의 노예가 된다.

가치를 모두에게 히힝 분배하는 대신 소수의 지배층이 규칙적으로 자신의 이익을 증대한다. 돈의 귀족들이 상속받은 자원으로 게임을 시작하고 이후 다음 세대에게 이를 물려주는 방식으로 하나의 영구적인 사이클이 완성된다.

부유층의 사이클이 상승하면 빈곤층의 사이클은 하향한다. 디킨스는 이러한 격차가 극단으로 치달으면 빈곤층은 추락을 멈출 '안전망'조차 없다는 점을 스토리로 보여주었다.

> **핵심**
>
> 보이지 않는 주먹의 효과는 가난한 자들을 비참한 상황에 빠뜨리는 정도가 아니라 사회 전체의 총체적 부를 감소시킨다.

이러한 논증으로 순수한 자본주의가 최대 다수에게 최대 부를 창출한다는 스미스의 핵심 주장은 힘을 잃는다.

2. 보이지 않는 입

스토리텔러가 규제되지 않은 자본주의를 반박할 때 활용할 수 있는 두 번째 메타포는 '보이지 않는 입'이다. 생존과 번영을 위해 제품을 팔아야 한다는 신념의 자본주의는 자원을 먹어치우고 엄청난 양의 폐기물을 남기는 기계와도 같다. 이는 사회의 총체적 부를 고갈시키는 행위다. 하지만 최종 이익을 계산하는 장부에 이 폐기물은 보통 포함하지 않는다.

'보이지 않는 입'이라는 메타포의 가장 유명한 예는 『위대한 개츠비』에 등장하는 검은 재의 계곡이다. 검안사 T. J. 에클버그의 안경 광고판 뒤편에는 탐욕스러운 미국의 자본주의가 남긴 폐기물이 문자 그대로 잿더미처럼 쌓여 있다.

3. 죄수의 딜레마

초월적 갱스터 스토리는 세 번째 메타포인 '죄수의 딜레마'를 이용해 자본주의와 보이지 않는 손을 비난할 수 있다. 앞서 『파리 대왕』, 『1984』, 『헝거 게임』, 『오징어 게임』, 「다크 나이트」와 같은 디스토피아 소설과 범죄 스토리에서 죄수의 딜레마를 확인했다. 이 메타포를 사용하여 규제되지 않은 자본주의가 비도덕적이고 파괴적임을 보여주는 작품으로는 『어둠의 심연』, 『파더 판찰리』, 『크리스마스 캐럴』, 「나의 계곡은 푸르렀다」, 「글렌게리 글렌 로스」, 「네트워크」, 「매드맨」 등이 있다.

죄수의 딜레마는 두 명의 죄수가 범죄 혐의로 체포된 상황을 다룬다는 사실을 기억할 것이다. 경찰은 두 사람을 각각 다른 방에 가두고 자수할 것인지 침묵할 것인지 선택지를 제시한다. 한 명이 침묵하고 다른 한 명이 자수할 경우 침묵을 택한 죄수는 극심한 처벌을 받는다.

이것을 자본주의에 어떻게 적용할 수 있을까? 스토리에서 대립 관계가 전투로 이어지는 상황에 빗대어 생각해 보자. 비즈니스에서는 거래가 이 전투에 해당한다. 스미스는 두 '플레이어'가 뚜렷한 욕망선을 갖고 있다고 주장한다. 각자 자신의 목표를 달성하면 모종의 방식으로 공동체 전체가 성장한다는 것이다.

그렇다면 이 과정에서 대립은 어디에 존재하는 것일까? 신뢰의 요소가 있다 하더라도 어떠한 거래든 일정 수준의 갈등이 존재한다. 각 공동체에는 서로 대립하는 욕망을 지닌 막대한 수의 개인이 포함되어 있다.

죄수의 딜레마 스토리 모델에서 자본주의는 경찰이 되고 개인은 죄수가 된다. 역설적이게도 규제되지 않는 시스템이 정부 당국이 된다. 전세의 인정감을 고정할 법이 존재하지 않는다면 모든 플레이어, 즉 개인과 기업은 어느 정도의 예속 상태에 놓인다.

> **핵심**
>
> 경쟁에 놓인 개인들은 전체의 이익이 불분명한 상황에서는 전체를 희생하고 개인의 이익을 추구할 가능성이 높다.

거래에서 손해를 보지 않으려는 욕망은 곧 모두가 동시에 제한된 자원을 노린다는 의미다. 제로섬 상황이 아님에도 다들 자신이 제로섬 임에 처해 있다고 느끼는 것이다. 그뿐만 아니라 상대 경쟁자를 이겨야 하는 거래 상황은 최상의 결과를 얻기 위해 거짓말과 속임수도 불사하게 만든다.

죄수의 딜레마 모델은 스미스가 내세운 자본주의 유토피아의 가장 강력한 논증, 즉 자본주의가 총체적 부를 증대한다는 주장을 반박한다.

> **핵심**
>
> 자본주의 도덕 시스템의 결함은 경제 시스템의 결함으로 이어진다. 극단적인 개인주의는 모두를 위한 총체적 부를 줄인다.

동시에 죄수의 딜레마는 규제된 자본주의가, 즉 개인이 공익을 위해 무언가를 기여하는 시스템이 모두를 위해 더욱 큰 부를 창출한다는 방증이 된다. 타인을 위해야 한다는 주장의 도덕적 논증은—부유층에게는 상대적으로 적은 비용이 든다—개인이 기여하는 시스템으로 가난한 사람들에게 엄청난 구매력을 확보해 줄 수 있다는 것이다. 빈곤층에게 돌아간 재원이 저축과 투자에 필요한 임계질량을 넘어서면 이때부터 상승 사이클이 만들어진다.

「나의 계곡은 푸르렀다」

「나의 계곡은 푸르렀다」는 영화 역사상 매우 위대한 작품 중 하나다. 시스템이 개인을 통제하는 방식을 극적으로 보여준다는 점에서 「7인의 사무라이」에 견줄 수 있다. 스토리는 아버지와 아들들이 얼마 안 되는 돈을 벌기 위해 위험한 석탄 광산에서 일하는 서사를 따라간다.

기본적인 대립 관계는 소유주와 노동자다. 양측 모두 개인의 이익을 두고 가혹한 선택을 내려야 하는 죄수의 딜레마에 빠져 있다. 소유주들은 회사의 생존을 걱정한다. 다시 말해 가능한 한 많은 석탄을 팔고, 적은 임금을 지급해야 한다는 뜻이다. 석탄 가격이 폭락하자 소유주들은 자연스럽게 임금 삭감을 택한다. 그 임금으로는 노동자가 생활할 수 없다는 것을 알면서도 어쩔 수 없다. 이러한 결정으로 결국 회사는 존폐의 기로에 선다.

노동자들 또한 달리 선택지가 없다. 자신들의 경제력을 통제하기 위해 시도해 볼 수 있는 유일한 방법은 집단의 힘을 발휘해 파업하는 것뿐이다. 하지만 파업이 길어지며 극심한 빈곤에 시달리자 더는 버티기가 어려워진다. 그 결과 가족과 공동체가 붕괴되면서 대규모의 사회적 갈등이 벌어진다.

광산에서 석탄을 캐내는 사업은 푸른빛이 돌던 계곡을 검게 물들인다(또 한 번 재의 계곡이 등장하는 순간이다). 기업이 지구의 자원을 고갈하고 공동체 모두가 고통받지만, 누구도 공공의 이익에 대해서는 생각하지 않는다. 더욱 안타까운 점은 노동자들이 그 위험한 광산에 생을 의존한다는 것이나. 필연식으로 광산이 붕괴되고 주인공이 사랑하는 아버지는 그 안에서 목숨을 잃는다. 이 사람들의 의도가 아무리 훌륭해도 경제 시스템 앞에서는 아무런 기회도 얻을 수 없다.

초월적 갱스터 스토리 비트: 도덕적 논증-비즈니스가 공화국을 타락시키고 진실을 해친다

초월적 갱스터 스토리는 자본주의에 또 하나의 중대한 비판을 전한다. 도덕성을 돈에 종속시키는 것은 개인에게만 영향을 미치는 일이 아니다. 더욱 심각한 문제는 공화국을 돈에 종속시킨다는 데 있다.

이 스토리들은 두 가지 중요한 문제를 꼬집는다. 첫째로 정치인이 선거에서 이기려면 큰돈이 들기에 정치인은 비즈니스, 즉 기업체에 의존할 수밖에 없고, 비즈니스는 자사의 금전적 이익에는 유리하나 전체 사회에는 해로울 수 있는 법안을 기대하며 기꺼이 자금을 댄다.

둘째로 자본주의는 진실을 해치고 고로 공화국 자체에 해롭게 작용한다. 정치인은 최첨단 광고 기술을 활용해 유권자들에게 효과가 있을 법한 '포장된 진실'을 제시한다. 이 스토리 양식은 프로파간다. 이러한 선전 기법은 마키아벨리Machiavellie의 『군주론』부터 나치 독일, 이오시프 스탈린의 소비에트연방, 모택동의 중국까지 독재주의의 중요한 지침으로 자리 잡았다.

> **핵심**
>
> 비즈니스가 정부를 소유하고 첨단 광고가 '진실'을 만들어내는 조합은 공화국을 전체주의로 몰아가는 가장 강력한 힘이다.

초월적 갱스터 스토리 비트: 전투–감옥, 더딘 죽음, 살인

비즈니스의 전투 단계에서는 대체로 전투가 일어나지 않는다. 판매자는 무엇보다 갈등을 피하려 하고, 비즈니스 거래에서는 기업과 주주들이 위대한 승자가 된다는 사실을 부각하지 않으려 한다.

초월적 갱스터 스토리는 실제 갈등을 수면 위로 끌어올린다. 이 스토리들은 돈으로 만들어진 신흥 귀족이 더욱 큰 전쟁을 일으켜 한 민족 집단 또는 한 계층의 사람들을 다른 집단과 대립하게 만든다고 꼬집는다. 평범한 노동자(시민)는 자신도 이해할 수 없지만 빈곤의 감옥에 갇혀 더딘 죽음을 맞이하는 운명에 처한다. 강경하게 맞서는 사람들이 목숨을 잃기도 한다.

스토리를 현대 자본주의 공화국을 이해하는 하나의 모델로 활용하는 데 사람들은 의견으로 스토리가 극적 효과를 위해 과장하거나 거짓을 말한다고 지적한다. 어느 정도 타당한 의견이다. 하지만 시스템에 대한 비판이 반드시 거짓은 아니다. 대다수의 기업 경영진은 자신들에게 맞서는 사람을 죽이라고 명령하지 않는다. 하지만 역사에는 위험한 노동 환경과 노동 착취 공장, 파업 파괴자에게 목숨을 잃은 사람들, 심지어 기업도 치명적임을 알면서도 방치한 오염 때문에 사망한 사람들의 사례가 셀 수 없이 많다.

『위대한 개츠비』에서의 전투는 개츠비의 사망이다. 부유층이 일으킨 계급 전쟁을 보여주는 완벽한 예다. 막대한 부를 지닌 데이지의 남편 톰은 차량 정비소 겸 주유소를 운영하는 조지 윌슨의 아내 머틀과 불륜을 저지르고 있었다. 개츠비의 차를 몰던 데이지가 머틀을 치어 죽이자 개츠비는 영웅처럼 죄를 뒤집어쓴다. 톰은 조지에게 머틀을 친 차가 개츠비의 것이라고 말한다. 조지는 개츠비를 살해하고 톰과 데이지는 유럽으로 휴가를 떠난다.

초월적 갱스터 스토리 비트: 자기 각성–부재

초월적 갱스터 스토리의 주제는 돈을 향한 예속, 개인성 상실, 아메리칸드림의 타락이다. 다만 주인공은 이를 깨닫지 못한다.

초월적 갱스터 스토리의 마지막 스토리 비트는 블랙코미디(파괴적인 시스템을 대상으로 한 코미디)와 동일하다. 이 스토리들은 비즈니스맨은 시스템이 붕괴되었을 때조차 자기 각성을 할 능력이 거의 없다고 말한다. 이데올로기는 너무도 강력하고 단기적인 돈의 유입은 너무도 막대해서 '세상 똑똑하다는 사람들'도 자신이 더 나은 길이 있음을 보지 못한다는 사실을 깨닫지 못한다.

이 스토리들은 비즈니스가 공화국을 타락시키는 과정에도 자기 각성이 부재한다고 말한다. 서서히 물의 온도가 오르는 것을 모르다가 결국 끓는 물에 목숨을 잃는 개구리처럼 현대 공화국 시민들은 어느 날인가 주변을 둘러보며 자신들의 공화국이 사라졌음을 뒤늦게 깨달을지도 모른다.

「매드맨」에서 주인공 돈의 자기 각성은 스치듯 지나가고, 그는 한 발을 내딛고도 두 발을 물러나는 모습을 보인다. 마지막 시즌 중반부에서 그는 자신의 대행사를 인수한 거대 대기업에 소속되어 더는 영혼 없는 일을 하면서 돈을 벌 수는 없다고 생각한다. 그는 서부 해안으로 도망쳐 에설렌 연구소Esalen Institute에서 자신의 내면을 들여다보는 시간을 갖는다.

돈이 뉴욕 광고계에서 얼마나 가짜인 삶을 살았는지 마침내 깨닫는 모습은 할리우드에서 흔히 등장하는 거대하지만 현실적이지 않은 자기 각성과는 결이 다르다. 돈은 명상 중에 코카콜라의 유명한 광고, '힐탑Hilltop'을 떠올린다. 히피로 구성된 거대한 공동체가 등장해 함께 노래하는 광고다. "온 세상 사람들에게 코카콜라를 주고 싶어요…."

대단한 창의력이 발휘된 자기 각성의 순간을 통해 돈이 자신의 과거와 새로워진 자아를 연결하는 서사를 보여줄 뿐 아니라 시청자들에게 기업 소비자 문화와 반체제적인 공동체가 하나가 된 훌륭한 예시를 제공했다. 이는 아마도 텔레비전 역사상 최고의 피날레일 것이다.

초월적 갱스터 스토리 비트: 새로운 평형─비즈니스가 공화국을 소유하다

초월적 갱스터 스토리는 비즈니스가 개인과 공화국 자체를 소유하는 부정적인 결말로 끝을 맺는다. 물질적 이득을 향한 개인의 추구가 그 과정에 놓인 모든 것을 압도한다는 의미다. 전문화된 영역을 구축한 사회적 집단에서는 자유와 평등 사이에 근본적인 상충 관계가 존재할 수밖에 없고, 이는 영원히 해소되지 않을 것이다. 보편적 정신으로 접근해 돈을 번다는 행위를 거대한 도덕규범의 일부로 바라볼 때, 그리하여 모든 인간이 새로운 책임감을 가질 때에야 비로소 전체 시스템이 새로운 차원의 효율성과 도덕성으로 도약할 수 있을 것이다.

궁극적인 초월적 갱스터─블랙코미디 작품인「네트워크」는 비즈니스가 아무것도 깨닫지 못하고 영원한 파멸의 소용돌이에 휩싸이는 결말로 끝이 난다. 방송국은 하워드의 메시지 때문에 시청률이 하락한다고 판단하고 그를 살해한다. 방송국이 사람들에게 알리고 싶지 않은 메시지는 다음과 같다.

> 하워드: 공포에 휩싸인 우리의 영혼 깊은 곳에서는 알고 있습니다. 우리의 민주주의는 죽음을 맞이한 거인이라는 것을, 병들고, 또 병들어 죽어가는, 부패한 정치 제도이고, 이제는 마지막 고통 속에 몸부림치고 있다는 것을 우리 모두 알고 있습니다. 이제 개인은 끝났

습니다. 단 하나의 고독한 개인이란 없습니다…. 인간처럼 보이지만 사실 인간이 아닌 휴머노이드 생명체로 온 세상이 변해가고 있습니다. 우리만이 아니라, 온 세상이요. 우리는 그저 가장 선진화된 나라기 때문에 가장 먼저 도달한 것뿐입니다.

궁극적인 초월적 갱스터 스토리 『위대한 개츠비』의 유명한 결말에는 그 어떤 소설보다도 밀도 있고 시적으로 공화국이 비즈니스에 의해 어떻게 타락했는지를 묘사한다. 피츠제럴드는 단 몇 마디로 미국과 미국이 약속한 꿈을 압축해서 전달했다. 자연에서 시작한 유토피아가 돈을 향한 갈망 위에, 그 대가가 무엇이든 돈으로 살 수 있는 모든 것을 향한 저속한 갈망 위에 세워진 허구의 유토피아로 이르는 과정을 들려준다. 이 마지막 장면은 공화국에 사는 모든 이와 공화국을 '지키려' 애쓰는 모든 이에게 전하는 최후의 경고다.

달이 점차 높이 떠오르며 실체가 없는 집들이 서서히 녹아 사라지자 나는 조금씩 그 옛날의 네덜란드 선원들의 눈앞에 피어난 섬을—신세계의 싱그러운 초록빛 가슴을—알아보기 시작했다. 그들은 이해할 수도 없고 감히 바라지도 않았던 미학적 관조에 사로잡힌 채 인류 역사상 마지막으로 놀라움을 전해줄 경이로운 대륙의 존재를 마주하며 찰나의 황홀한 순간에 숨을 멈췄을 것이다.
[개츠비의] 꿈은 너무도 가까워 손만 뻗으면 닿을 것처럼 보였을 것이다. 그러나 그는 그 꿈이 자신의 뒤에 있다는 사실을, 공화국의 어두운 들판이 밤 아래로 펼쳐진 도시 너머 광대한 암흑 속 어딘가에 있다는 사실을 미처 알지 못했다.
개츠비는 그 초록색 불빛을, 해마다 우리 눈앞에서 멀어지는 광란

의 미래를 믿었다. 그 미래는 우리를 비껴갔지만 별로 문제 될 것은 없다-내일이면 우리는 더욱 빠르게 달릴 것이고 팔을 더욱 멀리 뻗을 것이다. (…) 그렇게 어느 맑은 아침에는-
그러므로 우리는 끊임없이 과거로 떠밀리면서도 물살을 거슬러 오르는 배처럼 노를 저으며 계속 나아간다.

사다리의 다음 단

갱스터 스토리는 오늘날 도시 세계에서 부와 권력을 좇는 일이 행복을 가로막는 가장 큰 위협이라고 경고한다. 성공으로 향한 길처럼 보이겠지만 우리는 결국 기계가 되고 우리를 인간답게 만드는 공동체는 파괴될 것이다.

계몽의 장르 사다리 다음 단은 행복으로 가는 첫걸음, 판타지다.

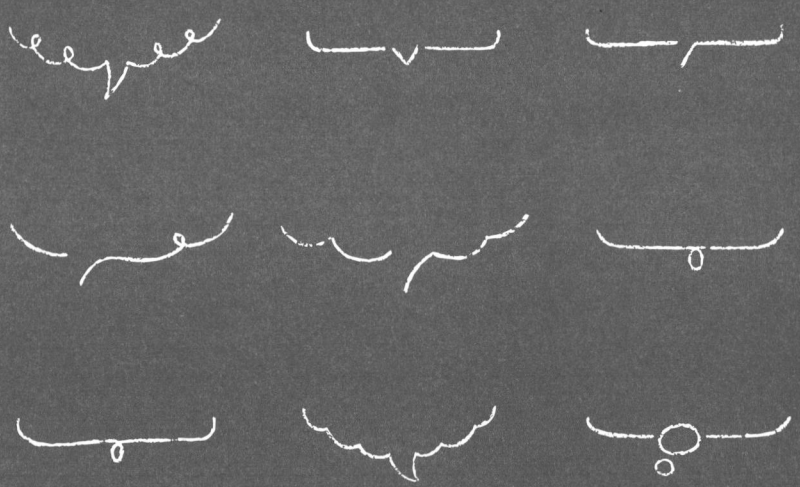

10.
판타지: 삶의 예술

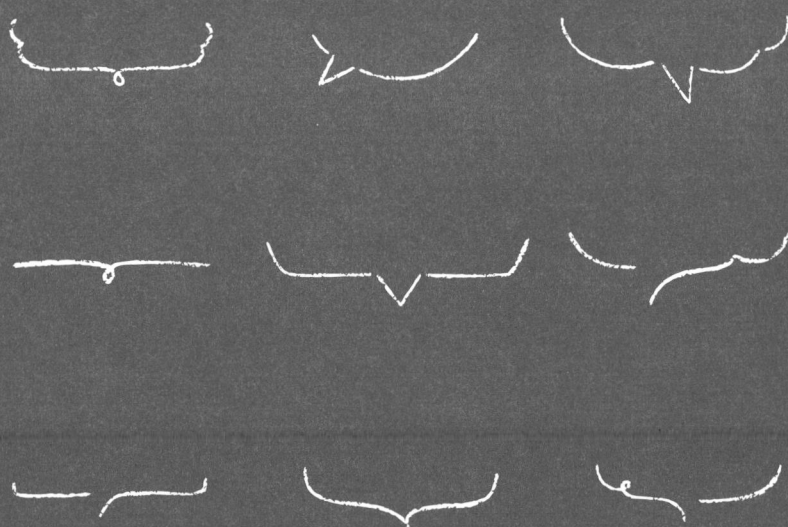

「메리 포핀스」

여행하는 '천사'인 메리 포핀스는 아이들을 유토피아 세계로 데려가는 것으로 가정의 문제를 치유한다. 가족의 집을 작은 유토피아로 바꿔놓은 후에 그녀는 언젠가 돌아오겠다는 약속을 남긴 채 다른 문제 가정을 찾아 떠난다. 이것이 일상 속 유토피아의 힘이다. 우리가 그 비밀을 배울 수만 있다면 말이다. 그 답을 찾기 위해 우리는 판타지에 의지한다.

판타지의 원리

상징을 외부 세계로 투사하는 의식의 능력은 이 장르의 명칭, '판타지'에 확실히 드러나 있다. 자기 인식적인 마음은 원하는 형태의 대체 자아를 만들어내는 것이 가능하다.

> **핵심**
>
> 이러한 투사 능력은 '다른' 누군가가 되고 싶다는 마음과 일부 관련이 있다. 그러나 판타지는 주로 '더 나은' 누군가가 되고 싶다는 소망에 관한 것이다.

더 나은 존재가 되고자 하는 꿈은 본질적으로 더 많은 것을 얻고자 하는 인간의 기본적인 욕망과는 다르다. 삶을 평가하는 기준을 양에서 질로 바꾸는 것을 의미한다.

스토리 구조로 설명하자면 '다른' 무언가를 얻고자 하는 표면적 욕망선이 더욱 깊은 곳으로 내려와 약점에서 자기 각성을 거쳐 '더 나은' 누군가로 변하는 것이다.

왜 계몽의 사다리에서 갱스터 다음 단이 판타지여야 할까? 우리는 개인에게 초점을 맞춘 장르로 호러, 액션, 신화, 회고록 및 성장물로 여정을 시작했다. 그다음으로 등장한 장르는—SF, 범죄, 코미디—조직 속에 자리한 개인을 주제로 한다. 서부극과 갱스터 장르는 문명의 진화를 보여준다. 갱스터는 현대 도시 세계의 부정적인 힘을 경고하는 장르다.

판타지는 다시 개인에게 초점을 돌린다. 신화와 회고록처럼 주로 자아의 진화를 다룬다. 차이가 있다면 판타지는 진정한 행복으로 향하는 길을 보여준다는 것이다. 초월적 양식인 사회적 판타지 Social Fantasy는 우리를 사다리의 더욱 높은 곳으로 이끈다. 갱스터 장르가 사회의 부패가 불가피하다는 이야기를 한다면, 사회적 판타지는 도시 세계가 스스로를 새롭게 할 수 있고 나아가 그 사회 안의 개인들도 성장할 수 있음을 보여준다.

판타지 마인드-액션 스토리 관점

판타지의 마인드-액션 스토리 관점은 가장 평범한 세계에도 마법이 존재함을 보여준다. 물건을 공중에 띄우는 그런 마법이 아니다. 이보다 더 큰 의미의 마법이 우리 안과 우리 세계 안에 깊이 묻혀 있는, 아직 탐험되지 않은 가능성 속에 자리하고 있다. 무엇보다 판타지는 우리가 잘 살 수 있는 방법을 밝히는 도구인 상상력을 귀하게 여긴다.

판타지는 우리가 잘 살아갈 수 있는 법을 긍정적으로 또 부정적으로 보여준다. 긍정적인 방식으로는 완벽한 삶 또는 완벽해 보이는 삶의 비전을 제시한다. 부정적인 방식으로는 가치들이 최악으로 추락한 삶이란 어떤 모습인지 그 비전을 제시한다.

평범한 세상과 거대한 대비를 이루는 세계와 플롯을 지닌 판타지는 모든 스토리 중에서 가장 '하이 콘셉트'인 장르다. 겉보기에는 '가벼운' 장르처럼 보이지만, 그 토대는 대단히 기하학적이다.

> **핵심**
>
> 위대한 판타지가 되려면 전제부터 기하학적 구조를 확립하여 스토리가 단단한 토대 위에서 주제적 복잡성을 쌓아올릴 수 있어야 한다.

모든 판타지에는 알레고리(어떠한 주제를 다른 주제나 대상의 유사성으로 암시 및 표현하는 기법. 메타포와 유사하나 메타포는 하나의 단어나 문장에서 구사되는 반면 알레고리는 이야기 또는 서사 전체를 의미한다―옮긴이)가 있다. 환상적인 무언가는 다른 어떤 것을 상징한다. 따라서 판타지는 두 개의 궤도를 가진다. 판타지 궤도와 그것이 의미하는 현실 궤도다. 고전적인 판타지 스토리 구조는 일상 세계에서 환상 세계로 떠났다가 다시 일상 세계로 돌아오는 여정을 따른다.

> **핵심**
>
> 판타지 스토리 전략은 억압된 주인공이 천국 또는 지옥을 탐험하는 것이다.

바로 아래와 같은 스토리 순서를 엄밀하게 따른다.

A=일상 세계 속 주인공의 약점
B=주인공에게 도전하는 환상 세계
C=주인공과 일상 세계의 변화

판타지 장르는 사회가 획일화될 때 가장 인기가 높아진다. 사람들은 평범한 세계에서 지루함을 느낀다. 판타지야말로 우리가 변할 수 있도록 그 변화의 아이디어를 주는 장르다.

> **핵심**
>
> 위대한 판타지는 개인과 사회, 사회정신의 진화를 보여준다.

판타지는 우리 세계와 우리 안에서 마법을 찾는 방법을 보여주고 이를 통해 우리가 삶을 하나의 예술 작품으로 승화시킬 수 있도록 돕는다. 이것이 바로 판타지를 표현하는 철학적 양식이 미학인 이유다. 초월적 판타지인 사회적 판타지에서는 미학과 사회철학을 결합한다. 다양한 장르가 표현하는 모든 예술 양식 중에 판타지만큼 우리에게 가장 큰 행복과 영감을 주는 것은 없다.

다른 장르와의 차이

판타지는 호러, SF와 함께 사변 소설 계열에 속한다. 어떤 점에서는 판타지가 호러의 정반대라 할 수 있다. 호러는 개인적인 차원의 부정적인 진화를 보여주며 모든 가능성을 차단한다. 판타지는 개인적 및 사회적 차원의 진화를 보여주며 모든 가능성을 활짝 열어둔다. SF는 사회적 판타지를 보편적 진화로 확장해 더욱 나은 인류의 가능성을 탐구한다.

스토리 요소	SF	판타지
주된 기법	디스토피아	유토피아
장르 초점	더 나은 사회를 창조하는 데 필요한 구조들	더 나은 사회를 창조하는 가치들

신화와 판타지는 여러 유사점을 지닌 만큼 이 두 장르를 혼동하는 작가가 많다. 두 장르의 가장 큰 차이점은 전반적인 스토리 구조에 있다.

- 신화의 구조는 긴 여정을 중심으로 형성된다
- 고전 판타지에서는 영웅이 새로운 장소로 이동했다가 다시 원래 세계로 돌아온다

판타지의 예시

소설과 영화

『오즈의 마법사』(여성 신화), 『이상한 나라의 앨리스』, 『피터 팬』, 『버드나무에 부는 바람』, 『곰돌이 푸』, 「메리 포핀스」, 『해리 포터』, 「신비한 동물사전」, 『반지의 제왕』(신화), 『나니아 연대기: 사자와 마녀와 옷장』, 「빅」, 「꿈의 구장」, 「이티」, 「백 투 더 퓨처」 1~3, 「애들이 줄었어요」, 「타잔」(액션), 「피셔 킹」, 「다크 나이트」(범죄물), 「트루먼 쇼」, 「노란 잠수함 Yellow Submarine」, 「천국보다 아름다운」, 「사랑의 은하수 Somewhere in Time」(로맨스), 「판의 미로」(호러), 「가위손」, 『섀도우 앤 본』(신화), 『조나단 스트레인지와 마법사 노렐』, 『마법사들』

텔레비전 시리즈

「엄브렐러 아카데미」(SF), 「루시퍼」(범죄물), 「드레스덴 파일 The Dresden Files」(추리물), 「카니발 로우」(범죄물), 「참드」

라디오 시리즈

「프레리 홈 컴패니언 A Prairie Home Companion」

판타지 서브 장르

어반 Urban, 여행하는 천사, 여행하는 악마, 지상낙원 판타지 Paradise on Earth Fantasy, 판타지 정치 에픽 Fantasy Political Epic, 로맨틱 Romantic, 스페이스 판타지, 역사 Historical 판타지, 마술적 사실주의 Magical Realism, 검과 마법 Sword and Sorcery, 다크 Dark, 대체 역사

판타지 스토리 개요

이번 장에서는 다음의 내용을 다룬다.

- 판타지 스토리 비트
- 주제: 존재한다는 것은 자신의 잠재력을 실현하기 위해 분투하는 것이다
  - 주제 공식: 자신의 삶을 예술 작품으로 만든다
- 판타지 스토리를 초월하는 법
  - 여행하는 천사 판타지
  - 지상낙원
  - 판타지 정치 에픽

판타지 스토리 비트

SF와 마찬가지로 판타지는 방대하고 짜임새가 느슨한 장르라 다른 장르에서 볼 수 있는 세밀한 스토리 비트 지도를 완성하기 어렵다. 그러나 판타지는 마법 주문이나 환상적인 생명체 그 이상을 다룬다. 판타지 비트는 캐릭터가 일상 세계에서 환상 세계로 이동했다가 다시 돌아오는 기하학적 스토리 구조에 중요한 이정표가 된다. 핵심적인 비트가 억압된 주인공이 천국 또는 지옥을 탐험하는 스토리 전략을 구성한다.

장르의 핵심은 주인공의 정신적 가능성을 확장시킬 새로운 세계로 보낸다는 것이다. 다시 말해 주인공이 두 번째 기회를 얻고, 충만하고 자유롭고 자발적인 태도로 삶을 사는 법을 배우는 행위를 의미한다. 그리하여 다시 기존 세계로 돌아온 주인공을 보며 독자는 그가 원래 삶에서 새로운 변화의 단계를 맞이할 것임을 짐작할 수 있다.

판타지 스토리 비트: 스토리 세계

판타지에서 세계 구축은 규모와 가치 모두에서 대단히 방대하다고 할 수 있다. 세계 구축은 장르를 결정짓는 가장 중요한 요소이자 독자를 판타지 세계에 몰입시키고 그곳을 떠나지 않겠다는 결심을 하게 만드는 힘이다.

> **핵심**
>
> 판타지의 성공 여부는 스토리 세계의 완성도에 달려 있다.

> **핵심**
>
> 판타지 작가가 하는 가장 큰 실수는 스토리 세계의 규칙을 명확하게 확립하지 않는 것이다.

이 알레고리의 세계를 작가가 어떻게 구축해야 할까?

1단계: 하나의 물리적 무대 안에서 세계를 구성하는 세 가지 주된 요소인 땅과 사람, 기술의 조합을 묘사한다. 여기에는 자연환경과 인공 공간, 사회와 문화, 중요한 도구들도 포함된다.

2단계: 그 세계를 위한 메타포를 하나 찾는다. 고유한 스토리 세계를 구축하는 이유는 캐릭터를 정의하고, 플롯의 순서를 정하고, 주제를 확장하기 위해서다. 하나의 메타포가 이 세계를 고유하게 만들고, 하나의 강렬한 이미지로 알레고리를 구현할 수 있다.

『이상한 나라의 앨리스』는 치열한 경쟁에도 역사상 가장 위대한 판타지 자리를 굳건히 지키고 있다. 스토리 세계는 토끼 굴에서 이어지는

지하 세계다. 다른 장르에 등장하는 지하 세계와는 상당히 다르다.

> **핵심**
>
> 앨리스의 지하 세계는 죽음의 땅이 아니다. 인과관계와 프로세스가 역전되고, 당연하고 익숙한 논리가 통하지 않는 세계다.

이상한 나라는 전적으로 앨리스의 마음속에서 벌어진다. 위험하고 거짓된 거대한 '매트릭스' 안에서 존재하는 한 인간의 이야기다. 이상한 나라에서는 인간의 마음을 괴물로, 모순의 괴물로 그린다. 하지만 이 모순에는 더욱 깊은 진리가 있다. 모순을 통해 판타지는 현실에 메시지를 전달한다.

- "어제로 돌아가도 소용없어. 어제의 나는 다른 사람이었으니까."
- "나는 도대체 누구일까? 정말 위대한 수수께끼야!"
- "아침 식사를 하기도 전에 여섯 가지나 되는 불가능한 일들을 상상할 때도 있거든."

저자인 루이스 캐럴은 논리를 가르치는 교수였다. 다시 말해 그는 난센스도 가르쳤다는 의미다.

> **핵심**
>
> 난센스는 판타지의 목표, 즉 행복을 달성하는 데 대단히 중요한 역할을 한다.

3단계: 주인공의 가치관을 바탕으로 문화를 정의한다. 땅과 사람의 특정한 조합에서 탄생하는 문화 유형을 차용하는 것이 유용할 때가 많다. 가령 황야-마을 세계에서 나타나는 수치 문화나 소도시-도시에서 볼 수 있는 죄의식 문화가 있다.

「멋진 인생」에서 베드퍼드 폴스 마을은 그곳의 지도자인 조지 베일리의 가치관을 바탕으로 죄의식 문화가 형성되었다. 마을의 주요 가치는 사랑과 품위, 책임감, 자기희생이다. 베드퍼드 폴스의 대체 세계인 포터스빌은 지도자 미스터 포터의 가치관에 따라 공포 문화가 자리 잡았다. 그곳의 주된 가치는 돈과 권력, 경쟁이다.

4단계: 세계에 규칙 체계를 부여한다. 판타지 세계는 현실 세계와 다른 규칙으로 운영된다. SF처럼 이 규칙들이 이동 수단과 통신부터 사회적 계급 구조와 마법에 이르기까지 모든 것을 정의한다.

> **핵심**
>
> 주인공이 판타지 세계에 들어가자마자 해당 세계의 규칙을 주인공에게 보여줘야 한다.

「오즈의 마법사」에서 도로시의 집이 먼치킨 나라로 떨어지자 빛나는 흰색 구체로 글린다가 등장한다. 그녀는 자신이 착한 마녀고, 조금 전 도로시가 사악한 마녀를 죽였으며, 도로시가 지금 마법 구두를 신고 있다고 설명해 준다.

> **핵심**
>
> 우리는 판타지에 왜 그런 규칙이 있는지 알 수 없다. 하지만 그 세계에서는 타당한 규칙이다.

5단계: 기술과 마법 시스템을 정의한다. 판타지 세계를 두고 가장 흔히들 하는 오해는, 판타지 세계가 자연으로의 회귀를 의미하고 따라서 첨단 기술이 존재하지 않을 거라는 것이다. 그러나 자연과 기술을 분리하는 것은 잘못된 관점이다. 판타지 세계에는 캐릭터들이 사용할 수 있는 자연주의적 도구가 다양하게 존재할 수 있다.

> **핵심**
>
> 판타지의 주요 기술은 마법이다. 마법은 모든 사물이 영혼 또는 정령을 지니고 있다는 애니미즘에 기반을 둔다.

신화처럼 판타지는 스토리 세계를 운영하는 마법 규칙에 큰 비중을 둔다. 다음의 질문에 대한 답을 생각해 봐야 한다.

1. 마법 능력은 무엇인가?
2. 누가 그 능력을 소유하는가?
3. 그 능력의 한계는 무엇인가?
4. 다른 이가 그 능력을 얻을 수 있는가? 그건 어떻게 가능한가?
5. 특정 장소에서만 발휘되는 능력이 있는가?
6. 능력을 잃을 수도 있는가?

캐릭터가 마법 능력을 많이 가질수록 패배의 가능성은 낮아지지만 스토리에서 활용도 또한 낮아진다는 점을 주의해야 한다.

6단계: 해당 세계가 자유의 세계인지, 노예의 세계인지를 상세하게 묘사해야 한다. 신화와 마찬가지로 판타지의 스토리 세계는 디스토피아(노예 상태)와 유토피아(자유 상태)의 극단에서 존재한다. 「빅」처럼 두 세계가 같은 스토리 안에서 공존할 수도 있다. 핵심은 스토리 세계의 세 가지 기둥인 땅과 사람, 기술을 어떻게 정의할 것이냐다.

디스토피아: 이 세 기둥의 균형이 깨지면 모두가 자신의 이익을 위해 행동한다. 개인은 희소한 자원을 두고 경쟁하는 동물처럼 행동하거나 더욱 큰 사회적 기계 안에서 부품이 된다. 스토리 관점에서 노예의 세계란 주인공 또는 적대자가 지닌 약점과 가치관이 반영된 세계다.

『이상한 나라의 앨리스』 속 이상한 나라는 혼돈의 세계다. 캐릭터들의 연결 고리가 단절되어 있다. 무엇이 어때야 한다는 주인공의 순응적 사고에 어긋나는 모순이 가득하다. 스토리가 점차 전개되며 세계는 압제적인 군주제로 변하고 여왕의 터무니없는 변덕으로 앨리스의 목숨이 순식간에 위험에 처할 수도 있는 세상이 된다.

유토피아: 땅과 사람, 기술이 균형과 조화를 이룰 때 그 결과로 공동체가 탄생한다. 이러한 세계에서는 개인이 성장을 경험한다. 스토리 관점에서 자유의 세계는 주인공과 그 조력자들이 지닌 최고의 가치들, 주인공의 자기 각성과 위대한 잠재력이 반영된 세상이다.

『해리 포터』에서 호그와트는 아서왕의 전설 속 땅과 현대 세계가 결합한 공간이다. 이곳에서는 어린 학생들에게 마법 기술만이 아니라 사랑과 우정, 정의 같은 삶의 가치를 가르친다.

「메리 포핀스」는 여행하는 천사 스토리이기에 자기 각성을 경험하는 인물은 주요 적대자이자 엄격하고 규칙에 얽매인 아버지다. 아버지는 메리에게서 재미와 놀이의 가치, 충만하게 사는 법을 배운 후 아이들과 공원에서 연을 날린다.

7단계: 하위 세계를 만든다. 스토리 세계에는 주인공이 목표로 향하는 여정에서 거쳐야 하는 여러 하위 세계가 있어야 한다. 각 하위 세계에서는 주인공이 탐험할 만한 풍부한 풍경을 제공해야 한다. 이러한 하위 세계는 각각 고유한 가치관을 드러내고 플롯 비트로 기능한다.

오즈의 유명한 하위 세계 몇 가지만 들자면 죽음의 사막, 먼치킨 나라, 노란 벽돌 길, 유령의 숲, 에메랄드 시티가 있다.

『해리 포터와 마법사의 돌』의 하위 세계는 더즐리 집, 계단 아래 자리한 해리의 방, 리키 콜드런 술집, 다이애건 앨리, 그린고트 은행, 9$\frac{3}{4}$ 승강장, 호그와트 급행열차, 호그와트 마법 학교, 학생 식당, 도서관, 해그리드의 오두막, 금지된 숲, 호그와트 지하실, 학교 병실 등이 있다.

8단계: 두 개의 무대를 만든다. 판타지 스토리는 일상 세계와 환상 세계의 대비를 보여준다. 이 두 개의 하위 세계는 각각의 고유한 가치관을 지녀야 하며 주인공 개인의 성장 단계를 각기 달리 반영해야 한다.

두 개의 무대를 창조하기 위해서는 각 하위 세계를 비교하여 정의해야 한다. 다음 순서를 따르면 된다.

첫째로 일상 세계를 정의한다. 스토리가 시작되는 일상 세계는 주인공이 어떠한 약점을 지녔고, 어느 단계에서 성장이 멈췄으며, 주인공이 살고 있는 억압적인 사회가 어떤 모습인지 물리적으로 구현한 곳이다. 주인공은 자신의 약점 때문에 잘못된 사고방식과 행동에 갇혀 끊임없이 실수를 저지른다. 주인공이 사는 현실 세계는 잘못된 가치관을 바탕으로 형성되었기에, 주인공의 약점과 생활 방식을 더욱 악화시킨다. 『해리 포터와 마법사의 돌』 도입부에 해리는 부모의 사랑을 받아본 기억이 없는 외로운 고아로 등장한다. 그는 평범하기 그지없는 주택에서 돈과

물질을 중시하는 강압적인 이모와 이모부, 즉 '머글들'과 함께 살았다.

둘째로 판타지 세계를 정의한다. 판타지 세계는 일상 세계의 부정적인 가치관을 반영하되 더욱 극단적인 형태로 보여줘야 한다. 또는 주인공의 기존 가치관과는 달리 고도로 진화한 가치관을 지닌 유토피아 세계가 될 수도 있다. 이 세계를 통과하는 여정을 겪으며 주인공은 새로운 성장 단계로 나아간다.

> **핵심**
> 판타지 세계는 독자의 꿈이나 악몽이 현실화된 세계여야 한다.

대부분의 경우 판타지는 유토피아 기법을 활용한다. 이렇게 긍정적인 스토리 세계를 구축하는 비결은 겉으로 보기엔 완벽한 이상향처럼 보이는 세계를 만드는 것이다.

> **핵심**
> 긍정적인 판타지 세계에도 이중성은 있다. 그곳은 어두운 면이 존재하는 유토피아의 세계다.

이 어두운 면이 주인공의 약점을 시험한 덕분에 주인공은 성숙해진 모습으로 집으로 돌아갈 수 있다. 다시 말해 판타지 세계는 대체로 긍정적이어야 한다. 하지만 그 세계 안에 어떠한 함정이 있어야 주인공이 집으로 돌아가고 싶다는 생각이 들게 되며, 돌아간 후에는 현실이 전보다 나아졌다고 느낄 수 있게 된다.

기법: 세계 VS 약점

판타지 스토리 세계를 긍정적으로 만들고 싶다면 어떤 식으로든 주인공의 약점과 반대되는 세계를 만들면 된다. 이것이 주인공을 성장하게 하는 계기가 된다.

'반대' 세계를 만드는 방법은 다양하다. 어떤 작가는 주인공의 약점에서 시작하는 대신, 자신이 가보고 싶은 세계를 먼저 그린 후 스토리를 역설계하기도 한다. 이를테면 1980년대 미국, 정글 속 은신처, 장난감 회사, 뒷마당에 자리한 메이저리그 야구장, 애니메이션과 실사 캐릭터가 공존하는 할리우드 무비 스튜디오, 동물들이 말을 하고 다과회도 여는 기이한 지하 세계 등이 될 수 있다.

셋째로 변화한 현실 세계를 정의한다. 판타지 세계를 다녀온 후 주인공은 기존의 일상 세계가 달라졌음을 느낀다. 주인공의 관점이 달라진 덕분이다. 이 새로운 세계는 일상 세계가 지닌 잠재력이 최대로 실현된 세계다. 주인공이 판타지 세계를 경험하며 일상 세계의 가치와 좋은 점들을 깨닫고 여러 교훈을 얻었기 때문에 그렇게 느끼는 것이다. 『해리 포터와 마법사의 돌』 마지막 부분에서 해리는 여름을 맞아 강압적인 머글 가족들에게 돌아간다. 하지만 해리는 자신이 한때 속했던 평범한 세계가 이제는 다른 세계처럼 느껴진다. 그는 이렇게 말한다. "난 집으로 가는 게 아니야. 집을 떠나는 거야." 이제 가족 같은 친구들이 있는 호그와트가 그의 새로운 집이 되었다.

어반 판타지

고전 판타지는 보통 주인공이 일상 세계에서 환상 세계로 갔다가 다시 일상 세계로 돌아오는 구조라 '포털 판타지Portal Fantasy'라고도 한다. 어반 판타지라는 하위 장르는 도시 속 판타지를 그리는 만큼, 이러한 진략을 활용하지 않는다. 대신 도시의 평범한 공간과 환상 공간을 오간다. 다시 말해 현실적인 스토리 세계에서 환상적인 일들이 벌어진다.

그 때문에 판타지 장르가 주제를 표현하는 방식인 장소 이동이 스토리에 부재한다. 하지만 사람들이 현재 살고 있는 도시를 무한한 가능성을 지닌 환상의 요소로 가득 채울 수 있다는 이점이 있다.

어반 판타지의 예로는 「신비한 동물사전」 스토리들, 『해리 포터』의 몇몇 스토리들, 『마법사들』, 「엄브렐러 아카데미」, 「루시퍼」, 「드레스덴 파일」 등이 있다.

도시 속 판타지는 대체로 범죄물, 스릴러, 추리물과 같은 다른 장르와 결합하는 경향이 있다.

판타지 스토리 비트: 주인공-탐험가

스토리는 일상 세계에 파묻힌 주인공의 모습을 비추며 시작된다. 이후 주인공은 환상 세계를 탐험하며 자기 자신을 발견한다. 모든 판타지 스토리 비트는 결국 인생에서 무엇이 가장 중요한지를 발견한다는 주제적 아이디어를 담고 있다.

판타지 스토리 비트: 약점-억압되고 가능성을 보지 못하는 상태

어떤 스토리든 첫 번째 구조적 단계가 되는 약점은 판타지에서 특히 중요하다. 판타지라는 장르가 해결해야 할 문제는 바로 주인공의 약점이다. 훌륭한 판타지의 핵심 중 하나는 판타지 세계와 주인공의 약점이 정반대라는 것이다. 이렇게 설정해야 판타지 세계가 주인공의 약점을 시험할 수 있다.

> **핵심**
>
> 판타지 세계로의 여정은 캐릭터가 환상적이고도 즐거운 가능성에 눈을 뜨는 계기가 되어야 한다. 이러한 가능성을 받아들이는 태도야말로 장르가 제시하는 좋은 삶을 사는 방법이다.

따라서 약점을 극복해야 하는 심리적 극복 요소는 보통 다음 중 하나 이상을 포함한다.

- 관습과 고정관념을 깨뜨려야 한다
- 권태를 극복해야 한다
- 마음을 열어야 한다
- 자기 자신과 자신이 사는 세계 안에서 가능성을 봐야 한다
- 즐기는 법을 배워야 한다
- 잘 사는 법을 배워야 한다

판타지에서는 도덕적 극복 요소가 부재한 경우도 많다. 그 이유는 주인공이 어린아이일 때가 있기 때문이다. 도덕적 극복 요소가 있는 경우는 보통 관대함과 사랑, 가족에 대한 감사함을 깨우쳐야 한다는 것과 관련이 있다.

기법: 천천히 마음을 열다

판타지 세계로 진입하기 전에는 주인공의 약점을 공들여 설명하고 보여줘야 한다.

주인공의 약점이 앞으로 전개될 모든 스토리의 토대가 된다. 이것이

부재하면 최종 결실도 없다. 『이상한 나라의 앨리스』의 경우 어린 앨리스는 엄격한 논리와 예절을 갖추었다. 그녀의 주요 심리적 약점은 세상을 범주로 나눠 경직된 시선으로 바라본다는 것이다. 스스로에게는 더욱 그렇다. 그렇기에 그녀는 내내 이런 질문을 받는다. "넌 누구야?" 앨리스의 심리적 극복 요소는 비현실적인 논리에도 마음을 여는 것, 그리하여 더욱 즐겁고 흥미진진하며 창의적인 삶을 살아가는 것이다.

판타지 스토리 비트: 욕망—상상의 세계를 탐험하다

판타지 스토리에는 대단히 다양한 욕망선이 존재한다. 보통 주인공은 집으로 돌아가는 결말을 맞이한다. 하지만 판타지가 구조적으로 작동하기 위해서는 주인공이 즉각적인 목표를 지녀야 하고 그 목표로 인해 다음의 행동을 반드시 해야 한다.

- 자신의 약점을 마주해야만 하는 판타지 세계로 가야 한다
- 판타지의 다양한 하위 세계를 탐험해야 한다
- 판타지 캐릭터들과 싸워야 한다

> **핵심**
>
> 판타지 세계에는 주인공의 성공과 성장의 비밀이 숨겨져 있다. 주인공은 그 세계의 원리를 파악해야 집으로 돌아가고 성장할 수 있다.

영화 「오즈의 마법사」에서 도로시는 '무지개 너머의 세상'으로 가고 싶어 한다. 그 욕망이 그녀를 오즈로 데려간다. 하지만 그곳에 도착하자

마자 집으로 돌아가는 것이 도로시의 진정한 욕망이 되었다. 이 새로운 욕망으로 인해 그녀는 여러 하위 세계로 여정을 떠난다.

주의사항이 있다. 판타지에는 스토리 세계와 욕망 간의 근본적인 충돌이 발생한다. 지나치게 세밀하게 세계를 구축하고 제시한다면 욕망을 좇아야 하는 주인공의 서사가 멈추고, 그로 인해 서사 추진력이 사라질 수 있다.

> **핵심**
>
> 어떤 장르든 서사 추진력을 떨어뜨리는 일은 대중 스토리텔링에서 가장 큰 죄악이다.

스토리 세계와 욕망 사이의 갈등은 일종의 딜레마를 만들어낸다. 스토리 세계는 360도로 이루어진 공간이다. 서사 추진력은 최고 속도로 한 방향으로 나아갈 때 탄생한다. 다시 말해 이 두 가지 개념은 상충한다. 여기서 큰 딜레마가 생긴다.

이 문제를 해결할 수 있는 몇 가지 방법이 있다.

- 구체적이고 긴박한 욕망선을 스토리에 부여하면 단단한 중심축과 강력한 서사 추진력이 생긴다
- 스토리 초반에 세계 전체를 전부 다 설명하려 욕심내서는 안 된다. 이때 스토리의 진행이 멈춘다
- 주인공의 욕망선에 스토리 세계를 연결하고, 주인공이 목표를 향해 싸우며 나아가는 과정에서 세계를 탐험하게 한다

판타지 플롯의 시각적 형태: 곡류형과 분지형

판타지 장르에서 가장 흔하게 보는 플롯 형태는 곡류형과 분지형이다. 곡류형은 정해진 방향 없이 이리저리 굽이치는 경로다. 구조적으로 이 형태는 주인공 한 명과 가벼운 서사 흐름, 주인공이 연이어 마주하는 다수의 적대자가 특징이다.

고전 판타지 주인공은 상당히 넓은 세상을 누비지만 그 여정은 무질서하다. 신화와 마찬가지로 주인공이 사회의 여러 계층에 속한 다양한 캐릭터를 만나기도 한다. 하지만 신화와 달리 판타지 플롯은 주로 새로운 하위 세계를 경험하며 전개된다.

곡류형 스토리의 예로는 『해리 포터』 스토리들, 「빅」, 「오즈의 마법사」, 「꿈의 구장」, 「백 투 더 퓨처」 1~3, 「애들이 줄었어요」, 「주토피아」, 「토이 스토리」 1~4, 「노란 잠수함」, 「가위손」이 있다.

분지형 스토리 형태는 초월적 사회 판타지를 완벽하게 표현할 수 있다. 초월적 SF에서 봤듯이 각 분지는 세밀하게 완성된 하나의 사회나 주인공이 방문한 하나의 사회의 다른 단계를, 즉 황야, 마을, 도시, 억압적 도시를 보여준다.

이처럼 판타지 장르에서 플롯은 주인공이 차례로 여러 세계를 탐험하거나 사회 속 다양한 개인들을 경험하는 과정에서 탄생한다.

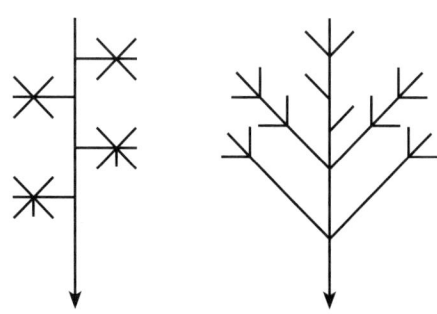

사회적 판타지 대부분은 첫 번째 접근법을 활용해 스토리를 전달한다. 첫 번째 플롯 형태를 사용한 예로는 판타지 정치 에픽인 『걸리버 여행기』를 들 수 있다. 주인공이 차례로 탐험하는 네 개의 분지는 서로 다른 유형의 사회와 정치 체제를 상징한다.

『이상한 나라의 앨리스』는 논리가 역전된 지하 세계로 분지가 확장되는 형태를 띤다.

「멋진 인생」은 하나의 마을을 서로 다른 두 지도자와 가치관을 반영한 두 개의 세계로 보여준다.

분지형의 또 다른 예로는 『크리스마스 캐럴』, 「플레전트빌」, 『아서왕 궁전의 코네티컷 양키』, 「코코」, 「미드나잇 인 파리」가 있다.

판타지 스토리 비트: 캐릭터망-환상적 캐릭터

조연 캐릭터가 판타지를 살릴 수도 망칠 수도 있다. 이들은 경이로움과 두려움 모두를 제공한다. 하지만 이들의 진짜 가치는 주인공과의 관계에 있다. 판타지 스토리 세계가 살아 움직이며 주인공을 시험하고 또 돕기도 하듯, 조연 캐릭터 또한 마찬가지다. 사물 캐릭터가 생명력을 얻어 때로는 사람으로 변하기도 한다. 동물 역시 종종 사람으로 변한다. 환상 세계의 이런 모든 요소가 상호 연결성과 실체성을 갖춘 하나의 망을 형성하도록 해야 한다.

> **핵심**
>
> 조연 캐릭터들에게는 주인공의 강점과 약점을 부각시키는 특별한 재능이나 마법 능력, 특별한 힘을 부여한다.

특별한 힘으로는 하늘을 나는 능력, 마음을 읽는 능력, 미래를 보는 능력, 주문을 거는 능력 등이 있다. 판타지는 재미있는 장르인 만큼 이 캐릭터들을 적극 활용해 마음껏 재미를 누리길 바란다. 스토리의 성공이 이러한 조연들에게 달려 있다.

『이상한 나라의 앨리스』는 판타지 장르 역사상 가장 뛰어난 캐릭터 망을 자랑한다. 작품에 등장하는 사물과 캐릭터로는 토끼 굴, 정원으로 향하는 열쇠 구멍, 눈물 웅덩이, 플라밍고 크로케 스틱과 고슴도치 공, 흰 토끼, 애벌레, 체셔 고양이, 모자 장수, 3월 토끼, 가짜 거북, 하트 잭, 하트 여왕이 있다.

이 모든 조연이 비논리적인 존재들이다. 이들은 앨리스의 가장 큰 약점인 모든 것이 제자리에 있어야 한다는 신념을 이상한 나라가 어떻게 공격하는지 보여준다.

『해리 포터』 시리즈에는 판타지 역사상 어떤 작품과 견주어도 부족함 없는 환상적인 물건과 캐릭터가 등장한다. 예를 들자면 기숙사 분류

모자, 마법 지팡이, 하늘을 나는 마법 빗자루, 마법사의 돌, 흰올빼미 헤드위그, 히포그리프, 머리 셋 달린 개 플러피, 불사조, 늑대 인간, 유니콘, 바실리스크, 디멘터, 켄타우로스, 용, 고블린, 유령, 거인 등이다.

판타지 스토리 비트: 적대자-권위자

캐릭터망의 다른 캐릭터들처럼 적대자도 환상적인 기술을 지닐 때가 많다. 다만 이들의 능력은 보통 흑마법에서 비롯한다.

기법: 적대자의 능력

플롯을 전개시키는 과정에서 주인공이 적대자들에게 고유한 능력과 기술을 사용하게 만드는 상황이 있어야 한다. 그래야 갈등이 커진다.

판타지에서는 다양한 적을 등장시킬 수 있다. 다만 당신의 스토리에서 가장 적합한 적대자는 누구인가 하는 문제가 존재한다.

고전 판타지 속 주요 적대자는 보통 시스템을 운영하는 권위적인 아버지상이다. 유해한 남성 캐릭터 또는 독재적인 캐릭터는 주인공을 포함해 모든 캐릭터에게 엄격한 규칙을 따르게 하고, 이들의 욕망과 목표를 제한하며, 돈과 권위를 숭배하게 만들고, 꿈을 포기하게 압박한다. 이러한 기계적인 삶은 엄격한 일정에 따라 매일같이 느릿하게 움직이는 교도소의 일상과도 같다.

이러한 적대자 캐릭터는 얼어붙은 사회를 대변한다. 사회와 주인공이 함께 성장하려면, 적대자가 규칙을 완화해야 모두가 자신만의 삶을 살고 나름의 실수도 경험할 수 있다는 자기 각성을 경험해야 한다.

- 「메리 포핀스」: 아버지
- 「이티」: 군인과 과학자들

- 「트루먼 쇼」: 쇼의 총책임자

판타지 속 권위적인 인물이 여성(어머니)인 경우에도 권위적인 아버지상의 모든 부정적인 요소를 지닌다. 그뿐만 아니라 이러한 여성 캐릭터는 사회에서 '여성적'인 가치로 여기는 돌봄, 사랑, 공동체의 상실을 의미하기도 한다.

- 「오즈의 마법사」: 사악한 서쪽 마녀
- 「이상한 나라의 앨리스」: "머리를 베어라!"라고 명령을 내리는 하트 여왕

이러한 유형의 적대자들은 판타지와 호러가 결합한 환상 동화에서 자주 등장한다. 『백설 공주』, 『신데렐라』, 『잠자는 숲속의 공주』의 사악한 마녀들이 예시다.

사회적 판타지에서 주요 적대자는 보통 사회의 권위적인 지도자다. 주인공의 가치관과 권위주의적 지도자의 가치관 사이의 갈등은 성장이라는 개념을 주인공 너머 사회로 확장시킨다. 주인공과 상충하는 다른 캐릭터들은 사회의 문제들, 사회가 병들어 가는 이유를 상징한다.

「멋진 인생」에서 미스터 포터는 마을을 소유하고 지배하기 위해 무엇이든 하는 인물이다. 포터스빌(마을의 부정적인 세계)의 조연 캐릭터들은 돈을 사랑하는 마을의 가치관으로 인해 비열하고 옹졸한 모습을 보인다.

판타지 스토리 비트: 계획

판타지에서 계획은 새로운 세상에 적응하고 적대자를 물리치는 방법

을 찾는 과정이다. 계획은 스토리 중반부를 결정하는 중요한 질문, 바로 플롯을 어떻게 구축할 것인가와 맞닿아 있다. 이 답은 주인공이 긍정적인 세계를 탐험하는지, 부정적인 세계를 탐험하는지에 따라 달라진다.

긍정적인 세계
1. 주인공에게 즐거운 일이 많이 벌어져야 한다.
2. 스토리의 결말이 가까워지는 지점에 부정적인 트리거를 제시한다.

긍정적인 판타지 세계는 주인공의 원래 세계보다 더욱 훌륭하기 때문에 주인공이 집에 (주인공의 관점 변화로 전과는 달라진 집이지만) 가고 싶어지는 이유를 만들어줘야 한다.

여기서 트리거가 주인공의 귀환을 강제하는 외부 캐릭터나 힘이어서는 안 된다. 주인공이 계속 판타지 세계에 머무르면 장기적인 피해를 입게 된다는 식의 내면적이고 개인적인 사유여야 한다.

「빅」에서 성인으로 변한 조시는 자신이 사는 동네에 갔다가 어린 시절을 경험하지 않으면 잃게 될 즐거움을 목격하고 영적인 시련의 순간을 겪는다. 이로 인해 그는 자신이 성인이 되어 좋은 삶을 살고 싶다면 다시 아이로 돌아가야 한다는 사실을 깨닫게 된다.

부정적인 세계
1. 주인공은 현실 세계의 도구로 적과 싸울 수도 있다.
2. 경험이 점차 악몽처럼 변해간다.
3. 경험을 통해 강해질 뿐 아니라 깨달음도 얻는다.

「멋진 인생」에서 조지는 자살 직전까지 갔다가 포터스빌에 입성한다.

그곳은 조지가 태어나지 않았다면 베드퍼드 폴스 마을이 어떻게 변했을지 보여주고 있었다. 조지가 없었다면 마을이 얼마나 끔찍했을지를 확인시켜 주기 위해 클래런스가 준비해 둔 장소였다.

판타지 스토리 비트: 세계 간의 통로
고전 판타지에서는 주인공이 새로운 세계로 훌쩍 떠났다 훌쩍 돌아온다.

> **핵심**
> 고전 판타지에서는 항상 통로를 통해 세계를 이동한다.

통로를 통과하는 데는 잠깐이면 된다. 그럼에도 이 기법은 모든 스토리에서 가장 인기 있는 기법 중 하나다. 그 이유는 무엇일까?

- 통로는 특별한 하위 세계인 셈이다. 신화의 지하 세계처럼 통로는 기묘하고 초현실적이어야 하고, 스토리를 완벽하게 상징하는 캐릭터와 물건들로 가득 차 있어야 한다. 감상자는 스토리를 두 번째 볼 때야 비로소 통로 속 캐릭터의 역할과 상징성을 알아본다. 이 캐릭터들은 거대한 스토리 태피스트리를 완성하는 바늘땀과도 같다
- 통로는 감상자를 현실에서 환상의 세계로의 이동시키는 장치다. 이 시점에서는 주인공을 물리적으로 새로운 세계로 이동시키는 것은 별문제가 되지 않는다. 핵심은 감상자의 의식을 전환하는 데 있다. 감상자의 의식에 자리한 현실적인 필터('사람은 못 날지')를 환상적인 필터('여기서 사람이 날 수 있다니 너무 멋진데')로 전환시켜야 한

다. 이러한 전환이 없으면 감상자는 스토리를 즐길 수 없고, 나아가 삶에 숨겨진 가능성을 찾아야 한다는 판타지의 주제에도 마음을 열 수 없다

기법: 통로 즐기기

통로가 하나의 고유한 하위 세계인 만큼 이곳에 잠시 머물 여유를 마련하는 게 좋다. 독자가 통로 속 캐릭터들과 잠시 즐길 수 있도록 해야 한다. 스토리를 전개시키는 일이 중요하다 보니 물론 매번 그럴 수는 없다. 하지만 통로에서의 여유가 가능하다면 대단히 큰 힘을 발휘한다.

예를 들면 『이상한 나라의 앨리스』 속 토끼 굴, 『거울 나라의 앨리스』 속 거울, 「오즈의 마법사」 속 회오리바람, 『나니아 연대기: 사자와 마녀와 옷장』 속 옷장이 있다.

판타지 스토리 비트: 추진력-하위 세계를 통한 여정

스토리 중반부에서 주인공은 목표를 달성하기 위해 여러 하위 세계를 탐험하고, 그곳에서 적대자와 싸워야만 한다. 모든 판타지는 알레고리이기에 결국 이 하위 세계들은 현실에 대한 메시지를 전한다.

> **핵심**
>
> 주인공은 가급적 많은 판타지 세계를 경험해야 한다.

『크리스마스 캐럴』에서 유령들은 에비니저 스크루지를 그의 인생에 존재하는 세 개의 세계로 데려간다. 바로 과거, 현재, 미래의 크리스마스다. 각 세계에서 스크루지는 자신이 다른 사람들에게 어떻게 상처를 주

었는지 보게 된다.

메리 포핀스는 자신이 돌보는 어린 제인과 마이클을 데리고 버트가 거리에 그린 아름다운 시골 풍경의 그림 속으로 떠난다. 그곳에서 아이들은 회전목마를 타고, 동물들과 함께 노래를 부르며 춤추고, 회전목마 말을 타고 경주도 나간다. 앨버트 삼촌 집에서는 공중에 붕 뜬 채 다과회도 즐긴다. 또한 아이들은 아버지가 일하는 은행에 갔다가 끔찍한 경험도 한다. 집으로 돌아온 메리는 아이들을 데리고 굴뚝을 통해 지붕 위로 올라가고, 그곳에 펼쳐진 놀라운 '마법의 세계'에서 굴뚝 청소부들과 함께 신나게 춤을 춘다.

기법: 판타지 리빌

리빌은 플롯의 핵심 요소 중 하나다. 보통은 적대자에 대한 숨겨져 있던 정보가 드러나는 순간이다.

> **핵심**
>
> 판타지에서 최고의 리빌은 판타지 세계가 어떻게 작동하는지 또는 적대자가 그 세계를 어떻게 조종하는지 그 비밀이 드러날 때다.

『해리 포터』 1권에서 해리는 마법사의 돌이 영생을 약속하는 생명의 영약을 만들어낸다는 사실을 알게 된다. 그 돌은 바로 볼드모트가 필사적으로 찾는 것이었다. 투명 망토를 입은 해리는 스네이프가 퀴렐 교수를 협박하는 모습을 지켜본다. 스네이프가 조력자가 아니라 해리의 적이라고 믿게 만드는 일종의 함정이다. 시리즈 후반은 볼드모트가 불멸과 절대적인 힘을 얻는 데 필요한 호크룩스들을 어떻게 이용했는지 밝히는 내용이 주를 이룬다. 호크룩스를 파괴하는 것만이 그를 소멸할 수 있는 유일한 방법이다.

「꿈의 구장」에서 레이는 "그것을 만들면 그가 올 것이다"라는 음성을 듣는다. '그'가 누군지를 밝히는 것이 스토리의 주요 축을 이룬다. 레이는 옥수수밭에 야구장을 만들고는 '그'가 1919년, 악명 높은 시카고 블랙 삭스Chicago Black Sox 선수 중 한 명인 맨발의 조 잭슨Shoeless Joe Jackson일 거라 생각한다. 이후에는 '그'가 야구 작가인 테런스 만일 거라고 짐작한다. 영화 마지막, 맨발의 조의 설명으로 레이는 '그'가 한때 포수였던 아버지였음을, 멀게만 지내다 끝내 돌아가신 아버지임을 깨닫는다. 레이와 아버지는 캐치볼을 하며 잃어버린 수년의 시간을 만회한다.

판타지 스토리 비트: 대단히 마법적인 순간

유토피아를 보여주는 판타지에는 마법적인 순간이 등장할 때가 많다. 모든 것이 연결되어 하나가 되는 그런 순간이다.

> **핵심**
> 판타지에는 반드시 대단히 마법적인 순간이 한 번은 등장해야 한다. 한 번 이상 만들어낼 수 있다면 더욱 좋다.

대단히 마법적인 순간을 창조하기 위해서는 다음 질문을 해야 한다. 모든 것이 더할 나위 없이 좋은 바로 그 순간을 가장 완벽하게 보여주는 행동은 무엇일까?

- 「메리 포핀스」: 천장으로 붕 떠올라 다과회를 나누고, 굴뚝 청소부들과 함께 옥상에서 춤을 춘다
- 「빅」: 상사와 함께 피아노에서 춤을 추고, 후에 여자 친구가 될 수전과 트램폴린 위에서 뛴다(이 장면은 또한 판타지-로맨스의 정수를 보여준다. 처음에는 두려워했던 수전이 점차 신나하며 트램폴린을 뛰기 시작하고, 그녀는 재미와 자유, 사랑에 대한 가능성에 눈을 뜬다)
- 「꿈의 구장」: 레이는 자신이 만든 야구장에서 맨발의 조 잭슨 및 그의 동료들과 함께 야구를 한다

판타지 스토리 비트: 전투-최후의 시험

판타지에서 큰 전투는 주인공이 목표를 달성할 수 있을지 결정하는 물리적인 전투가 될 수도 있다. 또는 신화 장르의 요소를 차용해 주인공이 반드시 통과해야 하는 최종 시험이 될 수도 있다.

「이상한 나라의 앨리스」에서 앨리스는 여왕 및 여왕을 지키는 병사들과 싸운다.

「메리 포핀스」에서 아버지는 은행장에게 맞선다.

판타지 스토리 비트: 자기 각성-자유와 즐거움

판타지의 자기 각성에서는 주인공이 매일을 자유로운 영혼으로 산다는 것이 어떤 의미인지 이해하고 집의 가치를 새로운 관점으로 깨닫게 된다.

> **핵심**
>
> 환상 세계에서 영웅의 약점이 반드시 해소되어야 한다. 그래야 주인공은 개인의 문제를 모두 해결한 채 집으로 돌아갈 수 있고, 일상 세계를 이제 하나의 놀이터처럼 즐길 수 있게 된다.

자기 각성을 통해 주인공은 앞서 소개했던 약점 중 하나 이상을 극복할 수 있다. 즉 관습과 고정관념을 깨뜨리고, 권태를 극복하고, 마음을 열 줄 알고, 자신과 자신이 사는 세계 안에서 가능성을 보고, 즐기는 법과 잘 사는 법을 깨우치는 것이다.

「오즈의 마법사」 속 도로시는 숙모와 삼촌, 농장 인부 세 명과 떠돌이 점쟁이에게 둘러싸인 채 집에서 눈을 뜬다. 그녀는 기쁘게 외친다. "집만 한 곳은 없어."

『크리스마스 캐럴』에서 스크루지는 아직 크리스마스 날이라는 것을 알고 크게 기뻐한다. 그는 소년을 시켜 밥 크라칫에게 줄 칠면조를 사고 이후에는 조카 가족과 함께 크리스마스를 보낸다.

주제: 존재한다는 것은 자신의 잠재력을 실현하기 위해 분투하는 것이다

판타지는 어떤 장르보다도 존재함과 되어감을 긍정적인 관점으로 바라본다. 이 장르는, 존재한다는 것은 창의력을 발휘하는 것이라고 말한다. 상징을 만들어내는 동물인 인간은 창의적일 수밖에 없다. 문제는 그 창의력을 우리 자신에게 집중시키는 일이 어렵다는 데 있다.

자신의 삶에 창의식으로 접근하는 것은 사기 인식적인 인간이 스스로를 표현하는 가장 고차원적인 방식이다. 판타지는 이렇게 말한다. "나는 내가 만들어낸 캐릭터다. 매일 매순간 나라는 캐릭터를 만들어낸다."

판타지의 주제 공식: 자신의 삶을 예술 작품으로 만든다

어떤 장르든 주제 공식은 주인공의 기본 행동과 장르가 묻는 핵심 질문으로 파악할 수 있다. 판타지에서 주인공의 기본 행동은 상상의 세계를 탐험하는 것이다. 새로운 무언가를 기꺼이 경험하겠다는 의지가 포함되어 있다. 주인공은 자신의 삶을 경이롭게 바라보는 법을 배우기 위해 경이로움의 세계로 들어간다.

이 장르가 묻는 핵심 질문은 다음과 같다. 어떻게 해야 삶을 충만하게, 자유롭고 자발적인 태도로 살 수 있을까? 언뜻 보기에는 이 질문이 상상의 세계를 탐험하는 주인공의 행동과 관련이 없어 보일 수 있다. 경직된 생각을 극복하려면 자신의 세계보다 더욱 풍요롭고 경이로운 외부의 세계를 경험해야 한다. 경이로운 일들이 어떻게 가능한지 깨달을 때 개인은 스스로를 해방시키고 즐거움을 느끼며 사는 것이 성공적인 삶의 방법임을 이해한다.

판타지의 공식을 한 줄로 요약하자면, 나이와 관계없이 아이처럼 세상을 향해 경이롭고 장난기 어린 시각을 유지하라는 것이 되겠다. 이 장르의 가장 위대한 영화로 손꼽히는 「빅」과 「꿈의 구장」은 불가능해 보이는 도전에 임하는 주인공들을 보여준다. 우리는 성장하는 과정에서 돈, 직업, 가족과 같은 어른의 책임을 다하기 위해 어린 시절의 것들이나 한심하고도 멋진 생각들에서 점차 멀어진다. 하지만 그 대가는 상당하다. 만약 우리가 일상에서 달성해야 하는 목표를 이루면서도 어떻게든 아이 같은 경이로운 시선과 열정으로 현실을, 가능성을 볼 수 있다면 정말 행복한 삶을 살 수 있을 것이다.

판타지에서 되어감은 우리 삶을 하나의 예술 작품으로 만들어줄 도구를 배우는 것을 의미한다. 이는 어떠한 예술 활동을 통해 자신을 표현하는 행위가 될 수도 있다. 다만 우리가 하는 모든 일에 창의적으로 접근하는 태도가 무엇보다 중요하다.

이것이 바로 더욱 '나은' 존재가 되고자 하는 꿈을 이루는 방법이다. 이를 달성하는 데 가장 필요한 의식은 상상력이다. 상상력을 통해 우리는 모든 것에서 그리고 우리 안에서 잠재력을 발견할 수 있다. 그렇게 삶은 예술이 된다.

자연주의적 이상: 예술적인 삶

판타지 장르는 이 책의 근본 주제와 맞닿아 있다. 바로 인간은 상징을 창조하는 동물이라는 사실이다. 상징을 만들어내는 능력의 정점은 세상을 하나의 스토리로 보는 것이다. 우리가 사용하는 주요 스토리 양식들은 인간의 의식이 세상을 구조화하고 삶을 헤쳐나가는 방식을 반영한다. 스토리 양식으로 세상을 바라보는 접근법을 나는 '새로운 시학New Poetics'이라고 하겠다.

그렇다면 새로운 시학이란 무엇인가? 또 이 새로운 개념이 판타지 장르의 주제 공식에 왜 중요한 것일까? 자연주의적 세계관에서 인본주의는 길잡이가 된다. 신을 배제한 인본주의는 곧 우리가 스스로 문화를 구축한다는 뜻이다. 문화는 인류의 가장 높은 수준의 능력을 다듬고 표현하는 장이 된다.

> **핵심**
>
> 최고 수준의 인본주의는 창의성과 스토리를 모든 행동의 접근법으로 삼아 예술적으로 삶을 살아가는 태도다.

10. 판타지: 삶의 예술

판타지 스토리를 초월하는 법

사회적 판타지라고도 하는 초월적 판타지는 개인에서 사회로 초점을 옮긴다. 이는 미학과 사회철학을 결합한 스토리 양식이다. 초월적 판타지는 유토피아와 외견상 유토피아, 심지어 디스토피아까지 창조해 스토리를 전개한다. 정부와 사회가 개인의 행복을 극대화할 수 있다는 하나의 사고실험을 극화한 것이다.

판타지가 우리에게 삶을 하나의 예술 작품으로 만드는 법을 보여준다면, 사회적 판타지는 사회가 이를 도울 수 있는 여러 가지 모델을 제시한다.

사회적 판타지는 크게 세 가지 형태를 띤다.

1. 여행하는 천사 판타지: 공동체의 문제를 해결하는 천사에게 초점을 맞춘다. 다른 두 형태보다 사회의 규모는 작지만 사회적 변화를 대단히 효과적으로 전달한다.
2. 지상낙원 판타지: 주로 유토피아의 이야기로, 지상에 천국과 같은 사회를 만드는 데 필요한 사상과 문화에 초점을 맞춘다.
3. 판타지 정치 에픽: 판타지와 정치 스토리를 결합한 형식이다(갱스터 장 참고). 유토피아와 디스토피아 또는 가짜 유토피아를 대조해 보여주고, 해당 스토리 세계의 사회 구조 및 통치 구조를 강조한다.

판타지 초월하기 1: 여행하는 천사 판타지

여행하는 천사 판타지는 데우스 엑스 마키나 deus ex machina(초자연적인 힘이 등장해 스토리의 갈등을 해결하거나 결말을 짓는 기법—옮긴이)와 같은 구원자가 등장하는 장르다. 보통 우리는 데우스 엑스 마키나를 스토리텔링의 실패로 여긴다. 주인공이 스스로 자신의 문제를 해결하지 않기 때문이다. 하늘에서 마차를 타고 신이 내려와 손짓 한 번으로, 또는 벼락이나 마법 지팡이로 문제를 해결해 준다.

하지만 여행하는 천사 판타지에서는 데우스 엑스 마키나 기법의 결점을 강력한 스토리 구조로 전환한다. 주제적으로 이 장르는 올바른 스승이 있다면 공동체가 스스로 개선할 수 있음을 보여준다. '천사'가 구원자로 등장하지만 구원자처럼 행동하지는 않는다. 천사가 모든 것을 해결하진 않기에 개인이 자신의 삶에 대한 책임에서 완전히 해방되지 않는다. 그는 개인이든, 공동체 전체든 문제의 원인을 짚어내는 데 전문가다. 사람들을 올바른 방향으로 이끌지만 해결책은 스스로 찾도록 내버려둔다.

이 지점을 구현하는 것이 복잡하다. 판타지가 보기보다 까다로운 장르인 이유도 이 때문이다. 먼저 여행하는 천사라는 주인공과 공동체 속 문제를 지닌 개인들로 스토리의 일곱 단계를 나눠서 구성해야 한다(부록에 수록된 일곱 단계가 요약된 표를 참고하길 바란다). 다른 캐릭터들은 약점과 자기 각성을 담당한다. 주인공은 어려움에 처한 사람들의 돕겠다는 욕망과 이를 위한 계획을 담당한다. 천사는 어려움에 빠진 사람들의 초자연적 조력자 역할을 하기도 한다.

직접 문제를 해결해 주지는 않지만 공동체를 가르치고 이끄는 복잡한 임무를 수행하는 천사에는 작가가 생각하는 완벽한 인간상이 반영되어 있다고 할 수 있다. 성공적인 공동체가 어떻게 작동해야 하는지 한 인간의 형태로 구현한 것이다.

최고의 여행하는 천사 스토리에서는 천사도 약점을 지닌 존재로 등장한다. 보통은 심리적인 결함이지만 도덕적인 결함일 때도 있다. '완벽한' 인물에게 결함을 부여할 때 감상자는 천사를 진짜 인간처럼 느끼게 되어 스토리에 정서적 힘이 생긴다. 천사 또한 최상의 삶을 살기 위해 무언가를 고쳐야만 한다. 「멋진 인생」에서 조지를 도와 날개를 얻어야 하는 클래런스는 결함을 지닌 천사의 모습을 유쾌하게 보여준다.

여행하는 천사는 추리물, 코미디, 로맨스, 서부극에서도 찾아볼 수 있다. 판타지에 이 천사가 등장하는 경우에는 마법이 더해진다. 진짜 천사가 주인공으로 등장해 물건을 움직이고, 하늘을 날고, 공간과 시간을 자유롭게 이동하는 초능력을 발휘하기도 한다. 마법의 힘이 더해질 때 감상자에게 모든 사물이 살아 있는 영혼을 통해 서로 연결되어 조화를 이룬다는 아이디어를 전달할 수 있다. 이때 세계와 우리 자신 안에 숨어 있는 대단한 잠재력에 대해서도 생각해 보는 계기가 마련된다.

「메리 포핀스」, 「밀라노의 기적Miracle in Milan」, 「비숍스 와이프The Bishop's Wife」 그리고 「멋진 인생」의 몇몇 요소가 여기에 해당한다.

나의 성장과 깨달음: 삶은 믿기 어려울 만큼 재밌을 수 있다

1964년 가을 어느 오후 어머니는 우리 세 남매에게 「메리 포핀스」를 보여주었다. 구름 속에서 내려오는 메리를 보는 순간 나는 완전히 빠져들고 말았다. 짙은 영국식 발음을 쓰는 예쁜 영국 여인에게 반했던 기억이 어렴풋하다. 그녀는 정리정돈과 집안일을 잘하면 얼마든지 재미를 누려도 된다는 메시지를 전했다. 그녀는 '모든 면에서 사실상 완벽한' 인간이었다. 노래도 상당히 잘 불렀다.

「메리 포핀스」를 내 인생에 한 획을 그은 작품으로 만든 두 가지 요소가 있다. 첫째로 아름답게 펼쳐진 판타지 세계를 보며 나는 매일 즐거운 삶을 보낼 수 있다는 믿음이 생겼다. 둘째로 영화라는 대단한 종합 예술의—글쓰기, 연기, 촬영 기법, 무엇보다 놀라운 음악이 결합된—힘이 내 인생을 바꾸리라는 것을 직감했다. 그때 내가 살고 싶은 세상이 바로 저곳이라는 생각이 들었다. 그리고 그럴 수 있을 거라 믿었다.

판타지 초월하기 2: 지상낙원 판타지

지상낙원 전략은 감상자에게 행복한 사회가 어떤 모습인지 자세하게 보여주는 모델을 제공한다. 그 사회는 각 개별적 요소가 조화롭게 맞물려 움직이는, 살아 숨 쉬는 기계와 같다.

예시로 『윈터스 테일』, 「플레전트빌」, 「코코」, 「주토피아」, 『나이트 서커스』, 「미드나잇 인 파리」, 「토이 스토리」 1~4가 있다.

지상낙원 판타지는 서커스나 정원 같은 유토피아적인 예술 양식을 배경으로 스토리가 전개되기도 한다. 서커스의 커다란 천막 안으로 들어서는 순간 다른 세계로 이동하는 것이다. 서커스는 사회의 축소판이자 공연자들이 '하늘을 나는' 특별하고도 경이로우며 환상적인 능력을 선보이는 곳이다. 서커스 쇼는 전 세계에 존재하는 동물이 등장하는 등, 대단한 장관을 연출한다. 무엇보다 감상자는 놀라운 용기와 신체적 능력으로 뛰어난 기량을 펼치는 공연자들에게서 '신'의 모습을 본다. 또한 여행하는 천사처럼 유랑하는 서커스단 공동체는 다른 마을로 이동해 그곳에서도 이런 마법을 보여준다.

지상낙원 전략이 부정적으로 변형된 형태는 사라진 낙원에 대한 스토리다. 이 서브 장르에서 작가는 낙원을 창조한 뒤 인간이 자신의 결함으로 인해 필연적으로 낙원과 자기 자신을 파괴하는 과정을 보여준다. 가장 유명한 예시가 『구약성서』 창세기의 아담과 이브 스토리다. 또 다른 형태로는 '정원 속 기계'와 반서부극이 있다.

「플레전트빌」은 사회적 지상낙원 판타지이자 부흥 신화다. 부흥 신화는 황야에서 마을, 도시, 억압적인 도시로 진화하다 다시 황야로 돌아가는 사회적 단계의 하강 주기를 반박한다. 이 신화는 억압적인 도시가 하나의 공동체로 다시 태어날 수 있음을 보여준다.

> **핵심**
>
> 「플레전트빌」이 성공한 이유는 외견상 유토피아에서 진짜 유토피아로 나아가는 스토리 구조에 있다.

「아메리칸 뷰티」처럼 이 작품은 비슷비슷한 집들로 가득한 따분한 교외 지역이라는 노예의 하위 세계로 스토리가 시작된다. 주인공 데이비드는 시스템에 예속되어 있지만 정작 자신은 이 사실을 모른다. 그의 노예 상태는 행복하지 않은 가정의 모습으로 표현된다. 자신이 가장 좋아하는 시트콤 「플레전트빌」을 보며 입 모양으로 대사를 읊는 그에게 이혼한 부모님이 전화 너머로 다투는 소리가 들린다.

주인공의 붕괴된 가정은 디스토피아로, 그가 텔레비전에서 보는 완벽한 핵가족은 보기에는 멋진 유토피아로 대비를 이룬다. 「플레전트빌」이 판타지 작품인 만큼 데이비드와 쌍둥이 여동생인 제니퍼는 텔레비전 수리공이 준 리모컨으로 텔레비전이라는 통로를 통과해 다른 세상으로 들어간다. 흥미롭게도 수리공을 연기한 사람은 훌륭한 코미디 배우인 돈 노츠Don Knotts로, 그는 「앤디 그리피스 쇼」에서 메이베리라는 유토피아 소도시에 사는 바니 파이프라는 인물을 연기했다.

데이비드와 제니퍼는 이제 버드와 메리 수가 되어 플레전트빌의 시트콤 세계로 들어간다. 그 과정에서 우리는 유토피아처럼 보이는 이 세계의 규칙을 알게 된다. 그곳은 모든 것이 완벽하게 돌아가는 목가적인 교외 마을처럼 보인다. 아침 식사 테이블에는 음식이 가득하다. 버드와 메리 수의 부모님은 밝고 다정하다.

하지만 유토피아처럼 보이는 그 세상의 이면에는 디스토피아가 자리한다. 남성이 지배하고 여성이 종속되는 엄격한 순응의 원칙을 따라야 하는, 말 그대로 흑백의 세계인 것이다. 주요 적대자는 이 규칙을 단호하게 강제하는 권위적인 시장이다.

이 마을을 노예의 세계에서 자유의 세계로 변화시키는 계기가 발생한다. 메리 수가 데이트 상대인 스킵과 성관계를 가진 일이다. 성관계 후 흥분에 휩싸인 스킵은 빨간 장미를 통해 색이란 것을 태어나 처음 본다. 이것이 나비효과를 일으키며 마을에는 점점 더 빠른 속도로 변화가 퍼진다. 「멋진 인생」에서 조지 베일리가 수많은 사람의 인생을 바꿔놓은 것과 동일한 효과다.

버드가 마거릿과 드라이브를 하는 장면에서도 이 변화의 축소판을 확인할 수 있다. 두 사람이 숲과 정원이라는 유토피아의 하위 세계로 들어가자 흑백이었던 세상에 찬란한 색이 입혀진다.

이후 버드는 겉보기에만 유토피아였던 마을을 진짜 유토피아로 바꾸는 데 앞장서는 리더가 된다. 그는 마을을 진정한 자유와 조화가 함께하는 공간으로 바꿔야 한다는 깨달음을 얻는다. 버드와 존슨 씨가 함께 그림을 그린 벽이 그 수단이 된다. 이 벽은 가능성에 눈을 뜨기만 하면 이들이 어떻게 달라질 수 있는지를 비추는 거울과 같은 역할을 한다.

법정에서 벌어진 전투에서 버드는 권위주의적인 시장의 내면에 자리한 감정을 밝혀내며 시장을 무너뜨린다. 유토피아 세계를 창조하면 어떤 깨달음을 얻을 수 있을까? 감정이란 복잡하고 골치 아프지만, 감정이 있어야 삶에 비로소 가치가 생긴다는 것이다. 시장은 도망가고 사람들은 이제 마을이 완전히 색으로 물들었다는 사실을 깨닫는다. 이 사회적 판타지는 모두를 위한 유토피아로 끝을 맺는다.

판타지 초월하기 3: 판타지 정치 에픽

판타지와 정치 스토리가 결합한 판타지 정치 에픽은 사회적 판타지

가운데 가장 어두운 장르다. 이 이야기는 세 가지 고차원적인 스토리 요소를 강조한다. 바로 시스템과 인과관계, 프로세스다. 스토리 전략은 유토피아와 디스토피아를 대조해서 보여주고, 가짜 유토피아를 폭로하며, 사회적 구조와 통치의 형태를 비교하는 것이다.

예시로『걸리버 여행기』,『크리스마스 캐럴』(호러),『이상한 나라의 앨리스』,『아서왕 궁전의 코네티컷 양키』,『백년의 고독』,『반지의 제왕』(신화),「멋진 인생」,『영혼의 집』,『아르카디아Arcadia』,『한밤의 아이들』,『얼음과 불의 노래-왕좌의 게임』(액션 에픽)이 있다.

「멋진 인생」은 영화사상 가장 위대한 판타지 정치 에픽이라고 할 수 있다. 앞서 이 영화가 순수 자본주의를 비판하는 점을 들어 최고의 비즈니스-정치 에픽 작품 중 하나라고 소개하기도 했다. 이번에는 다른 관점에서「멋진 인생」을 살펴볼 예정이다.

이 영화는 감독 프랭크 카프라Frank Capra의 걸작으로 알려져 있다. 다만「멋진 인생」의 힘은 무엇보다 스토리 구조에서 나온다. 프랜시스 굿리치Frances Goodrich, 앨버트 해킷Albert Hackett, 카프라가 각본가로 참여한 이 작품은 필립 밴 도렌Philip Van Doren의 기발한 발상과 단편소설을 바탕으로 한다.

「플레젠트빌」처럼 이 영화는 판타지를 활용해 현실의 유토피아와 디스토피아를 비교한다. 여기서도 미국의 작은 마을을 실험실로 삼아 진정한 유토피아가 실제로 어떻게 작동하는지 사고실험을 보여준다.

> **핵심**
>
> 「멋진 인생」을 최고의 판타지 정치 에픽으로 만드는 구조적 기법은 한 마을에서 유토피아와 디스토피아를 동시에 보여준 것이다.

「멋진 인생」은 나비효과를 통해 사회적 자유의 본질을 드러낸다. 각본가들은 스토리의 최초 인과관계가 시작되는 지점으로 되돌려 조지가 태어나지 않은 세상은 어땠을지를 보여준다. 여행하는 천사 클래런스는 베드퍼드 폴스 마을을 포터스빌로 바꿔 대체 현실을 만든다.

이러한 대체 현실의 사고실험은 크게 두 가지를 대조해 보여준다. 먼저 마을 지도자인 조지와 포터의 대조다. 조지 베일리는 이타적인 자본주의자다. 그는 자신이 돈을 버는 상황에서도 같은 인간으로서 다른 사람들을 보살펴야 하는 책임이 있다고 생각한다. 이러한 가치관 때문에 그는 금전적 성공에서는 가혹할 정도로 뒤처져 있다.

조지의 적대자는 순수 자본주의자인 헨리 포터다. 그는 상대에게서 어느 정도의 돈을 얻을 수 있는지로 상대의 가치를 판단한다.

두 번째 대조는 마을이다. 처음에는 포터스빌과 베드퍼드 폴스의 시각적 대비로 표현된다. 가령 포터스빌의 중심가는 네온사인이 번쩍이는 바와 클럽으로 가득하다.

하지만 두 마을의 차이를 진정한 차이는 캐릭터망의 세부적인 묘사에서, 특히 두 마을 속 조연들의 모습에서 드러난다.

> **핵심**
>
> 각본가들이 유토피아와 디스토피아를 보여주는 주된 방식은 각 조연들이 다른 지도자와 다른 가치관 아래에서 어떻게 달라지는지를 비교하는 것이다.

예를 들자면 다음과 같다.

- 어니: 집과 가족이 있는 유쾌한 택시 운전사 VS 아내에게 버림받은 냉소적인 남자
- 바이얼릿: 명랑하고 다정한 여성 VS 마을의 매춘부
- 미스터 가워: 마을의 약사 VS 20년간 교도소 생활을 마치고 노숙자가 된 술꾼
- 남동생 해리: 수송 병력을 태운 수송선을 지켜내 명예 훈장을 받은 전쟁 영웅 VS 일찍이 사망하는 바람에 수백 명의 목숨을 구하지 못한 소년
- 조지의 모친: 다정하고 친절한 어머니 VS 심술궂고 의심이 많은 어머니
- 조지의 아내 메리: 사랑스러운 아내이자 엄마 VS 소심한 독신녀

> **핵심**
>
> 그렇다고 이 조연들이 베드퍼드 폴스에서 완전한 자유나 성공을 누리며 사는 것은 아니다. 하지만 각자의 고유한 능력과 사회적 위치 내에서 가장 최선의, 가장 자유로운 모습으로 자신의 삶을 산다.

포터스빌의 참상을 체험하고 돌아온 조지는 베드퍼드 폴스를 다시 볼 수 있다는 사실에 대단히 기뻐한다. 하지만 앞서 그가 스스로 목숨을 끊을 정도로 살고 싶지 않았던 곳이었던 베드퍼드 폴스를 어떻게 유토피아라고 할 수 있을까?

영화가 전하는 가장 심오한 통찰 중 하나다. 이 영화 「멋진 인생」은 진짜 자유로운 공동체란 무엇인지 보여준다. 진정한 유토피아는 모두가

매 순간 어쩔 줄 모를 정도로 행복에 들떠 있는 장소가 아니다. 긍정적인 마음의 상태를 의미하는 것도 아니다. 어쩌면 영화가 끝나고 6개월 후쯤 조지는 다시 우울감에 빠질 수도 있다.

진정한 자유는 구성원들이 인생이라는 게임에서 승리할 수 있는 최상의 위치에 자리하게 만드는 사회 구조를 뜻한다. 삶의 여정 속에서 이들은 한 번씩 이웃에게 제약을 받는 듯한 기분도 느끼고, 자신이 생각하는 성공을 이루지 못해 슬픔을 느끼기도 할 것이다. 하지만 최고의 모습을 발휘할 수 있도록 서로 돕는 사회라면, 충분히 멋진 삶인 동시에 우리가 바랄 수 있는 최상의 세계일 것이다.

「왕좌의 게임」

조지 R. R. 마틴 George R. R. Martin 의 『얼음과 불의 노래』와 해당 소설 시리즈의 첫 번째 책 제목을 딴 텔레비전 시리즈 「왕좌의 게임」은 사상 최고의 판타지 정치 에픽 중 하나라고 할 수 있다. 편의를 위해 여기서는 소설과 드라마를 「왕좌의 게임」으로 통칭하겠다.

대부분의 에픽은 한 개인 또는 가족이 국가의 운명을 결정하는 이야기다. 이 작품의 경우 주요 가문 네 곳이 일곱 왕국의 운명을 결정한다. 공동 총괄 책임자인 데이비드 베니오프는 이 작품의 전제는 "중간계에서 벌어지는 「소프라노스」"라고 설명했다. 여러 경쟁자가 왕좌를 두고 벌이는 대결은 중세 시대 갱단 간의 세계대전이다.

원작 스토리는 비디오 및 온라인 게임과 리스크 Risk 같은 보드게임의 영향을 받은 것으로 보인다. 또한 1300년에서 1500년 사이의 유럽 역사에 기반을 두는데, 특히나 잉글랜드의 장미전쟁을 바탕으로 한다. 『걸리버 여행기』와 『아서왕 궁전의 코네티컷 양키』 등의 고전 판타지 정치 에픽과 달리 『왕좌의 게임』은 정치 체제를 비교해 보여주지 않는다. 이 세계에서는 일곱 개의 왕국 모두 군주제를 따른다.

한편 이 작품은 정치적 대조를 보여준다. 판타지 정치 서사라는 형식을 이용해 리더십, 통치 방식, 전쟁을 향한 서로 다른 접근법을 비교하고 「대부」와 「멋진 인생」처럼 스토리 구조를 통해 대비를 부각시킨다.

「대부」는 세 형제라는 환상 동화의 구조를 채택해 범죄 전쟁에서 가문을 이끄는 최고의 전략이 무엇인지 보여준다. 「왕좌의 게임」은 토너먼트 구조를 이용해 세계대전의 상황에서 국가를 이끄는 최선의 전략이 무엇인지 보여준다.

「멋진 인생」은 한 마을의 대체 현실을 보여준다. 「왕좌의 게임」은 중세 유럽의 대체 현실인 셈이다.

이 스토리는 거대한 '분지-수렴' 구조를 사용한다.

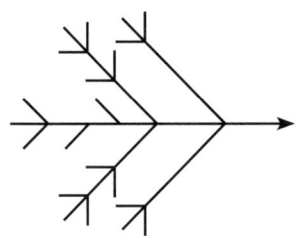

작품에서는 제일 효과적인 리더십 유형을 밝히기에 앞서 네 가지 유형의 리더십을 제시한다. 가장 중요한 리더십 기술은 전략과 도덕성 사이의 균형을 유지하는 것이다. 이야기 전반에서 드러나는 하나의 원칙이 있다. 성공하고 싶다면 명심해야 할 원칙은 바로 도덕적으로 행동하는 자가 죽는다는 것이다. 이 스토리는 '왕좌의 게임'에서 승리하기 위한 전략을 다룬다. 다만 역설적이게도 도덕적으로 행동하는 자가 죽는 이야기는 결국 도덕적 리더십이 가장 효과적인 통치 방법임을 반증하는 것이다.

「왕좌의 게임」이 장대한 태피스트리를 완성하기 위해 사용한 세 가지 주요 기법은 다음과 같다.

1. 토너먼트식 스토리 구조
2. 모든 참가자가 같은 목표를 두고 싸우는 경쟁
3. 네 개의 대립점이 다중으로 전개되는 스토리 프랙털

기법 1: 토너먼트식 구조

이렇듯 장대한 에픽 스토리의 주된 과제는 수많은 교차편집이 서사 추진력을 정지시킨다는 점이다. 토너먼트 구조는 이 거대한 스토리 태피스트리가 한곳으로 수렴하는 소용돌이 지점을 만들어준다. 태피스트리의 모든 실 가닥들은 왕좌를 차지한다는 더욱 큰 목표를 확실하게 가리킨다. 덕분에 에피소드와 시즌, 시리즈 전반에 걸쳐 내러티브 추진력이 증가한다.

> **핵심**
>
> 스토리의 소용돌이 지점에 가까워질수록 실 가닥의 수는 줄고 내러티브 추진력은 빨라진다.

이 토너먼트 구조로 가장 예상치 못한 전개가 가능해진다. 바로 주요 캐릭터의 죽음이다. 「왕좌의 게임」 이전, 주요 캐릭터의 죽음은 해당 작품의 죽음과 같았다. 하지만 이 작품에서는 캐릭터의 죽음이 필요할 뿐만 아니라 더 나은 스토리를 만드는 힘으로 작용한다.

기법 2: 동일한 목표와 소용돌이

「왕좌의 게임」은 모든 캐릭터가 동일한 목표를 위해 경쟁하는 상황을 보여주는 궁극적인 예다. 그 목표는 제목에 드러나 있듯 왕좌다.

> **핵심**
>
> 왕좌는 권력을 상징한다. 권력을 얻기 위해 캐릭터들이 서로 다른 리더십 방식을 채택하며 다양한 행동 양식을 보여준다.

기법 3: 네 개의 대립점이 다중으로 전개되는 스토리 프랙털

SF 장르에서 동일한 패턴이 모든 사회 수준에서 존재하는 사회적 프랙털에 대해 이야기한 바 있다. 이것은 방대하면서도 세밀한 사회를 창조하는 데 가장 중요한 기법 중 하나다.

「왕좌의 게임」은 사회적 프랙털을 가장 광범위하게 활용한 작품이다. 어떻게 해야 네 개의 대립점을 이용해 캐릭터망을 만들어낼 수 있을까? 웨스테로스의 일곱 왕국에서 네 개의 주요 가문이 왕좌를 두고 경쟁을 벌인다. 각 가문에 네 개의 대립점이 존재한다. 각 네 개의 대립점은 조력자와 적대자들에게로 뻗어나간다. 그 결과 대규모의 캐릭터가 등장하지만 독자가 그 관계성을 이해할 수 있고, 이 모든 캐릭터가 전부 최종 목표를 향해 움직이는 그림이 완성된다.

소설과 텔레비전 시리즈 모두에서 네 개의 주요 가문이 시작이 되는 네 개의 대립점을 이룬다.

스타크	라니스터
바라테온	타르가르옌

시리즈에서 가장 먼저 등장하는 가문은 네드가 이끄는 스타크 가문이다. 이 가문은 여섯 개의 대립점을 갖고 있다.

네드와 캐틀린	롭
산사	사생아인 존 스노우
아리아	브랜과 리콘

스토리가 진행되면서 가문은 여러 차례 전략적 실수를 저지른다. 이로 인해 산사, 존 스노우, 아리아, 그리고 이 셋에 비해 대립의 정도가 그리 심하지 않은 브랜이 네 개의 대립점을 형성하는 것으로 구조가 바뀐다.

라니스터 가문은 다섯 개의 대립점으로 시작해 셋으로 줄어든다.

세르세이	티리온
제이미	타이윈
조프리와 토멘	

타르가르옌의 네 개의 대립점은 다음과 같다.

비세리스 타르가르옌	대너리스 타르가르옌
칼 드로고	조라 모르몬트 경

바라테온 가문에는 세 개의 대립점이 있다.

스타니스 바라테온	멜리산드레
다보스 경	

왕좌의 게임은 결국 다음 네 명의 최종 경쟁자로 좁혀진다.

세르세이	대너리스
산사	존 스노우

네 명의 준결승 진출자들 가운데 세 명이 여성이다. 역사상 가장 남성 지배적이었던 드라마가 사실은 페미니스트 전쟁 스토리였다는 아이러니에 놀라지 않을 수 없다. 그럼에도 이 드라마는 처음 대부분의 여성을 성적 대상으로 제시하며 대화를 나누는 남성들의 배경으로 소모했고, 이로 인해 '섹스포지션$_{sexposition}$'이라는 용어가 생겨나기도 했다.

경쟁자들의 리더십 차이는 준결승에서 가장 뚜렷하게 드러난다. 세르세이는 한결같이 독재자의 모습을 보여준다. 처음에는 백성들의 사랑을 받는 대너리스가 남성들을 제치고 게임에서 승리할 가능성이 가장 높아 보였다. 하지만 그녀는 점차 폭군으로 변해가며 잔인한 모습을 보였고 결국 게임에 승리하는 데 실패한다.

대너리스가 가장 유력한 우승 후보였던 만큼 나는 각본가들이 반전을 주기 위해 산사를 승자로 만들 거라 예상했다. 산사는 최종까지 살아남았고 모든 참가자 중에 최고의 리더십 기술을 갖추고 있었다. 그녀는 드라마 초반 어린 나이에 결혼해 조프리 왕과 그 어머니인 세르세이 여왕에게 지배당하는 여성으로 등장한다. 후에는 두 번째 남편인 램지 볼턴에게 가학적인 학대를 당한다.

산사는 볼턴과의 싸움에서 북부의 여러 영주를 자신의 동맹으로 만드는 리더십 능력을 보여준다. 서자들의 전투가 벌어지기 전, 그녀는 존 스노우에게 볼턴이 형제 리콘을 살려두지 않을 거라고 알린다. 하지만 존은 볼턴의 계략에 속아 전투에서 패할 뻔한다.

「왕좌의 게임」의 충격적인 결말에서는 네 명의 준결승 진출자 가운데 승리자가 탄생하지 않는다. 스토리의 재앙이자 텔레비전 역사상 최악의 결말이 아닐 수 없다. 원작자 조지 마틴은 이런 실수를 저지르지 않았을 것이다. 다만 드라마의 총괄 책임자들이 마지막 시즌을 집필할 당시 조지 마틴이 아직 소설 시리즈의 완결을 내지 못한 상황이었다.

이 재앙은 토너먼트 구조의 주요 문제를 드러내기도 한다. 지금까지 해온 모든 것이 왕좌의 게임 최종 승자를 가리기 위한 과정이라면 반드시 위대한 인물이 승자가 되어야 한다는 것이다. 작가는 시청자가 수년간 들인 시간을 보상할 만한 결말을 제시하지 못하면 그간의 모든 것을 잃는 도박을 하는 셈이다.

최종 승자는 드라마의 주제를 상징하는 인물이어야 한다. 전략의 전문가가 되어 국가를 이끄는 것이 어떤 의미인지 보여주는 인물이어야만 한다. 대신 총괄 책임자들은 상을 받을 자격은커녕 게임에 참여조차 하지 못한 캐릭터를 승자로 택했다. 브랜을 택한 것은 마치 추리물에서 가장 범죄를 저지르지 않을 듯한 사람을 살인자로 지목하는 것과 같았다.

사다리의 다음 단

판타지의 철학은 우리에게 마음을 열고 우리가 무엇이든 될 수 있다는 가능성과 우리가 창조할 수 있는 긍정적인 세계를 바라보라고 말한다. 그러나 우리의 의식이 뛰어난 능력을 발휘하는 순간에 대해서는 따로 말하지 않는다. 우리의 의식을 이해하기 위해서는 추리물을 살펴봐야 한다.

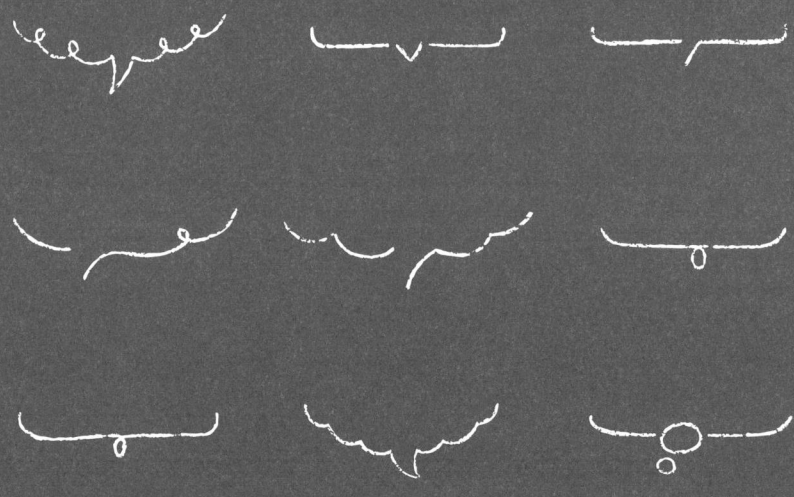

11.
추리와 스릴러: 인간의 정신과 진실

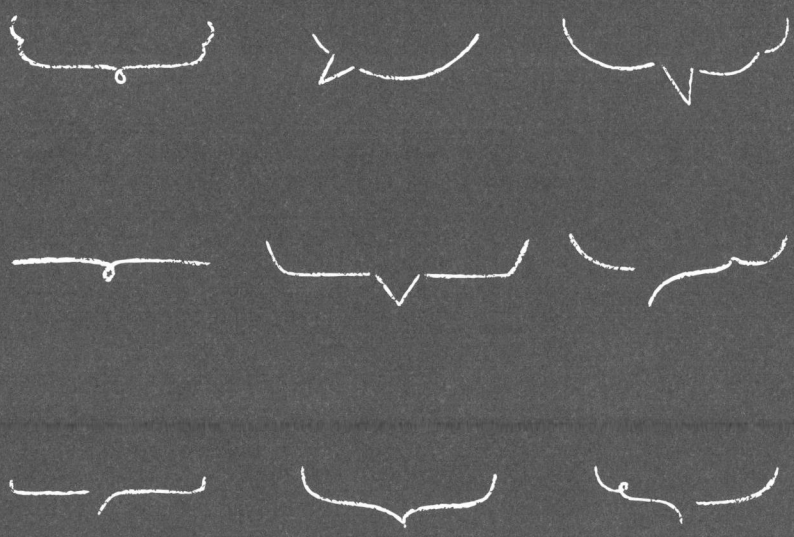

셜록 홈즈

탐정 셜록 홈즈는 인간의 정신을 구현한 인물이다. 그는 천재성이 어떻게 발휘되는지를 보여준다. 물리적 단서에서 진실에 이르는 귀납적 과정을 강조한 창작자 아서 코난 도일Arthur Conan Doyle은 인간 정신의 탁월함은 사고방식의 결과임을 보여준다.

「모르그가의 살인 사건」: 추리 장르의 시작

미스터리Mystery라고도 하는 추리물은 현대 최고의 장르다. 코난 도일이 해당 장르의 최고의 작가라면 에드거 앨런 포는 장르의 창시자인 셈이다. 또한 그는 현대 심리 호러 스토리도 또한 창시했다.

호러와 추리물이 여러 면에서 서로 반대되는 형식임을 감안하면 그 위업은 너욱 대단하게 느껴진다. 이 두 장르를 관통하는 공통점은 바로 인간의 정신을 다룬다는 것이다. 호러는 비이성적인 정신을 강조하는 반면 추리는 이성적인 정신을 표현한다. 포의 첫 번째 추리물인 「모르그가의 살인 사건」은 1841년에 출간됐다. 현대 추리물의 비트 다수를 이 작품에서 발견할 수 있다.

추리와 스릴러의 원리

추리는 기본 스토리 구조 단계 일곱 가지 중 하나를 전복시키는 것이 핵심이다. 바로 적대자를 끝까지 숨기는 것이다. 스토리가 주인공과 적대자 간의 갈등에 의존한다는 점은 모두가 알고 있다. 그렇다면 이런 질문이 떠오를 것이다. 적대자를 마지막까지 숨긴다면 플롯을 어떻게 구성할 수 있을까?

바로 적대자가 만든 미스터리를 주인공이 풀게 하는 것이다. 이 방식은 탐정과 독자가 함께 미스터리를 풀어가도록 만든다.

> **핵심**
> 적대자가 숨어 있다는 특징 때문에 추리는 어떤 장르 스토리보다도 플롯이 가장 복잡하다.

어떤 장르든 스토리 비트의 배열을 바탕으로 한다. 추리 비트를 함께 놓고 보면 정신의 귀납적 사고 과정이 어떻게 전개되는지 확인할 수 있다. 귀납적 추론은 어떠한 대상, 즉 단서에서 출발해 누가 범죄를 저질렀는지 전모를 밝히는 과정을 의미한다.

다시 말해 추리물은 성공적으로 사고하는 방법에 대한 스토리다. 이

스토리에서는 범죄를 해결하려는 다른 이들의 정신이 편견과 선입견, 이념에 흐려져 있다. 대조적으로 탐정은 '대상을 그 자체로만' 바라보려 한다. 그 대상이 어디를 가리키든 탐정은 그 방향으로 향한다.

훌륭한 추리물은 플롯의 두 번째 궤도 또한 추적한다. 작은 부패에서 큰 부패로 나아가는 것이다. 이로써 살인 사건은 더욱 큰 사회적 함의를 지닌다. 개인의 부패는 사회 전체의 부패를 은폐하고 있다.

최고의 추리물은 가장 뛰어난 탐정조차도 사고의 맹점을 보인다. 이러한 결함은 스토리를 비극의 차원으로 끌어올릴 수 있다.

> **핵심**
>
> 탐정은 자신 안의 부패를 파헤친다.

서스펜스Suspense라고도 하는 스릴러는 추리 스토리의 한 형식으로, 사건을 조사하는 주인공이 생명의 위협을 받는다. 고전 추리물 역시 극단적인 폭력을 마주하지만 우리가 캐릭터의 생명을 걱정하지는 않는다. 그러나 스릴러에서는 공포가 가장 지배적인 감정이다.

추리 마인드-액션 스토리 관점

추리의 마인드-액션은 삶이란 위험을 무릅쓰고, 진실을 밝히고, 죄에 대한 책임을 묻는 걸 뜻한다. 따라서 추리는 우리가 무엇을 어떻게 아는지를 극화한 것이다. 철학에서는 이를 인식론이라고 한다.

대부분의 장르가 초월적 형태에서 삶의 예술 양식을 탐구한다면 추리는 본래의 장르 안에 정신에 내린 닻구가 내재되어 있다. 추리는, 우리의 정신은 끊임없이 문제를 해결하는 도구라고 말한다. 인간의 정신은 상징을 발견하고, 단서와 연결하고, 통찰을 얻고, 그리하여 결국에는 스토리를 완성하는 것이다. 단순히 의미 있거나 흥미롭고, 재밌는 스토리가 아니다. 이 내면의 스토리들은 우리가 누구고, 세상은 어떻게 돌아가며, 무엇이 가치 있고, 삶을 어떻게 살아야 성공적일지 우리 자신이 매일 만들어내는 스토리 코드들이다. 결국 우리의 정신은 무엇이 진실인가에 대한 스토리를 만들어내는 것이다.

> **핵심**
>
> 추리 마인드-액션 스토리 관점은 삶이란 스토리들을 비교하며 무엇이 진정한 진실인지를 파악해 나가는 과정이라는 큰 통찰을 전해준다.

이 비교를 통해서만 우리는 옳은 결정을 내릴 수 있다. 비교를 멈추고 무언가를 무턱대고 '진실'로 받아들이면 우리의 정신은 이념에 갇혀 깊이 보는 능력을 잃는다.

한편 추리는 진실을 찾는 것에 그치지 않는다. 진짜 범인이 법의 심판을 받도록 해야 한다. 추리 마인드-액션 스토리 관점에서 두 번째로 중요한 요소가 죄에 대한 책임을 물어야 한다는 인간의 욕구인 이유도 이 때문이다. 우리는 비도덕적인 일이 발생하면 그 책임을 물어야 한다는 강한 의지를 느낀다. 가해자를 정의의 심판대에 세워야만 한다고 말이다. 이런 행위야말로 사회가 공정에 가까워지는 유일한 길이다. 단서들이 모여 스토리를 이루듯, 한 개인을 둘러싼 진실은 더욱 넓은 사회적 필요를 충족시킨다.

스릴러 마인드-액션 스토리 관점

스릴러는 추리 마인드-액션 스토리 관점이 변형된 형태다. 진실을 밝히는 과정을 생명이 위태로울 정도로 위험하게 설정한 스릴러는 진실이 항상 우리를 자유롭게 하는 것은 아니라고 말한다. 진실은 도리어 우리를 죽음에 이르게 할 수도 있다. 혹은 이로 인해 진실의 가치가 달라지기도 한다.

스릴러는 진실을 추구하는 일은 삶과 때로는 사랑과의 균형도 고려해야 한다고 말한다. 하지만 이 장르에서도 여전히 진실이 가장 중요하다. 가족이나 연인에게 위험이 닥치는 상황을 통해 스릴러는 우리에게 한 가지 메시지를 전한다. 자유와 행복한 삶은 우리를 감정적으로 지배하는 이들의 죄를 마주할 때만 가능하다고 말이다.

다른 장르와의 차이

추리는 주요 장르 세 계열 중 하나인 범죄에 속한다. 이 계열에 속한 다른 장르로는 스릴러, 범죄물, 갱스터가 있다. 범죄 계열의 스토리를 쓰는 것이 사변 소설이나 신화 계열보다 더욱 까다로운 이유는 그 안에 속한 장르들이 흡사하기 때문이다. 스토리 비트와 기법이 유사하다. 그렇기에 작가가 자신의 고유한 아이디어를 전개시키는 과정에서 잘못된 장르를 택할 위험이 크다.

추리와 스릴러 VS 신화

추리와 다른 장르의 근본적인 차이를 이해하기 위해서는 '학습 스토리 learning stories'라는 더 넓은 맥락에서 장르들을 살펴봐야 한다. 플롯이 된 스토리가 전개되는 과정에서 주인공이 행동과 학습 사이를 오가는 것이다. 훌륭한 플롯이라면 갈등이 고조되고(행동) 놀라운 발견이(학습) 자주 등장한다.

행동과 학습은 주인공만이 아니라 장르에도 적용된다. 장르들을 하나의 스펙트럼에 놓고 보면 어떤 장르는 행동을, 또 어떤 장르는 학습을 강조한다는 점을 확인할 수 있다. 신화와 액션, 서부극이 속한 신화 계열은 대체로 '행동'이 중요한 장르다. 추리와 스릴러는 스펙트럼의 반대편 극단에 자리한 '학습 스토리들'이다. 범죄와 갱스터는 둘 사이, 중간에 위치한다.

『스토리 마스터 클래스』에서 나는 학습 스토리들의 부상에 대해 다음과 같이 전했다.

긴 역사 속에서 스토리텔링은 행동을 전적으로 강조한 형식 —감상자가 주인공의 행동을 단순히 표본 삼아 배우는 신화 형식— 에서 학습에 주안을 둔 형식 —감상자가 어떤 일이 벌어졌고, 저 사람들은 누구며, 그 일의 진상은 무엇이었는지, 그리하여 어떻게 해야 좋은 삶을 살 수 있는지를 이해하는 형식— 으로 달라졌다.

이러한 '학습' 스토리들을 쓰는 작가는 조이스Joyce, 울프Woolf, 포크너Faukner, 고다르Godard, 스토파드Stoppard, 프레인Frayn, 에이크번Ayckbourn 이 있고, 영화로는 「지난 해 마리앙바드에서Last Year at Marienbad」, 「욕망Blow-Up」, 「순응자」, 「메멘토」, 「컨버세이션」, 「유주얼 서스펙트」를 들 수 있다.

추리 VS 스릴러

> **핵심**
>
> 두 장르 모두 수사가 스토리의 중심축이다.

추리	스릴러
보통은 이미 벌어진 살인 사건이 등장한다.	보통은 살인 사건이 아직 발생하지 않았다.
주인공은 주로 전문 수사관 즉 전문 '사립탐정'으로 수사에 대한 기술을 훈련받은 인물이다.	주인공은 훈련받지 않은 평범한 사람으로 의심스러운 정황을 발견하여 이를 파헤친다.
주먹을 쓰는 데 능하며 총을 소지하고 있다.	싸울 줄 모르고, 총을 소지하지 않았으며, 신체적 또는 정신적 약점으로 공격에 취약하다. 보통 여성인 경우가 많다.
다수의 용의자가 등장한다.	유력 용의자 한 명이 등장한다.

범죄 VS 추리와 스릴러

추리와 스릴러는 진실을 밝히는 이야기다. 범죄물은 범죄자를 잡는 이야기다. 범죄물은 누가 한 일인지 밝히기보다 전투에서 이기는 데 초점이 맞춰진다. 이러한 특징으로 인해 범죄물은 학습 스토리보다 행동 스토리에 가깝다.

호러 VS 추리와 스릴러

앞서 언급했듯 추리와 호러는 정반대에 위치한다. 한 장르는 인간 정신이 최고의 상태일 때를, 다른 장르는 인간 정신이 최악의 상태일 때를 보여준다. 세 장르 모두 살인이 등장한다는 점은 동일하다. 하지만 추리와 스릴러는 살인이 숨겨진 반면 호러는 살인을 가급적 노골적이고 혐오스럽게 노출한다.

호러에는 살인자의 정체를 밝히는 과정이 없다. 훤히 드러나 있다. 그의 외형 때문에 그가 저지르는 살인이 더욱 끔찍하게 느껴진다. 추리물은 살인자를 적극적으로 찾아내는 이야기다. 호러는 살인자에게서 벗어나는 이야기다. 추리와 호러가 결합된 스릴러는 살인자의 공격을 피해 달아나는 동시에 그의 정체를 밝히는 이야기다.

장르의 결합: 로맨스와 스릴러, 로맨스와 추리

로맨스가 스릴러와 결합해 사랑이 생사를 가르는 문제로 번질 때가 많다. 이런 스토리에서는 두려움과 사랑이 정면으로 충돌한다. 이 결합으로 스릴러에는 감정의 깊이가 더해지고 로맨스에는 더욱 강한 플롯이 형성된다.

추리와 로맨스의 관계를 이해하면 이 책에서 왜 두 장르를 가장 마지막에 다루는지도 파악할 수 있다. 간단하게 말하자면 가장 고차원적인 장르들이기 때문이다. 로맨스처럼 추리는 대단히 생물학적이고 지극히 인간적인 장르다. 개인의 정신은 세상을 헤쳐나가는 일상의 분투 속에서 발달한다. 인간의 정신은 수백만 명을 파멸시킬 만큼 심각한 결함을 지니고 있지만 동시에 사유와 현실로 거대한 성채를 지을 수 있는 탁월함 또한 갖추고 있다.

이 책에서는 추리를 첫 번째 장르로 다룰 수도 있었다. 인간 정신이 어떻게 형성되고 또 어떻게 작동하는지 초점을 맞춘 장르이기 때문이다. 자기 인식적인 동물인 우리가 다른 동물과 가장 뚜렷하게 구분되는 특징이 있는데, 그건 바로 인간의 정신이다. 그뿐만 아니라 우리는 정신을 통해 세상의 모든 것을 이해한다.

사랑이 번식 행위인 동시에 타인과 가장 고차원적인 유대감을 형성하는 힘이듯, 인간의 정신은 하나의 단순한 감각에서 진실과 성공적인 삶에 대한 가장 깊은 통찰로 발전했다.

지금껏 이 책에서 장르를 소개한 순서는 한 사람(개인)에서 더욱 큰 사회로 초점이 확장되는 순서를 따랐다. 판타지와 추리, 로맨스에 이르러 다시 지극히 개인적인 차원으로 돌아갔다고 느낄 수도 있겠지만 이 장르들은 더욱 높은 차원에서 개인을 다룬다. 개인적인 장르라 해도 인간의 정신과 사랑은 사회 전체에 큰 영향을 미친다.

추리의 예시

소설 시리즈

더블린 살인 수사과 스토리들(타나 프렌치Tana French), 『의미 없는 알리바이』를 포함한 알파벳 미스터리 시리즈(수 그래프턴Sue Grafton), 해리 보슈 경찰 소설들(마이클 코넬리Michael Connelly), 이지 롤린스 미스터리 시리즈(월터 모슬리Walter Mosley), 할렘 탐정 시리즈(체스터 하임즈Chester Himes), 넘버원 여탐정 에이전시 미스터리 시리즈(알렉산더 매컬 스미스Alexander McCall Smith), 맷 존스 미스터리 시리즈(로버트 엘리스Robert Ellis), 밀레니엄 시리즈의 리스베트 살란데르(스티그 라르손Stieg Larsson), 낸시 드루 미스터리 시리즈, V. I. 워쇼스키 미스터리 시리즈(세라 파레츠키Sara Paretsky), 피터 윔지 경 스토리들(도러시 L. 세이어스Dorothy Sayers), 브라운 신부(G. K. 체스터튼G. K. Chesterton), 메그레 반장(조르주 심농Georges Simenon), 에르퀼 푸아로(애거사 크리스티)

소설, 영화, 스토리들

『바스커빌가의 개』, 셜록 홈즈 단편 전집, 「셜록 홈즈: 그림자 게임」, 「스포트라이트」(사회 드라마), 『몰타의 매』, 『나의 로라』, 「현기증」, 「LA 컨피덴셜」, 『침략자 The Trespasser』, 『푸른 드레스를 입은 악마』, 『시간의 딸』, 『할렘에 온 목화』, 『빅 슬립』, 『굿바이 마이 러브』, 『그리고 아무도 없었다』, 『애크로이드 살인 사건』, 『흰옷을 입은 여인』, 『강을 따라 바다로 Down the River unto the Sea』, 『블랙 달리아』, 『빅 노웨어 The Big Nowhere』, 『문스톤 The Moonstone』, 『장미의 이름』, 『여자를 증오한 남자들』, 『살인의 숲』, 『기나긴 이별』, 「주토피아」(코미디, 신화), 『에드거 앨런 포 단편선』, 『그림자 없는 남자』, 『행오버』, 「플레치」, 「핑크 팬더」

텔레비전 시리즈

「더 와이어」(범죄물), 「CSI」, 「킬링 The Killing」, 「트루 디텍티브」(시즌 1), 「NCIS」, 「크리미널 마인드」, 「더 브릿지: 조각 살인마 The Bridge」, 「터널 The Tunnel」, 「브로드처치」, 「스파이럴 Engrenages」, 「베로니카 마스」, 「X 파일」, 「프라임 서스펙트」, 「로앤오더: 성범죄전담반」, 「블루문 특급」, 「본즈」, 「브라쿠오 Braquo」, 「셜록」, 「셜록 홈즈의 모험」, 「엘리멘트리」, 「마인드헌터」, 「아메리칸 반달리즘」(풍자), 「드레스덴 파일」(판타지), 「기묘한 이야기」(호러), 「탑 오브 더 레이크」, 「트윈 픽스」, 「스콧 & 베일리」, 「호미사이드: 거리의 삶」, 「뉴욕경찰 24시」, 「아이언사이드 Ironside」, 「록포드 파일」, 「제시카의 추리극장」

추리 서브 장르

경찰 수사물 Police Procedural, 코지 미스터리 Cozy Mystery, 밀실 미스터리 Locked Room, 젠틀맨 미스터리 Gentleman Mystery, 코미디 추리 Comedy

Detective, 리포터Reporter, 과학수사Scientific Investigation, 보편적 추리-스릴러Cosmic Detective/Thriller, 정신과 진실Mind and Truth 스토리들, 초자연Supernatural, 흑인 및 아프리카계 미국인Black and African American, 하드보일드Hard Boiled, 여성 탐정Women Sleuths, 사립 탐정Private Investigators, 고전 추리물Traditional Detectives, 역사Historical, 인터내셔널International

스릴러의 예시

고전 스릴러

『양들의 침묵』, 「마이클 클레이튼」, 「원초적 본능」, 「식스 센스」, 『내 눈물이 너를 베리라』, 「플롯The Plot」, 「프라미싱 영 우먼」, 「멀홀랜드 드라이브」, 「콜렉터」, 『걸 온 더 트레인』(범죄물), 『열차 안의 낯선 자들』(범죄물), 『위증』, 『너의 조각들』, 『살인자들의 섬』, 『별이 어두워질 때When the Stars Go Dark』, 『무죄추정』, 「이창」, 「컨버세이션」, 「의혹의 그림자」, 「가스등Gaslight」, 「다이얼 M을 돌려라」, 「세븐Se7en」, 「위트니스」, 「블랙 스완」, 『다빈치 코드』, 「레베카」, 「블루 벨벳」, 「도망자」, 「위험한 정사」, 「나는 비밀을 알고 있다The Man Who Knew Too Much」, 「적과의 동침」, 「케이프 피어Cape Fear」, 「북북서로 진로를 돌려라」, 「오명」, 「윈터스 본」, 「살인 전화」, 「나이트 크롤러」, 「아이 씨 유」, 「런」, 「패닉 룸」, 『버드 박스』, 『제럴드의 게임』, 『우먼 인 윈도』, 「서스피션」, 「더 기프트」, 「불안La Paura」, 「샤레이드Charade」

정치 스릴러

「킬링 이브」, 「홈랜드」, 「제트」, 「아르고」, 「다크」(공상과학), 「제로 다크 서티」, 『자칼의 날』, 「콘스탄트 가드너」, 「제3의 사나이」, 「JFK」, 「노 웨이 아웃」, 「맨츄리안 캔디데이트」, 「시리아나」, 「암살단The Parallax

View」,『모두가 대통령의 사람들All the President's Men』

스릴러 서브 장르

정치 스릴러Political Thriller, 위험에 처한 여성Woman In Jeopardy, 심리 서스펜스Psychological Suspense, 역사, 밀리터리Military 스릴러, 테크노 스릴러Technothriller, 법정Legal, 의학Medical

추리-스릴러 스토리 개요

이번 장에서는 다음의 내용을 다룬다.

- 추리-스릴러 스토리 비트들
- 추리 주제: 존재한다는 것은 질문하고 죄를 밝히는 것이다
- 스릴러 주제: 존재한다는 것은 우리의 진정한 적이 무엇 또는 누구인지 알아내는 것이다
  - 추리 주제 공식: 진실로 향한 길
  - 스릴러 주제 공식: 사랑하는 이들의 진실을 밝히다
- 추리-스릴러 스토리를 초월하는 법
  - 보편적 추리-스릴러
  - 정신과 진실의 스토리Story of the Mind and Truth

추리와 스릴러 스토리 비트

추리와 스릴러 스토리 비트들은 각 장르의 전략에 따라 다르게 전개된다.

- 추리 스토리 전략: 주인공은 범죄를 저지를 만한 여러 인물을 심문하며 놀라운 진실을 밝힌다
- 스릴러 스토리 전략: 약한 주인공이 조여 오는 위기 속에서 진실을 밝혀 위험을 벗어난다

추리와 스릴러 스토리 비트: 적대자의 살인 계획

모든 추리는 미스터리로 시작된다. 살인자의 계획이 전체 플롯의 핵심이다. 그 계획에서 탐정과 감상자를 시험에 빠뜨리는 퍼즐이 탄생하기 때문이다.

> **핵심**
>
> 적대자가 스토리 초반에 보이는 두 가지 행위가 있다. (1)범죄를, 보통은 살인을 저지른다. (2)그 범죄를 은폐할 계획을 세운다.

이 두 가지 행위가 스토리에 대단한 영향을 미친다.

- 먼저 추리 장르 고유의 구조적 반전이 일어난다. 적대자는 결말에 가서야 정체가 드러나는 것이다
- 적대자의 두 행위가 플롯이 대단히 복잡해지는 이유이자 플롯을 만들어내는 것이 어려운 이유이기도 하다. 독자는 탐정이 사건을 해결하는 과정을 따라가지만, 사실 스토리를 이끌어가는 인물은 적대자다. 그 결과 주인공이 범죄의 진실을 밝혀나가는 과정은 적대자가 범죄를 저지르는 과정과 역순으로 전개된다

여기서 작가들이 저지르는 큰 실수 중 하나가 발생한다. 작가들은 주인공이 목표를 달성하기 위해 행하는 일련의 행동이 플롯이라고 생각한다. 하지만 독자의 시선에서 그렇게 보일 뿐이다.

> **핵심**
> 플롯은 작가와 적대자가 공모하여 주인공을 최악의 상황에 빠뜨리고 독자를 속이는 거대한 전략이다.

사실 이것이야말로 추리뿐 아니라 플롯을 전개하는 모든 스토리에 있어 가장 중요한 기법이다.

기법: 적대자의 계획이 먼저다

언제나 적대자의 계획부터 세워야 한다. 그래야 적대자를 물리칠 주인공의 계획을 세울 수 있다.

추리에서 적대자는 일종의 마술사와 같다. 적대자는 별도의 현실, 다시 말해 별도의 '진실'을 만들어내기 때문이다. 그런 이유로 미스터리의 핵심은 적대자가 무엇을 했는가가 아니라, 적대자가 자신의 행동을 어떻게 속였는가에 있다.

범인은 반드시 다음 행동을 해야 한다.

- 가짜 알리바이를 만든다
- 피해자를 살해할 만한 동기를 지닌 다른 캐릭터를 한 명 이상 알아야 한다
- 그 캐릭터들 중 한 명 이상에게 누명을 씌워야 한다

범인은 그냥 무언가를 숨기기만 하지 않는다. 탐정을 잘못된 방향으로 이끌어야 한다.

> **핵심**
>
> 탐정과 범인은 어떤 스토리가 타당한가를 두고 경쟁을 벌이는 것과 같다. 작가는 단서들을 심어 살인자와 한 명 이상의 용의자, 이렇게 최소 두 명이 범인처럼 보이게 만들어야 한다.

기법: 기발한 적대자

범인의 계획을 기발하게 만들어야 한다. 훌륭한 추리 스토리가 여기서 시작된다. 뛰어난 탐정만이 풀 수 있는 대단히 복잡한 퍼즐이 등장해야 한다.

살인자가 한 명인 데다가 의심스러운 용의자도 없고, 범죄를 은폐하는 장치도 없으며, 탐정을 잘못된 방향으로 이끄는 허위 미끼도 없다면 스토리는 시작하기도 전에 끝난다.

범인의 계획에 속임수가 중요한 데는 심오한 철학적 근거가 있다.

> **핵심**
>
> 어떠한 생명이든 속임수는 포식자와 피식자의 생존에 중요한 도구이기 때문이다. 따라서 적대자와 주인공 양측이 모두 더 많은 속임수를 쓸수록 플롯의 완성도는 높아진다.

이러한 이유로 모든 스토리에서 다음이 가장 유용한 기법이 된다.

기법: 적대자의 계획이 수사의 방향을 결정한다

범인의 계획을 수립한 후에는 여러 용의자가 범인처럼 보이는 단서를 어떻게 만들어야 할지도 분명해진다.

작가가 이 기법을 구현하기 위해서는 먼저 범인의 계획이 어떻게 진행되는지 적어보는 편이 좋다. 피해자를 죽이고, 이를 숨기기 위해 범인이 어떤 행동을 하고, 주인공을 속이기 위해 어떠한 미끼를 쓰며, 범인의 조력자들이 수사를 진행하는 주인공을 어떻게 공격하는지를 포함해서 말이다.

아서 코난 도일은 자신이 쓴 셜록 홈즈 스토리 가운데 '밀실' 미스터리인 「얼룩 띠의 비밀」을 최고로 꼽았다. 이 스토리에서는 인도에서 의사로 일했던 그림스비 로일럿 박사가 의붓딸 한 명을 살해한다. 그리고 그는 남은 의붓딸마저 살해할 계획을 세운다. 그가 의붓딸의 침실로 정한 곳은 설렁줄이 달려 있고, 박사의 방과 연결된 통풍구가 있었다. 박사가 세운 계획은 한밤중에 독사가 설렁줄을 타고 내려와 침대에서 자고 있는 의붓딸을 무는 것이었다. 그런 뒤 뱀을 불러 통풍구를 통해 다시 자신의 방으로 돌아오게 하려 했다.

「나이브스 아웃」에서 랜섬 드라이스데일은 할아버지 할런이 유언장에 자신을 제외시키고 간병인 마르타 카브레라에게 모든 재산을 남겨주겠다고 남겼다는 사실을 알고 할아버지 약병의 라벨을 바꿀 계획을 세운다. 이로서 할아버지를 살해할 뿐 아니라 마르타를 범인으로 몰아 유언장을 무효화하려는 것이었다. 모두가 할아버지 장례식에 참여한 사이 랜섬은 약병을 원래대로 바꿔놓는다.

「현기증」에서 개빈 엘스터는 아내를 살해하려 한다. 대학 때 친구이자 형사였던 '스코티' 퍼거슨이 현기증을 앓고 있다는 사실을 안 엘스터는 아내 매들린으로 위장할 여성을 고용하고, 스코티가 그녀와 사랑에 빠지도록 유도한다. 매들린으로 위장한 여성은 자살하려는 사람처럼 종탑으로 올라간다. 그곳에는 엘스터가 이미 목이 부러져 죽은 진짜 아내와 숨어 있었다. 스코티는 현기증 때문에 종탑으로 올라가는 가짜 매들린을 쫓아갈 수 없었다. 거기서 엘스터는 이미 죽은 진짜 아내를 아래로 떨어뜨리고, 스코티는 자신 때문에 매들린이 죽었다는 죄책감에 휩싸인다. 엘스터와 가짜 매들린은 상황이 정리될 때까지 기다렸다가 그곳을 벗어난다.

스릴러: 적대자의 살인 계획

스릴러에서는 이미 일어난 범죄를 둘러싸서 이야기가 전개되기도 한다. 하지만 주인공이 어떠한 범죄가 일어날 것이라는 사실을 알고 이를 막아야 하는 경우가 더욱 많다. 어떤 경우든 적대자의 계획을 먼저 수립해야 한다는 점은 동일하다.

『나를 찾아줘』에서 아내 에이미가 실종되었다는 사실을 알게 된 닉 던은 최악의 상황이 벌어질까 두려워한다. 경찰은 곧 아내를 살해한 용의자로 닉을 의심한다. 닉은 에이미가 자신에게 누명을 씌워서 교도소에 보내려고 대단히 정교한 음모를 꾸몄다는 사실을 점차 깨달아간다.

「나는 비밀을 알고 있다」에서 의사인 벤 매케나와 아내는 마라케시에서 휴가를 보내던 중 등에 칼을 맞은 채 죽어가는 한 남성을 마주하게 된다. 이 남자는 죽기 전 매케나에게 정치인 한 명이 런던에서 암살당할 거라는 말을 남긴다.

추리와 스릴러 스토리 비트: 스토리 세계-노예 사회

범죄를 해결하기 위해 탐정은 사건이 벌어진 그 특정한 스토리 세계를 수시해야 한다. 이 세계는 덤징이 진실을 찾아가지 못하게 방해하기도 한다.

'코지 미스터리'를 제외하면 추리물은 대체로 도시 또는 억압적인 도시 세계를 배경으로 한다. 때문에 사건이 벌어지는 도시에는 다음과 같은 억압적인 특징을 지닌다.

- 벽으로 나뉜 상반된 세계: 외부 VS 내부, 공적 VS 사적, 표면상의 거짓 VS 더 깊은 진실
- 절대적 권력을 지닌 조직
- 개인성의 상실
- 명확한 계층 구조를 지닌 기업들
- 빈부격차의 대비

추리 스토리들은 사회의 화려함과 어둠을 보여준다. 앞서 유토피아와 디스토피아를 통해 각각 사회를 자유와 노예로 표현하는 방법에 대해 살펴봤다. 추리와 스릴러에서는 가짜 유토피아를 보여주는 기법을 자주 활용한다. 사회가 구성원을 예속하는 방법 중 하나는 구성원이 스스로 자유롭다고 착각하게 만드는 것이다.

추리 장르에서 가짜 유토피아를 차용한 최고의 사례는 「LA 컨피덴셜」을 들 수 있다. 영화 초반에 등장하는 보이스오버 몽타주는 도시의 아름다운 외관 이면에 자리한 현대 사회의 소비자-공포 문화를 함축적으로 보여준다.

유명 텔레비전 시리즈인 「제시카의 추리극장」은 미스터리 작가 제시카 플레처가 자신의 고향인 메인주 캐벗 코브라는 작은 마을에서 벌어지는 살인 사건들을 해결하는 내용이다. 스토리 세계는 코지 미스터리와 유사하다. 이 시리즈가 방영되던 1984년에서 1996년까지, 목가적이

고 평화로워 보이는 캐벗 코브는 미국에서 인구 대비 살인 범죄율이 가장 높은 지역으로 등장했다.

고전 스릴러 스토리 세계는 대체로 평범하고 일상적인 세계를 배경으로 가정 또는 가족 문제를 다룬다. 하지만 정상적으로 보이며 심지어 유토피아처럼 보이는 그곳의 현실은 어두운 비밀과 부패가 만연하다. 「이창」, 「의혹의 그림자」, 「블루 벨벳」과 같은 작품에서 이러한 세계를 확인할 수 있다.

정치 스릴러 스토리 세계는 보통 도시를 배경으로 한다. 사건을 조사하는 주인공은 이내 겹겹이 쌓인 부패가 광범위하게 얽혀 있는 블랙홀과 같은 세계를 마주하게 된다. 그 예시로 「킬링 이브」, 「제트」, 「제3의 사나이」, 「JFK」, 「노 웨이 아웃」, 「맨츄리안 켄디데이트」, 「컨버세이션」, 「시리아나」, 「암살단」, 『모두가 대통령의 사람들』이 있다.

추리와 스릴러 스토리 비트: 주인공의 역할—진실을 구하는 자

추리: 탐정은 살인자의 진실을 밝힌다. 보통은 전문 탐정이 등장해 누군가의 목숨이 걸린 퍼즐을 풀어나간다.

스릴러: 주인공은 조사를 하며 목숨의 위협을 받는다. 사건을 해결하는 전문가는 아니다.

위험에 처한 여성

스릴러의 주요 서브 장르는 이른바 '위험에 처한 여성' 스토리다. 스릴러 장르는 여성을 위험에 빠뜨리는 극적 효과가 전부라고 말하는 사람도 있을 것이다. 미국의 유명 소설가 마거릿 애트우드Margaret Atwood는 이런 말을 남겼다. "남성은 여성들이 자신을 비웃을까 봐 두려워하고, 여성은 남성들이 자신을 죽일까 봐 두려워한다."

「서스피션」에서는 어떤 소심한 젊은 여성이 상속녀라는 사실을 알게 된 도박꾼이자 사기꾼이 그녀에게 구애를 시작한다. 결혼 후 그녀는 남편이 살인자일지도 모른다는 생각과 더불어 자신이 다음 희생자가 될까 봐 두려워한다.

「의혹의 그림자」의 주인공은 자신이 가장 좋아하는 삼촌의 이름을 따서 찰리라는 애칭으로 불리는 십 대 소녀다. 어린 찰리는 삼촌이 연쇄살인마인 '메리 위도'라는 의심을 하게 된다. 스토리가 진행되며 주인공은 그보다 더욱 큰 위험을 마주한다. 바로 남성이 지배하는 물질주의 문화 속에 무력하게 종속된 여성들의 현실이다.

추리와 스릴러 스토리 비트: 탐정의 망령

망령은 현재까지도 주인공을 괴롭히는 과거의 사건이다.

아픈 과거로 인해 탐정은 극심한 죄책감과 후회, 혐오까지 경험한다. 이러한 감정은 추리 스토리의 더욱 큰 질문인 누가 범죄를 저질렀는가와도 연결된다.

> **핵심**
>
> 탐정의 주된 동기는 지난 과오를 청산하는 것이다. 설사 자신이 그 잘못에 대한 책임이 없다 하더라도 말이다.

텔레비전 시리즈 「킬링」에서 주인공인 세라 린든 형사는 아들보다 자신의 일을 우선시하는 데 죄책감을 느끼는 싱글맘이다. 물에 잠긴 차 트렁크에서 한 소녀가 발견되자 세라는 살인자를 찾는 데 강박적으로 매달린다.

텔레비전 시리즈인 「메어 오브 이스트타운」에서 형사인 메어 시핸은 자신의 문제가 전부 엄마 탓이라고 원망한 아들이 스스로 목숨을 끊은 일로 고통받는다. 얼마 전 이혼한 그녀는 손자의 양육권을 두고 며느리와 양육권 다툼을 벌이고 있다. 게다가 한 소녀가 1년 넘게 실종 중인 와중에 아이의 모친은 딸의 실종이 메어의 잘못이라고 생각한다. 이러한 개인적인 일들이 메어가 십 대 엄마의 살인 사건을 수사하는 동기로 크게 작용한다. 하지만 그러한 동기로 인해 사건을 해결하는 일이 더욱 어려워지기도 한다.

『양들의 침묵』에서 클라리스 스탈링은 어렸을 때 연방 보안관이었던 아버지가 강도의 총에 맞아 사망했다. 모친은 가족을 부양할 능력이 없었기에 열 살 때 클라리스는 양 목장으로 보내졌다. 하지만 양들이 도살되는 모습을 본 그녀는 그곳에서 도망친다. 이후 고아원에서 어린 시절을 보낸다. 클라리스는 연쇄 살인마의 피해자가 될 여성을 구해 자신을 괴롭히는 양들의 울음소리를 영원히 잠재우려 한다.

스릴러는 추리보다 주인공과 적대자의 강렬한 정서적 유대감에 더욱 중점을 둔다.

기법: 주인공의 약점과 맞닿아 있는 범죄 사건

주인공에게는 적대자의 범죄와 일면 관련이 있는 심리적, 도덕적 망령과 약점을 설정하되 그 수위를 너무 심각하지 않게 조절해야 한다.

이 기법이 중요한 이유는 주인공과 범죄자의 경계를 흐릿하게 만들 수 있기 때문이다. 또한 주인공이 사건을 조사하며 성격의 변화를 경험하게 구성할 수도 있다.

『살인자들의 섬』에서 연방 보안관 테디 대니얼스는 중증 정신 질환 범죄자들을 수용한 병원에서 사녀를 익사시킨 환자 레이철이 사라진 사건을 조사한다. 테디는 음주 문제가 있는 인물이다. 그의 아내는 몇 년 전 아파트 화재로 사망했다.

사실 테디의 진짜 이름은 앤드루 래디스이며 집에 불을 지르고 세 아이를 살해한 아내를 죽였다. 그 일로 죄책감에 사로잡힌 앤드루는 심각한 정신 분열 증세를 일으켜 정신병원에서 치료를 받고 있었다.

추리와 스릴러 스토리 비트: 탐정 주인공—강점과 약점
탐정의 강점은 탐색자이자 마술사라는 원형$_{archetype}$에서 기인한다. 따라서 주인공의 주요 강점은 다음과 같다.

- 뛰어난 두뇌로 사고 과정이 치밀하다. 항상 호기심이 많고 현명함을 발휘한다
- 정의를 실현하는 일이 대단히 어려운 도시 세계에서 정의를 행하려는 강한 의지를 갖고 있다
- 다른 사람의 관점에서 세상을 보는 눈을 지녔다
- 본모습을 숨길 줄 안다. 즉 자신의 가면을 이용해 타인과 세상의 가면을 벗겨낸다
- 조직 밖에서 홀로 일하고 생활하는 외톨이다. 덕분에 법의 테두리 밖에서 조사를 할 자유를 누린다
- 카우보이처럼 법 집행자와 무법자 사이의 존재다. 범죄 세계를 유연하게 헤쳐나갈 줄 안다
- 조직화된 공동의 세계에서 외톨이로 지낸 대가로 도덕적이지 않다는 오명을 얻는다. 더러운 일에 손을 대야만 했으며 그로 인해 다른 사람들의 무시도 받는다. 하지만 경찰들을 포함해 스토리에 등장하는 캐릭터들 가운데 도덕적 의식이 가장 높기도 하다

- 위대한 탐정은 과학자와 예술가의 자질을 모두 갖추고 있다. 과학자는 물리적 단서에서 진실을 유추한다. 예술가는 다른 이들은 보지 못하는 징후를 보고 새로운 현실을 재창조한다. 이러한 자질이 주인공을 현대 최고의 영웅으로 만든다

> **핵심**
>
> 과학자이자 예술가인 탐정이 연구하는 대상은 범인이 아니라 인간의 본성이다.

추리 스토리는 우리가 아무리 현대화되고 발전한다 해도 인간의 본성은 결코 바뀌지 않는다는 점을 보여준다. 인류는 문화적 진화를 겪었을지 모르지만 인간 정신의 본질은 진화하지 않았다.

기법: 탐정의 특별한 능력

미스터리를 해결하는 탐정에겐 그만의 특별한 능력을 부여해야 한다. 그래야 주인공과 장르 모두를 단순한 경찰 소설 이상으로 만들 수 있다. 탐정-경찰의 일을 하나의 예술 형태로 만드는 것이다. 이미 수천 명의 탐정 캐릭터가 존재하는 바, 특별한 능력을 지닌 탐정을 창작하기란 대단히 어려운 일이다.

> **핵심**
>
> 주인공에게 특별한 수사 능력을 부여하는 것이 다른 추리 작가들과 차별화될 수 있는 가장 효과적인 방법이다.

특별한 능력을 지닌 탐정의 사례로는 셜록 홈즈, 이지 롤린스, 미스 마플(애거사 크리스티의 캐릭터), 샘 스페이드(대실 해밋Dashiell Hammett의 캐릭터), 필립 말로(레이먼드 챈들러Raymond Chandler의 캐릭터), V. I. 워쇼스키, 콜롬보 형사, 낸시 드루, 메그레 반장, 리스베트 살란데르, 에르퀼 푸아로, 프레셔스 라모츠웨(『넘버원 여탐정 에이전시』), 배스커빌의 윌리엄(『장미의 이름』), 피터 윔지 경, 브라운 신부, 마이크 해머(미키 스필레인Mickey Spillane의 캐릭터), 킨제이 밀혼(수 그래프턴의 알파벳 시리즈), 해리 보슈, 베로니카 마스, 더크 젠틀리(『더크 젠틀리의 전체론적 탐정 사무소』), 제시카 플레처(『제시카의 추리극장』), 캐슬(미국 드라마 「캐슬」), 데이나 스컬리(「X 파일」), 패트릭 제인(「멘탈리스트」), 에이드리언 몽크(「몽크」), 덱스터, 브렌다 리 존슨(「더 클로저」), 올리비아 벤슨(「로앤오더: 성범죄전담반」), 브누아 블랑(「나이브스 아웃」), 닥터 템퍼런스 '본즈' 브레넌(「본즈」), 제인 테니슨(「프라임 서스펙트」), 이브 폴라스트리(「킬링 이브」), 매디 헤이즈(「블루문 특급」)이 있다.

추리와 스릴러 스토리 비트: 탐정의 약점

고전 추리 스토리 중에서도 특히 시리즈물에는 여행하는 천사(코미디와 판타지 장 참고)가 주인공으로 등장해 범죄를 해결하고 다른 사건을 찾아 떠나는 경우가 많다. 이러한 주인공에게는 대체로 결함이 없다. 한 예로 에르퀼 푸아로는 과거의 어떤 실수에도 죄책감을 느끼지 않는 인물이다.

다른 스토리에서는 심각한 약점을 지닌 탐정이 등장한다. 그만의 고유한 약점은 진실을 찾는다는 탐정의 본질이 극단의 논리로 치닫다 파생된 경우가 많다. 이런 주인공은 보통 확신이 없고, 편집증적이며 정의에 집착한 나머지 타인에게 상처를 주기도 한다. 다시 말해 염세적인 캐릭터다. 주인공은 정의라는 이상과 범죄가 벌어지는 현실 사이의 간극에서 살아간다.

단편 「보헤미아 왕국 스캔들」에서 왓슨 박사는 셜록 홈즈가 아이린 애들러를 어떻게 생각하는지 설명하며 셜록 홈즈의 심리적 약점을 다음과 같이 전했다.

> 모든 감정, 특히 [사랑이라는] 그 감정은 냉철하고, 정확하며, 감탄스러울 정도로 균형 잡힌 그의 정신에는 불쾌한 것이었다. 내가 보기에 그는 세상에서 가장 완벽한 추리와 관찰 능력을 가진 존재였다.

「LA 컨피덴셜」의 형사 세 명 모두 심각한 심리적, 도덕적 약점을 지녔다. 에드는 독단적이고 원칙을 중시하며 고압적이다. 다혈질인 버드는 몸만 좋고 머리는 나쁘다는 시선에 분노하지만 도움이 필요한 여성에게는 약한 모습을 보인다. 명성이나 가외 수입을 얻을 수만 있다면 무엇이든 하는 잭은 아는 척을 잘하고 귀가 얇다.

주요 약점: 탐정의 제한적인 시각

> **핵심**
>
> 탐정의 가장 심각한 약점은 탐정이라는 역할에서 비롯된다. 바로 시각이 제한적이고 정보가 부족하다는 것이다. 탐정은 모든 일을 무지에서 시작해야 하는 사람이다.

이렇듯 제한적인 시각은 심성적인 실힘에 의해 더욱 심화된다. 추리

스토리가 보통 '1인칭' 시점으로 전개되는 것도 이 때문이다. 독자는 탐정의 입장에서 함께할 때 지금 무슨 일이 벌어지고 있는지 몰라 혼란스러워하고 좌절하는 탐정의 기분을 느낄 수 있다. 또한 독자에게 이 세상이 속임수로 가득하고, 무슨 일이 벌어지고 있는지 상당 부분을 모르는 채 살아가는 현실을 상기시킬 수 있다.

기법: 약점 스토리

탐정은 자신의 약점을 바탕으로 하나의 완전한 스토리를 만들어낸다.

탐정의 약점은 일상생활에도 아픔을 느낄 정도로 그 캐릭터에 깊게 내재된 무언가가 아니다. 캐릭터는 타인의 탓을 하고 스스로의 결점을 마주하고 싶지 않아 약점으로 하나의 스토리를 만들어낸 것이다.

이런 스토리에는 보통 망령이 등장한다. 그리고 단순히 한 사건만 등장하지 않는다. 주인공은 오래전, 심지어 어렸을 때 하나의 스토리를 만들어냈다. 처음에는 당시의 고통스러운 상황을 이겨내는 데 도움이 되었다. 하지만 이제는 오히려 자신을 해치는 큰 문제로 변했다.

몇몇 심리학자들은 이를 스크립트script라고 한다. 캐릭터는 스크립트를 몇 번이나 반복하고 매번 나쁜 결과를 얻는다. 캐릭터가 극복하지 못하는 하나의 자기파괴 사이클이 된 것이다.

이러한 캐릭터가 등장하는 작품으로는 「킬링」, 「메어 오브 이스트타운」, 「스파이럴」, 『푸른 드레스를 입은 악마』, 「LA 컨피덴셜」, 「트루 디텍티브」(시즌 1), 「홈랜드」, 「뉴욕경찰 24시」, 『살인자들의 섬』, 『양들의 침묵』이 있다.

타나 프렌치의 소설 『침략자』의 주인공 앤트워넷 콘웨이는 여자 형사로, 강력계 동료들이 자신을 싫어하고 내쫓으려 한다고 생각한다. 그녀는 든든한 동료가 되어주지 못하는 경찰들을 상대로 용감하게 맞서는 피해자라는 스토리를 만들어낸다.

이 스토리는 일면 사실이기도 하다. 하지만 대부분은 그녀가 자신의 삶을 좀먹는 결점을 숨기기 위해 만들어낸 스토리다. 이 작품을 특별한 경찰 소설로 만든 힘은 바로 저자인 프렌치가 살인 사건을 설명하는 스토리들과 주인공의 약점 스토리를 나란히 배치한다는 데서 온다. 독자는 결국 이 모든 스토리는 사람들이 자신의 동기와 행동을 합리화하기 위해 만들어낸 것이며, 우리 또한 그렇다는 사실을 깨닫게 된다.

> **핵심**
>
> 훌륭한 탐정은 살인 사건에 대한 스토리, 궁극적으로는 자기 자신에 대한 진실한 스토리를 찾아 나선다.

또한 신체적, 정신적 고통으로 자신의 일이 더욱 힘들어지는 탐정들도 있다. 가령 몽크는 강박장애를 갖고 있다. 전직 형사과장인 아이언사이드는 몸이 마비되어 휠체어를 타는 신세가 된다. 킨제이 밀혼은 이명을 앓는다. 이러한 어려움은 탐정의 일을 더욱 까다롭게 만드는 장치로는 유용하지만 심리적, 도덕적 결함을 대신할 수는 없다.

스릴러 주인공의 약점: 지적 능력에 감정이 더해지다

추리 스토리는 탐정의 뛰어난 지능을 강조한다. 스릴러는 주인공의 밀도 높은 정서에 초점을 맞춘다. 주인공은 혼란스럽고, 불안하고, 절박하며, 긴장에 사로잡혀 있고 무엇보다 두려움을 느낀다.

> **핵심**
> 스릴러에서 주인공은 깊은 정서적 위기에 빠져 있다.

「마이클 클레이튼」의 마이클은 로펌 클라이언트가 실수를 저질렀을 때 이를 수습하는 '해결사 변호사'다. 그는 도박 중독자일 뿐만 아니라, 동생과 바를 열기 위해 돈을 빌렸다가 동생이 그 돈을 훔쳐가는 바람에 졸지에 사채업자에게 8만 5000달러의 빚까지 진 신세가 되었다.

「원초적 본능」에서 닉은 코카인과 알코올 문제가 있다. 아내는 이렇게 폭력적인 남편과는 살 수 없다며 스스로 목숨을 끊었다.

> **핵심**
> 주인공을 신체적 위험에 더욱 취약하게 만드는 약점이나 특징이 있어야 감상자는 주인공에게 무슨 일이 생길까 불안해한다.

「킬링 이브」: 이브는 MI5의 분석 요원으로 사무실에 앉아 일한다. 그녀는 고도로 훈련된 암살자 빌라넬과 맞서 싸워야 한다.

「식스 센스」: 주인공이 어린 소년이다.

「도망자」: 주인공은 살인 혐의를 받는 지명 수배자가 되어 도망자 신세가 된다.

『무죄추정』: 주인공은 살인 혐의로 재판을 받는다.

「이창」, 「위트니스」: 주인공이 부상을 입는다.

기법: 약점-범죄와의 연관성

주인공의 망령과 약점을 수면 위로 드러내고 범죄를 해결하며 이를 극복하게 한다.

단순히 공격을 피하면서 사건을 조사하는 것만 좋은 스릴러가 될 수 없다. 개인사와 범죄, 이 두 가지 이야기를 함께 전개해야 한다. 다시 말해 주인공의 망령과 약점이 드러나고 사건을 해결하며 이를 극복하도록 해야 한다.

기법: 투 인 원

약점과 범죄가 하나로 이어져야 한다. 그래야 다음이 가능해진다.

- 개인적인 문제를 해결하는 것이 범죄 해결의 단서를 제공한다
- 범죄를 해결하는 것이 주인공의 개인적인 심리적 또는 도덕적 약점을 극복하는 데 도움을 준다

이렇게 하면 감상자는 두 배의 만족감을 경험할 수 있다.

「이창」에서 제프는 심리적 약점으로 아름다운 여자 친구 리사와의 결혼을 망설인다. 분명 말이 되지 않는 상황이다. 그러나 그는 여자 친구와 범죄를 해결하는 과정을 통해 자신의 약점을 극복하고 그녀와 결혼하기로 결심한다.

기법: 믿음 VS 의심

스릴러 플롯에 로맨스를 더하려면 주인공이 사랑을 믿을 것인지, 의심할 것인지 본질적인 문제를 마주하게 만들어야 한다.

- 주인공이 몸을 내던져서 사랑을 온전히 믿고 자신의 목숨을 걸 것인가
- 아니면 자신을 내맡기지 못하고 스스로를 보호하느라 진실한 사랑을 잃게 될 위험을 감수할 것인가?

이것이 뛰어난 스토리 전략인 이유는 사랑이 생사를 가르는 문제와 직결되기 때문이다.

이 사례로는 「서스피션」, 「더 기프트」, 「레베카」, 「오명」, 「다이얼 M을 돌려라」, 「불안」, 「샤레이드」가 있다.

추리와 스릴러 스토리 비트: 가치관–탐정의 법칙

범죄 장에서 우리는 작가가 도덕규범을 어떻게 창조해야 하는지 이야기했다. 탐정의 주된 가치는 해당 캐릭터의 기본적인 행동 방향에서 비롯한다. 다시 말해 진실을 찾고 죄를 지은 사람에게 정의의 심판을 받게 하는 것이다. 따라서 추리 법칙의 세 가지 주된 가치는 진실과 명예, 전문성이다. 이 가치들은 절대적이고, 탐정은 언제나 범인을 잡는다.

추리와 스릴러 스토리 비트: 탐정의 욕망–미스터리를 해결하고 진실을 찾는다

어느 추리 스토리든 미스터리가 핵심이다. 반드시 해독해야 할 암호이자 탐정만이 알아볼 수 있는 단서들의 패턴이 등장한다.

추리 장르는 모든 장르를 통틀어 가장 강력한 서사 추진력을 지녔다. 아이러니하게도 서사의 초점은 과거에 벌어졌던 일, 주로 살인 사건을 밝히는 일에 맞춰져 있다. 누군가의 목숨을 논하는 위험한 사건이기에

감상자도 기꺼이 과거의 일을 관심 있게 지켜볼 수 있는 것이다.

스릴러 욕망: 공격을 피하는 동시에 미스터리를 해결한다

> **핵심**
>
> 스릴러에서는 주인공은 자신의 욕망으로 인해 점점 더 위험한 상황에 빠진다.

이런 특징 때문에 스릴러를 추리와 호러가 더해진 장르라고 하는 것이다.

「마이클 클레이튼」에서 주인공은 친구 아서의 죽음을 조사하는 과정에서 다음 암살 대상이 된다.

> **핵심**
>
> 최고의 스릴러 작품에서는 주인공이 잠재적 범죄를 수사하는 과정에서 자신이 가장 두려워하던 공포를 마주한다.

추리와 스릴러 플롯의 시각적 형태: 나선형, 액자식, 중국식 상자-러시아 인형

추리와 스릴러 플롯의 형태는 인간의 정신이 작동하는 순서를 보여준다.

1. 나선형

가장 단순한 스토리 형태는 나선형이다. 나선형은 곡선이 중심을 향해 점차 좁아지는 형태를 띤다. 다음과 같은 형태다.

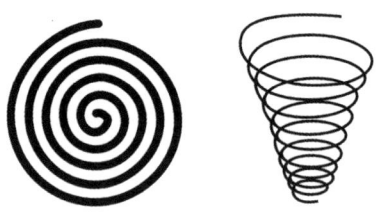

주인공이 겹겹이 쌓인 적대자에게 다가가는 구조인 스릴러에서는 나선형을 활용할 때가 많다. 주인공은 한 가지 사건 또는 기억으로 자꾸 되돌아가 점점 더 깊게 파고든다. 그 과정에서 새로운 무언가를 계속해서 발견한다. 나선형 스토리에서 주인공은 말 그대로 사건의 주변을 맴돌며 다양한 관점에서 문제를 바라본다.

나선형 스토리에서는 동시에 발생하는 두 가지 스토리라인을 중심으로 플롯이 전개된다.

- 하나의 세계에 더욱 깊이 들어가며 새로운 진실을 마주한다
- 주인공은 내면의 어둠을 마주하며 중심에 자리한 자신의 지옥에 점차 가까워진다

이때 주인공은 외적 여정과 내적 여정 모두를 경험하고, 물리적인 행동이나 상태에 맞춰 심리적인 변화를 동시에 겪는다. 이러한 플롯 형태

는 사회의 구조를 점점 파고들어 더욱 깊이 있게 보여준다. 즉 우리의 생각보다 사회가 훨씬 더 망가져 있다는 사실을 암시한다.

기법: 관점의 변화

캐릭터는 지난 일을 회상하며 사건을 새로운 각도에서 바라보게 된다. 나선형 스토리의 예시로 「컨버세이션」, 「욕망」, 「현기증」, 「이창」이 있다.

2. 액자식

'프레임 내러티브'라고도 하는 액자식 구성은 좀 더 복잡한 기법으로 초월적 추리 스토리나 스릴러에서 주로 활용한다.

액자식 스토리는 소용돌이 길과 비슷한 형태로, 스토리텔러들이 이야기의 일부를 각각 전하되 서로 모순되는 내용을 들려준다. 진정한 진실을 아는 자는 아무도 없다. 여기서는 다양한 관점이 등장한다. 액자식은 다음과 같은 형태를 띤다.

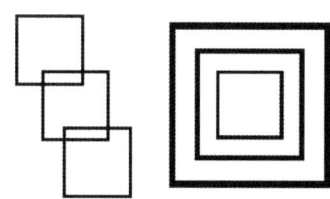

액자식은 「과쇼몽」처럼 여러 명의 스토리텔러가 동일한 사건을 복기

할 때 가장 많이 사용된다. 「시민 케인」처럼 허구적 전기와 개인에 관한 스토리에도 적용할 수 있다.

액자식 구성의 예시로는 희곡 『노먼 콘퀘스트』, 영화 「클로저」, 시트콤 「못말리는 패밀리」, 드라마 「어페어 The Affair」, 영화 「당신 삶의 첫 번째 휴일 Le Premier Jour du Reste de Ta Vie」, 「사랑을 부르는, 파리」, 「파리의 연인들 Fauteuils d'orchestre, Orchestra Seats」이 있다.

> **핵심**
>
> 대부분의 분지형 스토리는 여러 하위 세계를 보여주는 반면 액자식 스토리는 서로 다른 사람들의 마음을 일련의 순서로 보여준다는 점에서 차별화된다.

3. 중국식 상자-러시아 인형

액자식 구성의 하위 카테고리로 중국식 상자 Chinese Boxes(상자 안에 상자가 들어 있는 중국 공예품으로 프레임 내러티브를 가리키는 문학 용어로 쓰인다—옮긴이) 또는 러시아 인형이라고 한다. 둘 다 안에 겹겹이 상자나 인형이 들어 있는 물건을 뜻한다. 중국식 상자는 나선형 형태지만 철저히 캐릭터 입장에서 내면의 이야기로 전개된다.

중국식 상자는 기본적으로 두 가지 방식으로 전개된다.

1. 의식 안의 의식: 주인공의 의식이 불가사의한 상황을 탐험하지만 어떠한 결론에는 이르지 못한다. 그래서 다시 한번 살펴보는 과정에서 이번에는 다른 관점으로 상황을 바라보며 단서들을 새롭게 해석한다. 주인공은 시간의 순서가 아니라 정신적 연상에 따라 과

거와 현재를 오간다. 스토리의 순서는 나선형처럼 주인공이 어떠한 행동을 하는지가 아니라 무엇을 깨달았는지를 따른다. 주인공이 사건에 대해 무언가를 깨닫기도 하지만 보통은 관계의 진실을 알게 되는 경우가 더욱 많다. 의식 안의 의식 구조의 예시로는 『살인자들의 섬』, 「인셉션」, 「메멘토」, 「순응자」가 있다.

2. 스토리 안의 스토리: 한 스토리텔러가 누군가에게 들은 이야기를 또 다른 사람에게 전달하는 구조. '귓속말' 게임처럼 진행되는 스토리라고 볼 수 있다. 예시로 『프랑켄슈타인』, 『어둠의 심연』이 있다.

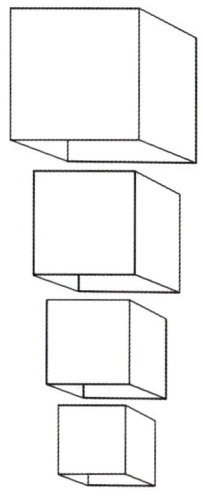

핵심

중국식 상자의 두 방식 모두 주인공이 듣는 최종 진실은 기껏해야 상대적인 진실일 뿐이다. 지극히 피상적인 진실이거나 파편적인 진실, 어쩌면 아무런 의미도 없는 이야기일 수도 있다.

추리와 스릴러 스토리 비트: 탐정의 적대자–살인자, 용의자, 미스터리

어느 추리 스토리든 주요 적대자는 여러 용의자 사이에 숨어 있는 살인자다. 범인이 곧장 드러나지 않도록 작가는 스토리에 탐정이 해결해야만 하는 미스터리를 더해야 한다.

적대자는 보통 겉으로 보기에는 깔끔하고 점잖으며 친절하기까지 하지만 그 내면은 무자비하다.

- 「LA 컨피덴셜」: 반장 더들리 스미스
- 「차이나타운」: 돈과 권력이 있는 노아 크로스
- 「현기증」: 스코티의 대학 친구인 개빈 엘스터

추리의 적대자는 두 가지 구조적 요건을 충족해야 한다.

1. 목표를 두고 주인공과 경쟁한다. 탐정은 범죄를 해결하려 하고 적대자는 수사망에서 벗어나려 한다.

> **핵심**
> 적대자와 탐정의 진정한 대결은 살인 사건에서 누구의 스토리가 더욱 신빙성이 있는가를 두고 벌어진다.

2. 적대자는 주인공의 약점을 가장 잘 공격하는 인물이어야 한다.

> **핵심**
>
> 적대자의 원래 계획에는 탐정의 가장 큰 약점을 공격하는 행위도 포함되어야 한다.

- 「현기증」: 엘스터는 스코티의 현기증을 이용해 자신이 아내를 살해한 일을 위장한다
- 「LA 컨피덴셜」: 반장 스미스는 경찰 조직을 신뢰하는 부하 형사들을 이용해 증거를 조작하고 무방비 상태의 약한 소수자들에게 죄를 덮어씌운다

적대자의 결점: 자만심

그리스 비극처럼 추리와 스릴러의 적대자가 지닌 가장 큰 약점은 자만심 또는 과도한 자신감일 때가 많다. 탐정의 두뇌를 과소평가하는 범인은 두뇌 싸움에서 질 수밖에 없다.

텔레비전 시리즈인 「형사 콜롬보」는 적대자의 자만심을 주인공이 역으로 이용하는 내용이 주를 이룬다. 주름 잡힌 우비를 입고 느릿하게 말하는 주인공을 얕잡아 보는 부유하고 거만한 범죄자가 매주 등장한다.

기법: 빙산의 일각처럼 드러나는 대립자

대립자를 '빙산의 일각'만 드러나게 하고 그에 대한 진실을 하나둘씩 점차 빠르게 공개한다.

이 대립자의 가장 위험한 면은 빙산의 본체처럼 수면 아래에 숨겨져 있어야 한다. 이 기법은 다음과 같이 실행한다.

- 스토리를 전개시키며 적대자에 대한 정보를 조금씩 공개하되 그 속도를 점차 빠르게 높여간다. 다시 말해 스토리가 진행될수록 더 많은 정보가 드러나야 한다는 뜻이다. 정보를 어떻게 분배해 공개할 것인지가 플롯의 성패를 가른다
- 스토리 초반에 주인공과 적대자가 맞서게 한다. 갈등이 심화될수록 주인공은 적대자가 지금껏 숨겼던, 더욱 강력한 공격을 마주한다

> **핵심**
> 적대자의 실체는 스토리의 마지막까지 숨기고, 탐정과 독자가 같은 순간에 범죄자가 누군지 깨닫도록 한다.

기법: 많은 용의자들

탐정과 독자에게 혼선을 주기 위해 그럴듯한 용의자들을 추가해야 한다.

범죄를 저지를 수 있는 캐릭터들을 여럿 등장시킨다. 그렇지 않으면 독자가 너무 쉽게 유추할 수 있다. 이 기법은 장르의 기본 스토리 전략과도 맞닿아 있다. 주인공이 범죄를 저지를 가능성이 있는 여러 사람을 심문하며 놀라운 진실을 밝혀낸다는 것이다.

진짜 용의자는 다음의 세 가지 조건을 만족해야 한다.

1. 동기
2. 기회
3. 알리바이의 부재

애거사 크리스티는 그럴듯한 용의자를 다수 설정하고 배치하는 데 탁월한 재능을 보였다. 『그리고 아무도 없었다』는 그 재능이 빛을 발한 대표작 중 하나다. 여덟 명의 손님이 섬에 초대된다. 저녁 식사 중 이들을 초대한 누군가는 초대된 사람들 모두 살인을 저지른 죄가 있다고 알린다. 이후 손님들이 하나씩 죽음을 맞이한다. 살인 사건이 발생할 때마다 용의자도 줄어든다. 텔레비전 시리즈 「로스트」는 이 탁월한 전제에 반전을 더해 SF 요소를 접목시키는 것으로 스토리를 10배 확장시켰.

드라마 「킬링」은 두 개의 시즌에 걸쳐 단 하나의 범죄 사건을 해결하는 추리 스토리다. 경찰이 조사해야 할 용의자의 수가 대단히 많다. 로지 라슨 살인 사건의 실질적 용의자가 무려 서른두 명이나 된다.

기법: 혐의에서 벗어나다

용의자 가운데 최소 한 명은 '냄새를 지워야 take the stink off' 한다. 이는 혐의에서 벗어난다는 의미의 속어다. 작가의 목표는 범죄를 저지를 가능성이 가장 낮아 보이는 캐릭터를 한 명 만드는 것이다. 동기, 기회, 알리바이의 부재 모두, 또는 이 가운데 한두 개를 조작해 결코 범죄를 저지를 수 없는 인물로 만들어야 한다. 이 기법을 다수의 캐릭터에게 적용하면 독자에게 혼선을 줄 수 있지만, 이 기법이 가장 중요한 대상은 진짜 범인이다.

스릴러 적대자: 공격

스릴러에서 적대자는 주인공을 속이는 데 그치지 않는다. 그는 주인공에게 공격을 가한다.

> **핵심**
> 주인공에게 가능한 한 많은 압박을 가해야 한다.

최고의 적대자 기법: 정서적 공격

적대자는 단순히 신체적인 공격만 행하지 않는다. 주인공의 가장 큰 심리적 약점을 죄책감과 공포라는 무기를 이용해 공격한다.

「원초적 본능」에서 닉은 심각한 망령과 약점을 지닌 인물이다. 그는 총기 오발 사고 이력이 있고, 그의 폭력성에 아내가 자살했으며, 음주와 코카인 문제도 있다. 핵심 용의자인 캐서린 트러멜은 아내의 죽음을 조롱하며 닉의 깊은 정서적 결함을 계속해서 자극한다.

> **핵심**
> 스릴러의 적대자는 호러 장르의 괴물보다 더욱 은밀한 방식으로 공격한다.

정서적 공격의 극단적인 예시로 '가스라이팅'을 들 수 있는데, 이는 영화 「가스등」에서 유래한 용어다. 이러한 형태의 정서적 학대는 서브장르인 '위험에 처한 여성' 스릴러에서 자주 등장한다. 「가스등」에서 남편의 말을 들은 아내는 자신의 정신이 정말 이상해진 것인지 의심한다. 남편은 그녀에게 환영을 보는 거라고, 너무 예민하다고, 이야기를 지어내고 있다고 몰아세운다. 아내가 남편을 비난할 때마다 남편은 도리어 아내 탓을 한다. 그는 아내의 신체적, 정신적 건강을 걱정하는 척한다.

용의자가 한 명만 등장하는 고전 스릴러에서는 주인공이 비교적 빨리 의심스러운 사람을 알아채고 조사한다. 하지만 주인공은 용의자가 실제로 범죄를 저질렀는지는 확신하지 못한다.

의심을 받는 용의자가 한 명 등장하는 고전 스릴러는 플롯이 밋밋해진다. 용의자가 범죄를 실제로 저질렀거나 저지르지 않았거나 둘 중 하나이기 때문이다. 따라서 실질적인 용의자를 여럿 등장시키는 추리 기법을 차용하는 것이 도움이 된다.

추리와 스릴러 스토리 비트: 계획-수사

어느 장르보다 추리는 가장 지식 중심적인 장르다. 따라서 이 장르에서는 정신적 구조 단계 두 가지를 강조한다. 바로 계획과 발견이다. 이는 추진력 단계에서, 즉 스토리 중반부에서 탐정이 목표를 달성하기 위해 일련의 행동을 취하는 단계에서 벌어진다.

계획 단계에서는 이 장르의 예술 양식을, 즉 인간의 정신을 탐구한다. 이를 통해 정신이란 본질적으로 문제를 해결하고 스토리를 창작하는 예술 양식임을 보여준다.

추리 스토리를 쓸 때 첫 번째 과제는 범죄자가 어떻게 범죄를 저지르고 그것을 은폐할 것인지 구상하는 것이다. 다음 단계는 탐정이 이를 어떻게 해결할지 결정하는 것이다. 모든 스토리 형식 중에 가장 정신 지향적인 장르인 만큼, 주인공의 계획은 복잡하며 아래와 같이 여러 사고 과정을 거친다.

1. 물리적 증거 또는 단서를 관찰한다.
2. 여러 용의자를 심문한다.
3. 귀납적 논리, 이성적 분석, 직관을 발휘한다.
4. 기억이—회상의 형식으로 떠오르며—통찰로 이어진다.

5. 범죄를 재구성하여 실제 벌어진 일에 관해 다른 현실을 창작한다. 이 다른 현실은 하나의 스토리다.
6. 용의자들에게 이 이론을, 즉 스토리를 대입해 본다.

이 일련의 순서는 개별적인 단서에서 하나의 이론을 창조하고 전체 스토리를 만들어내는 과정이다.

탐정처럼 스릴러의 주인공 또한 수사하는 사람이다. 다만 스릴러의 주인공은 아마추어라 위험에 빠진다. 이 때문에 스토리는 주인공이 느끼는 공포에 좀 더 무게가 실린다. 스릴러 주인공은 수사하는 과정에서 탐정과 같은 스토리 비트를 따르지만 직관에 좀 더 의존한다.

스릴러 플롯의 가장 큰 과제는 주인공이 한 번 공격을 받은 후엔 능동적으로 행동하지 못하고 수동적으로 반응한다는 점이다. 이렇게 되면 서사 추진력이 멈춘다.

> **핵심**
> 주인공은 공격을 막아내는 동시에 수사를 계속해서 진행하는 능동성을 보여야 한다.

작가는 캐릭터가 위기에 처할 가능성을 높여 서스펜스를 조성한다.

이제 탐정이 범죄를 해결하는 데 사용하는 다섯 가지 주요 수사(계획) 단계들을 좀 더 자세하게 살펴보겠다.

수사 1단계: 관찰-단서와 발견

탐정이 범인을 찾는 과정에서 첫 단계는 물리적 증거를 관찰하는 것이다. 셜록 홈즈의 상징이 돋보기인 이유도 이 때문이다.

물리적 증거는 단서가 될 때만 유용하다. 다시 말해 물리적 증거는 탐정을 진실로 한 발짝 이끄는 어떠한 발견 또는 새로운 정보로 이어져야 한다.

> **핵심**
>
> 추리 스토리와 스릴러 모두 새로운 정보가 드러나는 순간이 스토리의 구조에서 가장 중요한 단계다.

> **핵심**
>
> 단서는 진실의 부분적인 정보이기에 모호하다. 탐정을 잘못된 방향으로 이끌기도 한다.

기법: 리빌을 먼저 설정한다

집필 초기, 적대자의 계획을 구상하는 단계에서 리빌 또한 만들어야 한다.

추리 스토리의 핵심이 퍼즐을 푸는 과정이라는 점에서 두 가지 중요한 플롯 요소가 탄생한다.

1. 추리 스토리는 어떤 장르보다 리빌이 많아야 한다.
2. 스토리의 완성도는 리빌의 완성도와 그것이 어떤 순서로 배치되는지에 따라 결정된다.

따라서 리빌은 훌륭해야 하고 이를 순차적으로 연계해 쌓아가야 한다.

훌륭한 리빌 순서를 위한 기법
- 진짜 단서와 허위 미끼를 교차해서 배치한다
- 리빌의 강도를 점차 높여간다
- 스토리의 막바지에 이를수록 리빌의 공개가 빨라져야 한다
- 리빌은 점차 주인공의 사적인 영역에 가까워져야 한다. 다시 말해 탐정과 개인적으로 가까운 인물과 관련이 있어야 한다

최고의 플롯을 자랑하는 탐정 스토리를 들어 리빌의 순서를 살펴보겠다.

『오리엔트 특급 살인 사건』: 탐정 푸아로는 래체트의 죽음을 조사한다.

1. 종이에 적힌 AISY ARMS는 데이지 암스트롱의 살인 사건을 가리킨다.
2. 래체트는 열두 번 찔려 죽었다.
3. 래체트는 불어로 짐꾼에게 악몽을 꿨다고 말했지만 짐꾼은 영어만 할 줄 알았다.
4. 흰색 나이트가운을 입은 여성이 열차 복도에서 목격되었다.
5. 푸아로는 헥터의 부친이 암스트롱 사건의 검사였으며 헥터가 고(故) 암스트롱 부인과 가까웠다는 사실을 알게 된다.
6. 푸아로는 공작 부인과 암스트롱 가문의 관계를 알게 된다.
7. 푸아로는 힐데가르드가 죽은 암스트롱의 가정부를 알고 있다는 사실을 알게 된다.
8. 그는 힐데가르드의 여행 가방에서 차장의 제복을 발견한다.

『제이컵을 위하여』: 열네 살 소년의 살인 사건을 수사하는 지방 검사는 자신의 아들 제이컵이 용의자라는 사실을 알게 된다.

1. 독자의 리빌(주인공이자 탐정 역할인 검사는 이미 알고 있는 사실): 지방 검사는 대배심에서 심문을 받는다.
2. 지방 검사는 살해된 소년이 자신의 아들을 괴롭혔다는 사실을 알게 된다. 그의 아들이 용의자가 된다.
3. 그의 아들은 학교에서 칼을 자랑한 적이 있다.
4. 지방 검사는 그 칼을 찾아 없앤다.
5. 아들은 학교에서 인기가 없다.
6. 독자의 리빌: 지방 검사의 아버지는 살인죄로 판결을 받았다.
7. 휴가 중 아들이 만난 소녀가 실종된다.
8. 검사의 아내는 아들의 수영복에 묻은 붉은색 얼룩을 발견한다. 이제 그녀는 아들이 살인범이라고 확신한다.

많은 추리 작가가 저지르는 실수 중 하나는 탐정이 맥락 없이 어떠한 발견을 하는 상황을 만드는 것이다. 탐정이 그냥 '직감' 또는 성급하게 결론을 내리는 과정에서 무언가를 발견하는 상황이다.

> **핵심**
>
> 리빌은 반드시 구체적이고 물리적인 단서를 통해 드러나야 한다.

스릴러: 리빌

스릴러 리빌은 보통 주요 용의자의 유죄를 입증하는 증거에 관련한다. 주인공이 범죄의 진상을 밝히려 노력하는 추진력 단계에서 리빌이 등장한다. 스릴러 장르에서 리빌은 두 개의 궤적이 교차하는 과정에서 벌어진다.

1. 용의자가 범죄를 저질렀다는 증거를 찾는 과정과
2. 용의자가 범죄를 저지르지 않았다는 증거를 찾는 과정이다.

> **핵심**
>
> 이 두 개의 궤적을 균형 있게 끌고 가야 한다. 그래야 주인공이 깊은 의심에 빠지고 두려움과 절망을 느낀다.

가장 결정적인 리빌 두 가지는 스토리 끝에서 등장한다.

1. 주인공은 용의자가 무죄임을 밝히는 새롭고도 강력한 증거를 발견한다. 도저히 이해가 가지 않는 주인공은 큰 혼란에 휩싸인다. 주인공이 외견상의 패배를 경험하는 지점이다.
2. 주인공은 우연히 용의자가 실제로 범인이라는 결정적인 증거를 마주한다. 자신의 의심이 옳았다는 확신을 안겨주는 증거이기 때문에 주인공은 자신감을 회복한다. 하지만 동시에 적대자의 진짜 힘과 의도를 알게 되어 한편으로 두려움에 빠진다.

「컨버세이션」: 디렉터로 등장하는 한 남자가 해리를 고용해 마크와 앤의 도청을 의뢰한다.

1. 도청 테이프를 듣던 해리는 마크가 "그는 기회만 있었다면 우리를 죽였을 거라고"라고 말하는 것을 듣는다. 해리는 두 사람에게 위험이 닥칠 거란 의미로 이해한다.
2. 마크와 앤이 머물던 호텔 방에서 과격한 소리와 비명이 들리자 해리는 자신이 의심하던 바를 확신한다.
3. 해리는 앤이 죽지 않았다는 사실을 알게 된다.
4. 해리는 당시 테이프 속 "그는 기회만 있었다면 우리를 죽였을 거라고"라는 마크의 음성을 다시 듣는다. 그리고 앤과 마크가 디렉터를 죽였다는 사실을 깨닫게 된다.

추리와 스릴러 스토리 비트: 적대자의 계획-미끼, 거짓된 의미와 거짓말

수사를 진행하는 주인공은 미끼와 진짜 단서들을 모두 마주한다. 여기서 미끼란 탐정을 속이기 위해 범인이 심어놓은 증거를 뜻한다.

기법: 미끼

적대자는 원래 계획에 미끼red herring(훈제 청어라는 뜻으로 냄새가 강해 사냥개 훈련용 미끼로 사용했던 데서 비롯하여 주의를 다른 데로 돌리거나 헷갈리게 만드는 장치 등을 가리키는 단어로 쓰인다—옮긴이)를 포함시켜 자신이 범죄에 연루되었다는 사실을 숨긴다.

에르퀼 푸아로는 이렇게 말한다. "신사숙녀 여러분, 이제 살인 사건의 밤을, 그러니까 훈제 청어의 밤을 재구성해 보도록 합시다."

거짓 단서가 중요하다는 점은 우리에게 한 가지 사실을 역설한다. 바로 가장 명민한 주인공이 등장하는 스토리는 또한 인간의 제한적인 관점에 얼마나 큰 오류가 있는지를 보여준다는 사실을 말이다. 거짓 단서는 한 가지 상징물이 수많은 가능성을 지닐 수 있음을 인식하지 못하는 인간 정신의 결함을 드러낸다.

미끼는 추리 스토리에서 말하는 인간 정신의 여러 결함 중 하나일 뿐이다. 인간의 정신은 끊임없이 어떠한 연관성을 찾으려 한다. 실제로 아무런 연관성이 없을 때도 그렇다. 이것이 작가들이 표현하는 데 아주 큰 어려움을 겪는 한 가지 기법으로 이어진다.

기법: 이중 단서

모든 단서는 범인에 대한 최소 두 가지 가능성을 지녀야 한다.

「킬링」에서는 살인 사건 현장으로 추정되는 장소에서 발견된 카드 키의 소유자를 밝히는 일이 사건의 진상을 파악하는 핵심 단서가 된다. 카드 키는 시청에 있는 사무실 중 한 곳의 열쇠다. 다른 증거로 미루어 린든 형사는 카드 키가 시장의 것이라 생각한다. 하지만 실제로는 다가오는 시장 선거에서 현재 시장의 경쟁자가 될 대런 리치몬드의 사무실 문을 여는 카드 키였다.

「차이나타운」에서 사건을 해결하는 핵심적인 단서는 홀리스의 폐에서 발견된 바닷물이다. 모두 홀리스의 시체가 발견된 지점에서 멀지 않은 해안의 바닷물일 거라고 추측한다. 하지만 제이크는 그것이 노아 크로스의 저택 내 염수 연못의 물이며, 그곳에서 홀리스가 익사했음을 깨닫는다.

수사 2단계: 심문

탐정이 상징적인 물건들을 관찰해 몇 가지 가능성을 파악한 후에는 본격적으로 조사를 시작한다. 탐정은 그 단서가 실제로 어떤 의미인지 파악하기 위해 질문을 한다. 용의자들을 심문하고 물리적 증거를 찾는 과정이 추진력 단계의 중요한 부분이 된다.

간단히 요약하면 수사 과정은 다음과 같이 진행된다.

- 탐정은 살인 사건 현장에서 물리적 증거를 발견한다
- 그 증거를 따라 어떠한 장소에 이른 탐정은 목격자들과 다른 용의자들을 심문하고 더 많은 증거를 얻는다
- 다시 한번 이 증거들을 따라 다른 장소로 향한 탐정은 더 많은 질문을 하고 더 많은 증거를 얻는 식이다

탐정은 살인을 저질렀을지도 모르는 잠재적 용의자들을 심문한다. 이들은 솔직하게 대답할 마음이 없는 잠재적 적대자들이기도 하다. 그렇다면 이때 이들에게 어떠한 질문을 해야 할까?

핵심

탐정은 상대를 꾀어내는 질문을 해야 한다.

『오리엔트 특급 살인』에서 에르퀼 푸아로는 이렇게 말한다. "여기 계신 승객들을 심문하는 것만이 제가 진실의 빛을 볼 유일한 방법이었습니다. 하지만 심문을 시작하고 나자 빛은 사라지고, 맥베스의 말처럼, 황혼이 왔습니다."

이후 푸아로는 여러 질문으로 승객 다수를 뒤흔들어 놓는다. 그는 엘레나 안드레니에게 서명을 시키고는 미국에 가본 적이 있는지 묻는다. 또한 그는 일부러 대령 앞에서 네브님을 크게 실책하는데, 보호하려는

대령이 끼어들며 두 사람의 관계가 드러난다.

이러한 속임수는 셜록 홈즈가 가장 잘 쓰는 방법이기도 하다. 단편 「보헤미아 왕국 스캔들」에서 그는 아이린 애들러가 갖고 있는 사진을 몰래 가져오기 위해 목사로 변신한다. 왓슨 박사가 "불이야!" 하고 외칠 때 홈즈는 애들러가 가장 소중한 물건을 챙기러 어디로 향하는지 관찰한다. 「빈집의 모험」에서 홈즈는 다시 한번 전혀 다른 사람으로 분한다. 라이헨바흐 폭포에서 자신의 죽음을 위장했던 그는 다시 돌아와 왓슨에게 자신을 드러내기 전 노인으로 분장한다.

수사 3단계: 직감과 귀납 논리

탐정은 직관과 귀납적, 연역적 논리를 활용해 증거를 분석한다. 직관은 선형적으로 전개되지 않는다. 직관은 패턴을, 즉 어떠한 일이 일어났는지 보여주는 상징물들의 배열을 읽어내는 정신의 능력이다. 증거를 수집한 후에 탐정은 누가 범인일지 처음으로 어떠한 감을 느낀다. '본능적 직감'이라고 하는 이러한 예감은 확립되지 않은 가설이다. 하지만 그저 단순한 추측만은 아니다. 더욱 정교한 과학적 방법으로 나아갈 첫 발판이다.

미끼에 시야가 흐려진 탐정은 자신의 직감이 틀릴까 봐 걱정한다. 이제는 논리를 활용해야 할 차례다. 논리는 사고의 문법이며 상징을 체계적으로 배열하는 방법이다.

> **핵심**
>
> 상징의 배열은 사건의 인과를 나타낸다. 그 사실이 존재한다면 반드시 저 효과가 일어나야 하는 것이다. 모순은 인과관계가 잘못되었음을 뜻한다.

논리가 진행되는 방식은 상징 배열을 따라가는 방향에 따라 크게 두 가지로 나뉘는데, 바로 귀납과 연역이다. 귀납 논리는 구체적인 사실에서 일반적이고 추상적인 원리로 나아간다. 연역 논리는 그 반대로, 원리에서 구체적인 대상으로 향한다.

자질이 없는 탐정은, 특히나 추리 스토리에 등장하는 전형적인 형사는 연역 논리로 시작한다. 범인이 누구라는 추측을 한 뒤 자신의 추측을 뒷받침하도록 사실을 끼워 맞춘다.

> **핵심**
>
> 우리의 정신에 한번 세상이 어떻다는 고정된 이론이 새겨지면 귀납 논리를 적용하기가 어려워진다.

좋은 탐정은 항상 귀납 논리로 시작한다. 셜록 홈즈가 연역이 아닌 귀납의 대가인 이유도 이 때문이다. 탐정은 물리적 증거를 수집한 후 이것들이 어떻게 모여 더욱 큰 그림으로 이어질지 개략적으로 사고한다. 하지만 단서를 달리 이해해 보기 위해 탐정은 창의력을 발휘하여 연역법으로 접근하기도 한다.

> **핵심**
>
> 탐정은 사실들을 배열하는 데 필요한 방법을 찾아야 한다. 사실들을 정확하게 배열할 때만 진짜 스토리를 발견할 수 있다.

「나이브스 아웃」에서 브누아 블랑은 소설 『중력의 무지개』를 두고 이렇게 말한다. "자연의 법칙이 결정한 발사체의 궤적을 묘사하는 작품이죠. 네, 그게 제 방법입니다. 아무런 편견 없이 사실들을 관찰하는 거죠. 포물선의 경로를 밝혀내고 종착점으로 유유히 가보면 진실이 내 발 앞에 떨어져요."

수사 4단계: 과거 회상과 관점의 변화

사건을 수사하는 주인공이 진실을 찾아가는 주요 방법 중 하나는 과거를 다시 떠올리는 것이다. 주인공은 기억을 더듬으며 이 사건에 더욱 큰 힘이 작용하고 있음을 드러내는 패턴이 있는지 살펴본다.

> **핵심**
>
> 기억은 주인공이 증거를 새롭게 고려하는 가장 극적인 방식 중 하나다.

기억을 되돌아본다는 것은 곧 탐정이 사건을 새로운 관점에서 바라봐야 한다는 의미다. 언뜻 보기에는 불가능한 일처럼 느껴진다. 갑자기 완전히 다른 관점에서 사건을 바라볼 수는 없다. 그렇기에 이것이 가능하려면 다른 관점에서 사건을 비춘 녹화물이나 녹취록을 보거나 들어야 한다.

이러한 자료가 없을 때는 기억을 바라보는 시각의 범위를 달리하는 방법이 있다. 초점을 좁혀서 세부적인 일들을 파고들 수 있다. 또는 더욱 큰 관점에서 바라볼 수도 있다. 목표는 지금껏 놓쳤던 인과관계를 찾아내는 것이다. 핵심적인 무언가를 발견하고 이를 통해 현실을 완전히 새롭게 바라보게 될 수도 있다.

「현기증」,「욕망」,「식스 센스」,「메멘토」,『살인자들의 섬』과 범죄 스토리인「유주얼 서스펙트」,『나를 찾아줘』 등의 작품이 이에 해당한다.

「컨버세이션」에서는 테이프 속 대화 한 줄의 해석에 범죄의 진실을 밝힐 수 있는지가 달려 있다. 도청 전문가 해리 콜이 처음 테이프를 들었을 때 "그는 기회만 있었다면 우리를 죽였을 거라고"라는 말을 듣는다. 콜은 자신을 고용한 디렉터가 이 커플을 살해할까 봐 두려워한다. 다만 테이프를 몇 번이나 듣던 콜은 커플이 "그는 기회만 있었다면 우리를 죽였을 거라고"라고 말했다는 사실을 깨닫는다. 그리고 두 사람이 살인을 정당화하고 있었다는 걸 뒤늦게야 알아차린다.

수사 5단계: 새로운 현실을 재구성하다—스토리를 만들다

수사의 첫 네 단계에서 탐정은 상징적인 물건을 증거로 수집하고 그것들의 진짜 의미를 분석한다. 이제 탐정은 단서를 새롭게 조합해 실제 어떤 일이 있었는지 또 다른 현실을 창조해 낸다. 그리고 탐정은 분석에서 통합으로 나아간다. 이러한 통합은 입증 가능한 이론은 아니다. 하나의 스토리다.

추리와 스릴러 스토리 비트: 범인의 치명적인 실수가 최후에 드러난다

아직까지 진범을 가리키는 단서나 발견이 나타나지 않았다. 하지만 범인이 저지른 실수가 자신의 스토리에 구멍을 만들었다. 이 마지막 리빌이 결정적인 전환점으로 작용한다. 그를 가리키는 물리적 단서가 등장한 것이다. 이로써 탐정은 사건의 진상을 제대로 재구성할 수 있게 된다. 퍼즐 조각이 이제야 맞아떨어지게 되는 것이다.

「LA 컨피덴셜」의 초반부에 에드는 잭에게 자신의 아버지를 살해하고 유유히 사라신 범인에게 '롤로 토마시'라는 가상의 이름을 붙였다고 밝힌다. 이후 스미스 반장이 쏜 총에 맞은 잭은 '롤로 토마시'라는 이름을 마지막으로 남긴다. 스미스 반장은 에드에게 '롤로 토마시'에 대해 아는 것이 있는지 묻는다. 그 순간 에드는 스미스가 잭을 살해했다는 사실을 눈치챈다.

「현기증」에서 개빈 엘스터의 아내로 위장한 가짜 매들린은 다이아몬드 목걸이를 한 여인의 초상화에 집착한다. 가짜 매들린이 자살을 꾸며 낸 이후 스코티는 그녀와 너무도 닮은 주디와 사귀기 시작한다. 저녁 식사를 하러 가기 전 스코티는 주디가 그 초상화 속 목걸이를 착용한 것을 알아차린다. 이내 그는 주디가 매들린 행세를 한 것이며, 진짜 매들린을 살해하는 일을 도운 대가로 엘스터가 주디에게 그 목걸이를 선물했다는 것을 깨닫는다.

> **핵심**
>
> 최후의 리빌에서는 가장 거대하고도 가장 충격적인 진실이 드러나야 한다. 최후의 리빌이 훌륭하다면 이야기 전체의 완성도가 높아진다.

기법: 가장 가능성이 낮아 보이는 범인

가장 그럴 법해 보이지 않는 인물이 진범이어야 한다.

리빌에 무게를 실은 이 기법은 작가에게 또 다른 과제를 안긴다.

- 리빌들이 최후의 놀라운 반전으로 이어지도록 복잡한 미스터리를 구성해야 한다
- 최후의 놀라운 반전은 감상자를 놀라게 하는 동시에 납득이 갈 정

도로 기발한 해결책이어야 한다

『오리엔트 특급 살인』에서 애거사 크리스티는 역사상 가장 놀라운 반전 중 하나를 보여준다. 그녀는 전체 구조를 반전시켰다. 독자들은 범인은 한 명이라는 개념에 익숙해져 열두 명이 피해자를 살해했을 거라고는 생각조차 하지 못했다. 이 작품의 핵심에 자리한 놀라운 장치는 열두 명이라는 숫자가 배심원단의 구성원 수와 같고, 이 경우 피고를 재판하고 마땅히 죽어야 할 사람을 죽이기 위해 모인 사람들이라는 것이다.

「나이브스 아웃」에서 랜섬 드라이스데일은 문제다. 누가 봐도 할아버지를 살해했을 가능성이 가장 높은 인물이라, 추리물을 많이 접한 감상자들은 그가 진범일 가능성을 바로 지웠다.

추리 스토리 비트: 전투-범인 재판과 스토리의 대결

탐정은 다른 스토리를 활용해 범죄의 진상을 재구성한다. 그런 뒤 자신이 재구성한 사건의 진실을 진범에게 들이민다. 실로 탐정은 재판을 진행하는 셈이다. 탐정은 실제 법정의 '재판'과 유사한 압박감을 조성해 진범이 치명적인 실수를 저지르도록 유도한다. 이로써 탐정은 자신의 이론이 옳았다는 최종 근거를 얻는다. 이 압박감 속에서 범인은 무너져 내리고 어떻게든 벗어나 보려 마지막 노력을 한다.

> **핵심**
>
> 이러한 살인자의 재판은 사실상 스토리의 대결이다. 두 스토리 모두 논리적이다. 하지만 한 스토리만 진실이다.

애거사 크리스티 스토리들과 「그림자 없는 남자 The Thin Man」 시리즈 같은 고전 작품에서는 모든 용의자가 한 곳에 자리한 극장과 같은 공간에서 스토리 간의 대결이 이뤄진다.

『오리엔트 특급 살인』은 이러한 스토리의 대결을 보여주는 최고의 사례다. 모든 용의자가 자리한 최종 재판에서 탐정 에르퀼 푸아로는 살인 사건에 대한 두 가지 이론(스토리)을 제시한다. 증거를 살펴본 탐정이 내놓은 첫 번째 해석에서 범인은 차장으로 위장해 마스터키로 래체트의 객실로 들어갔다. 그는 래체트를 칼로 찔러 살해한 후 눈 때문에 운행을 멈췄을 때 기차에서 내렸다. 범인은 아마도 경쟁 마피아 단원으로, 어떠한 불화 때문에 복수를 한 것이다.

동일한 증거를 두고 두 번째 해석을 내놓은 푸아로는 이번에는 열두 명의 승객이 모두 그를 찔렀다고 밝혔다. 래체트는 용의자들 모두와 가까운 아기의 유괴 살해를 주도한 인물이었기 때문이다. 증거가 모호하고 피해자가 살인죄를 받은 비열한 인간이었기에, 탐정은 더욱 고차원적인 도덕적 선택을 내리고 진실을 절대 밝히지 않기로 결심한다.

스릴러 스토리 비트: 전투-적대자 최후의 공격

스릴러의 전투에서는 주인공이 진상을 파악했다는 사실을 안 적대자가 주인공에게 공격을 가한다. 주인공은 극도로 불리한 상황에서 맞서 싸워야 한다.

> **핵심**
>
> 주인공이 이기기 위해서는 새로운 방식으로 싸울 방법을 찾아야 한다. 마지막 순간에 즉흥적인 해결책을 만들어내는 것이 이상적이다.

「이창」에서는 어두운 방 안에서 다리에 깁스를 한 채 휠체어에 앉아 있던 제프리는 살인자인 소월드가 자신의 입을 막으려 찾아온 것을 알게 된다. 카메라 외에는 아무런 무기가 없던 제프리는 플래시로 공격하며 잠시나마 소월드의 눈을 멀게 한다. 제프리는 플래시 장치의 전구를 교체해 가며 계속 사진을 찍는다. 소월드를 주춤하게 할 수는 있었지만 멈추지는 못한다. 결국 소월드는 제프리를 창밖으로 밀어버린다. 손끝으로 매달려 버티던 제프리가 결국 떨어지는 순간 경찰이 도착해 제프리를 받아낸다.

「마이클 클레이튼」에서 마이클은 자신의 친구 아서의 살인을 지시한 기업의 법무이사 캐런 크라우더를 몰아세운다. 그는 그녀에게 자신을 죽이는 대신 매수하라고 말한다. 자신이 증거를 경찰에 넘기기 전에 캐런에게 주는 마지막 단 한 번의 기회라고. 마이클은 가진 패가 없지만 엄포를 놓는다. 그녀의 자백을 유도해 녹음할 의도였다. 휴대전화로 캐런의 사진을 찍고 돌아서는 마이클의 뒤로 경찰이 그녀를 에워싼다.

경찰 수사물에서의 전투: 심문

지난 수십년 간, 텔레비전 추리물은 경찰 수사물이 주를 이루었다. 주인공 한 명이 아니라 경찰 팀이 등장하는 작품이 많았다. 이러한 프로그램에서는 전투가 취조실에서 이뤄진다. 이 공간에서는 경찰이 용의자를 심문할 때 압력솥 효과 같은 긴장감이 형성된다.

이에 해당하는 예시로는「프라임 서스펙트」제인 테니슨 형사,「더 클로저」의 브렌다 리 존슨,「뉴욕경찰 24시」의 앤디 시포위츠 형사,「로앤오더: 성범죄전담반」의 올리비아 벤슨과 엘리엇 스터블러 형사,「스콧 & 베일리」의 재닛 스콧 형사가 있다.

추리와 스릴러 스토리 비트: 자기 각성–자신의 '범죄'를 마주하는 탐정

추리 스토리에서는 주인공에게 특별한 자기 각성의 순간을 마련하지 않는다. 시리즈물, 책, 영화나 텔레비전 시리즈도 마찬가지다. 대신 주인공은 '여행하는 천사'처럼 한 사건에서 다른 사건으로 옮겨 다닌다. 주인공은 뛰어난 지성으로 약점을 지닌 살인자가 저지른 범죄를 해결한다. 하지만 주인공 본인은 자신의 약점을 깨닫는 새로운 자각을 경험하는 일이 거의 없다.

예시로는 셜록 홈즈, 에르퀼 푸아로, 미스 마플, 브누아 블랑(「나이브스 아웃」), 마담 라모츠웨(『넘버원 여탐정 에이전시』), 콜롬보, 닉 찰스(『그림자 없는 남자』), 제시카 플레처, 피터 윔지 경, 메그레 반장, 브라운 신부, 패트린 제인, 캐슬 등이 있다.

야심 찬 추리 스토리에서는 주인공이 스토리 결말에 자신의 심각한 결함을 직면하는 모습이 등장하기도 한다. 주인공은 거대한 비극에 자신이 일부 기여했다는 부정적인 자기 각성을 경험한다.

「킬링」에서 세라는 뛰어난 수사 실력으로 로지 라슨을 살해한 진범을 밝혀냈다. 하지만 그녀는 일을 완수하려는 열정 때문에 아들을 잃은 건 아닌지 하는 깨달음을 얻는다.

「현기증」의 결말에서 스코티는 상당히 부정적인 자기 각성을 경험한다. 그는 자신이 진정한 사랑을 할 수 없는, 한심한 인간이었다는 것을 알게 된다. 주디를 종탑으로 끌고 간 그는 용서해 달라는 그녀를 매몰차게 외면하고, 결국 자신이 사랑했던 여자의 죽음에 자신이 일조했다는 사실을 깨닫는다.

추리와 스릴러 스토리 비트: 도덕적 논증–시적인 정의

추리 장르의 도덕적 논증은 한 가지 결론으로 귀결된다. 계획적 살인을 저지른 범죄자에게 그에 상응하는 대가를 치르게 하는 유일한 방법은 시적인 정의를 정의라는 사실이다. 시적인 정의란, 창의적인 방식으로 상응하는 대가를 치르게 하는 것이다. 이 해결책은 도덕과 스토리 관점에서 모두 정당화될 수 있다.

왜 추리 장르에서 시적인 정의가 그토록 강력한 해결책이 되는 것일까? 인간미가 없는 시스템이 행하는 정의 구현은 그리 만족스럽지 않다. 살인은 어떻게 해도 그 죗값을 모두 치를 수가 없다. 사망한 사람은 돌아올 수 없기 때문이다. 오로지 시적인 정의를 통해서만 그나마 어느 정도의 도덕적 청산이 실현될 수 있고, 피해자 가족도 정의가 실현되었다는 기분을 느낄 수 있다. 시적인 정의는 실현되기가 상당히 어렵지만 일단 실현된다면 이보다 만족스러운 것은 없다.

『오리엔트 특급 살인』은 스토리 역사상 가장 위대한 시적인 정의를 보여준 사례일 것이다. 어린아이의 유괴 살해를 주도한 남성은 칼에 열두 차례나 찔려 사망한다. 배심원단의 수가 열두 명이라는 점에서 이러한 결말은 현실적으로도, 상징적으로도 죄인에게 완벽한 형벌을 내린 셈이다.

「LA 컨피덴셜」 초반에 스미스 반장은 형사 진급 대상인 에드 엑슬리에게 유죄인 범죄자가 풀려날 가능성이 있다면 그를 죽일 의사가 있는지 물었다. 엑슬리가 없다고 답하자 스미스 반장은 형사가 될 자격이 없다고 단호하게 말한다. 결말에서 엑슬리는 스미스에게 총을 겨누고 다중 살인으로 그를 체포하려 한다. 스미스 반장이 자신은 몇 마디로 혐의를 벗을 수 있다고 말하자 엑슬리는 그의 뒤에서 방아쇠를 당긴다. 스미스의 기준에 따라 엑슬리는 자신이 형사가 될 자격이 있음을 입증한 것이다.

「현기증」에서는 시적인 정의가 살인자가 아니라 탐정 역할의 캐릭터에게 향한다. 「현기증」이 가장 위대한 추리 스토리 중 하나로 꼽히는 이유도 이 때문이다. 스코티는 개빈 엘스터가 아내를 살해하는 음모를 꾸몄으며, 자신이 사랑하는 여성이 이 사건에 그를 연루시켰다는 사실을 알게 된다. 그는 살인 사건이 벌어졌던 종탑으로 여성을 끌고 간다. 그녀는 스코티에게 용서를 빌지만 그는 매몰차게 외면한다. 그때 어두운 형체가 계단을 오르는 모습을 본 그녀는 공포에 질려 종탑 아래로 떨어지고 만다. 엘스터가 아내의 자살을 위장했던 방식 그대로 사망한 것이다. 다만 진짜 살인자인 엘스터는 자유의 몸이 된다. 스코티는 자신이 사랑했던 여성의 죽음에 대해 평생 대가를 치러야 한다는 것을 깨닫는다.

「컨버세이션」이 초월적 스릴러인 이유도 시적인 정의가 탐정이 살인자가 아니라 이를 수사하던 인물에게 돌아갔기 때문이다. 주인공이 저지른 실수가 한 남성의 살인 사건으로 이어졌다. 이 과정에서 주인공의 치명적인 결함 또한 드러난다.

추리 주제: 존재한다는 것은 질문하고 죄를 밝히는 것이다

추리 스토리는 질문하는 행위가 우리 일상의 과업이자 도전이라고 말한다. 매일 매 순간 우리는 진실을 파악하기 위해 징후를 살핀다. 보통은 그리 어렵지 않다. 저것은 벽처럼 보이고, 저것은 문처럼 보이니, 저기 있는 문으로 가야 한다는 식이다.

다만 우리가 더욱 복잡한 문제와 마주하게 되면 어떻게 될까? '내'가 탐정이 되어 정신이라는 가장 정교한 도구를 활용해 진실에 다가가야 한다. 이는 우리의 삶이 달린 문제일 수 있다.

추리는 우리의 존재를 가장 위협하는 건 세상을 이해하는 자신의 스토리가 하나의 이념으로 굳어지는 것이라고 말한다. 세상을 살아가다

보면 우리가 누구인지 또 세상이 우리에게 어떻게 반응하는지에 대한 하나의 틀이 만들어진다. 하지만 이 틀은 틀릴 수도 있고, 우리가 변할 수 있는 다양한 가능성을 차단해 버린다.

추리 스토리는 우리에게 존재한다는 것의 제2의 의미를 알려준다. 바로 죄를 밝히고 책임을 지게 만드는 것이다. 타인에게 어떤 식으로든 영향을 미칠 행동을 하는 우리는 매일같이 도덕적 전장에 서 있는 것과 마찬가지다. 타인과 함께 살기 위해서 우리는 끊임없이 도덕적 정산을 해야 한다.

스릴러 주제: 존재한다는 것은 우리의 진정한 적을 알아내는 것이다

스릴러는 일상 속에서 존재한다는 의미를 지적인 문제가 아닌 정서적인 문제로 바라본다. 무언가를 조사하고 밝히는 일이 가장 어려운 대상은 우리에게 가장 가까운 사람일 것이다. 친밀한 관계가 우리를 어떤 식으로 통제하는가? 이보다 더욱 끔찍하게는, 연인이나 가족이 우리를 적극적으로 해하려 하거나 우리를 속박하려 한다면? 상상할 수 있는 가장 섬뜩한 디스토피아가 될 것이다.

이러한 속박은 그 자체로도 대단히 파괴적이다. 하지만 이를 밝히기 위한 수사 또한 상상할 수 없을 정도로 힘들며, 어쩌면 위험이 따를 수도 있다. 사랑에 눈이 멀어 판단력이 흐려진 상태에서 어떻게 해야 명확하게 상황을 볼 수 있을까? 우리를 속박한 사람이 이미 우리가 조사하고 있음을 알게 된다면 어떻게 해야 사슬을 끊고 벗어날 수 있을까?

추리 주제 공식: 진실로 향한 길

어떤 장르든 우리가 최고의 자아에 이를 수 있는 방법을 제시한다. 그리고 그 방법은 주인공의 기본 행동 방향과 장르의 핵심 질문, 이 두 가지를 통해 알 수 있다. 탐정은 마지막으로 범인에게 정의의 심판을 받도록 하는 행동을 취하는 만큼, 법을 집행하는 경찰관과 탐정을 혼동할 수도 있다. 하지만 탐정의 주된 과제는 진실을 찾는 것이다. 이 과정에서 보통 죄를 지은 사람은 교도소로 향하고 죄가 없는 사람은 자유를 찾는다. 하지만 늘 그러진 않는다. 그리고 이것이 핵심도 아니다.

이 장르가 말하는 올바른 삶은 질문을 하고 어떠한 결과가 따르든 겉으로 보이는 모습 너머의 진실을 찾는 것이다. 진실은 우리를 더욱 나은 삶으로 이끈다.

진실을 찾는 행위에 초점을 맞추는 추리 스토리는 인간의 정신이 최고의 능력을 발휘하는 순간을 포착한다. 따라서 추리 장르는 우리가 되어감으로 도달해야 할 가장 높은 차원은 예술가-과학자라고 말한다. 예술가-과학자의 존재는 인간 정신의 스토리 Story of the Mind 의 핵심 요소 중 하나다.

장르가 중시하는 덕목, 즉 가치 또한 모든 장르의 주제 공식에 담겨 있다. 액션 장르의 모든 가치는 용기에서 비롯된다. 추리물의 모든 가치는—도덕성, 정의, 자유 등—첫째는 진실, 둘째는 책임을 지는 태도에서 비롯된다.

주제가 제시하는 삶에 이를 수 있는 또 다른 방법은 해당 장르의 핵심 질문에서 파악할 수 있다. 추리 장르의 핵심 질문은 바로 이것이다. 누가 유죄고 누가 무죄인가? 이 질문은 추리 장르의 두 가지 주된 가치, 진실과 책임감을 묻는 것이다.

추리 스토리의 도덕적 논증은 진실을 밝히고 책임을 묻는 과정을 통해 드러난다. 이 두 가지 요소 모두 논증에 반드시 필요하다. 도덕적 논증는 스토리의 결말에서 절정에 이른다. 탐정이 살인자를 경찰에 넘길지 말지 그 여부를 결정하는 지점이다.

스릴러 주제 공식: 사랑하는 이들의 진실을 밝히다

스릴러에서 되어감은 탐정의 관점과 다르다. 누가 범죄를 저질렀는가를 묻지 않기 때문이다. 스릴러는 당신의 의심이 정당한가를 묻는다. 그 상대가 우리와 가까운 사람일 경우 훨씬 어려운 문제가 된다.

이는 세상 속에서 '존재한다는 것'에 대한 더 큰 질문으로 이어진다. 우리는 가장 가까운 사람을 믿을 수 있는가? 그들이 이익을 위해 우리를 이용하고 있는 것은 아닌가? 이러한 질문을 하는 것 자체가 대단히 어려운 일이다. 하지만 스릴러는 질문 없이는 자유와 성장이 불가능하다고 말한다.

스릴러에서 주인공의 기본 행동은 공격을 피하는 동시에 진실을 파헤치는 것이다. 이를 논리적 극단까지 밀어붙이면, 결국 스릴러는 우리에게 우리를 괴롭히는 가해자가 누구인지 밝혀내고 그를 마주해야 한다고 말하고 있는 셈이다. 스릴러는 좋은 삶을 위해서는 우리를 해치는 자들에게 맞서야 한다고 말한다. 설령 그 대상이 자신의 머릿속에만 존재한다고 해도 말이다. 그렇지 않으면 우리는 스스로가 만들어낸 속박 속에서 남은 평생을 살아야 할지도 모른다.

추리-스릴러 스토리를 초월하는 법

추리는 아마도 현대 세계에서 가장 중요한 장르일 것이다. 상대적으로 부유한 서구 세계에서는 액션 장르의 주인공들을 찾아볼 수가 없다.

하지만 탐정에는 모두가 해당된다. 우리의 정신은 우리가 살아가는 세계와 삶의 근원이다. 또한 삶을 의미 있게 만들기 위해 우리가 탐험해야 할 마지막 프런티어이기도 하다.

초월적 추리물에는 크게 두 가지 형식이 있다.

1. 보편적 추리-스릴러

추리를 초월하는 첫 번째 형식인 보편적 추리-스릴러는 죄책감 그리고 삶의 의미가 지닌 복잡성을 탐구하는 이야기다. 탐정의 수사가 결국 스스로에게 향하는 것이다. 탐정은 자신의 죄책감을 발견하고 한 인간으로 타인에게 가져야 할 책임감이 있음을 깨닫는다. 이러한 깨달음은 새로운 도덕적 비전의 근간이 된다. 보편적 추리-스릴러는 보통 추리 또는 스릴러에 신화, 에픽, 드라마가 결합한 형태다. 그 예시로 『오이디푸스 왕』, 『햄릿』, 『몰타의 매』, 『나의 로라』, 「현기증」, 「LA 컨피덴셜」, 『양들의 침묵』, 「컨버세이션」, 「의혹의 그림자」가 있다.

2. 정신과 진실의 스토리

추리를 초월하는 두 번째 형식은 정신 그 자체에 대한 탐구다. 이를 통해 우리는 정신이 하나의 스토리로 작동한다는 것을 알게 된다. 정신의 첫 번째 스토리는 '나'라는 캐릭터에 대한 이야기다. 정신의 스토리를 표현하는 최고의 기법 중 하나는 자기 반영적self-reflexive '메타' 픽션(작품 속 등장인물이 스토리 세계의 허구성을 인지하여 픽션과 현실 간의 관계와 모순, 아이러니를 강조한다—옮긴이)으로, 스토리를 전달한다는 사실을 상기시키며 서사를 전개하는 형식이다.

정신의 스토리는 당연하게도 우리가 어떻게 진실을 알게 되는가에 대한 이야기다.

> **핵심**
> 진실은 우리의 정신, 즉 해법을 발견하는 능동적인 사고과정이 제대로 작동할 때에만 찾을 수 있다.

정신의 스토리는 하나의 진실에 도달하려는 것이 아니다. 진실에 가장 근접할 기회를 주는 방법론에 가깝다. 이 방법론의 목표는 어떠한 순간의 진실을 인식하는 것이다. 동시에 이 방법론은 진실의 가장 고차원적인 형태, 즉 예술, 과학, 철학의 탄생으로 이어진다. 진실에 근접하고자 하는 마음, 이것이 예술가-과학자의 정신이다.

정신의 스토리 사례: 셜록 홈즈의 스토리들과 현대적으로 재해석한 텔레비전 시리즈들,『침략자』,「라쇼몽」,「유주얼 서스펙트」,『장미의 이름』,『푸코의 진자』,「지난 해 마리앙바드에서」,「컨버세이션」,「욕망」,「순응자」,「아이덴티티」,『살인자들의 섬』,「메멘토」,「웨스트월드」,「정사L'Avventura」,「위대한 레보스키」,『정원사 챈스의 외출』,「더 파더」,「인사이드 아웃」,「인셉션」,「일루셔니스트」,「발자국Sleuth」,『디 아워스The Hours』,『잃어버린 시간을 찾아서』,『젊은 예술가의 초상』,『율리시스』,『댈러웨이 부인』,『등대로』,「시민 케인」,「소리와 분노」,『압살롬 압살롬』,『트레인스포팅』,「네 멋대로 해라」,「프랑켄슈타인」,『아메리칸 사이코American psycho』,「슬라이딩 도어즈」,『비틀거리는 천재의 가슴 아픈 이야기』,『모든 것이 밝혀졌다』,「더 리얼 씽The Real Thing」, 희곡『코펜하겐』,『노이스 오프』,『노먼 콘퀘스트』,『아우스 앤드 가든』,『배신Perfidy』.

추리 초월하기 1 : 보편적 추리-스릴러

고전 추리물이 철저히 누가 죽였는가에 초점을 맞춘다면 이를 초월하는 첫 번째 방법은 보다 고차원적인 목표와 주제를 탐구하는 것이다. 보편적 추리물의 주인공은 심리적, 도덕적 진실을 추구한다. 목표는 사회 문제에 대한 해결책과 도덕적인 저항이 많은 세계에서 의미 있는 삶을 사는 방법을 찾는 것이다.

보편적 추리물은 세 가지 측면에서 고차원적인 주제를 탐구한다.

1. 심리적 측면: 피해자가 살해된 이유
2. 사회적 측면: 범죄가 양산되는 사회와 범죄자들을 재판하는 사법 제도
3. 보편적 측면: 삶의 궁극적인 의미의 탐구

이 형식은 작가에게 많은 재량권을 허락한다. 다만 세 측면을 모두 표현하기에 가장 적합한 스토리 구조는 추리에 신화나 에픽, 그리고 드라마를 결합하는 것이다.

3장에서 신화를 자세히 살펴봤다. 드라마는 하나의 장르로 구분하기에는 너무도 광범위하다고 설명했다. 다만 이 장르는 주인공과 가까운 사람이 적대자로 등장하고 주인공의 최종 도덕적 결정이 특정한 형태를 띤다는 점에서 드라마로 분류가 가능하다. 추리물에 신화와 드라마를 결합할 때 가장 큰 효과는 수사의 과정을 더욱 환상적인 여정으로 만들 수 있고, 인간관계에 대한 극적인 사건과 세밀한 도덕적 갈등이 더해진다는 것이다.

보편적 추리물의 가장 중요한 특징은 탐정의 수사가 결국 자신에게 향한다는 점이다. 그로 인해 탐정은 자신의 도덕적, 심리적 문제를 마주

하고 깨닫게 된다.

> **핵심**
>
> 탐정에게는 깊은 결함이 있고, 내면의 적대자가 존재한다. 외부의 적대자인 범인을 추적하는 과정이 마지막에는 탐정 내면의 약점을 마주하는 결과로 이어져야 한다.

앞서 언급했듯 고전 추리물의 도덕적 논증은 주인공이 살인자를 경찰에 넘길 것인지 결정하며 결론에 이른다.

> **핵심**
>
> 보편적 추리물은 우리에게 이런 질문을 한다. 또 누구에게 잘못이 있는가? 해당 범죄와 관련하여 다른 누구보다 탐정 본인은 어떤 책임이 있는가?

『오이디푸스왕』: 최초의 추리물

오이디푸스는 스토리 역사상 최초의 탐정이다. 『오이디푸스왕』은 나라에 역병이 돌며 이야기가 시작한다. 신탁에 따르면 역병은 선왕을 시해했기에 벌어진 것이다. 때문에 오이디푸스왕은 선왕을 살해한 사람을 직접 밝혀내기로 한다.

『오이디푸스왕』은 세 가지 측면에서 보편적 추리물이라 할 수 있다. 첫째로 탐정이 왕이라는 점이다. 이로써 탐정과 왕국에 직접적인 연결성이 형성되고, 주인공이 곧 사회가 된다. 주인공이 타락하면 사회에는 역병이 든다.

둘째로 탐정이 그저 살인 사건을 조사하는 데 그치지 않는다는 점이다. 그는 자신을 포함해 관련된 모든 이의 도덕적 책임을 파헤친다. 비도덕적인 행위의 기준은 개인적, 사회적, 보편적 측면에서 다방면으로 검토된다. 오이디푸스는 자연의 질서에 반하는 범죄를 저지르고(보편적 측면), 이로 인해 그 자신이 망가지며(심리적 측면) 그의 왕국 또한 무너진다(사회적 측면).

셋째로 탐정과 범인이 동일인이다. 바로 이 지점에서 작품은 초월적 스토리가 된다. 탐정이 해당 범죄의 일면에 자신이 가담했다는 사실을 깨닫는 것이다. 오이디푸스라는 탐정에게 중요한 질문은 '누가 범인인가?'에서 '나는 누구인가?', '정의를 집행하려는 자가 모든 이들 중에 가장 큰 죄인이 될 수도 있는가?'로 달라진다.

『햄릿』: 가장 위대한 추리물

셰익스피어의 4대 비극은 인간 정신에 초점을 맞춘 가장 인간적인 스토리『햄릿』부터 삶에 초점을 맞춘 가장 본질적인 스토리『리어왕』으로 발전했다.『햄릿』을 가장 위대한 보편적 추리물이라고 할 수 있는 이유 중 하나는 바로 극단적인 정신 상태 때문이다. 가면과 연기, 진짜 광기와 연기하는 광기, 끊임없는 질문과 조사를 통해『햄릿』은 샘 스페이드, 필립 말로, 제이크 기티스(영화「차이나타운」의 사립 탐정—옮긴이)가 활보하는 현대 대도시와 유사한 스토리 세계, 플롯 시퀀스를 완성했다.

『햄릿』을 보편적 추리물의 전형이라 할 수 있는 몇 가지 스토리 요소를 꼽자면 다음과 같다.

- 『햄릿』은 이른 성인기에 경험하는 문제들, 정체성과 책임감에 대해

탐구한다
- 유령의 활용도가 높고 햄릿 내면의 이성적 자아와 신비주의적 자아 간의 갈등이 주를 이룬다
- 신화적 남성에서 현대적 남성으로의 전환을 보여준다. 햄릿은 전사였던 과거의 자아를 예술적 자아와 연결하려는 젊은 오디세우스다
- 셰익스피어는 전통적인 전사 간의 대립 구도로 스토리를 구성하지 않았다. 다시 말해 햄릿은 주요 적대자와 정면으로 맞서지 않는다. 사실상 대면하는 일도 거의 없다
- 햄릿의 주된 갈등은 클라우디우스왕이나 모친이 아니다. 올바른 행동은 무엇인지, 세상의 불공평함을 어떻게 받아들여야 할지를 두고 내면의 갈등이 주를 이룬다. '누가 그 일을 저질렀는가?'에서 '나는 누구인가?'로 질문이 달라지는 이 작품은 『오이디푸스왕』처럼 인간이 마주하는 가장 위대한 도전 중 하나를, 즉 자기 정체성의 본질을 탐구한다

「의혹의 그림자」: 에픽 스릴러

에픽 스릴러는 한 국가의 운명을 다루는 스토리다. 에픽 스릴러의 주제는 서구의 자유 및 자본주의가 지닌 어두운 면을 드러내고 서구식 삶의 방식을 비판하는 것이다. 그런 점에서 초월적 갱스터 스토리와 유사하다고 할 수 있다. 가장 위대한 에픽 스릴러인 「의혹의 그림자」는 미국의 시스템, 가족 내부의 부패, 성별의 불평등을 매섭게 비판한다.

추리 초월하기 2: 정신과 진실의 스토리

앞서 우리는 추리의 비트를 살펴보며, 어떤 일이 벌어졌는지를 두고 탐정이 종합하여 만들어낸 가설은 검증을 거쳐야 아는 하나의 이론이

아니라 인간의 정신이 진실을 밝히는 과정을 보여주는 이야기라는 점을 확인했다. 사실은 두 스토리가 동시에 전개되는 것이다.

첫째는 한 인간을 살해할 동기가 있는 여럿의 스토리다. 이 중 최소한 명은 실제로 살인을 저질렀다. 범인은 죄에 대한 책임을 피하기 위해 미리 계획을 세우고 속임수를 썼다. 이 스토리의 최종 갈등을 거쳐 누가 살인의 대가를 치를 것인지가 결정된다.

둘째로 탐정이 이 진실을 어떻게 밝혀냈는지에 대한 스토리다. 정신이 어떠한 과정으로 작동하는지 보여준다. 기본적인 추리물은 살인자를 밝혀내는 과정을 따라간다. 그러나 초월적 추리물은 우리의 정신이 어떻게 작동하는지, 진실에 도달하기 위해 정신은 어떠한 과정을 거치는지에 초점을 맞춘다.

> **핵심**
>
> 우리의 정신은 상징을 외부에 투사하고 자기 자신을 인식하는 능력을 지녔다. 이로써 정신은 인류 최초의 그리고 최후의 예술 양식이자, 인류에게 남은 마지막 프런티어가 된다.

우리의 정신이 어떻게 작동하는지에 대한 스토리는 결국 정신의 탁월함을 보여주는 스토리다.

> **핵심**
>
> 스토리 비트의 순서를 따라가면 정신이 어떻게 성장하는지, 그리고 어떻게 해야 더욱 명민해지는지 확인할 수 있다.

이렇듯 복잡한 정신의 추리물이 어떻게 전개되는지를 이해하려면 무언가를 알아가는 여정에서 정신이 어떠한 통찰을 얻는지 그 순서를 살펴보는 게 좋다. 결국 초월적 추리물은 결국 허구의 양식으로 표현한 인식론인 셈이다.

- 깨달음 1: 정신은 스토리를 통해 작동한다. 따라서 정신의 스토리는 무엇보다도 스토리 그 자체가 어떻게 탄생했는지에 대한 이야기이며, 스토리의 생물학적 원리에 대한 이야기다. 꿈은 두뇌가 스토리를 만들어낸다는 가장 분명한 예시다. 하지만 정신의 예술성은 그보다 훨씬 광범위하다. 자기 인식을 발휘하기만 해도 우리는 스스로에게서 한 걸음 물러나 우리의 의식을 별개의 대상으로 관찰할 수 있다
- 깨달음 2: 정신이 창조해 내는 첫 스토리는 '나'라는 캐릭터에 대한 이야기다. 정신은 스스로를 하나의 캐릭터로 만들고, 매일 이 캐릭터의 스토리를 따라 삶을 살아간다. '나'라는 캐릭터를 창조하는 행위는 상징을 외부로 투사하는 인간의 능력이 가장 강력하게 발휘된 형태다
- 깨달음 3: 정신이 얼마나 효과적으로 기능하는지는 정신이 스스로와 세상을 어떻게 인식하는지 그 방법론으로 결정된다

나에 대한 스토리, 근원적 '기원 스토리'

초월적 추리물로서 정신의 스토리는 자기 인식, 즉 정신이 하나의 스토리를 창조하는 이야기다. 이 렌즈를 통해 다른 모든 스토리가 만들어진다.

자기 인식을 가진 존재인 인간은 '나$_{me}$', '자기$_{self}$', '나$_I$'라는 스스로

의 캐릭터부터 창조한다. 이내 우리 안에 결핍된 것을, 우리의 필요need를 인식한다. 우리는 내면의 부족함을 채우고 필요한 것을 충족해 주는 욕망의 대상을 만들어낸다. 그 욕망의 대상을 외부로 투사한 상징들이 생겨나고, 곧 우리의 정신은 대상과 캐릭터로 채운 하나의 세계를 구축하기 시작한다. 또한 우리는 적대자들을 만들어낸다. 적대자는 우리에게 필요하고 우리가 원하는 무언가를 갖지 못하도록 방해하는 캐릭터다. 이 모든 것들이 합쳐져 '기원 스토리'가 탄생한다.

의식은 근본적으로 문제 해결 장치인 동시에 우리 신체가 위협을 감지하고 이를 극복하기 위해 활용하는 도구다. 스토리의 성공은 결국 우리의 의식, 즉 욕망과 적대자로 귀결된다. 왜 이렇게 원초적인 두 요소가 중요한 것일까?

- 욕망은 행동을 이끄는 연료다. 적대자는 저항력이다
- 욕망은 끌어당기는 힘, 적대자는 밀어내는 힘이다. 같은 선상에서 앞으로 가는 힘과 뒤로 미는 힘이 맞선다
- 결국 욕망은 예스Yes를, 적대자는 노No를 의미한다

> **핵심**
>
> 모든 스토리는 캐릭터를 억압적인 환경에 두고 그들이 이 속박에서 벗어나기 위해 분투하는 모습을 보여준다.

세상의 모든 일을 '나'라는 캐릭터로 경험하는 의식은 속박에서 벗어나려는 분투를 대단히 극적으로 해석한다. 이 때문에 우리의 사고는 이성만이 아니라 감정에도 치우친다. 그리하여 우리가 의식을 통해 배우

고 학습하는 것들은 더욱 기억에 남고, 우리의 생존 확률 또한 높여준다.

내면의 내레이션과 의식의 흐름에 대한 스토리
기법: 스토리 구조와 정신의 일치

초월적 추리물들은 그 구조를 인간의 정신이 기능하고 느끼는 방식에 일치시키려 노력한다.

내면의 내레이션과 의식의 흐름에 대한 스토리들은 정신의 활동을 보여준다. 이러한 스토리 속 캐릭터는 정신적 연상에 따라 과거와 현재, 미래를 동시에 경험한다.

이 기법이 왜 중요할까? 스토리텔러로서 인간은 오직 현재, 한순간에만 존재한다는 사실을 고려해야 한다. '지금'이 하나의 시간 프레임이다. 하지만 이 순간이 모여 두 번째 시간 프레임, 즉 인생 전체를 만든다. 따라서 이 순간의 연결과 배열이 패턴을 만들어내 지금 현재의 경험에 영향을 미친다.

단어와 이미지가 지금 이 순간, 현재에 의미를 더한다. 모든 스토리는 구조적으로 이 현재들이 어떻게 연결되는지, 이것이 우리의 인생에 어떠한 변화의 패턴을 만들어내는지를 우리에게 보여준다.

그 예시로 『잃어버린 시간을 찾아서』, 『젊은 예술가의 초상』, 『율리시스』, 『댈러웨이 부인』, 『디 아워스』, 『등대로』, 『소리와 분노』, 『트레인스포팅』, 『놀라운 천재의 가슴 아픈 이야기』, 『모든 것이 밝혀졌다』가 있다.

자아에 대한 스토리

자아에 대한 스토리는 그 형성과 파멸에 초점을 맞춘다.

> **핵심**
> 자아의 형성과 파멸을 보여주는 최고의 방법은 메타픽션이다.

메타픽션은 감상자가 읽고 보는 스토리는 작가의 정신이 창조한 것임을 강조한다. 더 나아가 정신이 곧 구조적 단계를 갖춘 하나의 스토리라는 점을 보여준다.

이렇듯 대단히 특수한 픽션 기법을 '자기 반영적' 기법이라고도 한다. 작가는 감상자에게 그들이 보고 있는 것은 창작물이며 지금 이 순간에도 끊임없이 재창조되고 있다는 사실을 일깨운다.

메타픽션이 자아 스토리에 적용되면 정신은 지나치게 스스로를 인식하고 이로써 영구적으로 분열된다. 삶은 거울로 가득 찬 방이 되고, 캐릭터는 나 자신이 나 자신을 생각하는 나를 생각하는… 이런 식으로 무한한 내적 회귀internal regression에 갇힌다. 대중 매체에서 이 효과가 10배쯤 극대화되는데, 대중 매체는 기술을 통해 이미지와 현실이 분리되어 지켜보는 자아와 지켜봄을 당하는 자아의 간극이 더욱 커지기 때문이다.

이에 해당하는 작품으로는 『살인자들의 섬』, 「메멘토」, 「인사이드 아웃」, 「시민 케인」, 「8과 1/2」, 희곡 『작가를 찾는 6인의 등장인물』(이를 모티브로 한 「환상특급」의 에피소드("출구를 찾는 다섯 사람들"), 「버드맨」, 「인셉션」, 「멀홀랜드 드라이브」, 「파이트 클럽」, 『아메리칸 사이코』, 『변신』, 「스트레인저 댄 픽션」, 「더 게임」, 『호밀밭의 파수꾼』, 「네 멋대로 해라」, 「페르소나」, 「세 여인」, 「셜록 2세」, 「프리키 프라이데이」와 「17 어게인」 등의 '스위치 코미디switch comedy' 작품들, 「체인지 업The Change-Up」, 『지킬 박사와 하이드 씨』, 「이방인」, 「순응자」, 『압살롬 압살롬』, 『정원사 챈스의 외출』, 희곡 『사천의 선인』, 『젊은 예술가의 초상』, 『뷰티풀 마인드』, 『올랜도』가 있다.

「파이트 클럽」: 분열된 자아

「파이트 클럽」은 궁극의 자기 반영적 소설이자 영화다. 무명의 화자는 자기 의식적 사고와 자신을 질식시키는 현대 문화의 메시지에 지나치게 사로잡혀 있다. 작품의 모든 기법과 스토리 비트는 스스로에게 과도하게 매몰된 나머지 자기 파괴에 이르는 한 남성의 정신 상태에 초점을 맞춘다.

영화는 주인공의 원초적인 내면을 보여주는 것으로 시작한다. 플래시백 스토리텔러 구조로 1인칭의 신뢰할 수 없는 화자가 등장하는데, 화자와 친구 타일러가 사실 도플갱어라는 사실을 처음에는 드러내지 않는다. 잠을 잘 수도 없고 감정도 느낄 수 없는 화자는 병을 앓지도 않으면서 환자 모임에 나가 사람들의 이야기를 듣는다. 그는 소비 문화가 자신을 노예로 만든다는 것을 아주 잘 알고 있다.

> 화자: 다들 그렇겠지만 나는 이케아로 내 집을 채우고 싶다는 욕망의 노예가 되었다. (…) 카탈로그를 넘기며 이런 생각을 한다. 어떤 식탁 세트를 사야 나라는 사람을 정의할 수 있을까?

그와 마찬가지로 환자 모임에 중독된 말라에게 그는 자신 안에는 "한 모습만 있는 게 아니"라고 말한다. 그러자 말라는 이렇게 대꾸한다. "한 모습만 있는 게 아니라고? 너는 지킬 박사와 개자식이잖아!" 그러다 화자는 밤에 일하는 영사기사인 타일러를 만난다.

화자: 인정해야 했다. 그에게 계획이 있었다. 나름 그럴듯하게 느껴지기 시작했다. 타일러식으로 보자면 말이다. 두려움이 없으면 잡념도 없다. 중요하지 않은 건 흘려보내는 것도 능력이다…. [버스에 걸린 캘빈 클라인Calvin Klein 광고를 보며] 저래야만 남자가?
타일러: 자기 계발은 자위행위에 불과해. 반면 자기 파괴는 말이지….

화자와 타일러는 스스로를 정의하기 위해, 문화에 맞서기 위해 '파이트 클럽'을 만든다.

타일러: 싸워본 적이 없으면 자기 자신에 대해 얼마나 알 수 있겠어? 나는 흉터 하나 없이 죽고 싶지는 않아.
화자: 싸움이 끝나도 해결되는 것은 아무것도 없지만 그것은 중요한 게 아니었다. 우리는 모두 구원받았다고 느꼈으니까.

이후 타일러는 파이트 클럽을 확장해 기업을 파괴하는 운동, '초토화 작전'을 계획한다. 그는 게릴라전을 벌여 소비 및 공포 문화에 억압당하는 인류를 구하자고 주장한다. 결국 화자는 자신이 곧 타일러라는 것을 깨닫는다. 하지만 타일러가 자신을 장악하는 걸 막을 수 없었다.

타일러: 이봐, 나를 만든 사람은 너잖아. 무슨 위안 좀 얻자고 루저 자아를 만든 사람은 내가 아니라고. 최소한의 책임은 져야지! (…) 네가 꿈꾸던 사람이 바로 나잖아. 네가 바라던 외모에다, 네가 꿈꾸던 섹스에. 똑똑하고 유능하고, 무엇보다 네가 누리지 못하는 자유를 마음껏 누리고 있다고.

두 개의 부정적 자아가 형성한 끝없는 피드백 루프에 빠진 화자는 자살을 시도하여, 자신의 뺨에 총을 쏴 타일러를 없앤다. 하지만 초토화 작전은 계속된다. 화자는 자신이 만들어낸 악순환에 갇혀 지옥을 벗어날 수 없게 되었다.

기법: 시점과 다중 진실

> **핵심**
> 스토리에서 어떠한 시점을 택하는지에 따라 정신이 기능하는 모습 또는 실패하는 모습을 보여줄 수 있다.

단일 또는 다중 시점을 사용하면 독자에게 모든 캐릭터가 각자 어떠한 사고의 감옥에 갇혀 있는지 뼈저리게 전달할 수 있다. 그뿐 아니라 시점을 통해 제한된 주관성의 횡포에서도 해방될 수 있다. 특히 추리 형식에서 자주 쓰는 '1인칭 시점'과 '3인칭 제한적 시점third-person close'이 이에 해당한다. 3인칭 제한적 시점은 한 캐릭터의 관점에서 스토리를 보여준다. 이 시점을 통해 작가는 한 캐릭터의 마음속으로 들어갈 수 있다.

> **핵심**
> 시점이 스토리에서 가장 중요한 기법이다.

그 이유는 다음과 같다.

첫째, 특정 시점으로 스토리를 전달하면 독자는 그 캐릭터가 해석하는 대로 그 상황을 경험한다. 캐릭터가 느끼는 감정을 강하게 느낀 독자는 스토리에 몰입하게 된다.

둘째, 시점은 캐릭터의 행동과 캐릭터에 대한 작가의 생각을 분리할 수 있게 돕는다.

기법: 시점 밖의 사건

1인칭 시점을 최대한 활용하려면 주인공의 시점에서는 알 수 없는 사건들이 벌어져야 한다. 이로써 주인공은 자신이 몰랐던 사실을 발견하게 되는데, 이때 플롯의 반전이 일어난다.

『속죄』

어린 브라이오니 탤리스는 언니 서실리아가 가정부의 아들 로비와 분수대 옆에서 말다툼을 하는 모습을 본다. 서실리아는 옷을 벗고 속옷 차림으로 분수대로 들어가 무언가를 꺼낸다. 다만 브라이오니는 두 사람이 서로에게 강렬한 이성적 끌림을 느끼고 있다는 사실은 알지 못한다. 상황을 오해한 브라이오니는 열다섯 살 소녀를 강간한 혐의로 로비를 신고한다. 브라이오니는 평생 이 실수를 속죄하려 했지만 실패한다.

다중 시점 스토리들은 주관성이라는 족쇄를 극복하기 위해 다른 접근법을 채택한다. 하나의 사건을 두고 여러 캐릭터가 완전히 다른 관점으로 보고 기억하는 방식이다. 그 결과 어떤 일이 벌어졌는지 저마다 서로 다르게 진술한다.

이렇게 작가는 우리가 여러 주관적인 생각들로 이루어진 사회를 살아가는 또 하나의 주관적인 생각을 가진 인간이라는 점을 보여준다. 스토리는 우리의 생각이라는 한계를 넘어 전지적 시점으로 상황을 바라본다는 자유의 순간을 경험하게 해준다.

스토리의 시점은 인간 정신에 내재된 여러 한계와 편향을 보여주는 한편 다중의 진실이 공존할 수 있다는 사실도 알려준다. 독자는 캐릭터들이 자신도 모르는 새 내뱉는 여러 거짓말들을 지켜본다. 이를 통해 우리는 시점과 진실의 관계에 대해 큰 깨달음을 얻는다.

> **핵심**
>
> 진실은 거짓의 반대가 아니다. 진실과 거짓은 복잡하고도 모호한 하나의 스펙트럼 위에 공존한다.

이는 추리 마인드-액션 스토리 관점에서 대단히 중요한 내용이다. 거짓과 과장이 두려우리만치 빠른 속도로 쏟아지는 세상에서, 진실이 흑과 백처럼 분명히 나뉘지는 않아도 어디쯤 자리하고 있는지 아는 건 좋은 삶을 살아가는 데 있어 필수적이다.

기법: 신뢰할 수 없는 화자

'신뢰할 수 없는 화자'는 플롯을 풍성하게 만드는 시점 기법이다. 특정 캐릭터가 사건을 서술하는 방식을 통해 작가는 독자의 신뢰를 얻을 수 있다. 화자가 실제로 그 사건이 벌어진 자리에 있었던 만큼, 독자는 그가 들려주는 말이 '진실'이라고 생각한다. 다만 목격자의 증언은 신뢰성이 크게 떨어진다. 제아무리 정직하게 이야기를 전달하려 해도 개인의 편향이 반드시 섞일 수밖에 없다.

이후 화자는 진실을 가리거나 정보를 전부 공개하지는 않거나, 노골적인 거짓말로 독자를 속인다. 그렇게 기대한 리빌의 순간, 독자는 화자가 거짓말을 했거나 오해를 하고 있었다는 사실을 깨닫는다. 독자가 인간의 정신을 좀 더 깊이 이해하는 순간이기도 하다. 이로써 독자는 자신을 포함해 모든 인간의 정신에 편견이 내재하고 있음을 깨닫게 된다.

「라쇼몽」: 모두가 신뢰할 수 없는 화자다

「라쇼몽」은 진실의 상대성과 믿을 수 없는 화자의 영향력을 가장 잘 보여주는 사례다. 한 나무꾼은 누군가가 사무라이를 포박하고 그의 아내를 겁탈한 사건을 이야기한다. 결국 사무라이는 목숨을 잃었다. 문제는 그가 어떻게 그리고 왜 죽었는가였다. 산적과 사무라이의 아내, 사무라이의 영혼은 각각 완전히 다른 이야기를 들려준다. 이후 나무꾼은 또 다른 이야기를 전한다.

'라쇼몽 효과'라고 하는 다중 시점 상황은 한 가지 진실을 두고 사람들이 각자 달리 해석한다. 하지만 진실과 거짓이 얽힌 스펙트럼 내에서 이들은 서로 다른 거짓말을 전하게 된다. 어떤 스토리든 필연적으로 스토리텔러의 편견과 의도가 담길 수밖에 없다.

사다리의 다음 단

추리는 우리에게 진실을 찾는 도구를 제공한다. 스릴러는 우리 자신을 믿을 수 있는 용기를, 우리를 공격하는 사람들에게 맞서 자유를 지킬 용기를 준다. 하지만 추리도 스릴러도 삶에서 행복을 만들기 위해 우리가 무엇을 할 수 있는지에 대한 지침은 전해주지 않는다.

앞 장에서 판타지는 행복에 다가갈 수 있는 한 가지 방법을 알려주었다. 마음을 열어 우리가 긍정적인 세상을 창조할 수 있다는 것을, 그리고 그 안에서 무엇이든 될 수 있는 가능성이 있다는 것을 봐야 한다고 말이다. 하지만 판타지는 특별한 한 사람과 함께 아름다운 삶을 살아가는 방법까지는 알려주지 않았다.

   그래서 우리에게는 로맨스가 필요하다.

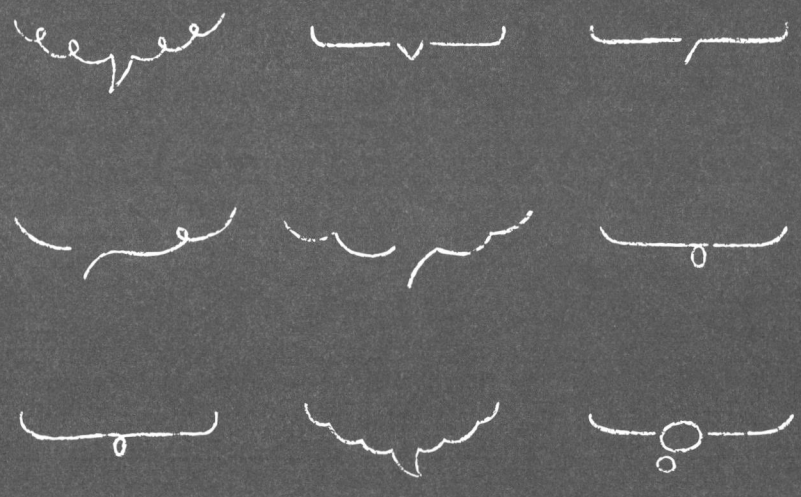

12.
로맨스: 행복의 예술

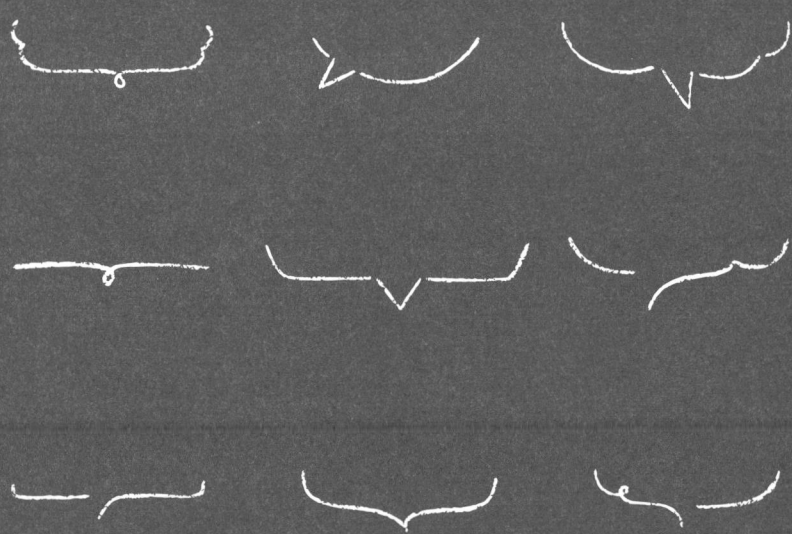

「필라델피아 스토리」: 현대판 제인 오스틴

「필라델피아 스토리」는 로맨틱 코미디 장르의 여왕 제인 오스틴의 원칙을 완벽하게 구현한 작품이다. '얼음 공주' 트레이시 로드는 세 명의 구혼자 중 한 명을 택해야 한다. 세 구혼자는 저마다 서로 다른 남성상과 결혼상을 대표한다. 사랑이란 행복을 위해 올바른 파트너를 선택하는 것이다.

로맨스의 원리

로맨스는 서로에게 매력과 애정을 느끼는 두 사람이 '결혼'에 이르는 과정을 추적한다. 이 장르는 인간이 타인을 통해 성장한다고 믿는다. 로맨스의 논리는, 주인공이 갖고 있는 고유한 결핍은 세상에 단 한 사람만

이 충족시킬 수 있다는 것이다. 다시 말해 그 상대는 주인공에게 반드시 필요한 존재이며, 주인공 또한 상대에게 그런 의미다.

> **핵심**
>
> 로맨스는 '내 삶을 멋지게 만들기 위해선 반드시 이 사람과 함께해야 한다'라고 말한다.

사랑의 결합은 삶에서 가장 작고도 친밀한 사회 단위다. 다른 장르에서 봤듯이, 개인과 사회 사이에는 항상 내부적 모순과 밀고 당김이 존재한다. 이러한 긴장은 이 장르의 전반적인 스토리 전략과도 일치한다. 즉 두 사람이 함께하기 위해서는 각자의 개인성 일부를 희생해야 한다. 처음에는 두 캐릭터 모두 희생하지 않으려 저항한다. 그러나 스토리가 진행될수록 이들은 단기적인 손해보다 장기적인 이익이 훨씬 크다는 사실을 깨닫는다.

로맨스 마인드-액션 스토리 관점

로맨스의 마인드-액션 관점에서는 사랑을 감정이자 행동이라고 본다. 그리고 삶은 단순히 살아 있는 것 이상이라고 말한다. 삶을 보살피고, 삶에 의미를 주고, 삶을 풍요롭게 만드는 것이 사랑이라고 말이다.

어떤 장르든 삶을 어떻게 살아가야 하는지 그 방법을 말해준다. 로맨스는 일상에 행복을 더하는 비결을 알려주고, 가장 내밀한 차원에서 성장의 언어를 세밀하게 보여준다. 그렇게 개인과 사회 모든 차원에서 삶은 더욱 위대해진다.

> **핵심**
>
> 로맨스는 모든 장르를 통틀어 가장 심오하다. 두 사람이 공동체를 형성할 때 우리가 진정한 자아에 이를 수 있음을 보여주기 때문이다.

모든 장르가 그렇듯, 로맨스는 삶의 예술 양식을 하나 이상 탐구한다. 전통적인 로맨스는 사랑의 예술을 보여준다. 초월적 로맨스는 결혼과 행복의 예술을 표현한다. 이 장르는 사랑하는 방법을 배워야만 행복한 삶을 살 수 있다고 이야기한다.

플라톤과 아리스토텔레스부터 버트런드 러셀Bertrand Russell, 시몬 드 보부아르Simone de Beauvoir, 장폴 사르트르, 어빙 싱어Irving Singer에 이르기까지 많은 철학자와 작가인 벨 훅스bell hooks 또한 사랑하는 법을 배운다는 것은 개인의 이익과 상대의 최선의 이익 사이에서 균형을 찾는 일이라고 말하고 있다.

다른 장르와의 차이

로맨스 VS 액션

언뜻 보기에 로맨스는 액션 스토리와 정반대에 자리한 것처럼 보인다. 액션은 목표를 좇고 그 과정에서 방해가 되는 요소는 무엇이든 없애버린다. 로맨스는 창조와 회복에 관한 이야기다. 돌봄은 행동으로 표현된 사랑이다.

다만 좀 더 깊이 들여다보면 로맨스 장르는 그 뿌리부터 액션 장르와 긴밀하게 연결되어 있다는 사실을 알 수 있다. 스토리의 역사에서는 이 두 장르를 분리하기가 어렵다.

처음부터 이 장르에는 로맨스처럼 보이지만 실제로는 액션 스토리인 이야기로 가득했다. 그 스토리 구조는 이러하다. 자신감 넘치는 한 남성이 아름다운 여성을 만난다. 그녀를 원하는 남자는 그녀의 뒤를 쫓는다. 여성은 남자의 마음을 거절한다. 그는 계속해서 여성을 따라다닌다. 여자는 얼마간 저항하지만 결국 남자는 자신의 '사랑'을 입증해 보이며 여자의 마음을 '얻는다'. 이는 로맨스가 아니라 스토킹 스토리다.

로맨스는 가장 난해한 장르다. 어떤 장르도 '가장 저급한' 욕정부터 '가장 고차원적인' 사랑까지 인간 내면의 양극단을 다루지 않는다. 이러한 이유로 이 책의 초반에서 호러와 액션 장르에 이어 로맨스를 다뤄야 한다고 강력하게 주장할 수도 있다. 호러는 삶과 죽음의 구분이라는 가장 근본적인 문제를 이야기한다. 액션 또한 생존을 말하는 원초적인 장르다. 로맨스는 가장 기본적인 의미에서 삶에 필수적인 생식의 문제다. 이런 점에서 로맨스는 액션과 반대라고 할 수 있다. 하나는 생명을 창조하고 다른 하나는 생명을 파괴하니 말이다.

우리가 로맨스 장르를 가장 마지막에 다루는 이유는 이 장르는 생식을 넘어서 삶의 정서적인 면을 논하기 때문이다. 로맨스는 인간의 가장 고차원적인 능력이자 경험이다. 로맨스가 없다면 우리는 완전한 인간이 될 수 없다.

로맨스의 예시

소설, 영화, 스토리들

로맨스 소설Romance Novel에 속하는 모든 작품들,「카밀Camille」,『제인 에어』,『노트북The Notebook』,『레베카』(스릴러),『가시나무 새』, 단편

『크리스마스 선물The Gift of the Magi』, 「시간 여행자의 아내」, 「아웃랜더Outlander」, 「카사블랑카」, 『위대한 개츠비』(이스턴), 「실버라이닝 플레이북」, 「500일의 썸머」, 「사이드웨이」, 「시애틀의 잠 못 이루는 밤」, 「해리가 샐리를 만났을 때」, 「브리저튼」, 「노팅 힐」, 「문라이트」(성장물), 『영원보다 긴 사랑』, 「40살까지 못해본 남자」, 「라라랜드」, 「세렌디피티」, 「캐롤」, 「록키」(스포츠), 「빅 식」, 「문라이즈 킹덤」, 「하트브레이커」, 「웨딩 싱어」, 「투씨」, 「사랑의 블랙홀」, 「셰익스피어 인 러브」, 「슬럼독 밀리어네어」(성장물), 「네 번의 결혼식과 한 번의 장례식」, 「웨딩 크래셔」(버디 스토리), 「제리 맥과이어」, 「문스트럭」, 「19번째 남자」(스포츠), 「길다」(범죄물), 「레게 파티How Stella Got Her Groove Back」, 『빌 스트리트가 말할 수 있다면』(범죄물, 사회 드라마), 『빌러비드』, 『콜레라 시대의 사랑』, 『달콤 쌉싸름한 초콜릿』, 「나의 그리스식 웨딩」, 『폭풍의 언덕』, 「굿바이 걸」, 『로미오와 줄리엣』, 「브로드캐스트 뉴스」, 「소유와 무소유」, 「인 디 에어」, 「토마스 크라운 어페어」(케이퍼), 「내가 널 사랑할 수 없는 10가지 이유」, 「사랑의 승리Dark Victory」, 「가장 위험한 해」, 「타이타닉」, 「콜 미 바이 유어 네임」, 「레이디 이브」, 「모퉁이 가게」, 「유브 갓 메일」, 『나이트 서커스』(판타지), 「주노Juno」, 「사랑도 리콜이 되나요?High Fidelity」, 『모히칸족의 최후』(액션), 「포레스트 검프」(신화, 드라마), 「크레이지 리치 아시안」, 「표적」, 「왓츠 업 닥」(코미디), 「위험한 청춘」, 「올모스트 페이머스」(성장물), 「금지된 사랑」(성장물), 「잉글리쉬 페이션트」, 「러브 앤 바스켓볼」(스포츠), 「브라운 슈거Brown Sugar」, 「아멜리에」(여행하는 천사 코미디), 「해롤드와 모드」, 「사고친 후에」, 「노틀담의 꼽추」(호러), 「브로크백 마운틴」, 「스플래쉬」(판타지), 「당신이 잠든 사이에」, 「브리짓 존스의 일기」(코미디), 「이터널 선샤인」, 「사브리나Sabrina」, 「베이비 길들이기」, 「벨라 미니스」, 「시즌 다이스Just Wright」, 「닐리버 어스 프롬 에바」, 『전망 좋은 방』,「댄싱 히어로」,「우리 사이 어쩌면」,「이보다 더 좋을 순 없다」,「티파니에서 아침을」,「섹스, 거짓말 그리고 비디오테이프」,「우먼 오브 더 이어」,「로맨싱 스톤」(버디 스토리),「피그말리온Pygmalion」,「마이 페어 레이디」,「메리에겐 뭔가 특별한 것이 있다」,「사랑을 기다리며」,「마티Marty」,「비포 선라이즈」,「비포 선셋」,「비포 미드나잇」,「아프리카의 여왕」,「게이 디보시」,「톱 햇」,「맬컴과 마리」,「유모레스크Humoresque」,「하워즈 엔드」,「뉴욕의 연인들They All Laughed」(1981),「시라노」,「록산느Roxanne」

로맨스 서브 장르

로맨틱 코미디, 비극Tragedy, 재혼 코미디, 트루 러브True Love, 에픽 러브Epic Love, 에로티카Erotica, 컨템포러리Contemporary, LGBTQ, 역사물, 파라노말Paranormal, 로맨틱 서스펜스Romantic Suspense, 영 어덜트Young Adult, 흑인 및 아프리카계 미국인, 밀리터리, 건전 로맨스Clean and Wholesome, 판타지, 고딕, 뱀파이어Vampire, 늑대인간Werewolves, 액션 어드벤처Action Adventure 그 외 다수가 있다.

로맨스 개요

이번 장에서는 다음 내용을 다룬다.

- 로맨스 비트
- 주제: 존재한다는 것은 사랑하는 것이다
  - 주제 공식: 사랑으로 사는 삶
- 로맨스를 초월하는 법

- 전통적 결혼의 비극 The Tragedy of Traditional Marriage
- 재혼 코미디
- 트루 러브와 결혼의 예술 True Love and the Art of Marriage

로맨스 스토리 비트

로맨스는 20개 이상의 스토리 비트로 이루어진 대단히 정밀한 장르다. 이 스토리 비트들은 한 편의 안무처럼 호흡하며 두 사람 사이의 깊은 사랑을 보여준다.

앞으로 나올 비트는 진정한 로맨스에 해당하는 것이지 성적인 액션 스토리가 아니다. 물론 진정한 로맨스라고 해서 육체적인 끌림을 배제하지는 않는다. 끌림은 우정을 로맨스로 전환하는 중요한 요소 중 하나다. 진정한 로맨스는 동물적 욕망에서 시작해 점차 깊은 정서, 공통 관심사, 가치관 공유로 발전하며 서로에게 빠져들고 몰입하는 과정에 초점을 맞춘다.

어떤 장르든 좋은 작품을 창작하는 데 난관으로 작용하는 구조적 과제가 있다. 하지만 로맨스가, 그중에서도 로맨틱 코미디라는 서브 장르가 창작하기가 가장 어렵다. 그 이유는 욕망과 갈등이라는 상충되는 두 비트가 장르의 성패를 좌우하기 때문이다. 한편 로맨스는 단 10분이면 충분한 이야기처럼 보일 수도 있다. 서로에게 강하게 끌리는 두 사람으로도 스토리 완성이 가능하니까. 그 이후는 관계를 어떻게 이끌어 갈 것인지 조율하는 과정일 뿐이다.

하지만 다른 한편으로 감상자에게는 그저 두 사람이 사랑에 빠지는 모습을 보는 것만으로 충분치 않다. 감상자가 이들의 사랑을 느낄 수 있어야 한다. 다시 말해 충분한 지면과 스크린 타임을 들여 두 사람이 사랑에 대한 두려움을 극복하려 분투하는 모습을 보여주어야 한다. 서로에게 매력을 느끼면서도 사랑에 대한 두려움을 이겨내는 이 두 가지 상충하는 모습이 드러나야 하기 때문에 다수의 비트가 필요하다.

로맨스 비트: 스토리 세계-무대와 경기장(정신, 육체) 그리고 이국적인 하위 세계

어떤 면에서 보면 장르 중에서 로맨스의 스토리 세계-경기장이 가장 작다. 주인공들의 정신과 육체로 국한되어 있다. 어떠한 시대나 장소와 관계없이 사랑에 빠진 연인은 점점 더 서로의 정신과 육체 안에서만 머무르고자 한다. 구조적으로 보면 연인은 하나의 스토리 세계인 동시에 욕망이자 주요 적대자이기도 하다.

상징적으로 투사할 수 있는 우리의 정신은 풍부한 판타지 세계가 된다. 스토리가 전개될수록 캐릭터들은 상대의 내면으로 더욱 깊이 들어가고 싶어 한다. 이를 위해 정서적으로는 상대의 마음을 기쁘게 하고 신뢰를 얻고자 하고, 육체적으로는 상대의 욕망을 자극하고자 한다.

그러나 사랑하는 이의 정신과 육체만이 스토리 세계의 전부는 아니다. 주인공들을 이국적인 하위 세계에 배치시키면 서로를 향한 환상을 더욱 극적으로 그릴 수 있다. 하위 세계는 곧 연인이 될지도 모를 인물들이 신체적으로 접촉하고, 친밀한 대화를 나누고, 유토피아적인 순간을 경험하는 다채롭고도 은밀한 공간이자 틈새가 된다.

보통 세계 구축과 유토피아 및 디스토피아 세계라고 하면 신화와 SF, 판타지 장르를 떠올린다. 로맨스 소설이나 로맨스 장르를 떠올리지는 않는다. 하지만 세계 구축은 훌륭한 로맨스를 완성하는 핵심 요소 중 하나다.

로맨스 소설의 하위 세계는 분명 유토피아다. 하지만 디스토피아가 될 수도 있기에 작가는 이 두 가지 세계를 모두 보여줘야 로맨스를 초월적 장르로 끌어올릴 수 있다.

리젠시Regency 시대가 큰 인기를 끄는 서브 장르인 이유도 겉보기에는 사랑에 걸맞는 웅장하고 유토피아적인 시대처럼 보이기 때문이다. 1811년부터 1820년까지의 영국 근세 말기는 거대한 저택에서 열린 화려한 무도회에서 예쁜 드레스를 입고 우아한 춤을 추며 여성들과 남성들이 재치 있는 대화를 나누는 파티 같은 세상을 보여준다. 독자들은 이 세계를 몇 번이고 다시 보고 싶어 한다.

어떻게 이런 리젠시 세계가 디스토피아가 될 수 있을까? 갱스터 장에서 언급했던 과거 영국 사회의 기본 원칙처럼, 리젠시 시대는 가문의 상속이 장남에게만 돌아가는 체제였다. 따라서 리젠시 스토리 세계는 여성은 물론 대부분의 남성에게도 재앙과 같은 세상이나 다름없었.

여성들이 공작 및 귀족과 혼인하려 노력할 수는 있지만 그렇다고 해서 소유물과도 같은 처지가 달라지지는 않는다. 여성은 성공적인 결혼을 하지 못하면 끝이나 다름없다. 고운 외모에 예쁜 머릿속에는 아무런 생각도 없는 채로 다소곳이 앉아 있어야 여성으로서의 가치가 높다. 무엇보다 자기주장이 강해서는 안 된다.

제인 오스틴은 이러한 현실을 작품에 훌륭하게 녹여냈다. 그중에서도 『오만과 편견』에는 대단히 명민하고 당돌한 엘리자베스가 주인공으로 등장한다. 놀랍게도 엘리자베스는 그 지역에서 가장 부유한 남성과 결혼한다. 그는 영국에서 유일하게 아내가 될 여성에게 도덕적으로 문제가 있다는 소리를 듣고도 좋아하는 남자였다.

> **핵심**
> 로맨스 세계에서 유토피아와 함께 디스토피아도 반드시 보여 줘야 한다.

 탁월한 로맨스 중 하나인 「네 번의 결혼식과 한 번의 장례식」은 제목과 설정에 이미 유토피아와 디스토피아 모두가 담겨 있다. 작은 유토피아인 결혼식은 두 사람 사이의 완전한 사랑을 기념하고 이들을 위해 공동체가 축복을 보내는 자리다. 장례식은 작은 디스토피아로, 절망과 죽음, 공동체 일원의 상실을 기리는 자리다. 영화는 네 번의 유토피아와 한 번의 디스토피아를 보여주겠다고 약속한다. 이 영화를 보고 싶어 하지 않을 사람이 있을까?

> **핵심**
> 하위 세계는 사랑이 만들어지는 공간이어야 한다. 이 세계는 최대한 다음 세 가지를 충족해야 한다.

- 캐릭터들의 고유한 개성이 물리적으로 구현돼야 하고
- 이들이 사랑에 빠지는 데 기여해야 하며
- 독자 또한 이 두 사람에게 애정을 느끼도록 조성해야 한다

 로맨스 속 하위 세계가 이국적이고 아늑하며, 독특하고, 부족하거나 결여된 것이 없고 시간을 초월한 듯한 느낌을 주는 이유도 이 때문이다. 세계 최대 규모의 로맨스 소설 판매처인 아마존Amazon 카테고리만 봐

도 로맨스 소설에서 하위 세계가 얼마나 중요한지 확인할 수 있다. 리젠시, 20세기, 스코틀랜드, 중세 시대, 빅토리아 시대, 아메리카 대륙, 고대 세계, 바이킹 시대, 튜더왕조 시대 등이 있다. 사랑을 더욱 깊이 있게 보여주기 위해 여기에서도 더 작은 하위 세계들로 세분화되어 있다.

「카사블랑카」에서는 릭과 일자는 제2차 세계대전이 막 시작하던 시기, 사랑의 도시 파리에서 처음 사랑에 빠진다. 두 사람의 사랑은 카사블랑카라는 이국적인 공간에서 다시 한번 되살아난다. 릭의 술집은 나치에서 벗어날 수 있기를 기다리는 사람들의 디스토피아인 동시에 공동체와 음악, 즐거움이 자리한 유토피아다.

로맨스 스토리 비트: 기술—사랑의 언어

외견상으로는 로맨스엔 장르만의 고유한 기술이 등장하지 않는 것처럼 보인다. 하지만 사실 사랑의 가장 중요한 기술은 인류가 처음으로 만들어 사용한 도구인 언어다.

> **핵심**
> 로맨스는, 특히나 로맨틱 코미디는 다른 어떤 장르보다 재치 있는 대화에 큰 비중을 둔다.

이 장르의 가장 큰 재미는 에로틱한 섹스 장면도, 결말에 등장하는 결혼도 아니다. 두 사람 간의 재치 넘치는 대화가 가장 큰 재미를 준다. 로맨스를 좋아하는 이들에게 이러한 대화는 언어를 통한 섹스나 다름없다. 감상자는 이러한 대화를 섹스보다 더욱 짜릿하게 느낀다.

로맨스 스토리 비트: 망령-두려움의 순환

로맨스 속 과거의 망령은 안 좋게 끝나버린 지난 사랑이다. 그때 남은 깊은 상처로 새로운 사랑의 가능성을 닫은 인물들이 등장한다. 이러한 이야기를 보여주는 작품으로는 「실버라이닝 플레이북」, 「시애틀의 잠 못 이루는 밤」, 「필라델피아 스토리」, 「길다」, 「카밀」, 「굿바이 걸」, 「네 번의 결혼식과 한 번의 장례식」, 「하트브레이커」가 있다.

「실버라이닝 플레이북」: 팻은 얼마 전 정신병원에서 퇴원했지만 부모님 집에서 지내야만 하는 신세다. 그는 아내 니키를 애타게 사랑하지만, 니키는 자신과 외도를 한 남자를 거의 죽을 때까지 때린 팻에게 접근 금지 명령을 신청했다.

> 팻: 니키는 제가 건강해져서 원래의 삶을 되찾기를 기다리고 있어요. 그러고 나면 다시 함께할 거고요.

「시애틀의 잠 못 이루는 밤」: 샘은 악몽을 꾼 아들 조나를 달랜다. 그는 세상을 떠난 아내가 천국에 있기를 바란다.

> 조나: 이제 엄마가 잘 기억이 안 나요.
> 샘: 엄마는 사과 껍질을 한 번도 안 끊고 길게 깎았잖아. 사과 하나를 통째로…. 사랑해, 조나.
> 조나: 나도 사랑해요, 아빠.

주의사항이 있다. 굳이 제목은 밝히지 않겠지만, 형편없는 로맨스에서는 과거의 망령을 진부하고도 비현실적으로 보여준다. 오래전 사랑을 잃고 감정적으로 불구가 된다는 설정은 이 장르의 클리셰다.

기법: 망령의 순환

이러한 클리셰를 피하는 한 방법은 망령이 반복적으로 등장하는 순환을 이루는 것이다. 현재진행형으로 사랑에 대한 두려움을 겪는 것이다. 로맨스 속 주요 적대자는 보통 사랑하는 사람이다.

> **핵심**
>
> 최고의 로맨스에서 진정한 내면의 적대자는 사랑 그 자체다. 새로운 사랑을 느끼기 시작함과 동시에 두려움이 찾아온다.

기법: 첫 번째 싸움

이러한 두려움은 연인이 될 사람들이 처음 만날 때 드러난다. 보통 이들은 첫 만남에서 다툼을 벌인다. 현실적으로 생각해 보면 말이 안 되는 상황이다. 호감을 느끼는 상대와는 절대로 싸우고 싶지 않으니 말이다.

그렇다면 로맨스에서는 왜 초반에 연인이 싸우는 모습이 등장할까? 첫째로 스토리를 확장하려면 갈등이 필요하기 때문이다. 둘째, 두 사람의 싸움은 항상 무승부로 끝난다. 두 사람이 대등한 관계이자 서로에게 맞는 짝이라는 메시지를 전달하기 위해서다.

다만 이들이 다투는 주된 이유는, 사랑에 빠지면 자유와 자신의 자아 일부를 잃게 될 거라는 두려움 때문이다. 그리고 이러한 상실이 고통스러울 거라는 것을 알기 때문이다.

> **핵심**
>
> 이러한 설정은 스토리의 기본 원칙을 보여준다. 가장 가까운 적대자가 가장 큰 상처를 준다는 원칙이다.

연인으로 발전할 이들이 두려움을 느끼는 건 당연하다. 다만 로맨스 장르는 결국 특별한 상대와의 사랑을 통해 더욱 많은 것을 얻게 된다는 전략으로 이 두려움을 타파한다. 이를 보여주는 예시로는「브리저튼」, 「노팅 힐」,「브로드캐스트 뉴스」,「문스트럭」,「섹스, 거짓말 그리고 비디오테이프」,「마티」,「로맨싱 스톤」이 있다.

로맨스 스토리 비트: 주인공의 역할-연인

이 장르의 주인공은 스토리를 이끌고 다른 스토리 비트가 전개될 수 있도록 중심축을 제공한다. 스토리 비트는 기능적으로 작용하며 사랑에 빠지기까지의 힘든 과정과, 그 사랑을 마침내 이루기까지의 노력이 얼마나 가치 있는 일인지 보여준다.

로맨스 스토리 비트: 약점-사랑을 할 수 없는 사람들
기법: 사랑에 대한 약점

사랑에 대한 약점을 지닌 두 인물로 스토리를 시작해야 한다.

두 캐릭터의 삶이 끔찍하게 여겨질 심각한 약점이어야 한다. 두 사람이 성장하기 시작하는 단계에서는 사랑을 느끼지 못하고, 마음의 문을 닫은 채 고립되어 있다. 그로 인해 이들의 영혼은 죽어 있어서 사랑을 할 수 없는 상태다.

사랑을 가로막는 약점으로는 피상적인 삶, 환상에 사로잡혀 현실감을 잃은 삶, 절망과 권태, 고립감, 외로움, 쓰라린 상처, 냉소, 타인을 향한 분노, 낮은 자존감, 이기심, 편견, 비판적 태도 등을 들 수 있다.

> **핵심**
>
> 최고의 로맨스에서 주인공들은 사랑과 관련한 심리적 약점만이 아니라 도덕적 약점도 지니고 있다. 이들은 사랑을 하는 법을 모르고, 그로 인해 타인에게 상처를 준다.

기법: 상호 간의 필요

로맨스에서는 두 캐릭터에게 뿌리는 같지만 그 형태가 조금 변형된 필요를 부여하는 방법이 특히나 효과적이다. 이러한 장치를 통해 감상자는 처음에 마음이 닫혀 있던 두 캐릭터가 결말에 이르러 활짝 피어나는 과정을 더욱 잘 이해할 수 있다.

「실버라이닝 플레이북」에서 팻은 양극성 장애를 갖고 있지만 이것이 그의 약점은 아니다. 사랑을 가로막는 그의 약점은 팻이 과거의 관계에 집착한다는 데 있다. 한편 티파니의 약점은 진정한 의미의 친밀함을 단순한 육체적 섹스로 대신하려 든다는 데서 비롯한다. 한 저녁 식사 자리에서 팻을 만난 티파니는 함께 조깅을 하자며 불쑥 제안한다.

팻: 왜 이러는 거예요? 난 유부남이라고요!
티파니: 나도 결혼했어요!
팻: 도대체 무슨 소리예요? 남편 죽었잖아요.
티파니: 그래서 그쪽 아내는 어디 있는데요?
팻: 제정신이 아니군.
티파니: 볼티모어 정신병원에서 얼마 전에 퇴원한 사람은 내가 아니거든요.
팻: 나는 그렇게 문란한 사람은 아니에요…. 미안합니다…. 미안해

요…. 진짜로요.

캐릭터의 잠재력

로맨스 장르는 주인공의 약점과 동시에 잠재력을 함께 보여준다는 점에서 특별하다 할 수 있다. 이는 곧 우리는 사랑함으로써, 그 상대와 둘만의 공동체를 이룸으로써 완전한 자아로 거듭날 수 있다는 심오한 통찰을 담고 있다. 동시에 성장할 수 있는 우리의 잠재력을 의미한다.

기법: 캐릭터의 잠재력

캐릭터들이 사랑이 불가능한 상태라 하더라도 막대한 잠재성을 지닌 인물로 설정해야 한다. 주인공은 상대에게서, 반대로 상대도 주인공에게서 그 잠재력을 볼 수 있게 해야 한다.

상대에게 잠재력이 있다는 사실을 드러내는 특징으로는 다음이 있다.

- 별난 성격:「500일의 썸머」,「애니 홀」,「사랑도 리콜이 되나요?」,「빅 식」,「문라이즈 킹덤」
- 강렬한 감정 표현:「브로드캐스트 뉴스」,『폭풍의 언덕』,「사랑의 승리」,「피그말리온」
- 강력한 의지:『위대한 개츠비』,「슬럼독 밀리어네어」,「제리 맥과이어」,「로맨싱 스톤」,「귀여운 빌리 Born Yesterday」
- 가치관:『모히칸족의 최후』,「브로드캐스트 뉴스」,「아담과 이브 Adam's Rib」
- 특별한 능력:「토마스 크라운 어페어」,「표적」,「레이디 이브」,「소유와 무소유」,「빅 슬립 The Big Sleep」
- 도덕적 가치와 정의에 대한 의식:「카사블랑카」,『빌 스트리트가 말

할 수 있다면』, 「우먼 오브 디 이어」, 「노틀담의 꼽추」
- 지성:『오만과 편견』, 「사이드웨이」, 「왓츠 업 닥」, 「베이비 길들이기」, 「가장 위험한 해」
- 따뜻한 마음: 「문라이트」, 「시간 여행자의 아내」, 「시애틀의 잠 못 이루는 밤」, 「유브 갓 메일」, 「록키」, 「마티」

누군가에게서 이러한 가능성을 발견하는 장면을 가장 멋지게 표현한 작품은 엘모어 레너드Elmore Leonard의 소설 원작을 바탕으로 한 「표적」이다. 강도인 잭 폴리가 교도소에서 탈출하기 위해 FBI 요원인 캐런 시스코를 인질 삼아 차 트렁크에 태우는 장면으로 스토리가 시작된다. 캐런은 인정하고 싶지 않지만 둘 사이에 불꽃이 튄다. 이후 두 사람이 바에서 마주 앉아 있는 장면이 등장한다.

> 잭: 누군가를 처음 보는 순간이 있잖아요. 길을 걷다가 누군가와 시선을 나누는 몇 초 사이에 서로를 알아보는 그런 거요. 어느새 상대는 사라져 있고, 뭘 해볼 수 있는 기회도 지나가 버린 거죠. 그런데 그 순간은 계속 마음에 남아요. 그냥 놓쳐버렸으니까. 이런 생각을 하게 되죠. "내가 걸음을 멈췄더라면? 무슨 말이라도 걸었더라면 어땠을까?" 혹시, 만약에… 하면서. 그런 순간이 평생 동안 몇 번 없거든요.
> 캐런: 단 한 번일 수도 있고요.
> 잭: 단 한 번일 수도 있죠.

이 대화는 두 사람이 처음 만났던 순간을, 그리고 후에 다시 재회한 순간을 함축식으로 보여준다. 재회의 순간, 잭은 엘리베이터를 기다리는 캐런을 향해 손을 흔든다. 두 사람은 이 대화를 나눈 후 캐런의 방에 올라가 사랑을 나눈다.

로맨스는 '만약에 그랬다면 어땠을까…'라는 상상이 핵심이다. 완벽하게 어울리는 두 사람이 정말 완벽한 타이밍에 만났다면 어땠을까, 라는 질문은 하나의 전제이자 가정이고 사고실험이다. 하지만 그 기회의 창은 순식간에 닫힌다.

로맨스 스토리 비트: 욕망―삶과 사랑
로맨스의 주요 욕망선은 상대와 함께하고 싶다는 바람이다. 보통은 한 캐릭터의 욕망이 동력으로 작용하며 스토리에 하나의 중심축을 부여하고 서사 추진력을 높인다.

> **핵심**
>
> 어떤 장르보다 로맨스에서 가장 강렬한 욕망이 등장한다.

성적인 액션 스토리에서의 욕망은 철저히 육체적이다. 아름답거나 섹시한 여성을 본 남자는 이 여성을 갖고 싶다는 마음이 생기고, 결국 이 여성을 차지한다. 앞서 말했듯 이런 스토리는 로맨스가 아니다.

로맨스 속 강렬한 욕망은 한 인물의 영혼을 변화시키는 계기가 된다.

> **핵심**
>
> 좋은 로맨스는 한 사람의 인생 전체에 사랑이 어떠한 영향을 미치는지 보여준다. 따라서 최고의 로맨스는 누군가와 함께하는 삶 속에서 성공을 위해 노력하는 한 개인 이야기가 된다.

다시 말하면 스토리 구조상 두 개의 욕망선이 존재한다는 뜻이다. 삶에서의 성공과 사랑에서의 성공이다. 이런 이유로 스토리는 사랑에서 출발하지 않는다. 두 캐릭터가 어떠한 성공을 꿈꾸는지를, 즉 삶의 욕망을 먼저 설정한다.

삶의 욕망을 설정하는 방법은 크게 두 가지가 있다.

1. 남성은 자신이 하는 일에 야망을 품고, 여성은 사랑을 추구한다. 즉 여성은 남성을 통해 야망을 발휘하는 것이다. 이러한 구시대적 접근법은 이제 가능하지도 않고, 바람직하지도 않다. 여기에 해당하는 작품으로는 「하워즈 엔드」, 『이성과 감성』, 「소유와 무소유」, 「귀여운 여인」, 「우리 생애 최고의 해」, 「카사블랑카」, 「카밀」, 「멋진 인생」, 「우먼 오브 디 이어」가 있다.
2. 두 인물이 각자 성공을 추구한다. 두 캐릭터 모두 성공하고자 하는 의지가 있지만 사랑이 그 길을 가로막는 식이다. 또는 성공에 대한 관점이 충돌하기도 한다. 결국 두 사람은 사랑이 인생의 목표를 달성하도록 도와준다는 사실을 배우게 된다. 예시로는 「빅 식」, 「셰익스피어 인 러브」, 「500일의 썸머」, 「사이드웨이」, 『폭풍의 언덕』, 『오만과 편견』, 「브로드캐스트 뉴스」, 「토마스 크라운 어페어」, 「애니 홀」, 「아담과 이브」, 「투씨」를 들 수 있다.

로맨스 스토리 비트: 욕망－시선, 만남 그리고 갈망

스토리 세계와 각 캐릭터가 지닌 삶의 욕망을 설정한 후에는 스토리의 주된 욕망, 즉 연인 관계를 설정해야 한다. 사랑이라는 욕망을 여러 단계로 나눌 때 작가는 두 캐릭터 간의 감정을 점차 쌓아 올릴 수 있고 감상자에게도 그 심정을 잘 전달할 수 있다.

사랑의 욕망은 크게 세 단계로 나눌 수 있다.

1. 시선
2. 남녀의 로맨틱한 첫 만남인 '미트-큐트meet-cute'
3. 갈망

사랑의 욕망 1단계: 시선
주인공의 목표는 특정한 상대의 마음을 얻는 것이므로 사랑의 욕망 첫 번째 단계는 시선이 오가야 한다. 한 캐릭터가 처음으로 상대를 바라보는 순간을 뜻한다.

> **핵심**
> 현실에서는 찰나의 순간에 시선이 오간다. 하지만 좋은 로맨스에서 시선은 아주 중요한 스토리 비트 중 하나다.

로맨스 장르는 스토리를 10분 이상 지속해야 하고, 두 인물 사이의 강렬한 끌림이 진정성 있게 보여야 한다는 점에서 어려움이 생겨난다. 두 캐릭터는 친구가 아니라 평생을 함께할 연인이 되어야 한다.

> **핵심**
> 시선은 번개가 치듯 찰나의 욕망이 강렬하게 스치는 순간이다. 하지만 단순히 매력적인 여성 또는 남성을 바라보는 정도에서 끝나서는 안 된다. 상대의 얼굴, 몸짓에서 놀라운 무언가를 감

> 지해야 한다. 엑스레이로 투시하듯 꿰뚫는 시선에서 깊은 사랑
> 이 시작된다.

대단히 양가적 감정이 오가는 순간이기도 하다. 서로에게 강한 끌림을 느끼는 동시에 두려움을 함께 경험한다. 대부분의 로맨스 비트에서 반복되는 '예스-노', 끌림-밀어냄이 여기서도 공존한다. 다른 비트들을 살펴보며 이 예스-노의 양가적 힘에 대해서 다시 살펴볼 예정이다.

「500일의 썸머」: 회의 중 톰은 새로 입사한 썸머를 처음 만난다.

> 내레이션: 어느 면에서 봐도 썸머 핀은 평범한 여자였습니다. 하지만 그녀는 특별했죠…. '썸머 효과'. 아주 드문 현상이죠. 드물지만 사춘기 이후 남자라면 누구나 살면서 한 번쯤은 겪는 일이기도 합니다. 톰 핸슨이 40만 개의 사무실과 9만 1000개의 상업용 건물, 380만 명 중에서 그녀를 지금 만난 것은… 한 가지로밖에 설명이 되지 않습니다…. 운명이죠.

할리우드 전통의 남성 주도적 로맨스라는 공식을 깬 몇 안 되는 작품 중 하나인 「시애틀의 잠 못 이루는 밤」에서는 상대를 보는 남성과 상대를 듣는 여성의 차이가 확연히 드러난다. 이 작품은 남자의 시선이라는 스토리 비트를 반전시켜 장르를 초월했다.

스토리를 이끄는 주인공은 애니다. 처음 그녀는 연인이 될 남자를 보시 못하고, 오로지 그의 이야기를 듣기만 한다. 실로 그녀는 죽은 아내를

향해 완벽에 가까운 사랑을 하고 있는 한 남성의 사연을 듣는다. 처음에는 남자를 인간적인 차원에서, 더 정확하게는 가족을 사랑하는 남편이자 아빠로 접한다. 마침내 그를 실제로 만난 그녀는 짐작건대 남자가 못생기지 않아서 다행이라고 느꼈을 것이다. 하지만 그녀가 사랑에 빠지게 될지 여부는 외모와 아무런 관계가 없다.

사랑의 욕망 2단계: 만남

사랑의 욕망 두 번째 단계는 '미트-큐트'다. 두 캐릭터가 뜻밖의 우연으로 재밌고 조금은 이상하기까지 한 첫 만남을 갖는 장면이다. 이러한 설정에는 여러 이점이 있다.

- 운명일지도 모른다는 분위기가 더해지며 긴장감이 높아진다. 스토리는 이제 단 두 사람만의 이야기가 아니다. 이 둘은 함께할 운명이다. 모든 우주가 두 사람을 응원하는 것이다
- 이 스토리는 그저 우정을 다루는 게 아니라 로맨스를 다룰 것이라는 메시지를 감상자에게 전달할 수 있다
- 이러한 첫 만남은 즉각적인 갈등으로 이어진다. 다시 한번 말하지만 로맨스를 다툼으로 시작하는 일이 현실적이지는 않다. 하지만 구조적으로는 필요한 설정이다. 또한 스토리를 10분 이상 끌고 가기 위해서는 갈등이 있어야 한다

어떤 경우 첫 만남으로 여성은 화를 내거나 적어도 기분이 상한 모습을 보인다. 남성이 주도권을 갖고 있다면 그런 여성의 모습에 즐거워하기도 한다. 하지만 이러한 접근법은 클리셰이기도 하거니와 스토리를 액션 장르로 전환할 수 있다는 점에서 위험이 크다.

「500일의 썸머」: 엘리베이터에 탄 톰이 헤드폰으로 음악을 듣던 중 썸머가 엘리베이터에 오른다. 그녀가 음악 소리에 반응을 보인다.

> 썸머: 저도 스미스 정말 좋아해요.
> 톰: 네?
> 썸머: 스미스 정말 좋아한다고요. 음악 취향이 멋지네요.
> 톰: 스미스 좋아해요?
> 썸머: (노래를 부른다) 'To die by your side, such a heavenly way to die.' 네, 너무 좋아해요.
> 엘리베이터가 멈춘다. 썸머는 내리고, 톰은 얼빠진 표정으로 가만히 서 있다.
> 톰: 말도 안 돼.

「실버라이닝 플레이북」에서는 '미트-큐트' 비트를 반전시킨다. 팻은 사회성이 극단적으로 부족하다. 팻의 친구 로니와 베로니카는 톰과 티파니를 저녁 식사에 초대했다. 로니는 팻에게 티파니의 남편 토미의 죽음에 대해서는 묻지 말라고 당부한다.

> 팻: 오늘 멋지네요.
> 티파니: 고마워요.
> 팻: 아, 작업 거는 건 아니에요.
> 티파니: 그렇게 생각한 적 없어요.
> 팻: 그냥 오늘 신경 많이 쓴 게 보여서요. 그리고 저는 아내한테 잘하려고 연습 중이거든요. 아내가 얼마나 아름다운지 칭찬 좀 해보니고요. 그편 결 잘 인 쟀기든요. 이제는 해요. 연습 중이신 하지빈.

12. 로맨스: 행복의 예술

그런데 토미는 어떻게 죽은 거예요?

사랑의 욕망 3단계: 갈망

전통적인 남성 주인공은 갈망을 보통 두 가지 형태로 드러낸다.

선택지 1: 남성은 여성을 원하지만 차분하고 절제된 태도를 보인다. 예시로 「귀여운 여인」, 「토마스 크라운 어페어」, 「가장 위험한 해」, 「뉴욕의 연인들」(1981), 「투씨」, 「빅 슬립」, 「소유와 무소유」, 「록키」, 「카사블랑카」, 「시라노」, 「록산느」가 있다.

선택지 2: 남성은 여성을 원하고, 그 마음을 거침없이 드러낸다. 이때 냉정하고 냉소적인 여성은 처음엔 남자를 비웃는다. 하지만 그의 열정과 자신을 그토록 소중하게 대하는 모습에 감동을 받는다. 예시로 「필라델피아 스토리」, 『폭풍의 언덕』, 『인간의 굴레』, 「노틀담의 꼽추」, 「카밀」, 「500일의 썸머」가 있다.

여성이 남성에게 느끼는 욕망도 마찬가지로 강렬하지만 보통은 더 절제되어 있다. 여성이 자신의 욕망을 드러내기 위해서는 장벽을 깨고 대담한 모습을 보여야 한다. 이에 해당하는 작품으로 「시애틀의 잠 못 이루는 밤」, 「레게 파티」, 「문스트럭」, 「어젯밤에 생긴 일」, 「브로드캐스트 뉴스」, 『오만과 편견』, 「토마스 크라운 어페어」가 있다.

「시애틀의 잠 못 이루는 밤」에서 라디오를 통해 샘의 사연을 들은 애니는 자신이 일하는 신문사에 그를 찾아야 한다는 핑계를 대고 탐정을 고용한다. 이후 비행기를 타고 그가 있는 지역으로 향한 그녀는 렌터카를 빌려 그의 집까지 찾아간다. 하지만 거리 건너편에서 그를 본 순간, 그녀는 자신의 감정을 의심하고 곧장 집으로 돌아간다.

나의 성장과 깨달음: 쿨함을 찾아서

특히나 감수성이 예민한 나이에 훌륭한 로맨스를 접하면 그 후유증은 상당하다. 나만의 빌둥스로만 목록에서는 「토마스 크라운 어페어」(1968)의 한 장면이 꼭 포함된다. 왜냐고? 내 인생을 거의 망가뜨릴 뻔했기 때문이다.

최고의 범죄자 토마스 크라운은 자신의 능력을 보여주기 위해 은행을 턴다. 보험 조사관 비키 앤더슨은 그를 범인으로 의심한다. 그녀는 증거를 찾는 한편 토마스 크라운과 데이트를 시작한다. 그다음 크라운이 벤틀리로 비키를 집까지 데려다주는 장면이 등장한다. 비가 오는 터라 와이퍼가 바삐 움직인다. 두 사람은 한동안 아무 말도 하지 않는다.

크라운: 내일은요?

비키: 내일 뭐요?

크라운: 우리요. 저녁 식사.

비키: 좋네요.

크라운: 여섯 시쯤?

비키: 좋아요.

그는 차 시동을 끈다.

열여섯 살 때 이 영화를 봤다. 그 후 20년간 나도 이들처럼 쿨해지려 애를 썼지만, 결과적으로는 참담하게 실패했다. 결국 나는 누구도, 스티브 맥퀸 Steve McQueen(미국의 유명 영화배우—옮긴이)이라도 이렇게 쿨할 수는 없다는 사실을 깨달았다. 하지만 이미 너무 많은 상처를 입은 후였다. 이제 그 기억은 내 망령이자 상처, 수치심이 되었다. 아직도 아픈 기억이나.

로맨스 플롯의 시각적 형태: 직선형, 분지형, 원형

액션과 서부극 장르처럼 고전적인 로맨스는 가장 인기 있는 스토리 형태인 직선형을 따른다. 보통 남성 주인공 한 명이 연인이라는 단 하나의 목표를 향해 맹렬하게 돌진하던 중에 한 명의 주요 적대자가 등장한다. 바로 그를 막아서는 연인이다. 직선형 플롯은 다음과 같은 형태다.

↓

여러 명이 동시에 사랑을 추구하는 상황이라면 로맨스는 분지형을 채택한다. 다만 이런 스토리는 여러 이야기가 교차되는 구조로 인해 서사 추진력이 약해진다는 위험이 있다. 분지-수렴 구조를 택하면 모든 스토리라인이 하나의 시간과 공간에 모이도록 만들 수 있다.

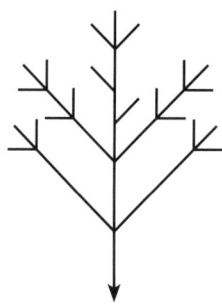

이에 해당하는 작품으로는 「러브 액츄얼리」, 「그는 당신에게 반하지 않았다」, 「뉴욕의 연인들 New Years Eve」(2011), 「발렌타인 데이」가 있다.

원형 플롯은 캐릭터들의 관계가 확장되는 스토리에 적합한데, 이때 캐릭터들의 연결성은 감상자만 알고 있다. 원형 플롯의 스토리는 배턴 baton 넘기기 방식으로 전개되고, 하나의 사건에 등장한 인물이 다른 사건까지 두 개의 사건에 연이어 등장하는 구조다.

- 장면 1: 캐릭터 1이 캐릭터 2를 원한다
- 장면 2: 캐릭터 2가 캐릭터 3을 원한다
- 장면 3: 캐릭터 3이 캐릭터 4를 원한다. 이런 식으로 계속 이어지다 마지막 등장인물은 캐릭터 1을 원하며 하나의 원이 완성된다

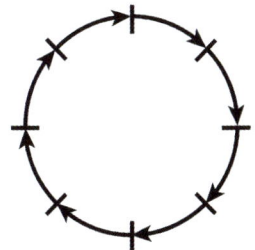

핵심

원형 플롯은 하나의 사회를 코믹하게 보여주는 방법이다. 높은 위치에서 내려다보는 감상자는 캐릭터들이 어떻게 연결되어 있는지 볼 수 있지만 그 안의 캐릭터들은 이를 보지 못한다. 이 구조의 문제는 스토리가 지나치게 에피소드 형식으로 전개되어 서사가 쌓이지 못한다는 데 있다.

이에 해당하는 작품으로는 원형 스토리의 원조인 아르투어 슈니츨러Arthur Schnitzler의 희곡 『윤무』와 이를 각색한 영화 「윤무La Ronde」 및 오페라 「라이겐Reigen」, 연극 「블루룸」, 뮤지컬 「헬로 어게인Hello Again」, 영화 「츄즈 미Choose Me」가 있고 이 외에도 『청바지 돌려 입기』, 「사랑해, 파리」, 「마담 드…Madame de…」, 「자유의 환상Le Fantôme de la Liberté」을 들 수 있으며, 「그는 당신에게 반하지 않았다」의 도입부도 이 구조를 따른다.

로맨스 스토리 비트: 조력자–사랑의 조언자

로맨스의 성공은 캐릭터 대립에 크게 의존한다. 두 주인공 사이의 대립뿐만 아니라 주인공과 조력자 사이의 연결과 대립 또한 포함된다.

주인공들에게는 사랑에 대한 조언을 전해주는 친구가 한 명씩 있다. 보통 조력자는 남성 또는 여성에 대한 고정관념적인 문제점을 들먹이며 주인공에게 충고한다. 조력자는 선의를 지녔지만 거의 항상 틀린 말만 한다.

기법: 조력자의 역할 확장

조력자들을 활용하면 단순한 연애를 넘어서 남성과 여성이 함께하는 삶으로 주제를 확장할 수 있다.

「해리가 샐리를 만났을 때」에서 샐리는 얼마 전 남자 친구 조와 헤어진 상황이다. 샐리가 제일 친한 친구인 마리, 앨리스와 함께 점심을 먹는 장면이 등장한다.

> 마리: 그러니까 내 말은, 세상 어딘가에 네가 결혼해야 할 남자가 있다는 거야. 네가 먼저 그 사람을 차지하지 않으면 다른 사람이 데

려갈 거고, 너는 네 남편이 다른 여자랑 결혼했다는 사실을 평생 안고 살아야 한다고.

기법: 조력자와 주인공 연결

주인공이 지닌 사랑의 약점을 변형해 주인공 친구의 캐릭터를 만들어야 한다.

로맨틱 코미디물인 「사고친 후에」 속 조력자들은 각각 주인공의 약점이 논리적 극단으로 치달았을 때 어떠한 삶을 살게 되는지 보여주는 인물들이다. 주인공 벤은 파티와 원나잇만 즐기고 싶은 어린아이 같은 남자다. 벤의 조력자는 외로운 독신 남성이 아니라, 몸만 성인이고 정신 연령은 청소년과 다름없는 남자들이다. 철부지 같은 이 남성들은 완전한 자유를 누리지만 사랑도, 자녀도, 이를 얻을 가능성도 없다.

주인공 앨리슨은 얼마 전 승진한 성숙한 여성이다. 그녀의 조력자는 남자와 사랑에 냉소적인 독신 여성이 아니라, 결혼 생활이 한계에 이른 부부다. 이들은 사랑도 자녀도 있지만 자유나 자아감은 없다. 두 주인공은 자신이 나이를 먹고 있다는 현실을 끊임없이 마주한다.

로맨스 스토리 비트: 캐릭터망

대부분의 로맨스는 연인이 될 가능성이 있는 두 주인공과 이들의 조언자에 초점을 맞춘다. 하지만 스토리 세계를 완성하려면 보다 더 큰 사회를 구축해야 한다. 특히나 유토피아나 디스토피아, 또는 둘 다 공존하는 세계를 상세하게 그리고 싶다면 더욱 그렇다. 로맨스 소설 시리즈라면 더욱 넓은 캐릭터망을 완성해야 스토리를 확장할 수 있다.

「브리저튼」은 『오만과 편견』을 확장해 하나의 텔레비전 드라마로 시즌화한 작품이다. 텔레비전 시리즈 매체의 큰 장점 중 하나라 할 수 있다.

『오만과 편견』은 다섯 자매를 통해 여성이 불리한 사회 구조를 조명한다. 「브리저튼」은 이와 같은 사회 구조 속 네 자매와 네 형제의 이야기를 다룬다. 그리고 이처럼 이중으로 된 네 개의 대립점을 이용해—자매들과 형제들—불공정한 제도 속 여성과 남성의 관점을 모두 보여준다.

이러한 캐릭터망은 이 시리즈 전체의 구성 원리기도 하다. 실제로 원작자인 줄리아 퀸Julia Quinn은 형제자매의 이야기로 각각 로맨스 소설을 한 작품씩 집필했으니, 이 저자의 스토리 전략을 살펴볼 필요가 있다. 첫 번째 소설에서는 한 캐릭터가 중심에 위치하고 다른 이들은 그 주변 인물로 등장한다. 그다음 소설에서는 앞서 중심인물이었던 캐릭터가 배경으로 물러나고 다른 형제자매가 앞으로 등장한다.

이 뛰어난 전략으로 줄리아 퀸은 각 스토리마다 유토피아와 디스토피아가 얽힌 커다란 사회의 태피스트리를 구축했을 뿐 아니라 작품 전체를 장기 소설 시리즈와 텔레비전 시리즈로 확장할 수 있었다.

로맨스 비트: 주요 적대자—연인

로맨스의 구조를 만들 때 가장 어려운 지점은 대립 구도를 설정하는 것이다. 여기서 주요 적대자는 두 사람의 사랑을 반대하는 이들, 가령 경쟁 상대가 되는 구혼자나 가족이라고 잘못 생각하는 작가가 많다. 물론 이 캐릭터들도 부수적인 적대자로 훌륭한 역할을 해낸다.

다만 로맨스의 주요 적대자는 외부의 캐릭터가 아니라 연인이 될 가능성이 있는 상대다. 언뜻 납득이 어려울 수 있다. 그 상대야말로 주인공이 가장 원하는 사람이니 말이다. 연인이 될 가능성이 있는 상대가 어떻게 주요 적대자가 된다는 걸까?

> **핵심**
>
> 주인공이 사랑하는 사람이야말로 연애 관계를 무효화할 수 있는 인물이기 때문이다.

구조적으로 연인이 곧 욕망의 대상이자 주요 적대자라는 점 때문에 로맨스는 가장 쓰기 어려운 장르 중 하나다. 앞서 언급했던 문제도 이 지점에서 발생한다. 바로 어떻게 해야 서로에게 강하게 끌리는 두 사람 사이에서 지속적인 갈등을 만드는가에 대한 문제다. 다시 말해서, 어떻게 하면 플롯을 충분히 만들 수 있을까?

지속적인 대립을 설정하는 방식으로는 크게 네 가지가 있다.

기법 1: '특이한 커플'을 설정한다

연인 사이에 근본적으로 가치관, 권력, 부, 지위 차이가 존재하게 설정하는 것이다. 몇몇 본질적인 면에서는 완전히 정반대로 설정하는 게 이상적이다.

> **핵심**
>
> 좁힐 수 없는 차이점이 무엇일지 고민해야 한다.

변하지 않는 차이점이 등장하는 작품들로는 다음과 같다.

- 「네 번의 결혼식과 한 번의 장례식」: 미국인 VS 영국인, 직설적 VS 내성적

- 「타이타닉」: 부유한 상류층 가문의 여성 VS 가난한 하층계급의 고아
- 『폭풍의 언덕』: 물질적으로 풍요로운 삶 VS 열정으로 가득한 삶
- 『오만과 편견』: 부유하고 오만한 남성 VS 중산층의 고집이 센 여성
- 「레게 파티」: 도시 출신의 마흔 살 주식 중개인 여성 VS 자메이카 출신의 스무 살 남성
- 「해리가 샐리를 만났을 때」: 남성의 시각 VS 여성의 시각
- 「귀여운 여인」: 성매매를 하는 여성 VS 억만장자
- 「토마스 크라운 어페어」: 남성 범죄자 VS 여성 수사관
- 「애니 홀」: 통제광 VS 자유로운 영혼
- 「피그말리온」: 상류층 교수 VS 하층계급의 꽃을 파는 아가씨
- 「귀여운 빌리」: 지식인 VS '멍청한' 금발
- 「레이디 이브」: 부유하고 순진한 과학자 VS 사기꾼 여성

기법 2: 가족의 반대

가족과 같은 외부의 대립 관계를 설정한다.

현대의 도시 세계에서는 가족의 영향력이 크게 줄었다. 그렇기에 전통적인 로맨스와 달리 가족의 반대가 등장하는 경우가 드물다. 반대의 효과도 예전만큼 강력한 힘을 발휘하지 못한다. 하지만 갈등을 일으키는 데는 여전히 유용하다. 특히나 연인 관계의 형태가 인종, 종교, 계층, 젠더 정체성, 성적 지향, 신체 능력 등의 전통에서 벗어날 경우에는 더욱 그렇다.

그 예시로는 「타이타닉」, 『폭풍의 언덕』, 『오만과 편견』, 「브리저튼」, 『로미오와 줄리엣』, 「웨스트 사이드 스토리」, 「크레이지 리치 아시안」, 「하워즈 엔드」, 「빅 식」, 「나의 그리스식 웨딩」, 「문라이트」, 「브로크백 마운틴」, 「콜 미 바이 유어 네임」, 「마이 페어 레이디」 등이 있다.

기법 3: 실수

각 캐릭터가 실수를 저지르게 만든다. 특히나 상대에게 실수를 하는 설정을 넣는다.

> **핵심**
>
> 위대한 로맨스라면 반드시 포함되는 신뢰와 용서의 이야기도 이 기법 덕분에 가능한 것이다. 신뢰는 상대가 자신을 다치게 하지 않을 것이라는 믿음이고, 용서는 그러한 믿음에도 상대가 결국 상처를 주었을 때 이를 덮어주는 마음이다.

이에 해당하는 작품으로는 「잉글리쉬 페이션트」, 「네 번의 결혼식과 한 번의 장례식」, 「카사블랑카」, 「하워즈 엔드」, 『폭풍의 언덕』, 「카밀」, 『오만과 편견』, 「문스트럭」, 「토마스 크라운 어페어」, 「유브 갓 메일」, 「섹스, 거짓말 그리고 비디오테이프」, 「레이디 이브」, 「투씨」, 「길다」, 「밀회 Brief Encounter」가 있다.

기법 4: 사랑의 시험

당신의 사랑은 어느 정도인가? 각 캐릭터를 시험에 빠뜨리고, 갈등을 통해 이들을 시험한다.

「슬럼독 밀리어네어」에서 강력한 범죄 조직의 보스인 자베드 칸은 라티카의 일거수일투족을 통제한다. 여기서 시험이란, 자말이 질투심을 이겨내고 보스인 자베드 칸을 물리칠 수 있는지, 라티카는 자신을 믿지 않았던 자말을 용서할 수 있는지에 대한 것이다.

「유브 갓 메일」에서 캐늘린은 작은 서점을 운영한다. 대형 서점을 운영 중인 조 폭스는 캐슬린의 서점을 폐업 위기로 몰고 간다. 여기서 시험은, 캐슬린은 자신의 꿈을 무너뜨린 그를 용서할 수 있는지, 조는 자신을 매몰차게 대했던 그녀를 용서할 수 있는지다.

「브로크백 마운틴」에서 잭과 에니스는 서로를 향한 애정을 각자의 아내에게 숨긴다. 그리고 이들은 함께하기 위해 현재의 결혼에서 벗어나고 동성애 혐오로 살해당할지도 모른다는 두려움도 극복할 수 있느냐는 시험에 든다.

사랑에 빠진 두 주인공은 이후 세 가지 문제로 갈등이 점차 심각해진다.

1. 성격
2. 성공, 돈, 가족, 사회 내 위치
3. 도덕성, 서로를 대하는 태도

하나의 갈등이 끝나고 다른 갈등으로 넘어가는 것이 아니라 갈등 위에 갈등이 쌓여간다. 이런 식으로 스토리에 반드시 필요한 갈등과 플롯이 충분히 형성된다.

> **핵심**
>
> 고전적인 로맨스 속 대립의 기저에는 인간의 근본적인 구분, 즉 남성과 여성의 차이가 자리하고 있다. 결혼에 이르기 위해서 각 캐릭터는 상대의 성별에 내재한 고유의 특징을 인정하고 심지어 즐기는 법을 배워야 한다.

양측 모두에게 어려운 일이다. 왜일까? 남성과 여성의 대립은 생물학적 차이에서 비롯되는데, 이 생물학적 차이가 심리적 경향성으로 이어지기 때문이다. 이러한 경향성은 문화적 고정관념으로 굳어진다.

이러한 요소들이 더해져 상대를 향한 도덕적 관점이 형성된다. 극단적일 정도로 단순하게 말해보자면 남성은 여성을 양이라고 생각하고, 여성은 남성을 돼지라고 생각한다. 누군가와 연결되고자 하는 여성의 경향성을 두고 남성은 '쉽게 영향을 받고, 무리를 따른다'고 해석한다. 공격적인 행동을 보이는 남성의 경향성을 두고 여성은 '이기적'이고 '강압적'이라고 생각한다.

그렇다면 성별에 대한 고정관념은 자신감과 도덕적 책임감에 어떠한 영향을 미칠까?

여성: "내가 부족한 것 같아. 모두 내 잘못이야."
남성: "나는 대단한 사람이야. 모두 네 잘못이야."

각 성별이 책임을 대하는 태도에는 명백한 차이가 있다. 만약 여성이 어떤 일에서 애초부터 역량이 부족했다면, 그 일이 잘못되었다고 한들 전적으로 책임을 질 입장이 못 된다. 또한 만약 남성이 대단한 역량을 지녔다면 그 일이 잘못되었을 때 어떻게 자신의 책임은 하나도 없고 다른 이들의 책임만 있다고 할 수 있겠는가?

로맨스 스토리 비트: 대립의 1단계-다툼

주인공들은 첫 만남에서 다툼을 벌인다는 이야기를 앞서 했었다. 이 비현실적인 행동이 로맨스에 플롯을 부여한다. 또한 이 장치는 서로에게 끌리면서도 자기 자신을 잃을까 봐 망설이는 캐릭터의 태도도 드러낸다.

이들의 첫 만남부터 스토리의 갈등이 시작된다. 장차 연인이 될 두 사람은 서로가 동등한 존재임을 입증하려 다툼을 벌인다. 이들은 말과 행동으로 서로를 시험하며 일종의 게임을 한다. 초반의 갈등은 대체로 성격에 관한 피상적인 다툼일 뿐이다.

「유브 갓 메일」에서 캐슬린은 메일을 주고받던 미스터리한 상대와의 첫 데이트를 앞두고 있다. 하지만 그가 약속 장소에 보이지 않자 캐슬린은 실망한다. 대신 그녀의 원수나 다름없는 조 폭스가 음식점에 등장한다. 그녀는 조가 메일을 주고받던 상대임을 깨닫지 못한다.

「바람과 함께 사라지다」는 장차 연인이 될 두 사람 사이에 갈등이 점차 쌓여가는 과정을 보여주는 완벽한 예시라고 할 수 있지만, 문제는 이 작품이 로맨스가 아니라는 데 있다.

『몰타의 매』 속 샘 스페이드가 교활한 브리지드 오쇼너시를 정말로 사랑했다고는 누구도 생각하지 않듯이, 스칼렛 오하라가 레트 버틀러를 사랑했다고 또는 레트가 오하라를 사랑했다고 생각하는 사람은 아무도 없을 것이다. 스칼렛은 처음부터 끝까지 애슐리 윌크스를 사랑했다. 레트와 결혼했던 이유는 그녀가 애슐리를 가질 수 없었기 때문이다. 애슐리는 성자와도 같은 여성과 결혼한다.

「바람과 함께 사라지다」는 사라진 낙원에 관한 이야기지만(판타지 장 참고), 이는 땅을 소유한 백인 노예주들의 입장이다. 이 스토리는 남부 작가들이 잔혹하고 반역적인 주인-노예 사회를 품위와 기사도 정신, 교양이 넘치는 유토피아적 딕시Dixie(미국 남부 지방―옮긴이)로 탈바꿈한 대표적인 사례다.

기법: 억지로 함께하는 상황을 만든다

주인공들이 정말 내키지 않지만 함께 무언가를 해야 하는 상황을 마련해야 한다.

이 기법은 플롯을 유지시키는 문제와도 관련이 있다. 현실에서는 서로 싫어하는 두 사람은 반대 방향으로 향한다. 이러면 두 사람이 서로를 깊이 알아갈 수 있는 시간 자체가 마련되지 않는다. 두 사람이 같은 공간에서 함께하도록 강제해야 다툼도 일어나고 서로를 더욱 잘 알아갈 기회도 생겨난다.

「하트브레이커」에서 알렉스는 의뢰를 받고 관계를 정리하는, 주로 여자에게서 나쁜 남자를 떼어내는 일을 한다. 어느 날 딸 줄리엣이 부유한 영국 남자와 결혼하지 못하게 막아달라는 부친의 의뢰를 받는다. 줄리엣의 곁에 가까이 머물기 위해 알렉스는 보디가드로 위장한다. 줄리엣은 보디가드를 두는 데 격렬하게 반대하지만 이를 막을 수는 없다.

로맨스 비트: 스토리 비트: 대립의 2단계—또 다른 구혼자의 등장

질투는 갈망의 또 다른 얼굴이다. 여기에도 시선이 등장한다. 그러나 이번에는 경쟁자인 다른 구혼자가 보내는 시선이다.

기법: 두 번째 구혼자

두 번째, 때로는 세 번째 구혼자까지도 스토리에 등장시켜 갈등을 심화시킨다.

이 경쟁 상대가 첫 번째 외부 적대자가 된다. 그는 주인공이 사랑하는 상대의 약혼자거나 가까운 관계의 인물일 수도 있다. 상류층에 고루한 캐릭터일 때가 많다.

- 「네 번의 결혼식과 한 번의 장례식」: 캐리의 첫 번째 남편인 해미시 뱅그스는 오만하고 봉제 성망이 있는 스코틀랜드의 성지인이다

- 「하트브레이커」: 줄리엣의 약혼자 조너선은 융통성 없는 영국 신사다
- 「시애틀의 잠 못 이루는 밤」: 애니의 약혼자 월터는 호감은 가지만 매력은 없는 사람이다
- 『폭풍의 언덕』: 질투라는 추악한 감정은 잔인함으로 이어질 때가 많다. 부유한 에드거 린턴은 캐시에게 멋진 술과 식사를 대접하는 반면 히스클리프는 사랑하는 여자에게 이렇게 말한다

"더러운 마부에게 이제 그만 물러나라고 해봐. 내가 그 예쁜 드레스를 더럽혔잖아. 하지만 네 마음을 더럽힌 사람은 누구지? 나는 아니야. 널 세속적인 허영심에 눈이 먼 멍청이로 만든 사람은 누구냐고. 바로 린턴이야. 넌 결코 그를 사랑할 수 없을 거야. 하지만 그의 사랑을 계속 받으려 하겠지. 그렇게 해야만 네 멍청하고 탐욕스러운 허영심이 채워질 테니까."

기법: 상반되는 구혼자들

플롯을 풍성하게 만들기 위해 두 번째 구혼자와는 대조적으로 온화하고 지적인 세 번째 구혼자를 등장시키는 방법도 있다.

핵심

두 번째 구혼자는 주인공이 자신 안에 결여되어 있다고 여기는 요소를 갖춰야 한다. 이 경쟁자는 또 다른 삶과 사랑의 방식을 보여주는 인물이다. 세 번째, 네 번째 구혼자도 등장시키는 게 가능하다면 대립 관계를 더욱 심화시킬 수 있으며 결혼과 인생의 또 다른 길도 제시할 수 있다.

제인 오스틴은 이 기법의 대가다. 실로 그녀는 현대 로맨틱 코미디 형식을 정의했다고 할 수 있다. 고전 환상 동화의 '3의 법칙'을 따르는 그녀는 보통 여주인공의 구혼자를 세 명 등장시킨다.

1. 여주인공의 첫 번째 구혼자는 따분하고, 관습적이며 심지어 우스꽝스럽기까지 한 남성이다. 유일한 매력이라고는 충분한 재산을 상속받아 평생 물질적인 욕구를 충족시켜 준다는 점이다. 하지만 이는 곧 성적, 정서적 죽음을 의미한다.
2. 두 번째 구혼자는 멋지고 카리스마 있는 남성으로 결혼 상대로도, 성적으로도 매력적이다. 여주인공은 처음엔 이 남성에게 끌리지만 이내 그가 속이 비어 있고 진정성이 없다는 것을 깨닫는다.
3. 마지막 구혼자는 멀지 않은 곳에 있었지만 그리 눈에 띄지 않는 남자다. 카리스마가 있지도 않지만 따분하지도 않으며, 진실하게 행동하고 여주인공을 향한 사랑이 깊은 인물이다. 행복한 결혼에 필요한 요소를 고루 갖추었다.

『이성과 감정』에서 메리앤 대시우드는 위대한 사랑에 대한 낭만적인 이상을 품고 있다. 정직한 브랜든 대령은 그녀를 분명 사랑하지만, 그녀의 낭만적 이상을 충족하지는 못한다. 어느 날 메리앤은 폭풍우 속에서 언덕을 내달리다 발목을 다치자, 존 윌러비가 늠름한 모습으로 그녀를 도와준다.

「필라델피아 스토리」: 각본가인 필립 배리Philip Barry와 도널드 오그던 스튜어트Donald Ogden Stewart는 남성들을 대비시키는 오스틴의 기법을 훌륭하게 구현해 냈다. 이 스토리 속 네 개의 대립점은 다음과 같다.

주인공: 거만하고 도덕적인 척 구는 트레이시 로드는 결혼을 파탄에

이르게 한 전 남편의 행동을 도저히 용서할 수가 없다.

주요 적대자: 그녀의 전 남편이자 상류층인 덱스터는 알코올 문제를 극복하는 과정에서 겸손과 관용을 배웠다.

두 번째 적대자: 중산층 기자인 마이크는 직설적이고 열정적인 인물이다.

세 번째 적대자: 트레이시의 약혼자이자 자수성가의 화신과도 같은 조지는 사회적으로 성공을 거둔 고루한 남성으로, 체면과 격식을 지나치게 중시한다.

로맨스 스토리 비트: 계획-속임수

로맨스 중반부에서 가장 신경 써야 할 문제는 스토리가 에피소드 형식으로 전개되지 않도록 대립 구조를 강화해야 한다는 것이다.

기법: 사랑의 속임수

주인공에게는 처음부터 계획이, 가급적 속임수를 포함한 계획이 있어야 한다.

속임수란 사기가 포함된 계획을 말한다. 이러한 계획은 기본적으로 세 가지 유형으로 나뉜다.

계획 1: 남성이 전면적으로 압박하는 방식이다. 남성이 거친 매력을 발산하며 집요하게 여성을 밀어붙인다. 이러한 접근법의 문제는 가부장적이고 오만하게 비춰질 수 있다는 점이다. 그 예시로는 『위대한 개츠비』, 『폭풍의 언덕』, 「록키」, 『오만과 편견』, 『인간의 굴레』가 있다.

계획 2: 남성이 여성을 속인다. 이 접근법에서 남성은 상대가 자신을 좋아하게 만들도록 유인한다. 이때 여성은 정복의 대상으로 전락하며 이야기가 성적인 액션 스토리에 가까워진다. 한편 이 계획은 현실에서 남성이 실제로 여성에게 구애하는 방식을 반영한 것이기도 하다. 이 계획은 진정한 사랑을 얻기 위해 남성이 반드시 극복해야 할 도덕적 결함 또한 잘 보여준다.

> **핵심**
>
> 로맨스에서 빠질 수 없는 첫 댄스와 더불어 이러한 속임수는 로맨틱 코미디에서 가장 중요한 비트다.

이 기법이 왜 그토록 유용한 것일까?

- 스토리에서 숨겨진 것이 무엇이든 반드시 드러나야 하는 만큼, 스토리에 속임수가 더해지면 플롯이 더욱 풍성해진다
- 로맨스의 재미 요소를 담당한다
- 속임수로 로맨스를 하나의 게임으로 전환할 수 있다

> **핵심**
>
> 전통적인 로맨틱 코미디 영화가 게임처럼 느껴질수록 '전통적인' 남성들을 관객으로 유치하기가 더욱 쉬워진다.

이에 해당하는 작품으로는 「웨딩 크래셔」, 「사랑의 블랙홀」, 「사이드웨이」, 「투씨」, 「하트브레이커」, 「40살까지 못해본 남자」, 「유브 갓 메일」, 「시라노」, 「록산느」가 있다.

「40살까지 못해본 남자」: 칼은 앤디에게 여자를 만나는 연습을 하라

며 서점으로 보낸다. 규칙은 하나다. 바로 여성에게 질문만 하는 것이다.

베스: 좀 도와드릴까요?
앤디: 글쎄요. 도와주실 수 있나요?
베스: 찾고 계시는 거라도 있으세요?
앤디: 제가 뭔가를 찾아야 하나요?
베스: 책이 워낙 많아서요. 어떤 분야를 좋아하는지에 따라 달라질 것 같아요.
앤디: 그럼, 그쪽은 뭘 좋아하세요?
베스: 저희 서점에 DIY 섹션이 잘 마련되어 있어요.
앤디: 스스로 하는 걸 좋아하나요?
베스: 가끔은요…. 그런 기분이 들면!
앤디: 지금은 어떤 기분인데요?
두 사람이 웃음을 터뜨린다.
베스: 이름이 뭐예요?
앤디: 이름이 뭐예요?
베스: 전 베스예요.
앤디: 전 앤디라고 합니다.
베스: 앤디…. 제가 한 말 어디 가서 하면 안 돼요. 알겠죠?
앤디: 안 할게요…. 소문 좀 내달라고 부탁하지 않는 이상은요.
앤디가 의기양양하게 걸어 나간다.

계획 3: 여기서는 여성이 남성을 상대로 속임수를 계획한다. 이 계획에서는 보통 여성이 데이트 신청을 받기 위해, 어떤 경우에는 청혼을 받기 위해 계략을 꾸민다. 그 사례로는「시애틀의 잠 못 이루는 밤」,「셰익스피어 인 러브」, 「레이디 이브」, 「어젯밤에 생긴 일」, 「베이비 길들이기」, 「왓츠 업 닥」, 「브로드캐스트 뉴스」, 「토마스 크라운 어페어」가 있다.

「레이디 이브」에서 진 해링턴은 크루즈선에서 활동하는 사기꾼이다. 부유한 과학자인 찰스 파이크가 배에 오르자 그녀는 그를 관심 있게 바라본다. 식당에서 콤팩트 거울로 그를 관찰하던 진은 여성들이 그에게 접근하는 광경을 목격한다. 찰스가 자리에서 일어나자 그녀는 일부러 발을 뻗어 그를 넘어뜨린다.

> 진: 앞 좀 잘 보고 다니지 그래요?
> 찰스: 무슨 말씀이신지?
> 진: 내 구두 좀 봐요. 그쪽 때문에 굽이 부러졌잖아요.
> 찰스: 저 때문인가요? 정말 미안합니다.
> 진: 당연히 그쪽이 그랬죠. 슬리퍼를 가지러 가야 하니 제 방까지 부축 좀 해줘야겠어요.
> 찰스: 물론입니다. 그 정도는 해야죠. 제 이름은 파이크입니다.
> 진: 그쪽 이름은 다들 알걸요. 유명 인사시니까. 이쪽은 제 아버지 해링턴 대령이에요. 전 진이고요. 진짜 이름은 유지니아지만요. 자, 이제 갈까요.
> 진은 굽이 부러진 쪽 다리를 절룩이며 찰스와 함께 식당을 나선다.
> 진: 이렇게 만나다니, 재밌네요.
> 찰스: 그러게 말입니다.

기법: 속임수를 최대한 유지하기
가능한 한 속임수를 스토리의 결말까지 끌고 가야 한다.

로맨틱 코미디에서는 속임수가 끝나는 순간 플롯도, 감상자의 흥미도 함께 끝난다. 속임수를 적어도 전투 단계까지는 이어가는 것이 이상적이다.

「하트브레이커」에서는 속임수가 훌륭하게도 스토리 끝까지 이어진다. 커플을 파탄 내는 데 전문가인 알렉스는 철저한 조사를 하고 첨단 장비를 활용하며 조수도 두 명이나 두었다. 보디가드로 위장한 그는 줄리엣의 호감을 사려 조수 한 명을 시켜 그녀의 차를 훔친다. 그런 뒤 그는 '영웅처럼' 줄리엣의 차를 되찾아 온다.

로맨스 스토리 비트: 추진력 1–관계의 시작, 탐색

로맨스 플롯의 핵심은 두 사람의 관계가 깊어지는 과정에 있다. 그 첫 걸음인 관계의 시작은 두 캐릭터가 서로가 무엇을 좋아하는지 배워가는 교감의 순간이다. 서로에게 질문하고 서로를 탐색하며 상대의 본질을 파악하려 한다.

이러한 탐색은 표면적인 이야기에서 깊은 이야기로 나아간다. 먼저 책과 영화, 음식 취향과 좋아하는 장소에 대해 이야기를 나눈다. 이후에는 서로의 집과 가족들을 소개하고 가풍이나 가족만의 문화에 대해서도 알려준다. 마지막에는 앞으로 어떤 사람이 되고 싶은지, 인간으로서 무엇을 가치 있게 생각하는지 등에 대해 심도 있는 대화를 나눈다.

예시로는 「사이드웨이」, 「사랑도 리콜이 되나요?」, 「500일의 썸머」, 「실버라이닝 플레이북」, 「문라이즈 킹덤」, 「애니 홀」, 「해리가 샐리를 만났을 때」, 「나의 그리스식 웨딩」, 『전망 좋은 방』, 『오만과 편견』, 「토마스 크라운 어페어」, 「사랑의 승리」, 「시애틀의 잠 못 이루는 밤」, 「시라노」, 「피그말리온」, 「레이디 이브」, 『폭풍의 언덕』이 있다.

이렇게 두 캐릭터가 서로를 탐색하다 보면 두 가지 결과로 이어진다.

1. 초기의 열정에 존중이라는 더욱 단단한 토대가 생겨난다.
2. 서로의 본모습이 마음에 들지 않아 상대에게 느꼈던 매력이 크게 약해지거나 심지어 깨져버린다.

이 관계의 시작을 가장 잘 보여주는 예로는 「사이드웨이」 속 마일스와 마야가 와인에 대해 이야기를 나누는 장면이 있다. 이 장면이 아름다운 이유는 대화를 통해 사랑에 빠지는 두 사람의 모습을 보여주고 있기 때문이다. 다른 어떤 장르보다도 로맨스에서 대화가 큰 의미를 지닌다는 사실이 잘 드러난다. 이들은 와인 이야기에 빗대어 서로에게 자신이 어떤 사람인지를 내보인다.

> 마야: 왜 그렇게 피노를 좋아해요? 그러니까, 피노에 유독 각별함을 느끼는 것 같아요.
> 마일스: 음, 글쎄요. 피노는 알다시피 재배하기가 까다로운 품종이잖아요. 껍질도 얇고, 예민하고, 금방 익어버리고요. 그러니까, 카베르네처럼 아무데서나 내버려둬도 잘 자라는 그런 생존자 같은 타입은 아니잖아요. 피노는 끊임없는 돌봄과 관심이 필요하니까요. 당신은 어떤가요?
> 마야: 저는 와인의 일생에 대해 자주 생각해요…. 가만 보면 정말 살아 있는 생명 같거든요. 와인을 보면서 포도가 자랐던 해가 어땠을지 생각하는 거예요. 해는 어땠을지, 비는 내렸을지 같은 거요. 포도를 기르고 수확한 사람들도요. 그래서 오래된 와인을 보면 지금쯤 그 사람들 중 얼마나 많은 이가 세상을 떠났을까, 그런 생각을 해요. 와인이 계속해서 진화하는 게 좋아요. 오늘 여는 와인은 다른 날에 여는 와인과는 맛이 완전히 다를 테니까요. 와인은 살아 있는

생명이나 다름없잖아요. 계속해서 진화하고 깊어지는 거죠…. 무
엇보다 와인은 정말 말도 안 되게 맛있고요.

시처럼 아름다운 대사다. 두 캐릭터가 사랑에 빠지게 만들 뿐 아니라 감상자도 그 사랑을 느끼게 해주는 대사다. 대단히 멋진 각본이 아닐 수 없다.

> **핵심**
>
> 두 주인공의 매력과 대립 구도가 확립된 스토리의 중반부는 다툼과 탐색이 계속 반복되는 구조다.

이 탐색 비트는 스토리 중반부에서 대단히 난감한 문제를 일으킨다. 탐색과 다툼이 정반대로 향하기 때문이다. 다시 한번 예스-노가 등장하는 순간이다. 그 때문에 다툼과 탐색이 오가는 중반부를 잘 구현하기가 대단히 어렵다.

기법: 갈등 VS 결속

갈등을 이용해 플롯을 만들고, 결속의 순간을 이용해 사랑이 깊어지는 과정을 보여줘야 한다.

스토리 중반부에서 서로를 탐색하는 관계의 시작을 유지하면서도 갈등을 일으키는 방법으로는 다음의 두 가지 기법을 활용할 수 있다.

기법 1: 두 개의 플롯 시퀀스

중반부에는 상대의 마음을 얻기 위해 다른 구혼자들끼리 갈등을 일

으키는 장면이 연속적으로 등장해야 한다. 이러한 갈등 속에서 상대는 주인공의 본모습에 대한 정보를 조금씩 배워간다.

기법 2: 사랑의 미끼

이때 상대는 가짜 정보(허위 미끼)도 얻으며 주인공이 더욱 싫어지는 과정을 거친다.

로맨스 스토리 비트: 추진력 2−플러팅

사랑의 아티스트는 언제 밀고 당겨야 하는지 전략적으로 잘 아는 플러팅의 달인이다. 플러팅은 대화를 통해 이뤄진다. 두 사람이 서로에게 매력을 느끼는 상황이라면 상대를 칭찬하며 플러팅을 해야 한다고 생각할 수도 있다. 사실 그 반대다. 아직 로맨스가 단단히 형성되지 않은 시기에 너무 일찍부터 칭찬을 늘어놓는다면 순식간에 '친구 사이'로 전락한다.

플러팅은 재치 있는 대화로 표현된다. 구조적으로 이러한 대화는 다툼(대립)과 탐색의 조합이다. 다시 말해 말로 주고받는 춤과도 같다.

특히나 로맨틱 코미디에 가장 대중적이고 인기 있는 대화의 형태는 '리핑riffing'이다. 리핑은 빠른 속도로 활기차게 말을 쏟아내듯 전달하는 화법으로, 즉흥적으로 지어낼 때가 많고 특히나 코미디 공연에서 자주 사용되는 형식이다.

> **핵심**
>
> 로맨스에서 리핑은 남성과 여성의 차이에 초점이 맞춰질 때가 많다. 여기서도 역시 연결과 대립을 동시에 보여주는 스토리 비트의 이중성이 드러난다.

12. 로맨스: 행복의 예술

리핑이 즐거움을 주는 이유는 남성과 여성이 여러 면에서 실제로 서로 다른 언어를 쓴다는 점을 여실히 보여주기 때문이다.

좋은 리핑의 핵심은 다음과 같다.

- 언어의 리듬감
- 대화의 통찰력

이러한 리핑을 보여주는 작품은 「셰익스피어 인 러브」, 「해리가 샐리를 만났을 때」, 「이보다 더 좋을 순 없다」, 「네 번의 결혼식과 한 번의 장례식」, 「어젯밤에 생긴 일」, 「애니 홀」, 「브로드캐스트 뉴스」가 있다.

「해리가 샐리를 만났을 때」: 함께 차를 타고 먼 길을 이동하는 해리와 샐리는 「카사블랑카」의 결말을 두고 말다툼을 벌인다.

> 샐리: 그게 아니야.
>
> 해리: 뭐가 아니야. 남자가 여자를 보내준 거야. 그래서 비행기에 태운 거라고.
>
> 샐리: 여자가 남고 싶지 않았던 거야.
>
> 해리: 당연히 남고 싶지. 험프리 보가트랑 같이 있고 싶지 않겠어?
>
> 샐리: 나는 술집 사장이랑 결혼해서 남은 평생을 카사블랑카에서 보낼 생각은 없어. 속물처럼 들리겠지만 어쨌든 난 싫어.
>
> 해리: 넌 차라리 열정 없는 결혼을 선택—
>
> 샐리: —해서 체코슬로바키아의 영부인이 되는 편이—
>
> 해리: —낫다는 거잖아. 술집 사장밖에 안 되는 남자랑 최고의 섹스를 했다는 이유로 같이 사는 것보다는.
>
> 샐리: 맞아. 제정신이 박힌 여자라면 누구라도 그럴 거야. 여자들

은 아주 현실적이라고. 잉그리드 버그먼도 그렇고. 그래서 영화 마지막에 비행기를 타고 떠난 거지.

로맨스 스토리 비트: 추진력 3-유혹: 대화로 나누는 첫 댄스

사랑의 기술에서 각 비트가 생물학적인 동시에 예술적이라는 점을 생각해 보면, 결국 로맨스의 핵심 중 하나는 육체적 사랑이라는 점을 깨닫게 된다. 그렇다면 어떠한 과정을 통해 육체적 사랑에 이르는 것일까? 바로 대화를 통해서다.

> **핵심**
>
> 다른 무엇보다도 좋은 대화가 두 사람을 육체적 사랑으로 이끈다.

상대를 유혹하는 장면은 대화로 나누는 첫 댄스와 같다. 로맨스를 사랑하는 사람들은 이 장면들이야말로 사랑의 예술이 가장 고차원적으로 표현되는 순간이라고 여긴다.

보통 상대를 유혹하는 대사는 두 가지 유형으로 나뉜다.

첫 번째로 쿨 토크cool talk다. 쿨 토크는 남녀 사이의 대립과 갈등을 강조한다. 캐릭터들은 절제된 표현과 재치, 행간의 의미, 중의적 언어로 서로에 대한 관심을 우회적으로 드러낸다.

이러한 대화가 오가는 작품으로는 「네 번의 결혼식과 한 번의 장례식」, 「웨딩 크래셔」, 「비포 선라이즈」, 「비포 선셋」, 「토마스 크라운 어페어」, 「소유와 무소유」, 「과거로부터」, 「빅 슬립」이 있다.

「빅 슬립」에서 남성 필립 말로는 비비언 러틀리지가 관련된 사건을 조사한다. 사건을 조사하는 과정에서 그는 점차 그녀에게 끌린다. 두 사람은 묘한 의미가 담긴 대화를 주고받는다.

비비언: 말 이야기가 나와서 말인데, 전 경마를 좋아해요. 하지만 먼저 말들을 좀 파악해야죠. 몸은 어떻게 푸는지, 선행형인지, 추입형인지, 진짜 실력은 어떤지, 동력은 뭔지.
말로: 나도 파악이 끝났나요?
비비언: 그런 것 같아요.
말로: 한번 말해봐요.
비비언: 당신은 평가받는 것을 싫어해요. 처음에는 앞서 나가 거리를 확 벌려놓고는 중간에 속도를 늦춰 숨을 고르고, 마지막에는 여유롭게 결승선을 통과하는 스타일이죠.
말로: 당신도 평가받는 것은 싫어하잖소.
비비언: 저를 평가할 수 있는 사람을 만나본 적 없어서요. 아니면 그쪽이 한번 해볼래요?
말로: 글쎄요. 당신이 완주하는 모습을 못 봐서 뭐라 말하기가 어렵네요. 품격이 있어 보이기는 한데 오래 버틸 수 있을지는 모르겠어요.
비비언: 누가 안장에 앉느냐에 달렸죠.

상대를 유혹하는 대화의 두 번째 방식은 열정적인 대화다. 열정적인 대화에서는 감정을 솔직하게 표현한다. 무엇도 숨기지 않는다. 캐릭터는 자신의 내밀한 감정을 공개적으로 드러낸다. 가장 흔한 형태로는 남성이 상대가 가장 아름답고 이상적인 여성인 듯 시적으로 찬양하는 것이다.

예시로는 「아웃랜더」, 「셰익스피어 인 러브」, 「시간 여행자의 아내」, 「문스트럭」, 「시애틀의 잠 못 이루는 밤」, 「시라노」, 「록산느」, 「필라델피아 스토리」, 『폭풍의 언덕』, 「한나와 그 자매들」, 「노틀담의 꼽추」, 「애니홀」, 『로미오와 줄리엣』이 있다.

「필라델피아 스토리」에서 마이크는 조지와의 결혼을 하루 앞둔 트레이시에게 뜨거운 마음을 고백한다.

마이크: 트레이시.

트레이시: 무슨 일이에요?

마이크: 당신은 정말 놀라운 사람이에요. 당신 안에는 찬란함이 있어요, 트레이시.

트레이시: 글쎄요. 이제 그만 올라가 봐야겠어요. 너무 늦었네요.

마이크: 그 찬란함은 당신의 눈에서, 목소리에서, 서 있는 자세에서, 걸음걸이에서 흘러나와요. 당신은 내면에서 빛이 나는 사람이에요, 트레이시. 당신 안에는 고요하게 묻어둔 불도 있고, 벽난로처럼 따뜻한 불도, 모든 걸 삼킬 만큼 거대한 불도 있어요.

트레이시: 내가 무슨 청동 인간처럼 보이는 건 아니죠?

마이크: 당신은 살과 피로 만들어진 진짜 사람이죠. 그래서 너무도 놀랍다는 거예요. 당신은 완벽한 여자예요. 생명력과 온기, 기쁨으로 가득 찬 존재죠. 왜 그래요? 당신, 눈에 눈물이 고였어요.

트레이시: 그만해요. 이제 그만해요. 마이크. 아니에요, 계속 말해주세요. 계속요. 제발요. 그래주겠어요?

> **핵심**
>
> 훌륭한 로맨스를 쓰고 싶다면 부끄러움을 버려야 한다. 깊이 자리한 감정을 공개적으로 표현할 줄 알아야 한다.

감상자는 주인공이 사랑하는 사람에게 뜨겁게 마음을 표현하는 모습을 보고 싶어 한다. 일상에서는 그런 일을 경험하지 못하니까. 독자를 무시하는 발언이 아니다. 이렇게까지 열정적인 사랑의 표현을 들을 일은 거의 없다. 그렇기에 우리는 책을 읽고 영화를 보는 것이다.

로맨스 스토리 비트: 발견-첫 댄스

구애의 춤은 두 사람의 관계가 급진적으로 깊어지는 순간을 상징한다. 서로를 향한 욕망을 드러내는 춤이다. 복잡한 스텝을 익힌다는 것은 사회적 게임에 기꺼이 참여하겠다는 마음을, 새로운 사회적 공동체를 이루겠다는 의지를 뜻한다.

> **핵심**
>
> 진지한 로맨스에서 춤은 가장 중요한 비트다. 행동으로 사랑을 표현하는 순간이기 때문이다.

춤이라는 비트가 왜 이리도 중요한 의미를 지닌 것일까?
- 춤은 사랑을 능동적이고 극적으로 또한 대단히 은밀하게 만들기 때문이다
- 춤을 통해 두 사람 사이에 파트너십이 생긴다

- 두 사람이 함께할 운명임을 보여주는 또 다른 장치다

> **핵심**
>
> 춤이라는 비트 이후에 사랑을 다시 어떻게 방해할 수 있을지 그 방법을 찾아야 한다.

로맨스의 거의 모든 비트에 담긴 '예스-노' 구조가 다시 한번 나타나는 것이다. 서로 가까워지는 순간을 경험한 후(예스), 두 사람은 커지는 감정에 순간 두려움에 휩싸인다(노). 그리하여 아래와 같은 기법이 필요하다.

기법: '노'로 돌아가기

춤을 마친 후에는 둘 사이의 본질적인 차이점을 다시 한번 상기시켜야 한다.

그 차이는 돈, 지위, 도덕성, 삶의 방식과 같은 것이 될 수 있다.

「해리가 샐리를 만났을 때」에는 해리와 샐리가 데이트 상대 없이 새해 전야 파티에 와 있다.

> 해리: 내년 12월 31일에도 둘 다 애인이 없으면 같이 보내자.
> 샐리: 좋아.

두 사람은 뺨을 맞대고 춤을 추기 시작한다. 서로가 가까워지자 샐리가 먼저 두려움을 느낀다. 이내 해리도 그 감정을 느낀다. 누군가 "새해까지 10초 남았어요"라고 소리치자 두 사람은 서로를 바라본다. 해리는

바깥에 나가 바람이라도 쐬고 오자고 제안한다.

제인 오스틴의 작품에서 춤이 지닌 사회적 의미는 훨씬 깊다. 오스틴의 작품 속 영국에서는 복잡한 댄스 스텝을 익히는 것만이 엄격한 규범에 얽매인 남녀가 신체적 접촉을 할 수 있는 유일한 경로였다. 어느 시대나 문화든 첫 댄스라는 은밀한 접촉과 설렘은 비슷하다. 다만 샤프롱chaperon이라는 보호자가 있어야 외출이 가능한 시대에 첫 댄스는 더욱 강렬한 의미를 지닌다.

> **핵심**
>
> 첫 댄스가 꼭 춤이어야 할 필요는 없다. 중요한 것은 두 사람이 실제 춤을 추듯 호흡을 맞추는 것이다.

「브로드캐스트 뉴스」에서는 행동이 아닌 언어로 한 편의 춤을 보여주는 최고의 장면이 등장한다. 스토리 중반까지 뉴스 앵커 톰 그루닉은 프로듀서 제인 크레이그에게 이성적인 관심을 보이지 않는다. 그러던 중 갑자기 발생한 국제 위급 상황으로 생방송을 진행하게 된다. 잘생긴 톰은 경력이 더 많은 애런을 대신해 앵커를 맡는다. 애런이 전화로 전해 주는 중요한 정보를 제인은 이어피스를 끼고 있는 톰에게 전달해 준다. 톰은 생방송을 성공적으로 마친다. 방송이 끝난 후 제인은 자신의 책상에 앉아 있다. 톰이 사무실로 벌컥 들어와 제인을 마주하고는 그녀가 앉아 있는 의자의 팔걸이를 양손으로 잡는다.

톰: 정말 대단했어요, 제인. 당신이 내 머릿속에 있는 것 같았어요.
제인: 네…. 제게…익숙한 공간은 아니었어요.

톰: 이건… 말로 다 못할 기분이에요…. 내게 다음 대사를 언제 줘야 하는지 정확히 알고 전달해 주는 그 느낌이요. 내가 필요로 하기 딱 1초 전에 당신이 미리 알고 전해줬다고요. 리듬이 대단했어요. 뭐랄까…. 완벽한 섹스 같았어요!

톰은 미소를 짓는 제인 앞으로 성큼 다가선다.

첫 댄스라는 비트는 로맨스가 중심이 아닌 혼성 장르에서도 효과를 발휘할 수 있다.

로맨스 스토리 비트: 발견—첫 키스

갈등과 함께 리빌은 플롯의 핵심 요소다. 리빌은 지금껏 드러나지 않았던 정보가 주인공 또는 감상자에게, 또는 둘 다에게 갑작스럽게 공개되는 순간이다. 로맨스에서 리빌은 상대의 본모습과 관련한 무언가가 밝혀지는 미묘한 순간일 때가 많다. 작가가 리빌의 순간을 마련하기 위해서는 캐릭터의 심리 깊은 곳까지 파고들어야 한다.

다음의 네 가지에 초점을 맞춰야 한다.

1. 두 사람 사이의 미묘한 차이점
2. 서로에게 밝히지 않은 과거사
3. 상대를 향한 감정이 커지고 있지만 드러내지 못하는 마음
4. 각자가 숨기고 있는 향후 계획

다만 두 캐릭터 모두에게 무엇보다도 큰 리빌은 첫 키스가 될 것이다.

> **핵심**
>
> 첫 키스는 친밀감이 순식간에 극도로 깊어지는 순간으로,
> (1) 두 사람의 관계가 우정에서 사랑으로 전환되는 계기이자
> (2) 그때까지 쌓여왔던 욕망과 두려움이 표출된다는 점에서 캐릭터와 감상자를 깜짝 놀라게 하는 순간이 되기도 하다.

두 캐릭터는 상대에게 푹 빠져 영원히 벗어날 수 없을지도 모른다는 두려움에 사로잡힌다. 돌이킬 수 없는 지경에 이른 것이다.

기법: 첫 키스

첫 키스는 최대한 미루되 그 순간을 아주 특별하게 만들어야 한다.

이러한 기법이 활용된 작품으로는 「멋진 인생」, 「세인트루이스에서 만나요」, 「가장 위험한 해」, 「워터프론트On the Waterfront」, 「빅 슬립」, 「토마스 크라운 어페어」를 들 수 있고, 그 외 홀마크Hallmark에서 제작하는 로맨틱 코미디 및 드라마 일체가 이에 해당한다.

첫 키스를 진행하는 다른 방법으로는 여성이 주도하는 방식이 있다. 그 대표적인 사례가 「소유와 무소유」다.

첫 섹스

놀랍게도 첫 섹스는 로맨스의 핵심 비트에 속하지 않는다. 몇 가지 이유가 있다. 먼저 섹스 장면은 집필하기가 매우 까다롭다. 최악의 섹스 장면이 실린 소설에 주는 상까지 있을 정도다. 그 목록에 자신의 작품이 올라간다면 비극이 아닐 수 없다.

'그 행위'를 쓰는 것이 어려운 데는 구조적인 이유도 있다. 두 사람이

사랑을 나누는 동안에는 서사 추진력이 사실상 멈추고 만다. 그래서 다수의 작가는 이 장면을 최대한 빨리 넘기고 플롯을 다시 진행시키려 한다. 그렇게 넘어가는 장면은 현실에서의 형편없는 잠자리와 똑같다.

섹스 장면이 어렵다는 이유로 아예 생략해 버리는 경우도 있다. 로맨스라는 장르가 우정이 아닌 사랑을 다루는 만큼, 이 장면을 건너뛰면 이른바 '방 안의 코끼리elephant in the room(모두가 의식하는 큰 문제가 있지만 애써 외면하고 무시하는 상황—옮긴이)' 문제가 발생한다. 로맨스에서 섹스를 들어내서는 안 된다. 하지만 그렇다고 해서 사랑이 성립하기 전에 그런 장면을 넣어서도 안 된다. 작가로서 스토리에서 핵심적으로 다루고자 하는 주제가 섹스가 아닌 이상에야 말이다.

잠자리는 반드시 사랑 또는 결혼 이후에 행해야 한다는 구시대적인 도덕관념 때문은 아니다. 사실 사랑이 결혼에 반드시 선행되었던 적이 과연 있었는지도 의문이다.

이런 장면을 너무 일찍 보여주지 말라는 경고는 감상자에게 가장 강렬한 정서적 영향력을 주는 방법이 무엇인가에 대한 이야기와 맞닿아 있다.

> **핵심**
> 섹스를 너무 일찍 보여주면 두 인물이 사랑에 빠졌다는 느낌을 감상자에게 전해줄 가능성이 사라지고 만다.

사랑이라는 감정은 특히나 스토리의 초반에는 매우 조심스럽게 다뤄야 할 대상이다. 어떤 일이 있어도 그 섬세한 감정을 깨어버려서는 안 된다.

기법: 사랑 후에 섹스

두 캐릭터들 사이에 먼저 사랑이 형성되는 모습을 보여주어야 한다. 그런 뒤에 작가가 원한다면 섹스 장면을 보여줄 수 있다.

두 인물이 잠자리를 가진 후에는,

- 곧장 '노'를 등장시켜야 한다. 즉 몸을 한발 뒤로 물리는 것이다. 캐릭터들은 자신들이 끔찍한 실수를 저지른 것 같다는 생각에 사로잡힌다
- 서로를 대하는 태도가 조심스러워지고 부드러워져야 두 사람이 보다 높은 차원의 사랑을 원한다는 점을 보여줄 수 있다

「해리가 샐리를 만났을 때」에서는 첫 키스가 곧바로 첫 섹스로 이어진다. 두 사람 모두 샐리의 침대에 앉아 있다. 이별을 겪은 샐리는 눈물을 쏟으며 해리에게 안아달라고 요청한다. 이후 두 사람은 격렬하게 키스를 나누기 시작한다. 장면이 전환되고 나체의 샐리가 침대에 누워 행복한 미소를 짓는 모습이 등장한다. 한편 해리는 충격을 받은 듯한 얼굴이다.

로맨스에서 관계를 미뤄야 한다는 주장에 비현실적이라고 반론할 수 있다. 타당한 말이지만, 현실성은 로맨스에서 그리 중요한 요소가 아니다. 따라서 로맨스에서 섹스를 지연시켜야 한다는 원칙을 깨면 많은 것을 잃을지도 모른다는 사실을 염두에 두길 바란다.

전문가들에 따르면 훌륭한 섹스 장면을 쓰는 기법은 실제로 훌륭한 섹스를 하는 방법과 놀라울 정도로 유사하다. 다음의 원칙을 따라야 한다.

- 서두르지 않는다. 시간을 충분히 가진다

- 캐릭터가 꿈꾸는 판타지를 충분히 실현시킨다
- 훌륭한 섹스 장면은 보통 억눌렸던 힘이 마지막에 분출하는 전개로 흘러간다
- 특별한 공간을 배경으로 삼는다

이에 해당하는 작품으로「헨리 밀러의 북회귀선」,「보디 히트」,『속죄』,「가장 따뜻한 색, 블루」,「네 번의 결혼식과 한 번의 장례식」,「순응자」,「뉴올리언즈의 밤」,「브로크백 마운틴」,「콜 미 바이 유어 네임」,「몬스터 볼」,「블루 발렌타인」,「19번째 남자」,「쳐다보지 마라」,「세크리터리」,「델타 비너스」,「잉글리쉬 페이션트」,「가장 위험한 해」,「표적」,「감각의 제국」,「위험한 청춘」이 있다.

로맨스 스토리 비트: 외견상의 승리-완벽한 사랑의 순간

대부분의 로맨스는 사랑의 본질을 단 하나의 완벽한 순간 안에 담아내고자 한다. 온 세상이 사랑으로 물들고 두 사람이 교감을 나누는 둘만의 유토피아가 펼쳐지는 순간이다. 두 사람이 하나가 되는 이 순간은 보통 이들의 감정을 시각적으로 보여주는 아름다운 배경을 바탕으로 펼쳐진다.

이 순간이 오래가지 않을 수도 있고, 결혼으로 이어질 수도 있다. 하지만 그 순간만큼은 두 사람은 더는 가까워질 수 없는 하나가 되고, 감상자 또한 그 모습을 보며 대단한 기쁨을 경험한다. 이 스토리 비트는 판타지 장르의 초현실적 마법이 펼쳐지는 순간과 비슷하다. 스토리 구조적으로는 최종 승리처럼 느껴진다. 하지만 이는 가짜다. 곧이어 이에 정반대되는 비트가, 즉 두 연인이 헤어지는 외견상의 패배가 뒤따른다.

예시로「500일의 썸머」,「타이타닉」,「시간 여행자의 아내」,「문라이

즈 킹덤」, 「닥터 지바고」, 「이유없는 반항」, 「노틀담의 꼽추」, 「올모스트 페이머스」, 「40살까지 못해본 남자」가 있다.

「500일의 썸머」에서는 욕실에서 나온 톰이 나체로 침대에 누운 썸머를 발견한다. 두 사람이 첫 관계를 맺기 직전이다. 두 사람은 키스를 시작하고 톰이 이내 음악이 깔린 도시를 신나게 거니는 장면이 등장한다. 길에서 만난 모든 이들이 그의 행운을 축하해 준다.

로맨스 스토리 비트: 외견상의 패배-이별

스토리의 결말이 가까워지면 연인들은 영원히 안 볼 듯 이별한다. 이 외견상의 패배는 이전의 자아가 소멸함을 뜻한다. 한때 두 사람이 중요하게 여기던 관습과 매너는 이제 무의미하게 느껴진다. 다만 두 사람은 이전의 자아를 상실하는 대신 더욱 발전된 자아와 더욱 깊은 유대감을 얻게 될 것임을 아직은 알지 못한다.

이에 해당하는 사례로 「실버라이닝 플레이북」, 「제리 맥과이어」, 「네 번의 결혼식과 한 번의 장례식」, 「문라이즈 킹덤」, 「사이드웨이」, 「웨딩 크래셔」, 「포레스트 검프」, 「노팅 힐」, 「잉글리쉬 페이션트」, 「해리가 샐리를 만났을 때」, 「브로크백 마운틴」, 「귀여운 여인」, 「19번째 남자」, 『오만과 편견』이 있다.

> **핵심**
>
> 좋은 이별은 양쪽 모두가 패배하는 것이다. 두 캐릭터 모두 무너지는 경험을 한다.

「사이드웨이」: 마일스와 마야가 피크닉을 즐기던 중 마일스는 실수로 잭의 결혼식 리허설 만찬 때문에 돌아가야 한다는 이야기를 꺼낸다. 화가 난 마야는 마일스에게 집에 데려다 달라고 말한다. 차에서 내리기 전 두 사람은 격정적인 대화를 나눈다.

> 마야: 지난 3년간, 거짓투성이인 관계에서 벗어나려고 발버둥을 쳤어. 그리고 이제야 조금 괜찮아졌다고.
> 마일스: 나도 이혼한 후로 누구를 만난 건 네가 처음이야. 마야, 나한테는 무척 큰 의미였다고, 너랑 함께하는 시간도. 어젯밤 일도. 널 정말 좋아해, 마야. 그리고 나는 잭이 아니야. 우리는 그저 샌디에이고 주립대학에서 1학년 때 룸메이트였던 친구일 뿐이고, 나는 잭과 다르다고.
> 마야는 차에서 내린다.

로맨스 스토리 비트: 도덕적 타락

이별 전후로 캐릭터들은 상대의 사랑을 얻기 위해 필사적으로 노력한다. 이는 도덕적 시험이다. 늘 그런 것은 아니지만 두 사람은 비도덕적인 방법을 쓰기도 한다. 이별 후 이들이 행하는 비도덕적인 행보는 복수심으로 이어질 때가 많다.

> **핵심**
>
> 이러한 도덕적 타락은 무엇이 올바른 행동인지, 어떠한 진실이 자신의 깊은 내면에 자리하고 있는지에 대한 통찰로 이어진다.

「실버라이닝 플레이북」에서 티파니는 팻에게 자신의 댄스 파트너가 되어준다면 그가 쓴 편지를 전처인 니키에게 전해주겠다는 거짓말로 그에게 희망을 안긴다. 이후 티파니는 니키가 쓴 것처럼 답장을 작성해 니키가 다시 그에게 돌아갈 수도 있다는 메시지를 팻에게 전한다.

『폭풍의 언덕』에서 캐시가 자신과 나눈 진실한 사랑을 단번에 물리치자 히스 클리프는 그녀와 그녀의 가족에게 복수하겠다고 다짐한다.

「카사블랑카」에서 릭은 자신이 진심으로 사랑하는 일자를 잃고 비뚤어져서, 마음에 그녀와 그녀의 남편이 탈출하는 데 필요한 통행 허가증을 내어주지 않는다.

로맨스 스토리 비트: 말로 나누는 전투

로맨스 속 전투는 두 인물의 가치관 충돌, 함께하는 삶에 대한 관점의 차이에 초점을 맞춰야 한다.

> **핵심**
>
> 두 사람은 자신이 서로 더욱 많은 권력을 갖고 관계의 우위에 서기 위해 다툰다. 이별 후에도 이들은 계속해서 서로를 탓한다.

이러한 다툼이 등장하는 작품으로 「해리가 샐리를 만났을 때」, 「토마스 크라운 어페어」, 『폭풍의 언덕』, 「귀여운 여인」, 『오만과 편견』, 「하트브레이커」, 「브로드캐스트 뉴스」, 「문스트럭」, 「애니 홀」, 『인간의 굴레』, 「피그말리온」, 「필라델피아 스토리」, 「바람과 함께 사라지다」, 「백주의 결투」가 있다.

『폭풍의 언덕』: 침대에 누워 있는 캐시는 죽음을 앞두고 있다. 히스클리프가 그녀를 안고 있다.

> 캐시: 안아줘. 그냥 나를 좀 안아줘.
> 히스클리프: 아니, 널 위로하지 않을 거야. 내 눈물은 널 사랑하지 않아, 캐시. 내 눈물은 널 병들게 하고, 저주하고, 망가뜨릴 거야.
> 캐시: 히스클리프, 내 마음을 아프게 하지 말아줘.
> 히스클리프: 오, 캐시, 난 그런 적이 없어. 네 마음을 아프게 한 건 너였어. 캐시, 캐시, 나를 사랑했잖아. 그런데도 그에게서 느낀 한심한 환상 때문에 내 사랑을 버리다니. 그 알량한 세속적인 허영심 때문에. 고통과 죽음도, 하늘이, 세상이 우리 앞에 그 어떤 악마를 보냈어도, 무엇도 우리를 갈라놓을 수 없었을 거야. 다만 네가 그런 거야. 제멋대로에 욕심 많은 아이처럼 그냥 떠나갔어. 그렇게 내 마음과 네 마음 모두를 짓밟으며.
> 캐시: 히스클리프, 날 용서해. 이제 우리에게 남은 시간이 정말 없어.

「하트브레이커」의 각본가들은 보통 스토리 초반에 일어나는 두 가지, 첫 번째 데이트와 첫 댄스를 결합해 완벽한 전투 장면을 완성했다.

알렉스는 영업을 마친 클럽으로 줄리엣을 데려간다. 줄리엣이 가장 좋아하는 영화가 「더티 댄싱」임을 안 그가 처음부터 계획했던 거대한 사기극이다. 클럽에서 그는 주크박스로 「더티 댄싱」의 클라이맥스에 나오는 곡을 틀고, 두 사람은 영화 속 춤을 재연한다. 알렉스는 안무를 완벽하게 따라 춘다. 마지막에는 영화처럼 줄리엣을 높이 들어 올리며 마무리한다.

> **핵심**
>
> 첫 데이트와 첫 댄스를 미뤄두었다가 스토리의 절정에 배치한 덕에 각본가들은 영화 속 최고의 장면은 물론 로맨틱 코미디 역사에 남을 만한 명장면을 탄생시켰다.

로맨스 스토리 비트: 자기 각성-상호 인식의 전환

두 사람이 결국 함께하는 결말로 이어지는 로맨스에는 두 인물 모두 자기 각성을 경험하는 '상호 인식 전환'의 순간에 초점을 맞춘다. 두 사람 모두 서로에게서 무언가를 배우는 것이다.

심리적 단계의 자기 각성에서는 두 사람이 서로를 사랑하고 과거에 더는 얽매여 있지 않다는 사실을 깨닫는다. 구체적으로는 다음과 같은 생각을 하게 된다. '우리를 갈라놓는 모든 것들에도 불구하고 난 그 사람을 사랑해. 우리의 사랑이면 우리 사이를 가로막는 모든 일들을 충분히 극복할 수 있어.' 이러한 자기 각성은 로맨스의 가장 중요한 질문과 맞닿아 있다. '당신의 사랑은 어느 정도인가?'

도덕적 측면의 자기 각성에서는 두 사람 모두 자신이 이기적이었음을 깨닫는다.

> **핵심**
>
> 이상적으로는 두 사람 모두 자신이 가장 이기적으로 굴었던 부분을 상대를 위해 양보하겠다며 희생을 결심한다. 이것이 도덕적 자기 각성을 경험했다는 방증이다.

상호 희생은 추리물, 스릴러, 범죄물의 시적인 정의에 해당한다. 두 사람의 희생을 스토리에서 잘 구현할 수 있다면 장르를 초월하는 효과를 발휘할 수 있다.

이러한 상호 희생을 가장 완벽하게 보여주는 작품은 O. 헨리O. Henry의 단편 『크리스마스 선물』이다. 크리스마스이브가 되었지만 델라는 남편 짐에게 선물을 사줄 돈이 거의 없는 형편이다. 그녀는 자신의 아름다운 긴 머리칼을 팔아 남편이 아끼는 회중시계에 맞는 백금 시곗줄을 산다. 남편에게 선물을 건넨 델라는 남편이 거북이 등딱지로 만든 머리빗을 자신에게 선물하려 시계를 팔았다는 사실을 알게 된다. 이제 두 사람의 선물은 쓸모가 없어졌지만 그 대신 서로의 깊은 사랑을 확인했다.

> **핵심**
>
> 자기 각성의 결말은 '내'가 마침내 '우리'로 거듭나는 것이다. 서로 다른 두 개인이 하나의 아름다운 공동체가 된다.

이 커플이 마주하는 새로운 삶이란 어느 한쪽이 이기는 것이 아니라 두 사람이 함께 서로의 문제를 해결해나가는 것이다. 사랑이 두 사람 모두를 더욱 강하게 만든다는 통찰을 얻게 된다.

이에 해당하는 예시로 「네 번의 결혼식과 한 번의 장례식」, 「노팅 힐」, 「해리가 샐리를 만났을 때」, 「포레스트 검프」, 「문스트럭」, 「귀여운 여인」, 「뮤직맨Music Man」, 「작은 신의 아이들」, 「투씨」, 「필라델피아 스토리」가 있다.

로맨스 스토리 비트: 새로운 평형—결속 또는 작별

스토리의 결말에는 두 인물이 결혼을 하며 두 사람의 사랑이 활짝 피어나는 장면이 등장하거나 비극적이게도 영원히 헤어지는 모습이 등장한다.

선택지 1. 결속(결혼 또는 재결합)

결속은 행복한 로맨스의 핵심이자 감상자가 들인 정서적 투자에 보상을 전해주는 결말이다. 사람들이 로맨스를 읽고 보는 이유 중 하나가 바로 이 행복한 결말 때문이다.

> **핵심**
>
> 결속으로 결말이 나지 않는다면 독자들은 크게 동요할 것이다. 따라서 그러한 결말에 이르게 된 타당한 이유를 제시해야 한다.

세 가지 스토리 비트가 충족되어야 감상자가 결말에 큰 감동을 느낄 수 있다.

- 스토리 초반에 서로를 향한 깊은 욕망이 드러나야 하고
- 이별을 경험해야 하며
- 두 사람이 공개적으로 감정을 표현하며 재회하는 모습을 보여주어야 한다.

스토리에서 이 세 가지 비트를 모두 충족한다면 재회의 순간, 감상자는 예외 없이 기쁨의 눈물을 보일 것이다.

예시로는 「네 번의 결혼식과 한 번의 장례식」, 「노팅 힐」, 「해리가 샐리를 만났을 때」, 「투씨」, 「제리 맥과이어」, 『오만과 편견』, 「사이드웨이」, 「가장 위험한 해」, 「귀여운 여인」, 「포레스트 검프」, 「록키」, 『모히칸족의 최후』, 「시애틀의 잠 못 이루는 밤」, 「사랑의 블랙홀」이 있다.

「제리 맥과이어」에서 제리는 전 아내인 도로시와 그녀의 아들, 그녀의 언니가 함께 사는 집에 찾아간다. 마침 집에는 도로시의 언니가 속한 여성 모임이 진행 중이다.

> 제리: 안녕하세요. 안녕하세요. 제 아내를 보러 왔어요. 잠깐만요…. 오늘 밤 우리 작은 프로젝트가, 우리 회사가 큰 성공을 거두었어. 대단한 밤이었지. 하지만 완벽하지가 않았어. 완벽 근처에도 못 갔지. 당신과 나눌 수 없었으니까. 당신의 목소리를 들을 수도 없었고. 당신과 함께 웃을 수도 없었으니까. 내 아내가 너무 그리워…. 우리는 냉소적인 세상에 살고 있잖아. 아주 냉소적인 세상이야. 경쟁이 치열한 업계에서 일하고 있고…. 당신을 사랑해. 당신이 나를 완성시켜. 나는 그러니까….
> 도로시: 입 다물어. 그 입 좀 다물어. 나는 당신이 안녕하세요, 라고 말했을 때 이미 마음을 줬다고.
> 두 사람은 포옹한다.

"안녕하세요, 라고 말했을 때 이미 마음을 줬다"라니, 로맨스 사상 가장 아름다운 대사 중 하나다.

「사이드웨이」는 이 비트를 살짝 비틀어, 절반의 결속을 보여주며 향후 어떠한 가능성이 있음을 암시한다. 마일스가 음성 메시지를 재생하자 그의 소실이 정말 삼봉석이었냐고 말하는 마야의 목소리가 들려온다. 그녀는 그에게 언제 근처에 오게 되면 들르라고 말한다. 음성 메시지가 보이스오버로 흐르는 한편 마일스는 빗길에 차를 몰고 어딘가로 향한다. 그는 마야의 현관문을 두드리고….

선택지 2. 작별

비극적인 로맨스에서 가장 중요한 대목이다. 작가의 전략은, 사랑을 상실할 때 감상자가 사랑의 깊이를 가장 깊이 있게 느낄 수 있다는 것이다.

> **핵심**
>
> 위대한 사건만이 연인을 갈라놓을 수 있다. 한 사람이 더욱 큰 대의를 위해 자신의 사랑을 희생할 때 가장 아름다운 작별이 된다.

작별이 잘 구현되면 대단히 강렬한 인상을 남길 수 있다. 하지만 이제는 이러한 희생을 정당화하기가 어렵다. 감상자들은 진정한 사랑보다 더욱 중요한 것이 있다는 전제를 잘 받아들이지 못한다.

진정한 사랑을 잃어야 하는 이유를 설득력 있게 그릴 수 없다면 이 스토리 비트는 활용하지 않는 편이 좋다. 감상자의 분노를 사게 될 테니까. 이들은 이런 반응을 보일 것이다. 고작 저런 일 때문에 위대한 사랑을 포기한다고?

이 스토리 비트가 담긴 작품으로는 「500일의 썸머」, 「타이타닉」, 「카밀」, 「사랑의 승리」, 「밀회」, 『로미오와 줄리엣』, 『폭풍의 언덕』, 「토마스 크라운 어페어」, 「인 디 에어」가 있다.

선택지 3. 작별과 결속

드문 경우 캐릭터들은 사랑을 잃지만 다른 무언가를 얻기도 한다. 감상자에게는 두 마리 토끼를 다 잡은 것 같은 만족감을 줄 수 있는 결말이다.

「카사블랑카」는 작별과 결속을 모두 보여주는 최고의 사례다. 이만큼의 완성도 높은 결말을 보여주는 작품은 없다. 릭은 일자를 잃지만 새로운 친구 루이와 함께 안개 속으로 사라진다. 사실상 릭은 한 형태의 결합을 포기하고 다른 형태의 결합을 얻은 셈이다(역사상 최고의 '브로맨스' 중 하나로 꼽힌다).

> **핵심**
>
> 로맨스에서 버디 스토리로 전환이 가능한 데는 이야기 전반에 걸쳐 루이와의 스토리라인이 형성되었기 때문이었다. 또한 일자와의 관계보다 루이와의 스토리라인을 설정하는 데 더욱 공을 들인 덕분이다.

주제: 존재한다는 것은 사랑하는 것이다

사랑은 그저 수천 년간 수많은 스토리텔러와 작곡가들이 시적으로 포장해 온 낭만적이지만 공허한 개념이 아니다. 플라톤의 말처럼 순간의 광기도 아니다. 물론 그렇게 느껴질 수는 있지만 말이다. 단순히 인류라는 종족을 영구적으로 보존하기 위한 하나의 방편도 아니다. 사랑은 인간으로서 '꽃을 피우기' 위해 반드시 경험해야 하는 하나의 존재 상태다.

로맨스는 사랑이야말로 우리를 이 세상에서 타인과 연결시켜 주는 힘이라고 말한다. 이 감정은 타인을 향한 돌봄으로 이어진다. 그 돌봄은 행하는 사람과 받는 사람 모두를 성장하게 하는 하나의 피드백 루프를 만들며, 그 효과는 공동체로 확장된다.

다른 장르와 달리 로맨스는 존재한다는 일상의 감각에 대해서 말하지 않는다. 우리가 가장 충만하게 살아 있는 삶 속에서 존재한다는 것이 어떤 의미인지에 대해 말하는 장르다. 사랑은 진정으로 존재하기 위한 전제 조건이다.

로맨스의 주제 공식: 사랑

모든 장르가 그렇듯, 로맨스 장르도 좋은 삶을 사는 방법이 무엇인지를 주인공의 행동과 모든 스토리가 반드시 대답해야 하는 장르의 핵심 질문으로 보여준다. 로맨스에서 주인공은 사랑을 얻고자 한다. 이 장르를 한 줄로 요약하자면 사랑하는 남자 또는 여자의 이야기가 정도로 대단히 단순하다. 좋은 로맨스는 사랑이라는 행위를 극단으로 보여준다.

> **핵심**
> 남자 또는 여자는 상대와의 수많은 차이와 외부의 방해, 서로가 저지르는 모든 실수에도 불구하고 반드시 사랑을 해야 한다.

그렇기 때문에 이 장르의 핵심 질문은 이것이다. 당신의 사랑은 어느 정도인가? 하지만 누군가에게서 사랑하는 감정을 느끼는 것만으로는 충분하지 않다. 자기 안에서 행복해질 수 없다면 사랑으로 행복해질 수 없다. 사랑을 통해 스스로 행복해지면, 그렇게 완전히 피어난 두 개인으로 위대한 사랑이 완성된다.

로맨스 장르가 말하는 좋은 삶을 위한 공식, 사랑으로 사는 삶은 다음 세 가지 측면에서 독자들에게 깨달음을 줄 수 있다.

1. 돌봄으로서의 사랑

이성간의 사랑은 강렬한 감정이다. 하지만 시간이 지나면 감정이 식을 수도 있다. 두 삶의 관계는 그저 상징적이거나, 당연해지거나, 심지어 무미건조해질 수도 있다. 반면 돌봄은 언제나 능동적이다. 돌봄은 사랑을 바탕으로 한 변화다. 인간의 능력을 일깨워 더욱 충만한 삶을 가능하게 한다. 이렇듯 능동적인 사랑만이 두 사람을 더욱 나은 존재로 만들고 장기적으로 행복한 삶을 누릴 수 있다.

2. 사랑하는 법을 배우는 여정

로맨스를 읽는 동안 우리는 두 캐릭터가 사랑에 이를 수 있을지에 몰입한다. 하지만 로맨스의 구조 속 깊은 곳으로 들어가면 물리적인 사랑의 예술에 대해 말하는 이야기가 아님을 알 수 있다. 로맨스는 우리가 배워야 할 도덕적인 사랑의 예술에 대한 이야기니 동시에, 사랑을 위해 희생할 때 훨씬 많은 것을 얻을 수 있다는 이야기다. 이는 장르의 도덕적 논증이기도 하다. 그리고 두 캐릭터 모두 스토리의 결말에 이르러 반드시 깨달아야 할 가르침이다.

3. 좋은 대화의 마법

앞서 설명했듯 로맨스 마인드-액션 스토리 관점을 통해 감상자는 가장 내밀한 차원의 성장의 언어를 이해할 수 있다. 로맨스 소설과 로맨틱 코미디에서 내밀한 차원의 성장에 가장 중요한 요소는 좋은 대화의 마법이다. 이는 성별을 불문하고 두 사람 사이에 기지, 재시 있는 대화, 플러팅이 오가고 경청하는 법을 배우고 진정한 소통을 나누는 행위 전반을 의미한다. 이 좋은 대화의 마법을 통해 동등한 파트너십과 오래 지속되는 관계가 가능해진다. 벤저민 프랭클린Benjamin Franklin(미국의 정치인—옮긴이)의 말을 조금 달리 표현해 보자면, 이 대화의 마법을 유지할 수만 있다면 진정한 사랑이 가능해진다.

로맨스를 초월하는 법

고전적인 로맨스는 사랑의 예술을 표현한다. 초월적 로맨스는 '결합marriage'의 예술을 탐구한다. 고전 로맨스가 결혼으로 끝나는 반면 초월적 로맨스는 거기서부터 시작된다. 이 장르는 오래 지속되는 진정한 사랑을 가로막는 난관이 무엇인지, 또 그러한 사랑을 가능케 하는 방법은 무엇이 될지를 극적으로 표현한다. 그리고 그 비극을 통해서 부정적으로, 두 사람이 사랑으로 평생 어떻게 성장해 나가는지를 통해서 긍정적으로 보여준다. 긍정적인 스토리의 전략은 두 사람이 함께 노력하고 조화를 이루며 개인의 행복을 지속하는 모델을 제시하는 것이다.

초월적 로맨스는 크게 세 가지 형식으로 나눌 수 있다.

1. 전통적 결혼의 비극

이 형식은 결혼이라는 로맨스의 구조적 종착점이 왜 실패하는지 보여준다. 그 사례로는 『안나 카레니나』, 『마담 보바리』, 『더 와이프』, 『각성The Awakening』, 「레볼루셔너리 로드」, 「결혼의 풍경Scener ur ett äktenskap」, 『폭풍의 언덕』, 「마담 드…」, 「밀회」, 「누가 버지니아 울프를 두려워하랴?」, 『순수의 시대』, 『여인의 초상』, 헨리크 입센의 희곡 『헤다 가블러』, 스트린드베리Strindberg의 희곡 『아버지The Father』가 있다.

2. 재혼 코미디

재혼 코미디는 두 사람이 두 번째 기회를 맞아 결혼을 지속하는 법을 배우는 과정을 보여준다. 이에 해당하는 작품으로는 「필라델피아 스토리」, 「이혼 소동」, 「마이 페이버릿 와이프」, 「그의 연인 프라이데이」, 「아담과 이브」, 「페어런트 트랩」이 있다.

3. 트루 러브와 결혼의 예술

트루 로맨스는 결혼의 예술과 사랑을 오래 지속시키는 방법을 탐구한다. 여기에 해당하는 작품으로는 『오만과 편견』, 「네 번의 결혼식과 한 번의 장례식」, 「그림자 없는 남자」, 「한나와 그 자매들」, 『이성과 감성』, 「아담과 이브」, 「가장 따뜻한 색, 블루」, 「비포 미드나잇」, 「우리 생애 최고의 해」가 있다.

초월적 로맨스는 결혼이라는 개념의 철학적 문제에 초점을 맞춘다. 그리고 어떻게 해야 타인과 오랜 시간을 함께하며 서로에게 유익한 방향으로 삶을 잘 꾸려갈 수 있는지 묻는다. 결혼은 가장 내밀하고 정서적인 관계라는 점에서 다른 사회적 집단과 차이가 크다. 하지만 이런 관계는 종속과 불평등, 관계 자체의 파괴라는 위험 또한 높인다.

연애와 달리 결혼은 종착점이 정해지지 않은 장기적 관계다. 따라서 극적인 구조를 갖기 어려운 예술 양식처럼 보인다. 상승하는 예술 양식이 아니라 지속되는 예술인 셈이다.

하지만 반드시 그렇지도 않다. 결혼은 두 인간 사이의 살아 있는 관계다. 살아 있는 관계는 반드시 극적인 구조를 갖는다. 관계의 기간이 너무 길어 우리가 한번에 그 전체 구조를 파악할 수 없을지라도 말이다.

결혼이 지닌 극적 구조를 파악하기 어려운 이유 중 하나는 대다수의 스토리와는 반대된 구조를 따르기 때문이다. 절정을 향해 고조되는 크레셴도 구조가 아니라 디크레셴도로 점점 약해지다 평형 상태에 이르는

다. 개별적인 두 사람이 경험할 수 있는 가장 뜨거운 결속의 형태로 시작한 사랑은 점차 다른 형태의 관계로 변해가는 것이다.

> **핵심**
>
> 결혼이 디크레셴도의 구조를 지녔다는 것이 곧 극적이지 않다는 방증이라고 주장할 수도 있다. 하지만 이는 사실이 아니다. 극적인 요소가 사라진 게 아니라 관계의 형태가 달라진 것뿐이다.

구애의 로맨스 속 크레셴도 비트는 다음과 같다.

- 스토리 세계: 마음-몸, 이국적인 하위 세계
- 심리적, 육체적 욕구를 지닌 두 사람
- 자아를 성적으로 외부에 투사
- 시선, 끌림, 욕망, 두려움
- 상대와 말로 벌이는 다툼
- 관계의 시작과 탐색
- 키스, 댄스, 육체적 결합
- 이별
- 말로 벌이는 전투
- 자기 각성: 상호 인식의 전환
- 새로운 평형: 결속 또는 작별

트루 로맨스 또는 지속적인 로맨스의 디크레셴도 비트는 아래와 같다.

- 결속: 결혼
- 새로운 연인: 사랑의 탐색
- 약점: 일상에 스며든 사랑과 남녀 간의 차이
- 욕망: 삶의 성공, 열정이 식어도 사랑을 가꿔나가야 한다는 뒤늦은 깨달음
- 대립: 일상 속 사랑을 가로막는 난관들
- 도덕적 논증: 장기적 사랑에서 발생하는 문제들
- 자기 각성: 삶의 방식으로서의 사랑
- 새로운 평형: 더욱 고차원적인 사랑

초월적 로맨스는 그 유형에 따라 결혼의 비트들이 각기 다른 방식으로 전개된다.

로맨스 초월하기 1: 전통적 결혼의 비극

구시대적 계약의 드라마

전통적인 결혼의 비극을 다룬 스토리들은 사랑이라는 감정에 초점을 맞추며 시작된다. 하지만 그 감정이 식으면 관계는 상징적이고 공허해진다. 열정이 없는 결혼 생활은 엔진이 꺼진 기계처럼 멈춰 선다. 부부는 그저 형식적인 역할만 다하는 사이가 된다.

스토리는 이제 좀 더 깊이 파고들어 결혼이 실패하는 구조적인 이유로 초점을 옮겨 전개된다. 사랑은 그저 감정이 다가 아니다. 하나의 공동체로 함께 살아가는 방법을 배우는 것까지도 사랑이다. 따라서 사랑에는 두 사람 사이에 일종의 계약이 존재하는 셈이다. 다시 말해 하나의 공동체로 함께 살며 상대에게 무언가를 기대하고 또 무언가를 해주어야

하는 관계다(범죄 장의 도덕적 청산 참고).

남성이 아름다운 여성을 쫓고 마침내 얻는 성적인 액션 스토리들처럼, 전통적 결혼의 비극 스토리들은 남성과 여성 사이에 존재하는 구시대적 결혼 계약 관계에 대한 이야기다. 이 결혼 계약은 인류의 가장 기본적인 구분인 남성과 여성이라는 차이를 바탕으로 사회생물학적 관점에서 성별의 차이를 해석한다. 구시대적 결혼 계약에는 몇 가지 핵심 조항이 있다.

- 남성의 주된 매력은 권력과 돈이다
- 여성의 주된 매력은 육체적 아름다움이다
- 남성은 필요한 자원을 제공하는 역할을 맡는 데 동의한다
- 여성은 자녀를 돌보는 역할에 동의한다

이러한 요소들로 인해 남성과 여성에게는 생물학적 역할만 남는다. 당연하게도 이 거래는 양측 모두에게 파괴적인 결말을 안긴다. 남성은 끊임없이 자원을 제공하기 위해 일을 하다 기계처럼 변한다. 여성은 남성에게 모든 것을 의존한 나머지 아이가 된다. 양측은 공정한 거래라고 여길지 모른다. 하지만 이 계약에는 실패의 씨앗이 내재되어 있으며, 결과적으로는 두 사람 모두 상처를 받는다.

전통적 결혼의 비극을 다룬 스토리들은 시간이 지남에 따라 이러한 계약이 파괴적인 순환으로 이어지는 과정을 보여준다.

인간의 정신을 외부로 가장 뚜렷하게 투사한 결과물인 사랑은 변화와 파괴의 힘을 모두 지니고 있다. 『마담 보바리』는 이 강렬한 감정적 투사가 얼마나 위험할 수 있는지를 보여주는 로맨스다. 마담 보바리는 지루한 시골 의사와 결혼한다. 낭만주의 문학에 불타오르는 상상력으로 그녀는

두 차례 외도를 저지르고 상류층의 값비싼 물건들을 사며 빚을 쌓는다. 더는 갈 곳이 없어진 그녀는 비소를 먹고 스스로 목숨을 끊는다.

「마담 드…」는 제목부터 구시대적 결혼 계약의 본질을 담고 있다. 마담 드…(영화에서는 그녀의 이름이 끝내 등장하지 않는다)는 빚을 갚기 위해 남편이 선물한 다이아몬드 귀걸이를 팔아야만 한다. '원형the Round'의 플롯 구조로 전개되는 이 스토리는 남편의 경제력에 의존하는 마담 드…가 점점 더 나락으로 떨어지는 하강 순환을 보여준다.

「문스트럭」은 메인 플롯과 서브 플롯으로 전개된다. 각 스토리라인은 배우자를 향한 정절의 개념을 서로 다른 시각으로 비춘다. 주요 스토리라인에서 로레타는 조니와 약혼한 상태지만 그를 사랑하지는 않는다. 그녀는 조니의 동생 로니와 뜨거운 불륜에 빠진다. 각본가는 진정한 사랑이라면 불륜도 정당화될 수 있다는 도덕적 논증을 펼친다.

서브 플롯에서는 로레타의 부모님, 코스모와 로즈가 등장한다. 코스모는 아내를 사랑하고 로즈 또한 그를 사랑하지만 코스모는 외도를 저지른다. 각본가는 서브 플롯을 통해 깊은 사랑과 신뢰보다 육체적 열정을 우선시하는 외도는 옳지 않다고 말한다.

로맨스 초월하기 2: 재혼 코미디

스탠리 캐벌Stanley Cavell(미국의 철학자이자 미학자—옮긴이)이 처음 개념화한 서브 장르인 재혼 코미디는 트루 로맨스의 한 형태이나 그 잠재력이 제대로 파헤쳐지지 않은 영역이다.● 이 장르는 고전적인 구애의 로맨스만큼이나 비현실적이다. 다만 결혼의 실패에서 시작하는 장르란

● 스탠리 캐벌, 『행복의 추구: 할리우드의 재혼 코미디Pursuits of Happiness: The Hollywood Comedy of Remarriage』.

점에서 차별점이 있다. 이 장르는 트루 로맨스의 중요한 질문과 맞닿아 있다. 왜 그들의 사랑은 지속되지 못했는가?

이 서브 장르는 몇 가지 심각한 과제를 안고 있다. 먼저 이 장르를 구현한 스토리가 매우 적다. 이 장르에 속하는 스토리는 거의 대부분이 1930년대에서 1940년대 작품이다. 또한 재혼 코미디는 고전적인 구애의 로맨스 요소를 반복한다는 점에서 한계가 있다. 이혼한 커플이 다시 서로에게 사랑에 빠지는 과정이 반복되는 것이다. 스토리는 이들의 재혼으로 결말을 맺는다.

다만 재혼 코미디의 한 가지 강점은 지속 가능한 사랑이 지닌 본질적인 난제를 정면으로 마주한다는 데 있다. 바로 두 사람이 지속 가능한, 새로운 결혼 생활의 기반을 만들어나갈 수 있는가에 대한 문제다.

여러 면에서 재혼 코미디는 현대화된 고전 여성 신화라고 볼 수 있다. 재혼 코미디의 원형은 바로 큐피드와 프시케의 이야기다. 큐피드는 '욕망' 또는 '사랑'(그리스어로 '에로스')을 의미하고, 프시케는 '영혼' 또는 '생명의 숨결'을 뜻한다. 남편을 불신한 프시케는 그를 배신한다. 이로 인해 큐피드의 어머니이자 사랑의 여신인 아프로디테는 프시케에게 일련의 시련을 안긴다. 프시케는 이 모든 시험을 통과하고 남편과 재회한다.

다만 재혼 코미디는 현대화된 고대 신화 그 이상이다. 결혼과 재혼은 인간이라는 종의 기본적인 관계 형태이자, 오랜 시간 어떠한 방식으로든 존재해 온 개념이다. 기본적인 스토리 비트에 특별한 반전을 더한다면 재혼 코미디는 향후 스토리텔링에서 트루 스토리 장르의 주된 양식으로 자리 잡을 수 있을 것이다.

재혼 코미디를 효과적으로 구현하는 데 중요한 요소들이 몇 가지 있다.

1. 스토리 초반, 이혼이라는 과거에 사로잡힌 인물들이 등장해 결혼

을 파탄에 이르게 한 상대의 결점들을 두고 싸움을 계속한다.
2. 스토리가 전개되며 이 캐릭터들이 어쩔 수 없이 함께해야 하는 상황이 벌어진다. 이들은 상대에게서 유쾌하고 즐거운 면들을, 결혼과 자녀 양육이라는 책임감 때문에 사라졌던 모습들을 발견한다. 서로의 본질에 가까운 모습들이다. 상대에게서 새로운 면을 발견하고 두 사람은 다시 사랑에 빠진다. 처음 결혼을 결심했던 이유들은 이제 무의미해지고 이들은 더욱 깊은 사랑을 발견한다.
3. 상호 인식의 전환으로 (상호 자기 각성) 두 사람은 사회적 규범이나 전통적인 성 역할, 전통적인 가족상이 아닌 동등한 관계 안에서 더욱 고차원적이고 진정한 사랑을 기반으로 결혼 생활을 만들어가는 법을 배운다.

> **핵심**
>
> 재혼 코미디에서는 서로에게 다시, 다만 전보다 더욱 깊이 사랑에 빠지려면 전 배우자에게서 새롭고도 더욱 깊은 내면의 모습을 발견하는 계기가 있어야 한다.

로맨스 초월하기 3: 트루 러브와 결혼의 예술

트루 로맨스는 새로워진 결혼 계약 속에서 함께 살아가는 방식에 초점을 맞추고, 주제를 확장해 세상 속에서 새로운 방식으로 존재하고 살아가는 법에 대해 이야기한다.

> **핵심**
>
> 로맨스의 경우 다른 장르보다 긍정적인 초월적 스토리가 적은 편이다.

하지만 초월적인 로맨스는 거의 모든 이에게 가장 중요한 이야기이기도 하다. 그렇다면 왜 이러한 스토리를 찾아보기가 어려운 걸까? 평생에 걸쳐 사랑 속에서 살아가는 법을 극으로 표현하는 것이 상당히 어렵기 때문이다.

> **핵심**
>
> 따라서 작가는 두 가지 질문에 답해야 한다. 어떻게 해야 두 사람은 초반의 구애를 넘어서 더욱 깊은 차원의 사랑으로 나아갈 수 있는가? 그리고 어떻게 해야 사랑의 열정을 그려내는 데 그치지 않고 더욱 단단하며 더욱 오래 지속되는 사랑을 구현할 수 있는가?

이는 삶에서 매우 큰 과제 중 하나다. 문제는 트루 로맨스 창작이 어려운 이유이자 이러한 작품이 드문 이유로 이어진다. 즉 스토리의 중심축, 드라마를 이끄는 핵심을 찾는 것이 어렵다는 의미다.

고전적인 로맨스는 구애 과정이라는 명확하고도 구체적인 목표 아래서 전개된다. 두 인물이 서로를 발견하고 서로를 원한다. 이후 이들의 행동은 결혼이라는 소용돌이 지점으로 향한다. 하지만 구애의 과정이라는 목표를 넘어선 스토리에는 틀과 추진력을 부여하는 하나의 욕망선이 사라진다.

이때 다음과 같은 질문이 등장한다. 평생에 걸친 사랑을 형상화할 수 있는 예술적 장치는 무엇인가?

트루 로맨스가 드물기에 아리스토텔레스식으로 사례를 통해 스토리 비트와 원칙, 기법을 참고하기가 어렵다. 따라서 구시대적 결혼 계약을 재현하는 비극적 로맨스와는 달리 트루 로맨스는 '새로운 결혼' 계약의 요소를 살펴보며 시작해야 한다. 이를 통해 트루 로맨스를 어떻게 풀어가야 할지 감을 잡을 수 있을 것이다.

새로운 결혼 계약

새로운 결혼 계약에서는 남성과 여성의 차이를 구시대적 결혼 계약과는 완전히 다른 관점으로 바라본다. 새로운 결혼 계약은 남성과 여성을 생물학적 역할로 전락시켜 대비하지 않고, 두 사람의 사이를 예술적인 관계로 다룬다. 이는 모든 성별 간의 현대적 로맨스의 길을 열어줄 수 있다.

- 연인 1의 매력은 상대를 돌보는 방식에서, 상대의 본모습을 소중히 여기고 상대에게 더욱 멋진 인간이 될 수 있다는 잠재력을 일깨우는 태도에서 나온다
- 연인 2의 매력은 두 사람의 관계를 돌보고 상대가 최고의 자아에 이를 수 있도록 격려하는 태도에서 나온다
- 두 사람은 자신이 할 수 있는 만큼 자원을 제공하기로 동의한다
- 두 사람은 모두 아이를 돌보기로 동의하며 각자가 고유한 방식으로 자녀 양육에 기여하는 바를 인정하고 격려한다

이러한 계약은 당연하게도 창조적인 대립이라는 결말로 이어진다. 상대의 생물학적 차이를 인정하는 한편 양측 모두에게 한 인간이 지닌 잠재력을 극대화시키는 대립이다.

> **핵심**
>
> 새로운 결혼 계약을 통해 창의력이 극한으로 확장된다. 각 파트너는 삶의 모든 영역에서 매일같이 창의력을 발휘할 수 있다. 이러한 파트너십에서 사랑은 전반적인 삶의 방식이 된다.

트루 로맨스 스토리 비트

트루 로맨스가 새로운 결혼 계약을 어떻게 보여주는지, 그리고 앞서 등장한 결혼의 디크레센도 비트를 어떻게 전개하는지 살펴보겠다.

트루 로맨스 스토리 비트: 결속-결혼

주인공들의 결혼식 또는 결혼 직후의 시점에서 스토리가 시작된다. 사랑의 종전 목표는 달성한 셈이다. 이제 이들은 함께하는 삶이라는 미지의 미래를 마주하고 있다.

트루 로맨스 스토리 비트: 새로운 연인-사랑의 탐색

이 주인공들은 새로운 유형의 연인을 보여준다. 기존의 구애 로맨스와는 달리 남성은 빈틈없이 전략을 세워 여성을 정복하겠다는 욕망에서 출발하지 않는다. 여성 또한 남성의 속임수를 파악해 내고 그가 원하는 바를 가로막아 주도권을 쥐겠다는 욕망에서 시작하지 않는다.

두 사람은 결합을 목표로 하지도 않는다. 이미 결혼을 했기 때문이다. 두 캐릭터는 과거의 욕망이나 계획에 묶여 있지는 않지만 그렇다고 해서 약점이 없는 건 아니다.

트루 로맨스 스토리 비트: 약점—일상에 스며든 사랑과 남녀 간의 차이

이 새로운 연인들은 결혼 생활을 시작하며 두 사람의 사랑이 진정으로 어떤 의미인지 탐색하기 시작한다. 문제는 두 사람이 구시대적 결혼 계약의 산물이라는 것이다. 이들은 결혼이라는 행복은 위대함을 향한 여정의 출발점일 뿐이라는 사실을 알지 못한다.

부부는 여전히 문화적, 생물학적 차이의 틀에 갇혀 있다. 스스로를 '깨어 있는' 사람이라고 생각할지 몰라도, 수천 년간 쌓여온 문화적 기대와 전통적 가치들이 이들의 의식에 얼마나 큰 영향을 미쳤는지 파악조차 하지 못한 채다.

트루 로맨스 스토리 비트: 욕망—삶의 성공

주인공들은 구시대적 역할은 믿지 않으면서도 이제 안정적인 사랑에 접어들었다는 구시대적 발상을 한다.

이제 이들은 일에서의 성공으로 관심을 돌린다.

이는 로맨스의 기본에 깔려 있는 '삶의 성공'이라는 목표와 유사하다. 이들은 어떠한 갈등에 직면하기 전에는 사랑에 대한 구체적인 목표를 세우지 않는다. 그보다 시간이 훨씬 지난 뒤 자기 각성의 순간을 통해서야 이 '새로운 연인들'은 처음부터 어떠한 목표를 세웠어야 했는지 깨닫는다.

트루 로맨스 스토리 비트: 대립–일상 속 사랑을 가로막는 난관

일반적인 글쓰기 과정에서는 주인공의 욕망을 먼저 설정한다. 욕망이 정해지고 나면 대립은 자연스럽게 탄생한다. 하지만 트루 로맨스의 난제는 바로 구애와 같은 뚜렷한 목표가 없어 스토리의 중심축이 존재하지 않는다는 것이다.

기법: 욕망 전에 대립을 설정한다

트루 로맨스에서는 글쓰기 과정을 반대로 진행해야 한다. 대립을 먼저 설정한 후 이 대립이 어떠한 욕망에서 시작되었는지 거슬러 올라가며 스토리의 형태를 잡는 것이다.

어떠한 결혼이든 대립의 요소들은 무한하다. 다만 일반적으로는 대립의 범주를 크게 다음과 같이 나눌 수 있다.

- 부모와 자녀를 동시에 돌보면서도 커플의 사랑을 유지하는 데 따르는 어려움
- 일과 사랑의 균형을 맞추려는 노력에서 발생하는 도덕적 갈등
- 커플에게 강력히, 동시에 은근하게 영향을 미치는 경제, 정치, 사회 변화와 같은 거대한 사회적 힘

이러한 난관들이 커플의 일상 속 사랑에 어떠한 영향을 미치는지에 초점을 맞춘다.

트루 로맨스 스토리 비트: 도덕적 논증–장기적 사랑에서 발생하는 문제

지속적이고도 진정한 사랑을 가로막는 일상의 난관들은 더욱 깊은

도덕적 문제들을 드라마로 풀어가기 위한 장치인 셈이다. 이 장르가 말하는 도덕적 문제들을 몇 가지 들어보자면 다음과 같다.

- 좋은 거짓말 VS 나쁜 거짓말: 두 사람 사이에 정직함이 최선일까? 정직함이 더욱 나은 상황이 따로 있는 걸까? 아니면 정직함은 결국 파괴적인 결과로 이어지게 될까?
- 자녀와 배우자 중 누구를 우선시해야 하는가? 자녀는 부모의 사랑을 어떻게 약화시키는가?
- 사람은 가족만이 아니라 사회도 사랑할 수 있을까? 가족을 잃지 않으면서도 사회에 기여하는 일이 가능한가?

트루 로맨스 스토리 비트: 자기 각성–삶의 방식으로서의 사랑

사람은 단 한 번의 자기 각성으로 '새로운 연인'으로 변화하지 않는다. 몇 차례의 자기 각성이 이루어져야 캐릭터는 점차 사랑은 일시적인 황홀감이 아니라는 사실을 다시금 깨닫는다. 그리고 새로운 행동 양식을 함양하며 사랑을 삶의 방식으로 삼아야 한다는 점을 알게 된다.

> **핵심**
>
> 연인-파트너는 열정이 식기 시작할 때 이를 의식적으로 유지하거나 되살리려 노력해야 한다. 다시 말해 사랑은 가꿔나가야 할 대상이다.

기법: 모든 일에 창의력을 발휘하라

삶의 모든 측면에, 특히나 사랑에 창의력을 발휘해야 한다.

창조란 단순히 어떠한 결과물을 뜻하는 것이 아니다. 창조는 하나의 과정이다. 큰 의미에서 보자면 두 사람은 함께하는 삶을 만들어나가는 예술가가 되어야 한다. 이렇게 사랑은 두 사람이 하는 모든 일에 스며든다. 두 사람이 발휘하는 창의력이 구체적으로 드러날 때가 있다.

- 두 사람의 삶을 더욱 충만하게 만드는 데 방해가 되는 상대의 약점을 인식하고 이를 치유할 수 있도록 도움을 준다
- 두 사람 모두 성적인 스킨십과 신체성을 서로를 돌보는 방식의 일환으로 접근한다
- 각자 서로를 더욱 깊이 있게 알아가고 함께 지내는 데 도움이 되는 친밀한 방법을 찾아간다. 논쟁이나 비난을 하거나 과거의 실수 또는 감정을 후회하는 게 아니라, 함께 문제를 해결해 나가는 과정에서 장난기를 발휘하고, 따뜻함과 친절함, 존중을 보이며 어떤 일이든 사랑에 기초한 태도로 함께하는 것이다

트루 로맨스 스토리 비트: 새로운 평형-고차원적인 사랑

새로운 균형이란 단순히 두 사람 사이에서 사랑이 다시 생겨난다는 의미가 아니다. 그보다 더 나아가 두 사람이 더욱 진화한 '연인'으로 거듭나는 것을 뜻한다. 어떤 경우 아이처럼 의존적인 성향을 극복한 것일 수도 있고, 기계 같은 모습에서 벗어나는 것일 때도 있다. 그게 무슨 형태든 서로에게 유익하게 작용하는 새로운 계약 위에서 두 사람이 더욱 고차원적인 사랑을 만들어가게 되는 것이다.

새로운 연인의 모습을 보여주는 작품으로 『오만과 편견』, 「네 번의 결혼식과 한 번의 장례식」, 「그림자 없는 남자」, 「한나와 그 자매들」, 『이성과 감성』, 「아담과 이브」, 「가장 따뜻한 색, 블루」, 「비포 미드나잇」, 「우

리 생애 최고의 해」가 있다.

행복한 결혼의 예술을 보여주는 스토리

앞서 언급했듯 트루 러브와 행복한 결혼을 보여주는 스토리가 많지 않다. 스토리의 기본 원칙, 즉 스토리에는 반드시 갈등이 존재해야 하고, 갈등은 많을수록 좋다는 원칙 때문이다. 이 원칙은 레프 톨스토이Leo Tolstoy의 『안나 카레니나』 속 유명한 구절에서도 드러난다, "행복한 가정은 모두 비슷하지만 불행한 가정은 불행의 이유가 저마다 다르다."

어떠한 사회적 조직을 배경으로 하든 행복은 극화하기가 불가능할 정도다. 반면 불행은 (톨스토이처럼만 써낼 수 있다면) 톨스토이 소설만큼의 분량과 밀도로 풀어낼 수 있다. 여기서는 행복한 결혼의 예술을 성공적으로 구현한 작가와 스토리를 살펴보고자 한다.

앞서 제인 오스틴의 세 명의 구혼자 기법을 알아봤다. 이 구혼자들은 한 여성과의 결혼이라는 고전 로맨스의 목표를 달성하기 위해 경쟁을 벌인다. 하지만 동시에 이들은 결혼 생활의 다양한 모델을 제시하기도 한다.

『오만과 편견』의 베넷가에는 다섯 명의 딸이 있다. 이 자매들의 구혼자로 다아시, 빙리, 콜린스, 위컴이 등장한다. 이 커플들을 비교하며 어떠한 커플이 행복한 결혼 생활을 이어갈지 살펴보겠다.

제인과 빙리: 이 결혼은 행복할 가능성이 높다. 구시대적 결혼 계약을 바탕으로 한다. 하지만 빙리는 자상하고 사랑이 넘치는 독재자가 될 것이고, 순하고 착한 제인은 그의 조력자라는 역할에 만족할 것이다.

엘리자베스의 친구인 샬럿과 콜린스: 엘리자베스가 거절한 콜린스를 샬럿이 차지한다. 이들은 구시대적인 전통 계약의 극단적인 형태를 보여준다. 콜린스는 부유하지만, 멍청하고 활력이 넘치는 샬럿은 이 따분한 남성을 견디지 못하고 답답함을 느끼게 될 것이다.

키티와 위컴: 기만과 거짓된 부를 바탕으로 한 구시대적 결혼 계약이다. 결혼 생활은 외도와 비난으로 가득할 가능성이 높다.

엘리자베스와 다아시: 구시대적 결혼 계약에 기반을 두지만 그 시대와 문화가 허락하는 한에서 새로운 결혼 계약에 가장 가까운 모습을 보여준다. 총명한 엘리자베스는 평등한 관계를 추구하고 부유한 다아시는 자신과 동등한 여성을 선호한다.

대실 해밋의 원작을 바탕으로 한 「그림자 없는 남자」 영화 시리즈는 추리물과 로맨틱 코미디를 결합한 작품이다. 이 영화가 만들어낸 연인 관계인 탐정이라는 공식을 본떠 수많은 영화와 텔레비전 드라마가 탄생했다. 「그림자 없는 남자」 시리즈는 역사상 가장 행복한 결혼 생활을 보여주는 영화로 많은 이의 인정을 받는 작품이다. 그렇다면 이들의 결혼을 행복하게 만드는 핵심적인 특징들은 무엇일까?

- 함께 일한다
- 경제적 여유가 있다
- 둘의 관계를 방해하는 자녀가 없다
- 두 사람 모두 장난기가 넘친다
- 서로를 웃게 한다
- 서로의 차이를 존중한다
- 서로를 위험에서 지켜준다
- 자신 안의 아이 같은 면을 서로에게 보여준다
- 서로와 함께 있는 시간을 즐긴다

간단히 말해 창의력이 결혼의 토대를 이루고 있다.

사다리의 다음 단

사랑은 우리가 일상에서 행복할 수 있는 비결이다. 초월적 로맨스는 우리가 어떤 사람으로 변화할 수 있을지 거대한 잠재력을 보여준다. 성별, 장애, 인종, 지위, 종교를 넘어 모든 형태에서 사랑을 탐험하는 자유를 통해 우리는 고정된 틀을 극복하고 사랑 속에서 개인의 진정한 모습을 드러낼 수 있다. 이렇게 형성된 친밀한 공동체는 더욱 큰 커뮤니티에 영향력을 미치고, 독자들에게도 사랑 속에서 삶을 살아가야 한다는 영감을 전해준다.

그렇다면 두 사람 간의 사랑이 거대한 공동체로 확장된다는 이 개념은 장르의 계몽 사다리를 오르는 과정에서 의미를 지닐까? 지금껏 우리는 낮은 곳에서 높은 곳으로 향하는 위계에 따라 장르를 순서대로 탐험했다. 사다리의 최상단에 오른 지금, 우리는 이 모든 장르가 하나의 태피스트리를 이룬 모습을 볼 수 있다. 헤겔의 철학을 빌려 말하자면, 어떠한 하나의 장르가 인생의 해답을 전해주지는 못한다.

> **핵심**
>
> 우리는 각 장르가 제공하는 삶의 철학 모두가 필요하다.

모든 이야기 양식이 전해주는 최고의 통찰을 받아들일 때, 우리는 행복한 삶을 가장 풍부하고도 확실하게 경험할 수 있다.

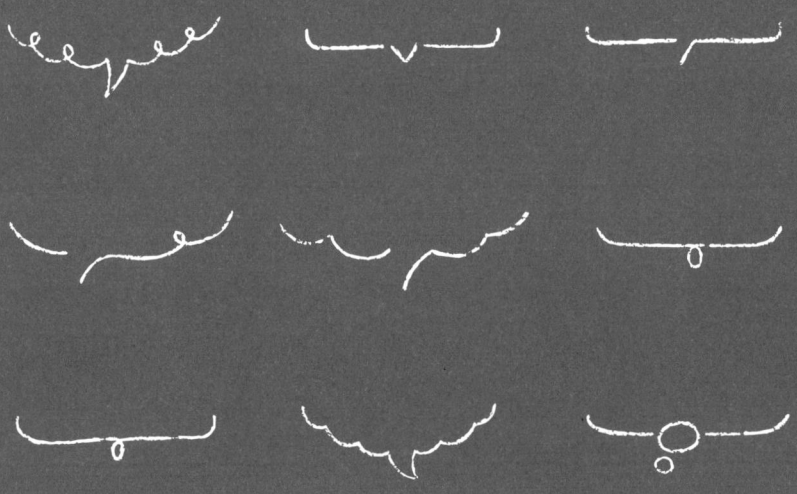

13.
스토리텔링의 미래

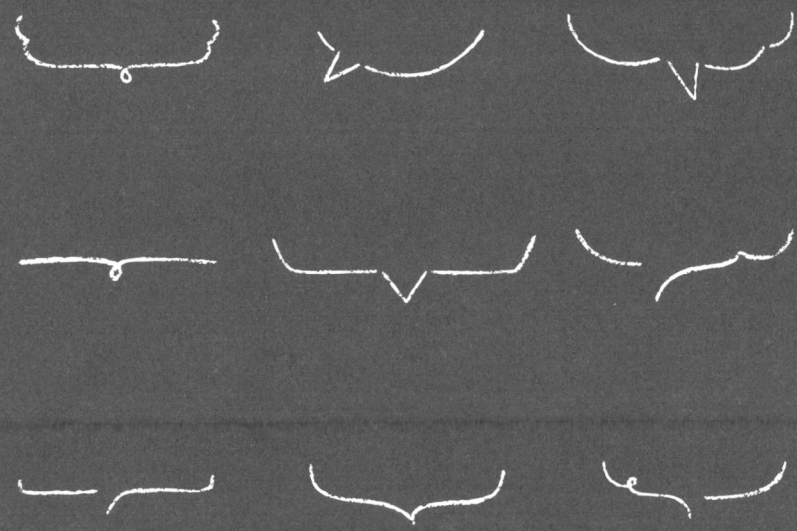

『장르의 해부학』은 단순히 스토리텔링의 미래에 대한 안내서가 아니다. 우리의 삶을 형성할 스토리와 구조를 보여주는 하나의 지도다.
　우리는 스토리에 둘러싸여 있고, 스토리는 우리 안에 내재되어 있다. 우리의 일상은 한 편의 비디오게임과 같다. 다만 높은 점수를 내는 것이 목표가 아니다. 훌륭한 삶을 살기 위해 매일의 난관을 극복해 나가는 우리의 목표다. 그러기 위해서 우리는 자신이 한 명의 스토리텔러라는 사실을 인식해야 한다.
　영화 각본을 쓰든, 소설이나 텔레비전 시리즈나 비디오게임, 디지털 콘텐츠를 쓰든, 상업적인 스토리의 미래는 우리 삶의 스토리와 나란히 전개되어야 한다. 세 가지 요소가 중요하다. 몰입감을 주어야 하고, 상호적이어야 하며 '모든 장르가 동시에 등장'해야 한다. 다시 말해 지금껏 한 번도 볼 수 없던 방식으로 장르를 혼합해야 한다는 의미다. 새로운 방식으로 장르를 결합시킬 수 있는 가능성은 무한하다.

오늘날 스토리텔러들은 전방위로 감각과 의식을 자극하며 최대한 몰입감 높은 경험을 제공하기 위해 애쓰고 있다. 고전 아동서 시리즈인 『끝없는 게임』처럼, 독자는 완벽히 수동적인 위치에서부터 매 순간 스토리의 방향을 결정하는 작가의 역할에 이르기까지 다양한 수준에서 스토리와 상호작용을 하게 될 것이다. 이미 소설, 드라마, 영화, 연극, 테마파크, 휴대폰, 가상현실에서 이러한 움직임이 시작되었다. 이 요소는 앞으로 발명될 새로운 매체에서 더욱 결정적인 힘을 발휘할 것이다.

이러한 인터랙티브 세계에서 내가 가장 흥미롭게 지켜보는 점은 비디오게임이나 테마파크, 심지어 텔레비전 시리즈가 보여주는 스토리에서 모든 주요 장르의 요소가 갖춰진 새로운 구조가 등장했다는 것이다. 시청자는 장면마다 주제나 관점에 따라 또 다른 장르를 경험한다. 한 캐릭터의 관점에서는 판타지 스토리인데, 다른 캐릭터의 관점에서는 추리물이 된다. 이러한 조합은 또 다른 스토리 경험을 만들어내고, 실제 삶처럼 풍부한 경험을 제공할 가능성으로 이어진다.

그렇다면 스토리의 내용은 어떻게 달라질까? 고대 신화들이 고유한 세계를 반영하며 발전해 왔듯, 새로운 신화는 앞으로 이 세계에 닥칠 거대한 도전들을 마주하는 과정을 도와줄 스토리가 될 것이다. 생태 신화, 부흥 신화, 여성 신화와 같은 장르들이 향후 수십 년간 전 세계 스토리텔링을 이끌어나갈 것이다.

스토리텔링의 미래는 인기를 끄는 좋은 스토리를 창작하는 것 그 이상이다. 감상자에게 우리 모두가 스토리텔러라는 점을, 우리의 삶을 예술 작품으로 만들 힘이 있다는 것을 보여주어야 한다. 다시 말해 우리가 매일매일 의식적으로 자신의 삶을 써나가야 한다는 뜻이다.

이 책의 서두에서 두 가지 주된 목표를 밝혔다. 첫째는 작가에게 인기를 끄는 훌륭한 이야기를 창작하는 데 도움이 되는 모든 기법을 제공하겠다는 것이었다. 두 번째 목표는 독자가 더욱 나은 삶을 살 수 있도록 이 세계의 구조와 삶의 철학을 보여주는 포괄적인 지도를 제공하겠다는 것이었다.

다만 밝히지 않은 목표가 하나 더 있다. 바로 새로운 시학을 전파하는 것이다. 시학은 스토리텔링의 이론이자 실천이다. 새로운 시학은 이 세계를 스토리 양식으로 이해하는 행위고, 세계의 스토리화 stori-fication에 내가 기여하는 방식이다. 스토리와 장르는 인류의 가장 위대한 지식이다. 장르 스토리텔링만큼 폭넓은 범위와 깊이를 지니고 대단한 영향력을 발휘하며 큰 정서적 울림을 주는 지식은 없다.

이런 이유로 나는 스토리의 위대한 미래에는 스토리가 인류의 의식을 더욱 높은 차원으로 이끌어줄 것이라고 믿는다. 이것이 무슨 의미일까? SF 장에서 나는 "기술은 예술 양식이자 이 세상이 잘 기능할 수 있도록 인간의 의식을 실제적으로 적용한 결과물이다. 그러므로 기술 수준은 당시 인간의 의식 수준을 반영한다"라고 밝혔다.

인간의 의식 수준을 높인다는 것은 스토리를 보편적 종교로 이해한다는 뜻이다. 스토리의 종교는 신념으로 사람을 나누지 않는다. 삶이란 한정된 시간 속에서 어떻게 성공적인 인생을 살 수 있는지 지침을 제공하는 스토리는 우리를 하나로 이어준다. 스토리를 종교로 이해해야 한다는 개념을 꺼려서는 안 된다. 이렇게 바라볼 때 우리 모두는 사실 좋은 삶을 살기 위해 분투하는 인간이라는 점을 이해할 수 있다.

이것이 새로운 시학, 즉 삶 속 스토리의 시학이 지닌 잠재력이다. 이 세상을 허구로 바라보는 관점으로, 세상을 우리가 매 순간 배우고 활용할 수 있는 하나의 스토리 경험으로 대하는 태도다.

그렇다면 우리의 질문은 '이를 어떻게 시작할 수 있는가'가 된다.

당신은 지금 전환점에 서 있다.『장르의 해부학』은 필수적인 성공 요소를 제공해 준다. 당신의 글쓰기를 하나의 브랜드로 만들고 전 세계 스토리 시장이라는 치열한 경쟁 속에서 이기고 싶다면 최고의 작가와 경쟁해야 한다. 오늘날 글쓰기에서 가장 중요한 전략은 복잡한 플롯을 통해 고차원적인 주제를 표현하는 것이다. 장르는 이를 가능케 하는 수단이다. 이 전략은 성공할 수 있는 방법 중 한 가지가 아니다. 이것이 유일한 방법이다.

내가 나눌 수 있는 가장 중요한 철학적 개념은 '카르페 디엠'이 될 것이다. 지금 이 순간을 놓치지 말라! 당신의 유산이 될 스토리를 세상에 전하는 일을 그 누구도 가로막지 못하게 해야 한다. 바로 지금이 성공과 위대함에 이를 때다.

자신의 삶을 하나의 예술 작품으로 만들고자 하는 독자에게도 지금 이 순간을 놓치지 말라고 전하고 싶다. 당신은 지금 이 순간, 당신의 현재를 그리고 미래를 만들어나가고 있다. 이 책을 일상의 지침서로 삼아 삶 속 난관을 헤쳐나가는 길잡이로, 당신의 가능성을 발휘할 방법을 찾는 도구로 활용하길 바란다.

한 가지 덧붙이자면 삶의 시학은 오로지 당신의 인생에만 해당하는 것이 아니다. 인간의 의식을 발전시키고 모두가 더욱 나은 삶을 살게 만드는 데 스토리텔링의 미래가 있다면, 당신에게도 이 과업에 기여해야 할 책임이 있다.

우리는 도덕적 우주 속에서 살아간다. 당신이 삶에서 하는 행동은 타인에게 영향을 미친다. 그 파급 효과가 미치는 범위는 대단히 넓고, 그 영향력은 대단히 강력하다. 또한 이 책은 세상을 더욱 나은 방향으로 바꿔나갈 수 있는 하나의 스토리로 바라보는 법을 다루고 있다. 그렇게 하면 우리 모두가 훌륭한 삶을 살 수 있는 가능성이 커진다.

이제 시작할 때다.

부록
스토리 구조의 일곱 가지 단계

좋은 스토리는 일곱 가지 주요 단계를 거친다. 그리고 이 기본 단계들이 스토리 코드를 이룬다. 이 단계들은 스토리가 진행되는 동안 주인공이 어떻게 변화하는지 그 과정을 짚어준다.

1. 약점: 주인공은 사고와 행동의 습관에 얽매여 있으며, 삶의 질을 무너뜨리는 깊은 약점에 시달린다. 주인공이 성장하려면 이 결함을 극복해야 한다.
2. 욕망: 주인공은 자신의 삶에서 소중하거나 자신의 삶에 없다고 여기는 외적 목표를 갈망한다.
3. 적대자: 주인공은 목표를 달성하는 데 방해가 되는 적대자와 걸림돌-도전에 맞선다. 마지막에 주인공은 걸림돌-도전이 자기 자신임을 깨닫는다.

4. 계획: 적대자를 무너뜨리고 목표를 달성하는 데 필요한 계획 또는 전략을 수립한다.
5. 전투: 적대자와 최종 승리자를 가리는 최후의 갈등이나 전투를 치른다.
6. 자기 각성: 조금이라도 성장을 했다면 끝에 이르러 주인공은 진정한, 그리고 더욱 나은 자신의 모습을 깨닫는다. 그리고 지금껏 심리적, 도덕적으로 어떠한 잘못을 저질렀는지 뉘우친다. 주인공은 앞으로 어떻게 행동해야 할지 선택하고 새로운 행보를 보이며 달라진 자신의 모습을 입증한다.
7. 새로운 평형: 시스템은 새로운 평형 상태에 접어든다. 앞으로 더 성장할 수 있는 잠재력을 갖춘 주인공은 새로운 모습으로 나타난다.

감사의 글

『장르의 해부학』은 내 인생을 바친 결과물이다. 이 같은 결실을 맺을 수 있도록 도와준 수많은 이가 있었다는 점에서 나는 대단히 복이 많은 사람이라고 할 수 있다.

대학교 2학년 때 룸메이트였던 데니 포어먼Denny Foreman과 훌륭한 문학 작품에 대해 토론하며 나는 처음으로 픽션을 전략적으로 접근하기 시작했다. 그 후 영화 비평 수업에서 추상화 화가이자 미술 평론가이기도 한 제러미 길버트롤프Jeremy Gilbert-Rolfe 교수님을 만났다. 내게 스토리가 세상을 설명할 수 있다는 사실을 가르쳐준 분이다. 또한 나조차도 내가 어떤 사람이 될 거라고 생각조차 하지 못하고 자신감도 없을 때, 내가 스토리 분야에서 중요한 역할을 할 수 있을 거라고도 말씀해 주셨다.

나는 작가들에게 끝까지 버틴 사람이 성공할 때가 많다는 이야기를 한다. 내 부모님, 에이미Amy와 잭 트루비Jack Truby는 내가 오랜 고난의 시간을 보내며 스토리의 세계를 배워가는 동안 끝까지 버틸 수 있도록 힘을 주었다. 부모님의 확고한 지지가 없었다면 나는 지금쯤 등을 떠밀려 의사가 되어 있을지도 모른다.

내 에이전트 노아 루크먼Noah Lukeman에게 감사의 마음을 전한다. 그가 세계 최고의 출판사와 연결해 준 덕분에 이 책이 세상에 나올 수 있었다.

좋은 작가에게는 좋은 편집자가 필요하다. 나는 정말 훌륭한 편집자들을 만났다. 애나 워터하우스Anna Waterhouse, 엘 리 클라크Ell Leigh Clarke, 올리비에 푸리올Ollivier Pourriol은 이 책의 일부 핵심 아이디어에 관련해 귀중한 의견을 전해주었다. 댄 키블러핸Dan Kivlahan은 뛰어난 문장 편집으로 내가 상상하지 못했던 규모와 깊이를 글에 더해주었다. 이언 밴 와이Ian Van Wye와 패러, 스트라우스 앤드 지루Farrar, Straus and Giroux 출판사의 팀들은 늘 그랬듯 탁월한 능력으로 이 책을 더욱 빛나게 만들어주었다.

마지막으로 내 아내 레슬리 레어Leslie Lehr에게 깊이 감사하는 마음을 전하고 싶다. 뛰어난 작가인 아내가 이 방대한 분량의 원고 속 모든 장을 네 번이나 살펴보며 편집을 도와줬다. 이것이 진정한 사랑이다. 간단히 말하자면, 아내의 현명한 조언이 아니었다면 이 책이 지닌 잠재력을 이 정도만큼 발휘하진 못했을 것이다.

창작자라면 반드시 알아야 할 장르 스토리텔링의 비밀
장르의 해부학

초판 1쇄 인쇄 2025년 9월 25일
초판 1쇄 발행 2025년 10월 20일

지은이 존 트루비
옮긴이 신솔잎
펴낸이 김선식

부사장 김은영
콘텐츠사업본부장 임보윤
책임편집 김민경 **책임마케터** 최민경
콘텐츠사업8팀장 전두현 **콘텐츠사업8팀** 김민경, 장종철, 임지원
마케팅2팀 이고은, 지석배, 최민경, 이현주
미디어홍보본부장 정명찬 **브랜드홍보팀** 오수미, 서가을, 김은지, 박장미, 박주현
채널홍보팀 김민정, 정세림, 고나연, 변승주, 홍수경
영상홍보팀 이수인, 염아라, 이지연
편집관리팀 조세현, 김호주, 백설희 **저작권팀** 성민경, 이슬, 윤제희
재무관리팀 하미선, 임혜정, 이슬기, 김주영, 오지수
인사총무팀 강미숙, 이정환, 김혜진, 황종원
제작관리팀 이소현, 김소영, 김진경, 이지우, 황인우, 유미애
물류관리팀 김형기, 김선진, 주정훈, 양문현, 채원석, 박재연, 이준희
외부스태프 디자인 데시그

펴낸곳 다산북스 **출판등록** 2005년 12월 23일 제313-2005-00277호
주소 경기도 파주시 회동길 490 **전화** 02-704-1724 **팩스** 02-703-2219
이메일 dasanbooks@dasanbooks.com **홈페이지** dasan.group **블로그** blog.naver.com/dasan_books
종이 신승INC **인쇄 및 제본** 상지사 **코팅 및 후가공** 평창피엔지

ISBN 979-11-306-7031-7 (03800)

Copyright © 2022 by John Truby

- 책값은 뒤표지에 있습니다.
- 파본은 구입하신 서점에서 교환해드립니다.
- 이 책은 저작권법에 의하여 보호를 받는 저작물이므로 무단 전재와 복제를 금합니다.

다산북스(DASANBOOKS)는 독자 여러분의 책에 관한 아이디어와 원고 투고를 기쁜 마음으로 기다리고 있습니다. 책 출간을 원하는 아이디어가 있으신 분은 다산북스 홈페이지 '원고투고'란으로 간단한 개요와 취지, 연락처 등을 보내주세요. 머뭇거리지 말고 문을 두드리세요.